U0636522

中国敦煌石窟保护研究基金会资助

河西石窟与中西文化交流学术研讨会论文集

张掖市文物保护研究所 编

HEXI SHIKU YU ZHONGXI WENHUA JIAOLIU
XUESHU YANTAOHUI LUNWENJI

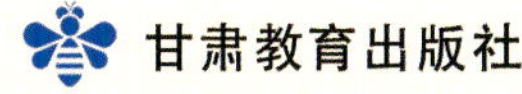
甘肃教育出版社

甘肃·兰州

图书在版编目（CIP）数据

河西石窟与中西文化交流学术研讨会论文集 / 张掖市文物保护研究所编. -- 兰州 : 甘肃教育出版社, 2025. 3. -- ISBN 978-7-5423-6056-4

Ⅰ. K879.294-53

中国国家版本馆CIP数据核字第2025MN9973号

河西石窟与中西文化交流学术研讨会论文集

张掖市文物保护研究所　编

责任编辑　金海峰
助理编辑　马逸飞
封面设计　石　璞

出　版　甘肃教育出版社
社　址　兰州市读者大道 568 号　730030
电　话　0931-8436489（编辑部）　0931-8773056（发行部）
传　真　0931-8435009

发　行　甘肃教育出版社　印　刷　甘肃日报报业集团有限责任公司印务分公司
开　本　787 毫米×1092 毫米　1/16　印　张　36.5　插　页　10　字数　611 千
版　次　2025 年 3 月第 1 版
印　次　2025 年 3 月第 1 次印刷
书　号　ISBN 978-7-5423-6056-4　　定　价　108.00 元

金塔寺东窟中心柱东向面中层佛菩萨

金塔寺东窟中心柱西向面飞天

金塔寺东窟中心柱西向面南侧胁侍菩萨

金塔寺东窟中心柱东向面飞天

金塔寺东窟中心柱东向面全景

金塔寺东窟中心柱东向面胁侍菩萨

金塔寺东窟中心柱东向面飞天

金塔寺东窟中心柱东向面飞天

金塔寺东窟中心柱西向面菩萨

金塔寺东窟中心柱西向面中层全景

马蹄寺千佛洞 8 号窟中心柱西向面释迦多宝说法图

金塔寺西窟中心柱东向面胁侍菩萨

金塔寺西窟中心柱西向面底层龛外胁侍菩萨

金塔寺西窟中心柱西向面中层龛内思惟菩萨

马蹄寺千佛洞 1 号窟中心柱西向面壁画

马蹄寺上观音洞 2 号窟底层西南壁全景

前　言

河西地区是中西文化交往交流交融的重要地带，以张掖金塔寺、文殊山和敦煌莫高窟为代表的河西石窟是佛教石窟发展演变的关键环节，在中国石窟寺框架体系中具有重要地位。

为深入贯彻习近平总书记关于加强石窟寺保护利用的重要指示和“9·28”重要讲话精神，落实《国务院办公厅关于加强石窟寺保护利用工作的指导意见》和国家文物局《“十四五”考古工作专项规划》，2023年8月6至9日，在甘肃省张掖市召开“河西石窟与中西文化交流学术研讨会”。

会议由中国考古学会、中国社会科学院考古研究所、北京大学考古文博学院、兰州大学敦煌学研究所、甘肃省文物局、张掖市人民政府主办，甘肃省文物考古研究所、甘肃敦煌学学会、张掖市文化广电和旅游局承办，张掖市文物保护研究所、甘州区文体广电和旅游局、临泽县文体广电和旅游局、肃南县文体广电和旅游局协办。

来自中国社会科学院考古研究所、中国文化遗产研究院、敦煌研究院、甘肃省文物考古研究所、北京大学考古文博学院、兰州大学敦煌学研究所、四川大学、南京大学、浙江大学、早稻田大学、台湾大学、台湾佛光大学等考古科研机构和国内外高校的110余名专家学者出席了本此会议。开幕式由张掖市政府党组成员、副市长安维国主持。

张掖市委常委、宣传部部长尚友俊，北京大学考古文博学院院长沈睿文，甘肃省文物局副局长仇健作会议致辞，兰州大学敦煌学研究所副所长魏迎春代兰州大学敦煌学研究所所长郑炳林教授致辞。

尚友俊代表张掖市委市政府，对研讨会的开幕表示热烈祝贺，对各位领导、专家学者的到来表示热烈欢迎。他指出，张掖地处丝绸之路中段，不仅是中西文化交流的必经之地，也是佛教东传的重要节点，在中国石窟艺术中占据重要地位。张掖地区的马蹄寺石窟群、文殊山石窟与麦积山石窟、天梯山石窟、敦煌莫高窟等著名石窟共同构建了一条世界上独一无二的石窟寺文化艺术走廊,体现了中华文化的丰富多彩、开放、包容,为研究中国古代政治、经济、历史、文化、技术的发展提供了宝贵资料。他表示今后将继续坚持石窟寺的保护、利用,高质量完成石窟寺专项调查工作,坚持传承、创新,深度挖掘、阐释、传播石窟文化艺术,编辑出版石窟艺术丛书。文化需要在继承中创新,在创新中发展,他表示本次会议对进一步拓展河西文化研究领域,高标准、高质量、高水平建设全国前列的文化高地,推进民族文化产业深度融合,必将起到巨大的推动作用。他衷心希望各位专家在已有研究成果的基础上,进一步深入挖掘城市的历史文化、历史魅力,不断将河西石窟的保护、利用和艺术价值推向新的高度。

河西走廊自古为中西交通要道,河西一带的佛教历史上曾有空前的发展,河西石窟见证了中外文化交流与文明互鉴,体现了中华文化的开放与包容,提升石窟寺保护管理和展示利用水平、做好考古研究工作,是基础是关键。沈睿文表示随着考古资料的不断刊布,石窟寺已成为考古学、艺术史、图像学、社会史等学科学者共同关注的课题。正如徐苹芳先生所指出的,考古学家们从事的关于中国石窟寺的研究是可以成为中国艺术史学家对中国石窟寺研究的基础的,有没有这个基础对艺术史研究十分重要。他简述了对石窟寺考古的几点思考:第一,考古学的清理和记录,是关于如何发现问题和研究问题;第二,多学科交叉研究已是科学研究的常态,佛教石窟寺考古也不例外,当前尤其要探索科技手段在佛教石窟寺考古中的应用;第三,将石窟寺遗址置于交通网络、人居环境中予以考察,探讨遗址与附近相关聚落,比如跟村落、佛教寺院之间动态的互动关系;第四,在新时代对石窟寺考古研究者提出了更高要求,要具备更为全面的知识结构,对石窟寺进行不同学科面向的综合研究,将石窟寺置于时代的整体文化中加以考察。

张掖地区人杰地灵,自然环境得天独厚,历史文化积淀厚重,从汉代河西四郡的创立,张掖就是中原王朝经营古代西域地区的重要基地,丝绸之路开通之后,外来文化与中原本土文化在此交流碰撞,特别是佛教的传入,直接催生了灿烂多彩的石窟寺艺术。以马蹄寺石窟群为代表的石窟造像,从北朝跨越到明清时期,时代跨度较长、内容极其丰富,非常全面地展示了中国文化的连续性、创新性、统一性、包容性、和平性。魏迎春教授提到兰州大学敦煌学研究所已经建立起一套完整的敦煌学硕士、博士、博士后科研人才培养体系，经过40多年的建设，敦煌学研究所研究团队在丝绸之路历史出土文献和丝绸之路宗教艺术等方面完成学术著作多部。研究所与张掖市文物保护研究所长期以来保持密切的合作关系，双方合作基础扎实，已联合出版多部学术专著。此外，石窟艺术也是研究所长期以来的研究重点，研究范围从甘肃扩展至新疆、陕西、四川、宁夏等地区。作为主办方之一，她衷心感谢多年来各位专家对研究所的帮助，也请大家继续不遗余力地支持兰州大学敦煌学研究所的发展。

甘肃处于古代丝绸之路黄金地段，也是古代中原和西域、东方和西方之间贸易往来、文化交流、民族融合的重要舞台，带有鲜明的和平合作、开放包容、互学互鉴的区域特点。在保障中西方民族、文化、技术和商品交流的同时，创造了众多宗教、外交、商贸和艺术的文化价值。以敦煌莫高窟、马蹄寺石窟群为代表的53座石窟寺分布在河西的5市14个县区，自西向东形成了一条亮丽的石窟艺术长廊。仇健表示做好石窟寺数字保护管理是全省文物工作的重中之重，已在场地保护、操作编程及石窟寺保护体制等方面取得了一定成效，初步构建了具有甘肃特色的石窟寺保护利用体系。他表示甘肃省计划未来发布河西走廊国家文化遗产协作行动计划，为河西走廊文化保护和东西文化交流提供更加广阔的空间。他希望各位专家、学者积极建言献策，共同助力河西文化保护和中西文化交流再上新台阶，为建设中华民族现代文明贡献独特的力量。

会上中国社会科学院考古研究所研究员李裕群、兰州大学敦煌学研究所副所长魏迎春代兰州大学敦煌学研究所所长郑炳林、四川大学历史文化学院学术院长霍巍分别作主旨发言。发言由北京大学考古文博学院教授、中国考古学会宗教考古专业委员会主任李崇峰主持。

李裕群以《从邺城到晋阳——山西和顺海眼寺石窟之考察》为题作主旨发言。他简述了海眼寺的具体情况，通过对洞窟形制、造像样式和题材内容的系统分析，认为该石窟开凿年代应在北齐晚期。海眼寺石窟明显受到来自邺城响堂山石窟和太原天龙山石窟的影响，尤其是邺城影响更大，如第3窟主尊三坐佛与北响堂南洞和天龙山第16窟一致，八身飞天与南响堂第7窟一致，窟顶大莲花图案与北响堂南洞一致，第3窟和第4窟的八角束莲龛柱也是响堂山石窟的流行样式。但神王题材是目前山西境内唯一有明确身份标志物、不见于天龙山石窟、而流行于响堂山石窟和邺城地区出土石刻造像的造像题材。第1窟作为主尊的二佛并坐像,见于北响堂南洞窟顶覆钵内,在太原则见于天龙山第10窟和悬瓮寺石窟,由此可以判断这种雕刻题材在同时期石窟中产生了较为广泛的影响。值得一提的是,第1窟钩钮式大衣也见于太原童子寺佛阁造像,因此,太原的因素也同样重要。

魏迎春代郑炳林教授以《敦煌:汉唐与西域交融的都会——基于敦煌出土汉唐文献的考察》为题作主旨发言。西汉置敦煌郡就是为了通西域,因此敦煌"郡通西域孔道",是中原王朝与西域地区交往的必经之地,西汉晚期敦煌交通由阳关道变成南、北两道,隋代出敦煌有三道,这种情况一直到归义军时期没有发生大的变化。从文献记载来看,西域地区的牲畜、物种和特产等都是经由敦煌进入中原地区的,而中原的物种西传也是经由敦煌西行的;敦煌是西汉对外贸易的国际都会,这种都会的形成是在西汉政府扶持和培育下发展起来的,《续汉书·郡国志》引《耆旧记》称敦煌是华戎交汇都会所在,汉武帝初置酒泉郡以通西北国;西汉设置敦煌郡之后,将中原地区大量百姓以移民实边、流民实边、罪犯徙边和屯田敦煌等各种形式移民敦煌,这些来自中原不同地区的移民也将中原的风俗文化带到了敦煌。

霍巍以《西藏西部佛教石窟艺术发展的三阶段》为题作主旨发言。他将佛教传入西藏的历史分为两大阶段:前弘期佛教(公元8世纪至9世纪)和后弘期佛教(公元10世纪以后)。1076年,佛教在阿里地区重新点燃了复兴之火,史称"上路弘法",自此进入后弘期佛教时期。从这一时期直至17世纪30年代古格王朝灭亡,历经六百余年,佛教在阿里地区绵延传承不绝。他简要介绍了西藏西部佛教考古简史,将西藏西部佛教石窟艺术分为三个阶段:第一阶段,10—13世纪,该阶段风格来源主要为克什米尔和西北印度、中亚地区,题材多为各类曼荼罗,代表遗址有皮央79号窟、聂拉康石窟等;第二阶段,13—14世纪,该阶段风格来源主要为尼泊尔、东北印度、卫藏地区,题材以各种神佛组合为主,代表性遗址有帕尔嘎尔布石窟、邦察石窟等;第三阶段,15—17世纪,该阶段风格基本定型,本土化已完成,题材多为大幅佛像和各部类菩萨像,各教派特色鲜明,代表性遗址有查宗贡巴、皮央32窟等。

会上,72位专家学者分8组围绕石窟考古报告的整理编写、河西十六国北朝石窟的营造、河西佛教与社会史、西域及东亚其他地区佛教遗存研究、佛教图像的流传、石窟寺保护利用与数字化、石窟寺遗址考古调查成果、石窟寺考古理念与方法等议题进行了集中汇报和热烈讨论,对深化、拓展河西石窟的研究广度与深度、河西石窟与中外文化交流起到了明显的推动作用,引起了石窟寺和汉唐考古领域学者较为广泛的关注。

闭幕式由张掖市文化广电和旅游局党组书记、局长许元主持,北京大学考古文博学院教授、中国考古学会宗教考古专业委员会主任李崇峰作学术总结。

许元对各位学者与会议筹备组的辛苦付出表示感谢,他希望各位专家、学者多提宝贵建议,为搭建石窟寺研究的学术交流、研究和思考平台贡献力量。他表示本次会议交流取得了丰富的成果,形成了很大影响,会议期间收集到学术文章68篇,形成了一批有质量、有水平、有实践指导的学术成果,这些具有智慧性、前瞻性的研究成果必将对进一步加强文物保护研究,让文物活起来,传承、弘扬中华优秀传统文化提供强大的智力支持。最后,他再次对与会嘉宾的到来表示感谢。

李崇峰总结指出中国石窟寺集建筑、雕塑和壁画为一体,历史底蕴雄浑厚重,文化内涵博大精深,艺术形象美轮美奂,是中华文化传承和中外文明交流互鉴的重要载体。佛教和佛教艺术从新疆向东传播,首先抵达河西走廊,河西地区的政治、经济和文化中心自魏晋以来一直在凉州。不过依据《隋书》推断,张掖在当时也是一处重要的国际商贸城市。本次会议共提交论文68篇,内容非常丰富。从作者的年龄结构来说,大量作者是青年才俊,表明我们这项事业后继有人。这次会议文章可以大体分作两类:一是石窟寺的正规记录,二是石窟寺专题研究。前者数量较少,目前国家高度重视石窟寺的保护和研究工作,国家文物局制定了《中国石窟寺考古中长期计划(2021—2035年)》,并启动了石窟寺考古重大项目和重点研究方向,其中重大项目主要包括石窟寺考古报告编写和出版。希望各地石窟寺管理保护和研究单位,尤其是世界遗产地的管理和研究单位,真正把石窟寺正规的考古记录完善起来,进一步提炼、整理、出版一系列中国石窟寺考古报告。此次会议的专题研究,从时空角度来说,除了甘肃地区的石窟寺之外,还涉及新疆、山西、河南、浙江、四川地区的石窟寺,以及印度、巴基斯坦、柬埔寨和日本等国的佛教遗存;从时间跨度上看,从公元1

世纪一直延续到14世纪;从内容来看,涉及中外交通、民族交融、遗产保护、外来影响、建筑流派、日本造像、佛教信仰、天竺禅修、佛塔演变、造像技法及摩尼教图像等,此外还包括石窟寺研究方法论,其中关于题材内容方面的文章至少有25篇。他建议与会学者在会议讨论和交流的基础上,认真修改各自文章,使之更加完善,以期对河西石窟与中外文化交流的研究有较大的贡献。他信奉学术乃天下之公器,学术论文是有生命的,希望多年后,这次会议的论文还能被后学精读、熟读甚至经常引用。最后他再次对张掖市文旅局、张掖市文物保护研究所为大会做出的精心准备和周到安排表示感谢。

会后,与会学者乘车前往金塔寺石窟进行实地调研,现场对该石窟的窟前遗址、石窟营造规划理念、开凿时间及重修改建过程、造像组合与题材、造像样式源流等问题展开了热烈讨论,进一步深化了对金塔寺及河西早期石窟的认识。

中国考古网　马一博

目　录

石窟寺石刻考古

佛教造像组合二题 …… 李崇峰(003)
金塔寺石窟的营建年代与供养人 …… 陈悦新(020)
瓜州榆林窟第 3 窟西夏属性申论 …… 梁　红　沙武田(034)
麦积山石窟第 126 窟调查与研究 …… 孙晓峰(057)
张掖金塔寺石窟考古报告的整理与编写 …… 夏立栋　姚桂兰　王卫东(086)
酒泉文殊山石窟的分区与洞窟组合关系 …… 李　甜(089)
甘肃金塔寺石窟东窟降魔变考 …… 张善庆(110)
张掖市境内石窟寺调查与初步研究 …… 姚桂兰(119)
马蹄寺石窟群藏传佛教遗迹
——浮雕舍利塔 …… 王卫东(136)
对金塔寺与天梯山开凿关系的再思考 …… 黎静波　康世奇(154)
河西新疆石窟汉风"未生怨"壁画与麦积山石窟 …… 夏朗云(168)
金塔寺石窟菩萨形象溯源 …… 孙　雨(177)
甘肃永昌庙湾子石刻塔群调查 …… 李勇杰　曹生奎(207)
龙门石窟北朝 ST:54 号佛塔的讨论 …… 夏秀玲(214)
陇南石窟与佛教史 …… 王百岁(218)
玉门境内石窟的分期断代研究和新发现 …… 王　璞(249)
由洞窟停废谈庆阳北石窟寺 165 号窟的营建 …… 张雪芬(264)

石窟寺多元文化研究

敦煌石窟游人题记反映的佛教信仰
——以清代以来游人题记为中心 …… 杨秀清(287)

中西文化交流视域下的乐舞形象
——以河西中小型石窟为中心 …………………………… 王凌云(324)
浅析甘肃张掖马蹄寺石窟群早期石窟与高台魏晋墓的形成条件
…………………………………………………………………… 秦春梅(336)
政教关系视域下西夏佛教的多元性初探
——以高僧像为例 ……………………………………… 蔡金福(347)
敦煌归义军时期邈真画的构图形式探析 ………………… 黄孟鋆(362)
祖尔万乘天鹅
——摩尼教大明尊信仰图像释证 ……………………… 盖佳择(375)
敦煌写卷中的多民族民俗文化重构
——以腊八民俗为例 …………………………………… 米文靖(395)
交融与流变:喀什三仙洞、莫尔佛塔寺考察及相关问题 ……… 邵强军(412)
龙门石窟“千秋”图像考
——兼论河西莫高窟“千秋”源流问题 ………………… 王 炎(421)
敦煌僧人六时礼忏活动探析 ……………………………… 项婷婷(439)
从须达拏故事画看中国佛教艺术发展的进程 ……… 张景峰 顾淑彦(450)

古遗址考古研究

深刻理解中华文明的突出特征
——以敦煌文化为中心的考察 ………………………… 李并成(465)
元代甘州城周长考查 ……………………………………… 吴正科(477)
柬埔寨吴哥城癞王台研究
——兼谈柬埔寨佛教的特质与内涵 …………………… 黄雯兰(483)

其他研究

河西走廊石窟遗产文旅融合的逻辑理路、实践困境与优化路径
……………………………………………………… 武克军 杨拴艳(507)
用数字技术擘画文化遗产科技保护
——以“数字敦煌”为例 ………………………………… 丁小胜(519)

从碑刻看明清时期黑河中游张掖水利秩序的构建 …………… 谢继忠(524)
敦煌永安寺僧人借粮纠纷案审理研究 ………………… 陈大为　马聚英(539)
新时代丝绸之路文化遗产保护可持续发展策略研究 ………… 李　玮(556)
《云冈日记:战争时期的佛教石窟调查》中所见的石窟寺田野调查法及相关认识 ………………………………………………… 康敬亭(563)

后　记 ………………………………………………………………… (573)

石窟寺石刻考古

佛教造像组合二题

李崇峰
（北京大学考古文博学院）

中土传统上称佛教为像教，即立像设教。正史中最早出现“像教”一词，应是《魏书·释老志》。“太延中（435—439），凉州平，徙其国人于京邑，沙门佛事皆俱东，象教弥增矣。”[①]《唐会要》卷四十七《议释教》引唐武宗《拆寺制》记载：“朕闻三代以前，未尝言佛。汉魏之后，像教寖兴。”[②]唐道宣《广弘明集》卷十一录唐法琳等《上秦王论启》云：“汉明帝永平十三年，梦见金人已来，像教东流，灵瑞非一。”同书卷二十二抄唐李俨《金刚般若经集注序》，则有“自真容西谢，像教东流”[③]之语。故《六臣注文选》卷五十九李周翰注《头陀寺碑文》时明确阐释：“‘象教’，谓为形象以教人也。”[④]《出三藏记集》卷十三《康僧会传》明确指出“营立茅茨，设像行道”。[⑤]这是南北朝以降，至少是唐开元六年（718）之前中土僧俗对佛教的权威认识。故而，佛教雕塑与绘画是佛法传播的重要媒介和手段。

造像组合，是我们考虑佛教遗迹与遗物的类型时经常使用的一个术语，一般指由几个部分或个体形象构成的整体，即一组彼此关联的造像，一般以佛为

---

①[北齐]魏收：《魏书》，点校本，北京：中华书局，1974 年，第 3032 页。

②[五代]王溥编：《唐会要》卷四十七《议释教》上，影印《丛书集成》本，北京：中华书局，1955 年，第 840 页。参见[北宋]宋敏求编：《唐大诏令集》卷一百一十三《政事·道释·拆寺制》，点校本，北京：商务印书馆，1959 年，第 591 页。

③（日）高楠顺次郎、渡边海旭都监：《大正新脩大藏經》（100 卷），东京：大正一切经刊行会，1924—1934 年 No.2103，第 52 卷，第 161b、259c 页。（以下简作《大正藏》）

④《六臣注文选》，影印《四部丛刊》本，北京：中华书局，1987 年，第 1089 页。

⑤[梁]僧祐：《出三藏记集》，苏晋仁、萧錬子点校，北京：中华书局，1995 年，第 512 页。

中心,两侧对称经营。

一、天竺的造像组合

除个体造像外,无论地面佛寺还是石窟寺,其主体像设是四众供养、礼忏的主要对象。古代天竺(中国古代对南亚次大陆,即今印度和巴基斯坦部分地区之旧称)①的佛教造像组合,现存较早的实例,应是古代罽宾(即大犍陀罗)地区出土的两件舍利盒,即比马兰舍利盒和迦腻色迦舍利盒上的形象。

比马兰(Bīmarān,一作 Bimarān)舍利盒,是印度考古学先驱——马森(Charles Masson)1834 年在阿富汗贾拉拉巴德附近比马兰村第 2 号塔中发现的。马森发现时,舍利盒仍置于原始皂石(steatite)罐中。除舍利盒外,还同时出土了几枚萨卡(saka)统治者阿泽斯二世(Azes Ⅱ)钱币。②舍利盒为圆筒形,金质,系凸纹制作并镶饰珠宝,高 7 厘米,现藏伦敦不列颠博物院(British Museum)。舍利盒周围锤成或冲压出一圈尖楣圆拱龛,通称葱形拱(ogee arches),拱内各有一立像,佛与胁侍相间。其中一立佛,头上肉髻凸起,上唇蓄髭,大衣通肩披(ubhayānśika sanghāṭī),右手屈举胸前施无畏印,左手于腰部持大衣边缘。佛左侧龛内立像戴冠,双手叠抱,应为帝释天(Indra);右侧龛内,是一蓄须、双手合十的男性形象,通常考证为梵天(Brahmā)。上述各龛之间的三角形空间,皆有一只翱翔的雄鹰;龛柱上有长方形槽形饰。在探讨佛像起源时,这件舍利盒是学界论述佛像犍陀罗起源说的重要实证之一。根据舍利盒表面的造像特征和装饰样式以及皂石罐上刻画的佉卢字体,舍利盒的制作年代上限不应早于公元前一世纪后半叶,下限有晚至二、三世纪之说,但多数学者推定为公

①P.C.Bagchi."Ancient Chinese Names of India",in *India and China:Interactions through Buddhism and Diplomacy;A Collection of Essays by Professor Prabodh Chandra Bagchi*,compiled Bangwei Wang and Tansen Sen(Delhi:Anthem Press India,2011),3—11;钱文忠:《印度的古代汉语译名及其来源》,《十世纪前的丝绸之路和东西文化交流:沙漠路线考察乌鲁木齐国际讨论会(1990年8月19—21日)》,北京:新世界出版社,1996年,第601—611页。

②H.H. Wilson,Ariana Antique:A Descriptive Account of the Antiquities and Coins of Afghanistan with a Memoir on the Buildings called Topes by C. Masson(London,1841,rep. New Delhi:Munshiram Manoharlal Publishers,Pvt. Ltd,1997),70—71.

元一世纪。[①]

另一件即所谓“迦腻色迦舍利盒（reliquary of Kaniṣka）”，是斯普纳(D.B. Spooner)1908 年发掘巴基斯坦白沙瓦郊区沙赫·吉·基·代里(Shāh-jī-kī Dhērī 或 Shāh-jī-kī Ḍherī)遗址时发现的。[②]舍利盒为铜制鎏金,高 19.3 厘米,现藏白沙瓦博物馆(Peshawar Museum)。舍利盒侧面,可见天使共举花环,花环间插入佛与朝拜者及一王者。其中,后者表现的可能是迦腻色迦。王者身着典型的斯基泰式服饰,左右为日神和月神。其余三面主像则是佛与梵天和帝释天。舍利盒盖上的三尊像,佛坐于中央莲台,右手施无畏印,左手持衣缘,二手几乎持平,大衣通肩披;佛两侧胁侍皆双手合十,跣足而立。其中,左胁侍据其发式及连鬓胡须推定为梵天,右胁侍佩戴帝释天之典型头饰(headdress)。盒盖周边有一圈天鹅,据说是佛法传播的象征。[③]这件舍利盒表面有四段题铭,皆以草体佉卢字(cursive Kharōshṭhī)刻写,斯普纳为此专门撰写了“The Kanishka Casket Inscriptions(迦腻色迦舍利盒题铭)”。[④]1929 年,奥斯陆大学教授科诺(Sten Konow)依据照片对铭文再做校释,自此成为学界征引此题铭

①参见 Alfred Foucher, L'Art gréco-bouddhique du Gandhâra: étude sur les origines de l'influence classique dans l'art bouddhique de l'Inde et de l'Extréme-Orient, 2 Bde (Paris: Imprimerie Nationale, 1905-51), Tome I: 47-51, Figs. 6a, 7, Tome II, 2: 477-479, 492-493; Johanna Engelberta van Lohuizen-de Leeuw, The "Scythian" Period: an approach to the history, art, epigraphy and palaeography of north India from the 1st century B.C. to the 3rd century A.D. (Leiden: E. J. Brill, 1949), 84; David L. Snellgrove ed., The Image of the Buddha (New Delhi: Vikas Publishing House Pvt Ltd/ UNESCO, 1978), 61-63; 宫治昭:《ガンダーラ仏と仏教的背景》,《インド仏教美術史論》,东京:中央公论美术出版,2010 年,第 44 页; Joe Cribb, "Dating the Bimaran Casket-its Conflicted Role in the Chronology of Gandharan Art," Gandhāran Studies, Vol. 10: 57-92.

②D.B. Spooner, "Excavations at Shāh-jī-kī Dhērī," *Archaeological Survey of India: Annual Report* 1908-1909 (1912): 38-59, Pl.s X-XIV. 这处遗址,一般推定为“雀离浮图(Kaniṣka stūpa)”遗址,实际上应该称作“雀离浮图(Kaniṣka stūpa)与迦腻色迦僧坊(*Kaṇeshka savihare*)”遗址为妥。

③参见 Johanna E. van Lohuizen-deLeeuw, ibid., 98; Harald Ingholt, *Gandhāran Art in Pakistan; with 577 illustrations photographed by Islay Lyons and 77 pictures from other sources.* Introduction and Descriptive Catalogue by Harald Ingholt (New York: Pantheon Books, 1957), 180—181.

④D. B. Spooner, "The Kanishka Casket Inscriptions", *Archaeological Survey of India: Annual Report* 1909-1910 (1914): 135—141, Pls. LII-LIII.

的范本。[①]2000 年,柏林自由大学教授法尔克(H.Falk)基于现场考察,重新排列四段铭文次第并做了进一步解读。[②]关于这件舍利盒的年代,目前学界尚有争议。近年有学者通过钱币学研究,推定其为贵霜王朝胡维色迦(Huviṣka,约153—191 年)统治时期,即公元二世纪后半叶雕造。[③]

依据上述两件年代较早的舍利盒,我们推测:古代天竺早期佛教造像的组合形式主要是佛与梵天和帝释天。如今巴基斯坦北部,即古代乌苌国境内彭尔(Panr)佛寺遗址出土的一件饰板,高 20.5 厘米,系原意大利中远东研究所(IsMEO)发掘出土,现藏斯瓦特博物馆(Swat Museum),内容推测为帝释天与梵天拜谒佛陀。浮雕中央,佛结跏趺坐于方座之上,头光素面,上有树冠。佛发髻束带,双眼睁开,上唇蓄髭,大衣通肩披,双手裹于衣内。佛左侧帝释天,头饰清晰,上唇蓄髭,佩项饰、手镯,袒上身,下着裙,双手合十,跣足而立。右侧梵天的身姿、服饰与帝释天同,唯头顶束髻,连鬓胡子。关于这件石雕,一般推测应完工于公元一世纪后半叶。[④]若然,这应是现存佛与帝释天和梵天组合的最早实例之一。此外,斯瓦特地区布特卡拉Ⅲ号(But KaraⅢ)遗址出土的造像,雕刻时间与此大体相当,也具同样组合形式,佛坐中央,左侧是帝释天,右侧是梵天,两者皆合十而立。[⑤]

作为佛像两大起源地之一,秣菟罗后来出现了佛与莲花手和金刚手或佛与二菩萨构成的新型造像组合形式。其中,秣菟罗博物馆(Mathura Museum)A1号藏品,出土于秣菟罗城郊卡特拉(Kaṭrā)遗址,是一件造像碑,高 69 厘米,被

---

①Sten Konow, *Kharoshṭhī Inscriptions with the exception of those of Aśoka* (Oxford: Oxford University Press, 1929), 135—137, esp.137.

②Harry Falk, "The Inscription on the so-called Kaniska Casket", *Silk Road Art and Archaeology*, Ⅷ (2002): 111—120, esp.113.

③Elizabeth Errington, "Numismatic Evidence for Dating the 'Kaniṣka' Reliquary", Silk Road Art and Archaeology, Ⅷ (2002): 101—110.

④ Gandhara-Das buddhistische Erbe Pakistans: Legenden, Klöster und Paradiese (Mainz: Verlag Philipp von Zabern, 2009), Kat. Nr. 183.

⑤M. Nasim Khan, "Studying Buddhist Sculptures in Context (Ⅰ): The Case of a Buddha Figure from But Kara Ⅲ, Gandhāra", *Annual Report of the International Research Institute for Advanced Buddhology* at Soka University for the Academic Year 2018, Vol. XXII: 347—358.

视作早期佛教造像的典范。佛肉髻呈贝壳状,结跏趺坐,左手置于腿上,右手施无畏印,大衣作右袒式披覆。佛像两侧的胁侍,着天竺传统服饰,似皆手执朱利草(cauri-bearers)。[①]像座表面的原始题刻以俗语(Prakrit)勒出。[②]荷兰学者范洛惠珍·德莱乌(Johanna E. van Lohuizen-de Leeuw)把这件造像定在迦腻色迦即位之前。[③]不过,依据其完善的雕刻工艺,这件造像碑大约完成于迦腻色迦(约 127—153 年)时期,即公元二世纪中叶。这一时期,秣菟罗似乎已形成了一整套雕造佛/菩萨像的特有作法,并且成为北印度常规的造像样式。范洛惠珍·德莱乌把这种佛像称作"正典佛(canonical Buddha)或贝壳形结发式(Kapardin type)"。[④]又,这件像座上的原始题刻称主尊为菩萨,说明在佛像创始阶段,佛与菩萨(Buddha/Bodhisattva)在图像学上尚无明确的区别。

印度新德里国家博物馆(National Museum)收藏的一件造像碑,出土于印度北方邦的厄希切特拉(Ahicchatrā),也应雕造于秣菟罗。其主尊造型与前述卡特拉佛像非常接近,但佛两侧的胁侍像则为新样。其中,左胁侍右手上举一莲芽,故推定为莲花手(Padmapāṇi),右胁侍右手于腰侧持金刚杵,据此考证为金刚手(Vajrapāṇi);二者取代了早期的朱利草持者。像座表面的三行原始题刻没有出现统治国王的名字,但内有"32 年"字样。这件造像碑大约雕造于胡维色迦统治时期,是古代天竺两大佛教造像流派,即犍陀罗艺术与秣菟罗艺术交互影响的代表作。[⑤]这种融汇在金刚手上反映得颇为明显。金刚手身着斯基泰式或北方服饰(Udīcyaveṣa),戴平头冠,冠表面饰菱形纹样。又,金刚手所系的

---

①关于这两尊胁侍像,学界迄今没有给出具体名称。参见 David L. Snellgrove, ed., ibid., 56—57; R.C. Sharma, *Buddhist Art: Mathurā School* (New Delhi: Wiley Eastern Limited & New Age International Limited, 1995), 166—167.

②这方题刻被德国吕德斯英译作:Records the erection of a Bōdhisacha (Bodhisattva) by Amōhāāsī, the mother of Budharakhita (Buddharakshita), in her own vihāra. H. Lüders, "A List of Brāhmī Inscriptions from the Earliest Times to about A.D.400 with the Exception of those of Aśōka", *Epigraphia Indica and Record of the Archaeological Survey of India*, Vol. X (1909—1910), Appendix (Calcutta: Superintendent Government Printing, India, 1912), No.1392.

③Johanna E. van Lohuizen-de Leeuw, ibid., 150.

④Johanna E. van Lohuizen-de Leeuw, ibid., 163, 180—181.

⑤参见 David L. Snellgrove, ed., ibid., 56—57; R.C. Sharma, ibid., 167.

打结围巾与缝制短裤是外来式样，相貌(physiognomy)显然也不是印度人。关于胡维色迦时期秣菟罗雕造的佛像，范洛惠珍·德莱乌论述道："在胡维色迦统治期间，秣菟罗的造像风格发生了一次大变革，这是来自犍陀罗的一股强劲潮流引发的。因为犍陀罗艺术彼时臻于完善，以致其作品被带过边界并引起印度本土其他地区匠师的关注。这种变革的结果，在秣菟罗雕造的佛像中可以清楚地看到。"①因此，佛与金刚手和莲花手之组合形式疑来自犍陀罗，只是当地迄今没有发现较好的实物。

犍陀罗艺术早期流行的造像题材是佛传，其次是本生故事。稍后，犍陀罗雕刻中出现了佛与梵天和帝释天之造像组合，如前述两件舍利盒及斯瓦特博物馆所藏石雕。此外，德国柏林亚洲艺术馆(Museum für Asiatische Kunst)收藏的一件浮雕，亦出土于斯瓦特，高 40 厘米，坐佛两侧各侍立一像，似表现梵天与帝释天劝请。②后来，犍陀罗雕刻中出现了佛与帝释天、梵天和二菩萨之组合形式，即一铺五身像，只是佛两侧的帝释天与梵天形体略小。如白沙瓦博物馆收藏的舍卫城神变(Miracle of Śrāvastī)浮雕，出土于瑟赫里·伯赫洛尔(Sahrī-Bahol)，应为胡维色迦时期雕造。佛居中结跏趺坐，双手转法轮印，大衣作右袒式披覆。在佛与胁侍之间，即佛头两侧后景中的二人形体略小。其中，佛右侧发式独特、左手执净瓶者可能是梵天，佛左侧佩戴头饰、左手持金刚杵者疑为帝释天。佛两侧胁侍形体较大，其中左侧发式(hairdress)迥异、执净瓶者可能是弥勒(Maitreya)，右侧残像可能是莲花手(Padmapāṇi)或观音(Avalokiteśvara)。③白沙瓦博物馆收藏的另一件浮雕，高 59 厘米，出土于同一遗址，内容及经营与此相似，雕造时间大约为三、四世纪。④至于白沙瓦博物馆所藏佛与弥勒和观音之三尊像，同样出土于瑟赫里·伯赫洛尔，但雕造时间可能要晚到五、

---

①Johanna E. van Lohuizen-de Leeuw, ibid., 180—181.

②参见 *Gandhara-Das buddhistische Erbe Pakistans*…, 242, Abb. 1；宫治昭《ガンダーラ仏と仏教的背景》,《インド仏教美術史論》,第 66—67 页。

③参见 Johanna E. van Lohuizen-de Leeuw, ibid., 135—136; Harald Ingholt, ibid., 120; John Marshall, *Buddhist Art of Gandhara: The Story of the Early School: its birth, growth and decline* (London: Cambridge University Press, 1960), 96, Fig. 124.

④Gandhara-Das buddhistische Erbe Pakistans, Kat. Nr. 203.

六世纪。[①]又,印度五世纪以降开凿的石窟寺中也多雕造佛与二菩萨,二胁侍皆手执麈尾(whisk-bearer),如阿旃陀(Ajaṇṭā)第1窟佛殿内的主尊与二菩萨像。[②]至于佛与菩萨的组合,即一佛二菩萨像至少在公元400年前后,已经在西域和南亚成为一种造像组合形式。据法显记载,法显等在于阗"观行像"时,瞿摩帝僧伽蓝做四轮像车,"像立车中,二菩萨侍,作诸天侍从。"[③]在中天竺摩竭提国巴连弗邑城,法显观看当地行像时,四轮车"皆有坐佛,菩萨立侍"。[④]这表明当时菩萨作为佛的胁侍已是常态。

值得注意的是,现藏塔什干国立乌兹别克斯坦历史博物馆的一座佛龛,是乌兹别克斯坦科学院L.I.阿尔鲍姆(L.I. Al'baum)考古队1977年在乌兹别克斯坦苏尔汉河(Surkhan Darya)地区,即铁尔梅兹(古代呾密)城西北部法雅兹泰佩(Fayaz Tepa)佛寺遗址发掘出土的。这处佛寺始建于公元一至三世纪的贵霜时期,四世纪开始由于萨珊人的入侵佛寺逐渐废弃。[⑤]这座尖楣圆拱龛采用犍陀罗传统造型以石灰石雕刻,原安置于佛寺B单元,即中央僧院西部一座殿堂之内。中央坐佛结跏趺坐,双手作禅定印,大衣通肩披;佛两侧的胁侍像,既有称作弟子(disciples)者,也有写作高僧(monks)像。玛丽琳·李(Marylin M. Rhie)认为这座龛像应定为三世纪,至迟四世纪中。[⑥]从个体形象造型推测,佛右胁侍年龄偏大,左胁侍年龄偏小,或许表现的是大弟子迦叶和小弟子阿难。若然,这应是迄今所知现存最早的佛与迦叶和阿难合龛的三尊像。

---

①Gandhara-Das buddhistische Erbe Pakistans,248,Abb. 9.

②M. M. Deshpande,"The (Ajanta) Caves:Their Sculpture", in *Ajanta Murals*,ed. A. Ghosh (New Delhi:Archaeological Survey of India,1967),24,33.

③[东晋]法显撰:《法显传》,章巽校注本,上海:上海古籍出版社,1985年,第14页。

④[东晋]法显撰:《法显传》,章巽校注本,上海:上海古籍出版社,1985年,第103页。

⑤参见唐熙阳:《阿富汗与阿姆河北岸地区佛教考古综述》,李崇峰主编《犍陀罗与中国》,北京:文物出版社,2019年,第189—190页。

⑥参见 Thierry Joffroy,Mahmoud Bendakir,*Fayaz Tepa* (Tashkent:CRATerre-ENSAG,UNESCO,Board of Monuments of Uzbekistan/ Printed in France by Bastianelli,2006),6—8;Marylin M. Rhie,*Early Buddhist Art of China and Central Asia*. Vol. 1 (Leiden:Brill,1999),194—195,Fig. 3.24.

二、汉化的造像组合

中国早期佛教造像的组合形式，主要是一佛二菩萨，如北魏平城西武州山石窟寺中雕造的一佛二菩萨像。少数疑为佛与金刚手和莲花手，如甘肃炳灵寺第169窟3号龛，佛居中结跏趺坐，大衣通肩披；左胁侍束发，上身着铠甲，下着裙，脚穿靴，身披披风，左手持剑，右手擎金刚杵，疑为金刚手；右胁侍袒上身，下着裙，佩项饰、璎珞，跣足而立，左手执莲蕾，右手持披帛，疑为莲花手。[①]这两种造像组合形式，皆受到了古代天竺佛教艺术的影响。文献记载，魏晋南北朝迄隋唐时期中土建造了大量的地面佛寺，但由于自然或人为破坏，现存九世纪以前或已发掘出土的古代佛寺遗址很少。[②]各地现存的佛寺遗迹大多是早期佛寺的主要建筑物——佛塔，而各个时期佛寺独有的标识物——大型佛殿及其殿内的主体像设大多残毁。

石窟寺是对地面佛寺的模仿或地面佛寺的石化形式，这点在印度和中国都反映得十分明显。中国的石窟寺广泛分布于今新疆、中原北方、南方和青藏地区，开凿时间约始于公元3世纪，盛于5—8世纪，最晚可到16世纪，真实地记录了中国社会发展的历史状况，提供了认识中国传统文化的一种独特见证与担当。因其在历史、艺术和科学方面的普世价值(OVU)，已有敦煌莫高窟、洛阳龙门石窟、大同云冈石窟、重庆大足石刻和四川乐山大佛被联合国教科文组织列入世界遗产名录；而世界遗产"丝绸之路：起始段与天山廊道"，更包含陕西彬县大佛寺、甘肃天水麦积山和永靖炳灵寺、新疆拜城克孜尔石窟和库车苏巴什遗址。因此，石窟寺既是中国佛教发展的物化材料，也是中国重要的文化遗产之一。其中，洛阳龙门石窟是由北魏和唐代皇室及显贵营造，由此成为这

---

①甘肃省肃南金塔寺西窟，中心柱东面下层龛内塑坐佛，龛外左胁侍(北侧)上身着铠甲，下着裙，跣足而立；右胁侍袒上身，下着裙，跣足；两像双手皆残毁，原始持物不清。此外，金塔寺东窟中心柱西面中层南侧龛内主像两侧各有一类似胁侍，唯手臂皆残，原始持物不清。敦煌莫高窟第257窟，中心柱正壁龛内塑倚坐佛，龛外左胁侍(北侧)上身着铠甲，下着裙，跣足而立，双手皆残，原始持物不明；右胁侍已毁。对这两处龛像主尊两侧的胁侍的探讨见：M. M. Deshpande, "The (Ajanta) Caves: Their Sculpture", in *Ajanta Murals*, ed. A. Ghosh (New Delhi: Archaeological Survey of India, 1967), 24, 33.

②宿白：《中国佛教石窟寺遗迹：3至8世纪中国佛教考古学》，前言，北京：文物出版社，2010年。

一时期最具代表性的佛教遗迹，堪称中国北朝晚期和唐前期佛教石窟寺之典范。龙门石窟中各窟龛的主体造像配置，从北魏时期的一铺三身像发展到唐代的一铺九身像，皆在力图仿效同时期地面佛寺中佛殿内的主体像设。关于这一点，龙门石窟大卢舍那像龛（俗称奉先寺）的像设与渤海国1号佛寺遗址正殿的主体造像遗迹堪称佳例。

渤海国是唐代东北地区的一个重要政权，其文化大多学习唐朝，首都上京龙泉府位于今黑龙江省宁安县。1963—1964年，中国社会科学院考古研究所对上京龙泉府遗址进行了全面调查，并"选择各种有代表性的遗迹作为重点发掘的对象"，共发现佛寺遗址九座。其中，一号寺址坐落在宫城朱雀大街东侧，位置显赫，有可能是上京城中规模最大的佛寺。因限于工期，当时没有把全寺的规模及布局理清，但发掘出土的正殿遗迹保存较好。正殿包括主殿以及与之相连的东西两配殿，平面布局略呈"凸"字形。这种佛殿布局，与敦煌莫高窟隋代第433窟窟顶弥勒上生经变中的佛寺相似。壁画中所绘正殿前方，左右各一面积较小的方形配殿（夹殿），两配殿相对而建。这种正殿与夹殿之布局，也见于莫高窟隋代第306—308组窟。其中，第307窟位于后方正中，面积较大，当是摹拟地面佛寺正殿；第306窟（南侧）和第308窟（北侧）则开凿于第307窟前方两侧，面积较小，相当于地面佛寺中的配殿。[①]此外，唐道世《法苑珠林》卷十三《敬佛篇·观佛部·感应缘》所记荆州寺"造正北大殿一十三间，东西夹殿九间"[②]的建置与此基本相同。又，渤海国城址第1号佛寺主殿佛坛上的造像遗迹为一铺九身，发掘者推测为一佛、二弟子、二菩萨、二天王（神王）、二（金刚）力士。[③]我们认为这种推想是可信的。佛坛遗迹，在以前佛寺遗址的发掘中极为少见，这一发现对研究当时地面佛寺中佛殿与配殿的设置和佛殿内主体造像的布局，尤其是地面佛寺与石窟寺和佛殿内像设与石窟寺造像组合之关系的研究非常重要。倘若当时把一号寺址全部厘清，它对探讨唐代两京佛寺的平面布

①宿白：《隋代佛寺布局》，《魏晋南北朝唐宋考古文稿辑丛》，北京：文物出版社，2011年，第251页。

②[唐]释道世撰，周叔迦、苏晋仁校注：《法苑珠林》，北京：中华书局，2003年，第461页。

③中国社会科学院考古研究所编：《六顶山与渤海镇——唐代渤海国的贵族墓地与都城遗址》，北京：中国大百科全书出版社，1997年，第76—81页。

局应大有裨益。

关于唐代地面佛寺与石窟寺中的造像组合，以龙门石窟为例，依据唐高宗敕建的大卢舍那像龛和西京高僧惠简所开凿洞窟的原始题刻[①]，高宗迄武则天时期的造像组合多为一佛、二弟子、二菩萨、二神王和金刚、力士。除了中央佛像之外，位于主尊两侧的立像，通常表现的是付法藏第一祖迦叶（Mahākāśyapa）和法之继承者阿难（Ānanda）。

在中国现存的佛教石窟寺中，弟子像最早出现在甘肃省肃南县金塔寺东窟中心柱北面下层；龛内佛像结跏趺坐，龛外两侧各造一弟子立像，[②]雕塑时间大约在北凉或北凉亡后。[③]北魏云冈石窟中的弟子像，应是第18窟正壁主尊两侧雕造的十大弟子，[④]但第9窟前室北壁上层明窗西侧出现了类似于金塔寺东窟的二弟子像。[⑤]又，云冈石窟第12窟后室南壁出现了一佛、二弟子、二菩萨五身像[⑥]。不

---

①大卢舍那像龛主尊像座正面右侧（南侧），有唐高宗调露二年（680）所刻《大卢舍那像龛记》，唯字迹大部泯灭，现存二十行。唐开元十年（722）复刻于佛座左侧面（北侧面）里端的同一内容碑铭保存完整，并附刻牒文：大卢舍那像龛系“大唐高宗天皇大帝之所建也佛身通光座高八十五尺二菩萨七十尺/迦叶阿难金刚神王各高五十尺粤以咸亨三年壬申之岁四月一日（公元672年5月3日）/皇后武氏助脂粉钱二万贯奉敕检校僧西京实际寺善道禅师法/海寺主惠暕（简）法师大使司农卿韦机副使东面监上柱国樊玄则支料/匠李君瓒成仁威姚师积等至上元二年乙亥十二月卅日（676年1月20日）毕功……”（刘景龙、李玉昆主编：《龙门石窟碑刻题记汇录》，北京：中国大百科全书出版社，1998年，第379—381页）又，龙门石窟编号第1483窟也有一则《卢舍那大石像记》，内容与之基本相同，亦记大卢舍那像龛的开凿（刘景龙、李玉昆主编：《龙门石窟碑刻题记汇录》，北京：中国大百科全书出版社，1998年，第549页）。惠简洞右侧壁前端，镌刻“大唐咸亨四年十一月七/日（673年12月20日）西京海寺法僧惠简/奉为皇帝皇后太子周/王敬造弥勒像一龛二菩/萨神王等并德成就伏愿/皇业圣花无穷殿下诸王福延万代。”（刘景龙、李玉昆主编：《龙门石窟碑刻题记汇录》，北京：中国大百科全书出版社，1998年，第179页。）

②参见甘肃省文物考古研究所等编：《河西石窟》，北京：文物出版社，1987年，图版29-30；姚桂兰主编：《金塔寺石窟》，兰州：甘肃人民美术出版社，2017年，图1-131、1-132、1-133、1-136、1-137、1-138。

③宿白：《凉州石窟遗迹与“凉州模式”》，《中国石窟寺研究》，北京：文物出版社，1996年，第251页。

④《中国石窟：云冈石窟》二，北京：文物出版社，1994年，图版164。

⑤（日）水野清一、长广敏雄：《雲岡石窟：西曆五世紀における中國北部佛教窟院の考古學的調查報告》（东方文化研究所调查，昭和十三年—昭和二十年，16卷，京都：京都大学人文科学研究所，1951—1956年），第六卷，1951年，图版13。

⑥《中国石窟：云冈石窟》二，北京：文物出版社，1994年，图版108。

过，云冈石窟中最常见的造像组合形式应是一佛二菩萨[①]。北魏龙门石窟古阳洞的主体像设，延续云冈石窟旧制，即一佛、二菩萨之三尊式[②]。不过，古阳洞北壁杨大眼造像龛（景明初，500 年）在佛与菩萨之间雕刻十大弟子，应是龙门石窟中最早出现的弟子形象[③]；而同窟西壁安定王元燮造像龛（正始四年，507 年）中的一铺五身像，明确雕出了一老一少两个弟子[④]。至于在石窟寺主体像设中二弟子与二菩萨一并列入佛的辅弼像，即一佛二弟子二菩萨之造像组合，现存的最早实例应是龙门石窟的莲花洞和宾阳中洞，不过莲花洞正壁在立佛与菩萨之间浮雕的弟子像应属过渡形式[⑤]。其后，巩义大力山第 1、3、4、5 窟，也都承袭了这种一铺五身像之规制[⑥]。又，麦积山石窟中现存最早的弟子像，似位于北魏中期开凿的第 155 窟左壁。到了北魏晚期和西魏，麦积山第 122、92、162（西魏）等窟均出现了一佛二弟子二菩萨之造像组合[⑦]。至于敦煌石窟中现存最早的一铺五身像，即一佛、二弟子、二菩萨，应是北周时期开凿的莫高窟第 439 窟[⑧]。到了北齐、北周时期，河北邯郸北响堂山石窟（鼓山石窟）南洞和南响堂山石窟（滏山石窟）第 1、7 窟[⑨]，宁夏固原须弥山第 46 窟门上小龛和第 48 窟塔柱东侧面也都雕出弟子像[⑩]。弟子像，似罕见于敦煌以西的佛教石窟寺

①参见《中国石窟：云冈石窟》一，北京：文物出版社，1991 年，图版 5、36、39、41、57、90、91、115、123、130、141、148、149；《中国石窟：云冈石窟》二，北京：文物出版社，1994 年，图版 14、57、82、83、92、102、118、119、126、133、137、139、144、153、154、175。

②《中国石窟：龙门石窟》一，北京：文物出版社，1991 年，图版 132。

③《中国石窟：龙门石窟》一，北京：文物出版社，1991 年，图版 159。

④《中国石窟：龙门石窟》一，北京：文物出版社，1991 年，图版 137。

⑤《中国石窟：龙门石窟》一，北京：文物出版社，1991 年，图版 49-50。

⑥《中国石窟：巩县石窟寺》，北京：文物出版社，1989 年，图 76、85、118、128、163、187。

⑦《中国石窟：天水麦积山》，北京：文物出版社，1998 年，图版 64、76、193-195。

⑧参见《中国石窟：敦煌莫高窟》一，北京：文物出版社，1987 年，图版 158；李崇峰：《敦煌莫高窟北朝晚期洞窟的分期与研究》，《佛教考古从印度到中国》，上海：上海古籍出版社，2014 年，第 384—385、412 页。由此看出：位于边陲的石窟寺，敦煌莫高窟较当时文化中心的石窟寺在造像组合方面存在着明显滞后现象。

⑨《中国美术全集》雕塑篇 13《巩县天龙山响堂山安阳石窟雕刻》，北京：文物出版社，1989 年，图版 110-114、144、161-163。

⑩《中国石窟雕塑全集》第 5 卷《陕西宁夏》，重庆：重庆出版社，2001 年，图版 184。

及地面佛寺[1]。因此,北朝晚期石窟寺中新出现的一铺五身像,即一佛、二弟子、二菩萨之造像组合,可能是在古代罽宾一铺五身像(佛与帝释天、梵天和二菩萨像)的基础上佛教艺术汉化的结果。

又,响堂山和麦积山北朝晚期开凿的窟龛中出现了缘觉像,如北响堂山石窟南洞主室两侧壁(南、北壁)龛内弟子与菩萨之间的缘觉像[2]。这种形象也见于地面佛寺遗址,如 1976 年 3 月山东博兴县张官大队出土、2020 年 10 月 28 日在北京国家博物馆“相由心生——山东博兴佛造像展”中亮相的所谓北齐“螺髻神王”,只是限于当时的特殊背景,其原始造像组合不得而知[3]。缘觉,梵语作 Pratyeka-Buddha,一作独觉,音译辟支佛,指独自悟道之修行者,即于现在身中,不禀佛教,无师独悟,性乐寂静而不事说法教化之圣者。通常声闻与缘觉称为二乘,若共菩萨则为三乘。因其头顶上的螺髻,这种形象也有学者考定为“螺髻梵王”[4]。

至于主尊两侧或主尊两侧弟子外侧的菩萨像,是地面佛寺和石窟寺以及造像碑等造像组合的重要内容。关于佛、菩萨和弟子,“‘佛’字的本意是觉悟了的人。‘菩萨’的字义是有觉悟的人。‘阿罗汉(罗汉)’的字义是应当受

---

①李崇峰:《敦煌莫高窟北朝晚期洞窟的分期与研究》,《佛教考古从印度到中国》,上海:上海古籍出版社,2014 年,第 377—440 页。迄今所知敦煌以西的地面佛寺及石窟寺,似乎只有前述乌兹别克斯坦铁尔梅兹城西北部法雅兹泰佩佛寺遗址出土的一佛二弟子像。

②南响堂山石窟第 1、2 窟中心柱正壁龛和第 6 窟主室左侧壁龛内原来可能也雕造了缘觉像。麦积山石窟第 154 窟右壁、第 122 窟正壁、第 121 窟正壁、第 101 窟正壁等雕塑的同类形象,应该也表现的是缘觉像。又,龙门石窟路洞的正壁造像为一铺七身,佛两侧所谓的“四弟子”,笔者疑为二弟子和二缘觉像。参见(日)常盘大定、关野贞共著:《支那佛教史蹟》,第三辑,东京:佛教史迹研究会,1927 年,图版 83、84;(日)常盘大定、关野贞共著《支那佛教史蹟》,第三集评解,东京:佛教史迹研究会,1927 年,第 99 页;(日)水野清一、长广敏雄共著:《響堂山石窟:河北河南省境における北齊時代の石窟寺院》,京都:东方文化学院京都研究所,1937 年,第 35、36、60 页,图版 25B、26A、46A;《中国石窟:天水麦积山》,北京:文物出版社,1998 年,图版 67、75、80、82、85;《中国石窟:龙门石窟》一,北京:文物出版社,1991 年,图版 208。

③参见常叙政、李少南:《山东省博兴县出土一批北朝造像》,《文物》1983 年第 7 期,第 38—44 页。

④(韩)金理娜,洪起龙译:《关于 6 世纪中国七尊佛中的螺髻像之研究》,《敦煌研究》1998 年 2 期,第 72—79 页。

尊敬的人”[①]。其中,菩萨梵语作 bodhisattva,引申为“有觉悟为其本性之人”。“故可以说,菩萨当为尚未成佛的佛,佛当为已经成佛的菩萨。在传说中,菩萨的地位低于佛。”[②]菩萨所着服饰特征显著,如秣菟罗和犍陀罗出土的菩萨像,似源自古代天竺王公大臣的服饰,主要有宝冠、项饰、僧祇支(掩腋衣)、裙及披巾、璎珞等,因为天竺“国王、大臣,服玩良异。花鬘宝冠,以为首饰;环钏璎珞,而作身佩”[③]。

神王,通常位于胁侍菩萨外侧且成对出现,大多头束髻,穿铠甲,踏药叉,为威武的护法形象。这种身着铠甲的武士形象,俗称天王[④],成对出现或流行可能在唐代。依据唐道宣撰《关中创立戒坛图经》,这二位护法形像疑为金毗罗神王和散脂神将[⑤]。结合现存造像并依照相关原始题铭,这种俗称“天王”的形象,初唐时皆称“神王”,如前述唐咸亨四年(673)完工的慧简洞的原始榜刻和上元二年(675)完工的大卢舍那像龛之原始题记[⑥]。另外,巩义大力山第 5 窟东端唐乾封年间(666—668)雕镌的造像中央为倚坐佛,右侧作“护法神王”,左侧系“金毗罗神王”[⑦],似乎印证了我们的上述推断[⑧]。

金刚与力士,通常对称雕造于石窟寺前庭正壁门道两侧,可能源于古代天竺地面佛寺与石窟寺中的执杖药叉,即门神。中国石窟寺中现存最早的金刚与

---

①金克木:《再阅〈楞伽〉》,《梵佛探》,石家庄:河北教育出版社,1996 年,第 414 页。

②汤用彤:《佛与菩萨》,《汤用彤学术论文集》,北京:中华书局,1983 年,第 317 页。

③[唐]玄奘撰,季羡林等校注:《大唐西域记》,北京:中华书局,1985 年,第 177 页。

④前述金塔寺西窟中心柱东面下层龛外左胁侍、金塔寺东窟中心柱西面中层龛外左胁侍和莫高窟第 257 窟中心柱正壁龛外左胁侍,皆上身着铠甲,下着裙,跣足而立,一般称作“天王像”。笔者疑为金刚手。

⑤《大正藏》No.1892,第 45 卷,第 809b 页。

⑥刘景龙、李玉昆主编:《龙门石窟碑刻题记汇录》, 北京: 中国大百科全书出版社,1998 年,第 179、381 页。关于这种护法形象,参见李聿骐:《试述李治武曌时期龙门石窟中的神王像:以典型窟龛为例》,《石窟寺研究》第 2 辑,北京:文物出版社,2011 年,第 178—190 页。

⑦河南省文化局文物工作队编:《巩县石窟寺》,北京:文物出版社,1963 年,图版 310、311,拓本 75、76。

⑧日本有的学者把这种身着铠甲的护法形象称作“神王”。参见(日)水野清一:《北支那石窟構造論》,《中国の仏教美術》,东京:平凡社,1968 年,第 326—327 页;(日)水野清一:《敦煌石窟イート》,《中国の仏教美術》,东京:平凡社,1968 年,第 423 页。

力士，可能是云冈石窟北魏时期雕造的第7、8窟栱门两侧的“门神（dvārapāla）”。第9、10窟前室后壁门道两侧雕造的门神，水野清一和长广敏雄认为是第7、8两窟外来护法形象的进一步汉化形式[①]。现存较为规制的金刚与力士，应是云冈石窟第三期洞窟外壁门道两侧的造像[②]。据不完全统计，云冈石窟第5A、5B、26、30、31I、32F、35、35B、36A、36B、37、38、39、42等窟的窟口两侧皆雕造金刚、力士，唯大多风化严重，细部不易辨识。水野清一和长广敏雄认为这种“门神”，是手执金刚杵（vajra）、护持佛陀的金刚力士（vajrapāṇi）[③]。鉴于水野清一与长广敏雄共著《云冈石窟》考古调查报告采用日、英双语印行，因此他们把这种对称雕刻在石窟寺门道两侧的门神，日文版直接移录汉字“金刚力士”或“力士”，英文表述时则多用 vajrapāṇi 或 vajrapāṇi guardian god，少数用 guardian deity[④]。

我们认为北魏云冈石窟窟门两侧雕造的金刚与力士，可能是平城供养人及工匠在天竺地面佛寺与石窟寺门前“执杖药叉”或“门神”的基础上，结合金刚、力士“守护诸佛及佛住处”[⑤]理念的一种再创造。北魏迁洛后，虽然洛阳地区开始兴建的石窟主要参考武州山石窟寺，但龙门石窟北魏洞窟前庭布局规律[⑥]；外壁窟口两侧对称雕凿金刚与力士，疑在武州山石窟寺（云冈石窟）基础上的进一步发展，抑或依据洛阳地面佛寺所创，即彼时碑刻所言“金刚、力士，在户之旁”[⑦]。

---

①（日）水野清一、长广敏雄共著：《雲岡石窟》，第四卷，1952年，第19、81页；第五卷，1951年，第10、74页；第六卷，1951年，第18、95页；第七卷，1952年，第17、85页。

②宿白：《云冈石窟分期试论》，《中国石窟寺研究》，北京：文物出版社，1996年，第85页。

③（日）水野清一、长广敏雄共著：《雲岡石窟》，第二卷，1955年，第20、68页；第八、九卷，1953年，第18、86页。

④（日）水野清一、长广敏雄共著：《雲岡石窟》，第二卷，1955年，第20、21、68、69页，PlanⅧ；第十五卷，1955年，第44、47、49、51—53、55、57、59、145、147—149、151—153、155页，图版68、82。

⑤［东晋］佛驮跋陀罗译：《大方广佛华严经》卷四十七《入法界品》，《大正藏》No.278，第9卷，第696a页。

⑥宿白：《中国佛教石窟寺遗迹：3至8世纪中国佛教考古学》，北京：文物出版社，2010年，第38—39页。

⑦语出北齐天保八年（557）《刘碑寺造像碑》。参见王景荃编：《河南佛教石刻造像》，郑州：大象出版社，2008年，第206页。

唐道宣《关中创立戒坛图经》记载:“凡诸鬼神,各有依住,故依地之神,名曰坚牢。乃至寺塔、山林、河海、风雨,如《长阿含经》,并依止所往而守卫之。今前列护佛塔神名,多出《华严》《灌顶》《孔雀王》《贤愚》《大集》《大智论》等,以繁文故,于此总而叙之。神名跋阇罗波尼[①],梁言金刚;神名婆里旱(河但反),梁言力士[②]。初坚固光曜神、二日光曜神、三须弥华神、四净云音神、五阿修罗王神、右十二金刚、力士、神王,依《杂阿含经》:金刚神,持金刚杵,猛火炽然。《华严经》:诸金刚神与微尘数力士,俱久发誓愿,侍卫如来,住持遗法。”[③]据此,金刚、力士位居十二大神之首,地位显要。

南朝萧梁至唐初,金刚、力士似各有所指。因此,应分别称为“金刚”与“力士”为妥。这种威风凛凛的护法形象,在龙门石窟唐代窟龛的个体造型特征上彼此似无差异,且有混二为一现象,变为金刚力士或金刚或力士。如唐高宗永徽元年(650)刘玄意在宾阳南洞前壁所雕这种单身护法形象,铭文作“金刚力士”;而高宗上元二年(675)完工的大卢舍那像龛中的两身同类形象,题刻仅称“金刚”[④]。

除一铺五身像,即一佛、二弟子、二菩萨之造像组合可能创始于北魏洛阳外,神王与金刚、力士成为佛之辅弼形象或许早至北齐时即已出现。如北齐河

---

①梵语作 vajrapāṇi,汉译金刚手、金刚神、金刚力士、执金刚、执金刚神、金刚密主、金刚密迹等。参见(日)荻原云来:《漢訳対照梵和大辭典》,东京:铃木学术财团、讲谈社,1974 年,第 1165b—1166a 页。

②据法云《翻译名义集》卷二:“婆里旱,梁云力士。又梵云末罗,此云力。言力士者,梵本无文,译人义立。”参见《大正藏》No.2131,第 54 卷,第 1086b 页。梵语 balin(婆里旱?),汉译强力、福力、兵士、力士等,意为强者、大力士、英雄等。梵语 malla,汉译末罗、力、力士、壮士、勇力等,意为强健之人、非常有力的人、职业角力者等。若依据法云记述,梵语中似无“力士”一词。参见 Monier-Williams, *A Sanskrit-English Dictionary*(Oxford: Oxford University Press, 1899), 723, 793; William Edward Soothill & Lewis Hodous, *A Dictionary of Chinese Buddhist Terms*(London: Kegan Paul, Trench, Trubner & Co. Ltd, 1937), 347; 3)(日)荻原云来:《漢訳対照梵和大辭典》,东京:铃木学术财团、讲谈社,1974 年,第 914a、1010a 页。

③《大正藏》No.1892,第 45 卷,第 809a—b 页。

④参见刘景龙、李玉昆主编:《龙门石窟碑刻题记汇录》,北京:中国大百科全书出版社,1998 年,第 51 页、第 379—381 页;李崇峰:《金刚力士钩稽》,《佛教考古从印度到中国》,上海:上海古籍出版社,2015 年,第 799—808 页。

清二年(563)阿鹿交村七十人等“敬造石室一区,纵旷、东西、南北、上下五尺,□有一佛六菩萨、阿难、迦叶、八部、神王、金刚、力士”①。

龙门石窟唐代窟龛的造像组合,我们可以大体分作三种类型:第一种,唐朝初期雕造一铺三身或五身像,即一佛、二菩萨或一佛、二弟子、二菩萨,如宾阳南洞、清明寺、唐字洞、赵客师洞等窟,主要延续龙门石窟中北朝洞窟的造像组合形式;第二种,高宗前期创始的一铺七身像,即一佛、二弟子、二菩萨、二神王或金刚、力士,如宾阳北洞、高平郡王洞、擂鼓台中洞、潜溪寺、弥上洞、破上洞、双窑南洞、药方洞、赵上洞等,应是龙门石窟唐代草创;第三种,高宗后期开始流行的一铺九身像,即一佛、二弟子、二菩萨、二神王和金刚、力士,如八作司洞、宝塔洞、大卢舍那像龛、二莲花北洞、二莲花南洞、奉南洞、惠简洞、火上洞、火下洞、极南洞、敬善寺、净土堂、鷰上洞、普上洞、四雁洞、万佛洞等,堪称龙门石窟唐代造像组合之范式。又,龙门石窟唐代窟龛乃至其他地区佛教石窟寺的造像组合,应仿效唐代两京地面佛寺的主体像设②。其中,神王基本呈静态,与金刚力士相邻,后者作愤怒形之动态。“伽蓝土地,护戒神王;金刚、力士,幽显灵祇。”③

关于地面佛寺与石窟寺中这种造像组合及性质,目前难以给出合理结论。不过,南宋嘉熙元年(1237)沙门宗鉴集《释门正统》卷三《塔庙志》记载:“于门两颊,应画执仗药叉是也。今殿中设释迦、文殊、普贤、阿难、迦叶、梵王、金刚者,此土之像也。阿难合掌,是佛堂弟,理非异仪。迦叶擎拳,本外道种,且附本习,以威来象;盖若以声闻入辅,则迦叶居左,阿难居右。若以菩萨入辅,则文殊居左,普贤居右。今四大弟子俱列者,乃见大、小乘各有二焉耳。梵王执炉,请转法轮。金刚挥杵,卫护教法也。”④宗鉴《释门正统》,仿效《史记》及《汉书》体例,

①[清]胡聘之:《山右石刻丛编》卷二,《石刻史料新编》第一辑第20册,台北:新文丰出版公司,1979年,第14973—14974页。

②李崇峰:《龙门石窟唐代窟龛分期试论》,《佛教考古从印度到中国》,上海:上海古籍出版社,2014年,第441—528页。

③[唐]怀海集编:《百丈丛林清规》卷七《大众章》“五戒元基”条,[清]仪润证义,妙永校阅《卍新纂大日本续藏经》,第63卷,东京:日本国书刊行会,1980—1989年,第464a页。

④《卍新纂大日本續藏經》第75卷,第298a页。

分本纪、世家、诸志、列传、载记等五篇目，所集资料有些应该颇早。不管怎样，宗鉴《释门正统》记述："今殿中设释迦、文殊、普贤、阿难、迦叶、梵王、金刚者，此土之像也。""梵王执炉，请转法轮。金刚挥杵，卫护教法也。"至迟代表了南宋高僧的观点。

综上，中土地面佛寺和石窟寺中的一铺五身像（一佛、二弟子、二菩萨）、一铺七身像（一佛、二弟子、二缘觉、二菩萨或一佛、二弟子、二菩萨、二神王或金刚、力士）和一铺九身像（一佛、二弟子、二菩萨、二神王和金刚、力士）等造像组合形式，似皆为此土所创，符合当时汉地僧俗之观念，它们应是佛教艺术汉化或中国化的真实反映。

金塔寺石窟的营建年代与供养人

陈悦新
（北京联合大学应用文理学院）

河西走廊的马蹄寺石窟群由金塔寺、千佛洞、马蹄北寺、马蹄南寺、上观音洞、中观音洞、下观音洞七个部分组成①，其中年代最早者是金塔寺石窟②。金塔寺石窟在张掖市南 60 公里处，位于肃南裕固族自治县马蹄区的大都麻村辖境，石窟坐落在临松山（马蹄山）西面、大都麻河西岸的红石崖壁上。源自祁连山的大都麻河曲折北流出山即为前凉、北魏临松郡治南古城③，为临松山前的重镇。崖壁距地面约 60 余米处，凿有两个规模较大的洞窟，一般称为东、西二窟。两窟平面为纵长方形，覆斗顶，窟内中部凿中心柱。因山崖崩塌，窟室前半部已损毁，中心柱几乎裸露于山崖的边沿。

本文在考古学分期基础上，结合石窟寺与文献资料，讨论金塔寺石窟不同文化因素与供养人问题。

一、20 世纪 50 年代以来的考古学分期

关于金塔寺石窟的营建年代，主要有北魏时期和十六国时期两说。

1. 北魏时期说

20 世纪 50 年代，史岩调查河西走廊石窟，刊布《散布在祁连山区民乐县

①敦煌研究院等：《肃南马蹄寺石窟群》，北京：科学出版社，2020 年。

②张宝玺：《河西北朝石窟》，上海：上海古籍出版社，2016 年，第 45—57 页。

③《甘州府志》（乾隆四十四年刊本）卷四“古迹”条，《中国方志丛书》，台北：成文出版社，1976 年，第 436—437 页。

境的石窟群》一文[①],认为金塔寺石窟的开凿年代约在北魏时期。20 世纪 90 年代以后,对于金塔寺石窟开凿于北魏时期的探讨进一步深化,张宝玺《河西北朝石窟编年》认为金塔寺石窟的开凿时间约在北魏太和(477—499)年间或稍后[②]。暨远志《张掖地区早期石窟分期试论》认为约在太和及稍后的时期(486—510)[③]。日本学者八木春生《河西石窟群年代考——兼论云冈石窟与河西石窟群的关系》将开凿年代定在北魏后半期以降(460 年以后)[④]。李玉珉《金塔寺石窟考》认为东窟的开凿年代约在五世纪 50 或 60 年代,西窟的开凿年代约在五世纪的 70 年代或稍晚[⑤]。陈悦新《金塔寺石窟的佛像服饰与年代》将开凿年代推定为太和初年,其中,东窟的开凿年代较之西窟略早[⑥]。

2. 十六国时期说

20 世纪 60 年代,甘肃省文物工作队对金塔寺石窟进行较为全面的调查与研究,刊发《马蹄寺、文殊山、昌马诸石窟调查简报》[⑦],提出金塔寺石窟年代为十六国时期,以北凉时期(397—439)的可能性最大;20 世纪 80 年代以后,对于金塔寺石窟开凿于十六国时期也有进一步的认识,甘肃省文物考古研究所将 1963 年调查所拍摄的大量照片资料,整理出版图录《河西石窟》,维持原观点[⑧]。宿白《凉州石窟遗迹与"凉州模式"》认为金塔寺石窟开凿年代约在北凉

---

①史岩:《散布在祁连山区民乐县境的石窟群》,《文物参考资料》1956 年第 4 期,第 37—44 页。

②张宝玺:《河西北朝石窟编年》,敦煌研究院编《1994 敦煌学国际讨论会文集——纪念敦煌研究院成立五十周年(石窟考古卷)》,兰州:甘肃民族出版社,1990 年,第 259—260 页。

③暨远志:《张掖地区早期石窟分期试论》,《敦煌研究》1996 年第 4 期,第 22—35 页。

④(日)八木春生:《河西石窟群年代考——兼论云冈石窟与河西石窟群的关系》,《美术史研究集刊》1997 年第 4 期,第 1—18 页。

⑤李玉珉:《金塔寺石窟考》,《故宫学术季刊》2004 年第 22 卷第 2 期,第 44、45 页。

⑥陈悦新:《金塔寺石窟的佛像服饰与年代》,《敦煌学辑刊》2013 年第 1 期,第 95—102 页。

⑦甘肃省文物工作队:《马蹄寺、文殊山、昌马诸石窟调查简报》,《文物》1965 年第 3 期,第 13—23 页。

⑧甘肃省文物考古研究所编:《河西石窟》,北京:文物出版社,1987 年,第 1—21 页。更有文章指出金塔寺石窟即为北凉王沮渠蒙逊所开凿的凉州石窟,参见王泷:《甘肃早期石窟的两个问题》,《1983 年全国敦煌学术讨论会文集·石窟艺术编》上,兰州:甘肃人民出版社,1985 年,第 312—318 页;金维诺:《中国古代佛雕——佛造像样式与风格》,北京:文物出版社,2002 年,第 29 页。

后期[①]。国家文物局教育处《佛教石窟考古概要》将金塔寺石窟的年代置于北凉时期[②]。美国何恩之“Liang Patronage of Buddhist Art in the Gansu Corridor during the Fourth Century and the Transformation of a Central Asian Style”提出金塔寺石窟在前凉(314—376)或北凉时期均有开窟活动[③]。韩国梁银景《甘肃金塔寺石窟的开凿年代及其与北凉佛教的关系》仍推定金塔寺石窟的开凿年代为北凉时期[④]。

二、本文考古学分期

在上述研究的基础上,本文对金塔寺石窟进行洞窟形制、题材布局、佛衣样式[⑤]三项标志的考古类型学归纳总结,加强对佛像衣着特点的分析,进一步推定金塔寺石窟的开凿年代。

本文分期持北魏说,时间较之以往研究略有调整,认为金塔寺石窟开凿年代约在北魏太和(477—499)中期,其中东窟的年代略早于西窟。见表1。

①宿白:《凉州石窟遗迹与“凉州模式”》,《中国石窟寺研究》,北京:文物出版社,1996年,第39—51页。

②国家文物局教育处:《佛教石窟考古概要》,北京:文物出版社,1993年,第39—40页。

③Angela F. Howard:“Liang Patronage of Buddhist Art in the Gansu Corridor during the Fourth Century and the Transformation of a Central Asian Style”,巫鸿主编《汉唐之间的宗教艺术与考古》,北京:文物出版社,2000年,第262—263页。

④[韩]梁银景:《甘肃金塔寺石窟的开凿年代及其与北凉佛教的关系》,《艺术与科学》(卷九),北京:清华大学出版社,2009年,第141—156页。

⑤佛衣从里向外披覆三层长方形衣,名“三衣”。根据印度和汉地佛教造像中三衣的披覆形式,首先,从层次上分为上衣外覆类和中衣外露类。上衣外覆类仅表现上衣的披覆形式,中衣外露类则既表现上衣也表现中衣的披覆形式。其次,上衣外覆类据上衣披覆形式可分为通肩式、袒右式、覆肩袒右式、搭肘式、露胸通肩式五种类型;中衣外露类据上衣及中衣披覆形式可分为上衣搭肘式、上衣重层式、中衣搭肘式三种类型。关于佛衣样式的描述,参见陈悦新:《5—8世纪汉地佛像着衣法式》,北京:社会科学文献出版社,2014年,第9—38页。

表 1　本文金塔寺石窟分期①

特点 窟号	洞窟形制	题材布局	佛像着衣	分期
东窟	残深 10.50 米，宽 11.60 米，高 6.00 米，覆斗顶兼平顶，壁面绘千佛，窟顶绘立佛。中心柱分三层，下层每面正中各开一尖楣圆拱大龛，圆拱的两端塑成反顾的龙头或忍冬图案；中层每面并排凿三个浅龛；上层塑小型佛和菩萨(图 1:a)。	下层每面龛内各塑一佛，龛外两侧各塑一胁侍菩萨或弟子；中层每龛内各塑一佛，后面三龛外影塑小坐佛，余三面龛外各塑胁侍菩萨，每面壁间影塑小坐佛；上层除右面为后代补塑外，余三面为十佛和十菩萨(图 2:a)。	佛衣覆肩袒右式和通肩式为主，多装饰勾联纹(图 3:a)。 胁侍菩萨衣下裙式，多装饰勾联纹(图 4:a)。	太和(477—499)中期，东窟较之西窟略早。
西窟	残深 4.00 米，宽 8.10 米，高 4.00 米。覆斗顶兼平顶，壁面绘千佛，窟顶绘飞天及供养天。中心柱分三层，下层每面正中各开一尖楣圆拱大龛，左右龛的尖楣正中贴塑有火焰光的六角摩尼宝珠；中层和上层未开龛，塑佛与菩萨像(图 1:b)	下层每面龛内各塑一佛，龛外两侧各塑一胁侍菩萨；中层正面主尊后代改塑为藏式祖师像，左面和后面各塑一佛，右面主尊为思惟菩萨，每面壁间影塑供养菩萨及弟子；上层每面塑千佛或菩萨(图 2:b)。	佛衣覆肩袒右式和通肩式为主，多装饰勾联纹(图 3:b)。 胁侍菩萨衣下裙式、袒右式及铠甲式②，另有主尊菩萨衣下裙式，多装饰勾联纹(图 4:b–d)。	

从龛形装饰、题材内容、造像衣纹等方面可看到金塔寺石窟与云冈石窟第 7、8 和 9、10 双窟多有相似之处。

龛形装饰：金塔寺东窟中心柱下层尖楣圆拱龛的圆拱的两端塑成反顾的

①洞窟数据及相关内容，参见张宝玺：《河西北朝石窟》，上海：上海古籍出版社，2016 年，第 162—166 页。

②金塔寺西窟中心柱左面一层两身胁侍，一身为菩萨，一身着铠甲衣，张宝玺先生认为是大梵天和帝释天，帝释天着铠甲式衣。参见张宝玺：《河西北朝石窟》，上海：上海古籍出版社，2016 年，第 55 页。

龙头或忍冬图案。反顾的龙头见于云冈石窟第7、8双窟主室左、右、前三个壁面上的圆拱小龛和第9、10双窟主室前壁上层圆拱小龛,忍冬图案在第7、8和9、10双窟的小龛圆拱端部少见,但却是最常见的装饰图案。金塔寺西窟中心柱下层左右面尖楣圆拱龛的尖楣正中贴塑有火焰光的六角摩尼宝珠,与云冈石窟第7窟主室前壁圆拱门上方正中、第9窟主室窟门顶部的火焰光六角摩尼宝珠相似。

题材内容:金塔寺东窟中心柱中层左面和右面、西窟中心柱中层后面主尊为交脚佛,西窟中心柱中层左面主尊为倚坐佛、右面主尊为思惟菩萨。云冈石窟交脚佛最早见于第7、8双窟主室左右两侧壁的小龛内;倚坐佛、思惟菩萨最早见于第7窟主室正壁上方大龛,其布局为一交脚菩萨二倚坐佛二思惟菩萨,以及第8窟主室正壁上方大龛,其布局为一倚坐佛二交脚菩萨二思惟菩萨;第9窟主室的主尊为倚坐大佛。

造像衣纹:金塔寺石窟的佛衣和菩萨衣一般装饰一种衣纹,这种衣纹以突起的两股曲线合为一股,每股上刻阴线一道或两道,同时在每股之间的凹面上刻阴线一道;在交合处两股的内边线闭合,外边线延伸合为一股,同时交合处阴刻短弧线。其外观轮廓形似叉状或燕尾形或Y字形[①]。据两股曲线通过相互勾结、合成一股的逻辑表现形式,拟名为"勾联纹"。

佛衣勾联纹的表现形式最早见于云冈石窟第19、20窟,云冈石窟第19、20窟佛衣的勾联纹在交合处内边线相互咬合,每股上的阴线也随形咬合(图5:a);云冈石窟第8窟勾联纹与以上相同,第7窟佛衣的勾联纹则有变化,勾联纹在交合处内边线闭合、阴刻短弧线(图5:b)。金塔寺石窟佛衣与菩萨衣的勾联纹,其细节表现与云冈石窟第19、20窟相异,而与云冈石窟第7窟的表现形式相同。

云冈石窟佛像勾联纹的形成,据衣纹变化形式大致可追索出由西而东的

---

①如:Benjamin Rowland. Notes on the Dated Statues of the Northern Wei Dynasty and the Beginnings of Buddhist Sculpture in China. *Art Bulletin*, Vol. XIX, No.1, 1937, p.102.形容为参差不齐的长柄叉状褶痕。金申《易县北魏交脚菩萨像造型上的几个问题》(《文物》1997年第7期,第61页)形容其分叉时呈燕尾状,李玉珉《金塔寺石窟考》(《故宫学术季刊》2004年第2期,第40页)形容其为Y字形衣褶。

一条路线，首先自犍陀罗到河西地区，如现藏甘肃省博物馆承玄元年(428)高善穆塔、承玄二年(429)田弘塔坐佛，炳灵寺 169 窟约 420 年前后的 7 龛立佛；进而至现藏日本东京国立博物馆的太平真君四年(443)高阳蠡吾(今河北省博野县西南)菀申造像，及河北易县出土、现藏易县文管所的和平六年(465)交脚菩萨像；最终在云冈石窟佛衣的勾联纹臻于成熟，又由云冈石窟直接或间接向外传播[①]。

《魏书·释老志》记录了云冈石窟开始凿窟时的情况：和平元年(460)“昙曜白帝，于京城西武州塞，凿山石壁，开窟五所，镌建佛像各一。高者七十尺，次六十尺，雕饰奇伟，冠于一世。”[②]这最初的五窟即相当于今云冈石窟第 16—20 窟，五窟开凿的下限推断在献文帝末年(470)[③]。继昙曜五窟之后开凿的洞窟有第 7、8 双窟及略晚的第 9、10 双窟等[④]，推测第 9、10 双窟的开凿时间约始于太和八年(484)，完工于太和十三年(489)[⑤]，勾联纹饰在第 9、10 双窟中鲜见[⑥]，可进一步推知第 7、8 双窟勾联纹的下限大致在太和中期。云冈石窟基本不见胁侍菩萨装饰勾联纹。

金塔寺石窟所在地临松山，前凉张天锡置临松郡，北魏太和中复置，太和十一年又置张掖郡。《太平寰宇记》：“临松山，一名青松山，一名马蹄山，又云丹岭山，在(张掖)县南一百二十八里……后魏太和(477—499)中，置临松郡，故

①陈悦新：《云冈石窟佛像勾联纹饰》，中国考古学会、沈阳市文物考古研究所编《庆祝宿白先生 90 华诞文集》，北京：科学出版社，2012 年，第 272—292 页。

②《魏书》卷一一四《释老志》，北京：中华书局，1974 年，第 3037 页。

③吉村怜：《论云冈石窟编年》，吉村怜著，卞立强等译《天人诞生图研究——东亚佛教美术史论文集》，北京：中国文联出版社，2002 年，第 256—274 页；宿白：《平城实力的集聚和“云冈模式”的形成与发展》，《中国石窟寺研究》，北京：文物出版社，1996 年，第 114—144 页。

④宿白：《云冈石窟分期试论》，《中国石窟寺研究》，第 76—79 页。(日)长广敏雄：《云冈石窟第 9、10 双窟的特征》，云冈石窟文物保管所编：《中国石窟·云冈石窟(二)》，北京：文物出版社，1994 年，第 193—207 页。

⑤宿白：《〈大金西京武州山重修大石窟寺碑〉校注——新发现的大同云冈石窟寺历史材料的初步整理》《〈大金西京武州山重修大石窟寺碑〉的发现与研究——与日本长广敏雄教授讨论有关云冈石窟的某些问题》，《中国石窟寺研究》，北京：文物出版社，1996 年，第 60—61、89—113 页。

⑥第 9、10 窟壁面佛衣不见勾联纹纹饰，但两窟主室正壁佛衣为后代泥皮所覆，尚不宜遽言 9、10 窟有此衣纹与否。

城在此山下。”又云“后魏太武帝平凉，以为张掖军，至太和十一年(487)，改军为郡”。[①]

《甘州府志》载：“临松古城，(张掖)城南一百里，前凉张天锡置临松郡。北凉改临松县……《寰宇记》：后魏太和中置临松郡，在临松山下，今俗名南古城也。”[②]

据上述文献，推测“后魏太和中置临松郡”，这个时间段约在太和中期，即487年或稍后[③]。

据云冈石窟第7、8和9、10双窟年代的估定，及上述相关文献，推断金塔寺石窟的开凿年代约在太和(477—499)中期。

另外，东窟的勾联纹主要集中在主尊佛衣与胁侍菩萨衣上；西窟的勾联纹则较广泛，除主尊佛衣与胁侍菩萨衣外，主尊菩萨衣及中心柱一层龛外出现的东窟未见的袒右式、铠甲式胁侍菩萨衣，均有勾联纹。从西窟勾联纹表现较为丰富的情况，似表明西窟年代较之东窟略晚。

三、金塔寺石窟文化因素

佛教艺术从新疆向东传播，首及河西地区，金塔寺西窟窟顶底层壁画所画人物形象、装束及绘画技巧都与新疆诸石窟内的早期壁画的风格接近[④]，表明其文化因素中保留有早期的西域文化。

河西北朝石窟以中心柱窟占绝对多数，据统计河西北朝洞窟共45座，中心柱窟占26座，由河西走廊的东端起，包括天梯山石窟第1、4、18窟，金塔寺东、西窟，千佛洞1—4窟，下观音洞第1窟，童子寺第2、3、8窟，文殊山石窟1—4和7—10窟，昌马石窟第2、4窟，五个庙石窟第1、5、6窟；此外，莫高窟

①《太平寰宇记》卷一五二《陇右道三》“甘州废”条，《景印文渊阁四库全书》，台北：台湾商务印书馆，1986年，第470册，第435a页。

②《甘州府志》(乾隆四十四年刊本)卷四“古迹”条，《中国方志丛书》，台北：成文出版社，1976年，第436—437页。

③张宝玺：《河西北朝石窟》，上海：上海古籍出版社，2016年，第46—47页。

④甘肃省文物工作队：《马蹄寺、文殊山、昌马诸石窟调查简报》，《文物》1965年第3期，第16页。

北朝洞窟36座，中心柱窟占15座①。金塔寺中心柱窟为地方特色。

北魏孝文帝太和中期，相继在张掖地区设立张掖郡、临松郡，临松郡领安平、和平二县②，反映了该地区人口已有所增加，经济发展也有一定规模。明元皇帝曾孙、乐安王拓跋范孙、乐安王元良子元静，于531年前曾出任张掖太守③，表明北魏王朝与张掖地区的联系较为密切。河西地区极受北魏朝廷重视，镇守河西的人物多为北魏宗族或朝廷近臣，见表2。

表2 镇守河西官员表

时间	姓名	任职	家世	资料来源
439	元丕	镇凉州	皇族	《魏书》卷四《世祖纪上》，北京：中华书局，1974年，第90页。
439	贺多罗	镇凉州	权贵	《魏书》卷四《世祖纪上》，北京：中华书局，1974年，第90页。
450	尉眷	镇凉州，加都督凉沙河三州诸军事、安西将军，领护羌戎校尉	权贵	《魏书》卷二六《尉古真列传》，北京：中华书局，1974年，第657页。
452—465	元他	使持节、都督凉州诸军事、镇西大将军	皇族	《魏书》卷一六《道武七王列传》，北京：中华书局，1974年，第391页。
465	元他	镇西大将军、仪同三司，镇凉州	皇族	《魏书》卷六《高祖纪》，北京：中华书局，1974年，第125页。
471	南安王元桢	假节、都督凉州及西戎诸军事……镇凉州	皇族	《魏书》卷七《高祖纪》，北京：中华书局，1974年，第135页。
太和九年(485)以前	穆亮	使持节、征西大将军、西戎校尉、敦煌镇都大将	皇亲	《魏书》卷二七《穆崇列传》，北京：中华书局，1974年，第667页。
487年以前	元浑	凉州镇将、都督西戎诸军事、领护西域校尉	皇族	《魏书》卷一六《道武七王列传》，北京：中华书局，1974年，第400页。
531年以前	元静	张掖太守	皇族	《君讳弼(元弼)墓志》，赵超《汉魏南北朝墓志汇编》，天津：天津古籍出版社，1992年，第279页。

①张宝玺：《河西北朝石窟》，上海：上海古籍出版社，2016年，第16—20页。书中误将天梯山第18窟写作第8窟。

②《魏书》卷一〇六《地形志下》"凉州"条，北京：中华书局，1974年，第2623页。

③《君讳弼(元弼)墓志》，赵超《汉魏南北朝墓志汇编》，天津：天津古籍出版社，1992年，第279页。

北魏灭北凉后，太武帝即"留骠骑大将军、乐平王丕，征西将军贺多罗镇凉州"[①]。太平真君十一年(450)，张掖王秃发保周反，"征(尉)眷与永昌王健等率师讨之"，其后又"诏眷留镇凉州，加都督凉沙河三州诸军事、安西将军，领护羌戎校尉。转敦煌镇将"[②]。文成帝时(452—465)阳平王他出任"使持节、都督凉州诸军事、镇西大将军"[③]，献文帝和平六年(465)即位伊始，又"以淮南王他为镇西大将军、仪同三司，镇凉州"[④]。孝文帝延兴元年(471)，任"南安王桢为假节、都督凉州及西戎诸军事……，镇凉州"[⑤]。太和九年(485)以前[⑥]，文成帝婿、长乐王、秦州刺史、位列代北"勋臣八姓"之首[⑦]的穆亮，"迁使持节、征西大将军、西戎校尉、敦煌镇都大将。政尚宽简，赈恤穷乏，被征还朝，百姓追思之"[⑧]。卒于太和十一年(487)的南平王浑也曾任"凉州镇将、都督西戎诸军事、领护西域校尉……恩著凉土"[⑨]等。

又据《魏书》记载，文成帝于太安二年(456)及和平元年(460)、三年(462)、五年(464)四度行幸河西，[⑩]延兴三年(473)，孝文帝也曾从太上皇献文帝行幸河西。[⑪]

---

①《魏书》卷四《世祖纪上》，北京：中华书局，1974年，第90页。

②《魏书》卷二六《尉古真列传》，北京：中华书局，1974年，第657页。

③《魏书》卷一六《道武七王列传》，北京：中华书局，1974年，第391页。

④《魏书》卷六《高祖纪》，北京：中华书局，1974年，第125页。据《魏书》第十六卷《道武七王列传》，阳平王他后改封临淮王、淮南王(北京：中华书局，1974年，第391页)。

⑤《魏书》卷七《高祖纪》，北京：中华书局，1974年，第135页。

⑥穆亮自敦煌被征还朝后，"除都督秦梁益三州诸军事、征南大将军、领护西戎校尉、仇池镇将。时宕昌王梁弥机死……弥机兄子弥承，戎民归乐，表请纳之。高祖从焉。"(《魏书》卷二七《穆崇传附四世孙亮传》，北京：中华书局，1974年，第667页)"(太和)九年(485)……遣使拜宕昌王梁弥机兄子弥承为其国王"(《魏书》卷七《高祖纪上》，北京：中华书局，1974年，第155页)，由此知，穆亮出镇敦煌在太和九年(485)以前。

⑦《魏书》卷一一三《官氏志》(北京：中华书局，1974年，第3006、3014页。)："神元皇帝时，余部诸姓内入者：丘穆陵氏，后改为穆氏……太和十九年，诏曰……其穆、陆、贺、刘、楼、于、嵇、尉八姓，皆太祖已降，勋著当世，位尽王公。"

⑧《魏书》卷二七《穆崇列传》，北京：中华书局，1974年，第667页。

⑨《魏书》卷一六《道武七王列传》，北京：中华书局，1974年，第400页。

⑩《魏书》卷五《高宗纪》，北京：中华书局，1974年，第115、119、120、122页。

⑪《魏书》卷七《高祖纪》，北京：中华书局，1974年，第139页。

以上略可说明北魏国都平城与河西关系密切，金塔寺石窟中龛形装饰、题材内容、造像衣纹等与云冈石窟第 7、8 和 9、10 双窟多有相似之处，应与这种历史背景相关。

四、金塔寺石窟与供养人

金塔寺东窟残深 10.5 米、宽 11.6 米、高 6.0 米，西窟规模较东窟略小，残深 4.0 米、宽 8.1 米、高 4.0 米。金塔寺东窟和西窟的规模与莫高窟北魏第一类洞窟接近，莫高窟北魏第一类洞窟进深 8—10 米、面阔 5—7 米、通高 4—5 米。[①]

孝文帝迁洛之初，曾任敦煌镇都大将的穆亮，其夫人即参加了洛阳龙门石窟最早的一批造像功德，古阳洞北壁上方龛题记"太和十九年(495)十一月使持节司空公长乐王丘穆陵亮夫人尉迟为亡息牛橛请工镂石造此弥勒像一区"[②]。

1965 年莫高窟第 125、126 窟前裂缝中出土太和十一年(487)广阳王慧安发愿文的残绣佛一件，推测施主广阳王慧安为元嘉，刺绣应该是从平城一带被人带到敦煌来的。[③]广阳王慧安系北魏宗室，太武帝孙[④]。元嘉崇信佛教，最为笃诚。《辩正论》卷四《十代奉佛篇》说他："读一切经凡得三遍，造爱敬寺以答二皇。为众经抄一十五卷。归心委命，志在法城。"[⑤]

莫高窟北魏第一类洞窟规模较大，反映出供养人应与穆亮和广阳王的身份地位相当，可能也有世家大族的开凿活动[⑥]。

金塔寺石窟与莫高窟北魏第一类洞窟规模接近，供养人可能也与都城平城有关，其身份当为地方最高长官一级，如敦煌镇都大将穆亮、凉州镇将南平

①陈悦新:《莫高窟北朝洞窟第营建与供养人》,《宿白纪念文集》，北京：文物出版社，2022 年，第 69—70 页。

②龙门石窟研究所:《龙门石窟碑刻题记汇录》下卷，北京：中国大百科全书出版社，1998 年，第 430、431 页。

③马世长:《新发现的北魏刺绣》,《中国佛教石窟考古文集》，台北：财团法人觉风佛教艺术文化基金会，2001 年，第 231—239 页。

④《北史》卷一六《广阳王建传附子嘉传》，北京：中华书局，1974 年，第 615、616 页；《魏书》卷十八《广阳王建传附子嘉传》，北京：中华书局，1974 年，第 428、429 页。

⑤《辩正论》卷四《十代奉佛篇》下"魏尚书令广阳王嘉"，《大正藏》第五二册，第 515 页上栏。

⑥陈悦新:《莫高窟北朝洞窟第营建与供养人》,《宿白纪念文集》，北京：文物出版社，2022 年，第 71 页。

王元浑、张掖太守宗室元静等来自平城的权贵。

附记：调研得到甘肃省文物考古研究所、张掖市文物保护研究所的支持和王辉、姚桂兰、秦春梅等先生的帮助，北京联合大学王楚宁老师核查资料并清绘部分线图、孟丽老师翻译英文摘要，谨致谢忱！

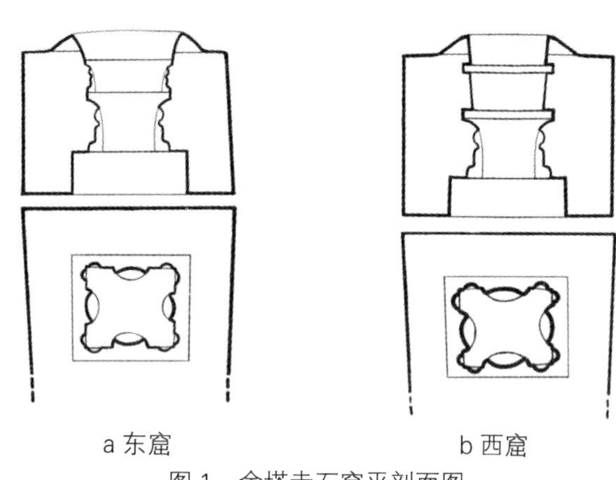

a 东窟　　b 西窟

图 1　金塔寺石窟平剖面图

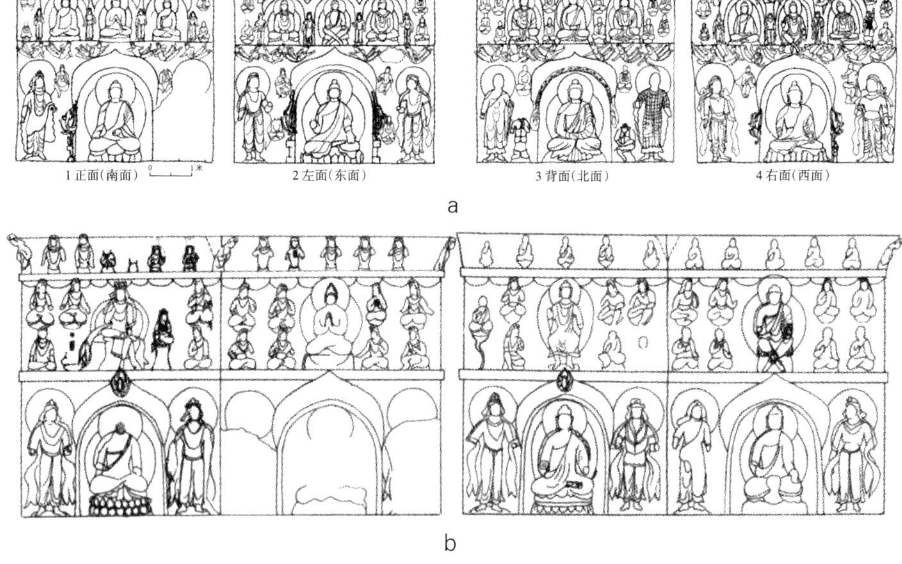

图 2　金塔寺石窟中心柱各立面

a 东窟（张宝玺《河西北朝石窟》第 49 页）　b 西窟（张宝玺《河西北朝石窟》第 52 页）

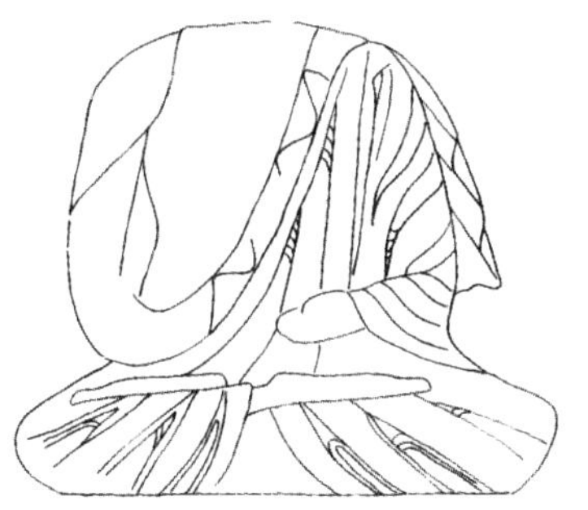

a 东窟中心柱正面下层

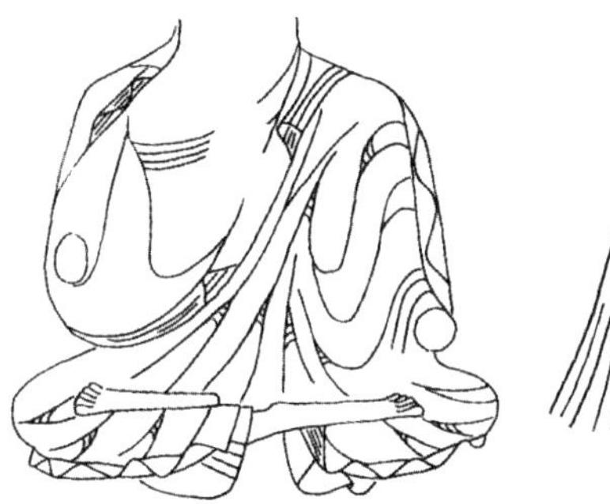

b 西窟中心柱右面下层及胸腹局部

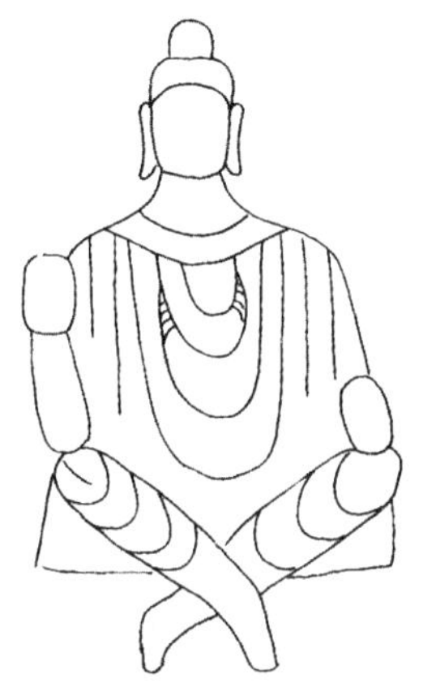

c 东窟中心柱右面上层中龛

d 东窟中心柱右面上层左龛

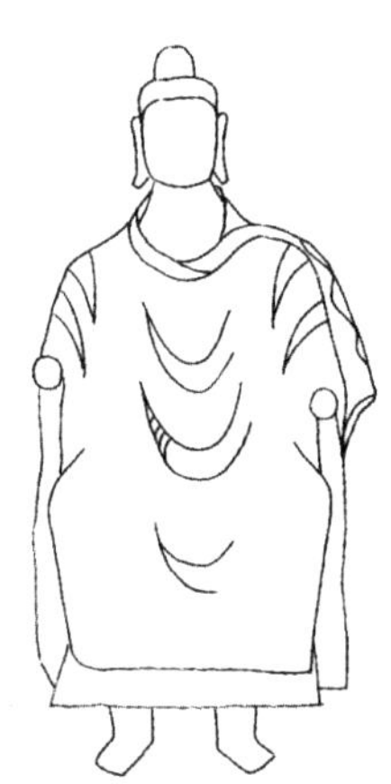

e 西窟中心柱左面上层

图 3　金塔寺石窟佛衣类型

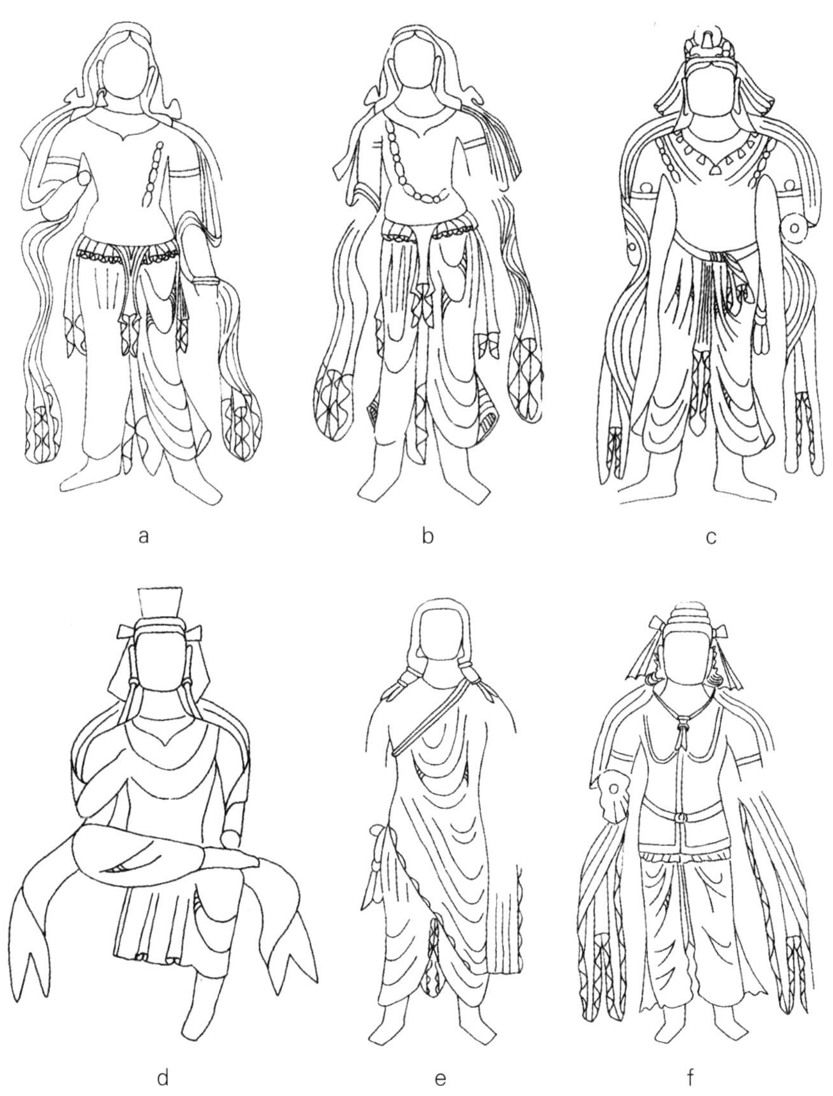

图 4　金塔寺石窟菩萨与铠甲胁侍的衣饰

a 东窟中心柱右面下层左侧菩萨　b 东窟中心柱右面下层右侧菩萨

c 西窟中心柱右面下层右侧菩萨　d 西窟中心柱右面上层思惟菩萨

e 西窟中心柱后面下层右侧菩萨　f 西窟中心柱左面下层左侧铠甲衣胁侍

a 云冈第 20 窟正壁佛衣及胸腹部衣纹

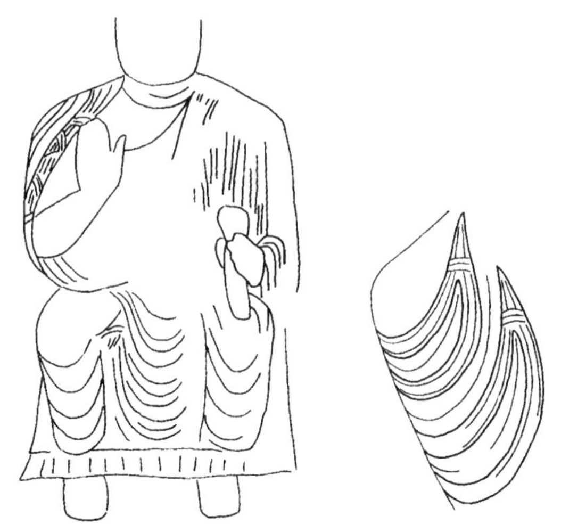

b 云冈第 7 窟主室正壁上龛左侧佛衣及右腿内侧衣纹

图 5　云冈石窟佛衣

瓜州榆林窟第3窟西夏属性申论

梁　红、沙武田
（陕西师范大学）

瓜州榆林窟第3窟是敦煌晚期石窟的代表窟，也是敦煌晚期石窟“汉藏并存”“显密共融”的珍贵遗存，尤其在汉藏艺术史上有独特的地位，贾维维已有集大成研究①，就目前而言似乎鲜有超越或突破此研究的新成果。郭静在对窟顶“祥禽瑞兽”图像释读的基础上借用传统世俗墓葬的思想和主题，阐发了窟顶装饰图案的世俗性及其宗教含义，从一个独特的视角强化了榆林窟第3窟的净土往生主题、思想和功能②，可以认为是对该窟整体认识的一点有意义的补充。贾维维以其高超的手法、宏大的视野、娴熟的佛教知识、多语言背景，从经典依据、艺术源流、图像结构、洞窟思想等方面对窟内壁画进行了令人叹服的梳理和解析，总结认为榆林窟第3窟“是目前敦煌石窟群中保存最为完整的西夏窟室之一”，窟内壁画“既有典型的汉地早期大乘佛教艺术题材，也有10世纪11世纪初藏文、汉文新译密教经典所记载的尊像，源自不同造像体系的图像在西夏社会‘圆融性’佛教背景下得到深入融合，这是西夏佛教艺术在特定时代背景下不断选择适合自身发展模式的结果”。经过对与洞窟各铺壁画相关联的大量梵文、藏文、汉文、西夏文经典文本与相关尊像图像志特征内容的解读，清晰判定此窟所描绘的绝大多数密教题材遵循的是东印度波罗王朝的佛

①贾维维：《榆林窟第3窟壁画与文本研究》，杭州：浙江大学出版社，2020年。这本书是在其2014年已经在知网公开发表的博士论文《榆林窟第3窟壁画研究》基础上修订而成（总体变化不大），截至2023年5月12日该论文已在知网下载达5387次，引用达69次，属同类博士论文中的佼佼者。

②郭静：《瓜州榆林窟第3窟世俗图像研究》，陕西师范大学硕士学位论文，2019年。

教造像体系，具体以 11 世纪下半叶成书的《巴哩成就百法》为代表；最后指出，榆林窟第 3 窟“显/密”“汉/藏”等不同体系图像在一个完整的空间内的出现，是西夏华严“圆教”作用的结果。[①]

可以说，贾维维的博士论文对我们认识西夏佛教艺术甚至包括 10—13 世纪的多民族艺术是有积极意义的，尤其是对理解敦煌西夏石窟艺术，打开了一扇新的窗户，至于对榆林窟第 3 窟西夏时代属性的判断，更是很难质疑了。但是近年来学术界对敦煌晚期石窟分期断代的热烈讨论，榆林窟第 3 窟作为晚期石窟的代表窟，再次成为一个焦点问题，近期杨富学、刘璟连续发表两篇直接针对榆林窟第 3 窟时代讨论的论文，分别提出榆林窟第 3 窟为“元代西夏遗民窟”[②]和“元代皇家窟”[③]的新观点，文中证据确凿，全面否定西夏时代说，断定该窟为元代洞窟且属“元代皇家窟”，“窟主只能属于蒙古豳王家族”，具体即为驻守瓜州的“肃王家族”。在此二文之前，刘永增早在 2014 年即已提出榆林窟第 3 窟非西夏主要营建，西夏时期建成窟形仅绘制了甬道南北壁的供养人画像，认为窟内壁画主体是在元代中晚期绘制的观点，同时还认为明、清两代仍有重修活动[④]。

如此一来，明显对以贾维维为代表的学者们所持的西夏说提出了挑战[⑤]，更加值得注意的是，如果元代说客观真实，则学界公认的属于西夏佛教艺术研究代表的贾维维的大作又面临巨大的学术挑战。尤其值得关注的是，一般而言敦煌研究院学者对敦煌石窟研究的新观点，往往带有权威性，学术界容易跟风。固然，有不同的意见，进行学术讨论是好事，真理越辩越明白，不过季羡林先生也说过有时候真理也会越辩越糊涂[⑥]，也就是说新观点正确与否，还得再讨论。

---

①贾维维：《榆林窟第 3 窟壁画与文本研究》，杭州：浙江大学出版社，2020 年，第 376 页。

②杨富学、刘璟：《榆林窟第 3 窟为元代西夏遗民窟新证》，《敦煌研究》2022 年第 6 期，第 1—12 页。

③杨富学、刘璟：《再论榆林窟第 3 窟为元代皇家窟而非西夏皇家窟》，《形象史学》2022 年第 2 期，第 261—275 页。

④刘永增：《瓜州榆林窟第 3 窟的年代问题》，《艺术设计研究》2014 年第 4 期，第 16—23 页。

⑤有关榆林窟第 3 窟时代讨论的相关学术史，杨富学、刘璟二文中有详细交代，为行文简洁并节省篇幅，恕不罗列，有兴趣者径可参考。

⑥季老的这句话在网络上很流行，参考《季羡林谈人生》，杭州：浙江人民出版社，2019 年。

有鉴于此，考虑到榆林窟第3窟在敦煌晚期石窟尤其是西夏佛教艺术中的重要地位，拟在诸家之说的基础上草成此文，谈谈对榆林窟第3窟时代属性一点不成熟的意见，力求还原真实的历史，不当之处，敬希方家教正。

一、游人题记与洞窟时代

佛教石窟断代，最直接的证据是记载洞窟营建相关的纪年题记或文字文献，但保留有纪年题记或文字文献的洞窟数量有限，所以这一条往往没得靠，只能另寻他径；其次是窟内供养人画像的时代特征，这方面主要是从供养人画像人物服饰特征出发的判断；再次是洞窟雕像或壁画的艺术风格特征，其中既有考古类型学的知识，也有艺术风格学的经验，当然得有可供对比的属于相同时代可靠的同类作品才行；最后，现代的高科技考古手段如以C-14为代表的测年方法也是佛教石窟断代的重要辅助，但科技手段往往受限于设备、经费、采样权限等基本前提条件，更多时候只能望洋兴叹，学科壁垒确实存在。

佛教洞窟是庄严的道场和神圣的空间，营建与管理均受到窟主、施主、功德主的左右或影响，在洞窟中出现乱刻乱画式的游人题记，一定是洞窟建成之后的作品，而且一般而言属于洞窟处于无人看管情况下的现象，尤其是把游人题记随意地刻写在壁画上面，出现这样的现象，基本上可以说明洞窟所在石窟寺的荒废与衰败境况。莫高窟洞窟中的游人题记主要出现在西夏、元、明、清几个时代，完全符合这几个时期的实际情况，正是从西夏时期开始在莫高窟除了以第3、95、194、465窟为代表的有限的几个洞窟属于新建之外，其他均为重修重绘行为，石窟寺多半疏于管理。榆林窟在西夏时期仍然在有序新建洞窟，因此游人题记主要为元、明、清三代，这一点也是符合榆林窟寺实际历史状况的。

显然，要使用窟中的游人题记对所在洞窟进行断代，充其量也只能说明洞窟荒废或疏于管理的时间，而很难反映洞窟营建的真实时间。

所以说，以洞窟游人题记为主要的研究对象对榆林窟第3窟进行断代，是目前把该窟断代为元代的主要思路和重要证据，成不成立，得具体分析。

据刘永增的统计，在榆林窟第3窟内总共有包括供养人题记、各类游人题记共31条，其中的供养人题记属于甬道南北壁下层元代供养人所有，为汉字书写；其他均为游人题记，文字有汉文、回鹘文、西夏文、巴思八文，时代涵盖西夏、元、明、清四个朝代。单就据此信息,考虑其中最早的游人题记应为元代的"河西字"西夏文,即可初步判断洞窟的时代是要早于元代,即西夏。

洞窟中出现有元代至正年间的汉文题记六则,分别为至正五年、至正十年、至正廿五年、至正廿六年、至正廿八年(两则),其中至正五年题记位于南壁最西侧的边框中,内容如下:

> 至正伍年四月初　日烧香□□□□□
> 冀宁路僧人智□一□八□到此记事[①]

游人题记属性明确。

其他几则大同小异,均属游人题记[②]。

就是说到了至正五年(1345),在榆林窟第3窟内外来的访客游人可以在窟内信手题写,那么洞窟营建至迟不能晚于这个时间。考虑到新建洞窟短期内不可能无人看管而允许外人题画,洞窟营建的时代要比1345年更早至少半个世纪时间才对。

同时,在洞窟中出现多方八思巴文题铭,分别位于正壁八塔变与五十一面观音像之间的黑色分割边框、北壁金刚界曼荼西方净土变之间的黑色分割边框、西壁南侧普贤变下方等多处,据松井太的释读,仍然是游人题铭属性[③],其中普贤变下方一则有"至正羊年"纪年,松井太推测有可能为1343、1355、1367三年中的某一年[④]。八思巴文由元世祖忽必烈的国师八思巴(1235—1280)创制于1260年,作为元代的官方文字,使用于1270—1360年间。因此榆林窟第3窟出现作为元代官方的八思巴文字游人题铭,也说明至少到了至正年间洞窟

①感谢李国先生提供图版并释文。

②杨富学、刘璟文中把甬道北壁供养人像旁边的三则至正年间的游人题记错误地理解为供养人题记。

③(日)松井太、荒川慎太郎编:《敦煌石窟多言语资料集成》,东京外国语大学アジア·アフリカ言语文化研究所,2017年,第64—74页。

④(日)松井太、荒川慎太郎编:《敦煌石窟多言语资料集成》,东京外国语大学アジア·アフリカ言语文化研究所,2017年,第72页。

已经无人管理了。

下面讨论一下洞窟中出现的西夏文题记的属性问题：

榆林窟第3窟的西夏文题记，早年史金波、白滨先生释读了其中的三处[①]，分别位于甬道北壁西夏供养人第一身前侧上部，共三行文字，内容丰富，释文：

> ……宝嵬名惠利酩布惠茂银莲花……杨德道等十三人……愿全满……惠……为……南……做竞……

其他一处位于甬道北壁蒙古男供养人二像间，双边字，二字，其中一字为“佛”。

第三处西夏文题记一行位于甬道南壁蒙古女供养人像身前，也只释读出一“佛”字。

陈炳应先生释读榆林窟第3窟甬道北壁其中的三行西夏文为[②]：

> 塔宝嵬名惠刚、酩布广茂。□莲花□杨德道等一(行)十三人□□愿圆满

后来日本学者荒川慎太郎又作了新的释读，并增加了甬道南壁蒙古女供养像之间的另一则西夏文题记，共四处。据其释读，甬道南壁蒙古女供养像上出现的二则西夏文题记均为游人题记性质，甬道北壁西夏男供养像第一身前面上方的三行西夏题记释读如下：

> □□□□□□□□□□圣宫游者
> 愿全满者□慧有为酩布子南所作终慧□□□□□□□
> 愿□宝嵬名慧利酩布慧茂银莲花道杨德道等一卑十三人敬礼

---

①史金波、白滨：《莫高窟榆林窟西夏文题记研究》，敦煌研究院编《榆林窟研究论文集》(下)，上海：上海辞书出版社，2011年，第880页。

②陈炳应：《西夏文物研究》，银川：宁夏人民出版社，1985年，第10页。

甬道北壁二蒙古男供养像间出现的二大字双边字为“佛圣”。[①]

综合各家释读，荒川先生的抄录和释读最全最佳。

总体来说，这四则西夏文均为游人题写。

对于这几则西夏文题记而言，除了明确其为游人题记属性之外，另一个对我们判断洞窟时代有重要参考价值的是其书写的位置，可以作如下判断：

一、北壁西夏男供养人像第一身前的三行文字，肯定晚于西夏供养人的时代。

二、出现在南北两壁蒙古男女供养像间的西夏文字，肯定要晚于蒙古供养像重绘的元代，因为这些文字均叠压书写在蒙古供养人像的服饰之上，北壁男供养人像间出现的二双边大字“佛圣”一侧压在男供养像服饰上的现象很易分辨。

这些西夏文游人题记的书写者无疑是元代的西夏遗民，其中十三位巡礼榆林“圣宫”者中就有典型的西夏姓氏“嵬名”，也有姓杨的汉人，他们使用前朝文字西夏文即元代的“河西字”，倒是有必要作些讨论。虽然有元一代西夏文的使用是历史实情，学术界也没有争议，但实际的情况是，就目前所见到的元代历史遗存，除了大量的佛经之外，元代使用西夏语言文字的资料并不丰富，甚至可以说比想象中的少得多。

西夏文献和历史研究的权威史金波先生曾经指出：

> 黑水城出土了大量的西夏文文献，其中有很多署有西夏时期的年款，但至今未见一件署有元代年款的西夏文文献，也未见一件明确为元代内容的西夏文文献。基本可以认为，黑水城发现的西夏文文献皆为西夏时期遗物。此遗址中也有记录元代党项人活动的文书，但使用的不是西夏文，而是汉文。说明这些地区元代党项人可能已经不再使用或基本上不再使用西夏文。[②]

---

①(日)松井太、荒川慎太郎编：《敦煌石窟多言语资料集成》，东京外国语大学アジア·アフリカ言语文化研究所，2017年，第291、292页。

②史金波：《西夏文珍贵典籍史话》，北京：国家图书馆出版社，2015年，第23页。

黑水城元代西夏遗民以使用汉字为主，此外史先生又列举了元代时西夏僧人到今内蒙古呼和浩特郊外的万部华严经塔游览时，在塔中所书题款使用的文字不是西夏文而是汉字的例证①。

现在可以看到的元代西夏遗民遗留下来的碑石也不少，杜建录先生有整理，但我们注意到几乎都是用汉文书写②。在河西酒泉发现的《大元肃州路也可达鲁花赤世袭碑》③，亦是汉文和回鹘文，没有使用西夏字。

元代的西夏人使用汉字而不用西夏字，在莫高窟也有较典型的事例，莫高窟第256窟是五代曹氏大窟，于曹氏晚期由瓜州的慕容家族主持重修，现存主室东壁门南第一身男供养人像身后有元代墨书题记二行：

此旧字补写

大元国西夏寺住僧人十五人④

这是沙州西夏遗民中的僧人的"旧字补写"，字里行间透露出浓厚的西夏情节，但使用的是汉字而不是西夏字。这里的"旧字"按元代仍然使用西夏文，可以理解为"西夏字"，但题记是以汉文书写，因此应该把这里的"旧字"理解为汉文，因为元代在河西还流行蒙古文、八思巴文、回鹘文，包括西夏文，汉文才

---

①为了讨论榆林窟第3窟的时代问题，2023年5月9日上午我通过微信向史先生再次请教这一问题，他的回复是："敦煌石窟中的西夏洞窟分期研究十分重要，你设立这样的课题很有意义。有的专家将原来划入西夏早期的洞窟尽量拉入回鹘时期，将西夏晚期洞窟极力拉至元代，虽文章、讲座不少，但多无让人信服的理由。我以为对此需要科学、理性对待，既不守旧，也不盲从。过去曾有专家以《瓜州审判记录》时间为1069—1070年，推论西夏瓜沙一带纳入西夏较晚。但按目前所见西夏文献中有确切年代的以此为最早，在西夏中心地区尚未见到这样早的文献。如按前说，兴庆府也不知何年才入西夏了。西夏灭亡后，元代除印制西夏文大藏经外，实际社会上不再或极少使用西夏文，至今所见黑水城文献中未见有元代年号的文献。敦煌所见文献中也无元代年号。你们是真正的敦煌学家，能多角度地进行综合研究，期待着你们获得新的成果。我关注了近期你们的研究，我觉得很好。我也认为榆林3窟应属西夏洞窟。"

②杜建录：《党项西夏碑石整理研究》，上海：上海古籍出版社，2015年。

③史金波、白滨：《〈大元肃州路也可达鲁花赤世袭碑〉考释》，《民族研究》1979年第1期，第68—81页。

④感谢敦煌研究院李国先生提供相关资料。

是“旧字”，倒是合情合理。

在西方的探险家、考察队之后从黑水城出土的文献总共有4000多件，其中社会文献有3980多件，佛教文献只有233件，其他为残片，这些文献的时代基本上是元代，同时我们也注意到这些文献主体上是汉文文献[①]，杜建录先生有专题研究[②]，佛经类总体上数量很少，西夏文文献几乎可以忽略不计。在1993年内蒙古额济纳旗绿城发现的文物中，西夏文的刻本佛经主体上是西夏时期的，可以和黑水城有西夏纪年的同类版本相比较[③]。

元代确实还在使用“河西字”，但目前所见元代西夏文的使用主要见于佛经，或与佛教活动有关的文献中，主要针对的是西夏故地的佛教信众，其中最典型的即是元世祖曾下令雕刊的河西字大藏经《河西藏》，以及管主八在杭州主持印制的佛经[④]。河西地区除敦煌以外，另在武威也发现了不少的西夏文献，但据数量丰富的纪年文献，以及学者们的研究，基本上是西夏时期的文献，元代的西夏文献几乎没有[⑤]。

至于元代广泛见到的多体文字六字真言中出现西夏字，是元代多民族共存现象的反映，也是观音六字大明信仰发展到元代的一种独特表现形式，是观音六字真言信仰符号化的体现，也有通过多体文字强调书写、念诵六字真言的无量功德，与元代西夏文的流行与否没有必然的关联。

据史金波、白滨、陈炳应等先生的研究，出现在莫高窟和榆林窟的西夏文题记文字，就目前而言，主体上仍然属于西夏时期，这一点主要是通过其中一批出现西夏纪年题记的判断，其中涉及西夏国名、地名、人名、官职等的内容基本上均反映的是西夏时期的历史，并不反映元代的问题，如此才出现莫高窟第256窟西夏人使用“旧字”即汉文书写而没有使用“河西字”西夏本来的

---

①李勉友:《黑城出土文书》,北京:科学出版社,1991年;塔拉、杜建录等编:《中国藏黑水城出土汉文文献》第一至十册,北京:国家图书馆出版社,2008年。

②杜建录:《中国藏黑水城汉文文献整理研究》,北京:人民出版社,2016年。

③史金波、翁善珍:《额济纳旗绿城新见西夏文物考》,《文物》1996年第10期,第72—80页。

④段玉泉:《管主八施印〈河西字大藏经〉初探》,《西夏学》第1辑,2006年,第99—104页;孙伯君:《元代〈河西藏〉编刊资料补正》,《中华文化论坛》2019年第6期,第55—80页。

⑤梁继红:《武威出土西夏文献研究》,北京:社会科学文献出版社,2015年。

文字的现象。

至此，可以初步认为榆林窟第3窟甬道出现在元代蒙古装供养人间的西夏文游人题记,其书写的时代不会太晚,因为按正常的历史逻辑推理,到了西夏灭亡之后西夏人使用西夏文的频率应该是越来越低，越早使用的可能性越大。如果从这一点而言,甬道南北壁的这些蒙古装供养人画像的重绘时间应该在蒙古人占领瓜沙地区的1227年之后不久才对。

所以,单从各种语言文字的游人题记整体讨论的结果来看,榆林窟第3窟不会是元代的洞窟,而不是像杨富学、刘璟认为的那样,“四种文字(汉文、西夏文、回鹘文、八思巴文)皆集中出现在榆林窟第3窟中,元代特征明显”[①]。事实上富于元代特征的多民族语言文字的游人题记集中出现在窟内，如果从考古学的基本知识和正常的洞窟日常管理角度来审视，恰恰说明是洞窟无人管理或荒废的一种现象,而把其作为洞窟营建的时代证据对待,是不对的,据此得出的结论也只能是错误的。

退一步,如果榆林窟第3窟确为“元代皇家窟”,“窟主只能属于蒙古豳王家族”,既然是元代的皇家窟,窟主又是当地的统治者“肃王家族”,如此高级别的洞窟功德主背景,为什么到了至正年间却完全荒废任由游人香客随意涂画?更为甚者这些游人题记就写在了这些所谓的蒙古“黄金家族”人物供养像的旁边,于情于理都讲不通。如果再加上作为元代“国字”八思巴文游人题记同时出现在洞窟中,包括也有属于元代回鹘人的回鹘文游人题记,显然这些同为元代的各民族游人香客没有对这些供养人地位权威性的意识，更遑论“皇家窟”了。但如果是西夏洞窟,在理解上是没有障碍的。

二、供养人画像与洞窟时代

本来榆林窟第3窟甬道南北壁保存有大家公认的西夏供养人画像,供养人画像又是洞窟断代最可靠的证据之一,考虑到榆林窟第3窟洞窟壁画在艺术风格上有明显的西夏汉藏融合时代特性，加上窟内壁画在题材和思想上的整体性特征,洞窟时代属性没有疑问,清晰明了,似无须费笔墨进行讨论。

---

①杨富学、刘璟:《榆林窟第3窟为元代西夏遗民窟新证》,《敦煌研究》2022年第6期,第9页。

因为在洞窟中出现了同样被大家公认的属于后期补绘的元代蒙古装供养人画像，故使得在甬道南北壁形成上下两种时代风格和服饰特征供养人画像共存的现象，但就其壁面补绘和先后关系，倒也是清楚的，这一点大家倒也意见一致。之所以会有人提出疑问并提出这些供养画像全是元代作品，其基本的前提条件是元代同样有西夏人活动的历史史实。这一历史前提是成立的，但要把这两种时代风格截然不同的两组供养人画像归为一个时期，需要提供西夏装和蒙古装在元代共存的例证，至少要有历史的可能性，否则就是臆测。

杨富学、刘璟认为榆林窟第3窟是“元代西夏遗民窟”，且属于“元代皇家窟”，甬道的供养人画像是同一时期的作品，不存在时代差异，之所以会在同一洞窟同时出现两种不同民族风格装束的供养人画像，其解释是：“之所以出现这种情况，不外乎两种可能：第一种可能是榆林窟第3窟原本由元代西夏遗民在蒙古豳王家族的支持下修建，甬道南北两壁原来绘制的均为西夏供养人。后来出于某种原因（如家族成员犯罪等）而被覆盖，改绘成蒙古人……第二种可能是先绘制上部的西夏人，后绘制下部的蒙古人，其状与莫高窟第409窟的情况颇为类似……相较而言，笔者认为第一种情况的可能性更大一些。”[①]第二种可能于情于理均不通，可不讨论。至于第一种情况，蒙古豳王家族支持西夏遗民建窟的同时，居然也支持这些西夏遗民以本民族服饰出现，实难理解；另一方面，如果是西夏遗民家族成员因犯罪而不能画像入窟需要改绘，充其量也是改绘成别的人而已，用不着改绘成清一色的蒙古装；况且既然统治者允许西夏遗民穿西夏装，为什么改绘时又要画成蒙古装？诸如此类的疑团，实难廓清。

总之，既然是元代西夏遗民窟，供养人画成清一色的西夏装或清一色的蒙古装才符合逻辑，不过豳王家族支持下的西夏遗民坚持要以西夏本民族服饰出现，能否成立，则是另一个历史课题。因为像榆林窟第3窟这样同时绘画两个民族完全不同服饰的供养人或人物画像，得不到任何元代考古资料的佐证，也得不到相关文献的支撑。如果说都是元代同时期的供养人画像，如此画出统治者和被统治者两种民族服饰的方式，无论如何是把原本简单的问题弄复杂

①杨富学、刘璟：《榆林窟第3窟为元代西夏遗民窟新证》，《敦煌研究》2022年第6期，第5页。

了,是在人为制造民族矛盾,应当不会是功德主所要采取的路线。

更让人无法接受的是,如果榆林窟第3窟是“元代皇家窟”,赫然出现西夏装供养人画像,其皇家属性何在?难道堂堂河西地方最高统治者豳王家族就这么没有本民族意识,西夏遗民又能如此潇洒自如地强调和展示本民族的传统服饰?

洞窟甬道南北壁的供养人画像原均有题名,不过现在上部的西夏装供养人题名看不到了,但下部蒙古装男女供养人的题记还是可以释读一些的[①],南壁蒙古女像4身,自东至西第一身:

……夫人

第二身:

……答里夫人

第四身:

……阿□火亶夫人

北壁蒙古男像4身,自东至西第一身:

思钟(仰)答里太子

第三身:

知州买住

①主要参考谢稚柳:《敦煌艺术叙录》,上海:上海古籍出版社,1996年,第443页;张伯元:《安西榆林窟》,成都:四川教育出版社,1995年,第185页。

第四身：

本牙答思达鲁花赤

这里出现了“知州”“达鲁花赤”一类元代的地方官员，其中“达鲁花赤”是由成吉思汗设立的一个官职，职位从正一品到正八品，掌握每一个地方政府机构中的最高军事实权，并且必须由蒙古人担任。“达鲁花赤”又出现在第二身蒙古装男供养像前的游人题记中，具体应是至正二十五年来巡礼榆林窟的地方官员：

维大元至正廿五年五月十五日
嘉议大夫沙州路总管□□□□舍人
司吏张维中……
瓜□(州)达鲁花赤……
同焚香到此

从以上供养人题记确实可以认为，这些元代补绘的蒙古装供养人应是蒙古人，如果“思钟达里太子”及其夫人的供养题记释读无误，这些蒙古人或许确如杨富学、刘璟文中所言即属元代的蒙古“黄金家族”。

本来，佛教石窟营建、重修、重绘的现象属于极其正常和常见的历史现象，榆林窟第3窟甬道南北壁下层的蒙古装供养人像便是覆盖前期即西夏时期同样为供养人画像后的重绘行为，最终导致两个不同时代供养人共存的现象，这种情况在敦煌石窟中比比皆是，不一而足。但杨富学、刘璟认为榆林窟第3窟出现两个时代供养人画像共存的现象，会面临两个方面的解释困难：“一者……元朝修复壁画，会将西夏国时期的壁画予以保护，于理不能。二者，后补的蒙古人像明显小于上面的西夏人，这对作为西夏国征服者的蒙古人来说，也是完全不能容忍的。”[①]并给出具体的理由是蒙古军队对西夏惨烈的征服

①杨富学、刘璟:《榆林窟第3窟为元代西夏遗民窟新证》,《敦煌研究》2022年第6期,第5页。

历史。

征服是统治的需要,这是历史的基本规律;征服之后照样和平相处,这也是历史的主流方向。西夏人修建的佛寺洞窟不在少数，蒙古人断没有全部毁坏,不仅没有破坏,而且蒙古人照样把莫高窟、榆林窟作为佛教圣地礼拜,否则何以驻守沙州的西宁王速来蛮要重修皇庆寺,树立六字真言碑,蒙古贵族在莫高窟第332窟、榆林窟第6窟堂而皇之地画上自己的供养像,莫高窟第256窟题所记“西夏寺”照常存在且其中的十五位僧人也如往日般正常活动等等。

至于蒙古装供养人画像体形小于西夏供养人画像，这完全是到了元代重绘供养人画像的手法和习惯使然，既然元代的重修者想利用前人洞窟在榆林窟为自己树立功德,表达一份虔诚的佛教信仰,断不会在乎画像大小的问题,更不用说就佛教造像功德而言,供养人画像的大小无足轻重。如果说一定要把这种现象和元代社会蒙古人地位高于西夏人相关联，那图像所展示出来的矛盾就更大了,最重要的一点应该是西夏人不能占据上部而让蒙古人屈居下位。但显然壁画图像的客观事实告诉我们，元代重绘的蒙古装供养者并没有顾虑这些因素,而是很坦然地把自己画在西夏人的下方。即使退一步讲,如杨文所言,这些供养人是在元代“同朝为臣”,按照元代实行的民族等级制度和西夏人早期在蒙古统治者中有限的社会地位，出现这样的上下布局两个民族供养人像位置,是否同样会违反蒙古人的等级观念？所以,出现在佛教洞窟中的图像布局,首先要考虑的是宗教行为,同时还有艺术审美和观念认同的问题,如果硬要和历史相关联,往往会牛头不对马嘴。

所以,总体而言,从供养人画像而言,榆林窟第3窟当是西夏时期营建的功德窟,元代只是出于信仰功德观念的需要,并且沿袭了佛教重修重绘的传统功德思想,补绘了几身男女供养像而已。

回过头来,我们不仅要否定元代建窟的可能性,而且更加明确了有元一代的河西豳王家族即使是“黄金家族”对佛教石窟的营建,也只是画几身有限的供养像而已,这一点和莫高窟第332窟、榆林窟第6窟极其相似,也和榆林窟第4窟一致,正是谢继胜先生所指出的历史史实:“西夏覆亡之后,莫高窟有一段时间的荒芜，后来的豳王系蒙古人大多在原有的石窟中覆盖泥皮后补绘供养人,在废弃的石窟中留下真言墨书,这种做法与建造义理清晰的大窟相去甚远，只有西夏人能够深入理解汉藏艺术的精髓，同时具有无与伦比的佛教信仰热忱去建造类似莫高窟第 465 窟及榆林窟等等的大窟，成为沟通汉藏多民族政治文化交流的桥梁。”[①]对于元代蒙古人在敦煌石窟的营建状况和在洞窟中的绘画习惯，之前我们在讨论榆林窟第 4 窟的时代时已有论及[②]，不再重复。

三、蒙古豳王家族作为窟主的可能性

要把榆林窟第 3 窟归为“元代皇家窟”，即“窟主只能属于蒙古豳王家族，具体来说，应该属于驻守瓜州一带的哈班后裔——肃王家族”，则需要讨论一下到了元代蒙古豳王家族的肃王家族统治时期有没有在瓜州榆林窟营建如此大窟的可能性，是否真的是“由元代特定的社会条件决定的”[③]。

豳王为元代诸王之一，其始祖为察合台系的出伯、哈班兄弟，形成于 14 世纪初期，拥有豳王、肃王、西宁王、武威西宁王四个王号，分别驻牧于肃州、瓜州、沙州、哈密，从豳王乌斯鲁形成的大德十一年（1307）[④]到明初，肃州以西（有时包括肃州以东）至哈密一带，出伯家族一统天下[⑤]。其中驻守瓜州的肃王最早出现于天历二年八月（1329）[⑥]。如果榆林窟第 3 窟为元代蒙古肃王家族窟，那么其营建时代不早于天历二年，已经到了元代晚期。1227 年瓜沙一带归蒙古统治之后，经过了一百余年后，西夏遗民建窟时仍然能够穿着本民族的服饰，以功德主供养人的形式赫然出现在“窟主只能属于蒙古豳王家族”的佛窟中，显然不大可能是真实的历史。况且蒙古装供养人壁画上还有到了元代已不常出现的西夏文的游人题记，可能性也不大。同时蒙古装供养人壁画上还有至正二十五、二十六年的汉文游人题记，如果考虑到洞窟还有至正五年（1345）的游

---

①参见贾维维：《榆林窟第 3 窟壁画与文本研究》，谢继胜“序”文，杭州：浙江大学出版社，2020 年，第 3—4 页。

②杨艳丽、沙武田：《瓜州榆林窟第 4 窟为西夏洞窟考》，《美术大观》2022 年第 8 期，第 38—44 页。

③杨富学、刘璟：《再论榆林窟第 3 窟为元代皇家窟而非西夏皇家窟》，《敦煌研究》2022 年第 6 期，第 274 页。

④[明]宋濂等：《元史》卷 108《诸王表》，北京：中华书局，1976 年，第 2738 页。

⑤刘建丽：《甘肃通史·宋夏金元卷》，兰州：甘肃人民出版社，2009 年，第 209 页。

⑥[明]宋濂等：《元史》卷 33《文宗纪二》，北京：中华书局，1976 年，第 739 页。

人题记,再结合使用于1270—1360年间的元代“国字”八思巴文游人题记存在的情况,作为建于天历二年之后不久的“元代皇家窟”,在大约十余年之后很快就废弃,普通游人香客信手题写于壁,这哪里是对“皇家窟”应有的待遇?

蒙古帝国在征服西夏的过程中,每攻陷一个地方便大开杀戒,“天兵破灭夏以西,有旨:戈矛所向,耆髫无遗”[①],河西各地也少有例外,破黑水城,杀蕃部数万[②];破肃州,军民“以后服见诛”,免死者仅106户[③];史书记载甘州、沙州之役也极其惨烈,西夏军民死伤严重。蒙古人的战争,使得西夏故地“土瘠野圹,十耒垦一”[④],忽必烈时期就曾不断向河西地区迁入内地移民,以充实空旷的土地,而同时又多次把西夏遗民中能打仗者抽调往内地。元初对西夏故地采取了彻底消灭肢解的做法,西夏宗室王族被诛杀殆尽,“灭其父母子孙”[⑤],元代对西夏采取的是“一切民族的象征均被有意识地消灭,亡其国并亡其史”的态度,同时,“西夏故地全部被赐作诸王附马分地”[⑥],其中沙州是术赤之子之拔都的封地,察合台的孙子阿只吉分得山丹,成吉思汗第三子窝阔台时期(1229—1241),将以西凉为中心的唐兀惕之地赐给阔端作为兀鲁思。更为重要的是,在西夏故地土地被肢解的同时,西夏遗民一部分被蒙古诸王和将领瓜分,沦为各投下或蒙古贵族的属民、驱口,剩下的或为国家编户,或编入蒙古军籍从征作战,或沦为下等人,而且这一时期河西受战争影响,经济状况较差[⑦]。按照胡小鹏的研究,肃州以西在元代出现了蒙古化、部落化和游牧化的趋势[⑧],这样的情境,蒙古统治下的西夏遗民很难有力量完成营建像榆林窟第3窟这样义理思想完整、艺术水平精湛的佛教洞窟。

---

①[元]柳贯:《柳贯集》卷10《师氏先茔碑铭》,杭州:浙江古籍出版社,2014年,第281页。

②[清]吴广成:《西夏书事》卷42宝庆二年二月条;[明]宋濂等:《元史》卷1《太祖纪》,北京:中华书局,1976年,第23页。

③[明]宋濂等:《元史》卷122《昔里钤部传》,北京:中华书局,1976年,第3011页。

④[明]宋濂等:《元史》卷134《朵儿赤传》,北京:中华书局,1976年,第3255页。

⑤(蒙古)策·达木丁苏隆编译,谢再善译:《蒙古秘史》续集卷2,西宁:青海人民出版社,2014年,第268页。

⑥胡小鹏:《元代西北历史与民族研究》,兰州:甘肃文化出版社,1999年,第187页。

⑦胡小鹏:《元代西北历史与民族研究》,兰州:甘肃文化出版社,1999年,第185—218页。

⑧胡小鹏:《元明敦煌与裕固族的历史关系》,《敦煌研究》1999年第4期,第118—131、188页。

能够在瓜沙地区营建像榆林窟第3窟这样的大窟、精品代表窟，有元一代也只能是豳王家族统治时期，杨富学、张海娟也认为“1126年瓜沙二州归蒙古所有，但已无往昔之盛。14世纪初，随着蒙古豳王家族进驻瓜沙诸地，当地社会生产才得以逐步恢复发展，而莫高窟、榆林窟的佛事活动也于这时期渐趋高涨。”[①]但我们注意到包括杨富学在多篇文章中所反复列举涉及豳王家族或其统治时期在瓜沙地区（包括肃州）所遗留下来的能够反映这一时期佛教活动的材料[②]，诸如大家熟知的泰定三年（1326）豳王喃答失重修文殊山石窟，建《重修文殊寺碑》以记其事[③]；至顺二年（1331）瓜州知府、瓜州郎使郭承直等巡礼榆林窟，并在榆林窟第12、13窟题壁记事[④]；至正八年（1348）镇守沙州的西宁王速来蛮率领王子、王妃、公主、驸马等诵经奉佛，并在莫高窟立《六字真言碣》[⑤]；至正十年（1350），速来蛮、养阿沙父子等又于莫高窟“文殊洞”外重修皇庆寺，并于次年立《重修皇庆寺记》碑以记其事[⑥]；至正十三年在榆林窟第15窟留下了这一时期地方统治者“大元守镇”组织人力“重建精蓝、复兴佛刹”的墨书题记《大元重修三危山榆林窟千佛记》[⑦]；至正十七年（1357），甘州画师史小玉巡礼莫高窟第3、444窟时留下游人题记；至正二十七年（1367），临洮画师刘世福在榆林窟作画并在第13窟题壁；另在莫高窟第465窟有纪年题记15则，全部为元代晚期遗墨，其中，泰定二年（1325）一条，至顺三年（1332）一条，元统三年（1335）一条，至正十二年（1352）一条，至正十三年四条，至正十四年一条，至正十七年三条，至正二十八年一条，北元宣光三年（1373），另有一条仅存“至正”

---

①杨富学、张海娟：《从蒙古豳王到裕固族大头目》，兰州：甘肃文化出版社，2017年，第95页。

②杨富学：《敦煌莫高窟第464窟的断代及其与回鹘之关系》，《敦煌研究》2012年第6期，第1—18页；杨富学：《裕固族与敦煌晚期石窟》，《敦煌研究》2017年第6期，第46—57页；杨富学、张海娟《从蒙古豳王到裕固族大头目》，兰州：甘肃文化出版社，2017年，第95—104页。

③耿世民、张宝玺：《元回鹘文〈重修文殊寺碑〉初释》，《考古学报》1986年第2期，第253—266页。

④张伯元：《安西榆林窟》，成都：四川教育出版社，1995年，第198、202页。

⑤李永宁：《敦煌莫高窟碑文录及相关问题》（二），《敦煌研究》1982年试刊第1期，第108—112页。

⑥李永宁：《敦煌莫高窟碑文录及相关问题》（二），《敦煌研究》1982年试刊第1期，第112—116页。

⑦张伯元：《安西榆林窟》，成都：四川教育出版社，1995年，第207页。

二字[①]。再结合本文所讨论榆林窟第3窟的多条至正年间的题记,可以看到元代在莫高窟、榆林窟的佛教活动,主要是重修和巡礼,目前没一条证据可以确认属新建洞窟或佛寺的记载。再次结合榆林窟第3窟蒙古供养人旁边的几则至正年间的汉文游人题记,很难把此窟的营建归为豳王家族和肃王家族,遑论其为皇家窟了。

从西宁王速来蛮在莫高窟立《六字真言碣》和《重修皇庆寺记》二碑来看,西宁王家族作为地方统治者,倒是颇为看重在莫高窟的功德行为,相反在洞窟中没有留下其任何洞窟营建甚至是简单的重绘重修的文字记录的痕迹,倒是说明了其在洞窟营建方面确实无甚作为,乏善可陈,否则想必会大书特书地记录下一笔两笔的。

所以,综合以上所论,大体上可以把榆林窟第3窟营建的时间为豳王家族统治时期这种情况排除,如前所述元代统治前期瓜沙地区营建此类大窟更不符合时代状况。

四、酿酒图、山水画、取经图与洞窟断代

(一)关于酿酒图

榆林窟第3窟五十一面观音图中出现两幅之前被学术界以“酿酒图”命名的画面,但王进玉先生早在2010年就已经提出了质疑,否定了这两幅图为“酿酒图”的属性[②]。我们也注意到杨富学、刘璟讨论榆林窟第3窟的专文中有“从蒸馏酒看榆林窟第3窟的时代”针对性讨论,认为中国的蒸馏酒最早出现在元代,故而推论第3窟此两幅所谓的“酿酒图”也必然不能早于元代,断非西夏所能出现,并以此为理由而否定洞窟营建时代西夏说[③]。的确,仔细观察这两幅

①敦煌研究院编:《敦煌莫高窟供养人题记》,北京:文物出版社,1986年,第175—176页。

②王进玉:《敦煌石窟西夏壁画“酿酒图”新解》,《广西民族大学学报(自然科学版)》2010年第3期,第9—15页;王进玉:《再论敦煌石窟西夏壁画“酿酒图”》,《广西民族大学学报(自然科学版)》2010年第4期,第41—43页;王进玉:《敦煌学和科技史》,兰州:甘肃教育出版社,2011年,第346页。

③杨富学、刘璟:《再论榆林窟第3窟为元代皇家窟而非西夏皇家窟》,《广西民族大学学报(自然科学版)》2010年第4期,第266—268页。我们注意到此文中居然引用了王进玉先生否定“酿酒图”的文章,但要说明的问题却是在肯定“酿酒图”的属性,难明其真实的用意。

图,如果是酿酒图,看不到任何有关冷却的装置,也没有出酒的设施与接酒的器具,完全看不到适合蒸馏酒制作技法的任何设施,缺乏生活实际与科学依据,对此可详细参考王进玉先生二文,此不复述。否定了图像画面的酿酒属性,"从蒸馏酒看榆林窟第3窟的时代"也就无从谈起了。

(二)关于山水画

榆林窟第3窟中的文殊变、普贤变、维摩诘经变中出现的精美山水风景画,绘法精湛、场景宏大,一改晚唐至西夏早期敦煌壁画山水因循守旧的整体面貌,中原五代以来纯正的水墨山水画法和新式构图首次在敦煌出现,是同类型题材在敦煌地区出现的最优范例。李月伯、赵声良、陆文军、王胜泽等从空间结构、艺术风格、山水画法等方面对其进行了剖析,提出这三幅山水画与中原山水画之间存在密切联系[①]。最近沙琛乔在前人研究的基础上,指出榆林窟第3窟壁画中山水画的真正源头,并非之前研究者认为的北宋或南宋,而在很大程度上指向之前学界认知还不甚清晰的金代山水画。经其对金代山水画的发展情况梳理之后,反观榆林窟第3窟文殊变、普贤变当中的背景山水,其主体特点以李郭传派的山水风格为主体,并糅合有范宽、赵令穰、王诜等诸多北宋时期山水画大师的风格,这种情况正与金代山水画的基本面相似。其中山石绘制以中锋长线条行笔皴擦的情况,也与武元直《赤壁图》当中的皴笔一致,画面中枝干稀疏的树木绘法,亦与金代山水画的情况相吻合。总体来说,榆林窟第3窟文殊变、普贤变背景山水的风格与金代《溪山无尽图》《江山行旅图》的情况较为接近,属于北宋晚期各画派绘法的杂糅组合,并在此基础上有所精进。最后指出"榆林窟第3窟文殊变、普贤变背景山水当创作于金代盛期

①李月伯:《从榆林窟第3窟文殊变普贤变看中原文人画对敦煌壁画的影响》,《榆林窟研究论文集(下)》,上海:上海辞书出版社,2011年,第701—708页;赵声良:《榆林窟第3窟山水画初探》,《艺术史研究》第1辑,广州:中山大学出版社,1999年,第363—381页;赵声良:《榆林窟第3窟壁画中的亭、草堂、园石》,《敦煌研究》2004年第1期,第7—19页;陆文军:《西夏壁画中的山水研究(上)》,《民族艺林》2019年第1期,第27—37页;陆文军:《西夏壁画中的山水研究(下)》,《民族艺林》2019年第2期,第87—95页;王胜泽:《美术史背景下的敦煌西夏石窟绘画研究》,兰州大学博士学位论文,2019年,第179—210页。

所对应的西夏晚期”[①]。沙琛乔的研究与我们在榆林窟第3窟两铺观无量寿经变中所看到的突出界画的净土经变画的艺术样式受到金代同类题材影响是一致的[②],也与文殊山万佛洞西夏弥勒上生经变受山西高平开化寺金代壁画影响有相同的历史脉络[③]。所以研究者把榆林窟第3窟中出现的山水风景画推断到元代,也是大有可讨论的空间,至少无法成为定论。

(三)关于取经图

榆林窟第3窟普贤变中出现取经图,尤其是其中的猴行者,说其形象特点“适合于元代《西游记杂剧》,而与宋、金、西夏时代文献与艺术品所描绘的孙悟空‘白衣秀才’形象迥然有别,同样可证该窟为元代之物”[④]。事实上有关猴行者出现在榆林窟西夏壁画中,其实可能有更加复杂而深刻的宗教和艺术脉络,远非如此简单明了。对此问题常红红已有精彩研究[⑤],可以说疑问不大。据陈寅恪先生的研究,“猴行者”形象最早起源于印度佛经故事及印度民间传说[⑥],到了南宋刊刻的话本《大唐三藏取经诗话》[⑦],所记猴行者取代《心经》成为玄奘西行路上驱邪避难的主角。此外,猴行者形象还见于南宋诗人作品中,南宋刘克庄(1187—1269)《释老言十六首》,其第四首云:

---

①沙琛乔:《敦煌西夏石窟山水画探源——以瓜州榆林窟第3窟为例》,沙武田编著《敦煌西夏石窟艺术新论》,兰州:甘肃文化出版社,2022年,第295—324页。

②贾维维:《榆林窟第3窟壁画与文本研究》,杭州:浙江大学出版社,2020年,第122页;邢耀龙、沙武田:《敦煌西夏洞窟观无量寿经变的新样式——瓜州榆林窟第3窟净土变的释读》,《丝绸之路研究集刊》第5辑,北京:商务印书馆,2020年,第335—353页。

③李晓凤:《酒泉文殊山石窟前山万佛洞和后山古佛洞研究》,陕西师范大学博士学位论文,2020年,第25页。

④杨富学、刘璟:《榆林窟第3窟为元代西夏遗民窟新证》,《敦煌研究》2022年第6期,第10页。

⑤常红红:《西夏玄奘取经图像之研究——以东千佛洞第2窟图像为中心》,《丝绸之路研究集刊》第5辑,北京:商务印书馆,2020年,第315—334页。

⑥依据陈寅恪先生的研究,《西游记》中作为玄奘弟子的“猴行者”,其形象乃是依据佛经中的“顶生王升天因缘”,以及印度纪事诗《罗摩延传》第六编中的“工巧猿Nala”,猴行者形象(尤其是猿猴闹天宫之事)为综合二者所创造。参见陈寅恪:《西游记玄奘弟子故事之演变》,《金明馆丛稿二编》,北京:生活·读书·新知三联书店,2001年,第217—223页。

⑦关于《大唐三藏取经诗话》的成书年代考证及相关研究,参看王国维:《王国维文学论著三种》,北京:商务印书馆,2010年,第248—249页。

一笔受楞严义，
三书赠大颠衣。
取经烦猴行者，
吟诗输鹤阿师。[①]

南宋张世南（1225 年前后在世）《游宦纪闻》卷四记载，有张姓农家子弟遇仙人，得到神通力，后度为僧人，村中有吴氏者，建重光寺轮藏成，求赞于僧人，僧人题诗云：

无上雄文贝叶鲜，几生三藏往西天。
行行字字为珍宝，句句言言是福田。
苦海波中猴行复，沉毛江上马驰前。
长江过了金沙滩，望岸还知到岸缘。
夜叉欢喜随心答，菩萨精虔合掌传。
半千六十余函在，功德难量熟处圆。[②]

在此首诗文中，出现了玄奘、猴行者、马、菩萨传经，与东千佛洞第 2 窟玄奘取经图像有颇多吻合。可以认为猴行者出现在取经图中，时代是可以早到宋、夏时期的。

另外，榆林窟第 3 窟十一面观音图像中的玄奘和猴行者是作为环绕观音的眷属出现的，猴行者带有头光，显然非普通的猴子，据贾维维的研究，这里的唐玄奘与猴行者并不是重在表现取经之意，而是属于观音的“二十八部众”或“四十九尊部众”之一的“毕婆伽罗王”，属于药叉神将之一[③]。这在唐代善无畏译

①朱一玄、刘毓忱：《中国古典小说名著资料丛刊〈西游记〉资料汇编》，天津：南开大学出版社，2012 年，第 34 页。

②朱一玄、刘毓忱：《中国古典小说名著资料丛刊〈西游记〉资料汇编》，天津：南开大学出版社，2012 年，第 3—36 页。

③贾维维：《榆林窟第 3 窟壁画与文本研究》，杭州：浙江大学出版社，2020 年，第 173—177 页。

《千手观音造次第法仪轨》和伽梵达摩译《千手千眼观世音菩萨广大圆满无碍大悲心陀罗尼经》中所列千手千眼观音眷属“二十八部众”中就已出现[①]，到了11世纪日本僧侣定深著《千手经二十八部众释》指出梵伽达摩译本对“二十八部众”的误解，重新分为49尊部众，其中解释“毕婆伽罗王”[②]：

> 毕婆伽罗王，山神部也，言毕婆伽罗者梵名也，毕者广也，大也，婆伽罗者，又名磨伽罗，此云猕猴，是则金光明所称猕猴王是也。

另外，成书于12世纪的《觉禅钞》卷三《药师法》中的“十二神将”，其中西方申位的“安底罗大将”形象即是“申位甲身将军，猴头人身，持刀”，同时《觉禅钞》插图中的安底罗大将是一位身穿白衣的猕猴，因此有研究者早已指出其与南宋刻本《大唐三藏取经诗话》中的“白衣秀才猴行者”之间是有相似性的[③]。

显然元代杂剧《西游记》中的猴行者，确是传承有自的。至于说宋、金时期文献与艺术品中的“白衣秀才”，按照《大唐三藏取经诗话》其原本还是猴子，他自称是“花果山紫云洞八万四千铜头铁额猕猴王”，要来“助和尚取经。此去百万程途，经过三十六国，多有祸难之处”[④]。若据此画成猴形人物，也是可以理解的。

至于到了元代，据无名氏《二郎神锁齐天大圣》杂剧第一折中所写，悟空竟然是个拥有一大家子兄弟姐妹的老猴精，而不是个天生天养的石猴，他自报家门说：“吾神三人，姊妹五个，大哥哥通天大圣，吾神乃齐天大圣，姐姐是龟山水母，妹子铁色猕猴，兄弟是要要三郎”[⑤]，如此有复杂亲情关系的老猴精，显然作为取经人物缺少神话色彩。

---

①《大正藏》第20册，第1068、1060页。

②《大正藏》第61册，第749—754页。

③（日）矶部彰著，赵博源译：《元本西游记中孙行者的形象——从猴行者到孙行者》，赵景深主编《中国古典小说戏曲论集》，上海：上海古籍出版社，1985年，第307、308页。

④《大唐三藏取经诗话》卷上《行程遇猴行者处第二》，上海：中国古典文学出版社，1954年，第2页。

⑤《二郎神锁齐天大圣杂剧》，收入朱一玄、刘毓忱编：《中国古典小说名著资料丛刊〈西游记〉资料汇编》，第86—87页。

另据学者们的研究，出现于 12 世纪的《玄奘与十六善神图》中，即出现了身负经囊手持拂尘的唐玄奘和深沙大将，且被十六药叉神环绕，日本京都南禅寺藏 13—14 世纪《释迦三尊与十六善神图》，以释迦为中心，左右为文殊、普贤二大菩萨，外围是十六善神、唐玄奘与深沙大将，这里的深沙大将，据说是和玄奘有关，所以往往一起出现。日本朝圣僧常晓在公元 838—839 年到中国旅行时，带回了一尊深沙神的塑像，他声称这是玄奘在沙漠中遇到的神，并进一步确定他是毗沙门天王的变体（他的仪轨由不空译出，有《深沙大将仪轨》，《常晓和尚请来目录》中有《深沙神记并念诵法》一卷，日本国求法僧圆珍也求得《深沙神王记》一卷），我们在日本的寺院图像中可以看到这一类凶猛的图像，因为他往往在脖子上戴一串骷髅项链，受其影响；在日本镰仓时代绘画的玄奘法师画像上，玄奘也戴一骷髅项链①。

所以说，榆林窟第 3 窟十一面观音图中玄奘与猴行者形象，虽然其并没有完全脱离“唐僧取经”的语境，但在这里以《西游记》故事去套，显然不合适，更不要说以宋、金、元时代与《西游记》相关的文学作品如杂剧、话本来解读佛教洞窟中的图像，差之毫厘，谬以千里。

五、结语

若细读贾维维的研究，榆林窟第 3 窟的西夏时代属性似没有可质疑的空间与必要。对于佛教洞窟的断代而言，一定要有洞窟的整体观，断不能只抓住其中的一两个画面，一叶障目，因为洞窟壁画是艺术表达的结果，艺术史学科的研究也自有其规律可遵循，绝不能武断，如唐僧取经图，在榆林窟第 3 窟就出现了两种不同图像传统的表现方式，把十一面观音中作为眷属出现的“毕婆

---

①相关研究参见（日）松本荣一：《敦煌画の研究》，京都：同朋舍，1927 年；戴密微：《达摩多罗考》，王尧主编《国外藏学研究译文集》第 7 辑，拉萨：西藏人民出版社，1990 年，第 121—139 页；王惠民：《敦煌行脚僧新探》，《敦煌佛教图像研究》，杭州：浙江大学出版社，2016 年，第 93—115 页；Dorothy C. Wong，“*The Manking of A Saint*: *Images of Xuanzang In East Asia*”，Early Medieval China 8（2002），pp.43—81，张善庆译：《以东亚玄奘画像为中心审视圣僧神化历程》，《敦煌研究》2016 年第 2 期，第 16—31 页；李翎：《“玄奘画像”解读——特别关注其密教图像元素》，《故宫博物院院刊》2012 年第 4 期，第 40—53 页。

伽罗王”当作孙悟空的原型来讨论就不对了,如果考虑到 13 世纪出现的十六善神中唐玄奘、深沙神大将的形象组合,那就和取经图中的猴行者关系更不大了;至于猴行者所持用于担挑经盒的棍子是否为“生金棍”,还得仔细观察和辨析,更像是回鹘壁画中颇流行的一类武器,而与孙大圣的金箍棒没有关联。可见图像研究自有系统与脉络,如果仅仅关注相关小说类文学作品的描写,错误就难免了。另如对榆林窟第 3 窟壁画山水画的研究,不能只看到元代马远等人的画作,因为宋、金时期绘画影响到元代肯定不是艺术史的问题,但如果注意到和西夏同时期的金人大量绘画作品中有明显和洞窟壁画山水画相似的作品,那就要给予足够的重视,只有这样才是艺术史研究应有的态度。之前李路珂对榆林窟第 2、3、10 窟装饰纹样与《营造法式》进行过细致的比较,明确指出为西夏之前所未见,属于西夏晚期从中原引进的新风[①],这一点也可同郭静对窟顶装饰画中的“祥禽瑞兽”与《营造法式》所记同类图样一致关系相印证。再如五十一面观音经变中出现大量的反映世俗生活的场景画面,如果是“元代皇家窟”,为什么没有任何可以反映蒙古人生活的场景?人物服饰方面可以和大量的宋金夏时期人物服饰相联系,却没有出现一例蒙古装?此类问题得仔细观察后方可得出结论。至于用洞窟中出现的游人题记来断代,其危险性不言自明,但目前所见对榆林窟第 3 窟时代的讨论,均是建立在这些游人题记佐证下的宏论,实不敢苟同。

---

①李路珂:《甘肃安西榆林窟西夏后期石窟装饰及其与宋营造法式之关系初探》,《敦煌研究》2008 年第 3、4 期,第 5—20 页。

麦积山石窟第126窟调查与研究

孙晓峰
（麦积山石窟艺术研究所）

麦积山第126窟为中小型平面方形窟，其形制在麦积山北魏晚期窟龛中极具代表性,特别是窟内主尊胁侍造像组合中表现出的非对称性现象,以及一铺五身组合样式,同时期大量再修痕迹等,对于了解和认识麦积山石窟北魏晚期至西魏初年佛教造像艺术发展演变规律及其渊源，以及同时期窟龛年代等问题具有重要意义和参考价值。本文拟在前人相关研究基础上提出自己的认识和看法,敬请指教。

一、洞窟概况

该窟位于窟区西崖顶层栈道,左邻120窟,右邻124窟。坐北朝南,方向北偏东38度,窟口下沿距栈道地面0.96米,窟外崖面在20世纪70—80年代麦积山石窟山体加固工程期间已全部被钢筋混凝土封护,原貌不详。(图1)

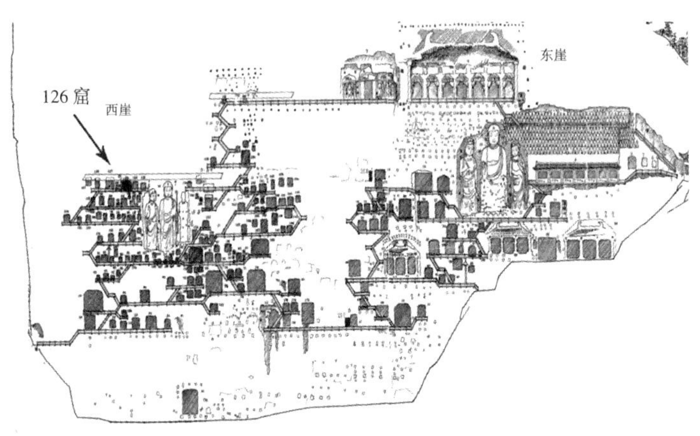

图1　麦积山石窟126窟位置示意图

(一)窟龛形制

窟门及甬道方形，高 1.12 米、宽 1.08 米、进深 1.06 米。正室平面方形，平顶。高 1.75 米、宽 1.88 米、进深 1.70 米。窟内正壁砌长方形佛座，两侧各砌一个半圆形莲台，分别与左、右壁相连。左、右壁正中各砌一个半圆形双层莲台，两侧均连接方条形通壁窄坛基（图 2），其中右壁坛基已残毁，20 世纪 90 年代由麦积山石窟艺术研究所保护室工作人员进行了复原性修复。

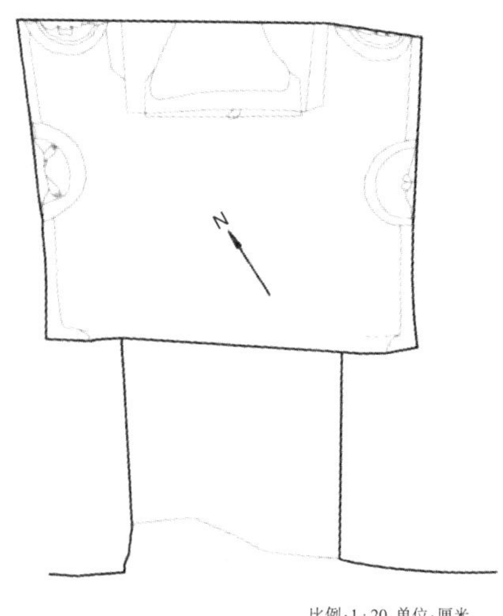

图 2　126 窟面示意图

20 世纪 60 年代初曾在窟口内约 0.4 米处装有木质窟门，现仅存壁面上镶嵌门框的凹槽。1978—1984 年山体加固期间在窟口重新安置了对开式木门，上半部镶有纱窗，以利于采光、通风和防止鸟类侵扰。

(二)造像

窟内正壁方形佛座上泥塑一身坐佛，佛座左侧莲台上泥塑一身侍者立像，右侧莲台上泥塑一身弟子立像。左、右壁正中莲台上各泥塑一身护法力士像。此外，窟内四壁及顶部原粘贴有数量不等的影塑坐佛、弟子、飞天、供养人等，现多已无存，仅见痕迹(图 3)。

图 3　126 窟正壁正射影像图

其中正壁主尊坐佛身高 0.86 米，通高 1.13 米，近圆塑。圆柱形肉髻，齐额式发髻。面形方正，弧形眉，双眼细长且略呈三角形，目视前方。鼻梁直挺，鼻翼内凹。四瓣形嘴，双唇紧闭，嘴角内敛，微带笑意，嘴唇尚残存原绘的朱红

图 4　126 窟正壁坐佛

色，下颌饱满圆润。两耳宽平，紧贴后颊，耳坠略外撇，面部均已被烟熏呈黑色。细颈削肩，肩部较为圆润，挺胸敛腹。左臂平直前伸，掌心外露向下，施与愿印，掌心以下全部残毁。右臂平直前伸，置于右腹侧，掌心外翻向上，施无畏印，仅存掌心部分。右足外露，脚掌向上，半跏趺坐于方形佛座上；佛装四层，内穿僧祇支，中衣胸前打结后下垂，外穿低通肩服，最外层穿垂领式裹右肩袈裟，右下摆自右肘外下垂至腹前，再上绕搭左肘后垂覆于左膝之上。衣裾三片式，内至外共计三层，垂覆于座前，佛装表面阴刻稀疏刚劲的衣纹线；佛身后贴壁浅浮塑莲瓣形背光，尖拱处延伸至窟顶。背光表面绘有装饰图案，佛头后侧中心位置绘同心圆形头光，各层分别涂石绿、乳白、青灰、赭红等色，最外层绘折枝忍冬纹，现多已模糊不清。头光下方及佛身两侧壁面对称绘数道弧形背光，依次填涂赭黑、乳白、青灰、石青色，多已风化剥落。最外缘原彩绘由石青和赭红二色组成的火焰纹，现多已模糊不清（图 4）。

图 5　126 窟正壁左侧胁侍造像

佛左侧造像高 1.11 米，脸形长圆，束高发髻，发箍正面饰三角形物，发髻呈扇形展开。斜挑眉，双眼细长，两眼微睁，略视下方。悬鼻小嘴，口小唇薄，嘴角内敛，下颌饱满圆润，两耳紧贴后颊，神态安详恬静。细颈，削肩，挺胸。内穿僧祇支，外穿垂领式宽博袈裟，右下角垂至腹前上绕，再搭左肘覆披于左臂下方，衣褶均做波折状，下摆呈三片式。服饰表面阴刻稀疏刚劲的衣纹线。下着长裙，裙摆呈燕尾形展开，双脚已失。双手掌心向内，合十于

图6　126窟正壁右侧弟子像

胸前，虔恭侍立。头部后侧壁面浮塑圆形头光，表面彩绘同心圆形头光，已部分剥落，仅存少许色彩(图5)。

右侧弟子高1.01米，身体微微前倾，面形长圆，面容清秀，弧形细眉，两眼细长，双目略下视，直鼻小口，嘴角内敛，两耳紧贴后颊。颈部修长，双肩圆润，内穿僧祇支，外穿垂领式宽博袈裟，左下角于胸腹之际上绕，再搭左肘下覆，下摆呈三片式。内穿长裙，呈燕尾状垂覆于莲台之上。服饰表面阴刻稀疏刚劲的弧形衣纹线。弟子左臂前伸上举，斜置于左胸与左腹之际，左手掌心向外，略侧向胸前。右手纳于袖中，微屈于右侧腹前。双脚均已毁。头部后侧壁面浮塑近圆形头光，表面彩绘同心圆形头光，内至外分为八层，色彩多已剥落(图6)。

左壁力士像高1.05米，束尖锥状发髻，前端有火焰宝珠状冠饰。长方脸，头略偏向右侧。斜眉长挑，牛眼圆睁，狮头鼻，鼻孔外翻。阔口，双唇微启，牙齿外露。面部肌肉紧绷，下颌方正，两耳短小，紧贴后颊。面部已被烟熏呈黑色。颈短而粗壮，肌肉突起，表面基本烟熏。外穿方领皮质镶边裲裆铠，双肩有搭扣。内穿大袖袍服，服饰表面等均阴刻衣纹线，下穿贴身袍服，后侧两下摆紧贴壁面之上。双足已毁，立于双层莲台之上(图7)。

图7　126窟左壁力士像

右壁力士像高1.02米，头顶扎束发髻。长方脸，头略偏向左侧。额际有川字纹，眉头紧皱，牛眼圆睁，斜向后挑，鼻孔外翻，双唇张开，嘴角内敛，下颌方正，面颊肌肉紧绷。粗颈端肩，表面筋腱突起。脖颈及面部烟熏严重，内穿袒右衫，下着贴膝分裆裤，外穿束腰长裙，裙摆做燕尾状外撇，分开处做水波状折褶。飘带由后背前绕，搭覆双肩，在膝前十字交叉后再上绕分别搭双肘贴膝下垂，外甩至壁面，其中左侧末端残毁。左手并置于左腹侧，拇指与其余并拢的四指轻捻，掌心侧向外。右手横置于胸前，掌心向内，做握拳状。跣足立于莲台之上，右脚跟微微离地，充满动感(图 8)。

图 8　126 窟右壁力士像

1. 影塑造像

窟内四壁及顶部原均粘贴有影塑造像，具体分布如下：

(1)正壁主尊浮塑佛造像和弟子造像，佛背光两侧和弟子头光上方及内侧壁面粘贴 4 排影塑造像。其中上至下第 1—2 排组合题材有坐佛及胁侍菩萨、供养天人和花朵，第 3—4 排题材仅有坐佛。

(2)左壁共粘贴 6 排影塑造像，每排之间多等距粘贴有圆形花朵作分隔，但壁面中间及外侧已大部分残毁无存。其中上至下第 1 排组合题材为影塑飞天和花卉，第 2—5 排组合题材为佛与胁侍弟子，第 6 排紧贴窟内地面坛基，题材为影塑供养人。

(3)右壁原亦粘贴 6 排影塑造像，保存基本完好。组合形式与左壁基本一致：上至下第 1 排为影塑飞天和花卉，第 2—5 排为佛与胁侍弟子，第 6 排为影塑供养人。

(4) 前壁上方及甬门两侧原粘贴 6 排影塑造像，其中甬门右侧部分影塑全部残毁无存。上至下第 1—5 排题材组合均为佛及胁侍弟子。第 6 排为影塑供养人。

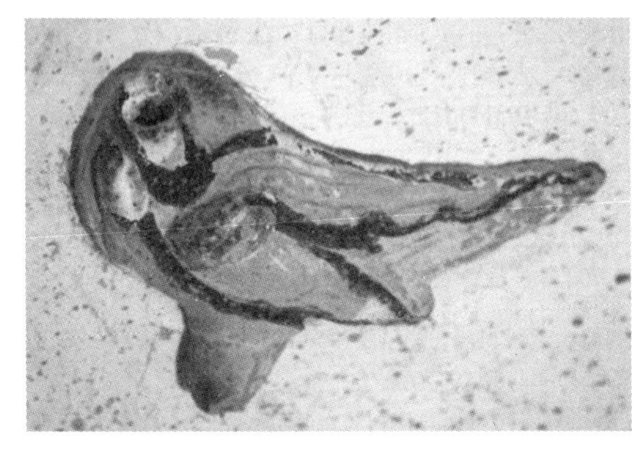

图 9　126 窟顶部影塑供养天人像

(5)窟内顶部以正壁主尊浮塑背光为中心对称,原粘贴有数组影塑供养天人(图9)。

图10　126窟正壁右侧彩绘供养比丘

(三)壁画

该窟主要以造像为主,壁画内容大致由以下三个部分组成:

1. 窟内泥塑佛、弟子、力士像身后彩绘的背光等装饰图案,现多已残损剥落,模糊不清。

2. 窟内影塑造像身旁点缀的供养花卉和壁面空隙处插绘的莲花忍冬、供养比丘等零星图像(图10),主要见于正壁和前壁。

3. 窟内顶彩绘圆莲、飞天等图案。

(四)题记

窟内正壁主尊坐佛背光两侧彩绘供养比丘像旁原有题记,现仅残存部分榜题框。此外,窟内右壁力士像头光和肩部右侧壁面影塑造像贴痕附近有一条元代游人题记,竖向,墨书,行楷体,内容如下:

至治三年(1323)四月初八日一行人/秦州□[①]

二、窟龛形制的讨论和分析

根据此前学者关于麦积山石窟北魏窟龛分期断代研究的相关成果,对于126窟的开凿时间问题,阎文儒先生将其统一归纳为北朝二期(北魏时期)。[②]

---

①"秦州□"几个字并列于原题记内侧,从字体、墨渍等综合分析应与原题记系同一时间题写,但在李西民、蒋毅明整理的《麦积山石窟内容总录》(麦积山石窟艺术研究所编:《中国石窟·天水麦积山》,北京:文物出版社,1998年,第286页)中这几字漏录。

②阎文儒:《麦积山石窟的历史、分期及其题材》,阎文儒主编《麦积山石窟》,兰州:甘肃人民出版社,1983年,第21—22页。

董玉祥先生将其归入北魏第三期,即孝明帝熙平至北魏灭亡(516—535)。[①]金维诺先生认为126窟开凿于北魏晚期偏早阶段。[②]李裕群认为该窟开凿于北魏晚期(494—534)的第三期,即北魏孝明帝孝昌年间至北魏末年(525—534),在风格上已接近西魏。[③]李西民先生认为开凿于北魏晚期。[④]陈悦新认为其开凿于北魏景明三年至北魏末年(502—535)。[⑤]达微佳则认为126窟开凿于西魏时期。[⑥]可以看出,上述诸家观点多集中倾向于第126窟开凿于北魏晚期,个别认为晚至西魏。其中阎、董、金的观点主要依据造像组合题材、服装样式、艺术风格和史料文献,李、达的观点主要依据石窟考古学和类型学分析方法并结合相关历史文献等材料,可以说各有道理,其结论也相差不大。笔者倾向于李裕群先生的观点,但在开展126窟考古报告编撰工作中却感觉到,前人研究成果主要集中在某段时空范围内,单体窟龛的个案性研究却极易被忽视。而实践证明,恰恰是这些带有丰富信息的个体窟龛对于客观、科学判断和认识石窟寺考古中最困难的年代问题,以及揭示窟龛内涵和性质方面等具有重要价值和意义,可以在一定程度上弥补石窟寺考古分期断代工作过程中存在的缺点和不足。

---

①董玉祥:《麦积山石窟的分期》,《文物》1983年第6期,第18—30页,该期窟龛还包括第85、101、120、163、140、154、139、142、110、117、122、159、64、16、17、102、83、121、81、108、112、158、84、164、149、132、133、135、127、28、30等三十余窟。

②金维诺:《麦积山石窟的兴起及其艺术成就》,天水麦积山石窟艺术研究所编《中国石窟·天水麦积山》,北京:文物出版社,1998年,170—171页;《麦积山的北朝造像》,《雕塑》2004年第2期,第34—37页。

③李裕群:《麦积山北魏晚期洞窟分期研究——兼论与洛阳石窟造像的关系》,麦积山石窟艺术研究所编《麦积山石窟研究》,北京:文物出版社,2009年,第128—148页,该期窟龛还有121、122、85、101、139、140、154、112、172、64等窟;李裕群:《北朝晚期石窟寺研究》,北京:文物出版社,2003年,第112—140页。

④李西民:《论麦积山石窟艺术史上的六个高潮》,天水麦积山石窟艺术研究所编《石窟艺术》,西安:陕西人民出版社,1990年,第72—82页。

⑤陈悦新:《从佛像服饰和题材布局及仿帐、仿木构再论麦积山北朝窟盒分期》,《考古学报》2013年第1期,第29—58页。

⑥达微佳:《麦积山石窟北朝洞窟分期研究》,龙门石窟研究院编《石窟寺研究》(第2辑),北京:文物出版社,2011年,第65—110页。具体时间为西魏初年至西魏恭帝"行周礼,建六官"之制前,即公元535年至556年左右,该期窟龛还包括139、92、87、83、44、102等窟。

如前所述,本文讨论的麦积山 126 窟属较小的平面方形平顶窟,窟内四壁不开龛,甬道较深,窟内四壁沿地表设窄条形坛基。大致同时期形制相近的窟龛还有 85、92、93、95、101、108、110、117、122、131、139、140、142、154、159、160、161、162 等二十多个窟。(附表 1)往前追溯的话,同类形制窟龛在麦积山最早出现的当属同处西上区的 115 窟和中区东侧的 156 窟,这两个窟高、宽、进深均在 1 米左右(前者甬道进深 0.46 米,后者因崖壁坍塌,前壁受损,原甬道情况不详),窟内四壁均设低坛基,其中第 115 窟也是麦积山唯一有明确开窟纪年的窟龛,具体时间为北魏景明三年(502)。稍后西魏时期这种类型的平面方形窟锐减,目前仅发现有位于西上区顶层栈道的 120 窟和中区上方的 20 窟。通过对附表 1 北魏晚期此类洞窟的统计结果,主室高、宽、深均在 1.2 米左右的 5 个,1.5 米左右的 6 个(本文所讨论的 126 窟被纳入此类),2.0 米以上的 8 个,可见三种规格的洞窟在数量上所占比例差距并不大。但根据董玉祥先生的分期研究成果,麦积山开凿于北魏晚期的窟龛总数约 33 个,那么平面方形窟在这一时期所占比例最少为三分之二,这还未把窟内正、左、右三壁开龛的平面方形窟统计在内。可见,这种样式的洞窟在麦积山北魏晚期十分盛行。因此,如何根据窟龛形制再进一步确定 126 窟具体开凿时间呢?笔者拟从以下两个方面略作讨论:

一方面是 126 窟内部结构的横向比较分析。麦积山北魏晚期盛行的此类平面方形窟内部结构相对简单,其变化主要体现在窟内佛座设置、坛基样式和壁面处理三个方面。其中规格在 1.5 米以下的平面方形窟内,由于受空间限制,基本上仅正壁设佛座,其余壁面则设坛基;而规格在 2 米以上的窟龛内,均正、左、右三壁各设一佛座,四壁设低坛基。至于壁面处理方面,则与窟内是否有影塑密切相关,无影塑的在窟内壁面直接彩绘;有影塑的则对窟内壁面进行相应处理,以方便粘贴影塑造像。

根据上述归纳结果,我们发现 126 窟在窟龛形制处理上与同期平面方形平顶窟有明显差异,主要体现在以下两点:

1. 麦积山 126 窟内通壁低坛基为窄条形,直接与窟内正壁佛座和胁侍造像莲台连为一体,这与同时期平面方形窟采用的低平且较宽坛基的做法不同。后者多将胁侍造像直接安置在坛基上,或者坛基上再筑半圆莲台安置造像,如

附表 1　麦积山北魏平面方形窟一览表 *

窟号	开凿时间	甬道(单位:米)			正室(单位:米)			窟龛所在位置	备注
		高	宽	进深	高	宽	进深		
117	北魏晚期	0.85	0.70	0.65	1.30	1.30	1.30	西上区下至上第三层东侧,115窟下方。	窟内原造像无存。
120	西　魏	1.06	0.80	0.37	1.53	2.03	1.60	西上区顶层中间。	
122	北魏晚期	1.25	1.12	0.64	2.15	2.57	2.10	西上区下至上第四层西侧。	
126	北魏晚期	1.12	1.08	1.06	1.75	1.88	1.70	西上区顶层中间。	
131	北魏晚期	0.97	0.81	0.74	2.22	2.40	3.00	西崖大佛东侧中部,90窟上方。	
139	北魏晚期	0.47	0.86	0.50	1.67	1.65	1.63	西崖135窟右下方。	
140	北魏晚期	1.48	1.23	0.48	2.14	2.17	2.01	位于139窟东侧。	
142	北魏晚期	不详			2.15	2.03	2.54	位于140窟东侧。	主室大部分与前壁基本残毁无存。
154	北魏晚期	1.07	1.86	1.71	2.39	2.78	2.85	位于139窟下方。	
156	北魏中期	不详			1.16	1.16	0.70	中区上部,43窟正上方。	仅主室正壁、右壁完整,左壁大部分残毁。
159	北魏晚期	0.89	0.66	0.45	1.13	1.35	1.14	西崖中部,142窟左下方。	
160	北魏晚期	0.83	0.65	0.57	1.36	1.23	1.37	西崖中部,159窟左下方。	
161	北魏晚期	不详			1.22	1.23	1.13(残)	西崖中部,160窟西侧。	主室基本完整,前壁部分残毁。
162	北魏晚期	0.86	0.60	0.20	1.05	1.06	1.11	西崖中部,160窟西侧。	

* 本表所列平面方形窟仅指窟内四壁不开任何形式的小龛或耳龛,窟顶平直,没有弧形、拱形或套斗样式的窟龛。

115、92、139、160 等窟。126 窟采取的这种做法不仅减少了开凿和修饰四壁坛基的工作量,而且使胁侍造像莲台更加高大、突出,在视觉上也不会使窟内有限的空间显得拥挤。显然,这是当时工匠们在充分汲取此前开凿过的同类型、同规模窟龛经验的基础上而优化工序流程的结果，客观上也表明了 126 窟开凿时间上的滞后性。

2. 通过观察，可以发现麦积山这一时期带影塑的窟龛在相应壁面都做过工艺上的处理,其目的就是使壁面上影塑更整齐和牢固,也能保证每身影塑造像在壁面上都有合适位置。这种工艺本身也有时代性特征,如北魏中期开凿的 115、156 窟在壁面相应位置直接塑窄条形坛台，使其与壁面泥皮形成一个整体,最后在上面粘贴影塑造像(图 11)。这种工艺在中晚期带影塑的窟龛内也多有发现，如 93、159、110 等窟内的壁面坛台(图 12)。

图 11　115 窟正壁右侧影塑坐佛

图 12　93 窟内坛台上的影塑造像

另一种工艺则多见于窟内空间相对较大的洞窟,工匠在抹敷窟内泥皮时,直接将四壁墙皮塑成横向展开的多层式坛台,每层坛台均做侈口外撇,上宽下窄,上方平整,以粘贴影塑,底端与墙面平齐,截面呈倒三角形。这种工艺的最大好处就是可以在壁面上大量粘贴整齐划一的影塑千佛，如 92、122、101、131、142、154 等窟(图 13)。

有意思的是,126 窟尽管满壁粘贴影塑，甚至窟顶也粘贴有影塑供养天人。虽然窟内各类影塑大致都排成行列,但我们却看不出统一规划的痕迹,这

种做法与同时期带影塑造像的窟龛大相径庭。那么答案只有一个,即这些影塑是后来加上去的。所以,麦积山126窟出现这种补贴影塑的做法显然受到了同时期此类题材的影响,故其开凿时间相对晚一点。

图13　122窟左壁影塑造像

另一方面是126窟崖面位置的综合比较分析。实际上,关于通过窟龛具体位置来推定其开凿时间的方法,早在20世纪80年代,初世宾先生已作过相关研究和论述,[①]笔者十分赞同,并认为在缺乏明确证明材料的情况下,这种方法不失为一种相对客观、科学的判定方法,对于石窟寺断代分期研究具有重要价值和意义。

通过多年来的努力,麦积山石窟的开凿规律基本已搞清楚,并得到了国内外学术界认可。麦积山现存最早开凿的窟龛为西崖中下部以第74、78、90、165等窟为中心的窟龛群,时间在公元5世纪中叶前后。到北魏中期,开始呈扇形向上方和中区扩散。北魏晚期时,已扩展至西上区、西崖上部及中区西侧。西魏时,窟龛开凿营建主要依托北魏原来搭建的崖面栈道体系,呈现出“见缝插针”的特点。到北周时期,则开始大规模开凿和营建东崖部分,甚至扩展到东侧山梁下方的王子洞一带。隋唐以后,则主要以重修和再次利用为主。

根据这一原则,我们分析如下:

首先,这层栈道上的窟龛从西到东依次为153、158、127、120、171、125、126、124和123窟(图14)。其中153窟为未完工即废弃的洞窟,158窟开凿于北魏晚期,120、123窟开凿于西魏,124、125、171窟均为小型龛窟,其中仅124窟内有一身泥塑坐佛,原作于西魏,宋代重修。127窟为麦积山西崖三大窟之

①初师宾:《石窟外貌与石窟研究之关系——以麦积山石窟为例略谈石窟寺艺术断代的一种辅助方法》,《西北师范大学学报(社会科学版)》1983年第4期,第84—98页。

图 14　麦积山西上区顶层栈道分布图

一,学术界多认为该窟是西魏秦州刺史、武都王元戊为其母乙弗氏开凿的功德窟,笔者也持这一观点。[①]因此,从上述洞窟的开凿时间大致可知,北魏晚期时,当时的栈道已搭建到这一层,最初搭好的可能是靠西侧的 158 窟附近。到西魏初年,随着 127 窟的大规模开凿,本层栈道开始向东延伸,直抵西崖大佛旁边,最后开凿的就是 123 窟。这些信息表明,西崖西上区顶层栈道虽然最早搭建于北魏末年,但该层栈道的最终完善和窟龛开凿主要是在西魏时期完成的,这可能与北魏末年秦州局势动荡不安有关,不再赘述。

其次,从 126 窟具体位置看,其两侧较大的洞窟分别为 120、123 窟,其中 120 窟毗邻 127 窟,它的正壁还打穿了 127 窟前壁,尽管有学者根据相关供养人题记认为,120 窟开凿时间在北魏太和末到正光五年之间(497—524),[②]但笔者认为该窟开凿时间不会早到北魏,容另文讨论。

这样的话,当时 126 窟的开凿就有两种情况:一是该窟开凿较早,等西魏 127 窟营建时,开凿者为了避开它,有意将 127 窟位置向西侧移动了一下。这样虽然更接近此前已开凿好的 158 窟,但后者体量并不大,进深较浅,且位置较高,对 127 窟实际影响并不大;二是 126 窟开凿于西魏,它所选位置是为了有意避开 127 窟,以示尊敬。但从窟龛形制、造像和壁画艺术风格等方面综合分析,这种情况应该不成立。同时,相较于下层栈道上北魏晚期开凿的 122 窟,

---

①郑炳林、沙武田:《麦积山第 127 窟为乙弗皇后功德窟试论》,《考古与文物》2006 年第 4 期,第 76—85 页;孙晓峰:《天水麦积山石窟第 127 窟研究》,兰州:甘肃教育出版社,2016 年,第 63—78 页。

②郑怡楠:《天水麦积山第 120 窟开凿时代考》,《天水师范学院学报》2009 年第 1 期,第 55—61 页。

该窟又明显有一些新的因素和做法，故其开凿时间极有可能在北魏末年至西魏初年,但在时间上要早于 127 窟。

三、造像题材与内容的讨论和分析

受法华造像思想影响的麦积山石窟北朝以来一直盛行三世佛题材，到北魏晚期依然如此，较大的平面方形窟内均为三壁三佛，如 85、101、122、131、140、142、154、162 等窟。但体量较小的平面方形窟内,则以一佛二菩萨或一佛二弟子的一铺三身式组合居多,如 93、156、159、161 窟,在原组合情况不明的 95、110、117、160 等窟内,从残存佛座、坛基情况分析,原亦多为一铺三身式造像。这种组合方式很大程度上受到了北魏中期以来此类洞窟内造像题材的影响，如 115、156 窟内主尊造像均为一佛二菩萨。而同样开凿于北魏晚期的 92、139 窟内的造像组合则明显不同，如 92 窟正壁为泥塑坐佛,左、右壁原各并列 2 身胁侍像,构成一铺五身式组合。现仅存内侧造像，其中左壁内侧塑菩萨立像，右壁内侧塑弟子立像，外侧两身造像尊格不详(图 15)。139 窟正壁塑一佛二弟子,左、右壁分别塑一菩萨一力士，构成一铺七身式组合。本文讨论的 126 窟造像组合与这两个窟有许多相似之处。

图 15　92 窟内部全景

图 16　126 窟造像组合图

(一)主尊造像组合

与这一时期同类平方面形窟内常见的一铺三身式组

合不同,126 窟正壁正中塑一身坐佛,佛左侧塑一身胁侍立像,右侧塑一身胁侍弟子立像,左、右壁正中各塑一身护法力士,共同构成一铺五身式组合(图16)。与前述 92 窟内造像的组合方式接近,故推测该窟左、右壁外侧残毁的造像可能为护法力士。相比之下,139 窟内组合题材虽然也是佛、菩萨、弟子和力士,但却以佛为中心,呈对称式排列,与北魏时期主流造像组合排列方式一致。

图 17　92 窟左壁彩绘供养人

因此，从我们对 92、126、139 窟内造像组合情况的介绍可以看出,92、126 窟采取了一种全新的非对称方式来表现佛说法场景，显然与窟内空间大小没有关系,而是功德主有意为之。126 窟仅正壁主尊两侧壁面残存有几身彩绘供养比丘，右壁外侧坛基上残存一身影塑女供养人形象，装束显示出她有较高的社会地位。92 窟正、左、右三壁也保留有数身彩绘供养人形象,均宽袍大袖,脚穿方头或尖头高履,同样身份不低(图 17),其家族开凿这种非对称性造像组合窟龛应该有其特殊含义。但就我们常见的北朝佛说法图像而言,绝大多数弟子、菩萨、力士等均是以佛为中心作对称排列展开,非对称性例证较为少见,如张掖金塔寺西窟中心柱底层龛内为结跏趺坐佛,龛外两侧分别为胁侍菩萨和密迹金刚。[①]永靖炳灵寺 169 窟北壁西秦壁画无量寿佛左侧一组佛说法图中,佛左侧为弟子,右侧为胁侍菩萨。[②]可见其也是有图像渊源的。麦积山与炳灵寺在十六国时期均属于长

①姚桂兰主编:《金塔寺石窟》,兰州:甘肃人民美术出版社,2017 年,图 2-3、图 2-7,第 127、129 页。

②甘肃省文物工作队、炳灵寺文物保管所编:《中国石窟·永靖炳灵寺》,北京：文物出版社,1989 年,图版 36。

安文化圈，两地之间在僧侣往来、佛教艺术互动方面均有较多史料记载，如著名高僧玄高当时就活跃于长安、秦州、河州、凉州一带，[①]麦积山北魏晚期出现的这种一铺五身非对称式造像组合应是这种造像思想的延续和体现。值得注意的是，这一时期麦积山石窟此类非对称式造像组合中还有佛、弟子和螺髻弟子，其数量还不少，如 101、121、122、154 等窟内均有此类组合样式。这表明，北魏末年麦积山石窟在开窟造像过程中体现出更多的佛教思想内涵，考虑到后秦时期鸠摩罗什僧团在长安翻译的《妙法莲华经》《维摩诘经》等大乘经典对关陇地区的巨大影响，笔者倾向于日本学者长广敏雄、水野清一先生等在云冈石窟研究过程中的观点，[②]认为麦积山 126 窟正壁出现的佛、弟子、菩萨组合也是《法华经·譬喻品》反复强调的"会三归一"思想的反映：弟子代表声闻乘，这尊世俗装造像则综合了缘觉乘与菩萨乘的特点，从而达到最终的佛一乘目标，占据左、右壁核心位置的力士像则强调了信众修持过程中护持的重要性。

（二）主尊造像样式

1. 佛。126 窟正壁泥塑坐佛相较于北魏晚期盛行的"秀骨清像"和"褒衣博带"样式，佛面部明显由清秀转向圆润饱满，但肩以下部分仍保持着清秀挺拔的特征。佛双眼、鼻、两耳及嘴角等五官部分的处理技法仍保留着北魏晚期造像特点，透出一种恬静和安详气质。佛发髻主要采用麦积山及陇右地区北魏以来常见的磨光高髻，与巩县石窟北魏晚期窟内石雕佛像一样[③]，除个别窟内造像外（163 窟正壁坐佛），并没有完全受洛阳龙门石窟盛行的水波纹发髻佛像样式影响。值得注意的是，出土于四川成都盆地一带公元五世纪末期南齐佛造像，如茂县永明元年（483）造像碑、成都市西安路永明八年（490）和商业街建武二年（495）背光式造像以及汶川无纪年背光式造像[④]等佛头部采用的也是这种

---

①（梁）释慧皎撰，汤用彤详注：《高僧传》卷 11《释玄高》，北京：中华书局，1992 年，第 409—413 页。

②（日）水野清一、长广敏雄、常盘大定、关野贞：《支那佛教史迹·三》，1926—1938 年，第 85—86 页。

③陈明达主编：《中国美术全集·雕塑编 13·巩县天龙山石窟雕刻》，北京：文物出版社，1989 年，第 15、20、23 页。

④雷玉华、李裕群、罗进勇：《四川汶川出土的南朝佛教石刻造像》，《文物》2007 年第 6 期，第 88 页，图六。

图 18　44 窟主尊佛头像

素面高髻。可见，麦积山北魏中期以来的佛头髻样式可能也受到了这种风格影响。但到西魏时期，由这种发髻演变而来的涡旋状水波纹发髻开始在麦积山石窟流行，如 20、44、102 等窟内坐佛均采用了这种样式(图 18)。因此，某种意义上讲，126 窟佛造形变化体现出麦积山泥塑佛像艺术风格由北魏末期向西魏初期转变的过程。

佛装服饰方面则更为复杂，126 窟正壁坐佛服饰内至外多达四层：内着僧祇支，上罩汉式对襟衫，衣带胸前打结后下分两股下垂。上衣通覆双肩，衣缘呈“U”形垂至胸腹部，右衣角绕过腹前搭左肩，袒胸通肩。上衣外增加全披，覆盖两肩，右衣角自右腋下绕过搭左肘后下垂。衣裙呈弧形三片式，作三层垂覆于佛座前，两端还各有一小片呈弧形下垂的衣角。这种四层式佛衣在麦积山石窟并不多见，穿着样式则融合了当时洛阳地区和以成都为代表的南朝佛衣特征：中衣带对襟打结、上衣加外披的做法在洛阳龙门石窟的宾阳中洞、魏字洞、普泰洞、皇甫公窟等，以及河南巩县石窟第 1、3、4 窟的佛像服饰上广泛采用，其佛装下摆衣裾均呈八字形，做多层重叠，垂覆于座前，佛衣整体质感厚重。这种做法对麦积山北魏晚期窟龛内佛衣影响很大，如 92、87、81、83、132 等窟，到西魏阶段则更加普遍，佛衣毛呢质感更突出，服饰线条更流畅，如第 20、44、102、120、127、135 等窟。

但 126 窟佛衣多重式下摆样式却不见于中原地区，而是明显受到当时南朝地区造像影响。如茂县永明元年(483)造像碑正面佛坐像[①]、成都市西安路永

①袁曙光:《四川茂汶南齐永明造像碑及有关问题》,《文物》1992 年第 2 期,第 68 页,图一。

明八年(490)背光式造像[①]和商业街建武二年(495)造像[②]等(图 19),褒衣博带式佛衣下摆衣裾均为三片式三层重叠样式,线条繁缛流畅。根据李裕群对成都南朝造像的分期研究,这类造像流行时间约在南齐永明元年至萧梁普通年间(483—527),整体上数量不多,造像艺术特点和风格上融合了"秀骨清像"与"张家样"的某些时代特征。[③]麦积山北魏晚期部分窟龛内造像佛衣应该是受到其影响的结果,如 127 窟正壁石雕坐佛(图 20),以及第 16、17、85、121、122、133、142、161 等窟内均有类似衣裾的佛像(图 21)。由此可见,126 窟主尊坐佛同时融合吸收当时中原和南朝地区造像艺术因素,充分体现和反映了麦积山石窟造像艺术来源的多元化特征。这种融合式佛装塑造方式更多体现的是一种变化和创新,既保持着麦积山北魏晚期佛像特点,又蕴藏着一些新的因素,可以说是处在麦积山石窟泥塑造像从北魏晚期向西魏时期过渡的变革阶段。

图 19　萧齐建武二年(495)背光式佛坐像

图 20　127 窟正壁石雕佛像

图 21　85 窟右壁坐佛

①成都市文物考古工作队、成都市文物考古研究所等:《成都市西安路南朝石刻造像清理简报》,《文物》1998 年第 11 期,第 6 页,图四 H1:1。

②张肖马、雷玉华:《成都市商业街南朝石刻造像》,《文物》2001 年第 10 期,第 7 页,图七(90CST⑤:6)。

③李裕群:《试论成都地区出土的南朝佛教石造像》,《文物》2000 年第 2 期,第 64—76 页。

2. 胁侍造像。麦积山 126 窟正壁左侧胁侍造像与同时期菩萨像相比特征十分突出：内着僧祇支，上衣通覆双肩，右衣角胸腹之际横绕在左肘下垂。既没有华蔓璎珞，也没有帔帛和肩饰，与僧衣无异。透出一种质朴、清新的气质，类似装束的造像仅见于 142 窟左壁外侧胁侍菩萨立像。但这类装束却大量见于麦积山北魏晚期窟龛内的螺髻弟子装束中，如 101、121、122、154 等窟内相关造像莫不如此（图 22）。它的发髻也很特别：头发集中向上扎束，发髻截面呈扇形，上面阴刻呈放射状的发丝，前端有一个三角形饰片夹束，底端戴发箍，仔细观察，可以看到发箍表面原等距贴饰花朵一类的饰物（图 23）。麦积山石窟与其相近的发髻样式仅见于 17 窟，但三角形饰片后的发髻呈四瓣状。这类发髻与常见的戴各种冠或直接将发髻扎束起来的做法不同，显然汲取了当时世俗社会女性发髻样式。可以说从古到今，女性对头发倾注了大量心血和精力，创造出丰富多彩的发型和饰物。但总的看来，北朝时期女性发髻开始向盘梳于头顶这一方向发展，如螺髻、双丫髻、飞天髻、双鬟髻等都是其中典型代表，在北朝墓室出土的陶俑、画像砖、石棺线刻画、传世绘画和石窟壁画中比比皆是，不再举例。

图 22　121 窟螺髻弟子与菩萨

图 23　126 窟胁侍造像头部特写

结合上述126窟胁侍造像头衣和身衣特点可以看出，与北魏晚期麦积山石窟大量出现的螺髻弟子装束一样，这尊造像以穿僧衣和世俗发髻装束样式出现，更多表达的是一种世俗造像者对佛法修行理念的认识和理解。在法华“会三归一”的修行过程中，根据佛经说法菩萨是“以智上求佛道，以悲下化众生。不为自己求安乐，但愿众生得离苦”的救世慈悲者，这也意味着一切行菩萨道，修行佛法的众生，在成佛之前都可以称作菩萨。而缘觉道者本身出生于无佛之世，性好幽静，主要以才智单独悟道修行，当无佛出生时，修行成功被称为独觉。当有佛出生时，修行成功则被称为缘觉。因此，126窟正壁这位立于佛身旁，穿僧衣的造像定名为表现修行缘觉道的辟支佛更为准确。

3. 弟子。126窟正壁右侧弟子形象与窟内佛、菩萨一样，在面部处理上清秀中略显饱满，体形也一改北魏晚期的厚重挺拔为清秀高挑，呈现出一种新的形象。与同时期弟子像相比，僧衣也略有变化，呈三片弧形的袈裟，下摆之间又特意各塑出一片燕尾状裙裾，略显繁冗，以示内穿中衣，巧妙地展示出佛三衣样式，可能是表现这位弟子具有佛性的一种暗示。

4. 力士。126窟的护法力士安放位置非常突出，分别位于窟内左、右壁。与麦积山同时期前后开凿的83、108、112、121、142、154等窟内护法力士被安置于前壁两侧的做法有明显差别。与126窟力士像安放位置相近的只有139窟，但力士分别位于窟内左、右壁外侧，和胁侍菩萨并排而立（图24）。这种变化显然更在于强调力士的重要性，当然也和窟内造像题材组合之间有密切关系。

图24　139窟右壁全景

126窟力士的体态与麦积山同期作品相比更显内敛和庄重，既没有过于夸张的动作和姿态，也没有刻意表现的体姿和神情，如112窟偻身回首、跨步疾行的力士，139窟紧握双拳，扭头呵斥的力士等（图25），整体上表现出一种宁静与平和。在

图 25　麦积山北魏晚期力士像

装束方面,其中一身穿大袖长袍,外罩裲裆铠,双手纳入袖中。另一身上穿袒右衫,下着长裙,帔帛搭肩绕臂下垂。与西上区下层栈道上北魏晚期开凿的 121 窟门壁两侧力士像[①]无论在体姿,还是服装上均十分相近,可以说在塑作过程中受其影响较大。

此外,还有一点值得注意,126 窟内力士浮塑头光均为尖桃形,这与同时期力士像有所不同。后者多为浅浮塑或彩绘圆形头光,部分还装饰有莲瓣形背光。但却与麦积山 133 窟 16 号造像碑浮雕佛说法图佛座下方力士的头光完全一致(图 26),体现出

图 26　麦积山 133 窟 16 号造像碑浮雕力士像

①121 窟门壁两侧力士像宋代时进行过重修,但除头部新塑,门壁左侧力士左手加塑了一把金刚杵外,其余均为北魏原作。

一定的时代共性,表明带此类头光装饰的力士像可能会晚到西魏初年。

(三)影塑造像

126 窟内诸壁影塑造像排列相对规整,以正壁主尊佛为中心,背光两侧对称贴影塑天人,左、右壁近窟顶处亦横向面对正壁佛的方向粘贴一排影塑天人,在窟顶也做类似处理。窟内正、左、右及前壁均横向粘贴影塑及胁侍弟子,近底部坛基粘贴影塑供养人,每排之间多以粘贴的影塑花卉加以分隔。但笔者通过仔细观察,发现这些影塑造像并非开窟时统一规划安置,而是后来加上去的。而且在粘贴前还对原壁面彩绘做过相应覆盖处理,但两次营建活动的相距时间并不太远,具体原因不清楚,笔者推测最大可能是与北魏末年秦州地区持续动荡有关。当然,也不排除功德主因故改变原设计方案的因素。

关于窟内影塑造像略晚出现的判断理由主要基于以下几点:

1. 影塑造像过于稠密和零乱

如果我们仔细观察,就会发现窟内四壁的影塑造像彼此之间十分拥挤和杂乱,非常不协调,在窟内四壁均有这种现象。具体如下:

正壁佛背光两侧第一排影塑,从现存造像及痕迹可知,左侧原 4 佛 4 胁侍,右侧原 3 佛 3 胁侍,导致左侧十分拥挤,右侧相对舒展悦目。从现状可知,影塑坐佛的圆形头光系提前粘贴于壁面相应位置,但这些头光却大小不一,如正壁左侧最边缘影塑坐佛头光要明显大于其它同排影塑坐佛的头光;第二排影塑造像中,佛背光左侧影塑坐佛直接贴在壁面上,并无圆形头光,而右侧影塑坐佛身后却有粘贴好的圆形头光,显得非常不协调。在这排影塑上方起分隔作用的影塑花卉,左、右两侧不仅大小不一,而且数量也不相同,表现出很强的随意性。

左壁上至下第二排影塑从内向外明显呈倾斜状横向排列,其目的是避开左壁力士像身后浮塑的头光。在力士头像外侧粘贴的影塑造像中,近前壁处由于剩余空隙太大,临时贴上了一朵影塑花卉。如果是开窟时统一规划,就不会有这种情况出现;第三排影塑中,力士像内侧影塑坐佛为背屏式,外侧由于残损情况不明;第四排影塑中,力士像内侧影塑坐佛头光为单独粘贴,外侧残存的影塑坐佛却是背屏式,缺乏统一性。

右壁上至下第一排原并列粘贴影塑飞天,其间以影塑花卉做间隔,但靠外侧却少粘贴一身，空隙处以彩绘花束代替，这种现象应是当时仓促之举的表现。与左壁相比,右壁第四至五排影塑之间用作隔的影塑花卉,不仅力士像外侧没有,力士像内侧粘贴的影塑花卉规格也是大小不一,缺乏统一性,应是临时之举。

2. 缺少影塑造像的粘贴工艺流程痕迹

带影塑造像的窟龛在麦积山石窟出现较早，其工艺流程经过北魏中期的发展,到北魏晚期时已十分成熟。主要有三种形式:一是在窟内壁面开耳龛,内粘贴影塑造像,如76、100、128、155、163等窟(图27)。二是在窟内壁面砌横向方棱形坛台,其上粘贴影塑,如89、91、114、115、122、156等窟(图28)。三是在窟内壁面横向砌数层带侈口的坛台，其上粘贴影塑,如92、122、133、142、154等窟(图29)。

图27　76窟右壁实测图

但是，在窟内壁面上不作任何处理就直接整窟粘贴影塑造像的做法,目前还没有发现。只是个别窟龛内,或在顶部、或在主尊造像和龛楣等处粘贴有飞天、供养天人等,如91窟和154窟顶部粘贴有影塑飞天。86窟和114窟正壁主尊两侧壁面对称粘贴影塑飞天。155窟正壁佛龛龛楣两侧对称

图28　156窟正壁实测图

图29　142窟正壁实测图

粘贴有影塑飞天、供养菩萨等。都属于一种辅助性装饰，且这类影塑体量较为轻薄，类似高浮雕，与壁面接触面积很大(图 30)。

图 30　86 窟正壁龛楣影塑飞天

3. 部分题材样式杂乱

根据对麦积山现存带影塑的窟龛内影塑造像的统计分析结果，无论是佛、菩萨、弟子，还是飞天、供养人，其样式均保持相对一致性，即同类作品基本上为同一模具制作而成，即使有变化，也是出于安置过程中出于视觉效果需要而有意为之，如并排粘贴的影塑坐佛中，有的就采取以不同着装样式的佛像交错排列，如 100、128、155 等窟，这可能也与当时造像艺术风格发生变化有关。

但 126 窟内影塑造像却并非如此，给人一种临时拼凑的感觉。如该窟正壁佛背光上方两侧的影塑飞天，从残存贴痕可知，左侧 1 身呈 V 形身姿，而右侧 1 身呈弧形身姿，非常不协调。窟内壁面用以分隔各排影塑的花卉的样式、大小、规格均不统一，显然是临时收集、拼凑的结果。特别是影塑中最重要的佛、弟子像也是如此，根据笔者统计，126 窟现存影塑坐佛样式就有三种：前两种均内穿僧祇支，外穿披右肩裹右肘袈裟，结跏趺坐，左手置于腹前，右手施与愿印。但前者仅模制圆形头光，后者整体模制莲瓣形背光。第三种穿垂领式褒衣博带袈裟，左手置于腹前，右手施与愿印，身后整体模制莲瓣形背光(图 31)。弟子像也存在类似情况，窟内各个壁面残存的胁侍造像贴痕多数轮廓不规则，原来是否有影塑胁侍菩萨像不清楚，从残存情况分析，影塑佛两侧胁侍应多为弟子像。但窟内左、右壁和前壁仅存的 6 身弟子像也并非同一模具制作而成，其中 4 身影塑弟子挺胸腆腹，左手上举齐肩，五指并拢，掌心向外。右手微屈于腹前，纳于袖中。而右壁内侧下方 1 身弟子则双手置于胸前，双手似捧一盘供养品。(图 32)前壁甬门左侧 1 身弟子形象较为模糊，但依稀可辨双手五指交叠，合扣于胸前。

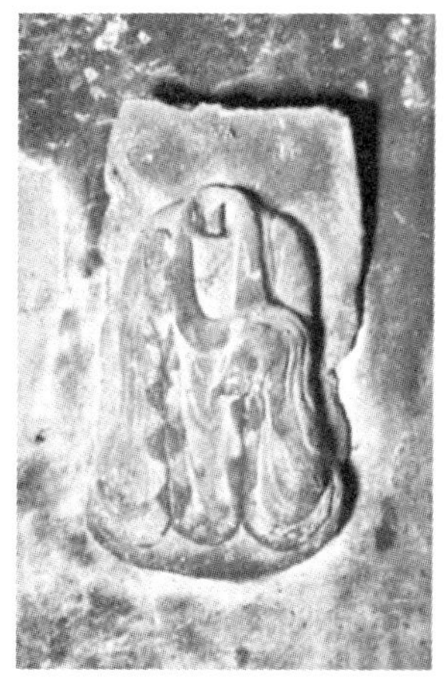
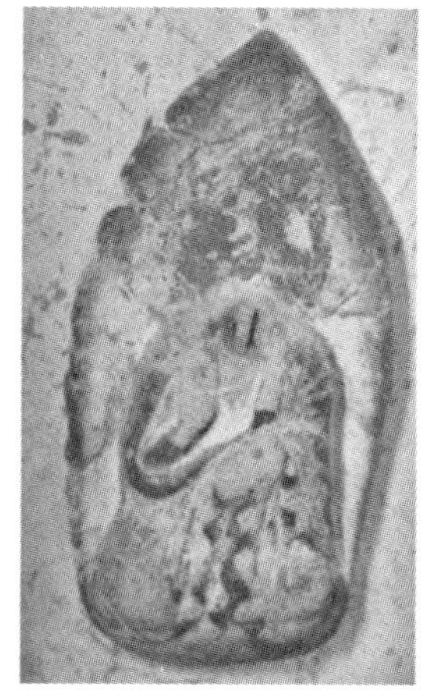

图 31　126 窟不同样式的影塑坐佛

图 32　126 窟影塑弟子像

4. 与原作彩绘之间存在叠压关系

通过观察可以发现,126 窟影塑在粘贴前对窟内壁面进行过一定处理,主要是用白粉一类涂料对已有彩绘进行了覆盖,影塑粘贴好后,又在较大的空隙重新彩绘一些装饰图案,使其成为统一的整体。

如正壁佛背光两侧第二排各贴一身影塑坐佛。仔细观察的话,可以发现这两身影塑周围墙面或多或少都残存彩绘痕迹,其内容已无法辨识,但明显存在叠压现象。更有利的证据是前壁甬门上方,该窟烟熏严重,但仔细分辨可以发现,甬门上方正中原绘一身坐佛,两侧对称等距各绘三组由忍冬和莲花组成的团花装饰图案,图像现多已剥落或烟熏模糊不清,其中正中坐佛及圆形头光轮廓十分清楚,但其头光右侧部分则被影塑坐佛造像部分叠压,这表明影塑粘贴的时间晚于彩绘时间。如果两者都是开窟时统一规划和考虑的题材和内容,就不会出现这种情况。

影塑造像中还有一个值得关注的现象就是位于窟内四壁上方及顶部粘贴的供养天人和四壁坛基上粘贴的供养人。

供养天人均为弟子状,光头,面容恬静含笑,身穿垂领搭左肘式袈裟,两腿后折呈V字形,一手齐肩,掌心并拢向外,一手置于腹前,托捧供品,作飞行姿(图33)。这些影塑在窟内的粘贴排列也很有规律:以正壁主尊坐佛背光为中心,沿背光尖拱处分两组对称展开,一组有6身,沿背光边缘对称排列,最前面两身位于窟顶。另一组16身,分别沿左、右壁顶缘横向排开,每身之间点缀圆形花卉,均面向窟内正壁方向。此外,在窟顶正中靠左、右边缘还各粘贴1身供养天人。这些影塑与窟顶彩绘的飞天共同构成了欢乐、生动的佛国净土世界。类似表达手法在麦积山北魏晚期开凿的16、91、142、154、170等窟内均出现(图34),应该是受到上述窟龛影响的结果。至于126窟采用供养天人而非飞天的做法,则是强调对窟内主尊坐佛的供养,而非护法或歌舞娱佛作用。

图33　126影塑供养天人

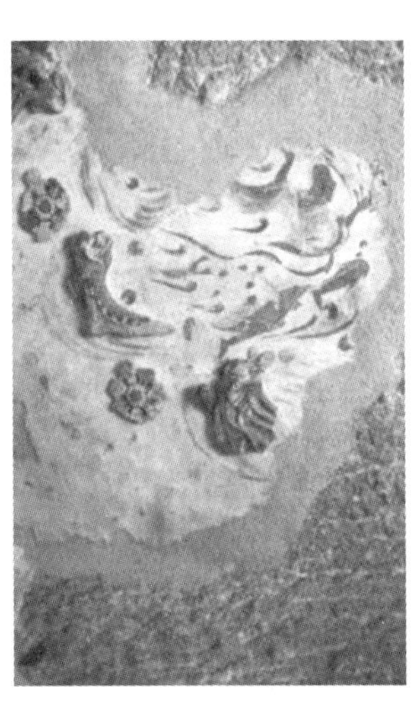
图34　142窟顶部影塑飞天

影塑供养人现仅存右壁外侧坛基上1身,是位女性形象,头毁,内穿交领大袖服,外罩坎肩,下着曳地长裙,腰间系带,应是当时世俗社会贵族妇女装束

图 35　126 窟右壁影塑女供养人

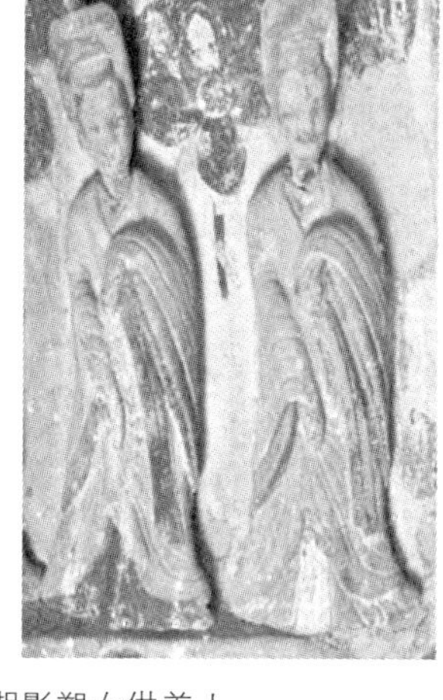

图 36　北魏晚期影塑女供养人

图 37　100 窟北魏晚期影塑女供养人

(图 35)。但与麦积山北魏晚期多数影塑供养人服饰有所差异,如 131、133、142 窟内的影塑供养人,均头戴高笼冠,内穿交领衫,外穿大袖束腰袍,下着长裙,脚蹬高头履,有的还前呼后拥,身后婢女拖提宽大的裙摆(图 36)。仅个别窟内有与 126 窟相近的影塑供养人像,如 100 窟正壁左侧下层坛台上的一身女性供养人与其有相似性,头毁,身姿挺拔,丰腴优雅(图 37)。表明此类贵族女性服饰可能与供养人族属有一定关系,考虑到这种服饰样式更接近中原传统汉族女性“上衣下裳”的礼制规范,故推测 126 窟功德主可能出身于秦州世家大族,其族属可能为汉族,或当时汉化程度很高的氐、羌等民族。

四、壁画题材与内容的讨论和分析

126 窟内壁画极少,主要集中于窟顶和四壁影塑造像之间的空隙之处。现存内容主要有顶部残存的两朵圆莲和数身彩绘飞天,正壁佛背光两侧并肩而立的彩绘供养僧侣像，前壁甬门上方的坐佛、莲花忍冬装饰，左、右壁空隙绘有忍冬装饰图案等，这在麦积山北朝中小型窟龛中也普遍盛行。不同之处在于，有影塑的窟龛中四壁彩绘多以各种装饰纹样为主，没有影塑的窟龛中除装饰纹样外，多绘有佛、菩萨、弟子或供养人形象。而带有故事性的本生或经变画主要见于北朝晚期的大型洞窟内。

126窟顶部泥皮多数脱落无存，仅正壁左上方顶部和右壁右上方顶部内容保存相对完整。正壁左上方顶部近转角处绘一朵三层式圆莲，中心为绿色莲蕊，边缘绘一道红色圆环，保存基本完整。在圆莲近窟顶中心部分可见两身残存的彩绘飞天痕迹，形象已不完整，可辨衣裙镶绿边，石青色飘带（图38）；右壁右上方顶部近转角处绘一朵三层式圆莲，样式、色彩、构图等与前述圆莲一致，周边残存有彩绘飞天的石青色飘带痕迹。故根据现状并结合同期窟龛顶部彩绘内容可知，126窟顶部正中亦原绘一朵大圆莲，四角各绘一朵小圆莲，其间穿插绘飞天、忍冬和祥云图案。随后不久，又粘贴上对称排列的影塑供养天人像，使窟顶内容更加丰富多彩。

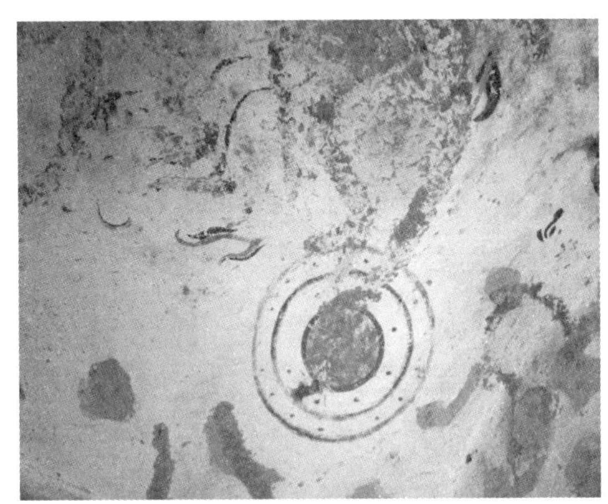
图38　126窟顶部残存彩绘壁画

窟内正壁佛座右侧两身保存相对较好的彩绘僧侣像中，隐约可辨后侧一身手持一把长柄香炉，推测这四名僧人应该有较高地位。遗憾的是，由于此后影塑造像的粘贴，使壁面原绘的其他供养人形象已不清楚。但从窟内左右壁和前壁残存的绿色莲蒂、莲茎等痕迹可知，原窟内的彩绘供养人均应手持莲花。类似执长柄香炉的弟子图像也见于北魏晚期开凿的154窟内，但均彩绘于胁侍造像浮塑背光的空隙处，彼此间是一种组合关系。与126窟此类弟子均立在佛两侧明显不同，表明后者的地位更加突出和重要。

窟内右壁力士旁空隙处和前壁甬门上方彩绘的由莲花、忍冬组成的火焰

图 39　麦积山北魏晚期忍冬纹饰

状装饰图案结构基本相同，以石青、石绿为主色，两边由各绘一片忍冬叶，中间夹着一根莲茎，向上升腾而起，充满生机与活力。由于麦积山地处常年阴湿多雨的林区，加之历史上各种人为破坏，壁画残毁严重，这种图案现存极少，目前仅在 154 窟顶部发现有类似装饰图案，其忍冬叶较为修长、灵动，与 126 窟厚重、沉稳的忍冬叶有显著不同，体现出两种不同风格(图 39)。后者在某种程度上更接近后来麦积山西魏、北周时期短胖型的忍冬叶纹样，这也是笔者认为该窟可能营建于北魏晚期至西魏初年的理由之一。

五、主要结论

通过以上对麦积山 126 窟相关内容的调查与比较分析，我们大致可以得出以下几点结论：

1. 该窟并非一次性完成，首次开凿和营建过程中并没有粘贴影塑造像的计划，最初窟内供养人也是以彩绘形式表现，主要分布在窟内左、右壁泥塑力士像两侧，但整个开窟活动很有可能在外力影响下没有完成，而是在辍工后不久续建而成。

2. 该窟独特的非对称性造像组合样式，实际上表现了《法华经》"会三归一"的修行理念。正壁长期以来被认为是菩萨的胁侍造像应是表现修行缘觉道的辟支佛,进一步反映出法华思想对麦积山北朝造像体系的影响之深。

3. 窟内样式众多、形态各异的影塑造像的广泛使用,不仅说明影塑造像是麦积山北魏晚期窟龛造像题材的重要组成部分，更表明这一时期麦积山作为关陇地区重要的佛教文化中心,其模制造像规模、技艺与制作水平达到了一个前所未有的高峰。

4. 窟内影塑供养人高度汉化特征表明，地处陇右的秦州地区到北魏晚期时已深受当时中原及南朝文化影响,以宽袍笼冠、高履长裙为主要特征的褒衣博带式服装成为汉、氐、羌、鲜卑等民族社会各阶层女性的普遍装束。

5. 虽然没有明确的时代信息,但从该窟开凿位置、题材组合、造像风格、艺术特点等方面综合分析,基本可以判定其开凿时间约在北魏末年至西魏初期。

附记：文中图 1—3、14、16、20、29 由麦积山石窟艺术研究所提供，图4—13、15、17、18、21—24、30—39 为笔者拍摄,图 19 蒙董华锋教授提供,图 25—28 由臧全红绘制。

（原文已刊发于《丝绸之路研究集刊》第九辑）

张掖金塔寺石窟考古报告的整理与编写

夏立栋　姚桂兰　王卫东
（中国社会科学院考古研究所　张掖市文物保护研究所）

为配合国家文物局《中国石窟寺中长期计划（2021—2035 年）》，中国社会科学院考古研究所与张掖市文物保护研究所、肃南县文化与旅游局签订合作协议，拟对张掖金塔寺、千佛洞、文殊山等共七处石窟寺遗址进行全面、系统的考古调查，联合整理、编写石窟考古报告。2021 年至 2022 年，为整理编写《金塔寺石窟考古报告》，中国社会科学院考古研究所、张掖市文物保护研究所组建联合考古队，同时邀请中国社会科学院民族学研究所、首都师范大学等单位相关领域的专家学者，协同合作开展考古报告的资料收集、整理和编写工作。

金塔寺为第四批全国重点文物保护单位，位于甘肃省张掖市肃南裕固族自治县马蹄藏族乡李家沟村，石窟开凿于祁连山刺沟河谷北侧的红砂岩崖壁之上。遗址现存东、西两窟，皆为规模宏大的塔庙窟，塔柱四面配设塑像近三百身，主室和窟顶遍绘壁画。石窟营建于公元五世纪，其后历经西夏、明、清时期小规模重修改建，补塑少量塑像，对原初塑像装銮施彩，并重新绘制壁画。两年度的田野考古工作包括金塔寺及周边诸窟考古调查和金塔寺石窟窟前遗址试掘两项内容。

一、金塔寺及周边诸窟考古调查

此次考古调查以金塔寺石窟为主体，同时包括与金塔寺位置临近、关联密切的长洞子、刺沟西端石窟及古城沟洞窟，主要工作内容包括石窟文字记录与西夏文题记释读、数字三维建模与测绘、碳 14 测年等多学科合作研究工作。

(一)文字记录与西夏文题记释读

以考古学方法对该石窟的洞窟形制和造像内容进行文字记录,抄录、释读、辨识洞窟内现存西夏文、汉文题记,尤其注重对不同时期石窟营造工程遗迹、造像重修改建过程、造像技术工艺、壁画泥层叠压关系等方面的调查和记录。

(二)数字三维建模与测绘

为制作考古报告图版和实测线图, 中国社会科学院考古研究所科技中心刘建国研究员对遗址所在沟谷,东、西两窟及周边诸窟进行石窟数字化三维建模,系统制作了石窟三维影像和洞窟塔柱、主室各壁与窟顶的正射影像;选择能够反映石窟典型特征的剖面切割石窟三维模型,生成洞窟平剖面实测线图。首都师范大学刘韬教授团队以石窟正射影像为基础,确定线图绘制体例,绘制了石窟塔柱、主室各壁与窟顶等各部分的造像实测线图。中国社会科学院考古研究所科技中心张鹿野按照从整体到局部、从主要到次要的原则,完成了从遗址到洞窟本体,再到洞窟各部分的图版拍摄工作。同时,从造像量度的角度,详细测量计算了各身造像不同部位的尺寸比例关系。

(三)碳十四测年

为解决石窟营建和重修改建的时间与具体过程的问题,在充分考虑石窟考古遗存相对年代关系的基础上, 中国社会科学院考古研究所科技中心陈相龙副研究员于东、西两窟及窟前探沟采集碳 14 测年系列样本,开展了石窟考古测年研究。目前,碳 14 测年数据已经全部检测分析完成。

二、金塔寺窟前遗址考古试掘

为探寻石窟原始崖面位置、洞窟原初形制规模和是否存在窟前建筑遗迹,于东、西两窟现存崖壁前各布设一条南北向探沟。南侧探沟内发现凸出于现存山体的早期崖面,其上开凿上、下两排槽孔,排布规律,各排槽孔规格不一。上排槽孔自西向东分为 A、B、C 三组,每组包括两个上下分布的大型槽孔,下距活动面约 360 厘米。下排槽孔位于崖面下部,由两个斜向排布的较大槽孔和其下斜向分布的三个小型槽孔组成,下距活动面约 93 厘米。崖面下方为一处活动面,表面为一层人工涂抹的青泥层,其下原铺设一层木板,后遭焚烧。活动面上贴附崖壁的东部、中部各发现一处平滑规整的石块，分别与崖面上部B、C两组槽孔的位置相互对应，推测其可能为两组柱础，原应竖立木柱，支撑安插于B、C槽孔内的横向木梁。活动面上出土青瓷碎片、陶片、动物骨骼、人类牙齿、“祥符元宝”铜钱。通过窟前遗址的试掘，初步明确了窟前倒塌堆积的形成过程，发现了可能与洞窟开凿同时的早期原始崖面和窟前建筑遗址，为重新认识金塔寺石窟的形制、性质和窟前寺院遗址的位置提供了重要线索。

酒泉文殊山石窟的分区与洞窟组合关系

李 甜
（甘肃政法大学）

文殊山位于酒泉市西南15公里的嘉峪山中，地理坐标北纬39°32′，东经98°20′，海拔最高2228米，最低1672米。历史上属酒泉辖区，现归肃南县祁丰区管辖。宋元以前的文殊山，名嘉峪山，也称“嘉谷沟”，据泰定三年（1326）元太子喃嗒失所立《有元重修文殊寺碑铭》可知，至少元泰定三年起该寺即被称为“文殊寺”，现代一般称该山为文殊山。文殊山是凸起于祁连山主峰北麓坡地的一条支脉，从祁丰藏族乡文殊村的沟口起，向西延伸，至嘉峪关城北坡下与黑山连接，轴向略呈弧形，长约30公里。文殊山有山峰25座，沟谷14条，总面积120平方公里。文殊山石窟是河西石窟中的大型石窟群落之一，东邻马蹄寺石窟、天梯山石窟、炳灵寺石窟等；西邻昌马石窟、五个庙石窟、莫高窟、榆林窟等。特殊的地理位置与环境，造就了文殊山这一特殊的石窟艺术宝库，成为今天研究这一地区佛教文化、艺术的重要载体。

文殊山石窟从谷口至后山，分布于南北1.5公里、东西2.5公里的范围之内，遗存数量多，调查难度较高。根据笔者的调查，拟将其划分为四个大的区域和若干小的区段进行讨论（图1）。文殊山现存的152个洞窟，大致分为谷口区、前山区、营房后区、后山区四个大区。谷口区有石窟18个，前山区15个，营房后区有26个，后山石窟最多，有93个。其中，后山区石窟又可以再细分为谷西、低台、后西坡、高台、山顶、后山后六个区域。谷西区24个，低台区9个，后西坡区22个，高台区12个，山顶区20个，后山后6个。

在给文殊山石窟分区的基础上，为了进一步研究窟与窟之间的关系和开窟时间上的先后顺序，我们把相邻的处于同一水平高度的洞窟作为一组洞窟

图 1　文殊山石窟分区示意图

组合进行讨论。魏正中在研究《龟兹石窟寺院遗址的区段与组合》时认为:“一个‘洞窟组合’通常位于同一水平高度的一系列毗邻而建的洞窟,有时通过一些建筑结构如前室或栈道相连接,一般包括不同的洞窟类型,具有明确且不与其他组合相重叠的边界。洞窟组合是僧团开展日常生活的特定场所,是由居所和宗教活动场所构成的寺院。”①这种理论与方法也适用于文殊山石窟,以下将通过大的分区与区段内的洞窟组合对文殊山石窟进行整体的梳理与研究。

一、谷口区

谷口区位于文殊山山谷的入口处,洞窟分布于自东向西的山谷崖面上。谷口区共有大小洞窟 18 个,废弃年久,没有完整的洞窟遗存。笔者通过实际调研、测绘,对典型的洞窟形制进行绘制,对其余废窟进行编号记录(图 2)。

由于谷口区洞窟塌毁严重,残留洞窟的分布比较散乱,因此,暂以单独的洞窟形制来对这一区域的洞窟做比较(图 3)。通过比对发现,这一区域的洞窟形制都比较简单,以平面纵长方形和横长方形为主,顶部都是平顶,说明这一区域的石窟是同一时期开凿的且具有相同功能的洞窟。有的窟内壁面凿有小

①魏正中:《区段与组合——龟兹石窟寺院遗址的考古学探索》,上海:上海古籍出版社,2013 年,第 30 页。

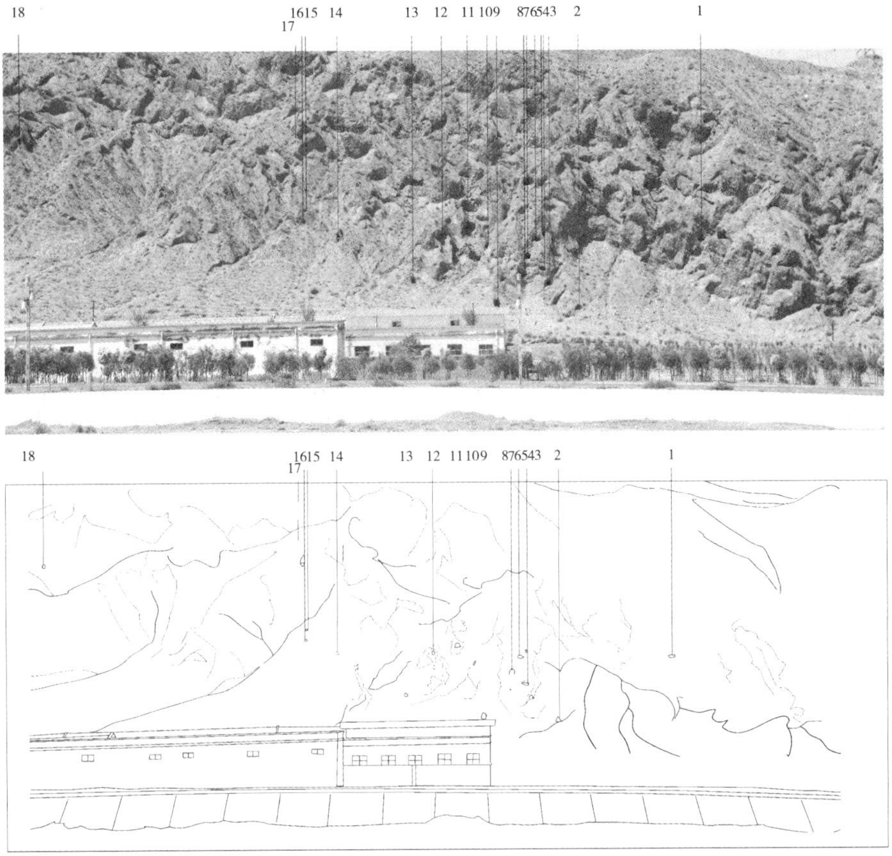

图2　谷口区立面图

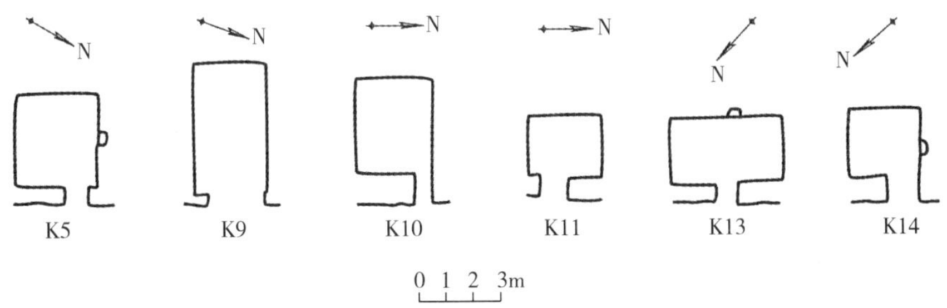

图3　谷口区第 5、9、10、11、13、14 窟平面图

龛，笔者推测这些小龛可能为置物所用，并非佛龛；有的四壁平整，没有开龛痕迹，由于废弃年久，无任何壁画或遗物佐证，又处于谷口处，距离前山区尚远，洞窟功能并不明确，开凿年代也已无从考证。但根据洞窟有置物小龛，推测与居住生活有关，或可理解为僧房窟。

二、前山区及典型洞窟组合

前山区石窟主要分布于红庙沟东西两侧的山崖上以及沟口处的文殊寺一带。前山区现存石窟 15 个，包括保存完整的两个中心柱窟和两个废中心柱窟以及与其处于同一水平位置上左右相邻的所有洞窟（图 4）。

前山区洞窟大多模式为彼此相邻构成一组组合窟，最典型的洞窟组合有第 19 和 20 窟、第 29 和 30 窟、第 31—33 窟、第 21—28 窟。这四组洞窟组合中，前三组组合中都带有一个中心柱窟，后一组第 21—28 窟则没有中心柱窟。不同类型的洞窟功能也各不相同。有中心柱的洞窟组合中第 29 和第 30 窟，为两个中心柱的洞窟组合，第 29 窟为文殊山现存开凿最早的洞窟，俗称前山千佛洞，窟内早期壁画遗存最多，保存也较好。与其相邻的第 21—28 窟，洞窟形制相近，除了第 23 窟仅存窟龛之外，其余 7 个窟，均为平面纵长方形，且又可以分为三组：第 21 和 22、第 24 和 25、第 26—28 窟。这三组窟在形制上两两相似，开窟功能相同，又是在两个中心柱的组合窟旁边，应为早期的禅窟，虽然经历了后世改造、重修，但作为组合窟来看，中心柱窟是礼拜活动的场所，僧人礼拜之后，会用于静坐禅修。早期的第 21—28 窟应是小型单室禅窟，被后世多次改造之后，第 24、25 窟现在已改为民房，第 26—28 窟现为佛殿窟，而第 21 和第 22 窟则彻底废弃，堆满杂物。

第 19 窟和第 20 窟为一个中心柱与一个方形窟的组合，位于红庙沟西侧，这一侧的崖体上，只有第 19 窟和第 20 窟这一组洞窟，位置较为独立。第 19 窟俗称万佛洞，为平面方形中心柱窟，是文殊山壁画遗存最多、最全的洞窟，整窟壁画经历西夏重修。第 20 窟为方形佛殿窟，现已损毁，仅存洞窟形制。第 31—33 窟（图 5）为一个中心柱窟与一个方形佛殿窟和一个方形小禅窟的组合，比第 19 和第 20 窟增加了一个禅窟，仍可视为同一类组合窟。这一组洞窟中，中心柱居于中间，左侧为佛殿窟，右侧为禅窟，除了多出一个禅窟外，其布局与第

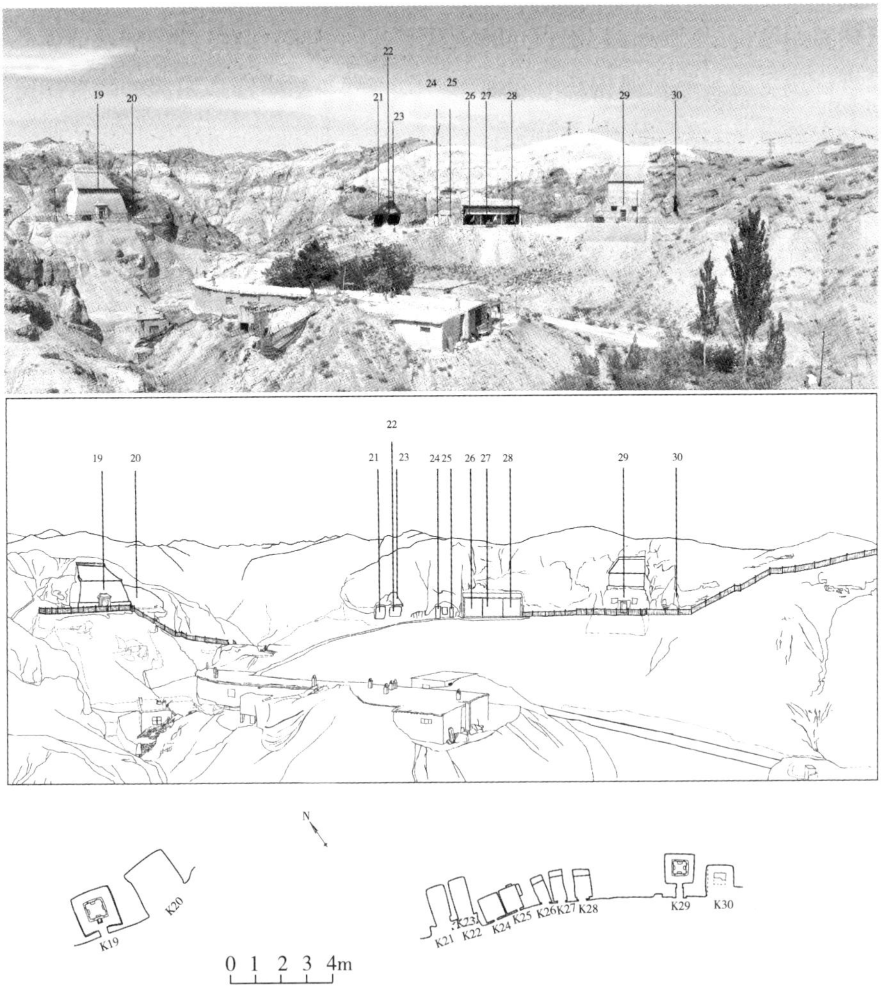

图 4　前山区第 19—20、21—30 窟立面分布图与连续平面图

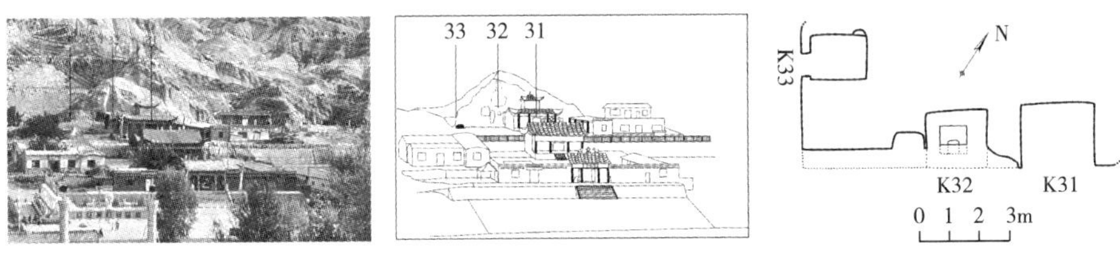

图 5　前山区第 31—33 窟立面分布图与连续平面图

19窟和第20窟完全一致。其中第32窟中心柱窟损毁严重,中心柱柱体露于崖体外,现已无壁画残留,相邻的佛殿窟经元代重修,现保存情况较好,相邻禅窟现在仍为打坐修行所用。

总体来说,该区域的洞窟组合主要有:中心柱窟和佛殿窟的组合、两个中心柱窟和禅窟的组合、中心柱窟和佛殿窟以及僧房窟的组合。

三、营房后区及典型洞窟组合

此区位于营房后长约570米的山崖上。洞窟分层依次排列于崖面,窟口均朝南。由于长期废弃和崖面塌毁,给实际测绘带来了很大的困难,有的窟口悬于半崖,无法测绘,现仅给予编号。其中,第34—38窟处于同一水平高度,第39—44窟处于同一水平高度,第45—48窟处于同一水平高度,第49—54窟处于同一水平高度,第55—59窟处于同一水平高度。(图6、7)

第34—38窟中,第37窟塌毁严重,存一小窟口,又悬于半崖,无法测绘。第34窟平面近方形,平顶,四壁无遗存;第35—36窟,窟口处已全塌毁,窟内平面近方形,平顶,壁面均无壁画遗存;第38窟,拱形窟口,平面近方形,平顶,主壁下有一长方形佛坛遗迹,为佛殿窟,四壁均无壁画遗存。这一组洞窟为同一时段所开凿的方形窟。

第39—44窟,位于山崖中段,洞窟分布较为密集。窟前有栈道遗迹,崖壁上相应的凿孔和凹槽痕迹,表明了栈道的位置和结构。其中,第44窟窟口悬于半山崖,窟前栈道已毁,无法进入测绘。其余窟形多为平面方形,除第43窟为四角攒尖顶,其余均为平顶。第42窟右壁后部有一小门通向第43窟,第43窟原有窟口被砖石封堵。这一组窟的第39—41窟主壁下部都有佛坛遗迹,墙面有泥皮遗迹,可能之前有壁画,现仅有第41窟右壁白色墙面上留有部分壁画遗存。第41窟上部有坐佛四身,脸部损毁,有圆形头光和身光,以绿色、白色填充,发髻呈尖三角,着右袒式暗红色袈裟,袈裟上沥粉装饰,手部损毁、手势各异,与后山区千佛洞内坐佛如出一辙,为元代所绘。这组洞窟以佛殿窟为主,窟与窟之间有栈道相连,为同时期开凿的洞窟,开凿年代有可能也是元代。

第45—48窟窟口均悬于山崖半腰,窟前原有栈道已毁,无法进入测绘,现仅给予编号。第49—54窟位于山崖最下方,在这一区域应该是较早开凿的一

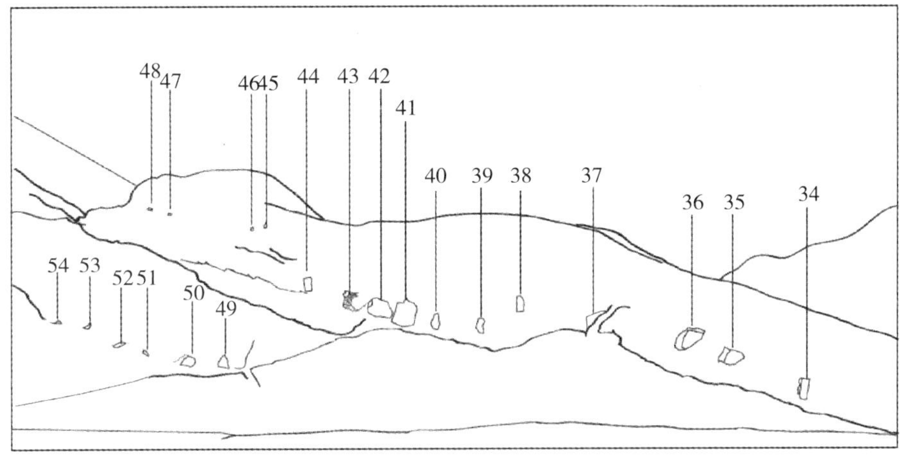

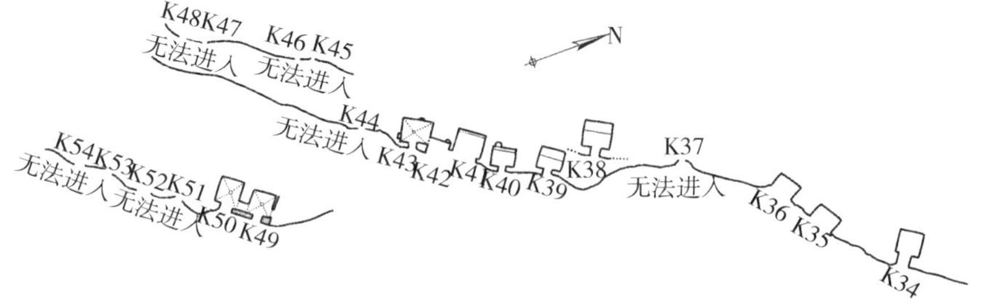

图 6 营房后区第 34—54 窟立面分布图与连续平面图

组洞窟。第 51—54 窟塌毁严重，现仅给予编号。第 49、50 窟为平面方形，四角攒尖顶，窟内被烟熏黑，无壁画遗存，第 49 窟右壁有门洞通向第 50 窟，可能为后世凿通。这一组窟窟形相似，排列整齐，为同一时期所建。

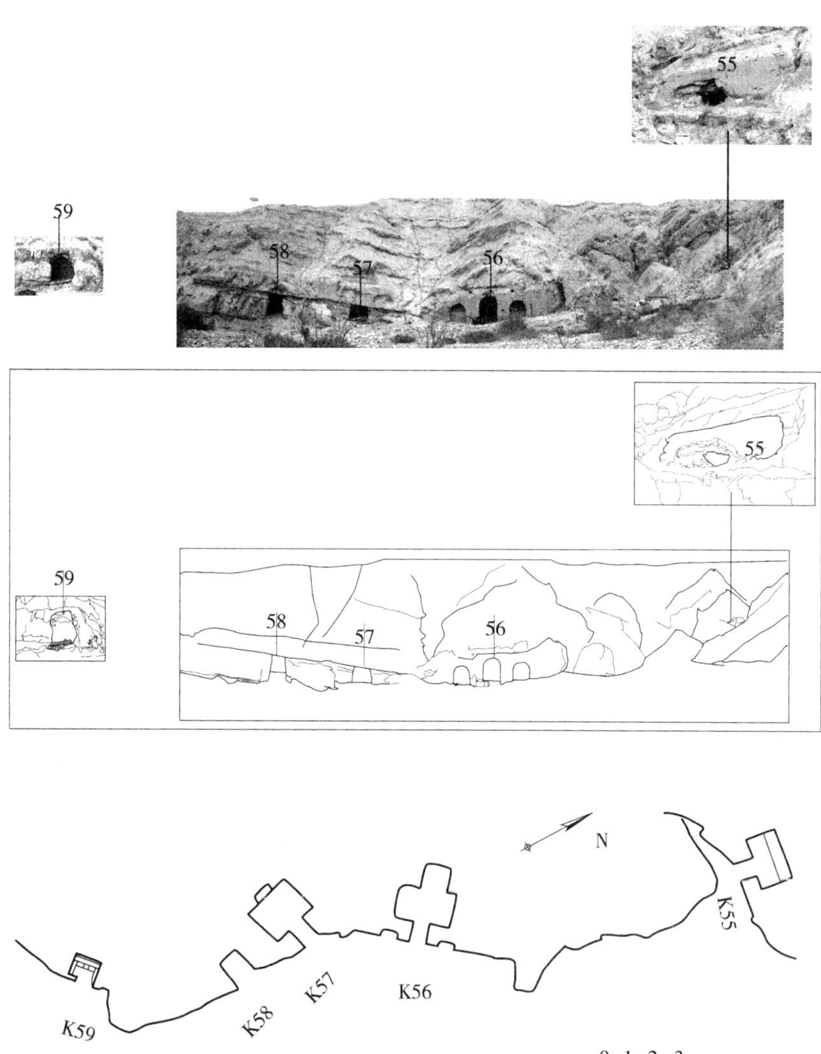

图 7　营房后区第 55—59 窟立面图、连续平面图

由上可知，营房后第 34—54 窟，在形制上有很多相同之处，如洞窟都不是很大，平面均呈方形，主壁下有佛坛，有四角攒尖顶等，这些都说明了这一区段内洞窟的功能相同，且开凿于同一时期。

营房后第 55—59 窟，这五个洞窟自东向西依次分布于营房后一处向内凹进的半圆弧形崖面上。这五个洞窟从功能上看，都是佛殿窟，其形制各有一些差异。第 55 窟,平面方形佛殿窟,平顶,窟口处坍塌,留近方形窟口,主壁下有佛坛,整窟被熏黑,窟内堆满大块山石。第 56 窟,平面呈“凸”字形,分前后室,平顶,圆拱形窟门,窟口上方崖面塌毁,左右有小洞,原应有窟前建筑;窟门左右对称凿有小于窟门的拱形龛,龛内损毁严重,残留部分泥皮。窟内堆积大量废弃物和山石,整窟被熏黑。第 57 窟为平面近方形佛殿窟,平顶;窟前塌毁,存方形窟口,原应有大型窟前建筑,现已不存;主壁开龛,窟内堆满山石杂物,整窟被烟熏黑。第 58 窟,平面方形,平顶,位于第 57 窟右侧,窟口处崖面塌毁,留一方形窟口,窟口处被砂石掩埋过半,堆满山石杂物,整窟被烟熏黑。第 59 窟,位于第 58 窟右侧拐角处,是营房后区最后一个窟,窟内平面近方形,处于山体断崖处,前部塌毁,窟口处堆青砖泥土和杂物;主壁和左右壁下设坛,主壁下坛基上原应有塑像,顶部遗存一块清代所绘壁画,其余壁面均露崖体。这几个洞窟形制和功能上较为接近,开窟位置相邻,为同一时期所开洞窟。其开窟时间要比营房后区第 34—54 窟的开凿时间要晚得多。

四、后山区

文殊山后山区洞窟数量最多,分布区域也最广。由于洞窟的开凿都有一定的规律和顺序,比如越早选择的位置则越佳,并且会在一定区域内集中进行开凿,因此,为了更好地对后山区洞窟进行梳理和研究,笔者将后山区分为五个主要区域(图 8)进行探讨。

(一)谷西区及典型洞窟组合

谷西区(图 9)主要以谷西所有石窟所在山脊的走势和山内部的甬道走向来划分,共有石窟 24 个。如果按照同一水平位置来对洞窟组合进行讨论,那么谷西区又有三种划分方式:第一台地、第二台地和第三台地。

第一台地上只有三个洞窟第 60—62 窟(图 10),这三个窟都经历过后世的重新改造。第 60 窟,平面马蹄形,穹窿顶。窟口处坍塌,堆积沙石,左侧还有一小窟口,下方堆满沙石应为后来所凿。第 61 窟,平面方形,穹窿顶,有窟前建筑,已全损毁,可看出窟口壁面左侧残留较厚的草泥皮,右侧开一方形小龛,龛内残留部分草泥皮;窟内右侧有残留小龛,左侧有烟道、炕迹,窟内有烟熏黑痕迹。第 62 窟,平面为不规则长方形,穹窿顶,窟前塌毁严重,窟口处沙石堆积较

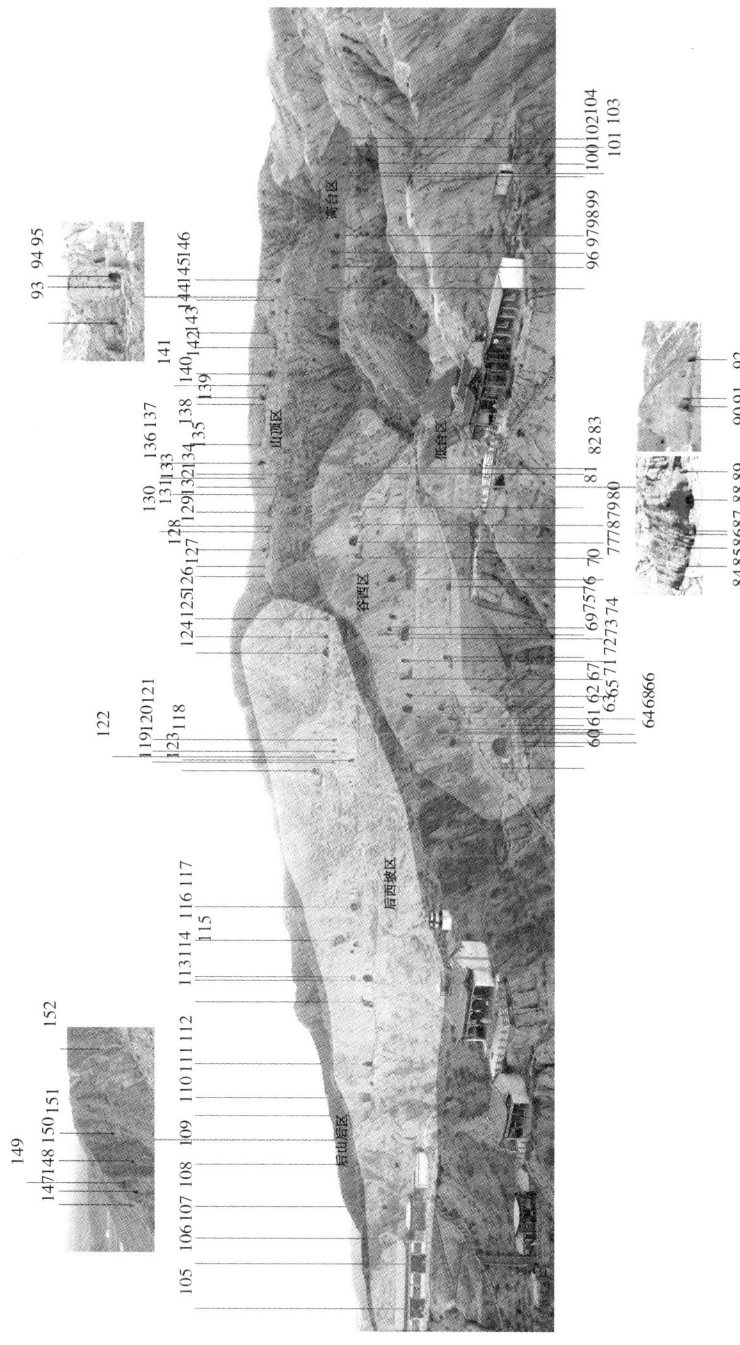

图8　文殊山石窟后山区分区示意图

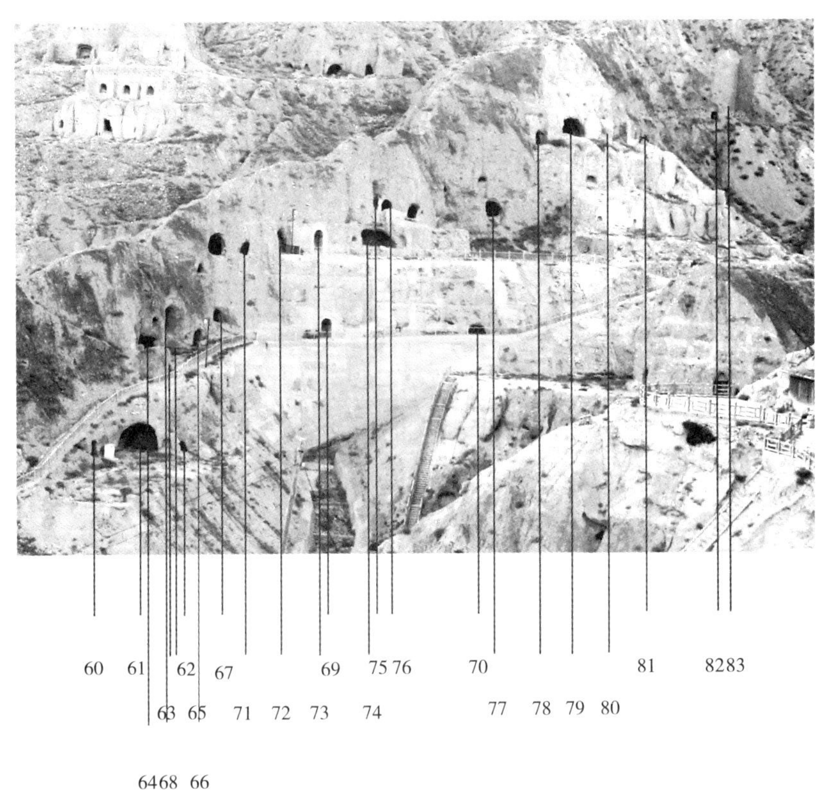

图 9　谷西区第 60—83 窟立面分布图

多,窟内底层和上层有一条明显的烟熏痕迹。按目前遗存来看,第 60 窟可能为小禅窟,第 61、62 窟为僧房窟,也有可能第 61 窟原为佛殿窟,后改建为僧房窟,这样就是中间一个佛殿窟左右各有一个僧房窟和禅窟的组合窟,其修建年代已无法确定。

第二台地上有 8 个洞窟,第 63—70 窟(图 11),包括保存较完整的中心柱第 69 窟(千佛洞),以及与其处于同一水平台阶上左右相邻的所有洞窟。其中第 68 窟塌毁严重,窟内堆积过半,基本形制已无法判断。这一台地上有第 67 和 69 窟两个中心柱窟。第 67 窟为平面方形中心柱窟,残顶,窟内坍塌严重砂石堆积较多,中心柱正面下层有开龛痕迹,其余柱面损毁,未见有开龛痕迹;四壁壁面损毁严重,左壁与前壁拐角处凿有通道,通向一个平面圆形的小窟,应为后来重新开凿,下有成堆砂石,原本壁面应是完整的;圆形小窟前壁面凿向

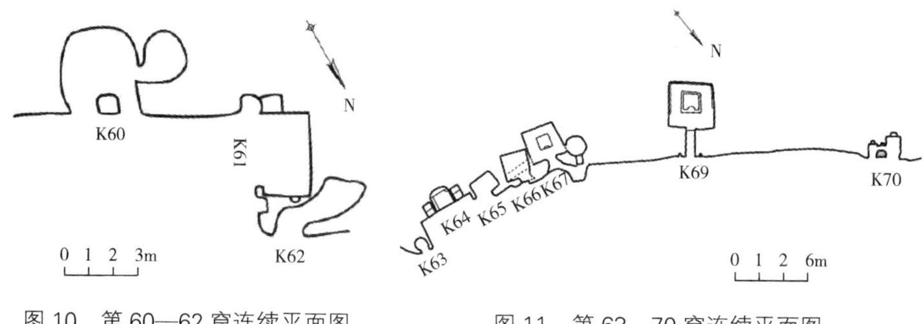

图 10　第 60—62 窟连续平面图　　　图 11　第 63—70 窟连续平面图

内凿有一个小通道,为后世重新改建。第 69 窟,平面方形中心塔柱窟,券顶;窟门略向西开,原有前殿或前檐的木构建筑,今已残毁;中心塔柱仅正面开一龛,经后代重修或重妆;窟内顶部留有早期壁画遗存,其余壁面经后世多次重绘。从窟形来看,第 67 和 69 窟为同时期所开凿的中心柱窟。这一组洞窟是两个中心柱窟和两个方形窟的洞窟组合,包括第 66 和 67 窟、第 69 和 70 窟。第 70 窟原来有可能是佛殿窟,经坍塌和后世改造,现在仅存不完整的洞窟形制。第 64 窟,现存三个窟龛,内有三尊塑像痕迹,原有大型窟前建筑已毁,与第 63 窟和第 65 窟形成一个佛殿窟,左边一个方形窟第 65 窟,右边一个小禅窟第 63 窟的洞窟组合。

第三台地上有 13 个洞窟,第 71—83 窟,主要包括第 73 窟(古佛洞)以及与其处于同一区域上下、左右相邻的所有洞窟。虽然这些洞窟有的不处于同一水平位置,但它们之间通过山体内部所开凿的甬道可以相通,因此仍然属于同一区域。这一区域有三个洞窟组合,第一组是第 71—74 窟(图 12),第 73 窟保存较好,为平面方形中心塔柱窟,顶部为不规则平顶;中心塔柱四面均为上层不开龛、下层开龛;窟内烟熏损毁严重,壁画为后世重修。第 71 窟为平面方形佛殿窟,主壁上开龛,经后世多次重建,但基本形制仍在。第 72 窟是一个平面马蹄形的小禅窟。第 74 窟窟内有烟道,是僧房窟。这样,从洞窟形制上看,这一组窟应该是以第 73 窟中心柱窟为中心,左边一个僧房窟第 74 窟,右边一个佛殿窟第 71 窟带一个小禅窟第 72 窟的洞窟组合。第二组是第 78—80 窟(图 13),这组洞窟都被后世多次改建重修,第 78 窟内有清代绘壁画,是一个佛殿窟,第 79 窟平面呈“凸”形,有前室和后室,早期应该还是一个佛殿窟。第 80 窟平面横长方形,有窟前建筑,现仅存左右土坯墙,原可能为僧房窟。这一组洞窟,推测为佛殿窟和僧房窟的组合窟。第三组是第 82、83 窟(图 14),第 82 窟平面横长方形,平顶,四壁砌有草泥皮,无壁画遗存,主壁凿有小龛,应为置物用,此窟应为僧房窟。第 83 窟窟内平面横长方形,平顶,主壁开龛,其余壁面露砂砾崖体,地面较平整,窟口开于平齐的崖面中间,窟前原有建筑已毁。由此可见,这一组洞窟是一个佛殿窟和一个僧房窟的组合窟。

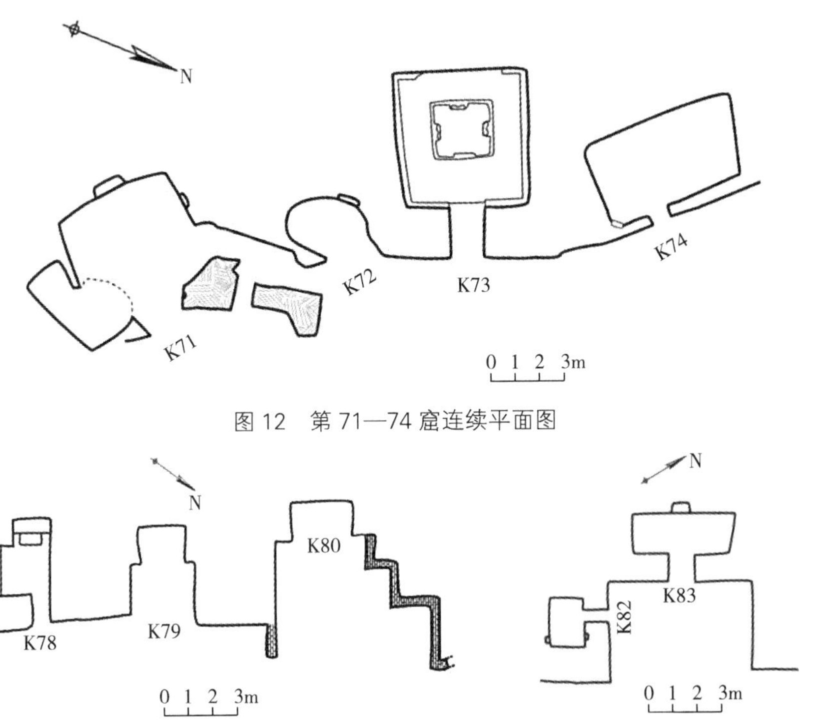

图 12　第 71—74 窟连续平面图

图 13　第 78—80 窟连续平面图

图 14　第 82—83 窟连续平面图

(二)低台区及典型洞窟组合

低台区位于后山千佛洞前方的一处平台上,是一个独立的纵梯形山包,与千佛洞处于同一水平位置。低台区坐北朝南分三面,每面均有残留的洞窟(图 15、16)。这一区域最重要的洞窟是居于中间位置的第 88 窟,为早期多室禅窟,其余洞窟经历后世重修、改造和打通,现在的洞窟形制已经不是早期的形制,但其开凿年代应与第 88 窟为同一时期。第 88 窟,开凿于梯形山包正面中间位置,前方崖面塌毁,留一拱形窟口;窟口左右堆满砂石,窟内平面呈纵长方形,

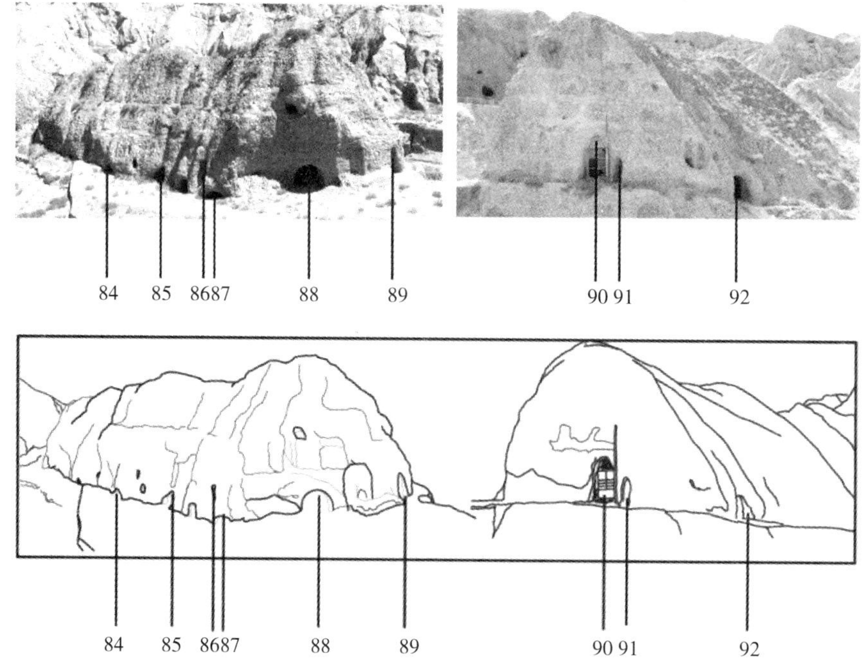

图 15　低台区第 84—92 窟立面图

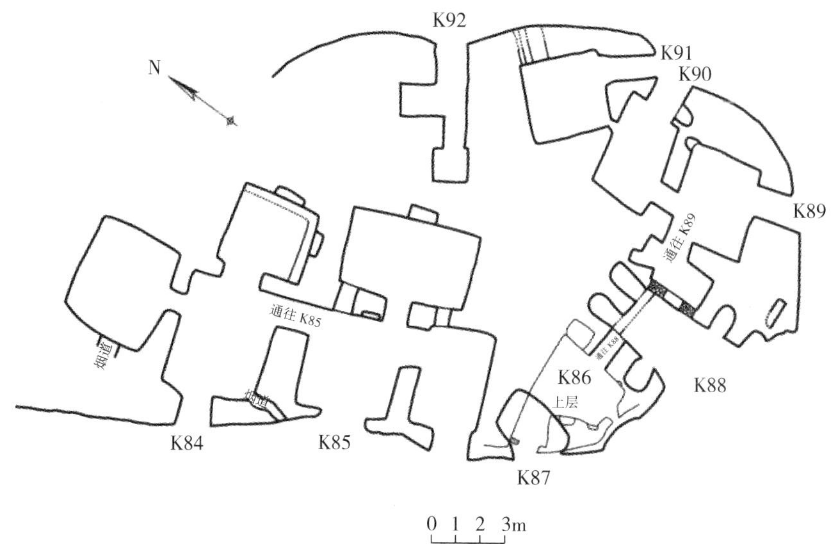

图 16　低台区第 84—92 窟连续平面图

纵券式顶;主壁左右现存两个拱形禅室,主壁下部残留部分佛台遗迹,为后世改建;左侧墙原有 4 个禅室,2 个被后期封堵;右侧原应有对称的四个禅室,现存 2 禅室,前边的部分塌毁,后边的被改作通道,通向第 87 窟。第 86、87 窟损毁严重,仅留一个平面近方形的残窟。第 84 窟窟口被砂石掩埋,可从第 85 窟进入窟内;分前后室,前室平面方形,平顶;前室后壁中间有门洞通向后室,后室平面近方形,平顶,主壁中间开小龛,下部堆满砂石,为后期所凿,左壁上有小龛,环正壁及左壁有台基,正壁台基残损;右侧室右壁靠前壁门洞处有烟道,主室左壁前侧有烟道,左壁后部有甬道通往第 85 窟,整个窟内堆满砂石垃圾。第 85 窟为拱形窟口,分前后室,前室平面方形,平顶;前室后壁中间有柱体,上开小龛,左右为门洞通向后室;后室平面呈横长方形,平顶,窟内堆砖石,四壁有烟熏痕迹,主壁上开龛。第 92 窟,形制较特别,可能为早期遗留禅窟改建而来。第 89—91 窟,窟形基本相同,后世被互相凿通,原可能为僧房窟。综上,这一区域的洞窟功能基本可以明确,是以第 88 窟为中心,向左右开凿佛殿窟和僧房窟的一个独立的寺院结构,在这一区域内既可禅修又可以居住和礼佛。

(三)高台区及典型洞窟组合

高台区石窟(图 17)开凿于后山区较高位置的一个独立的纵梯形山包之上,坐北朝南,分三面,每面均有残留的洞窟遗迹,共有石窟 12 个。

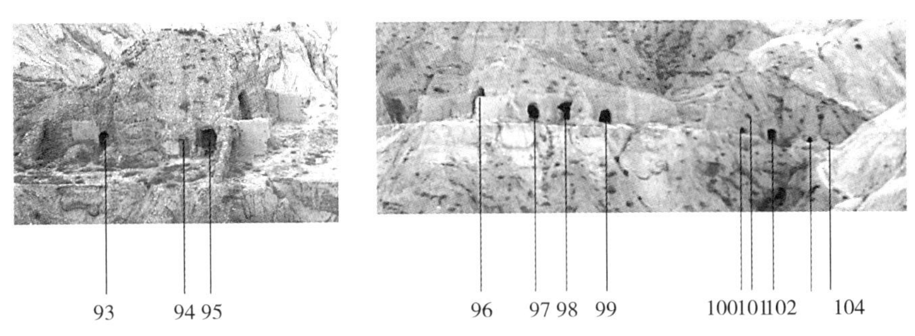

图 17　高台区第 93—104 窟立面分布图

这一区域由于位置较高,在开凿时间上晚于低台区。其洞窟功能与低台区有相似之处,都有僧房窟和佛殿窟,但在形制上发生了一些变化(图 18)。这一区域以第 96 窟为中心,向左右两侧进深延伸。第 96 窟开凿于山包正面梯形面中间位置,前方有塌毁的三层窟前建筑,窟门面墙依崖体筑有土坯墙,均已塌

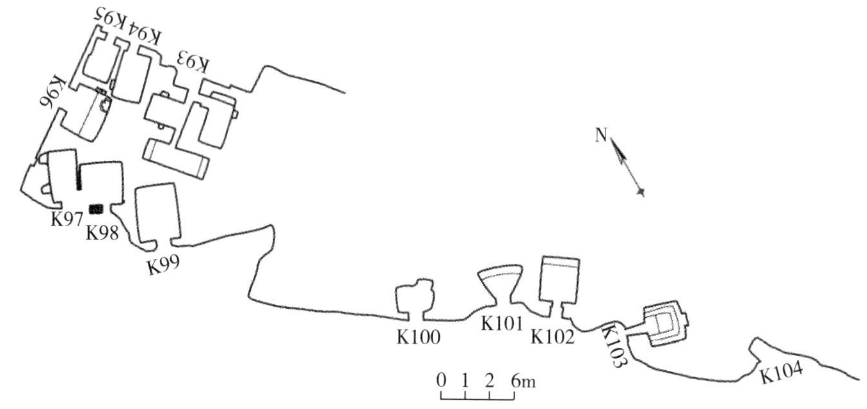

图 18　高台区第 93—104 窟连续平面图

毁,砂石土坯堆积于墙体下方和窟口处。窟门左右两侧残留土坯墙,土坯墙两侧各有拱形小门,通向山体的左右两侧。窟内主壁下方有泥坯砌长方形佛坛,佛坛残损严重,窟内四壁面均砌有很厚的草泥坯,上涂白灰,有现代人乱刻乱画的墨迹,主壁墙皮有三部分脱落,应为之前的三尊造像遗留痕迹,最左侧佛台上存有凸形佛坐。右壁上凿有上下两个小龛,龛内外层墙皮脱落,露出底层青金色壁画痕迹,为早期壁画遗留,说明此窟至少经历两次重修,表明其为早期开凿石窟,因此推断此区为原有早期窟群,而非近代新开。

第 93 窟可分三室,进窟左侧有一室,平面方形,平顶,主壁右侧有龛,窟内四壁均为现代重修,右壁砌有一高台,置杂物,有香和蜡烛;右侧一室,平面方形,平顶,该窟右壁有龛;后一室,平面横长方形,左右两壁均有台基,平顶;窟前有塌毁建筑,有木门,窟为现代改造居住所用,内堆积现代杂物。第 94 窟,平面长方形,拱顶,长方形窟口,有木门,为现代人作厨房用。第 95 窟,平面方形,拱顶,前方有窟前建筑,现存窟口处残留泥坯墙台阶,壁面残留有较厚的草泥皮,窟内现堆满杂物。据笔者推测,第 93—95 窟,早期原为僧房窟。

第 97 与 98 窟为组合双窟,第 97 窟平面纵长方形,拱形顶;第 98 窟平面长方形,穹窿顶。第 97 窟与第 98 窟内部有门洞相连通。第 97 窟内有砂石土坯堆积,右侧壁面凿有两个拱形小龛,可供一人打坐禅修,内有砂土泥砖堆积,从其形制可判断为禅窟。第 98 窟口处有部分塌毁泥砖砌墙,窟口被封一半,主壁有烟熏痕迹,右壁有少部分泥砖砌墙,墙与前壁间留门洞通向第 97 窟,左壁与前壁拐角间有烟道，第97、98窟应为禅窟和僧房窟的双窟组合。这一区域的第100—104窟，形制与前边一组洞窟差别较大，且都有佛坛遗迹，疑为近代重新修建或改造过的洞窟。

（四）后山后西坡及典型洞窟组合

后西坡位于后山山脊的最左侧一端，由甬道相连接的三层窟群组成，共有22个窟（图19）。第一层均改建为寺庙，窟前均有现代寺庙建筑，庙内后壁靠山崖的部分为早期遗存洞窟。以此向上为第二层、第三层窟群。海拔1780—1815米，北纬：39°38.909′，东经：98°20.291′。

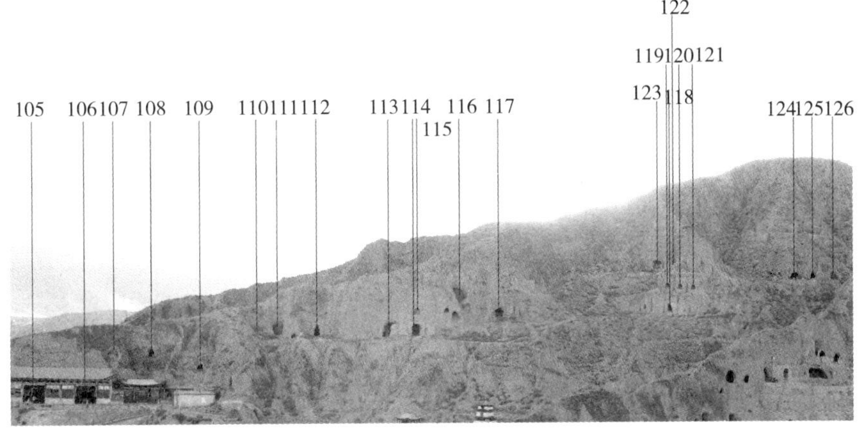

图19　后西坡第105—126窟立面图

这一区域的石窟经后世重新修建和封堵的较多，有的还作为寺庙建筑的后室，这里仅对较为特殊的洞窟组合加以叙述。第110—117窟（图20）位于同一水平高度的位置上，属同一时期所修建的洞窟，由于后世的改建和塌毁，只

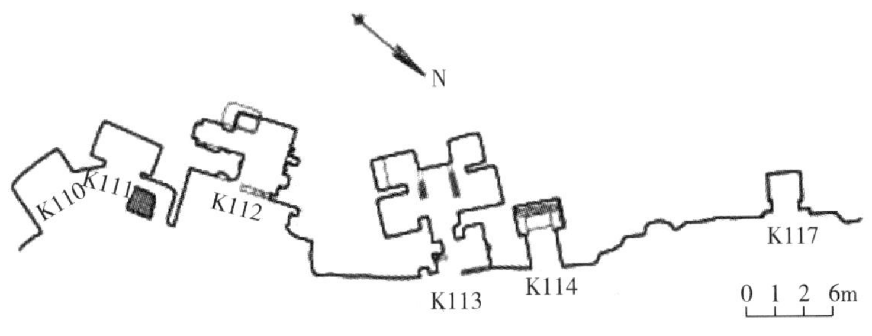

图20　第110—117窟连续平面图

能从现有的遗存来推断其初建时的形制和功能。其中第110和111窟塌毁严重，仅存不完整的洞窟形制。第112窟也经重建，窟内平面呈不规则形，窟口处有塌毁，券拱形窟口，主壁右下方有坑；左壁上有烟熏痕迹且凿有大小不一的四个龛，右壁中间有门洞通向右室；右室平面近方形，主壁下有佛台，右壁上凿有两个小龛台，室内堆满砂石杂物。第112窟应是一个僧房窟，右室为后来开凿。第113窟是一个多室僧房窟，位于佛殿窟114的右侧。第114窟窟前有建筑遗迹，窟内有甬道；圆拱形窟口，窟口面墙土坯掉落露出部分下层原有壁画，隐约可见有人物山水等，颜色以绿色赭红为主；窟口顶部存有部分近代绘画，有蝙蝠和云朵；窟内佛台损毁严重，堆大量砖瓦，八边形佛台有三层，最上层为砖砌，原应有三尊佛像，四壁残留壁画与窟口处为同一时期所绘。第117窟窟前有建筑遗迹，残留有左右两侧土砖墙，崖面靠窟口处残留泥砖墙；圆拱形窟口，堆满砂石泥砖，顶部用木棍绕窟顶一圈后砌泥皮，左右壁留部分清代壁画。由此可见，这一区域的洞窟，主要是佛殿窟和僧房窟。

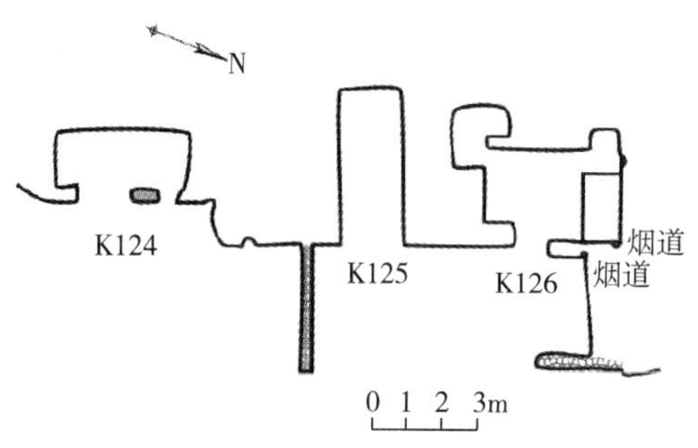

图21　第124—126窟连续平面图

另一组早期遗存洞窟，第124—126窟（图21），第125窟为佛殿窟，主壁有佛坛遗迹和塑像痕迹。第124和126窟分别位于125窟左右两侧，经后世重修改建，推测原应为僧房窟或禅窟。

（五）山顶区及典型洞窟组合

山顶区（图22）是位于后山区最顶上的一排洞窟群，由左至右依次由20个窟组成。

山顶区的洞窟基本处于同一水平高度，其开凿年代大致相同，也经过后期的重修重建，现在已经全部废弃。从这些洞窟形制看，佛殿窟居于这一区域的中间位置。第137窟是佛殿窟，分前后室，前室平面横长方形，平顶，窟口上部坍塌。前室左侧有台基；后室平面呈纵长方形，平顶。窟前原有建筑塌毁，窟口处左侧留泥石砌墙一堵，紧挨窟口崖面均有草泥石砌墙，损坏严重。左壁残留泥台，右壁墙面残留草泥皮，地面全为堆积砂石。主壁和左右壁均砌有很厚的泥砖墙，墙面涂白灰。后室主壁墙面残损过半，墙面以墨线分块，左右对称，中

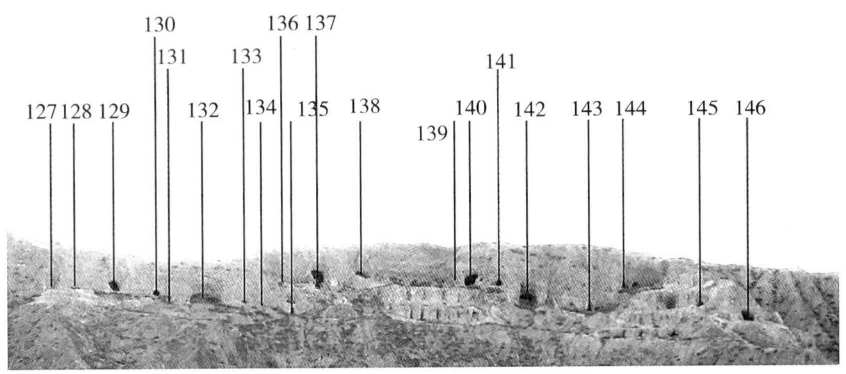

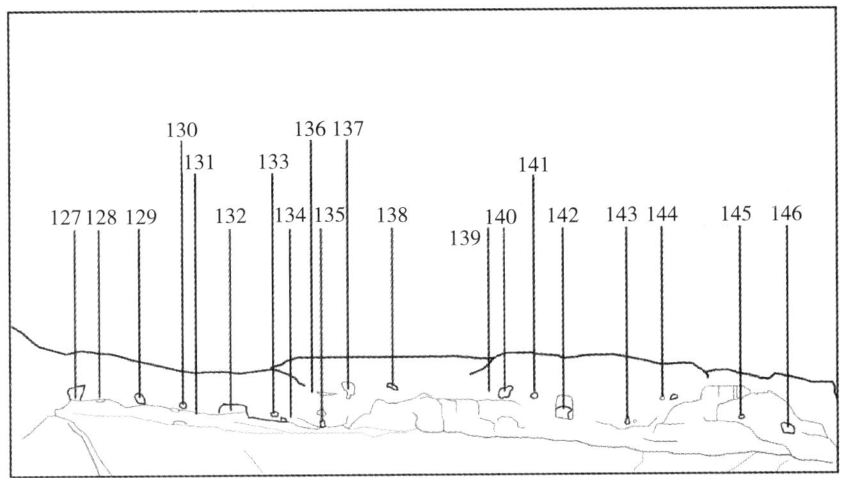

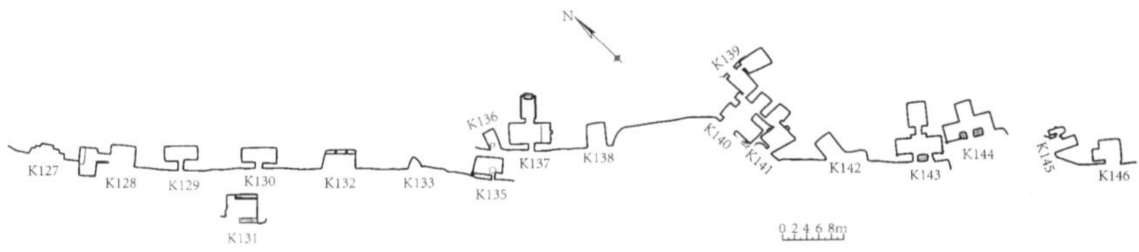

图 22　山顶区第 127—146 窟立面分布图与连续平面图

间分三块，中间红色底，两边白色底，无绘画或损毁，下方有三层佛坛，台上残留部分塑像遗迹。此外，与第 137 窟形制相似的还有第 143 和第 144 窟，但从其内部遗存来看，都是僧房窟。

这一区域以第 137 窟为中心，左侧洞窟形制都较为简单，塌毁严重，如第

129 和第 130 窟形制相同,第 131 和第 132 窟内主壁下有泥砌食槽,以前或为马圈和羊圈。右侧洞窟中多室僧房窟较多,如第 139 和第 140 窟、第 142—146 窟内都有居住的痕迹,原来都应是僧人居住过的地方。由此可知,山顶区的洞窟主要是以生活居住为主,中间位置是僧人们礼佛的佛殿窟,左右两侧多以居住为主,当然,也有可能后世人改建居住过。

(六)后山后

后山后区位于后山区后边面朝东的山崖间,山体滑坡塌陷严重,原应有石窟群,现多数窟被掩埋。目前可见山坡间零散的洞窟遗迹,无路,且沙砾岩体松动易滑,给测绘带来很大的困难。大多洞窟窟口掩埋过半无法进入,以下将对现存较好的个别窟形作以记录,对其余洞窟遗址做以编号记录。此区共有洞窟 6 个(图 23)。

这一区域的洞窟形制有单室和前后室两种(图 24),第 147 和 150 窟为单室,形制也较为简单,窟内没有发现造像和壁画遗迹,均被烟熏黑,后期可能作为僧人或民众的居住区。第 148 窟,分为前后室,甬道较长,凿有小龛,塌毁严重,仅容一人爬进。其开凿年代已无法判断,但至少应该晚于后山区的洞窟开凿。

图 23 后山后第 147—152 窟立面分布图

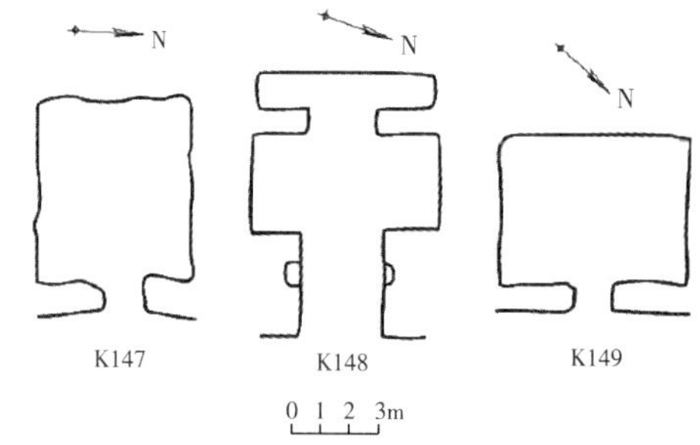

图 24 后山后第 147、148、150 窟平面图

五、结语

综上所述,经过对文殊山石窟每个区域遗存洞窟形制类型和洞窟组合的考察,发现每个区域的同类型洞窟或组合洞窟大概都开凿于同一时期。并具有相同的功能,如早期一个中心柱窟和一个佛殿窟的组合,到后来一个佛殿窟和

禅窟及僧房窟的组合等,都说明了开窟者把石窟当作一个寺院,而每个组合洞窟都可以形成一座石窟寺院。因此,石窟寺的研究重点不能仅仅是有造像和壁画的窟龛,而是对石窟寺所有遗迹的整体调查和记录,对洞窟形制和组合在石窟寺中重要意义的探索。文殊山石窟分区与组合的调查与识别进一步深化了对文殊山石窟遗址的认识,即遗址由包含同类洞窟或洞窟组合的若干区段构成,这些区段根据寺院需求承担着各自不同但又互为补充的功能,并在每个时代彰显不同的时代特征和文化特色。

甘肃金塔寺石窟东窟降魔变考

张善庆
（兰州大学敦煌学研究所）

甘肃省张掖市马蹄寺石窟群金塔寺石窟现存东、西两个洞窟，皆为中心塔柱窟。东窟中心塔柱每个向面分为上中下三栏。上栏分两列，由上向下第一列为天宫菩萨，第二列是十身禅定坐佛。中栏开三个圆拱形浅龛，龛内泥塑坐佛。下栏开一大龛，龛内塑坐佛。关于其年代，前辈研究成果颇多，[①]宿白先生认为，可能出自北凉，或者北凉亡后这里沿袭了凉州佛教艺术传统而创作的。[②]笔者赞同这一说法。塔柱东向面中栏南侧佛龛龛外近乎裸体的人物（图 1）被命名为菩萨，[③]因为风格独特，长期以来被学界津津乐道，但是整体上缺乏深入

图 1　中心塔柱东向面中栏南侧佛龛
（采自《金塔寺石窟》）

①李玉珉先生《金塔寺石窟考》一文曾对该窟的年代、造像内容、艺术风格、社会历史有过系统深入的探讨，对本文的撰写有重要启发和帮助。详见李玉珉：《金塔寺石窟考》，敦煌研究院编《2004 年石窟研究国际学术会议论文集》，上海：上海古籍出版社，2006 年，第 874—908 页。

②宿白：《凉州石窟遗迹与“凉州模式”》，《考古学报》1986 年第 4 期，第 441 页。

③甘肃省文物考古研究所编：《河西石窟》，北京：文物出版社，1987 年，图版 11、47、48，图版目录第 2、5 页；敦煌研究院、甘肃省文物局编：《甘肃石窟志》，兰州：甘肃教育出版社，2011 年，第 206 页；姚桂兰主编：《金塔寺石窟》，兰州：甘肃人民美术出版社，2019 年，图 1-16、图 1-17、图 1-24、图 1-45。

研究。通过考察我们发现，这身近乎裸体的人物不是胁侍菩萨，应该是魔女。也就是说，东向面中栏南侧佛龛的题材是释迦牟尼佛降魔成道。以下笔者将从图像、文献以及龟兹石窟与金塔寺石窟之间的联系入手，对此进行阐释，敬请方家指正。

一、裸形人物造像的特异风格

金塔寺石窟东窟中心塔柱东向面中栏开三个浅佛龛，内塑坐佛，龛与龛之间泥塑人物造型，除了本文重点探讨的近乎裸形的造像之外，其余均为胁侍菩萨。

此身造像风格独特，与其他胁侍菩萨形成鲜明对比，具体表现如下。一，造像身体朝向中心塔柱，背对观众，侧身面对浅龛中的坐佛；其他胁侍菩萨则是侍立于佛像身旁，面向观众。二，造像头梳高髻，长发掩盖双耳并下垂及背部；其他胁侍菩萨都头戴华冠，双耳外露，仪态庄严。三，造像上身披帛，下身裹着腰布[①]；其余胁侍菩萨则是身穿典型的菩萨装，头戴华冠，颈饰项圈，上身披帛，下身穿裙。整体来看，其余胁侍造像都身穿菩萨装，衣冠华丽，仪态庄严，相对而言，这身造像完全不符合菩萨造像的模式，(图 2)而这一特点恰恰说明其身份的不同，其尊格并非是菩萨。

图 2　裸形人物线描图
(采自《河西北朝石窟》)

二、降魔变与魔女图像

回溯丝绸之路佛教艺术东传的足迹，类似的裸身图像比较集中地出现在古代龟兹克孜尔石窟。根据霍旭初先生的研究，克孜尔壁画女性裸体形象主要

①以往学者对其服饰定名不一，或说巾带(《河西石窟》，图版目录第 2 页)，或称“禅裙(dhoti)”(李崇峰:《中印佛教石窟寺比较研究·以塔庙窟为中心》，北京:北京大学出版社，2003 年，第 237 页)，或称“犊鼻裤”(张宝玺:《河西北朝石窟》，上海:上海古籍出版社，2016 年，第 54 页；姚桂兰主编:《金塔寺石窟》，兰州:甘肃人民美术出版社，2019 年，第 23 页)。在此笔者以“腰布”称呼。

出现在特定题材，比如佛传故事中的“树下诞生”“娱乐太子”“出家前夜”“阿阇世复苏”等；因缘故事中的裸体，主要描绘受佛度化的放荡、骄慢的女性；本生故事也有裸体但很少，例如“天宫伎乐”“天界妙乐”，最后还有禅观题材中的裸体。[①]与金塔寺石窟这铺造像最为接近的当属第76窟魔女诱惑图，该窟被列入克孜尔石窟的发展期（4世纪中到5世纪末），洞窟主室绘制连环画式的佛传故事，目前收藏于德国的壁画题材有魔女诱惑和降魔成道等内容，风格上延续了初创时期的风格（3世纪末到4世纪中）。[②]在魔女诱惑这个题材中，释迦牟尼佛结跏趺坐在佛座上，作禅定印；经过六年苦修，佛陀瘦骨嶙峋，身体羸弱。左右两侧分别站立三身女性，右侧一身女性，衣着暴露，上身赤裸，下身着连珠装饰。左侧三身女性皆为白发苍苍的老妇人。（图3、图4）这个场景表现的应该就是释迦苦修和魔女诱惑的概念。与金塔寺石窟东窟裸体人物相比，其共同特征异常突出，两者都衣着暴露，近乎裸体；他们都背对观众，侧身举步，走向释迦，意在吸引佛陀的注意力，此外，克孜尔石窟第76窟魔女诱惑和金塔寺东窟这铺造像的主尊都作禅定印。因此我们可以初步判断这是降魔变。

图3　魔女诱惑 克孜尔石窟第76窟
（采自《中国新疆壁画全集·1·克孜尔》）

图4　降魔成道 克孜尔石窟第76窟
（采自《中国新疆壁画全集·1·克孜尔》）

①霍旭初：《克孜尔石窟壁画裸体形象问题研究》，《西域研究》2007年第3期，第45页。

②霍旭初、王建林：《丹青斑驳　千秋壮观——克孜尔石窟壁画艺术及分期概述》，段文杰主编《中国新疆壁画全集·1·克孜尔》，天津：天津人民美术出版社，乌鲁木齐：新疆美术摄影出版社，1995年，第11页。

在古代印度类似的女像普遍存在,从女药叉到世俗供养人,从故事画到说法图,他们下身穿着极薄的腰衣,衣褶使用细腻的阳刻或者阴刻线来表示,所以身体轮廓清晰可见,近乎赤裸;另外腰部一周佩戴连珠装饰,和克孜尔石窟第 76 窟魔女配饰极为相似。降魔成道图中魔女是比较常见的图像元素,[①]在这些作品中,魔女通常立在佛座左右两侧,双乳丰满,腰肢纤细,搔首弄姿,姿态妖娆;她们上身赤裸,下身所穿衣裙轻薄体贴,身形清晰可见,因此看上去近乎裸形,另外腰部一周围绕连珠装饰。这些形象可见于 1 世纪初桑奇 1 号大塔西门南柱降魔变(图 5)、[②]3 世纪前半叶秣菟罗佛传组像、[③]3 世纪阿玛拉瓦蒂四相图浮雕。[④]阿玛拉瓦蒂的造像似乎更加重视对丰满人体的塑造,在一件 2 世纪的四相图中,摩耶夫人身旁的侍女给我们展示了她的背影,和金塔寺乃至克孜尔石窟魔女有相似之处。[⑤]此外,苏黎世 Museum Rietberg 收藏的一铺降魔变颇具特色,佛陀结跏趺坐,右侧部分残缺,佛座下方是倒地的魔军,左侧上列是攻击的魔军,下列是魔女和思惟的魔王波旬,其中靠近佛陀的一身魔女背对观众,抬头仰望释迦,左手似乎持花;她身体赤裸,仅仅披帛,腰部围绕连珠装饰,整个人物的后背、臀部、腿部暴露无遗,全然可见。(图 6)这件作品非常接近金塔寺造像。发展到阿旃陀石窟,第 1 窟前室左壁大型的降魔变中,魔女皆为上身赤裸,下身穿裙,身材丰满,姿态妩媚,这已经是 6 世纪的作品了。[⑥]总之,古

---

①张丽香教授长期从事佛传故事文本与图像研究,在本文修改过程中,提供了苏黎世 Museum Rietberg 藏品图片和建议,笔者在此特表感谢。另详见《从印度到克孜尔与敦煌——佛传中降魔的图像细节研究》,《西域研究》2010 年第 1 期,第 58—68 页。

②[日]肥塚隆、宫治昭主编:《世界美術大全集·東洋篇》第 13 卷《インド》(1),東京:小学館,2000 年,圖 48。

③[日]肥塚隆、宫治昭主编:《世界美術大全集·東洋篇》第 13 卷《インド》(1),東京:小学館,2000 年,圖 78。

④[日]肥塚隆、宫治昭主编:《世界美術大全集·東洋篇》第 13 卷《インド》(1),東京:小学館,2000 年,圖 111。

⑤[日]肥塚隆、宫治昭主编:《世界美術大全集·東洋篇》第 13 卷《インド(1)》,東京:小学館,2000 年,圖 112。

⑥[日]肥塚隆、宫治昭主编:《世界美術大全集·東洋篇》第 13 卷《インド(1)》,東京:小学館,2000 年,圖 239。

图 5　降魔成道 桑奇 1 号大塔（采自《世界美術大全集·東洋篇·インド(1)》）

图 6　降魔成道 Museum Rietberg 藏品（张丽香教授提供）

代印度女子造像多穿轻薄衣裙，身形毕现，为了表现魔女对佛陀的诱惑，工匠手下的魔女更显妖娆妩媚。

值得说明的一点是，金塔寺石窟造像经过后代的重妆重塑，从目前保存的情况来看，这身裸形人物下身所穿服饰为纺织品，古代印度佛教造像中的金刚力士和世俗人也会使用；但在外形上和古代印度艺术中的女性造像腰部连珠装饰颇为相似。佛教艺术在中国经历了复制和创造两个阶段，在初传时期，内地工匠会摹写外来的粉本，有时是机械的复制。[①]对于上文所述情况，我们不排除这种不明就里的模仿造成的可能。

三、降魔成道文献记载与魔女图像

降魔成道是佛传故事中的重要内容。菩提树下释迦深入禅定，誓成正觉。魔王担心百姓皈依了佛教，而自己的国土空虚，于是带领三个貌美的女儿和魔军前来破坏菩萨的修行。这三位女子来到佛所，极尽妖媚，引诱菩萨，誓愿供养

①金塔寺石窟菩萨立像膝盖被工匠刻意泥塑为球形，这种方法直接来自于古代印度。详见金申：《流散海外的北魏早期石佛造像》，《佛教美术丛考》，北京：科学出版社，2005 年，第 11 页。

菩萨,晨起夜寐,侍奉左右,然而菩萨不为所动,施展神通力后三位女子变成老妇人,头发染霜,牙齿掉落。魔王气急败坏,率领魔军发起进攻。佛陀传记类经典对此多有记载。

金塔寺东窟降魔变中魔女的形象有两个特点,一是着装——近乎赤裸;二是姿态——背对观众,侧身举步,走向佛陀。在历代典籍中这些特点皆可找到文献依据。

在着装方面,东汉竺大力、康孟详《修行本起经》卷下记载:魔女“严庄天服”①;吴月氏支谦《佛说太子瑞应本起经》则说,魔女“皆被罗縠之衣,服天名香璎珞珠宝”②,所谓“罗”是指“一种采用绞经组织的透空丝织物。……织罗技术源于上古时期的织网活动,早期的罗多被用作渔猎的网具。因质地轻薄,孔眼稳定,牢固耐用,渐被用作夏服或者帐幔。”③“縠”是“一种以强捻丝织造的平纹起绉丝织物。……组织纤细,质地轻薄,色泽柔和,手感良好,穿着舒适,不畏汗湿,有较好的肌理美感。”④当时的译经僧使用“罗縠”一词,大抵就是为了表现魔女服饰的薄与透的特点,以此表现她们对佛陀的诱惑,而“服天名香璎珞珠宝”, 似乎和克孜尔石窟第 76 窟魔女的装饰以及印度裸形女子造像非常吻合。

在姿态方面,部分佛本行经有具体的描写。西晋敦煌菩萨竺法护所译《普曜经》卷 6 记载:魔女来到菩提树下,“绮言作姿,三十有二”,具体动作分别为:“一曰张眼弄睛,二曰举衣而进,三曰(言口　言口)并笑,四曰展转相调,五曰现相恋慕,六曰更相观视,七曰姿弄唇口,八曰视瞻不端,九曰嫈嫇细视,十曰互相礼拜,十一以手覆面,十二迭相捻握,十三正住佯听,十四在前跳蹀,十五现其髀脚,十六露其手臂,十七作凫鴈鸳鸯哀鸾之声,十八现若照镜,十九周旋出光,二十乍喜乍悲,二十一乍起乍坐,二十二意怀踊跃,二十三以香涂身,二十四现持宝璎,二十五覆藏项颈,二十六示如闲静,二十七前却其身遍观菩萨,二

①[东汉]竺大力、康孟详译:《修行本起经》卷下,《大正藏》第 3 册,第 470 页。

②[吴]支谦译:《佛说太子瑞应本起经》卷上,《大正藏》第 3 册,第 477 页。

③周汛、高春明编著:《中国衣冠服饰大辞典》,上海:上海辞书出版社,1996 年,第 490 页。

④周汛、高春明编著:《中国衣冠服饰大辞典》,上海:上海辞书出版社,1996 年,第 488 页。

十八开目闭目如有所察，二十九俾头闭目如不视瞻，三十嗟叹爱欲，三十一拭目正视，三十二遍观四面举头下头。”[①]此外一女还化现了六百个女子，“或作小女，或作童女，或作未嫁女，或作已嫁女，或作已产女，或作未产女”，一同前往佛所。这些行为动作充分展示了魔女的妖媚，可谓极尽能事，但是工匠却只能定格短时间或者一刹那，无法全部展示。金塔寺石窟东窟的裸身魔女，臂绕披帛，袒背露臀，双脚脚尖指向佛龛，侧脸面对佛陀，似乎正在靠近主尊佛，也许这就是所谓“举衣而进”“视瞻不端”“正住佯听”“现其髀脚”“露其手臂”。这种描写发展到隋代阇那崛多《佛本行集经》[②]更加具体形象，“或复半面”“或解散髻”“或露胸背”“或复数数解脱衣裳，或复数数还系衣服，或复数数褰拨内衣，露现尻髀”等等，只是这段记载晚于金塔寺石窟的年代。

由以上梳理可见，佛本行经中有关魔女情态和服饰的描写，符合金塔寺东窟中心塔柱裸形人物，这就进一步证实此身造像大概就是魔女。

如果说这铺造像的内容是降魔变，那么随之而来的疑问是，主尊造像作禅定印，而不是降魔印，这是否是一种矛盾？答案是否定的。再看克孜尔石窟第76窟的降魔变，就会发现，其主尊造像瘦骨嶙峋，形容枯槁，双手在腹部作禅定印。也就是说，工匠把通常的苦修像和降魔变创造性地结合在一起，禅定印佛像和魔女组合并非矛盾。

---

①[西晋]竺法护译：《普曜经》卷6，《大正藏》第3册，第519页。

②《佛本行集经》卷27云：“到彼处已，去离菩萨，不近不远，示现种种妇女媚惑谄曲之事。所谓覆头，或复露头，或复半面，或出全面，或作微笑示现白齿，数数顾盻观瞻菩萨。或复以头顶礼菩萨，或仰其头观菩萨面，或复低头覆面观地，或动双眉，或开闭眼，或解散髻，以手梳发，或抱两臂，或举两手，示现腋下，或复以手执弄乳房，或露胸背，现腹臆间，或复以手拍于脐上，或复数数解脱衣裳，或复数数还系衣服，或复数数褰拨内衣，露现尻髀，或解璎珞，掷着于地，或解耳珰，或复还着，或弄婴儿，或弄诸鸟，或复行步，顾盻左右，或复嚬呻长嘘叹息，或以脚指傍画于地，或歌或舞，或动腰身，或作意气，或复忆念旧时所行恩爱欲事喜笑眠卧恣态之时，或复现作童女之身，或时现作妇女之身，或复现作新嫁女身，或现中年妇女之身，作如是等示现妇人谄媚惑着种种之事。”（[隋]阇那崛多译《佛本行集经》卷27，《大正藏》第3册，第781页）

四、龟兹石窟与金塔寺石窟

降魔变也流行于敦煌[①]、云冈、龙门[②]以及其他石窟，只是相比之下金塔寺石窟降魔变别具特色。敦煌降魔变的发展可以分为早晚两个时期。第一阶段是北魏、西魏、北周，包括莫高窟第254窟、第263窟、第260窟和第428窟。之后这一题材沉寂了二百年左右，直到中唐时期才再次复兴。这批作品包括莫高窟中唐第112窟、晚唐第156窟、五代第23窟、榆林窟第33窟以及藏经洞绢画MG.17655。其中莫高窟第254窟降魔变和金塔寺年代最近，但是仔细对比就会发现，两者之间存在巨大差异，特别是魔女服装。莫高窟第254窟内容详尽，技法高超；魔女头戴华冠，上身穿胸衣，束腰部分装饰菱格纹样，下身穿裙，类似于龟兹石窟菩萨。[③]以第254窟为代表的降魔变比较少见近乎裸体的人物形象。因此金塔寺降魔变图像另有他源。

由以上分析来看，龟兹石窟降魔变大概和金塔寺石窟降魔变存在密切关联，那么千里之遥的龟兹石窟是否会影响到金塔寺石窟？

同属马蹄寺石窟群的千佛洞第1窟正壁为大型立像，佛像身穿通肩式袈裟，左手上举，手部残缺，右臂下垂，大概作与愿印。这种大像窟在龟兹地区非常流行。大像背后为中心塔柱，其特色是：左右甬道顶部为券顶，高度低于前部平顶，从正面看，大像背后的中心塔柱呈蘑菇型，这和龟兹石窟中心塔柱之间具有相似之处。宿白先生曾经指出，龟兹地区大像窟非常流行，克孜尔石窟有7个洞窟，森木赛姆石窟、库木吐喇石窟、克孜尔尕哈石窟都有大像窟的遗迹；可以说，大像窟是龟兹佛教艺术的一个特点，而这个特点对葱岭以西和新疆以东的影响，比其他类型的石窟形制和壁画的影响更加重要。[④]秦春梅女士也曾

①张善庆：《中晚唐五代时期敦煌降魔变地神图像研究》，《西域研究》2010年第1期，第69—75页。

②张善庆：《论龙门石窟路洞降魔变地神图像》，《中原文物》2009年第1期，第73—76页。

③同类服饰还出现在第257窟沙弥守戒自杀故事、须摩提女因缘故事、九色鹿本生故事以及第254窟尸毗王割肉贸鸽本生故事画。

④宿白：《克孜尔部分洞窟阶段划分与年代等问题的初步探索——代序》，新疆维吾尔自治区文物管理委员会、拜城县克孜尔千佛洞文物保管所、北京大学考古系编《中国石窟·克孜尔石窟》（第1卷），北京：文物出版社，1989年，第21—23页。

对龟兹石窟与马蹄寺石窟群中心塔柱的关系做过梳理。[①]李崇峰先生也有深入探讨,认为包括金塔寺石窟在内的凉州系统的塔庙窟无论是画塑题材、造型、绘画技法还是洞窟形制,都受到了龟兹石窟的影响,他特别指出金塔寺石窟裸形人物的身体造型和服饰全部都是西域式。[②]

此外笔者需要补充一点,千佛洞第1窟中心塔柱右侧现存底层壁画一方,内容为菩萨和供养人,并存两方榜题框,一则为“地神奉花供养”,一则为“梨车男女来供养”[③]。其中地神图像极富特色,经过彭杰等先生的梳理,我们看到古代龟兹和于阗地区都有浓郁的地神崇拜,遗迹丰富。[④]而千佛洞地神图像的出现,一方面与河西地区地理与历史有关系,另一方面和龟兹佛教艺术的东传密切相关。[⑤]这一定程度上说明了龟兹石窟对马蹄寺石窟群的影响。

五、余论

通过梳理可以看到,金塔寺东窟中心塔柱东向面南侧裸形人物并非菩萨而是魔女,造像风格之所以特异,没有穿菩萨装,是因为造像的主题是魔女的诱惑。如果这种推断成立的话,那么佛龛中的主尊就是释迦牟尼佛,结合中央佛龛交脚佛,我们大抵可以推测塔柱中栏三个浅龛的主题是三世佛,与上方造像,共同构成十方三世图像,具体论述,笔者将会另外单独撰文。

---

①秦春梅:《浅谈中心柱窟的演变及马蹄寺石窟群的中心柱窟》,《敦煌学辑刊》2001年第1期,第52—56页。

②李崇峰:《中印佛教石窟寺比较研究·以塔庙窟为中心》,北京:北京大学出版社,2003年,第237页。

③张善庆:《马蹄寺千佛洞第1窟“梨车”榜题释论》,《敦煌学辑刊》2012年第4期,第110—112页。

④梁涛、彭杰、再帕尔·阿不都瓦依提:《于阗地神图像流变相关问题再探》,《敦煌研究》2009年第5期,第68—73页;彭杰:《于阗地神崇拜及其图像流变》,李砚祖主编《艺术与科学》卷9,北京:清华大学出版社,2009年,第60—67页。

⑤姚桂兰、张善庆:《马蹄寺石窟群千佛洞地神图像研究》,《敦煌研究》2010年第5期,第53—58页。

张掖市境内石窟寺调查与初步研究

姚桂兰
（张掖市文物保护研究所）

2020 年 12 月至 2021 年 6 月，张掖市文物保护研究所根据张掖市文旅局安排，组队参与全国石窟寺专项调查，已基本摸查清楚张掖市境内石窟寺洞窟数量、形制等情况。经国家文物局复核认定张掖境内石窟寺 24 处。本次调查采用查阅文献、现场调查、座谈讨论、专题研究的方式，在现场调查中使用无人机、RTK 等先进仪器，使石窟寺的数据更为精确，全面细致地记录了境内各个石窟。本次调查石窟 24 处，洞窟 438 个，塑像 401 身，壁画 1200 多平方米，拍摄照片 4300 多张，文字记录 20 余万字，完成调查报告 24 篇。第一次系统地记录了三普以来石窟寺文物洞窟、空洞窟及摩崖造像保存的内容和现状，掌握了基本情况，获得了新的资料和数据。

一、张掖 24 处石窟分布现状

张掖市石窟寺调查组系统分配调查任务 24 处（见表一）。新发现 2 处，分别是：马蹄寺格萨尔王殿石窟、马蹄寺九间石房石窟。

通过现场调查，进一步补充完善了在张掖市境内保存的金塔寺石窟、马蹄寺千佛洞 1 号、2 号、3 号、4 号、8 号窟、马蹄寺下观音洞 1 号洞窟、文殊寺石窟前山千佛洞与万佛洞、文殊山石窟古佛洞和千佛洞、童子寺石窟寺 1 号窟等早期石窟的历史、文化、艺术和社会信息。了解到石窟寺洞窟有佛教、道教、佛教改为道教以及佛道教混杂洞窟，壁画塑像题材丰富。此外，在空洞窟的调查过程中发现大量的禅窟和复杂多样僧房窟、个别瘗窟及疑为东正教窟型的洞窟。虽然是空窟，但个别洞窟还保存有少量残破的壁画、中心柱、塑像残件、佛台、莲座

表一　张掖 24 处石窟(含摩崖造像)表

序号	石窟名称	位置坐标	石窟朝向	营建年代	造像情况	壁画情况	备注
1	张掖市肃南裕固族自治县马蹄寺石窟群千佛洞	纬度 38°30′14.3″ 经度 100°25′36.6″	南	北凉至清	1 号窟中心柱正面塑有一身与龟兹地区大像窟非常相近的早期立佛像，为石胎泥塑之作;2 号窟塔柱每面分四层开龛造像,上三层每层塑三尊佛像;4 号窟前室左右二壁各开一大龛，残存石胎立像各一身。中心柱正面龛内塑结跏趺坐佛一尊,二侧各塑一身胁侍菩萨;5 号窟现存新塑五尊(三世佛,二弟子)塑像;6 号窟内正中雕一立佛,东、西两壁各雕一弟子,均为石雕作品;8 号窟中心柱东面与北面下层龛内各塑一佛二菩萨。东、南、北三面第二、三、四层每层并排塑五佛。	1 号窟中的壁画主要分布于中心柱及各壁面,中心柱右面下部底层露出三排供养菩萨;2 号窟中的壁画有五层之多,十方佛、坐莲座的千佛、鱼贯而行的比丘尼、一佛二菩萨说法图、变相观音;3 号窟正龛中画一结跏趺坐佛,龛外右侧绘有金刚力士像;4 号窟窟内四壁只有西壁残存部分壁画;8 号窟现仅存北壁和南壁的壁画遗迹，中心柱南面下层龛内下方绘释迦、多宝二佛说法图。	
2	张掖市肃南裕固族自治县马蹄寺石窟群北寺石窟	纬度 38°29′0.1″ 经度 100°25′2.3″	东	十六国、明、清	1 号窟内正壁正中开一大龛，塑药师如来坐佛一尊,窟门左右还遗存大型的菩萨形象,但近年已残破不堪;2 号窟洞中置铜铸观音菩萨一躯;3 号窟每窟内正壁均开一龛,塑结跏趺坐佛(大多部分已毁);4 号窟塑像为近代所作;5 号窟正壁设三龛、中龛塑主尊药师佛坐像，左右龛各塑一身半跏式胁侍菩萨,经后代维修,现已残毁不堪;6 号窟窟内残存清塑的观音坐像;7 号窟内阵拜殿正壁凿有上下二层圆拱龛。每层为三个。设有较高的基坛,原上塑有佛像,现仅存像座。外阵甬道三面及后壁有四十六个佛龛,每龛内塑结跏趺坐佛像(大部分毁)。	1 号窟内的壁画仅存左右壁间大型贤劫千佛以及正龛上部二侧的药叉形象;4 号窟壁画是近代的千佛;6 号窟左右壁残存明代绘的变相观音壁画;7 号窟内壁面的壁画均系明代重绘;8 号窟门内及中心柱二侧明代重绘的力士和供养人像残迹。	

续表

序号	石窟名称	位置坐标	石窟朝向	营建年代	造像情况	壁画情况	备注
3	张掖市肃南裕固族自治县马蹄寺石窟金塔寺石窟	纬度 38°25′43.9″ 经度 100°28′54.8″	南	五代、元	东窟中心方柱四面分三层开龛造像，下层每面正中开一圆拱形大龛。每龛内各塑一结跏趺坐佛，着右袒或通肩袈裟，坐莲座，龛外两侧除北面各塑一弟子外，其余南、东、西三面各塑一胁侍菩萨。四面龛顶楣拱两侧各悬塑飞天三至四身，相对作凌空飞舞之状。中层每面并排凿三个圆拱形浅龛，每龛内各塑一佛，南、东、西三面龛外各塑一胁侍菩萨，中心柱北面三龛外塑千佛。上层除中心柱西面为元代补塑的五佛之外，其余每面均塑十佛、十菩萨。另中心柱四面龛外各层空间壁面上，有后代补塑的小佛和菩萨。 西窟下层：每面正中开一圆拱形大龛，每龛内各塑一佛，均结跏趺坐，龛外两侧各塑一胁侍菩萨。中层：每面正中开一圆拱形浅龛，每龛内各塑一佛，龛外两侧上、下各塑三身或四身供养菩萨与弟子。上层：每面塑千佛或菩萨。	东窟现存于西、北、南三壁的绘画有两层。底层壁画内容，由残痕可知，南、东、西三壁正中绘一佛二菩萨说法图，周围满绘布局整齐、排列有序的千佛。顶部绘有坐佛和立佛，形体较大，均绘在圆形图案中，底色为白色，但由于烟熏严重，大多模糊不清。上层现存壁画千佛像，为元代、西夏重绘。 西窟西、南二壁面现存三层壁画，由残痕可知下层正中绘一佛二菩萨说法图，周围绘千佛，与东窟底层壁画内容相同。中层与上层彩绘千佛，由其特点分析，为西夏时期所作。窟顶绘飞天，并在围绕中心方柱的四面顶上满绘排列整齐、作半跪式的供养菩萨数十身，菩萨或着右袒袈裟、或斜披络腋，双手托举供品。根据壁画中形体、服饰、面部晕染的特色看，为开窟时的原作。	

续表

序号	石窟名称	位置坐标	石窟朝向	营建年代	造像情况	壁画情况	备注
4	张掖市肃南裕固族自治县马蹄寺石窟群上观音洞	纬度 38°26′25.2″ 经度 100°28′13.1″	东南	西夏、元、明、清	无	第1—3窟，这3个洞窟内绘有重层壁画，均为藏传佛教造像。	
5	张掖市肃南裕固族自治县马蹄寺石窟群中观音洞	纬度 38°27′18.6″ 经度 100°28′5.1″	南	元、明、清	3号窟主室后壁大龛内，正壁中间有一藏式佛塔。	无	
6	张掖市肃南裕固族自治县马蹄寺石窟群下观音洞	纬度 38°27′40.4″ 经度 100°28′10.7″	南	北魏、元、明、清	无	1号窟内各个立壁以及中心柱绘有彩画，部分位置可见重层壁画。	
7	张掖市肃南裕固族自治县马蹄寺石窟群药草窟	纬度 38°28′52.5″ 经度 100°25′5.0″	东	不详	无	无	
8	张掖市肃南裕固族自治县马蹄寺石窟群下格萨尔王殿	纬度 38°28′27.0″ 经度 100°25′25.2″	东北	不详	无	无	
9	张掖市肃南裕固族自治县九间石房	纬度 38°27′43.8″ 经度 100°25′1.9″	东	不详	无	无	属马蹄寺石窟群

续表

序号	石窟名称	位置坐标	石窟朝向	营建年代	造像情况	壁画情况	备注
10	张掖市肃南裕固族自治县文殊山石窟前山千佛洞与万佛洞	纬度 39°38′57.4″ 经度 98°20′5.8″	文殊山石窟大致分为前山区域以及红庙沟以东文殊寺至酒泉公路北侧的山崖、营房后、后山区域四个部分，千佛洞与 WQL1–9 在一侧崖体中部，其中 WQL1、8、9 三个窟位于千佛洞南侧，WQL2–7 共 5 个窟位于千佛洞北侧。万佛洞位于千佛洞北侧独立一座山体崖面顶部。WQL10–42 依次排列在红庙沟以东文殊寺至酒泉公路北侧的山崖上。	北魏、元、明、清	千佛洞（1 号窟）中心柱每面每层各开一龛，龛内塑坐佛，龛外侍立二菩萨。万佛洞（2 号窟）中心柱每面每层各开一龛，龛内塑坐佛，龛外侍立二菩萨。	千佛洞（1 号窟）中心柱及四壁窟顶，万佛洞（2 号窟）中心柱及四壁窟顶有壁画。	

续表

序号	石窟名称	位置坐标	石窟朝向	营建年代	造像情况	壁画情况	备注
11	张掖市肃南裕固族自治县文殊山石窟古佛洞和千佛洞	纬度 39°38′57.9″ 经度 98°20′15.1″	后山千佛洞3号窟位于后山区西侧的半山崖壁下部，窟门向西北。后山古佛洞3号窟位于千佛洞4号窟正上方，窟门朝西北向。新增136个窟龛分布在营房后和整片后山区域，分为上中下三层，密密麻麻开凿在后山几座崖壁上。	北魏、元、明、清	后山古佛洞（4号窟）中心柱下层四面皆圆拱形龛，龛内造一坐佛，龛外立二菩萨。	后山千佛洞（3号窟）中心柱及四壁窟顶后甬道窟顶，后山古佛洞（4号窟）中心柱及四壁窟顶有壁画。	
12	张掖市肃南裕固族自治县景耀寺石窟	纬度 39°7′35.5″ 经度 99°40′9.7″	南	清	无	1号窟后室正壁、左右两侧壁，主室西壁有壁画；2号窟东、西壁及北壁存有壁画；3号窟东、西、南壁存有壁画。	

续表

序号	石窟名称	位置坐标	石窟朝向	营建年代	造像情况	壁画情况	备注
13	张掖市肃南裕固族自治县上石坝河石窟	纬度 39°27′35.4″ 经度 98°33°47.4″	南	清	1 号窟有一卧佛	3 号窟内正壁有佛坛，顶部绘有太极、祥云和如意图案，南、北两侧现存西游记故事画。2 号窟和 4 号窟仅剩正壁残存晚期壁画禅定坐佛和三佛。	
14	张掖市肃南裕固族自治县大湖滩石佛崖石窟	纬度 37°53′30.3″ 经度 101°43′14.2″	东	隋唐、五、北宋、南宋、元	1 号窟佛坛为石胎。3 号窟窟内左右壁后部各塑一身金刚力士，右壁中下部塑一碑。佛坛上有一倚坐佛，贴塑于背屏之前，右壁前端已毁。右壁中间下部塑一碑，碑后侧的壁面上浮塑一身金刚力士。	1 号窟左壁壁画被破坏得较严重，有两层壁画，右壁壁画较为模糊，表面有较多划痕与近现代游人墨书题记。右壁有两层壁画，平顶表面绘装饰图案。2 号窟正壁与左右壁上部及顶部均残存地仗。3 号窟右壁碑上方的壁面上残存西夏壁画。4 号窟壁面均残存地仗。5 号窟右壁残存少量壁画，较模糊。	
15	张掖市肃南裕固族自治县东娄儿山石窟	纬度 39°12′56.0″ 经度 99°35′55.7″	南	不详	由于山势险峻，无法上去，所以工作人员只能在山崖下进行观测，无法确认石窟内情形。	由于山势险峻，无法上去，所以工作人员只能在山崖下进行观测，无法确认石窟内情形。	
16	张掖市肃南裕固族自治县西娄儿山石窟	纬度 39°11′53.0″ 经度 99°34′40.0″	东	不详	由于山势险峻，无法上去，所以工作人员只能在山崖下进行观测，无法确认石窟内情形。	由于山势险峻，无法上去，所以工作人员只能在山崖下进行观测，无法确认石窟内情形。	

续表

序号	石窟名称	位置坐标	石窟朝向	营建年代	造像情况	壁画情况	备注
17	张掖市肃南裕固族自治县青稞地寺崖顶石窟	纬度 39°25′21.6″ 经度 98°33′4.6″	东	不详	由于山势险峻，无法上去，所以工作人员只能在山崖下进行观测，无法确认石窟内情形。	由于山势险峻，无法上去，所以工作人员只能在山崖下进行观测，无法确认石窟内情形。	
18	张掖市民乐县童子寺石窟	纬度 38°26′6.1″ 经度 100°55′6.4″	西	南北朝、隋唐、五代、北宋、南宋、元、明、清	现存塑像为近代所建	1 号窟内绘有西游记故事题材的壁画，无塑像，壁画系明代风格；6、7、8 号三个洞窟属早期中心柱窟，壁面残留北魏、唐、宋、明、清佛教壁画五层。	
19	张掖市民乐县上天乐石窟	纬度 38°27′36.5″ 经度 100°46′11.4″	上层 15 个洞窟朝东，下层 3个洞窟朝南	清	无	5 号窟左右立壁为仙姑显神通的场景；6 号窟内左右立壁残存以山水、人物为主题的壁画；8 号窟左右两立壁风化剥落人为破坏严重；9 号窟右立壁有壁画；10 号窟左右立壁残存壁画；11 号窟左右立壁沥粉堆金画有建筑物；12 号窟窟内左右两壁存有壁画。	

续表

序号	石窟名称	位置坐标	石窟朝向	营建年代	造像情况	壁画情况	备注
20	张掖市民乐县八齿槽石佛	纬度 38°23′3.5″ 经度 100°44′20.1″	位于八齿槽的第八齿东崖壁上	不详	崖壁佛像结跏趺坐于莲花座上，面部已风化，左手掌心向上，似托物状，放于下腹前，右手掌心向下置于右膝上。	无	
21	张掖市高台县龙泉寺石窟	纬度 39°9′43.3″ 经度 99°27′49.2″	东	清	无	XNL3 主室拜殿佛台正面彩绘房屋建筑悬挂宫灯，左右两侧为山水画，窟内残存清晚期壁画，题材为道教“星宿题材”，甬道残存壁画为晚清或现代彩绘；XNL5 窟内正面残存墙体，彩绘晚期（清）壁画；XNL7 窟内正壁残存墙体，墙体彩绘；XNL10 窟内正面残存佛台和墙体，墙体有彩绘；XNL11 窟内两立壁存墙体有壁画；XNL12 左立壁残存壁画颜料层，内容依稀可辨为道教题材；XNL13 窟内正壁残存晚期壁画；NL14 窟内正面开一方形大龛，龛外右侧残存壁画。	

续表

序号	石窟名称	位置坐标	石窟朝向	营建年代	造像情况	壁画情况	备注
22	张掖市山丹县高峰寺石窟	纬度 38°24′18.2″ 经度 101°8′36.4″	东	明	无	15 号窟残存壁画地仗层。	
23	张掖市山丹县娘娘庙石窟	纬度 38°48′25.5″ 经度 101°0′31.4″	东	明	无	可辨认出早期地仗层痕迹，但现存均为现代新修塑像及壁画。	
24	张掖市山丹县新开阴鹭寺石窟	纬度 38°35′58.3″ 经度 101°2′5.8″	1 号窟和 2 号窟在崖体向东一侧崖面上，1 号窟位于 2 号窟下方。3—7 号窟位于南侧崖面	清	无	5 号窟正壁龛内正面及两侧残存壁画。	

等物，洞窟形制也可辨识，保存有一定信息。这些能为今后的学术研究提供更多的资料。

关于石窟寺窟前建筑和寺院遗址方面。通过调查，大多石窟寺单位或多或少都能看到窟前建筑遗迹，大多为窟檐建筑遗迹，也有大殿遗迹。窟檐建筑遗迹方面，窟门上方及两边岩壁上保存有梁孔、檩孔、椽孔及排水槽，一些洞窟窟前地面上保存有地栿槽、挑梁槽、柱洞，一些洞窟窟门保存门额和立柱槽，遗存有柱础（柱顶石）。屋面建筑构件：如瓦件（板瓦、筒瓦、勾头滴水）、正脊连砖、脊兽等。一些洞窟成组可看出有"斩山"遗迹，如马蹄寺千佛洞 1 号—4 号窟、上观音洞 1 号—3 号窟处在同一斩山遗迹的平面上。寺院遗址，有的石窟寺一处，有的两处，有的三处甚至多处，如通过调查得知上观音洞石窟寺院遗址山下一处，两礼拜区间存一处，后山一处，整个石窟寺三个寺院遗址、两个礼拜区，加上后山的瘗葬区，寺院可谓是功能完备。寺院遗址较多地出现在文殊寺石窟群的后山。据《肃州县志》记载，文殊寺存有 300 多座庙宇，70 多院。此次调查，现存可辨的寺院遗址有 20 余处。这对我们更好地了解石窟寺的利用价值和使用功能掌握了更多的信息。

二、重点石窟寺石窟调查情况

（一）马蹄寺石窟群

马蹄寺石窟群位于国家历史文化名城张掖市南 62 公里的肃南县马蹄藏族乡境内。由金塔寺，千佛洞，上、中、下观音洞，马蹄南寺、北寺七个部分组成，各单元间相距 3—20 公里不等，共计 70 多个窟龛，造像 300 多身，壁画 1200 多平方米，摩崖浮雕舍利塔 500 余座。石窟群始建于十六国北朝时期，距今已有 1600 多年的历史，历经北魏、西魏、隋、唐、西夏、元、明、清各代。1996 年马蹄寺石窟群被国务院公布为第四批全国重点文物保护单位。

1. 千佛洞石窟

千佛洞石窟位于张掖市肃南裕固族自治县马蹄乡药草村境内，是马蹄寺石窟群的重要组成部分，现存洞窟 11 个，编号洞窟 8 个，其中早期石窟 5 个。

2. 金塔寺石窟

金塔寺石窟位于马蹄乡大都麻村境内、大都麻河西岸，距地面约 60 米的红砂岩崖壁,有东、西二窟,均为北朝初期开凿。

3. 上观音洞

石窟位于马蹄藏族乡大都麻村境内的半山腰上,现存窟龛 16 个,原编号 14 个洞窟, 本次调查新增 15 号窟与 16 号窟。其中 10 个窟开凿于同一侧崖体,6 个窟开凿于另一侧崖体。在洞窟周围的崖面上有不少圆形或方形的梁孔、椽孔,均为窟前木结构建筑遗迹。

4. 中观音洞

中观音洞现有窟龛 6 个,都已残毁,沿崖有元、明时代凿雕的舍利塔龛。

5. 下观音洞

下观音洞位于马蹄乡大都麻村境内,在中观音洞以北约 1 公里处,下观音洞洞窟开凿在巨大的红砂岩峭壁上部,以前编号的窟龛有 5 个,此次调查新增 1 个,共 6 个窟龛,只有 1 窟保存较好。

(二)文殊山石窟

文殊山石窟位于肃南裕固族自治县祁丰藏族乡所在地的文殊村文殊山山谷中,石窟依山势开凿于文殊山前山、后山等处的崖壁上,分布于南北 1.5 公里、东西 2.5 公里的范围内。2001 年,文殊山石窟被国务院公布为第五批全国重点文物保护单位。文殊山石窟大致分为前山区域以及红庙沟以东文殊寺至酒泉公路北侧的山崖、营房后、后山区域四个部分。共有洞窟 182 个,其中保存较好的有前山千佛洞、万佛洞,后山古佛洞、千佛洞 4 个石窟。前山有编号洞窟和新增洞窟共 11 处,红庙沟以东文殊寺至酒泉公路北侧的山崖上有新增洞窟 33 处。后山有编号洞窟和新增洞窟共 138 个。

1. 前山千佛洞与万佛洞

前山现有编号洞窟两个,前山千佛洞即为 1 号洞窟,万佛洞为 2 号洞窟,本次调查新发现 42 个洞窟,编号为 WQL1—42(即为文殊寺前山临时编号)。千佛洞与 WQL1—9 在一侧崖体中部, 其中 WQL1、8、9 三个窟位于千佛洞南侧, WQL2—7 共 5 个窟位于千佛洞北侧。万佛洞位于千佛洞北侧独立一座山体崖面顶部。WQL10—42 依次排列在红庙沟以东文殊寺至酒泉公路北侧的山崖上。

2. 后山千佛洞与古佛洞

后山现有编号洞窟两个,后山千佛洞即为 3 号洞窟,古佛洞为 4 号洞窟,本次调查新增 136 个洞窟，编号为 WHL1—136（W 表示文殊寺，H 表示后山，L 表示临时编号）。后山千佛洞 3 号窟位于后山区西侧的半山崖壁下部，窟门向西北。后山古佛洞 3 号窟位于千佛洞 4 号窟正上方，窟门朝西北向。新增 136 个窟龛分布在营房后和整片后山区域，共计 138 个，分为上中下三层，密密麻麻开凿在后山几座崖壁上。

（三）童子寺石窟

童子寺石窟位于民乐县民联乡翟寨子村。洞窟的分布大致呈南北走向，坐东朝西，分南北两区，共 31 个洞窟，洞窟的分布大致呈南北走向，坐东朝西，分南北两区，将其自南向北依次编号，编号洞窟 11 个，大部分洞窟已经残毁。本次调查新增 20 个洞窟，编号为 MTL1—20 号，MTL1—9 号位于北区，MTL10—20 号洞窟位于南区。

三、价值评估与初步研究

河西走廊是丝绸之路上的重要枢纽，佛教从西域、新疆向东传播，首及河西地区并逐渐发展兴盛。具有很强地缘优势的河西走廊，自古以来经济、文化交流就十分频繁，同时该地又是一个少数民族聚居的地区，自秦汉起，少数民族政权更替频繁。佛教的不断传承与发展使河西地区几度成为佛教兴盛之地。

马蹄寺石窟群自北凉开创，文殊山、童子寺石窟自北魏开窟以来，历经一千五、六百年，和其他的中小型石窟寺一样均处河西走廊祁连山沿山地带，西临敦煌、西域，东接秦州、长安。因其独特的地理位置，在石窟艺术上接受、融汇东西方文化的基础上形成了玉门关以东中国石窟的“凉州模式”，是研究已经消失的北凉王国及其后的各时代佛教思想、信仰、艺术等方面非常珍贵的形象资料。这些遗迹生动地再现了各个历史时期佛教造像和绘画艺术所取得的成就，对于研究古代丝绸之路尤其是河西地区政治、经济、历史、宗教、民族融合、文化交流等方面都具有重要的历史和艺术价值。

（一）这些石窟洞窟形制、塑像与壁画艺术以及题记等遗存具有重要的历史、艺术与科学价值。马蹄寺石窟群、文殊山石窟、童子寺石窟分别开创于北凉、北魏时期，经历代的增建和重修，均成为规模较大的石窟群落。景耀寺等其他小型的石窟寺也同样吸收并传承了各民族信仰的佛教、道教、萨满教、摩尼

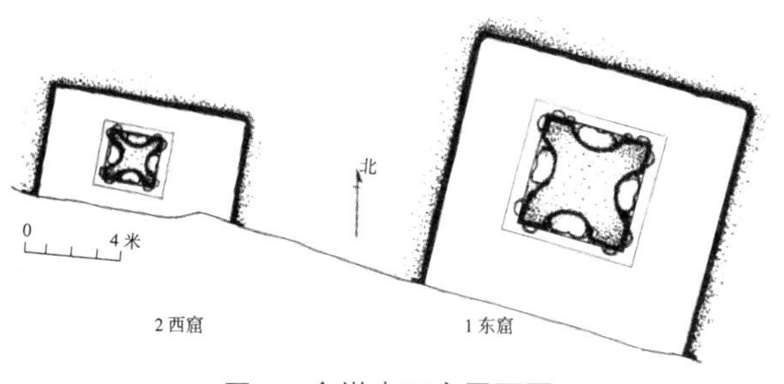

图1　金塔寺石窟平面图

教、祆教等丰富的历史文化和宗教文化，从不同的角度彰显了河西走廊独特的历史文化魅力，在中国石窟的发展过程中起到了承前启后的作用，对北方地区尤其是中原北魏石窟艺术产生了深刻的影响。由于这里地理位置的特殊性，自古以来就是众多民族繁衍生息的聚居地，如匈奴、乌孙、月氏、氐族、鲜卑、回鹘、党项、蒙古、吐蕃、回鹘等，在多民族争战、融合、发展的历史进程中，必然受到悠久、丰厚的多民族历史、文化艺术的影响，从而使这里的佛教及其他宗教艺术具有很强的民族化、地域化特色，对于研究古代河西走廊地区各派宗教发展和传播、民族文化交流史具有重要的价值。

在造像和壁画采用的技法、工艺方面，这里的佛教石窟艺术既接受了传统的雕塑形式，又融入了地域化的色彩，还渗透了工匠和佛教信徒的思想感情，独具一格，富有特色。塑像采用雕塑艺术中的圆雕手法，以传统的影塑为蓝本，用高难度富有创造性的表现技艺、独特的造型工艺将佛、菩萨、弟子、力士、飞天、天宫菩萨、供养菩萨等塑造得各具特色、栩栩如生，尤其是金塔寺独特的大型高浮雕彩塑飞天，作凌空飞舞之势，造型优美，若从天而降，这样的表现形式是富有创造性的，具有典型的意义，它是接受了影塑的传统形式，同时又使其进一步发展，给予人们的感召力是大大超出于影塑的；壁画中的佛与菩萨高大雄健，既能看到源自印度、西域艺术经融合后呈现出的地方化的特色，又能感受到从东而来的中原特色的文化气息。

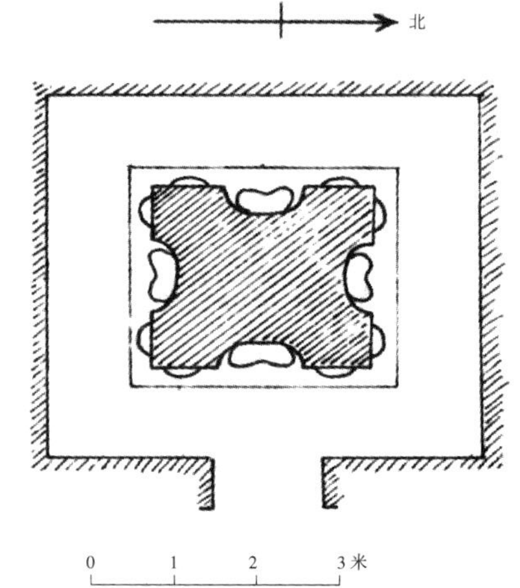

图2　文殊山后山千佛洞洞窟平面图

（二）这些石窟及其寺院具有传播佛教、传承寺院仪轨，发挥石窟寺院功能的重要意义。这些石窟寺均以石窟寺遗迹作为主体人文景观，经各代陆续增建逐步形成了河西走廊大型寺庙群落。比如文殊寺始建之初，曾有僧人五百人，寺庙一百零八座，活佛十三位，并有西藏寺、莲花寺、下寺、慈云寺等文殊寺分寺。文殊山汇集了汉传佛教、藏传佛教、道教等多种宗教；该地区曾为佛、道并立，庵、观、寺、庙共存的多种宗教和谐相处的场所。从古至今每年阴历四月初一至初八为一年一度的文殊庙会，青海、新疆及甘肃各地的信众来此敬香礼佛，游览观光。

图 3　文殊山后山古佛洞洞窟平面图

马蹄寺寺院建筑规模较大，最兴盛时仅北寺、南寺和千佛洞 3 处就有僧众 1000 余人。马蹄寺石窟群地处 4A 级景区内，北寺三十三天石窟每年都吸引着国内外香客游人纷至，是河西走廊的佛教中心和旅游观光胜地。

童子寺也曾在历史上经历了藏传佛教和汉传佛教传播的兴盛期。童子寺石窟塑像和壁画内容题材丰富，艺术风格与其他河西石窟一脉相承，部分洞窟内有密宗内容的壁画、藏传佛教诸尊像，对汉藏艺术交融共存有较高研究价值。《西游记》壁画是童子寺石窟壁画中最重要的题材之一，最为生动逼真，体现了高超的绘画技法，对系统研究《西游记》及其故事在西北地区的流变发展具有重要的艺术研究价值。

（三）这些石窟洞窟形制、窟内壁画、寺院古建筑群为建筑艺术提供了形象的实物资料。在洞窟建造设计上，这些石窟大部分洞窟的营建具有极高的艺术性和科学性，在建筑艺术史上，在马蹄北寺出现了内为佛殿、外为回廊、内外开龛

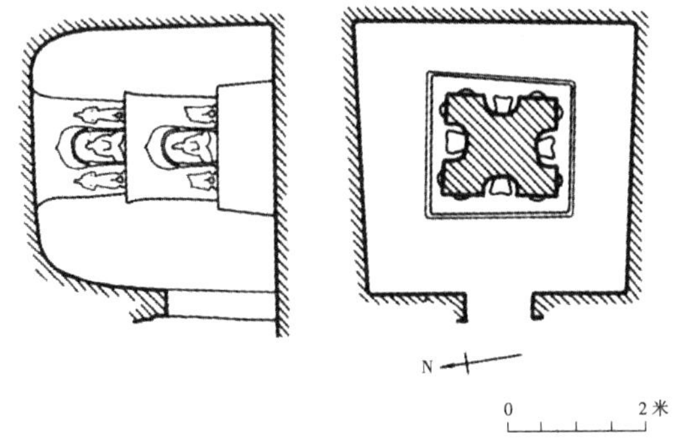

图 4　文殊山前山千佛洞洞窟平剖面图

达四十九龛之多的藏佛殿和上下连续七层二十一龛室为一组的“三十三天”石窟，古代工匠们成功地运用了力学平衡的原则，使石窟历经千年仍巍然屹立，说明我国古代劳动人民的智慧是无穷的。文殊山和童子寺石窟区域的岩质均为砂砾岩，质地疏松，颗粒大，易于坍塌。这里的洞窟形制主要为“中心柱窟”，为研究砾岩崖体洞窟支顶营建提供了力学平衡依据。现存文殊寺的百子楼、太白楼、鲁班楼等，始建于明代，造型灵秀、古朴，是研究河西地区明清寺院建筑的实物。

文殊寺前山千佛洞保存的《弥勒上生经变化》壁画中，多处描绘了各类宫殿房舍、盾栏台阶、亭台廊院等，对研究北魏、西夏时期建筑风格和构造，提供了重要的参考图像资料。童子寺石窟的《西游记》壁画中绘出的古建筑的亭台楼阁、榱桷瓴瓦等对研究明代建筑的演变和艺术特色也具有重要的意义。在金塔寺东西二窟、千佛洞、文殊山、童子寺都能看到流行于北凉到北魏、西魏时期典型的中心塔柱窟。中心柱设于窟内正中，两侧甬道比较高敞，几乎与窟顶同高，这种窟形是中国传统建筑形式与印度“支提”窟相结合的产物，也是中国早期石窟中最常见的一种窟形，是“凉州模式”典型的代表形制。

（四）石窟及寺院所反映的民族文化交流融汇和积淀具备一定的社会教育功能。马蹄寺、文殊山石窟所在的肃南县是一个以裕固族为主，藏、回、汉等多民族聚居地，具有各民族丰富的历史文化传承和独特的生活习俗和民族风情，是各民族融合团结发展的示范典范县区。肃南县各民族传统文化底蕴丰厚、形式多样，具备文化、艺术、体育及群众艺术教育功能，是公共文化艺术教育基地。每年有众多的文艺、美术、摄影爱好者来到这里搜寻素材写生、绘画、摄影，大力宣传这里的人文景观和民族文化，使当地的旅游产业蓬勃发展。同时，马蹄寺石窟群也是兰州大学历史文化学院和河西学院美术学院的研学基地。

童子寺石窟是民乐县最具魅力的佛教文化传承传播胜地，佛教历史积淀丰厚，寺院仪轨对民众教化、当地宗教文化传播和民族精神的传承，起到了举足轻重的作用。

（五）石窟艺术反映了民族历史传统和宗教文化的传承。以肃南景耀寺为例：景耀寺创建于清顺治年间，开凿于榆木山一山谷的半山崖上，坐北朝南，横向排列，上下两层，极为壮观，早年寺院巍峨，石窟壮观，是本地佛教圣地。现寺

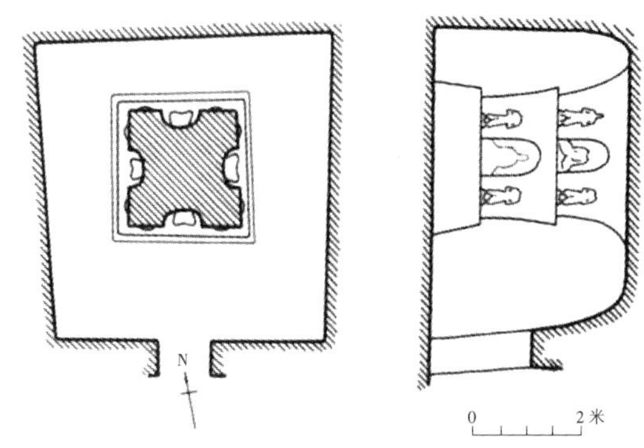

图5 文殊山前山万佛洞洞窟平剖面

院及部分石窟已毁，现仅有3个洞窟内存有壁画。虽然窟内遗存残损较严重，但从其内容来看，是裕固族传承民族文化、接受并信仰藏传佛教的明证。生活在河西走廊的撒里维兀儿(今肃南裕固族之先民)曾经信仰萨满教，在唐贞观年间改信摩尼教。明代后期，藏传佛教对河西的影响越来越大，撒里维兀尔也开始接受藏传佛教，开始信仰萨迦派，后又改信格鲁派。藏传佛教在河西地区传播、发展，深刻影响当地各族民众的社会文化生活，景耀寺石窟应是在撒里维兀尔民众中影响力越来越大的前提下开凿的，窟内壁画色泽鲜丽明快、构图布局协调，富有西域民族风格和藏传佛教本土化的特点。

四、小结

张掖境内的石窟寺遗址尽管规模大小各异、保存状况有差距，但其文化内涵均从不同的角度、不同的形式、不同的社会生活习俗反映出了中西文化的交流，各民族文化交融形成具有独特地域特色的历史文化传统。大多数石窟现存遗迹内容丰富，诸多文化内涵及价值还没有被发掘出来，需要进行深入的探讨研究，就目前而言，无论是在深度还是广度上都任重而道远。

附记：本文在资料收集和论文撰写中，得到了张掖市文物保护研究所王卫东所长和参与此次石窟寺调查同事的帮助，在此表示感谢！

注：由于受论文集版面限制，本文部分内容进行了删减。

马蹄寺石窟群藏传佛教遗迹
——浮雕舍利塔

王卫东
（张掖市文物保护研究所）

马蹄寺石窟群作为河西石窟重要的组成部分，其文化内涵非常丰富，有着极高的学术价值和深远的保护、展示意义。从蒙藏委员会调查室对马蹄寺石窟群调查开始至今，马蹄寺石窟群的考古调查、研究工作已历经了半个多世纪，随着一代代石窟考古工作者对该石窟群调查和挖掘工作的不断深入，通过对马蹄寺石窟群保存的大量壁画、塑像、题记等遗迹、遗物的考古调查研究和史料的梳理已显示马蹄寺石窟群始开凿于北凉，其开凿与北凉王沮渠蒙逊有关，而且与河西诸石窟有着密切的关系。但石窟群周边的浮雕舍利塔除个别资料提及外，鲜为人知，2008 年清华大学城市规划设计研究院文化遗产保护研究所在编制《甘肃省马蹄寺石窟群文物保护规划》时，对马蹄寺石窟群浮雕舍利塔做了统计和调查，发现石窟群周边共有 347 座塔龛。2011 年 8—9 月和 2012 年 7—8 月间，张掖市文物保护研究所本着四个目的对马蹄寺石窟群千佛洞、金塔寺、马蹄南寺北寺以及上、中、下观音洞七个单元部分的浮雕舍利塔进行了考古调查，一是进一步摸清家底，完善马蹄寺石窟群“四有”记录档案；二是做好文化遗产地马蹄寺石窟群作为“凉州石窟”重要石窟链的相关工作；三是为研究佛教艺术和瘗葬风俗提供资料；四是调查舍利塔保存现状，了解病变因素，为其保护奠定基础。通过调查发现西夏至清的浮雕舍利塔 500 余座。为方便记录划分了若干塔龛区，各塔龛区皆有开凿时代之延续性，其开凿规模可谓庞大，塔龛数量和开凿时间跨度在国内亦是罕见，充分展现了该地区 13—14 世纪藏传佛教舍利塔文化独特的风格和艺术特点。此次考古调查为我们了解石窟群周边浮雕舍利塔艺术特征和石窟寺佛教瘗葬，提供了丰富而宝贵的资料。新发现的塔龛区域和塔龛,丰富了马蹄寺石窟群的研究材料,同时也给我们提出了更新的学术课题，对于研究张掖一带佛教的传承与发展具有重要价值,为今后进一步的研究工作奠定了坚实的基础。

一、石窟群浮雕舍利塔遗存

马蹄寺石窟群浮雕舍利塔分布比较分散，保存于石窟群 28 公里范围内，依据塔龛所处地理位置可划分六个大区域即千佛洞区域、北寺区域、南寺区域、格萨尔王殿区域、观音洞区域以及金塔寺区域,其下又分为十七个小区。

(一)千佛洞塔龛区域

千佛洞区域由前山塔龛区、对面山塔龛区、后山塔龛区、后山南泥沟口塔龛区、长老沟塔龛区组成,共有塔龛 139 座。此区编号为 MQ。

1. 前山塔龛区:有 99 座浮雕塔龛,凿雕于千佛洞窟区的红砂岩壁上,是整个马蹄寺石窟群塔龛分布最为密集的区域。

所有塔龛均坐西北向东南，塔龛多为圆拱形，亦有三叶形和横长方形出现,塔刹有日月莲花宝顶、莲花宝顶、宝珠顶、藏传吉祥物和烈焰三宝等多种。华盖有素面、彩绘和雕饰之作,彩绘色彩以石青、石绿居多,华盖正面和底部彩绘连续土黄色小佛龛,佛龛间饰以绿色,在华盖正面做雕饰,多为小佛龛或数道竖排垂珠,不施色彩。幡带多以“S”形雕饰,或自华盖之上塔刹两侧曲蛇状向外吐出,尾部分叉,叉中镶嵌有物,或自华盖下相轮顶部联珠两侧自外向内自下而上绕至塔刹两侧向外飘逸,尾部雕饰回形纹穗,风格多样。联珠多以相轮顶部做一雕饰,体量略凸于相轮上层平面,并饰以石绿、土红、墨色、石灰白作圆圈纹彩绘,似彩色球丸,多为 9—13 只珠子。除此之外,在塔身相轮下部和覆钵体下亦有雕饰联珠纹的,体形较小,应是作装饰之用。

塔身颈部为十三层阶相轮,上部向内收进,不作装绘。“山”形小须弥座,单层十字折角,承托相轮。须弥座正面山形完整,左右皆为半山形,上枭彩绘莲瓣。塔身多为覆钵式,亦有瓶形,前者多为铃铛状,饰一条或两条金刚圈,塔身之下饰仰莲或仰覆莲一匝,有噶当供养塔之遗风。瓶形塔则雕饰简单,应为晚期遗物。圆形塔座,腰部雕有仰莲或仰覆莲,仰覆莲之上雕饰一圈联珠纹。凸字形塔基作为须弥座建筑基座的装饰形式，自下而上为下枋、下枭、束腰、上枭、上枋，不做圭角，各部分组合形成叠涩建筑。

瘗穴有单瘗穴、双瘗穴和三瘗穴，单瘗穴大多开凿在覆钵体的正中或左侧，瘗穴口均为纵长方形，口穴较小的，内外直通，穴内空间不大，穴口较大的，其内开凿平顶或斜坡顶石室，后壁开凿横长方形小龛，所有壁面均为素面，无任何雕刻和绘画的痕迹，室内亦无棺床设施，空间较大，是否做瘗窟之用，尚不确定。人可弯腰进出穴口。双瘗穴大多在塔体两侧或相轮两侧，皆为纵长方形，穴内部贯通，空间较大，多为平面方形或长方形平顶石室，室内有僧俗修行烟熏生活痕迹，双瘗应当是一个作窗户，一个为门。三瘗穴在塔体正中开一穴，塔体两侧对称各开一穴，三个瘗穴内互不相通。无论是单瘗穴、双瘗穴还是三瘗穴，都会在穴口四边凿“回”字形凹槽，是为在瘗穴内安置僧俗骨灰后，用以嵌装石板或木板封堵穴口之用，直壁直口，则用石块或砖块封堵穴口。

千佛洞塔龛区多为一龛一塔，亦有三塔者，有一个典型三龛塔，即在一个莲花坐台之上凿出三座塔，中间的较大，左右两座稍小，与以往的须弥座不同，在云头柱台之上雕凿莲台，之上再雕凿三塔，三塔柱上布满云气纹之类的纹饰，刹上幡带飘扬似双手相合（图一）。顶为日月宝顶，覆钵上雕饰一道金刚圈。中间塔高 1.4 米、底宽 0.55 米，右侧塔高 1 米、底宽 0.45 米，左侧塔高 1 米、底宽 0.45 米，柱高 0.60 米、底宽 0.58 米。柱两侧各开有一瘗穴，口宽 0.30 米、高 0.45米。该三龛塔是马蹄寺石窟群浮雕舍利塔中之精品。

图一　MQB20

2. 对面山塔龛区：共有 5 座塔龛，开凿在千佛洞窟区对面 500 米处的矮山阴坡面上。一塔龛体为三叶形，塔刹顶部雕饰桃形饰物，由于风化剥蚀严重，只可看出塔形和瘗穴位置，但仍可辨析早期塔龛凿雕之风格。其余四座塔龛皆坐东北向西南，仅存圆拱形龛体、塔身风化残存遗迹。

3. 后山塔龛区：位于后山四道沟南侧崖壁上，与窟区正面崖壁成背靠背之势，地势陡峭，不易攀爬。14 座塔龛均坐东向西，5 座保存相对完整，塔刹为日月宝顶。宝珠顶塔龛有 5 座，保存较差。其余仅存龛体，塔体可辨轮廓。其中编号 MQH006 号塔龛体量高大，保存完好。圆拱形龛体带人字形龛楣，龛高 5.50 米、宽 3.00 米、进深 1.50 米。龛体内雕有日月宝顶覆钵体石塔，塔通高 5.40 米、底边宽 2.60 米。塔体两侧对称各开有一纵长方形瘗穴。塔体的日月宝珠顶、华盖、相轮及十字折角须弥座非常精致、完美，两侧的幡带盘延至上层十字折角，须弥座的两旁萦绕上扬，华盖下雕刻莲花纹样并彩绘。覆钵体正中雕饰两道金钢圈，仰覆莲座保存完好，整个石塔造型完美，雕刻细腻、精致。

4. 后山南泥沟口塔龛区：塔龛群位于南泥沟口北坡东侧，12 座塔龛沿北坡坡面斜线排列，4 座为日月莲花宝顶覆钵塔，编号 MQB005 塔龛华盖底部残留彩绘葡萄纹、火焰纹饰。3 座为日月宝珠顶覆钵塔，1 座龛体后壁布满蜂窝状浅坑，在其表面局部和塔刹、华盖、联珠、相轮、小须弥座、覆钵体的表层白灰粉妆，为后期装绘所致，蜂窝状浅坑是为附着白灰而增加附着力。其余圆拱形龛体，塔体风化不存，残存风化不规则穴口。

5. 长老沟塔龛区：位于马蹄寺景区山门外马蹄村（俗名长老沟村）南西岔口浅山西侧矮坡崖面上，9 座塔龛均坐西南向东北，平均海拔 2410 米左右。4 座龛体为圆拱形，1 座为宝珠顶覆钵塔，塔体正中开有一方形瘗穴，穴内长满杂草，其余塔龛塔体风化不存。区北部错落排列 4 座塔龛，1 座为横长方形塔龛，塔体不存。2 座龛体为纵长方形，编号 MQZ009 为双塔塔龛，龛内正中和左侧各浮雕一座日月宝顶覆钵塔，右侧龛壁不作雕饰，在龛外底部两侧裸露凿雕塔龛塔架时所凿柱洞。

（二）马蹄北寺塔龛区域

北寺塔龛区域由北寺窟区塔龛区、北寺对面山塔龛区和北寺后山塔龛区组成，共有塔龛 31 座。编号 MB。

1. 北寺窟区塔龛区：北寺窟区塔龛区共有塔龛 14 座。1 号窟（南座佛殿）右上方距地表 35 米崖壁上横向排列 5 座；9 号窟（马王殿）北侧崖壁错落排列 7 座；原北寺寺院城址东崖壁下（酥马公路 7.5 公里西）排列 2 座。其中 1 号窟右上方 5 座塔龛皆坐西北向东南，与北寺洞窟开凿在同一岩壁上。3 座为宝珠顶覆钵塔,2 座为日月宝顶覆钵塔,除 1 座塔刹之上凿雕一方形饰物并在覆钵体正中和左侧各开一纵长方形瘗穴外，其余 4 座皆在塔体正中开有一方形瘗穴。5 座塔体均有不同程度的风化破损,龛楣外圈都凿有导水槽。

分布于 9 号窟北侧 40 米处崖壁上的 7 座塔龛错落排列,1 座为纵长方形龛体,佛塔仅存胎体,塔体正中和左侧各开有一方形瘗穴,中间略大于左侧,中间瘗穴设有供台。4 座龛体风化破损严重,塔体不存,塔体下部均开凿有一风化不规则瘗穴,1 座为宝珠顶覆钵塔,保存基本完整。编号 MBK010 为一浅浮雕塔龛,龛体为梯形,塔刹为葫芦顶,相轮窄直,瓶形塔体,圆拱形瘗穴,须弥座承载塔体,轮廓清晰,风格独特,为浅浮雕之精品。位于北寺寺院外城墙东崖壁上的 2 座塔龛均坐西南向东北,龛体均为圆拱形,塔刹皆为宝珠顶,1 座塔体略呈等腰三角形,1 座塔身作瓶形,2 座塔凿雕简单,无塔座,塔体坐落于地表。

2. 北寺后山塔龛区:北寺后山共有 2 座塔龛,开凿在海拔 2625 米的红砂岩崖壁上,坐东向西,两座塔龛塔刹均为宝珠顶,其中 1 座体量硕大,塔体通高 6.3 米,无幡带,仰莲座,双重须弥。

3. 北寺对面山塔龛区：该塔龛区西距北寺窟区约一公里,15 座塔龛围绕椭圆形山包崖面开凿,像是一个大坟冢,当地人称墓墩台,周围有几处被挖掘的痕迹。15 座塔龛自坐东南向西北—坐西南向东北环形排列,地势较高,平均海拔 2587 米。3 座塔龛为方形龛体;1 座龛体内凹略呈“舟”形;6 座为圆拱形龛体。2 座残存覆钵塔体,1 座残存宝珠顶,编号 MBD006 塔体甚小,为微型塔龛,小巧玲珑,龛高 40 厘米,塔高仅 30 厘米,宝珠顶,相轮窄直,塔腹开有“品”字形三孔瘗穴,上口略大,从远处看像是镶嵌在石壁上。编号 MBD015 为莲花宝顶覆钵塔,塔体风化剥蚀,裸露红砂岩胎体,华盖残失,相轮漫漶不清,腹部两侧纵长方形瘗穴风化变形,穴内开凿双室洞窟,前室为平顶横长方形,长 3 米、进深 1.1 米、高 2.5 米。后室为平顶方形,后室低于前室一台阶,较前室低矮,台阶下凿雕有焚香炉,后室后立壁正中凿有一横长方形小龛,龛内无物,穴内双室形制与马蹄北寺 7 号窟藏佛殿有相似之处,有佛殿窟的影子。

(三)马蹄南寺塔龛区域

南寺塔龛区域位于北寺窟区以南,西靠马蹄牧场,南依兰花坪,东隔酥马公路与卧龙山格萨尔王殿相望，由南塔龛区和北塔龛区组成，共有塔龛 215

座。编号 MN。

1. 南塔龛区：塔龛区位于景区停车场西侧崖壁上，125 座塔龛依崖壁的走向及崖面平整程度和地势开凿。有平行排列、斜线排列、环形排列和错落排列。地势高的崖壁陡峭，岩体风化剥落，甚至坍塌，使塔龛遭到不同程度的破坏；地势相对较低的则坡度平缓，塔龛被泥沙和杂草堆积掩埋，或塔龛内长满荆棘、灌木和杂草，龛内被堵埋。南寺南塔龛区是马蹄寺石窟群塔龛分布最多的区域之一，125 座塔龛基本均座西北向东南，距地表 85—35 米不等，除 3 座只开瘗穴不作塔龛，1 座半成品外，其余塔龛都在龛体外围开凿有塔龛的排水设施导水槽。

整个塔龛区的龛体以圆拱形长龛为主，也有方形和梯形出现，浮雕石塔以宝珠顶居多，有 47 座，日月宝顶 10 座，莲花宝顶 1 座，火焰宝珠顶 1 座，葫芦宝顶 1 座，其余塔龛仅存龛体或石塔胎体。编号 MNN004 塔龛为半成品，拱形龛，不雕塔刹，保存有华盖，华盖左侧下开有一小口瘗穴，塔体颈部为素面，颈部以下为原始岩体，未作凿雕。编号 MNN050 覆钵体开口瘗穴较大(1.1 米×0.7 米)。编号 MNN069 开有双瘗穴，塔体左侧一个，龛体外左侧一个，内外瘗穴相同。编号 MNN080 华盖较大，相轮窄直，塔体保存完整。编号 MNN087 只存穴口，无塔龛遗迹。编号 MNN089 为方形长龛，塔体被沙土掩埋，只露龛边。编号 MNN106 为日月莲花宝顶覆钵塔，塔刹部月盘较小，幡带风格独特，上部为 S 形，S 形两侧各悬挂一条随意飘至须弥塔座，幡带边缘凿雕凸弦纹，华盖下雕饰仰莲花瓣，山形须弥座做吉祥云纹雕饰，覆钵体第一道金刚圈上部雕饰一排硕大的覆莲，仰覆莲座承托塔体在其上部雕饰一排小联珠。叠涩筑式须弥座上、下枋宽大，做雕饰，上、下枭窄小，无雕饰。上枋浮雕火焰宝珠、小坐佛、马、狮子等七身图案，四角雕饰如意结、宝相花和卷草纹图案。束腰正中雕饰力士托顶上枋，两侧饰以幡带，转角部雕刻竹节柱子形，束腰以下被剥落岩体掩埋。龛壁内残存石绿、石墨和白底起稿壁画彩绘之色及云纹图案。编号 MNN116 为日月宝顶覆钵塔，月盘较大，S 形幡带做圆雕，华盖下雕饰桃形莲瓣。编号 MNN121 为日月顶，8 字形幡带，粗相轮，覆钵体饰两道金刚圈，凸字形须弥座不做雕饰。

2. 北塔龛区：塔龛区自南寺寺院对面西北山崖三宝殿两侧向南向东蜿蜒

错落排列，编号 MNB001—025 开凿在地势相对较高的山体阳面,MNB026—090 则开凿在茂密的森林深处或灌木草丛中。地势较高的塔龛暴露充分,风化剥蚀严重，森林和灌木草丛中的塔龛则大部分被泥沙掩埋，甚至龛内长满灌木、荆棘和杂草,大部龛内和塔体附着苔藓和霉菌,保存环境极差。

90 座塔龛中除编号 MNB004 梯形龛体,MNB058 三叶形龛体,MNB028、MNB029、MNB031 方形龛体外,其余均为拱形或圆拱形龛体形制。塔体以宝珠顶覆钵塔居多,有 38 座,其中桃尖形顶 4 座,10 座日月宝顶覆钵塔,4 座莲花顶覆钵塔,MNB010 为火焰宝珠顶覆钵塔,2 座为日月莲花顶覆钵塔。MNB001 保存相对完整,S 形幡带莲花、华盖下联珠白灰粉妆。MNB012—019 只露龛体上部，塔体三分之二被沙土掩埋。MNB018 山体活动使龛体产生裂隙错位变形,龛内残存幡带。MNB019 日月宝珠、华盖、幡带裸露红砂岩胎体,后期被白灰粉妆，龛内凿有券门。MNB028—031 龛内被灌木、柏刺和杂草堵实。MNB032、MNB033 只露龛体上部小孔,无法探视。MNB041—045 平行排列,龛体完整,塔体仅存胎体残部或印迹。MNB058 在岩体表面开三叶形龛,龛内正壁又开一圆拱形浅龛,龛内凿雕宝珠顶覆钵塔,华盖下雕饰一排小联珠,塔颈部相轮可辨,相轮以下岩层剥落,覆钵体似桶形,瘗穴风化变形。MNB060 为日月宝顶,外开凿半圆弧拱形龛,内凿近似三叶龛,龛内造塔,塔体两侧各开一穴。MNB079 浅龛,进深不足 10 厘米,塔体似桶形,无塔座,无瘗穴。MNB083 日月宝珠较大,塔颈窄直,素面。MNB088 为日月莲花顶,月盘宽大平直,月盘下两侧对称悬挂自外向内环绕 8 字形幡带,左侧幡带在瘗穴口断失,瘗穴内有野生动物狐狸筑巢居住。MNB089 日月莲花顶,月盘短宽,幡带 8 字形口小,下垂较长且宽大,右侧瘗穴也有野生动物居住。MNB090 莲花顶,保存相对完整,华盖下雕饰小联珠,相轮清晰,雕刻细腻,须弥塔座风化成方形。

(四)格萨尔王殿区域

格萨尔王殿区域塔龛开凿在卧龙山山脊两侧，金马公路从卧龙山尾部穿过,南端与森林接壤,由格萨尔王洞窟塔龛区、动物园塔龛区和九间石房塔龛区组成,共有塔龛 47 座。编号 MG。

1. 格萨尔王洞窟塔龛区:位于卧龙山山脊尾部,格萨尔王殿两侧崖面,其中在阳坡崖面坐西向东排列 25 座,阴坡坐东南向西北并排 2 座。27 座塔龛除

MGD013 为方形龛体外,其它 26 座龛体均为圆拱形。8 座宝珠顶覆钵塔,6 座日月宝顶覆钵塔,1 座葫芦顶覆钵塔,1 座火焰宝珠覆钵塔,窄相轮,其余塔刹缺失或塔体风化不存。

MGD002 雕饰“S”形幡带,覆钵体左侧开有一纵长方形瘗穴,穴口用青石块封堵。MGD003 风化塔体左侧有一纵长方形用小青砖封堵瘗穴。4 座塔龛不开瘗穴。MGD016 覆钵体雕饰一道金钢圈,腹部两侧内凹,塔座略呈束腰八字状。开凿于卧龙山尾部西侧崖壁的 MGD026、MGD027 为日月宝顶瓶形塔,坐东向西,塔体通身粉白,塔刹日月体量均小,8 字形幡带萦绕飞扬,华盖下雕饰一圈莲瓣,十一道相轮,凸字形须弥座不雕式样,塔体腹部雕饰花草纹样,方形塔座叠涩凿雕。龛体后壁在塔的两侧对称各开一方形瘗穴,瓶形腹部右侧开有一纵长方形石门,可通入以穴口做窗户空间较大的石室,塔龛形制及雕凿技艺略显稚拙和粗糙。

2. *动物园塔龛区*:位于卧龙山山麓以南的山坳里,东西两崖壁对向开凿塔龛,卧龙山南段东侧崖壁坐西向东平行排列 5 座,在其对面座西北向东南错落排列 10 座,东侧塔龛开凿在海拔 2669 米左右,距地表约 45 米的山崖上,对面塔龛沿崖壁斜线自上而下排列。6 座圆拱形龛,宝珠顶覆钵塔,5 座塔刹残失,裸露红砂岩覆钵胎体,圆拱形龛体保存完整,MGD012 塔体两侧各开一方形瘗穴,大小相同,MGD002—004 塔龛不开瘗穴。MGD007、MGD009 塔龛被沙土掩埋,可见龛体轮廓。MGD015 为一方形瘗穴,未开龛体,也无塔的遗迹,应是一座未完工的半成品塔龛,瘗穴口小,内部空间狭长。

3. *九间石房塔龛区*:九间石房又称九间十房。塔龛分布在九间石房以北的同一岩壁上,所处位置地势相对较低。5 座塔龛均坐西北向东南,皆为宝珠顶覆钵塔,3 座塔龛保存相对完整。1 座仰覆莲承托覆钵塔体,一道金刚圈雕饰于覆钵体,塔体正中开有一纵长方形瘗穴,穴内塑造一现代佛像,塔座为叠涩式须弥座,联珠和龛体残留后期装绘附着白灰体。MGJ002 塔体自山形须弥座以下被破坏,残存塔体被烟熏墨黑,塔体正中瘗穴口扩大似方形石门,穴内凿空呈一座平顶窟龛。MGJ005 不做塔座,覆钵体直接坐落于地表,在覆钵体正中和两侧开有纵长方形瘗穴,中间宽大,两侧狭小,三个瘗穴呈一字形排列。

（五）观音洞区域

观音洞区域塔龛分布比较分散，自上观音洞主峰向东蜿蜒排列于上、中、下观音洞区域的阳面崖壁上。上、中、下观音洞三个塔龛区共有塔龛28座。

图二　MGS001

1. 上观音洞塔龛区：上观音洞也称观音洞上寺，西北联系塔尔台，东北靠马圈湾。开凿塔龛只有57座，编号MGS001。MGS001（图二）位于上观音洞窟区北侧山峰坐北向南的红砂岩崖壁之上，所处位置距地表约60米，海拔2711米，地势陡峭险峻。塔龛体量硕大，塔通高8.5米、边长3.9米，龛体高9米、宽4.5米、进深9.5米。圆拱形龛体，日月宝顶覆钵塔，华盖、幡带风化剥蚀，“山”形须弥座十字折角，覆钵体雕饰两道金刚圈，仰覆莲座承托覆钵体，须弥塔座下枭、下枋残失。塔体正中和左右两侧稍上呈倒“品”字形开三个纵长方形瘗穴，左穴略大，穴口宽0.9米、高1.2米、进深2米。塔龛整体保存完整，相轮局部残留壁画遗迹。

2. 中观音洞塔龛区：中观音洞南距南满坡1.2公里，东北距黄牛沟800米，北距下观音洞1公里。3座塔龛开凿在窟区西侧阳面崖壁上，均座西北向东南，距地面30米左右，海拔2600米。编号MGZ001开横长方形龛体，塔龛内保存有浮雕舍利塔三座，三壁三塔，正壁一座，左右两侧立壁各雕有一座，均为日月宝顶覆钵塔。正面及右立壁覆钵体左侧开有一方形瘗穴，左立壁覆钵体右侧开有一方形瘗穴，三塔风化剥蚀严重，但形状基本完整。塔高（正）1.6米、边长0.78米，瘗穴宽0.30米、高0.40米、进深0.45米。塔（右）高1.6米、边长0.75米。瘗穴宽0.25米、高0.30米、进深0.40米。塔（左）高1.5米、边长0.65米。瘗穴宽0.38米、高0.45米、进深0.56米。龛高1.75米、宽2.25米、进深1.3米。MGZ002开凿于帐形窟正面纵长方形浅龛内。佛塔为葫芦塔刹覆钵体，塔刹右侧幡带之上浅浮雕一飞天凌空飞舞，潇洒飘逸，栩栩如生，右侧风化脱落存有印迹，覆钵体下部及右侧各开一方形瘗穴，瘗穴风化变形。塔体通高1.9

米、边长 0.80 米。龛高 2 米、宽 1.7 米。瘗穴(中)宽 0.45 米、高 0.40 米、进深 0.60 米。瘗穴(右)宽 0.40 米、高 0.45 米、进深 0.60 米。窟宽 3.5 米、高 2.4 米、进深 3.6 米。MGZ003 开凿在窟区殿堂上方的崖壁上,圆拱形大龛,日月宝顶塔刹,华盖上部凸弦一圈,在其雕饰联珠纹样,下部雕饰数道竖排小联珠,左侧残失,幡带风化严重,相轮印迹清晰,但大多残失,须弥塔座仅存左半部分,龛体顶部左右两侧开有 15 厘米见方的方形小龛,覆钵体两侧各开有一 1.3 米×0.8 米的方形瘗穴,两穴相同,穴内空间较大,高 2.3 米、宽 6 米、进深 3.5 米,疑是瘗窟后期被改为僧房窟。

3. 下观音洞塔龛区:下观音洞塔龛区位于窟区以东座西北向东南的崖壁上,24 座塔龛所处位置平均海拔 2620 米,距地表 15—60 米。编号 MGX001 为圆拱形龛,日月宝顶,仰覆莲座,保存完整。MGX004—011 崖面长满灌木杂草,上下错落,两排各凿 4 龛,皆为圆拱形,龛内三分之二被沙土掩埋,仅 MGX009 残存塔刹顶部,MGX002 方形龛体,残存华盖,无穴。MGX003、MGX017、MGX023 为方形龛体,日月塔刹,MGX003 方形龛内原为三壁三塔,现仅存正面塔刹和胎体,左右残留印迹,瘗穴风化变形。MGX017 开凿在方形龛体正立壁,正面塔体做日月宝顶,幡带向外两侧斜上曲状飘逸,华盖、联珠、相轮、山形须弥座覆钵体金刚圈雕饰精美,塔体腹部正中和右侧开一纵长方形瘗穴,左侧开一近方形瘗穴,塔体通高 1.5 米、边长 0.6 米。MGX023 覆钵塔体正中开有一小型方形塔龛,龛内正面和右侧各残存一座小塔,两塔体左侧各开有一小口瘗穴,左侧立壁为素面,没有塔的迹象,这种龛中套龛塔中藏塔的风格在马蹄寺石窟群中亦不多见。MGX014 圆拱形龛,塔体裸露残胎,被灌木杂草堵埋。MGX015、MGX016 为方形龛体,龛内下部被沙土掩埋,残露塔体印迹。MGX018 在方形龛体内保存有三壁三塔,正壁一座,左右两立壁对称各雕一座,三塔凿雕风格各不相同,正壁浮雕日月莲花宝顶覆钵塔,幡带“S”形萦绕飞扬,华盖正面以减地平叙形式雕饰联珠和山形水波,并用石青、石绿彩绘联珠。相轮、山形须弥座和扁平形仰覆莲座雕饰精美。右侧以浅浮雕或仄地隐起筑式凿雕佛塔,塔为日月顶,华盖下雕饰一大圆球代表联珠,梯形相轮做素面,山形须弥座十字折角,挺拔俊秀,覆钵体开一方形瘗穴,以简单的线刻手法表现须弥塔座。左侧佛塔的凿雕手法和形制与右侧的佛塔基本相似,只是在相轮上线刻轮级。

(六)金塔寺区域

金塔寺石窟是马蹄寺石窟群的重要组成部分，位于马蹄藏族乡李家沟村西深山葱岭中红砂岩崖壁上,距地表60余米,在陡峭的崖壁上开东、西二窟,又称双窟,这里保存有距今1600多年的精美壁画和塑像,具有很高的历史和科学价值。金塔寺塔龛区只有一个,即长洞子塔龛区。编号MJ。

1. 长洞子塔龛区：位于金塔寺石窟东南2.5公里处,2座塔龛开凿在海拔2645米,距地表10米处,均坐北向南。龛前有一缓坡至金马公路。

MJC001为平顶横长方形龛体,在其正立壁又开一纵长方形龛,龛内凿雕佛塔,塔刹为日月莲花宝顶,两侧雕饰幡带,华盖正面雕饰联珠和山形纹样,相轮做十三级,塔体为覆钵形,山形须弥座十字折角;覆钵体正中开有一纵长方形瘗穴。

横长方形龛体:龛高1.85米、宽2.35米、进深1.70米;

纵长方形小龛:龛高1.10米、宽0.75米、进深0.17米;

覆钵塔体:塔高1.10米、宽0.53米;

瘗穴:瘗穴宽0.18米、高0.20米。

MJC002位于MJC001左侧,平行排列。MJC002为平顶方形大龛,大龛做龛门,开有内壁,龛内凿雕佛塔七座,正面三座,左右两侧对称两座,为“七浮屠”,七座塔龛凿雕风格、体量和形制基本相似,塔刹为日月莲花宝顶,雕饰幡带,华盖正面雕饰联珠和山形纹样,相轮底部雕饰一排小联珠,山形须弥座十字折角,覆钵体雕饰一道金刚圈,仰覆莲座承载塔体,七座佛塔覆钵体正中均开有近方形瘗穴,叠涩须弥塔座有不同程度的风化剥蚀。

龛门:高2.25米、宽2.30米;

佛龛:高2.25米、宽3.56米、进深2.57米;

佛塔:通高1.68—1.74米、边长0.75—0.86米。

二、舍利塔风格特征

马蹄寺石窟群摩崖舍利塔,大部分开凿在海拔高约2800—3000米的红砂岩崖壁上的塔龛内。龛体的高度和宽度决定了龛内塔的高度和宽度,龛体最大的约5米左右,最小的则不到1米。龛体形制变化多样,有圆拱形、长方形、梯形、三叶形等。有的圆拱形龛还带有人字形龛楣或阙形龛楣。龛内一般为一龛一塔,也有一龛两塔或一龛三塔的,金塔寺塔龛区还有一龛七塔的,其龛体为长方形大龛,龛内凿雕七座佛塔,正面三座,左右两侧各两座,取“七浮屠”之意。从塔的形制看,现存的500余座摩崖佛塔,大部分为覆钵塔,塔的要素全部具备。塔刹(塔的顶部)形式种类繁多,有日月莲花顶、日月宝珠顶、莲花顶、葫芦顶、日月宝顶、葫芦宝珠顶火焰宝珠顶等,以日月宝珠顶居多,宝珠顶次之,葫芦顶稀少,分彩绘和素面二种。塔刹的两侧是幡带,幡带是供养佛、菩萨、庄严道场的用具,马蹄寺摩崖舍利塔上的幡带,造型变化多样,不仅在塔的功能上强调了塔的庄严性,而且在塔的造型上也具有较强的装饰作用。幡带多做蛇状“S”形、倒“叉”字形、“8”字形和飘带形等等。蛇状“S”形幡带居多,一般自塔刹两侧曲蛇状向外吐出,尾部分叉,有的叉间还镶嵌饰物。“8”字形幡带和倒“叉”字形幡带造型别致,大多雕刻在华盖和相轮两侧,“飘带形”的幡带上还雕饰栩栩如生、凌空飞舞的飞天。塔刹下方的华盖呈半圆形,多为素面,正面雕饰联珠和山形纹样的较少,底部做彩绘并饰有莲花纹样和千佛的居多,莲花和千佛为连续纹样,图案艳丽工整,多饰以石青、石绿、赭红等色。塔身颈部做相轮,相轮上部向内收紧,上窄下宽,相轮有十三级和十一级之分,其顶部和底部多用九、十一、十三的单数连珠做雕饰。相轮下方的山形小须弥座,一般作单层十字折角,有素面的,也有彩绘的。塔身多为覆钵式,覆钵上或凿一道或二道金刚圈,或在覆钵正中开瘗穴,形制多样,类型各异。覆钵体之下多饰以仰莲或覆莲一匝,也有在仰莲或覆莲之上再雕饰一圈连珠的。再往下是塔的基座,一般为圆形座基或凸字形须弥座座基。北寺塔龛区还有瓶形塔,瓶形塔的塔身为瓶形,做方涩座基,雕凿简单不做雕饰,应为晚期之作。摩崖舍利塔上用于存放舍利等物的瘗穴有单瘗穴、双瘗穴和三瘗穴,单瘗穴大多开凿在覆钵的正中或左侧;双瘗穴大多开凿在覆钵两侧或相轮两侧,亦有在覆钵正中开一穴,相轮左侧开一穴;三瘗穴则在覆钵正中开一穴,覆钵两侧对称各开一瘗穴,双瘗穴互不相通。

马蹄寺石窟群摩崖舍利塔多采用高浮雕、浅浮雕、圆雕、线刻和彩绘等多种技法,佛塔造型别致,装饰华丽,风格变化多样,雕凿手法精致细腻,比较典型的摩崖舍利塔如:MQB020佛塔是马蹄寺石窟群摩崖佛塔中一个典型的一龛三塔式摩崖舍利塔，此塔位于千佛洞塔龛区，坐北向南。龛体与塔的整体造型和风格与其他覆钵塔大不相同，大塔座与以往的须弥座不同，以刻有云头纹的塔柱承托起一座大的莲台，之上再雕凿三座日月宝顶覆钵塔，三塔塔基均为十字折角须弥座。中间的塔较大，高约 1.40 米，两边的较小，约 1.10 米。塔的要素全部具备，其相轮、华盖、塔刹都保存完好。中间塔的幡带呈二组，一组自塔刹两侧做“S”形曲蛇状向外吐出，另一组呈飘带状，飘带末端为分叉的燕尾式斜尖，二侧塔的幡带则为一组，做蛇状“S”形。三塔的覆钵均呈铃铛状，覆钵上均雕凿有一道突起的金刚圈，金刚圈两侧分别饰以一道突起的炫纹，云头纹塔柱两侧各开有一口瘗穴。这是马蹄寺石窟群唯一的一例三塔龛，设计独特、雕凿技艺成熟，可谓塔中精品。马蹄寺石窟群摩崖舍利塔的龛体大部分不做雕饰，有的塔龛只做人字形龛楣和阙形龛楣。MQB020 塔龛的龛楣上不仅雕饰有舒展茂密的植物纹饰，正中还雕饰一只栩栩如生的金翅鸟，金翅鸟造型生动，宽大的翅膀振翅欲飞，两个铃铛似的大眼警惕地守护着佛国世界。MQB020 这种具有独特风格的摩崖舍利塔，是古代的艺术家凭借丰富的想象力进行艺术构想，工匠们凭借高超的雕刻技艺和夸张的造型手法创作而成的难得的艺术珍品，也是我们研究佛教雕塑艺术发展史的活标本。

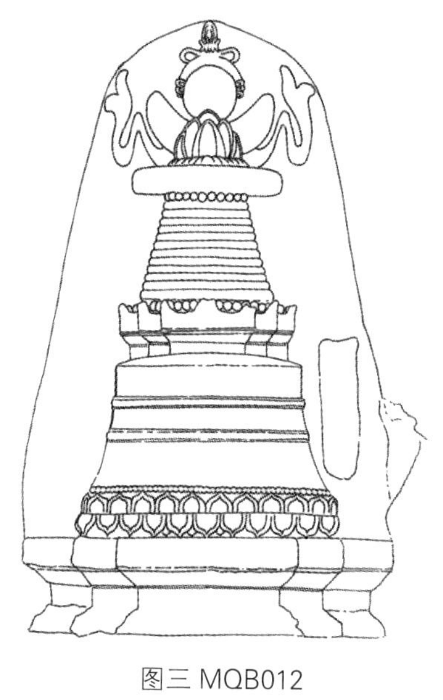

图三 MQB012

MQB012（图三）摩崖舍利塔，也是马蹄寺石窟群摩崖舍利塔的精品。此塔龛位于马蹄寺石窟群千佛洞中区 8 号窟左侧，龛体高 5 米、底宽 2 米，拱形龛，龛楣不做装饰，形制典型。龛体内壁满绘石青和石绿相间的火焰纹饰。龛体内左侧的火焰纹壁画间还绘有藏传佛教噶举派噶玛巴上师黑帽僧的形象。黑帽僧头戴折沿式黑帽，白色头光，面庞圆润，着坎肩，肩部凸起，外披僧氅，双手合十置于胸前，结跏趺坐于仰覆莲座上。黑帽僧被尊称为黑帽上师，为噶举派黑帽系的噶玛巴，是藏传佛教各派中最早实行活佛转世制度的一派。MQB012 号塔龛黑帽上师壁画充分说明了西夏、蒙元时期是马蹄寺藏传佛教的发展的鼎盛时期，由此亦可以推断，具有此类特征的摩崖舍利塔，开凿于 13—14 世纪，即西夏至元明时期。龛内须弥座塔基上雕覆钵塔一座，正中饰有两道突起的金刚圈，有噶当供养之遗风。下方雕刻仰覆莲一匝。塔身颈部的十字折角须弥座底边刻有两道凹线，底部做吉祥纹装绘。相轮为十三层阶，其顶部及底部以单数联珠做装饰，联珠略凸于相轮平面，并以石绿、赭红等在联珠的顶部做圈纹彩绘。华盖较厚重，正面及底部都不做装绘。塔刹为日月宝顶，幡带很有特点，呈“S”形自塔刹两侧曲蛇状向外吐出，尾部分叉。MQB012 号佛塔造型完美，雕琢技法精致、细腻，反映出这一时期雕刻艺术的高超水平。

MQB006 摩崖浮雕舍利塔位于千佛洞塔龛区域南泥沟口。塔龛开凿在高约 2600 米的山崖上，开龛雕凿的难度很大。龛体形制清晰，呈拱形，拱形龛内还凿有人字形龛楣。龛高 5.50 米、宽 3.00 米，龛体内雕有日月宝珠顶覆钵体塔一座，覆钵体两侧对称各开有一口纵长方形瘗穴。塔高 5.40 米，底宽 2.60 米，塔体体量宏大、造型富丽华贵。塔体的日月宝珠顶、相轮、十字折角须弥座和覆钵均与 MQB012 塔龛相同。MQB006 号摩崖舍利塔不同于其它舍利塔之处在于它的幡带、华盖和相轮，其造型、装饰尤为突出；马蹄寺石窟群摩崖佛塔的幡带大部分呈“S”形自塔刹两侧曲蛇状向外吐出，但 MQB006 佛塔的幡带则呈两组，浅浮雕，分别饰于塔刹和华盖两侧。塔刹上的幡带与 MQB012 摩崖舍利塔相同，呈“S”形自塔刹两侧曲蛇状向外吐出，尾部分叉，叉间镶嵌饰物，华盖两侧的幡带则从华盖底部向上萦绕交叉后呈倒“叉”字形（南泥沟口 MQH007 摩崖舍利塔的幡带呈“8”字形在华盖两侧悬挂，但塔刹两侧不再做幡带），这种上下两侧雕饰二组不同风格幡带的独特造形，在整个马蹄寺石窟群摩崖舍利塔中并不多见。华盖底部的装绘也非常富有特色，华盖中心绘有复式的莲花纹样并彩绘，外围彩绘有类似龙骨的纹样。相轮较粗壮，上窄下弛，相轮底部的十字折角须弥座底部也彩绘复式的莲花纹，这些纹样形象生动、精致工整，上下呼应，设色艳丽却不失古朴，以赭红和石绿居多，这种彩绘与雕刻相结合的造型手法，给整个舍利塔平添了几分生机。几千年过去了，彩绘的莲花依然绚丽多姿，刹上的幡带迎风招展，昭示着舍利塔的神圣和庄严。

三、时代推测

马蹄寺其名来源，北宋《太平寰宇记》称出自“吐蕃赞普即其郡丞的异称也”，即马蹄本是驻牧在临松山一带吐蕃一支的名称，后来以族名称之。[①]石窟寺的创建年代迄无定论。据《万历甘镇志·建置志》祠祀条：“普光寺，城南一百三十里祁连山下，内有浮屠塔，古名马蹄寺。开创无考……”。[②]清乾隆重修《甘州府志》卷四记载：“城南百余里临松山下薤谷中，以石上有马蹄迹，俗名马蹄寺……永乐元年(1403)士人倚山置禅堂，十四年又赐普光寺，按即郭瑀隐处，石窟凿于郭瑀及其弟子，而后人扩之，加以佛像，至明始著番僧至五六百人”。[③]《东乐县志》载：“薤谷石窟，在县城西南一百一十里临松山下，今为马蹄寺佛龛，晋名贤郭瑀开辟隐居教学处。”[④]又据唐道宣《集神州三宝感通录》卷三记载：“凉州石崖瑞像者，昔沮渠蒙逊以晋安帝隆安元年(397)据有凉土二十余载，陇西五凉，斯最久盛，专崇福业，以国成寺塔，终非久固……于州南百里，连崖绵亘，东西不测，就而斫窟，安设尊仪，或石或塑，千变万化。有礼敬者凉肱心目”。[⑤]据《重修马蹄寺记》碑载，马蹄寺重修于明嘉靖四十四年(1565)。[⑥]

从洞窟形制和造像风格上判断，马蹄寺石窟群的部分洞窟大约创建于5—6世纪。其中一些洞窟可能在5世纪初或更早。所以，一般认为马蹄寺石窟可能与沮渠蒙逊创建“凉州南山石窟”[⑦]这一记载有关。马蹄寺石窟群现存洞窟有70余个，其中可以肯定开凿时代的有，北朝9窟，隋代1窟，西夏3窟，元代19窟，明代2窟，其余多无法判定最初开窟时代。[⑧]

---

①张宝玺：《马蹄寺石窟名称的来历》，张掖市文物保护研究所编《张掖石窟研究文集》，兰州：甘肃人民出版社，2006年，第60页。

②[清]杨春茂：《甘镇志》，兰州：甘肃人民出版社，1996年。

③[清]钟庚起：《甘州府志》第2册，《中国方志丛书·华北地方》，台北：成文出版社，1976年。

④徐传钧：《东乐县志》，民国十二年(1923)，石拓本。

⑤[唐]道宣：《集神州三宝感通录》，台北佛陀教育基金会，1990年。

⑥[明]任和：《重修马蹄寺记》，嘉靖四十四年(1565)，任和：明陕西行都司儒学训导。

⑦凉州：现甘肃武威，北魏时，凉州由武威移治张掖郡永平县，有西凉州之称，西魏正式定名西凉州。西魏废帝三年(554)，西凉州改为甘州，该凉州指甘州，“南山”指马蹄寺。

⑧史岩：《散布在祁连山区民乐县境的石窟群》，《文物参考资料》1956年第1期。

马蹄寺石窟群的早期石窟(北朝 9 窟),即凉州石窟,亦有天梯山石窟为凉州石窟之说,大致可分为二期:[①]

第一期洞窟开凿时间在太和年间及稍后的北魏时期,具体来说,可定在 486—510 年(孝文帝太和十年—宣武帝永平三年);第二期洞窟在北魏末西魏时期,即 510—550 年。马蹄寺石窟群一期洞窟主要有金塔寺东、西二窟,千佛洞 2 窟。

第二期洞窟以千佛洞 1、3、4、8 窟,下观音洞 1 窟为代表。《魏书·释老志》记载:“凉州自张轨后,世信佛教”。可以说在郭瑀隐居时,河西境内大兴佛教。马蹄寺石窟距张掖城南 120 里,与“州南百里”亦相吻合。北凉佛教的兴盛在河西地区也表现在修造佛塔方面。如《太平御览·卷一二四·偏霸部》八载:“初,(沮渠)茂虔为酒泉太守,起浮图于中街,有石像在焉”[②]的记载。《集神州三宝感通录》亦有“北凉河西王蒙逊,为母造丈六石像在于山寺,素所敬重”[③]。《释迦方志·通局篇》亦记载有沮渠蒙逊在“凉州南洪崖”造碑之事。[④]但在此次的调查中却没有发现具有北朝时代特征的佛塔,而在张掖东面的武威和西面的酒泉、敦煌、吐鲁番地区建国后先后出土过一些北凉时期的造像佛塔。如 1969 年在酒泉施工中发现的六座佛塔中,有明确纪年的有沮渠蒙逊承玄年(428)、二年(429)及延和三年(434)等。[⑤]

马蹄寺石窟群保存的浮雕舍利塔开凿时代大多应在 13—14 世纪,最早的大约在西夏末至元初,晚至清末。依据调查塔龛的形制及保存遗迹,我们对各区塔龛开凿早晚关系进行了简单排序:开凿于西夏至明代的有千佛洞塔龛区、北寺塔龛区、金塔寺塔龛区、观音洞塔龛区和南寺塔龛区,格萨尔王殿塔龛区则为明开凿。

马蹄寺石窟群开凿的浮雕舍利塔的形制略与亦集乃古城西北郊者[⑥]相似。

---

①暨远志:《张掖地区早期石窟分期试论》,《敦煌研究》1996 年第 4 期。

②[北宋]李昉:《太平御览》,北京:中华书局,2011 年。

③[唐]道宣:《集神州三宝感通录》卷中,《大正新修大藏经》,台北佛陀教育基金会,1990 年。

④[唐]道宣:《释迦方志·通局篇》,道世《法苑珠林》卷二十七,上海:上海古籍出版社,1991 年。

⑤王毅:《北凉石塔》,《文物资料丛刊》1977 年第 1 期。

⑥亦集乃古城。

千佛洞 MQK020 三塔龛形制亦流行于 13、14 世纪，其例证见西藏札囊札塘寺大殿后壁下方左侧壁画（13 世纪）；瓜州榆林窟第 4 窟北壁东侧壁画（13 世纪），现存实物有云南昆明筇竹寺玄坚雪庵宗主塔（1319）和元大都居庸关永明寺过街塔[①]（1342）。1251 年，萨迦班智达衮噶坚赞逝世于凉州不久，徒众在幻化寺（今武威市城东的白塔寺）为其建有墓塔。[②]该塔虽自塔身中部以上被毁，但其残留部分仍能看出覆钟式覆钵的向外侈出的遗迹，这与马蹄寺千佛洞塔龛区覆钵式佛塔相同，两者皆建有单层十字折角，其年代约亦相若。再如千佛洞窟区 MQB012 塔刹左侧壁画中有藏传佛教噶举派噶玛巴上师黑帽僧的形象，噶玛巴上师头戴折沿式黑帽，白色头光，面庞圆润，身着坎肩，肩部凸起，外披僧氅，双手合十置于胸前，结跏趺坐于仰覆莲台上。黑帽僧尊称为黑帽上师，为噶玛噶举派黑帽系的噶玛巴。噶玛噶举派是噶举派的重要支派之一，是藏传佛教各派中最早采取活佛转世制度的一派，以黑帽系和红帽系最著名。黑帽系得名于 1256 年（南宋理宗赵昀宝祐四年）元宪宗蒙哥赐给噶玛巴希的金边黑帽，自此金边黑帽成为噶玛噶举派活佛传承的标志。1226 年（南宋宝庆二年），成吉思汗攻破甘州，结束了西夏在甘州 198 年的统治，开始进入蒙元时期[③]，马蹄寺藏传佛教的发展也随之进入了鼎盛时期，"至明番僧五六百人"[④]，修建了具有军事设施功能的城池，并大量开窟建塔，由此亦可以推断 MQB012 此类型塔龛开凿于这一时期，即 13—14 世纪。此外，马蹄寺石窟群的塔龛区还保留有大量的明、清时期的塔龛，塔身做瓶形，塔式较前也大有改变，基座多做方涩数层而不用莲瓣，塔身、塔颈比例修长，华盖上累叠月盘或置宝瓶葫芦，如 MGD026、MGD027、MBK010 等塔龛，具有其相似特征的佛塔在北寺"三十三天"内甬道一层通向二层的下坡甬道两侧凿雕有数座，并雕刻有纪年题记"大明成化年五月初十日"。此类塔龛在国内保存颇多。

①宿白：《张掖河流域 13—14 世纪的藏传佛教遗迹》，《北京大学学报（哲学社会科学版）》1993 年第 2 期。

②白塔寺：又名百塔寺，位于甘肃省武威市东南方向，皆为藏传佛教遗迹。

③[清]钟庚起：《甘州府志》第 2 册，《中国方志丛书·华北地方》，台北：成文出版社，1976 年。

④[清]钟庚起：《甘州府志》第 2 册，《中国方志丛书·华北地方》，台北：成文出版社，1976 年，第 441 页。

四、结语

马蹄寺石窟群浮雕舍利塔的调查范围绵延28平方公里,对马蹄寺石窟群核心区和缓冲区内迄今所发现的塔龛进行了梳理和记录，采集了擦擦等文物标本,在调查中新发现塔龛区2处,塔龛100余座。从塔龛的遗迹现象和遗物来看,石窟群保护区内的文化内涵非常丰富,包含有丰富的西夏、元、明、清时期藏传佛教文化遗存。

马蹄寺石窟群塔龛区的六大区域分布比较分散，塔龛的附着载体皆为粉砂状的红砂岩体,多为圆拱形龛,也有三叶形、方形和梯形龛,龛内多凿雕佛塔一座,也有两座和三座的。佛塔的凿雕采用了高浮雕、浅浮雕、圆雕和线刻手法。舍利塔风格多样,塔刹有日月莲花、日月宝珠、莲花、火焰宝珠、宝珠和葫芦顶。幡带有蛇状"S"形、"8"字形和组合型图案。华盖多为素面,也有彩绘小佛龛或雕饰数排联珠和山形纹饰,华盖下多雕饰联珠,也有仰莲,莲瓣为桃形。塔颈作相轮,多为粗相轮,也有素面,有十三级和十一级之分,形状有梯形和窄直形两种。"山"形小须弥刹座单层十字折角,有在"山"形处作祥云图案雕饰的。塔身多做覆钵形,也有瓶形或桶形的,覆钵体塔身多雕饰一道或两道金刚圈,瓶形或桶形的塔身不作雕饰。覆钵塔腰部雕饰覆莲或仰覆莲,"凸"字形须弥座叠涩筑式,在上枋、束腰及四角尚保存有精美的浮雕图案。瓶形塔身则作方涩基座,不作莲瓣雕饰。

瘗穴开凿形式多样,但各塔龛区瘗穴开凿的位置、形制和方式有所不同,各有其特点。如千佛洞塔龛区的单瘗穴都开凿在塔体正中或左侧,穴内空间较大的作单室。而南寺南区塔龛的单瘗穴或双瘗穴多开在塔体的右侧或两侧,其内空间较小。北寺对面山塔龛区瘗穴内空间较大的做前后室,并在后室立壁开有拱形佛龛,前室正中凿雕香炉。中观音洞区域有在瘗穴内开龛,龛内造塔的独特形式。在这次调查中发现许多塔龛瘗穴内有包裹葬灰的擦擦,这种凿塔开穴以置身灰的埋葬方式,属典型的石窟寺佛教瘗葬。

对金塔寺与天梯山开凿关系的再思考

黎静波　康世奇
（四川文化产业学院文博学院、成都明昌博物馆　泸县文物保护中心）

北凉（公元397—460年）为十六国时期的地方割据政权，实际建立者为卢水胡人沮渠蒙逊。虽然《魏书·释老志》有记载："凉州自张轨后，世信佛教。"但凉州佛教真正迎来鼎盛时期还是在沮渠蒙逊统治期间，主要还是由于他对佛教超乎寻常狂热的信仰及推崇。

根据记载，一方面沮渠氏世代好佛，尊佛崇僧，另一方面，沮渠蒙逊的母亲车氏是西域龟兹国人，龟兹是一个奉佛极为虔诚的国家，车氏自然也是忠实的佛教信徒，而沮渠蒙逊不可能不受到车氏的影响。因此，无论是出于孝心，还是作为统治的精神支持，沮渠蒙逊对佛教的崇信也都是理所当然的了。如从天竺传法来凉州的昙无谶就受到了蒙逊的特别礼待，沮渠蒙逊请他在凉州定居、译经、传教，更是奉以国师之礼，咨以军国大事。[①]又如沮渠蒙逊对凉州著名的高僧释玄高也施以了特别礼遇，大力支持他在凉州弘扬佛法。据记载，北凉政权先后组织过四次大规模的译经活动，其中昙无谶所译的《大般涅槃经》更是在北凉影响极其巨大。[②]

所以，我们今天真正意义上的中国佛教的起源研究无论如何都绕不开北凉这个点，特别是北魏灭亡北凉后，大量的僧侣、工匠迁徙到了平城，因此后来开凿的云冈石窟也深受北凉的影响。

---

①彭建兵：《论北凉沮渠氏的佛教功利主义态度》，《乐山师范学院学报》2009年第7期，第72页。

②张学荣、何静珍：《论凉州佛教及沮渠蒙逊的崇佛尊儒》，《敦煌研究》1994年第2期，第103页。

一、金塔寺与天梯山的开凿与相关研究

金塔寺和天梯山都开凿于北凉时期。金塔寺石窟位于甘肃张掖肃南自治县大堵麻乡李家沟村刺沟深处的一处红色砂岩峭壁上，距崖底约 60 米高度，以石梯相连，因为位于山腰处，所以当地民众也俗称为“中腰洞”(图 1)。由坐北朝南的东西两窟构成，系少见的双窟对开形制，均为中心塔柱窟型。[①]其中东窟内的 V 字形高肉塑飞天是世所罕见的珍宝，这种高肉雕的飞天形式与龟兹克孜尔石窟飞天的姿势也十分相似(图 2)。[②]天梯山石窟位于甘肃省武威市城南 50 公里的张义镇中路乡灯山村，石窟群南北长约 130 米，高 30—60 米，其中 1、4、18 这 3 窟现在判定为北凉洞窟(图 3)，其它洞窟则为北魏至唐代所开凿(图 3)。[③]天梯山石窟因在 1927 年古浪地

图 1　金塔寺石窟

图 2　克孜尔石窟飞天

图 3　武威天梯山石窟

①姚桂兰、秦春梅:《张掖马蹄寺石窟群早期石窟艺术概述》,《敦煌学辑刊》1999 年第 2 期,第 79 页。

②韩晓龙:《金塔寺高肉飞天的审美风格与艺术价值》,《传统雕塑》2018 年第 5 期,第 94 页。

③贾鹏龙、安辉:《丝绸之路中武威天梯山石窟遗址的现状研究》,《人间》2016 年第 28 期,第 36 页。

图 4　20 世纪 50 年代天梯山石窟

震中受到较大破坏,1959 年后又受到黄羊河水库修建影响，因当时对水库建成后蓄水位的错误估计,为避免洞窟文物被水淹没,于是决定对天梯山石窟的部分塑像和壁画进行搬迁保护,其中 17 个洞窟的所有塑像、壁画全部搬迁至甘肃省博物馆保存（图 4),2006 年 1 月这些搬迁的大部分文物又运回了武威市博物馆。

在水库大坝蓄水后,发现实际水位并不会淹没已被搬迁的文物,但为时已晚。受到当时的搬迁和运输条件所限,这些文物一经迁移就不可避免地受到了损坏。因此原始资料的缺失,也使我们今天对天梯山石窟的解读研究造成了很多的障碍。

宿白先生经过考察,提出天梯山为中国石窟之祖,是最早的凉州石窟,并且认为金塔寺开凿较晚。①目前学界关于金塔寺石窟开凿的年代,主要有两种说法。一种观点认为金塔寺开凿于北凉时期,但也存在早期和晚期之争,另一种观点认为金塔寺开凿于北魏时期。

二、金塔寺与天梯山的造像与壁画风格之比较

宿白先生等大家在当时研究的时候面临着资料匮乏等诸多的难题，我们今天是站在宿白先生等老一辈石窟寺研究大家的肩膀上做研究，早期的一些问题研究地不够十分透彻,还存在一些小的谬误。

笔者个人认为,金塔寺石窟开凿并不晚于天梯山石窟,而是恰好相反。第一,金塔寺石窟的造像比较早,风格与龟兹石窟比较一致,更加偏向西域化。整个风格看不到汉化或者说是中原化的影响,基本上是西域的做法。

金塔寺中心塔柱窟的开窟形式在之前从未出现过，最早在印度出现的是

①宿白:《凉州石窟遗迹和“凉州模式”》,《考古学报》1986 年第 4 期,第 441 页。

塔顶上接窟顶的支提窟,在窟的中间有一个呈覆钵式的塔(图5)。传到西域之后,一改之前的形式,出现了最早的中心塔柱窟,但是究其实质,仅仅是在窟的后方开甬道,便于信徒右绕观塔(图6)。因为塔是释迦牟尼舍利的象征,在整个龟兹石窟中心塔柱窟的布局也能够证明这一点,信徒进入窟内是右绕到后面观看释迦牟尼的涅槃,转出来后在入口的正壁上方是交脚弥勒(图7),这样就形成了释迦牟尼入灭以后,未来弥勒将要降世的这么一个佛教的现在和未来的格局。正因为如此,龟兹石窟的这种格局和我们现在的中心塔柱的概念并不完全一致。

结合塔的变化来看,塔的形象从印度传到中国后,最早出现是在北凉。北凉石塔开始出现很大的变异,塔身变得很长很高,出现了八角形的塔基(图8),整个石塔明显受中国的影响很深,并且是在进行创新,说明北

图5　印度支提窟

图6　克孜尔石窟中心柱式洞窟(第80窟)

图7　克孜尔石窟门口内壁上方交脚弥勒

图8　北凉石塔

凉时期有大量的佛教艺术、建筑形制在发展创新。包括金塔寺也可以看作是这种创新的一部分，今天来看，它是第一个出现中心方形塔柱并且分层的石窟，这种分层的做法明显是受到了龟兹的影响，但金塔寺独特的做法又与龟兹有所不同。

金塔寺窟内的中心塔柱呈方形，高敞挺拔，下部设有基座（图 9），与马蹄寺石窟群的其他中心塔柱窟不同，金塔寺的双窟其甬道的高度与窟高基本相等，而其他中心塔柱窟的甬道顶一般低于窟顶。并且其他窟的顶部一般凿成券形的弧度[①]，金塔寺双窟的顶部则并非完全平整的，也不是完全的四披型，而是既带有四披又有平顶，很明显是作为一种过渡（图 10）。而此类窟型特征在新疆吐鲁番吐峪沟却有接近的类型出现，中心塔柱窟自西向东的演变应该说是比较明显的。[②]不过也有学者指出，北凉灭亡后，河西王沮渠安周于公元 444 年在吐鲁番建立高昌国，正是在高昌城东的吐峪沟开山凿窟礼佛，因此此类窟型是否开凿于此时，尚需探究。[③]

图 9　金塔寺石窟东窟中心塔柱

图 10　金塔寺石窟东窟顶部

笔者曾与中国社会科学院的石钊钊先生一起探讨过这个问题，我们共同

①吴开东：《浅析金塔寺石窟艺术》，《丝绸之路》2010 年第 4 期，第 80 页。

②姚桂兰、秦春梅：《金塔寺石窟中的早期遗迹概述》，《敦煌学辑刊》1996 年第 1 期，第 93 页。

③高人雄：《沮渠蒙逊与凉州佛教关系》，《档案》2014 年第 8 期，第 41 页。

认为，这种形式应该是一种全新的石窟形制，之前从未出现过，且之后也未再出现，应该是属于一种过渡的形式，之后出现的中心塔柱窟在云冈已经变得很成熟了。石钊钊先生还指出一点，金塔寺的这种开窟形制其实是非常粗糙、非常不成熟的。

金塔寺东西两窟内的中心柱上现存塑像约 200 身，窟内存有历代壁画 200 多平方米。东窟的壁画几乎全部被后世的壁画改涂甚至损毁，目前已经没有办法看到北凉壁画的原迹了。但是西窟顶部的局部壁画还能看到北凉原作壁画（图 11）。西窟顶部左面平顶纵向绘有两排各 7 身飞天，均头朝窟口，形体较大，披巾繁复飞扬，手托香炉，极具动态，衣饰发式各有不同。[①]飞天袒身赤脚，高髻长发，颈戴项圈，臂钏璎珞，下着短裙。其风格完全是折腰式，并且是以西域式的凹凸晕染法创作的，其五官特征有明显的西域风格，双眉高挑，鼻梁高挺，双目细长，厚唇微启。[②]和中心塔柱上悬塑的飞天一样，也是大裙下伸出一对大脚丫的造型，形象相对比较僵硬。[③]西窟顶左披底层则绘有两排供养菩萨，两排现存共 11 身，上排供养菩萨斜披帔帛，帛巾绕臂下垂，下层供养菩萨则束发右袒，托举供品。这两排供养菩萨的造型可以与克孜尔甚至阿富汗巴米扬大佛所绘的供养人

图 11　金塔寺石窟西窟顶部壁画

图 12　金塔寺石窟西窟顶部飞天供养菩萨

①吴玮：《金塔寺石窟研究》，《丝绸之路》2020 年第 1 期，第 185 页。

②赵思有：《金塔寺的开创及其悬塑飞天的审美特点》，《苏州丝绸工学院学报》2001 年第 5 期，第 83 页。

③魏臻：《从马蹄寺金塔寺石窟造像探究其装饰艺术特征》，《现代装饰》2016 年第 9 期，第 195 页。

物造型对比,均能看出几分相似之处,可以说风格是一脉相承的。壁画底稿是用土红线直接在粗土上勾线起稿,部分裙装也以石绿色勾画,这种做法也是极其西域化的。虽说壁画残存的面积不大,但整个风格包括色彩的晕染等也能看出克孜尔的风格影响,壁画中的飞天、菩萨等造型也是同样属于比较早期的造型(图12)。

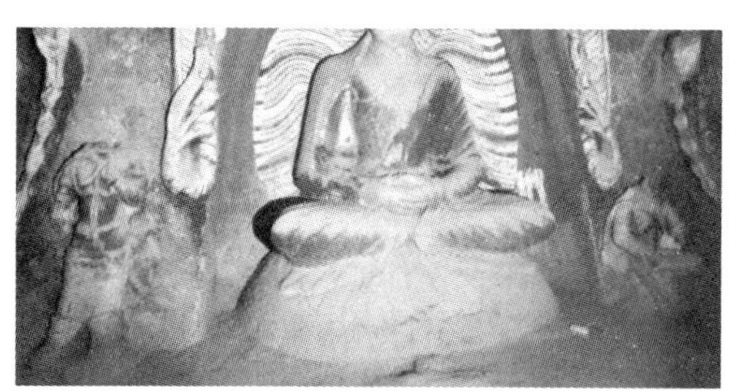

图13　金塔寺东窟天王菩萨装帝释天大梵天

图14　炳灵寺169窟大梵天帝释天组合

还有东窟出现的一组胁侍造像,之前常被判断为菩萨和天王的组合,但笔者认为应当是大梵天、帝释天的造型,一者着天王的甲胄,一者着菩萨的披帛和大裙,这都是属于非常早期的做法(图13)。此二尊造像虽手部损毁,持物不明,未执大梵天和帝释天当持的金刚杵和白拂,但以其较为明显的人物造型及服饰的对比,基本可以断定为大梵天与帝释天的组合。在炳灵寺的169窟、武威天梯山第4窟中心柱还有莫高窟北魏第275窟,我们都能看到类似的组合(图14)。[①]在印度的犍陀罗地区也出现过早期的这种做法,在中国石窟造像的后期基本上没有再出现过,这一点也说明了它是极其早期的做法。

同时,金塔寺的东窟以三世佛为主要题材(图15),主要塑造佛、菩萨等像,如释迦多宝并坐像、佛说法像、禅定像、思维像等,中心柱四面还塑造了释迦牟尼事迹的苦修等带有佛传题材的造像(图16)。[②]西窟中心塔柱中栏正面

①马玉华:《北凉北魏时期敦煌壁画的技法及色彩构成》,《敦煌研究》2009年第3期,第19页。

②张聪:《炳灵寺一六九窟第3龛造像内容新证》,《南京艺术学院学报(美术与设计版)》2014年第2期,第92页。

图 15　金塔寺东窟三世佛造像

图 16　金塔寺东窟释迦牟尼苦修造像

图 17　金塔寺西窟弥勒造像

图 18　金塔寺西窟天宫思惟像

造像经过后世重塑暂且不论，按照右绕观塔的顺序，其余的西北南三面，分别塑有思惟菩萨、交脚佛和倚坐佛等像（图 17、18），由此可以判定此窟主要是以弥勒为造像题材。[①]可以看出，开窟思路是三世佛的组合和弥勒未来的降生。在窟外侧的顶部是一个自然形成的睡佛像，可能与北凉早期的涅槃信仰有关（图 19）。因此，组合起来可以看到上面的睡佛和下面的两个窟，形成了一个有机的整体。我们现在推

图 19　金塔寺窟外顶部自然形成的睡佛

①张善庆：《甘肃金塔寺石窟西窟弥勒佛与四大声闻造像研究》，《敦煌学辑刊》2018 年第 4 期，第 31 页。

断,选择在此地开窟,极可能是因为上面天然的睡佛像和当时北凉流行的涅槃信仰相结合有关。

与之相对应的,北凉的天梯山造像和壁画,它的造像明显具有中原地区的影响,特别是壁画。在甘肃省博物馆及武威市博物馆的天梯山陈列中,我们可以明显看到北凉壁画中菩萨用墨线起稿,线条运用开始出现兰叶描、铁线描等早期的汉地线条描绘运用,并且中国式的平染法也开始出现在人物画的运用中,其色彩线条清晰艳丽,披帛飘带曲转柔和,长发卷动,眉眼细长,菩萨线条造型曲线优美,具有一种纤细文弱的观感①(图 20—22)。整体风格来看,此时的壁画毫无疑问已经开始受到来自中原汉地的僧侣、工匠的艺术风格影响,从这点上来看,天梯山的石窟艺术应该属于北凉相对晚期的作品。早期的北凉主要是接受来自龟兹的影响,毕竟之前后凉吕光征服龟兹后,从当地掠回了包括鸠摩罗什在内的大量僧侣、工匠到凉州地区,而北凉不但起于此地,更通过后续的战争,与南凉共同夹击,基本击灭后凉,致其最终降于后秦。②

图 20　天梯山石窟北凉壁画

图 21　天梯山石窟北凉壁画

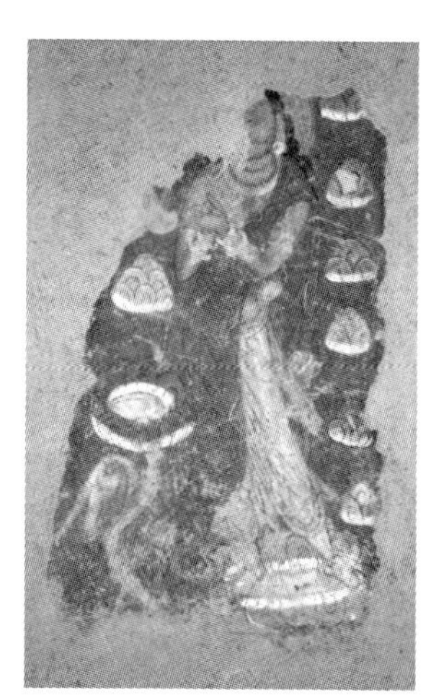
图 22　天梯山石窟第 4 窟中心柱北凉胁侍菩萨

①马翼欣:《简述甘肃省博物馆馆藏天梯山第 4 窟北凉壁画》,《丝绸之路》2013 年第 8 期,第 56 页。

②杨荣春:《冲突与交融:五胡十六国时期北凉与周边政权关系研究》,《兰州学刊》2018 年第 8 期,第 101 页。

笔者个人认为，如酒泉文殊山石窟，今天一般认为是西魏时期的，但细察其凿造细节，却同时兼具两种风格。对比其窟顶残留的早期壁画，具备极为强烈的早期西域艺术特征（图 23），因此也有学者认为文殊山的石窟很可能是北凉开凿，但当时并没有全部完成，西魏时才继而完成。近年来，在文殊山石窟中发现的刻有北凉纪年铭文的小经塔也从侧面证实了这一点。[①]

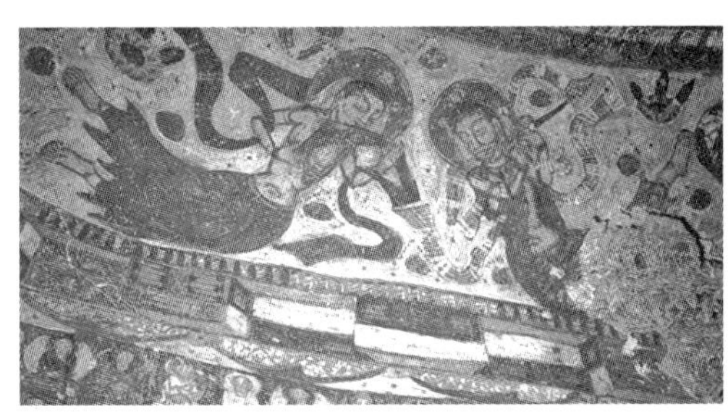

图 23　文殊山石窟壁画

而如敦煌莫高窟的北凉三窟（图 24），开窟时期现在学界也有不同的说法，有北魏说、西魏说、北凉说等。笔者认为，从风格上来看北凉的可能性最大，但是其体量并不大、等级并不高，很可能是当时驻守敦煌当地的北凉勋贵、将领等组织开凿的。

图 24　莫高窟北凉第 275 窟

与之相对应的，金塔寺石窟则属于马蹄寺石窟群的重要组成部分之一，马蹄寺石窟群包括金塔寺在内的 7 个小石窟群，体量规模宏大，而金塔寺更是开凿在祁连山深处的红色砂岩峭壁之上，距地面垂直高度约 60 米，开凿难度巨大，都不是普通的贵族有能力完成的，在当时此地应是佛教重地，所以说金塔寺石窟应当为北凉皇家开凿无疑。

三、北凉沮渠氏的发展轨迹及其境内的佛教发展

沮渠蒙逊本为张掖地区的临松卢水胡人，目前学界普遍认为其属于匈奴族系[②]，

①（英）索伯（Aiexade C.Soper）:《北凉和北魏时期的甘肃》，《敦煌研究》1999 年第 4 期，第 60 页。

②马秀英:《北凉沮渠氏族源考辨》，《西夏研究》2016 年第 3 期，第 97 页。

从公元397年起兵拥立段业到401年攻灭段业继立北凉，再到412年迁都姑臧(今武威),期间足有15年时间以张掖为根据地。晋书卷《沮渠蒙逊载记》中载“临松太守孔笃事”,可知临松在北凉时亦是郡名,因此沮渠蒙逊的籍贯临松,正是张掖郡内临松山下的临松郡[①],而临松山,也就是今天马蹄寺石窟群金塔寺石窟所在的马蹄山,民间则俗称为平顶山。

作为一个虔诚的佛教徒,沮渠蒙逊不可能不在老家张掖地区开窟造像,在这里开窟,则最优选择必然是临松所在的临松山了。如果我们否认金塔寺是他在张掖建都时期组织开凿的,那么彼时他开窟造像的位置又在哪里呢?另一方面来说,沮渠蒙逊迁都到姑臧以后,根据记载,这个时候他继续信佛并且为母造大像,根据对天梯山现存北凉石窟的研究,当时所凿的,主要应该是以佛像为主的佛殿窟。[②]

我们今天从相关记载来看,也并没有讲清楚沮渠蒙逊开窟造像,究竟是在武威天梯山还是在其他的地方开凿,只是有记载“于州南百里,连崖绵亘,东西不测,就而斫窟,安设尊仪,或石或塑,千变万化。”因此当时讲述的应是从张掖到武威的多处造像才会形成这种连绵的结构，仅仅是一个天梯山应该是不足以构成连崖绵亘这种概念的。

图25　云冈石窟第三期小窟

其次,沮渠蒙逊迁都以后,已经集中人力物力开始营建天梯山石窟巨像的北凉政权,还有能力花费如此大量人力物力财力来开凿如金塔寺这样体量宏大的皇家石窟吗?北凉政权存在时间短暂,迁都武威之后同时在张掖开窟,从人力物力财力上来说应该是不允许的,从政治

①杨荣春:《从卢水胡酋豪到凉王——沮渠蒙逊称王史迹述略》,《宁夏师范学院学报》2018年第6期,第52页。

②暨远志:《武威天梯山早期石窟分期试论》,《敦煌研究》1997年第1期,第36页。

角度上来说也是犯了一个脚重头轻的错误。我们也可以和北魏作对比，北魏时期在云冈进行了大规模的石窟营建，第一期以昙曜五窟、第二期以第6窟的“双窟”为代表。但在北魏迁都洛阳以后，平城还留有大量的贵族，作为鲜卑贵族势力庞大的旧都，即使如此云冈石窟第三期没有出现大型洞窟，全是密密麻麻的小龛（图25），所有的大型造像全部移到了新都洛阳龙门。

由此可见，北魏这么强盛的一个王朝且存在时间远超北凉，都不可能再回过头来营建旧都，那么北凉就更不可能了。加之北凉政权存续的时间并不长，如果以沮渠蒙逊攻灭段业的401年开始计算，到439年拓跋焘攻破姑臧为止，前后不过38年时间，而且其间还因为世子兴国的战死，沮渠蒙逊由此心生怨恨，认为是佛不佑己，因此杀僧灭佛，捣毁寺塔，驱逐僧人，实施了一定规模的灭佛行动。①

根据唐代高僧道世所撰《法苑珠林》载：“北凉河西王蒙逊，为母造丈六石像于山寺，素所敬重。以宋元嘉六年（429），遣世子兴国攻抱罕大败，兴国遂死于佛氏，逊恚恨，以佛事无灵，下令毁塔寺，斥逐道人。逊后行至阳述山，诸僧候于路侧，望见发怒，立斩数人。尔时，将士入寺礼拜，此像涕泪横流，惊还说之，逊闻往视，至寺门，举体战悸，如有犯持之者，因唤左右，扶翼而进，见像泪下若泉，即稽首礼谢，深自尤责。登设大会，倍更精到，招集诸僧还复本业焉。”从这段记载可以判断，此时沮渠蒙逊在天梯山所开凿的石窟已具相当的规模，但此次灭佛事件前后经历了多长时间却并未细讲，但由此来看，如果金塔寺开凿于天梯山之后，那么可以留给金塔寺开凿的时间，应该就更短了。正因为如此，从这几点来看，我们基本上可以肯定地说金塔寺石窟不会晚于天梯山石窟，而应该是更早。

图26　云冈1窟中央两层方形塔柱

至于还有学者提出金塔寺的北魏开凿说，那么我们可以做一个基本的对比，即北魏时期云冈石窟的

①赵旭峰：《天梯山石窟与蒙逊灭佛》，《丝绸之路》2010年第10期，第16页。

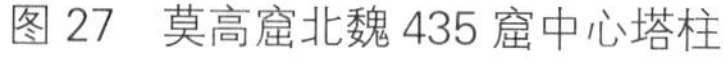

图 27　莫高窟北魏 435 窟中心塔柱

图 28　莫高窟西魏 432 窟中心塔柱

中心塔柱窟(图 26)以及北魏后期和西魏时期莫高窟的中心塔柱窟(图 27、28),其间的变化是非常明显的。我们由此可以判断,第一,这个时期大量中式建筑开始应用;第二,造像风格和壁画风格整体来说已经较为成熟,并且有很多汉式的褒衣博带、秀骨清像等风格加入其中。即使在云冈第二期,汉化的风潮已经开始显现,但我们没有在金塔寺找到任何此类风格的存在,并且它的粗陋与它的过渡性都证明了这一点,因此金塔寺基本可以否定北魏开凿的可能。

四、结语

首先从北凉政权的政治中心由张掖到武威这样的转移轨迹来看,金塔寺的开凿很可能早于天梯山的营建。其次,将现存残留的金塔寺北凉壁画与天梯山第 1 窟北凉壁画进行对比,可以看出金塔寺壁画的西域风格更明显,无论是线条、用色和渲染手法上抑或是发髻、服饰的形式上,相对都更粗犷简单,天梯山壁画则明显开始受到更多中原艺术的影响,从这点来看,金塔寺也应该属于北凉政权初期所开凿。再其次,在北魏定都平城的时候,河西走廊是没有得到重视的,到了北魏迁都洛阳以后,整个河西走廊才再度得到重视,如敦煌莫高窟的大规模凿造基本上都是北魏晚期才开始进行。可以推断在孝文帝迁都之前，北魏是不可能在河西地区大规模开窟的，而且一旦到了这个时期开窟造像风格必然也很明显，如文殊山这种在前代未开凿完的窟，极有可能在这一时期继续被开凿利用，我们今天在做研究的时候很容易被这种细节所混淆，容易造成误解。而金塔寺石窟的风格明显不属于这一时期，因此，金塔寺也更不可能开凿于北魏。

综上所述，笔者认为金塔寺石窟开凿于北凉早期，早于天梯山石窟，是由沮渠蒙逊主持开凿的皇家石窟，时间约在公元 397—412 年间。

河西新疆石窟汉风“未生怨”壁画与麦积山石窟

夏朗云
(麦积山石窟艺术研究所)

一、麦积山石窟散花楼第7龛前廊顶部壁画

麦积山石窟北周第4窟散花楼(面南)前廊顶部为1横长方形大平棋顶,分别被每龛的左右前出梁分隔为7纵长方形小平棋顶,每龛前的小平棋顶中,分为6个横长方格,同大(高约1米,宽约1.5米),纵2行、横3列,方位分别为左(东)后、右(西)后、左(东)中、右(西)中、左(东)前、右(西)前。每方格顶中存底层北周原作壁画,壁画画面的上部朝向窟外,其中两幅壁画上存榜题框,因散花楼未完工①故榜题框中无字。

图1　散花楼第7龛前廊残壁画总貌

前廊顶部有大面积的坍塌,第7龛残存“左(东)后”“右(西)后”“右(西)中”“右(西)前”4格壁画。(图1)画面并未完工,浅色部分为底色,尚未进一步施重色。

(一)第1幅,(图2)左(东)后格壁画(贵妇、璎珞)

画面左上角残损。主要内容为,1贵族妇女乘坐车辆,正缓缓向

①敦煌研究院麦积山石窟艺术研究所考古研究室:《麦积山石窟第4窟散花楼外檐下仿木构件再勘察——附:新发现的散花楼中龛北周壁画建筑》,《文物》2017年第11期。

右前行。贵妇发髻后，斜向下插1簪，身着宽松的汉式交领深衣盛装，领袖为深绿色，衣服的主色尚未施上。双手不露，于袖中置于腹前，袖上露出的有斜向弧状条纹的柔软物，并且柔软物右侧有上下2层，中间有圆形装饰并施以石绿色，其余有轮廓纹未及上色（图3）。车辆虽不大，仅供1人乘坐，但为4匹马所拉，车左侧装饰7旒旗帜，下垂度超过车轴，车右侧装饰棨戟。画面残损处在车的上方，残失车华盖。车左右及后残存有7位扈从骑士。拉车四马的两后侧各有1位马夫控制缰绳（缰绳尚未画出，其他马的缰绳也未画出）。车厢中，贵妇左右前侧露出饱满的条纹状彩色物（图4）各1。这种彩纹物体放置在贵妇的左右身侧，故可能呈环绕贵妇状，有可能

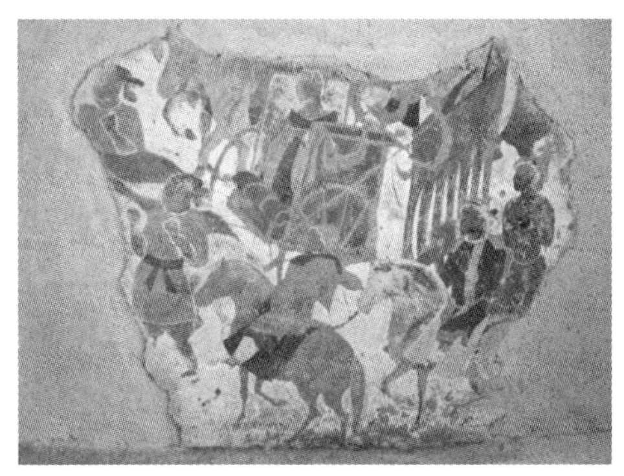

图2　散花楼前廊顶第1幅壁画

图3　贵妇袖上露出弧状斜条纹柔软物（璎珞）

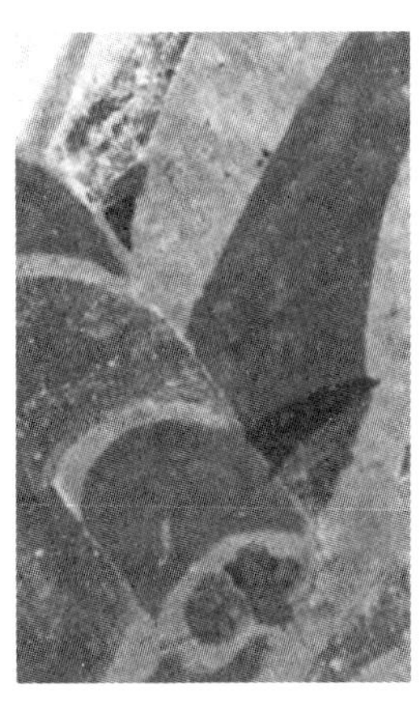

图4　车上前部左右露出的条纹彩色物（璎珞）

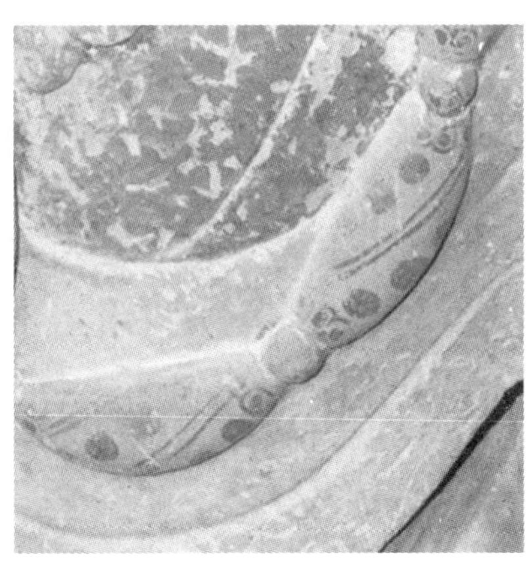

图5　麦积山第54窟北周菩萨斜彩纹璎珞

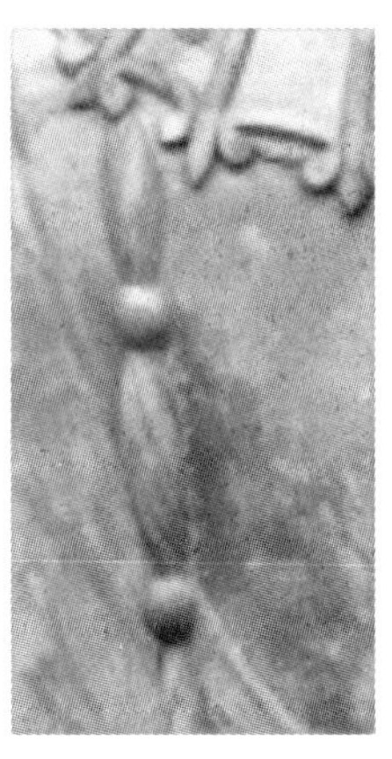

图6　麦积山第13窟隋代左胁侍菩萨斜彩纹璎珞

为较饱满粗壮的璎珞。麦积山北周菩萨身上即挂有此种较粗壮的有斜彩色的璎珞(图5),隋代菩萨也有此种璎珞(图6),可为佐证。故贵妇腹前袖上露出的有斜向弧状条纹的柔软物,也应为璎珞。璎珞应是被贵妇抱于腹中间袖上,于腋下延伸,并于左右前露出。

图7　散花楼第7龛前廊顶第2幅壁画

(二)第2幅,(图7)右(西)后格壁画(城墙、封闭的回廊)

画面有2处残损，右上角残损、中间对角贯通残损。画面可见右上大部为1方形小城,显示正面城墙和左侧城墙的一部分。正面城墙向内的墙面上设置了用于防御的凸凹城垛,外墙面上反而没设。左侧城墙内外墙面上均未设城垛。方城显示了2座城门楼,在方城的正面中间和左侧面,正面城门楼显示完整,顶有鸱吻,左侧城门楼和角楼因显示不完整和残损未见鸱吻。正面城墙右转角处的城墙上，有1角楼,左角楼处残损。城门楼和城角楼的均为封闭状。画面显示了城内的正面和左侧面沿城墙内侧的围廊,围廊的廊道中间被墙填实为封闭状。城内大部分因画面右上角的残损而失去，左下部分残存的画面中可见1贵族妇女,身着宽松交领深衣,领袖为深绿色,衣色深红,双手不露,于袖中置于腹前,正面向,头部残失。贵族妇女左侧有1侧面粗壮男子,头着冠,着长袖袍，右臂举起向着贵妇，其手部分已残失。(图8)2人右后侧为1屋，仅存下部一点柱和墙部分,屋的上部残失。粗壮男子右侧的画面里部位置,模糊显示1人,似为1长胡须老者,左手举于左胸前，右手举于脸前。正面城门右侧残存2头部,似为守卫城门的官吏或兵士。画面右下部残存女子9人，其中,7人形象较完整,2人仅存

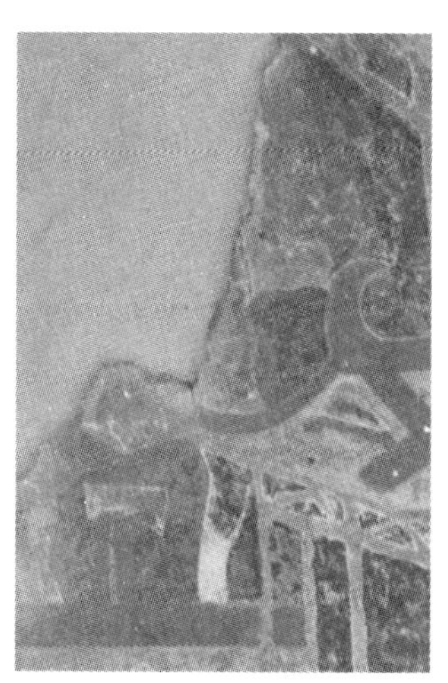

图8　着冠男子(太子)举右臂面向立贵妇(太子母)并且上方似有1人(大臣)

裙子的下摆。女子手持乐器,此处画面表现的是一组女子乐队,其中,下部为背面者6人(右侧2人仅存裙下摆),上部为正面者3人(左侧1人仅露出半身),为夹道迎送状。乐器可辨有箫、铙钹、腰鼓、横笛、笙、琵琶6种。下部左侧第1人弹琵琶,第2人吹笙,第3人吹横笛。上部左侧第2人打腰鼓,第3人击铙钹。画面左上角残存1榜书框的左下角,框中未见字迹。

(三)第3幅,(图9)右(西)中格壁画(封闭的回廊、小殿堂、官吏、兵丁)

图9 散花楼第7龛前廊顶部第3幅壁画

画面中心一小部分残损。画面内容是1座廊院,四周的独立廊道包围正中间的面阔3间进深2间的歇山顶独屋,独屋为封闭状,独屋与独立廊道间为庭院。画面显示围廊的正面、左侧大部分、后面的右侧一小部分,即显示了廊院左前的大部。独屋显示正面大部。围廊正面中间开1门,围廊顶有鸱吻。围廊的廊道中间被墙填实为封闭状。围廊门左侧2兵士和围廊左侧1兵士(兵士均赤裸上身着披巾,光腿赤脚)叉腿站立,持刀盾向画面左侧作护卫状,其中,门左侧第1人作回首状。门内正走出1兵士,左手抬于胸前正指向左侧上方,似作提示,门左侧第1人正回首看向他。围廊门右侧4兵士未持刀盾作站立状,正向画面左侧上方望空合掌。庭院中的兵士和中间3位着窄袖短袍的武官未持刀盾作站立状,大部分显示为合掌状,其他者姿态亦似合掌状,除了1人回首望向庭院中间的武官外,均正向画面左侧上方望空合掌。画面左上角为一完整的榜题框(高约0.6米、宽约0.4米),无字迹。

(四)第4幅,(图10)右(西)前格壁画(佛光和罗汉)

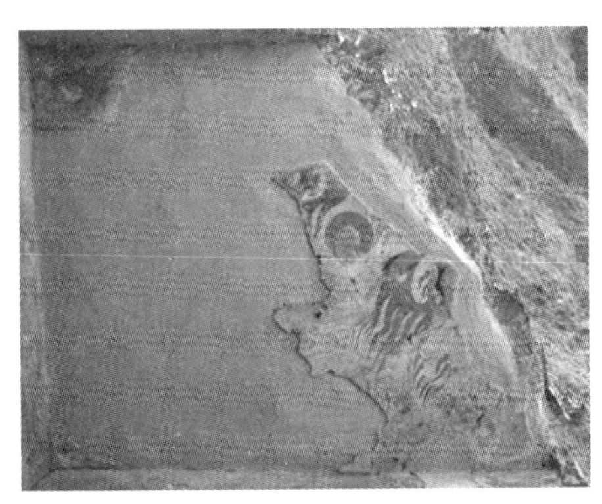
图10 散花楼第7龛前廊顶第4幅壁画

画面大部残失,仅遗存左下部少许和右上角尖处一点。画面中可见火焰纹和云纹形成的火焰云氛围。火焰云中露

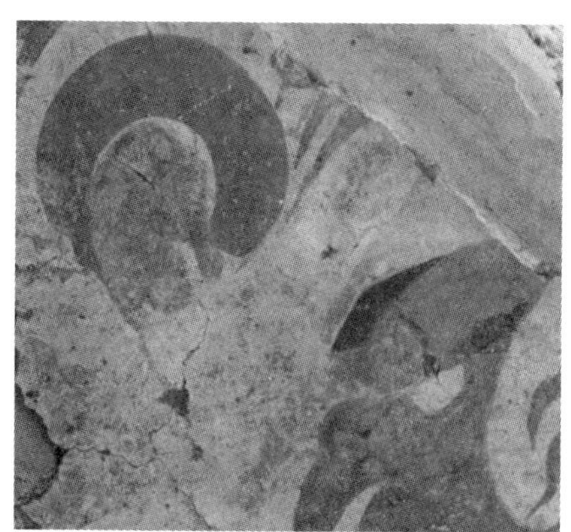

图 11　上罗汉

图 12　下罗汉

出上下 2 罗汉，罗汉均有头光。上罗汉（图 11）头光为石绿色，面部朝向画面的右下方，左臂于左侧弯曲抬起，前臂平端斜向右下，右手掌心向下，手指斜向画面的右下方。上罗汉着赭红色袈裟，在左肩部露出衣角；内衣为石绿色，裹在左臂上。下罗汉（图 12）头光为赭红色，面部朝向画面的右下方，右手于面前抬起，掌心向前。下罗汉着石绿色内衣，于右臂根部露出些许。火焰纹的发散方向为朝向右下。

二、对照河西新疆石窟汉风“未生怨”壁画

麦积山散花楼第 7 龛前廊顶此种单格壁画并不大，但单格壁画中，有较大榜题框，其所载的文字应较多，故这些单格壁画可能为经变画，是表示经变内容的一幅幅定格片段。横长方格壁画 6 幅为一组，故各幅可能互相有联系。

麦积山此残存的 4 格壁画均为汉风壁画，且画面中出现了 10 种要素：城墙、封闭的回廊、屋宇、贵妇、璎珞、手似作势持物的壮年贵族男子、官吏、兵丁、（象征佛的）佛光、飞行罗汉。

河西、新疆石窟在唐代盛行汉风“未生怨”[①]壁画。如河西莫高窟壁画初唐

①“未生怨”故事中，太子政变，闭置老国王于七重室中，老国王的大夫人（皇后或王后）即太子的母亲（韦提希）曾灌注葡萄浆于璎珞中看望老国王，太子发觉后曾欲举剑杀母，被大臣劝阻后，韦提希夫人也被闭置深宫。释迦佛曾派遣两罗汉目连及富楼那飞至七重室为老国王说法。释迦佛与两罗汉目连、阿难也曾飞至宫中去为大夫人说解脱之法。吴月支国居士支谦译：《佛说未生冤（怨）经》、宋西域三藏畺良耶舍译：《佛说观无量寿佛经》序品，CBETA 电子佛典集成（CD），2004 年。

第 431、217 窟，盛唐第 320、172、171 窟等，榆林窟壁第 25 窟等，新疆的库木吐喇石窟亦有，如第 73 窟。其绘画内容亦有 10 种要素：城墙、封闭的回廊、屋宇、贵妇、璎珞、手持剑壮年贵族男子、兵丁、官吏、佛、飞行罗汉，为连环画形式，有的为横幅式，有的为分格描绘的多幅横长方格式。

麦积山石窟散花楼第 7 龛前廊顶残存的分格描绘的多幅横长方格式壁画内容，其 10 种要素，与河西、新疆石窟在唐代流行汉风的“未生怨”内容壁画的 10 种要素相似，可判断也是“未生怨”连环画。区别在两处：前者的“手似作势持物的壮年贵族男子”即应是后者“手持剑壮年贵族男子”的残损去剑的壁画状态。前者“佛光”即是后者“佛”的象征，表示“佛”在画面之外，“佛光”延伸至有佛光的这幅壁画上了。排除细节的区别，内容应是相同的。

故可具体看麦积山石窟散花楼第 7 龛前廊顶残存 4 幅壁画与“未生怨”的关系：

第 1 幅画有 4 匹马拉车，车左侧装饰 7 旒旗帜，且长旒垂过车轴，车右侧装饰棨戟，有超过 7 位的扈从骑士和两位马夫，符合皇家或王家贵妇身份所乘车舆的仪仗，国王大夫人（或皇后、王后）的身份，应能够达到乘坐此等仪仗车舆的资格。故认为车中所载是国王大夫人韦提希，是合适的。又车中还载有璎珞，且璎珞显示为饱满状。故画面中贵妇，符合在璎珞中满满灌注葡萄浆的，匆匆赶去看望已被太子囚禁的老国王的韦提希夫人。

第 2 幅画中小城的城墙，上有城门楼和角楼，城墙内再围一圈封闭式回廊（回廊中间有墙，不是开放式回廊，好像是原开放式回廊临时被加墙封闭的状态），回廊所围处有一紧闭的屋宇或殿堂。第 3 幅画中的封闭式回廊，可判断即是（或类似于）第 2 幅画上的封闭式回廊，显示只在回廊的正面中间开一门（附一小门楼），廊院中建筑只有中间一屋宇或小独殿。且第 2 幅画城墙的凸凹城垛面向城内一侧才有，故城墙的功能是向内防御的，表明此种形制的小城、回廊、殿堂，是一座严密对内看守的监狱。城墙和回廊为 2 重，殿堂内有条件作 4 层隔离，加上殿堂外层，那么此形制的小城状监狱就可被看作有“七重”。第 2、3 幅画中还有守卫城门和守卫廊院的官吏、兵丁。因此，第 2、3 幅画中的建筑设计，可符合“未生怨”故事中，太子囚禁老国王的所谓“七重室”的布局。

第 2 幅画城墙内一贵族妇女左侧有一侧面的粗壮男子，着冠与长袖袍，当为贵族壮男。其右臂举起向着贵妇,手以上部分已残失,原当为持剑状。这符合太子欲杀其母的情形。右侧模糊似有长胡须老者,左手举于左胸前,右手举于脸前,作劝阻状。这符合“未生怨”故事中,太子欲举剑杀母,被大臣劝阻的情景。城门外所立女子伎乐,应是新君(原太子)奢华仪仗的一部分,是他在囚父期间处于享乐状态的表现。

第 3 幅画中,守卫在小殿堂周边和封闭的回廊内外的官吏、兵丁,多朝向左侧和左侧上方,有的还朝左侧上方望空合掌。而其左侧上方已超出散花楼前廊顶部壁画之外。但第 3 幅画上方是第 4 幅画,第 4 幅画内容中有两尊罗汉飞行在一片佛光中。佛光的发散方向朝向右下方,两罗汉也是面朝右下方飞行的。那么,官吏、兵丁朝向的左上方壁画处,即左(东)前幅壁画处,正是发出佛光处,即佛所在处。表明官吏、兵丁是朝释迦佛的方向望空合掌的。这画面,符合“未生怨”故事中,释迦佛与目连、阿难两罗汉飞至宫中去为韦提希夫人说解脱之法的情形。此时,某些官吏、兵丁见两罗汉自佛处飞临,可表现为朝向佛的方向(东)望空合掌。今知,耆阇崛山在古王舍城的东北面,“未生怨”故事发生在古王舍城,故王舍城中的画中人正符合面东向耆阇崛山上的释迦佛望空合掌的形象。

那么残失的原左中幅壁画,则可能是“未生怨”故事中,释迦佛派遣目连及富楼那两罗汉飞到“七重室”为王说法的情景。

因此,对照河西、新疆石窟中的汉风“未生怨”壁画,“10 要素”具有一致性,故麦积山石窟散花楼第 7 龛前廊顶所残存 4 幅壁画内容当为“未生怨”故事。

三、汉风“未生怨”壁画的发生和传播

麦积山散花楼是北周皇家洞窟①,故北周散花楼此种汉风“未生怨”壁画,应创作于北周都城长安的佛教界中,并较早在麦积山北周皇家洞窟中实行,上行下效,影响深远。河西、新疆石窟中,唐代同类的汉风“未生怨”的广泛盛行,应是受到北周皇家石窟文化此种“未生怨”壁画“10 要素”基本模式的影响并有

①夏朗云:《试论麦积山第 4 窟(散花楼、上七佛阁)是北周皇家洞窟》,敦煌研究院编《敦煌论坛·2017·传承创新·纪念段文杰先生诞辰 100 周年·敦煌与丝绸之路国际学术研讨会论文集》下册,2017 年。

所变化发展的结果。

但在传播链条中，“未生怨”壁画在唐代流行，似乎缺少了隋代部分。麦积山石窟隋代洞窟壁画不多且有残损，其拥有最多壁画面积的洞窟第 5 窟（牛儿堂），其壁画尚有约五分之三未绘制，如满绘，则可能有“未生怨”内容。敦煌莫高窟第 431 窟中，原断代为初唐的“未生怨”壁画，现在看来，其绘画风格似也符合隋代。莫高窟庞大的壁画库中，唐代盛行“未生怨”而隋代却没有出现，殊不合理，故莫高窟第 431 窟的“未生怨”壁画似可断代为隋。

北周散花楼“未生怨”壁画已经拥有莫高窟唐代“未生怨”壁画具备的“10 要素”，可以说，前者已经是基本成熟的“未生怨”壁画了。因此，在此种基本成熟的“未生怨”壁画之前，似还可有一个萌芽阶段。

麦积山石窟西魏皇家洞窟第 127 窟[①]，其右壁底部横向长卷式壁画前侧，白底色中存在突出的 3 身人物（图 13），其背景似有建筑等，但模糊。外侧一身，为身材较小的回首状女性，且身斜晃臂拖曳长袖，似为正在朝窟外方向移动慌张躲避。中间一身，为身材健壮的贵族成年男性，昂首挺胸，头戴笼冠，褒衣博带，面朝窟外方向，咧嘴露齿，大眼黑白分明，瞪目狰狞相（图 14），正朝窟外方向大步趋前，左手似紧握衣襟衣袖于腰际，右臂和衣袖处模糊。内侧一身，身材中等，头伸向前，褒衣博带，稍佝偻，左手缩于腰间，右手似抬于面前，正朝

图 13　麦积山第 127 窟右壁下方 3 身人物壁画

①孙晓峰：《天水麦积山第 127 窟研究》，兰州：甘肃教育出版社，2016 年，第 340 页；夏朗云：《麦积山石窟第 127 窟正顶部大飞行者身份探讨》，2021 年中国考古学会第三届中国考古学大会（三门峡）·宗教考古专业委员会会议组·2021 年 10 月 19 日线上 PPT 演示；夏朗云：《麦积山石窟第 127 窟正顶部大飞行者身份考》，天水师范学院编《首届麦积山研究论坛暨 2022 年学术会议论文集》，2022 年。

图 14　贵族男的狰狞貌

前两位碎步趋前。

此 3 身人物不太可能是供养人身份，因窟内侧壁的供养人画像一般应面朝窟内方向，朝向正壁的主尊佛作端庄恭敬的供养状，而此 3 身是朝向窟外状。但如果联想到“未生怨”故事似可解释，画面似是太子正愤怒持剑趋前欲杀其母，其母回首惊望躲避，太子身后有一年长大臣急忙跟前劝阻的情景。画面中，太子的右臂右衣袖和剑已模糊，剑似在身前作挺立状。

故西魏时期的麦积山皇家洞窟第 127 窟，其右壁底部横向长卷式壁画中的人物，应是汉式“未生怨”壁画的一部分。

这说明，西魏长安佛教界已初步设计并在皇家洞窟第 127 窟中绘制了“未生怨”题材的壁画。这时是横长卷式形式，人物较突出。

第 127 窟底部壁画未完成，此“未生怨”壁画可能亦未完成，仅留下“太子欲杀母大臣劝阻时”的场面。

因此，有西魏皇家洞窟麦积山第 127 窟中“未生怨”壁画的草创，北周皇家洞窟麦积山第 4 窟中“未生怨”壁画的初步成熟模式，就不显得突兀了。

在“太子欲杀母大臣劝阻时”的场面中，麦积山北周第 4 窟所表现的作为母亲的韦提希，由西魏时期所表现的惊慌，改为冷静镇定样式。发展到河西石窟唐代“未生怨”壁画中，除了有表现太子母亲镇静的样式外，又有表现太子母亲惊慌状态的样式，发展到新疆石窟唐代“未生怨”壁画中，还有表示太子父王惊慌的样式。

此外，麦积山北周第 4 窟所表现的太子，由西魏时期所表现的身前挺剑，改为在头上方举剑的形象。发展到河西石窟唐代“未生怨”壁画中，太子形象既有身前持剑也有头上举剑。

因此，河西、新疆石窟的汉风“未生怨”壁画，其“10 要素”的基本模式、长卷式、分格式、被太子所逼母亲的镇定或惊慌状态、太子持剑的身前和头上姿态，似均有麦积山石窟早期形态。

金塔寺石窟菩萨形象溯源

孙　雨
（龙门石窟研究院）

金塔寺石窟位于甘肃省肃南裕固族自治县，共有东西两个洞窟，开凿于大都麻河北岸刺沟内距地面60多米高的红砂岩崖壁上。二窟前部坍塌，后部窟室保存较为完整，均为横长方形平面的中心塔柱窟，覆斗顶[①]。窟内中心塔柱四面开龛，分层造像，并施彩绘，造像精美而生动，尤其是高肉塑飞天，极具特色。窟顶及四壁满绘壁画，石窟整体内容丰富，装饰华美，是河西石窟中一道绮丽的风景线。金塔寺石窟在建成后曾历经西夏、元、明重妆，有极富相应时代特征的塑像、壁画为证，但关于石窟的开创年代，学界尚有争论，主要有北凉说[②]和北魏说[③]两种看法，但绝大多数学者认为该石窟始凿于公元6世纪前[④]。

本文聚焦于金塔寺石窟中的早期菩萨像，对其包括面容、体形、姿态、发式、衣着、饰物、背光在内的形象因素进行梳理，并与6世纪前其他佛教文物中的菩萨像进行比较，找出相近的形象因素，并借助GIS技术直观呈现，在此基础上结合史料对金塔寺石窟菩萨形象的来源进行合理的推断。

一、金塔寺石窟中的菩萨形象

本章的研究对象为金塔寺石窟中的早期菩萨像，主要包括胁侍菩萨、听法

①姚桂兰、格桑美卓：《张掖马蹄寺石窟群内容总录》，《敦煌学辑刊》1995年第2期，第75—81页。

②董玉祥、杜斗城：《北凉佛教与河西诸石窟的关系》，《敦煌研究》1986年第1期，第90—98页。

③张宝玺：《河西北朝石窟》，上海：上海古籍出版社，2016年。

④李玉珉：《金塔寺石窟考》，敦煌研究院编《2004年石窟研究国际学术会议论文集》，上海：上海古籍出版社，2006年。

菩萨和半跏思惟菩萨。窟中着菩萨装的飞天、莲花化生，部分尊格存在争议的胁侍像[①]，以及后期补塑的菩萨像均不作为本文的研究对象。此外，分布于二窟中心柱上层以及东窟中心柱南向面中层龛间姿态灵动的菩萨装诸天，均为半身像，有学者将之命名为天宫菩萨，但其中多身像双手手心都贴塑莲花，做散花状。据查佛经，散花者多为诸天，未见有菩萨散花的相关描述，因此这些造像也不作为本文的研究对象。

1. 面容

由于曾被重妆，中心塔柱上大多菩萨像的面容或已与其最初的形貌有所差别，但从塑像的面部轮廓还是可以看出金塔寺菩萨有着较为统一的面部特征，即额头饱满、眉眼细长、深目高鼻、嘴角上翘作微笑状。东窟中心柱西向面大龛外南侧胁侍菩萨眉间还绘有白毫。

图 1　金塔寺石窟菩萨像面容示例[②]

2. 体形与姿态

菩萨体形均较为健硕且匀称，头身比较大，肩膀宽厚，四肢饱满，小腹微凸，上身略呈倒三角状。

①张宝玺:《河西石窟以大梵天帝释天为胁侍的造像》,《敦煌研究》2016 年第 4 期，第 19—25 页;张善庆:《甘肃金塔寺石窟东窟降魔变考》,《敦煌学辑刊》2019 年第 1 期，第 210—216 页;姚桂兰:《金塔寺石窟》,兰州:甘肃人民美术出版社，2019 年。

②姚桂兰:《金塔寺石窟》,兰州:甘肃人民美术出版社，2019 年。

图 2　金塔寺石窟菩萨像体形与姿态示例①

胁侍菩萨均为立姿，面朝龛外或微微向龛内倾斜，双脚略呈八字形外撇，站姿十分自然。大部分菩萨小臂与手部残失，东窟中心柱中层的胁侍菩萨保存较好，大都一手掌心朝外、指尖向下于腰际微微前伸或下垂于身侧，另一手掌心朝外，五指微屈或指尖向上，举于肩侧或胸侧。其中中心柱西向面中层北端的胁侍菩萨像姿态最为特别，其头部仰起，双手交叠置于胸口处，似正仰望着佛聆听佛法。

听法菩萨像均位于西窟中心柱中层，四面均有分布，皆结跏趺坐，面部微微朝向龛内，小臂及手部大多残缺，保存较好者可辨一手举于腰际或轻置于腿上，一手举于胸侧，掌心朝外。

半跏思惟菩萨仅一尊，为西窟中心柱西向面中层主尊，半跏趺坐于筌蹄之上，右脚置于左膝上，左腿自然垂地，双手残，从残迹推测右手应举于胸前，左手置于右足上。

3. 发式

观察窟中头部及以上保存较为完整的菩萨像可知，金塔寺石窟中菩萨发式相似度较高，均为中分，主要差别在于是否着头衣，以及发尾样式有所不同。为方便讨论，本文根据不同的发尾样式，将金塔寺石窟菩萨发式分为三种，记为 HS1、

①姚桂兰：《金塔寺石窟》，兰州：甘肃人民美术出版社，2019 年。

图 3　金塔寺石窟菩萨发式示例(从左至右分别为 HS1、HS2、HS3)①

HS2、HS3(HS 指代 hairstyle)。至于头衣形制,在下一小节"衣着"部分加以讨论。

HS1:中分后头发拧成两股圆润的发辫分别搭于双肩肩头,整体略呈几字形。梳这种发式的菩萨像在金塔寺石窟中最多,主要分布于东窟,其中既有不着头衣的,也有包巾或戴冠的。

HS2:中分后头发拧成两股发辫分别搭于双肩肩头,发辫上绑有环形发带,发尾分为三股小辫。这种发式在东窟和西窟都有分布,数量较少,其中既有不着头衣的,也有戴冠的。

HS3:额发中分,头戴宝冠,头发自然披散于肩后,梳此类发式的菩萨像主要分布于西窟。

4. 衣着

金塔寺石窟中菩萨像均跣足,衣着主要包括头衣和体衣。头衣包括头巾和宝冠,体衣包括络腋衣、裙以及袈裟。头衣分为两类,一类为用头巾或发带束发,这类包含 2 种,分别编号为 HC1a 和 HC1b(HC 指代 headcloth)。一类为戴头冠,共 5 种,分别编号为 HC2a—HC2e。

HC1a:戴头巾,底部两端分别有一条长缯带,弯折下垂于上臂外侧,仅见东窟中心柱西向面大龛两侧胁侍菩萨一处。

HC1b:用头巾或宽发带将发髻包起,两端分别打结后下垂至肩部。仅西窟中心柱南向面中层龛外西侧听法菩萨一例。

①姚桂兰:《金塔寺石窟》,兰州:甘肃人民美术出版社,2019 年。

HC2a:戴矮冠,冠表刻有纹饰,但纹饰不辨[①],着此类头衣的菩萨像较多,东西二窟均有分布。

HC2b:戴高冠,冠略呈筒状,中间高,两侧低。冠表纹饰剥落。仅西窟中心柱南向面中层龛外西侧听法菩萨一例。

HC2c:戴花鬘冠,冠中央为一朵较大的多瓣莲花,大莲花两侧各一五瓣花朵,五瓣花上方各一小莲花,五瓣花外侧各一漩涡纹装饰,冠底部系有冠披垂肩。见于东窟中心柱中层。

HC2d:戴三面冠,中央为一回形和圭形的组合装饰,两侧面各一山形装饰,中央与两侧面之间各一五瓣花朵,冠底部束以宝缯并在冠两侧打结。见于东窟中心柱中层。

HC2e:戴花鬘冠,中央为一大的忍冬装饰,忍冬上方或为一莲花,或无莲花装饰,忍冬两侧各有一较小的莲花。冠底部束以宝缯并垂于头部两侧。见于

图 4　金塔寺石窟菩萨头衣类型示例[②]

①由于造像残损以及参考照片图像质量问题,难以辨认纹饰内容。

②姚桂兰:《金塔寺石窟》,兰州:甘肃人民美术出版社,2019 年。

西窟中心柱底层和中层。

体衣穿着方式共分为三大类，一类为上身袒露，下着长裙，肩部绕搭帔帛，根据腰系带或裙腰外翻样式的不同分为 8 种，分别编号为 C1a—C1h（C 指代 clothes）；一类为斜披络腋（或称条帛），下着长裙，共两种，编号为 C2a 和 C2b；一类为类似佛衣的装束，共两种，编号为 C3a 和 C3b。

C1 类菩萨像均上身袒露，下着长裙，腰间系带，长裙轻薄贴体，除 C1h 式裙褶较为简洁疏朗外，其余均刻细密的裙褶。此外，均有帔帛，且披覆方式基本相同，都是自身后搭于两肩后下垂绕搭于手臂又自然下垂，帔帛上刻有弧线表现褶皱，两端呈尖状。C1 类各式的区别主要在于腰带系法不同，详述如下：

C1a：腰带在腹前打结后呈 X 形。仅见于东窟中心柱底层。

C1b：腰间系带，腰带一端垂于两腿中央，另一端于右腿前呈 U 形绕过别至腰间。仅见于东窟中心柱中层。

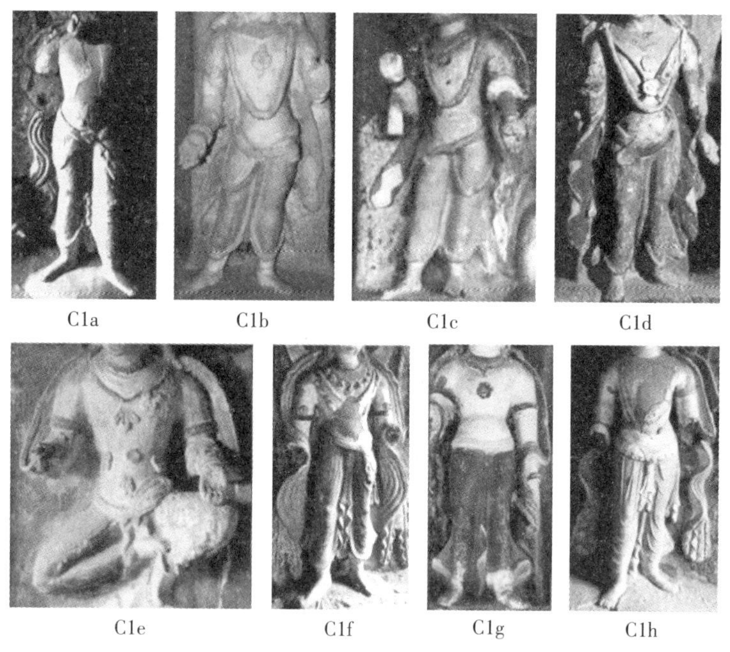

图 5　金塔寺石窟菩萨 C1 类体衣示例[①]

①姚桂兰：《金塔寺石窟》，兰州：甘肃人民美术出版社，2019 年。

C1c:腰带一端于左腿前呈 U 形绕过别至腰间。仅见于东窟中心柱中层。

C1d:腰带在腹前打结后较短的一端搭于胯前,较长的一端垂于两腿中央。仅见于东窟中心柱中层。

C1e:腰带一端呈环状绕搭于左腹前再别至腰腹间。见于西窟中心柱中层。

C1f:腰带打结后两端自然垂于左胯前,腰带边缘呈波浪状,打结部分刻有斜线衣纹。见于西窟中心柱底层。

C1g:未雕刻出腰带打结情况,因此腰带部分也有可能是外翻的长裙上缘。见于东窟中心柱中层。

C1h:腰带缀有花边,长裙上缘外翻至两腿中央。仅见于东窟中心柱底层。

C2a:斜披络腋,搭于左肩,下端垂至小腿处;下着贴体长裙,裙摆呈波浪状;帔帛从身后绕搭于双肩又下垂盘旋绕于手臂。仅东窟中心柱西向面中层南端胁侍菩萨一例。

C2b:络腋自身后搭于两肩,右端垂至小腿处又向上绕搭于左肘后自然下垂。下身着贴体长裙。见于东窟中心柱底层及中层。

C3a:着类似于通肩式袈裟的装束,衣纹流畅细密。仅一例,见于东窟中心柱中层。

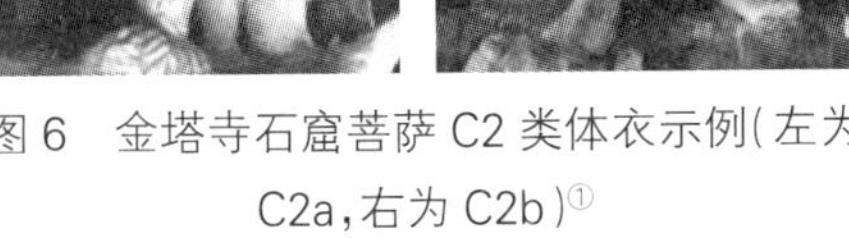

图 6　金塔寺石窟菩萨 C2 类体衣示例(左为 C2a,右为 C2b)[①]

图 7　金塔寺石窟菩萨 C3 类体衣示例(左为 C3a,右为 C3b)[②]

①姚桂兰:《金塔寺石窟》,兰州:甘肃人民美术出版社,2019 年。

②姚桂兰:《金塔寺石窟》,兰州:甘肃人民美术出版社,2019 年。

C3b:上着类似于袒右式袈裟的装束,下摆向左倾,露出长裙右半部分。下着贴体长裙,腰间系带,垂于腰侧。仅一例,见于西窟中心柱底层。

5. **饰物**

菩萨造像的饰物包括耳饰、项饰、胸饰及臂钏、腕钏。金塔寺石窟中部分菩萨像佩戴耳饰,所戴耳饰均为耳珰,主要有三种,分别记为 E1、E2 和 E3(E 表示 earring)。

E1:挂穗状耳珰①,上端为环形,下端为环形或莲花形,中间为圆柱形的耳珰。东窟菩萨像所戴耳饰均为此种。

E2:挂穗状耳珰,上端为环形,下部为圆柱状,仅见西窟中心柱中层半跏思惟菩萨像一例。

E3:圆环状耳珰,圆环较为粗大。西窟菩萨像所戴耳饰大多为这种耳珰。

图 8　金塔寺石窟菩萨耳珰示例(从左到右分别为 F1、E2、E3)②

除极个别像外,金塔寺石窟菩萨几乎均戴项饰,项饰主要有三类,一类为环形项圈,记为 N1(N 指代 necklace);一类为未缀装饰的宽幅项圈,记为 N2;一类为缀有装饰的宽幅项圈,共 3 种,记为 N3a—N3c。此外,洞窟中心柱西向面底层龛胁侍菩萨所戴项饰不属于以上三类,但由于部分残缺剥落,无法确定其原始形制,故不作统计。

N1:环形项圈,素面无纹,仅东窟中心柱西向面中层北端胁侍菩萨一例。

---

①命名参考李裕群《山西高平大佛山摩崖造像考——云冈模式南传的重要例证》一文。李裕群、(美)Li duYi:《山西高平大佛山摩崖造像考——"云冈模式"南传的重要例证》,《文物》2015 年第 3 期,第 1、81—93 页。

②姚桂兰:《金塔寺石窟》,兰州:甘肃人民美术出版社,2019 年。

N2:宽幅项圈,上弧下尖,素面无纹或在边缘附近阴刻弧线,上缘和下缘凸出。东西二窟均有分布。

N3a:宽幅项圈,上弧下尖,上缘和下缘凸出。下缘尖端缀有一颗圆形宝珠装饰,宝珠或为素面,或呈同心圆状。下缘其余部分或不缀装饰,或缀有多颗小圆珠,东西二窟均有分布。

N3b:宽幅项圈,上弧下尖,上缘和下缘凸出。下缘尖端下方有一莲花,或以小圆珠连接,或无连接物。下缘其余部分或不缀装饰,或缀小圆珠或莲花。见于东窟。

N3c:宽幅项圈,上弧下尖,上缘和下缘凸出或接近边缘处阴刻一圈弧线。下缘尖端缀有一忍冬花(或贝壳),下缘其余部分缀有多枚忍冬花(或贝壳)和圆珠装饰。见于西窟。

部分菩萨像佩戴有胸饰,主要有华绳和瓔珞。根据胸饰的样式及佩戴情况可分为三类(P1—P3,其中 P 指代 pectoral),共 6 种,详述如下。

图 9　金塔寺石窟菩萨项饰示例[①]

①姚桂兰:《金塔寺石窟》,兰州:甘肃人民美术出版社,2019 年。

P1a:仅佩戴一条华绳,华绳呈较粗的柱状,素面,从两肩而下呈 U 形搭于胸前。见于东西二窟。

P1b:仅佩戴一条华绳,华绳呈较粗的柱状,从两肩而下呈 U 形搭于胸前。华绳下缘中部缀有多颗圆形宝珠,见于西窟。

P1c:仅佩戴一条华绳,华绳较为扁平,从两肩而下呈 U 形搭于胸前,两端有起固定作用的圆饼形装饰或缎带。华绳下缘中部缀有一颗圆形宝珠,见于西窟。

P2:佩戴两条华绳。较短的一条较为扁平,从两肩而下呈 U 形搭于项饰下,两端有起固定作用的圆饼形装饰,下缘缀有两颗圆珠。较长的一条华绳呈较粗的柱状,从两肩而下呈 U 形搭于胸腹前,下缘缀有三颗宝珠,中间一颗较大,呈同心圆状。见于西窟。

P3a:同时佩戴华绳和璎珞。璎珞呈 X 状系于胸腹前,中央为一莲花,除莲花外其余部分呈圆柱状,素面。华绳呈较粗的柱状,素面,从两肩而下呈 U 形搭于胸腹之前、璎珞之外。见于东窟。

P3b:同时佩戴华绳和璎珞。华绳呈柱状,素面,从两肩而下呈 U 形搭于项饰下。璎珞为圆形和椭圆形宝珠的组合,从两肩而下呈 U 形搭于胸前。见于西窟。

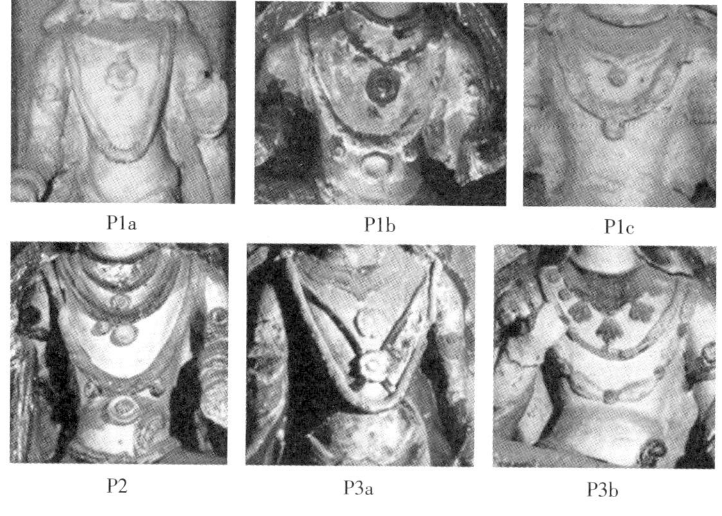

图 10　金塔寺石窟菩萨胸饰示例①

①姚桂兰:《金塔寺石窟》,兰州:甘肃人民美术出版社,2019 年。

A1

A2

A3

A4

图 11　金塔寺石窟菩萨臂钏示例[①]

部分菩萨像佩戴臂钏，主要有四种，分别记为 A1—A4（A 指代 armlet）。

A1：环形臂钏，阴刻一圈或多圈环形线条。见于东西二窟中。

A2：环形臂钏，阴刻一圈或多圈环形线条，上缘中部上方有一大的同心圆或莲花装饰。见于东西二窟中。

A3：环形臂钏，中部有一大的莲花装饰。见于东窟。

A4：环形臂钏，阴刻一圈或多圈环形线条，上缘中部上方有一大一小两个圆形装饰。仅见西窟半跏思惟菩萨一例。

金塔寺石窟菩萨像所戴腕钏形制均比较简单，仅环形腕钏一种，中部阴刻一圈或多圈环形线条。

6. 背光

金塔寺石窟中部分菩萨像有背光，或塑绘结合，或直接绘于中心柱上。背

L1a

L1b

L2

图 12　金塔寺石窟菩萨背光示例[②]

①姚桂兰：《金塔寺石窟》，兰州：甘肃人民美术出版社，2019 年。

②姚桂兰：《金塔寺石窟》，兰州：甘肃人民美术出版社，2019 年。

光形制主要有三种，记为 L1a、L1b 和 L2(L 指代 light)。

L1a：仅有头光，头光为圆形，双重。这种样式的背光最为常见，见于东西二窟。

L1b：仅有头光，头光为桃形，双重。见于东窟。

L2：仅有身光，身光为圆形，双重。仅西窟中心柱西向面中层龛主尊一例。

二、金塔寺石窟菩萨像与 6 世纪前其他菩萨像的比较分析

上文已梳理出金塔寺石窟菩萨像的诸多形象因素，其中发式、衣着与饰物[①]因素样式较多，特征也较为明显，可用于同其他 6 世纪前佛教文物中的菩萨形象进行比较，以期获取金塔寺石窟菩萨形象来源的线索。本章中，将列出不同地区 6 世纪前佛教文物中具有同金塔寺石窟菩萨相近形象因素的菩萨像，并用百分比表示出相似度[②]，为下一步的统计分析提供权重，以提高溯源结果的可靠性和准确度。

1. 6 世纪前甘肃地区具有相近形象因素的菩萨像

公元 6 世纪前甘肃地区具有与金塔寺相近菩萨像的佛教文物主要包括石窟与石塔。其中存在与金塔寺相近菩萨像的石窟主要有始建于西秦时期的炳灵寺 169 窟；始建于北凉时期(397—460)的天梯山第 1 窟、第 4 窟，莫高窟第 268、272、275 窟[③]；建于 6 世纪前的北魏早期及中期的莫高窟第 251、254、259、260 窟，以及麦积山石窟中开凿较早的第 70、74、78、80 等窟。石塔包括出土于酒泉、敦煌的数座石塔，部分带有北凉纪年[④]。每尊像中同金塔寺石窟菩萨像的相近因素及相似度如表 1 所示。

---

①金塔寺石窟菩萨手部多残失，保存较好的像所戴腕钏样式单一，形制简单，因此在同其他石窟的菩萨像进行比较时，不考虑腕钏这一因素。

②因采用肉眼对菩萨像进行观察比较，得到的相似度具有一定的主观性。

③该窟究竟建于北凉还是北魏仍有争议，即使建于北魏，也应为 6 世纪前所建。

④殷光明：《北凉石塔研究》，新竹：财团法人觉风佛教艺术文化基金会，1999 年。

图 13　其他甘肃地区石窟中同金塔寺石窟最为相近的菩萨像（1. 炳灵寺 169 窟第 6 龛观世音菩萨[1]；2. 天梯山石窟 4 号窟中心柱壁画中的菩萨[2]；3. 莫高窟 259 窟正壁右胁侍菩萨[3]；4. 麦积山石窟 74 窟左胁侍菩萨[4]）

表 1　6 世纪前甘肃地区佛教文物中与金塔寺石窟相近的菩萨像

编号	名称	所在位置	年代	尊像形式	与金塔寺菩萨的相近形象因素及相似度	相似因素总分
001	观世音菩萨	炳灵寺 169 窟第 6 龛	西秦建弘元年	塑像	发式与 HS3 有 50%的相似度，额发及发尾一致，但梳圭形大髻；头衣与 HC1b 有 50%的相似度，大体样式一致，但发带表面有纹饰，且有上扬部分，打结处、垂落长度也有细微差别； 耳饰与 E2 有 100%的相似度；项饰与 N2 有 80%的相似度，大体样式一致，但较窄，且表面有圆点纹饰； 体衣与 C2a 有 90%的相似度，披覆方式与样式基本一致，仅络腋边缘有细微差别； 臂钏与 A2 有 90%的相似度，样式基本一致，但圆形装饰较小，环形部分较宽。	46

①甘肃省文物工作队、炳灵寺文物保管所：《中国石窟·永靖炳灵寺》，北京：文物出版社，1989 年。

②敦煌研究院、甘肃省博物馆：《武威天梯山石窟》，北京：文物出版社，2000 年。

③敦煌文物研究所：《中国石窟·敦煌莫高窟第一卷》，北京：文物出版社，1981 年。

④董广强：《天水麦积山》，上海：上海交通大学出版社，2022 年。

续表

编号	名称	所在位置	年代	尊像形式	与金塔寺菩萨的相近形象因素及相似度	相似因素总分
002	得大势至菩萨	炳灵寺 169 窟第 6 龛	西秦建弘元年	塑像	发式与 HS3 有 50%的相似度,额发及发尾一致,但发带以上的部分残损不辨; 头衣与 HC1b 有 50%的相似度,大体样式一致,但发带表面有纹饰,有上扬部分,且打结处有细微差别; 耳饰与 E2 有 100%的相似度; 项饰与 N2 有 80%的相似度, 大体样式一致,但较窄; 体衣与 C1d 有 80%的相似度,样式基本一致,但腰带较细且未塑出较短一端。	36
003	文殊菩萨	炳灵寺 169 窟第 10 龛	西秦	壁画	发式与 HS1 有 60%的相似度,发尾一致,但不中分,且梳大髻; 耳饰与 E3 有 90%的相似度,呈同心圆状; 体衣与 C3a 有 100%的相似度。	25
004	华严菩萨	炳灵寺 169 窟第 11 龛	西秦	壁画	耳饰与 E3 有 90%的相似度,呈同心圆状; 体衣与 C3b 有 80%的相似度, 上衣类似袒右式袈裟,但下摆未向左倾,而是自然下垂。	17
005	左胁侍菩萨	炳灵寺 169 窟第 12 龛	西秦	壁画	发式与 HS1 有 80%的相似度,发尾一致,但不中分; 耳饰与 E3 有 90%的相似度,呈同心圆状; 体衣与 C3a 有 90%的相似度,均为通肩式,但颈前衣缘呈 U 形下垂。	26
006	右胁侍菩萨	炳灵寺 169 窟第 12 龛	西秦	壁画	发式与 HS1 有 80%的相似度,发尾一致,但不中分; 头衣与 HC2c 有 50%的相似度, 均为花鬘冠,冠中央有一朵大莲花,但其余装饰不同; 耳饰与 E3 有 90%的相似度,呈同心圆状。	22
007	胁侍菩萨	炳灵寺 169 窟第 13 龛	西秦	壁画	发式与 HS1 有 80%的相似度,发尾一致,但不中分; 耳饰与 E3 有 90%的相似度,呈同心圆状; 体衣与 C3b 有 80%的相似度, 上衣类似袒右式袈裟,但下半身部分残损,无法确认完整样式。	25

续表

编号	名称	所在位置	年代	尊像形式	与金塔寺菩萨的相近形象因素及相似度	相似因素总分
008	半跏思惟菩萨	炳灵寺169窟第16龛	西秦	塑像	发式与HS3有100%的相似度； 项饰与N2有70%的相似度，下缘无尖端； 体衣与C1g有80%的相似度，样式基本一致，但可以明显看出腰间系带，而非裙腰外翻。	25
009	左胁侍菩萨	炳灵寺169窟第17龛	西秦	塑像	发式与HS2有50%的相似度，额发及发尾一致，但梳圭形大髻； 头衣与HC1b有60%的相似度，大体样式一致，但打结处、垂落长度也有细微差别； 耳饰与E1有80%的相似度，柱状部分表面有纹饰，且弯曲程度不同； 体衣与C1h有50%的相似度，帔帛绕搭方式不同，且腰带未缀花边。	24
010	左胁侍菩萨	炳灵寺169窟第22龛	西秦	塑像	发式与HS3有50%的相似度，额发及发尾一致，但梳圭形大髻； 项饰与N2有70%的相似度，下缘尖端不明显； 体衣与C1b有50%的相似度，裙腰外翻，腰带较长的一端垂搭于体侧。 臂钏与A3有90%的相似度，样式基本一致，但由于体表局部剥落环形部分不太明显。	26
011	左胁侍菩萨	天梯山石窟1号窟中心柱左向面下层龛	北凉	壁画	发式与HS1相似度70%，额发及发尾一致，但梳扁圆大髻，且耳侧部分头发较蓬松； 体衣与C3b相似度50%，上衣类似袒右式袈裟，但胸前衣缘呈翻领状，且下摆未向左倾，而是自然下垂，下身似未着裙。	12
012	右胁侍菩萨	天梯山石窟4号窟中心柱正向面下层龛	北凉	壁画	发式与HS1相似度80%，额发及发尾一致，但梳扁圆大髻； 耳饰与E3相似度90%，呈同心圆状； 体衣与C3b相似度60%，上衣类似袒右式袈裟，但下摆未向左倾，而是自然下垂，下身似未着裙。	23

续表

编号	名称	所在位置	年代	尊像形式	与金塔寺菩萨的相近形象因素及相似度	相似因素总分
013	右胁侍菩萨	天梯山石窟4号窟中心柱西向面下层龛	北凉	壁画	发式与 HS1 相似度 80%,额发及发尾一致,但梳扁圆大髻; 耳饰与 E3 相似度 100%; 胸饰与 P3b 相似度 40%,未戴华绳,仅戴璎珞,璎珞长度与圆柱大小有细微差别; 体衣与 C1b 相似度 80%, 腰带垂落长度与别至腰间的方向有细微差别; 臂钏与 A2 相似度 100%。	40
014	供养菩萨	莫高窟 268 窟正壁龛外两侧	北凉	壁画	体衣与 C1g 有 60%相似度,腰带不明显,且未画出裙褶	6
015	胁侍菩萨	莫高窟 272 窟正壁龛内两侧	北凉	壁画	体衣与 C1f 有 50%相似度, 腰带垂搭部分非波浪形,帔帛上绘有纹饰	5
016	交脚弥勒菩萨	莫高窟 275 窟正壁	北凉	塑像	发式与 HS3 相似度 100%; 胸饰与 P3b 相似度 40%,未戴华绳,仅戴璎珞,璎珞长度与圆柱大小有细微差别; 体衣与 C1h 相似度 50%,长裙及腰带样式一致,但上身着衣,从身后披覆于两肩,帔帛绕搭方式也有所差别。	19
017	左胁侍菩萨	莫高窟 275 窟正壁	北凉	壁画	头衣与 HC2c 有 30%的相似度, 仅结构相似,但装饰完全不同; 体衣与 C1d 相似度 70%, 腰带打结后较短一端未画出。	10
018	右胁侍菩萨	莫高窟 275 窟正壁	北凉	壁画	胸饰与 P3a 相似度 40%,未戴华绳,仅戴璎珞,璎珞呈 X 形交叉于胸腹前, 但交叉处无莲花宝珠装饰; 体衣与 C1g 相似度 60%,腰带不明显,此外,绕搭两条帔帛。	10

续表

编号	名称	所在位置	年代	尊像形式	与金塔寺菩萨的相近形象因素及相似度	相似因素总分
019	听法菩萨	莫高窟275窟正壁	北凉	壁画	体衣与C2a相似度70%,样式基本一致,但未绘出衣纹和裙褶。	7
020	交脚弥勒菩萨	莫高窟275窟左壁右侧阙形龛	北凉	塑像	发式与HS3相似度70%,额发中分不明显; 项饰与N2有70%的相似度，大体样式一致,但表面有数道竖线纹饰; 胸饰与P3b相似度50%,未戴华绳,仅戴璎珞,璎珞基本一致; 体衣与C1h相似度40%,长裙样式相近,但裙腰外翻不见腰带,且上身着衣,从身后披覆于两肩。	23
021	交脚弥勒菩萨	莫高窟275窟左壁左侧阙形龛	北凉	塑像	发式与HS3相似度70%,额发中分不明显; 耳饰与E2相似度90%,柱状部分弯曲程度略有差别; 胸饰与P3b相似度40%,未戴华绳,仅戴璎珞,璎珞漫漶不清; 体衣与C1g相似度40%,长裙样式相近,但腰带不明显,且上身着衣,从身后披覆于两肩。	24
022	左胁侍菩萨	莫高窟259窟正壁塔柱正面大龛外左侧	北魏	塑像	发式与HS3相似度100%; 头衣与HC2c有40%的相似度，冠体结构相似,但装饰不同,且有冠披; 耳饰与E3相似度90%,呈同心圆状; 项饰与N3a有60%的相似度,均为上弧下尖的宽幅项圈,但表面有数道竖线纹饰,并分块施彩; 臂钏与A1有100%的相似度; 体衣与C1f相似度60%,裙腰外翻于右胯,腰间系带,打结后两端自然垂于腿前。	45

续表

编号	名称	所在位置	年代	尊像形式	与金塔寺菩萨的相近形象因素及相似度	相似因素总分
023	右胁侍菩萨	莫高窟259窟正壁塔柱正面大龛外右侧	北魏	塑像	发式与HS3相似度100%； 头衣与HC2c有40%的相似度，冠体结构相似，但装饰不同，且有冠披； 耳饰与E2相似度70%，柱状部分较短，不排除残损的可能； 项饰与N3a有40%的相似度，均为上弧下尖的宽幅项圈，但表面有数道竖线纹饰，且下缘仅均匀分布几颗小圆珠，尖端未缀大圆珠； 胸饰与P3b相似度20%，未戴华绳，仅戴璎珞，璎珞样式一致，但佩戴方式不同； 臂钏与A1有70%的相似度，样式基本一致，但较宽，且表面分块彩绘； 体衣与C1f相似度80%，大体样式一致，但裙腰外翻于右胯。	42
024	交脚弥勒菩萨	莫高窟254窟右壁阙形龛	北魏	塑像	头衣与HC2d有40%的相似度，冠体结构相似，但装饰不同，且有冠披； 项饰与N2有80%的相似度，大体一致，但边缘未凸起； 臂钏与A1有100%的相似度； 体衣与C1d相似度80%，大体样式一致，但腰带较短一端未塑出。	30
025	胁侍菩萨	莫高窟251窟中心柱正面龛两侧	北魏	塑像	体衣与C2a相似度90%，样式基本一致，但络腋衣缘未弯曲。	9
026	听法菩萨	莫高窟260窟左壁	北魏	壁画	体衣与C3a相似度80%，样式基本一致，但未画出细密衣纹	8
027	听法菩萨	莫高窟260窟左壁	北魏	壁画	体衣与C3b相似度70%，样式基本一致，但未画出细密衣纹，且上衣下摆未向左倾，而是自然下垂	7

续表

编号	名称	所在位置	年代	尊像形式	与金塔寺菩萨的相近形象因素及相似度	相似因素总分
028	左胁侍菩萨	麦积山第78窟	北魏	塑像	发式与HS2相似度80%,因残损较为严重,无法判断是否中分; 耳饰与E2相似度80%,柱状部分较短; 项饰与N2有100%的相似度; 臂钏与A1有100%的相似度。	36
029	胁侍菩萨	麦积山第74窟	北魏	塑像	发式与HS2相似度100%; 耳饰与E2相似度90%,柱状部分较细; 项饰与N2有90%的相似度,样式一致,但表面有纹饰; 臂钏与A2有100%的相似度; 体衣与C2a相似度70%,样式基本一致,但络腋较窄,边缘有折带纹,裙腰外翻。	45
030	胁侍菩萨	麦积山第70窟	北魏	塑像	发式与HS2相似度80%,额发中分不明显; 头衣与HC2e有40%的相似度,冠体结构相似,但装饰不同,且缯带打结处有所差别; 耳饰与E2相似度100%。	50

统计可知,金塔寺菩萨的所有发式都见于甘肃地区其他石窟中,其中HS1仅见于营造年代较早的天梯山第4窟与炳灵寺169窟中,HS2仅见于麦积山石窟中,而HS3则见于炳灵寺与莫高窟中。金塔寺石窟中菩萨的头巾与头冠样式繁多,但能在甘肃其他石窟中所见的仅HC1b、HC2c、HC2d、HC2e这几种,且相似程度较低。金塔寺菩萨体衣的大部分样式,除C1a、C1c、C1e、C2b外,均见于甘肃其他石窟中。饰物中,金塔寺菩萨所有耳饰样式均见于甘肃其他石窟;项饰中仅N2、N3a这两种样式见于甘肃其他石窟;胸饰中仅P3a、P3b见于甘肃其他石窟,且相似程度较低;臂钏中除A4外,其他样式均见于甘肃其他石窟。

2.6世纪前甘肃以东地区具有相近形象因素的菩萨像

甘肃以东地区营造于6世纪前的石窟中，最具影响力的便是由北魏皇室主导开凿的云冈石窟，其第一期、第二期洞窟均开凿于公元6世纪前，其中不乏同金塔寺石窟菩萨有相近形象因素的菩萨像(部分见于表2[①])。此外，始凿于北魏迁都洛阳之际的龙门石窟中，有几处太和年间开凿的像龛，龛中菩萨像也有与金塔寺石窟相近之处(见于表2)。统计可知，金塔寺菩萨发式中仅HS3、头衣中仅HC2b在甘肃以东地区6世纪前石窟中可见，且仅见于云冈石窟中。体衣样式中仅C2a、C1d、C1g在云冈与龙门石窟中可见，以C2a为最多。饰物方面，耳饰中仅E1见于云冈与龙门石窟中；项饰中N2、N3a、N3b见于云冈石窟，龙门石窟古阳洞中太和年间菩萨像大都佩N2项饰；胸饰中仅P3b在甘肃以东地区6世纪前石窟中有相似，仅见于云冈石窟第9窟，且相似程度较低；臂钏中仅A1、A2在云冈与龙门石窟中可见，以A2为最多，且样式几乎完全一致。

图14　甘肃以东地区石窟中同金塔寺石窟相近的菩萨像示例(1.云冈第7窟后室前壁第5层左侧交脚菩萨[②]；2.云冈第9窟前室正壁第2层右侧交脚菩萨[③]；3.云冈第8窟后室前壁第4层右侧龛交脚菩萨[④]；4.龙门石窟古阳洞尉迟龛弥勒像)

---

①云冈第10—13、16—19窟中也有不少菩萨像具有和金塔寺石窟菩萨相近的形象因素，但同表中所列的第7—9窟中的菩萨像十分相似，在此不再赘述。

②张焯:《典藏云冈》,青岛:青岛出版社,2019年。

③张焯:《典藏云冈》,青岛:青岛出版社,2019年。

④京都大学人文科学研究所编著,中国社会科学院考古研究所编译:《云冈石窟(第一期第五卷)》,北京:科学出版社,2014年。

表 2　甘肃以东石窟中与金塔寺石窟相近的菩萨像

编号	名称	所在窟龛	年代	尊像形式	与金塔寺菩萨的相近形象因素及相似度	相似因素总分
001	交脚菩萨	云冈第 5 窟右壁盝形龛	北魏	雕像	发式与 HS3 相似度 90%，基本一致，披散于身后的头发不太明显； 耳饰与 E1 相似度 80%，下端环形不明显； 项饰与 N3b 有 50%的相似度，均为上弧下尖的宽幅项圈，但边缘不凸出，且下缘中央垂坠的宝珠样式不同。	22
002	左胁侍菩萨	云冈第 6 窟中心柱左向面上层	北魏	雕像	耳饰与 E1 相似度 100%。	10
003	右胁侍菩萨	云冈第 6 窟中心柱正向面上层	北魏	雕像	项饰与 N3a 有 100%的相似度。	10
004	交脚菩萨	云冈第 7 窟后室前壁第 5 层（上层）左侧	北魏	雕像	发式与 HS3 相似度 80%，基本一致，但发尾披散于肩侧； 耳饰与 E1 相似度 100%； 项饰与 N3a 有 80%的相似度，均为上弧下尖的宽幅项圈，但表面有纹饰； 臂钏与 A2 有 100%的相似度； 体衣与 C2a 相似度 80%，样式基本一致，但络腋较窄，且边缘不呈波浪状。	44
005	供养菩萨	云冈第 7 窟后室前壁明窗左侧	北魏	雕像	耳饰与 E1 相似度 80%，下端环形不明显； 项饰与 N3a 有 80%的相似度，均为上弧下尖的宽幅项圈，但边缘不凸出； 臂钏与 A2 有 100%的相似度； 体衣与 C2a 相似度 70%，样式基本一致，但络腋较窄，且边缘不呈波浪状，长裙边缘却呈波浪状。	33

续表

编号	名称	所在窟龛	年代	尊像形式	与金塔寺菩萨的相近形象因素及相似度	相似因素总分
006	交脚菩萨	云冈第8窟后室前壁第4层右侧龛	北魏	雕像	头衣与HC2b有40%的相似度，冠体形状相似,但装饰不同,且有冠披； 耳饰与E1相似度80%,下端环形不明显； 项饰与N2有80%的相似度,均为上弧下尖的宽幅项圈,但表面有竖线纹饰； 臂钏与A2有100%的相似度； 体衣与C1d相似度70%,样式基本一致,但腰带较宽且打结后均垂于两腿中央。	37
007	交脚菩萨	云冈第9窟前室正壁第2层右侧龛	北魏	雕像	发式与HS3相似度60%,基本一致,但发尾披散于肩侧且分叉； 耳饰与E1相似度80%,下端环形不明显； 项饰与N2有80%的相似度,均为上弧下尖的宽幅项圈,但表面有纹饰； 胸饰与P3b有50%的相似度,璎珞一致,但佩戴蛇形饰而不戴华绳； 臂钏与A2有80%的相似度,样式一致,但圆环部分有连珠纹； 体衣与C2a相似度70%,样式基本一致,但络腋较窄,且边缘不呈波浪状而饰折带纹,长裙边缘却呈波浪状。	42
008	乘象菩萨	云冈第9窟明窗右壁	北魏	雕像	耳饰与E1相似度80%,下端环形不明显； 项饰与N2有100%的相似度； 臂钏与A1有100%的相似度； 体衣与C2a相似度80%,样式基本一致,但络腋较窄,且边缘不呈波浪状。	36
009	弥勒菩萨	龙门石窟古阳洞尉迟龛	北魏	雕像	耳饰与E1相似度90%,下端环状部分为一覆莲； 项饰与N2有80%的相似度,均为上弧下尖的宽幅项圈,但表面有纹饰； 臂钏与A2有90%的相似度,同心圆部分更接近椭圆形； 体衣与C2a相似度60%,样式基本一致,但络腋较窄,且边缘不呈波浪状而饰折带纹,裙腰外翻呈倒三角状。	32

续表

编号	名称	所在窟龛	年代	尊像形式	与金塔寺菩萨的相近形象因素及相似度	相似因素总分
010	左胁侍菩萨	龙门石窟古阳洞尉迟龛	北魏	雕像	耳饰与 E1 相似度 80%,下端环形不明显; 项饰与 N2 有 100%的相似度; 臂钏与 A2 有 90%的相似度,同心圆部分更接近椭圆形; 体衣与 C2a 相似度 60%,样式基本一致,但络腋较窄,且边缘不呈波浪状而饰折带纹,腰间还叠穿有腰裙。	33
011	弥勒菩萨	龙门石窟古阳洞元详龛	北魏	雕像	耳饰与 E1 相似度 100%; 项饰与 N2 有 100%的相似度; 臂钏与 A2 有 70%的相似度,结构相似,但环上缘为一椭圆形装饰;	27
012	右胁侍菩萨	龙门石窟古阳洞元详龛	北魏	雕像	耳饰与 E1 相似度 80%,较短; 项饰与 N2 有 100%的相似度;	18
013	左胁侍菩萨	龙门石窟解伯达龛	北魏	雕像	耳饰与 E1 相似度 80%,下端环形不明显; 项饰与 N2 有 100%的相似度; 臂钏与 A2 有 60%的相似度,结构相似,但环状部分较宽,且环上缘为一椭圆形装饰。	24
014	左胁侍菩萨	龙门石窟高楚龛	北魏	雕像	项饰与 N2 有 100%的相似度; 臂钏与 A2 有 60%的相似度,结构相似,但环状部分较宽,且环上缘为一椭圆形装饰; 体衣与 C1g 相似度 80%,样式基本一致,但腰间叠穿有腰裙。	24

3.6 世纪前新疆地区具有相近形象因素的菩萨像

新疆古称西域,是我国境内最早传播佛教并开凿石窟寺的区域,保留有不少 6 世纪前的佛教遗存, 其中不乏与金塔寺石窟具有相近形象因素的菩萨像。囿于地质条件,新疆地区石窟中保留下来的雕塑极少,壁画却很丰富。公元 6 世纪以前营造的石窟中,不少礼拜窟都绘制有壁画,但主要以故事画为主,菩萨像较少,大多为说法图中的交脚菩萨、胁侍菩萨或天相图中的菩萨。存在与金塔寺相近菩萨形象壁画的主要有克孜尔石窟、库木吐喇石窟及吐峪沟石窟中的部分洞窟。此外，焉耆等地的早期地面佛寺遗址以及吐鲁番地区出土的石塔中也有与金塔寺石窟具有相近形象因素的菩萨像。诸像同金塔寺石窟菩萨像的相近因素及相似度如表 3 所示。

统计可知，龟兹地区菩萨发式同金塔寺菩萨差别较大，高昌吐峪沟石窟及出土的北凉石塔中可见 HS2、HS3 发式的菩萨像，但相似度较低。新疆地区菩萨像头冠也与金塔寺菩萨有较大差异。金塔寺菩萨体衣中仅 C1a、C1b、C1e、C1g 这几种样式见于新疆地区 6 世纪前菩萨像。饰物方面，耳饰中 E1 见于库木吐喇石窟，而 E3 见于克孜尔石窟；项饰中仅 N2 见于吐鲁番出土的北凉石塔；胸饰中仅 P3b 样式在新疆地区 6 世纪前石窟中有相似，且相似程度较低；6 世纪前新疆地区菩萨像臂钏样式繁多且华丽非常，同金塔寺菩萨臂钏差异较大。

图 15 新疆地区佛教文物中同金塔寺石窟相近的菩萨像示例（左图为绘于库木吐喇沟口区第 21 窟主室穹窿顶的菩萨①；中图为吐鲁番小塔②；右图为克孜尔第 77 窟左甬道外侧壁上方交脚菩萨③）

---

①新疆龟兹石窟研究所：《中国新疆壁画·龟兹》，乌鲁木齐：新疆美术摄影出版社，2008 年。

②殷光明：《北凉石塔研究》，新竹：财团法人觉风佛教艺术文化基金会，1999 年。

③新疆维吾尔自治区文物管理委员会、拜城县克孜尔千佛洞文物保管所、北京大学考古系：《中国石窟·克孜尔石窟（第二卷）》，北京：文物出版社，1996 年。

表3　6世纪前新疆地区佛教文物中与金塔寺石窟相近的菩萨像

编号	名称	所在位置	年代	与金塔寺菩萨的相近形象因素及相似度	相似因素总分
001	交脚菩萨	克孜尔第77窟左甬道外侧壁上方	公元3世纪末至4世纪中叶	耳饰与E3有80%的相似度，均为同心圆状，但佩戴位置有细微差别； 体衣与C1a有80%相似度，未画出裙褶。	16
002	交脚菩萨	克孜尔第38窟主室前壁上方半圆端面	公元4世纪中叶至5世纪末	体衣与C1g有80%相似度，但腰带于腰际打结。	8
003	菩萨	库木吐喇沟口区第20窟主室穹窿顶	公元5世纪	耳饰与E1有80%的相似度，均为挂穗状耳珰，但圆柱部分有细密的圆点纹； 体衣与C1g有50%相似度，腰带于腰际打结，且腰带下缘有华丽的彩带和莲花坠饰。	13
004	菩萨	库木吐喇沟口区第21窟主室穹窿顶	公元5世纪	耳饰与E1有80%的相似度，均为挂穗状耳珰，但圆柱部分有细密的圆点纹； 胸饰与P3b有30%的相似度，同时佩戴多条华绳和瓔珞，华绳均呈U字形搭于身前，但更为低垂，且有纹饰； 臂钏与A2有90%的相似度，大体样式一致，但中央同心圆有所差别； 体衣与C1b有80%相似度，大体样式一致，但腰带较长一端未垂于腿间。	28
005	右胁侍菩萨	吐峪沟K50窟(44窟)东壁	公元5世纪	体衣与C1e有80%的相似度，腰带打结方式及裙下缘样式稍有不同。	8
006	弥勒菩萨	吐峪沟K50窟(44窟)南壁	公元5世纪	发式与HS2有20%的相似度，发尾均分三股，呈卷曲状，其余皆不同； 胸饰与P3b有40%的相似度，同时佩戴多条华绳和瓔珞，瓔珞样式基本一致，但中央底端垂坠宝珠； 体衣与C1g有90%相似度，但裙下缘残损。	15
007	交脚菩萨	吐鲁番小塔	北凉	发式与HS3有80%的相似度，大体一致但额发中分不明显； 项饰与N2有80%的相似度，样式一致但较窄； 体衣与C1g有90%的相似度，腰带被手部遮挡未雕出细节。	25

4.6世纪前犍陀罗地区具有相近形象因素的菩萨像

位于印度河西部的犍陀罗，属古印度十六国之一，其中心地带在今巴基斯坦北部的白沙瓦谷地，这里地处印度半岛的门户地带，是丝绸之路上的交通要道。这片区域曾历经波斯帝国、亚历山大帝国、印度孔雀王朝、希腊人、斯基泰人、贵霜帝国的统治，佛教自孔雀王朝阿育王时期始在此传播，直至公元460年左右此地被白匈奴攻占为止。佛教的流行与不同文化的碰撞，使这里成为世界上最早雕凿佛教造像的地区之一。犍陀罗地区出土的菩萨像大多头戴敷巾冠或以珠带束波发，佩戴华丽的耳饰、项饰、臂钏以及绳状璎珞等胸饰，斜披络腋，下着裙，腰间系带，足着串珠凉鞋，作印度王子式装扮，形象比较一致。本文仅以部分造像为例，列举出犍陀罗菩萨像同金塔寺石窟菩萨像的相近因素及相似度（见表4）。

统计可知，犍陀罗菩萨发式与头衣同金塔寺菩萨有很大差异，上身均着络腋或披袈裟，未有完全袒露者，因此体衣中仅见C2a、C2b、C3a这几种形象因素。饰物中，耳饰仅见E2、E3；项饰仅见N2，且相似度较低；犍陀罗菩萨大多佩戴多条斜向的绳状璎珞或蛇形饰，与金塔寺菩萨差异较大，仅个别像的胸饰近似P1a；犍陀罗菩萨像臂钏多大而华丽，同金塔寺菩萨臂钏差异较大，仅个别像佩戴A1样式的臂钏。

图16　犍陀罗地区佛教文物中同金塔寺石窟相近的菩萨像示例（左图为出土于西克里佛寺遗址的窣堵坡上的弥勒菩萨[①]；中图为巴基斯坦马尔丹地区出土众菩萨像[②]；右图为阿富汗绍托拉克遗址出土的兜率天宫弥勒菩萨说法浮雕[③]）

①（巴基斯坦）穆罕默德·瓦利乌拉·汗著，陆水林译：《犍陀罗：来自巴基斯坦的佛教文明》，北京：五洲传播出版社，2020年。

②出光美术馆：《シルクロードに花開いた仏教美術の精華》，东京：平凡社，1996年。

③出光美术馆：《シルクロードに花開いた仏教美術の精華》，东京：平凡社，1996年。

表 4　6 世纪前犍陀罗地区佛教文物中与金塔寺石窟相近的菩萨像

编号	名称	所在位置	年代	与金塔寺菩萨的相近形象因素及相似度	相似因素总分
001	弥勒菩萨	巴基斯坦西克里遗址出土窣堵坡上	公元 1—2 世纪	耳饰与 E3 有 80%的相似度，均为同心圆状，但佩戴位置有细微差别； 项饰与 N2 有 40%的相似度，样式相近但较窄，下缘中央尖端不明显，且表面有纹饰； 体衣与 C3a 有 90%相似度，均着通肩袈裟，袈裟上缘位置略有差别。	21
002	右胁侍菩萨	巴基斯坦马尔丹地区出土	公元 1—3 世纪	项饰与 N2 有 80%的相似度，但较宽； 胸饰与 P1a 有 60%的相似度，样式相近但较短，且垂搭位置靠上； 体衣与 C2b 有 50%相似度，均斜披络腋，但右肩处络腋披覆方式不同。	19
003	听法菩萨	巴基斯坦马尔丹地区出土	公元 1—3 世纪	胸饰与 P1a 有 60%的相似度，样式相近但较短，且垂搭位置靠上； 臂钏与 A1 有 90%的相似度，大体样式一致，但较窄； 体衣与 C2a 有 50%相似度，均斜披络腋，搭于左肩，下缘垂至小腿，但络腋边缘不呈波浪状，且帔帛绕搭方式不同。	20
004	菩萨	巴基斯坦沙巴兹格里遗址出土	公元 1—3 世纪	项饰与 N2 有 50%的相似度，但下缘中央尖端不明显，且表面有纹饰； 体衣与 C2b 有 40%相似度，均斜披络腋，但披覆方式不同，且不披帔帛。	9
005	弥勒菩萨	阿富汗绍托拉克遗址出土	公元 3—5 世纪	耳饰与 E2 有 80%的相似度，均为挂穗状，但圆柱部分较粗； 体衣与 C2b 有 40%相似度，均斜披络腋，但披覆方式不同，且不披帔帛。	12
006	听法菩萨	阿富汗绍托拉克遗址出土	公元 3—5 世纪	耳饰与 E2 有 80%的相似度，均为挂穗状，但圆柱部分较粗； 体衣与 C2a 有 60%相似度，络腋披覆方式相同，但边缘不呈波浪状，且不披帔帛。	14

二、金塔寺石窟菩萨形象来源推断

为更加直观地显示其他地区 6 世纪前雕刻或描绘的菩萨像同金塔寺石窟菩萨形象的相似程度，将上述菩萨像按所在石窟位置或出土位置输入到 GIS 环境中，并以相似因素总分作为权重进行核密度分析，结果如图 17 所示。图中渐变色的圆圈标示出的地区存在同金塔寺石窟菩萨像具有相似形象因素的菩萨像，红、橙、黄色表示较高的相似造像分布密度和相似程度，蓝色表示较低的分布密度和相似程度。

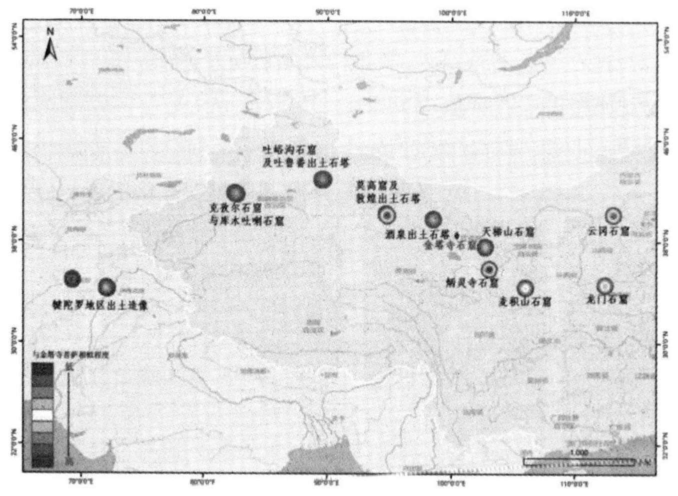

图 17 与金塔寺菩萨相近的 6 世纪前菩萨像分布及相似程度示意图

综合分析图表可知，在葱岭以西、世界上最早出现菩萨像的犍陀罗地区，金塔寺菩萨形象因素中斜披络腋或着通肩袈裟样式的体衣，在这里可以找到源头，除此之外，金塔寺菩萨包括立姿、结跏趺坐、半跏趺坐在内的所有姿态，犍陀罗地区菩萨像中都已经出现。在龟兹、河西、云冈、龙门石窟中均流行过的挂穗状耳饰，犍陀罗也已出现，只不过样式稍有不同。自汉以来有诸多番僧曾入华弘佛，也有诸多汉地高僧西行求法，菩萨像可能正是随着这些高僧的游锡而得以传播交流的。①再者，早在先秦时期，东西方交流的通路已经存在，到张

①严耕望:《魏晋南北朝佛教地理稿》,上海:上海古籍出版社,2007 年。

骞出使西域开辟丝路后，东西交流更盛，丝路横贯欧亚，不排除会有经商或探险的佛教徒沿着这条通路往来中亚与汉地之间，将犍陀罗地区的菩萨像带到河西地区的可能。

在甘肃以西古称西域的新疆地区，早期石窟中的壁画呈现出浓郁的地方特色，也被称为“龟兹风”壁画，壁画中的菩萨像体衣与金塔寺石窟中大部分菩萨相似，但除体衣外的其他形象因素，却更接近犍陀罗菩萨。克孜尔石窟3世纪洞窟中菩萨上袒下着裙，帔帛自身后绕搭于两肩又盘绕手臂下垂的体衣样式，是所见同类菩萨体衣中年代最早的，是金塔寺菩萨C1类体衣的源头。《魏书·释老志》有载，“凉州自张轨后，世信佛教。敦煌地接西域，道俗交得其旧式，村坞相属，多有塔寺”①，已经指出河西地区与西域之间的密切联系，西域菩萨形象流传到河西，正符合“道俗交得其旧式”的记载。

甘肃地区佛教文物中同金塔寺相近的菩萨像最多，其中形象最为相近的菩萨像分别位于公元420年的炳灵寺169窟第6龛，北凉时期的天梯山第4窟，北魏时期的麦积山70、74窟，以及莫高窟259窟中。相近形象因素的种类也最为丰富，金塔寺菩萨大部分形象因素在6世纪前甘肃其他佛教文物中都能见到。在所有相近形象因素中，最为特殊的是HS1发式，这种发式在金塔寺石窟菩萨像中占比最多，但在6世纪前的其他佛教文物中，却只见于炳灵寺石窟与天梯山石窟，可见这是极具时代与地域特色的一种形象因素，流行于东晋十六国时期的西秦、北凉境内。由此见得，金塔寺菩萨形象的直接来源即4世纪末5世纪初西秦、北凉境内流行的菩萨像。西秦乞伏氏、北凉沮渠氏皆笃信佛教，辖境之内佛教昌盛。凉州更是北方佛教译经中心之一，地处凉州的金塔寺石窟或为北凉时期开凿，采用当时当地流行的菩萨形象。

甘肃以东的北魏皇家石窟云冈石窟中，也常见同金塔寺菩萨具有相近形象因素的菩萨像，主要分布在云冈二期的双窟中，而北魏迁洛后开凿的龙门石窟古阳洞中的太和年间造像，有“云冈遗风”，自然也同金塔寺菩萨有着相似之处。这些北魏中晚期洞窟中的菩萨像同金塔寺菩萨相似程度虽高，但绝大部分相似形象因素都见于炳灵寺等甘肃早期石窟中，因此云冈、龙门中的菩萨像大概率

①[北齐]魏收：《魏书》第八册，北京：中华书局，1974年。

不是金塔寺菩萨的形象来源,而是受到了西秦、北凉[①]或是后秦的影响[②]。

综上可以推断,金塔寺石窟菩萨形象的直接源头是甘肃地区西秦、北凉境内流行的菩萨像,而凉州菩萨的部分形象因素如体衣、耳饰等又可追溯到西域龟兹,更早又追溯到犍陀罗地区。值得注意的是,金塔寺菩萨形象因素中有部分不见于6世纪前其他佛教文物中,包括头巾样式HC1a,头冠样式HC2a,体衣样式C1c、C1h、C3b,项饰N1、N3c,胸饰P1a、P1c、P2以及臂钏样式A4。这其中尤其是头冠,样式多样,且在其他佛教文物中未见有相似度较高者,说明是参与开窟造像工程的工匠或画师的创造,部分胸饰样式也不见于其他石窟,也可视为金塔寺的创新。

三、结语与展望

金塔寺石窟中的菩萨取材于十六国时期西秦、北凉境内流行的菩萨形象,其中一种整体略呈“几”字形的发式为该地区独有,其他诸如体衣、耳饰等许多形象因素都能在西域高昌、龟兹以及更远的犍陀罗地区找到源头,一定程度上反映出两晋南北朝时期中外文化交流的盛况。这种流行于西秦、北凉境内的菩萨形象,后又被吸收了凉州佛教力量的北魏政权所部分采纳,影响了云冈石窟以及龙门石窟古阳洞中部分菩萨像的设计,体现了我国境内文化交流的情况。此外,金塔寺菩萨的一些形象因素未见于其他佛教文物中,可能是金塔寺石窟开凿者之新创。

本文尚存在许多不足之处。一是在将金塔寺菩萨与其他佛教文物中的菩萨作比较时,因搜罗资料有限,未找到具有与金塔寺菩萨相近形象因素的秣菟罗、阿马拉瓦蒂以及笈多时期秣菟罗、萨尔纳特等流派的菩萨像资料,对比尚不全面。二是评估相似程度时,是基于对菩萨像照片或线图的观察来评估的,且判断标准带有一定的主观因素,恐有误判。未来如能更广泛地收集其他佛教文物中菩萨像相关资料,并引入更客观的比较分析方法,同时结合史料论证,将会进一步提高溯源结果的准确性与可信度。

---

①宿白:《凉州石窟遗迹和“凉州模式”》,《考古学报》1986年第4期,第435—446页。

②常青:《长安与洛阳——五至九世纪两京佛教艺术研究》,北京:文物出版社,2022年。

甘肃永昌庙湾子石刻塔群调查

李勇杰　曹生奎
（金昌市博物馆　永昌县博物馆）

2019 年 6 月，甘肃永昌户外运动爱好者吴海涛、张桃花夫妇，在祁连山腹地发现一处“塔形石刻”。2020 年 5 月 16 日，在他们的带领下，我们进行了实地调查、考古测绘。通过走访村民、查阅资料，理清了石刻塔群的基本情况，现整理报告如下。

一、调查情况

庙湾子石刻塔群位于永昌县南坝乡祁庄村六社南侧 10 千米处，尖山山峰顶崖壁上，东经 102°01′20.0″，北纬 38°03′28.0″，海拔 3100 米。周围山峦起伏，松林茂密。祁连山脉南高北低，水系呈辐射状分布，沟内河床亦为车辆便道。自北向南穿过松林，有小路绕过尖山，从南麓可登临石刻塔群（图 1）。当地人称“庙湾子”，故命名为“庙湾子石刻塔群”。该遗存东距云庄寺石窟直线距离约 6 千米，西距肃南县皇城区泱翔乡沙沟寺约 9 千米。塔群西侧 100 米处的峰脊之上，设有永昌、肃南县界围栏。石刻塔群东南侧山坡下 200 米有一处崖壁，立面刻一“寿”字。

图 1　庙湾子石刻塔群全景

石刻塔群分为南、北、东

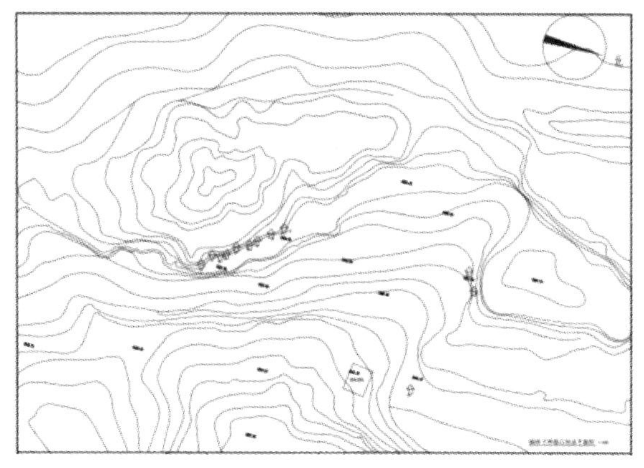

图 2　庙湾子石刻塔群平面图

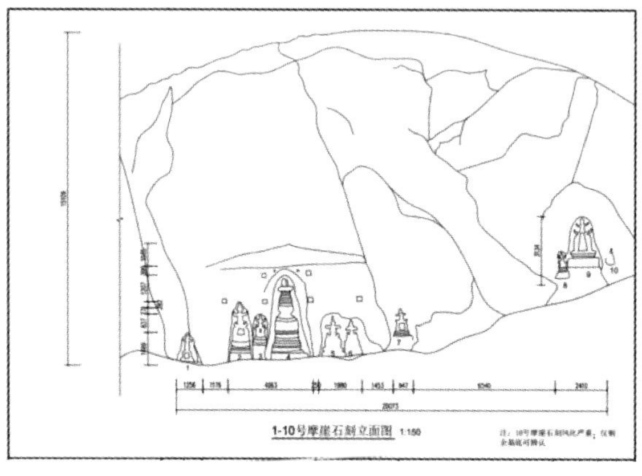

图 3　南塔龛区立面图

三个区域，分布面积约20000 平方米。南区崖面较大,北区崖面较小,东区只有 1 座。本次考古调查,共发现浮雕石刻塔 13 座,依据塔龛所处位置分为南塔龛区、北塔龛区、东塔龛区(图 2),现分述如下。

(一)南塔龛区

南塔龛区崖壁南北长 60 米,高 8—12 米,依崖壁开凿有石刻塔龛 10 座,错落排列(图 3),形制清晰明确,保存相对完整。编号为 MN。

龛体均为圆拱形,一龛一塔，高度在 1.3 米至 3.7 米之间不等。塔刹顶部雕有桃尖形、宝瓶形饰物。华盖两角上扬，无幡带雕饰。相轮窄直,上部向内收进,线刻轮级,雕刻精致者为十三级。塔身覆钵体颇似桶形,无金刚圈雕饰。覆钵体正中开瘗穴,瘗穴口呈正方形,亦有梯形,应为安葬僧侣身灰的舍利塔。穴内无物。其中,MN05、MN06(图 7)、MN08、MN10 号塔龛(图 9)未开瘗穴,可能是僧侣或佛教徒凿刻的功德塔。方形须弥座承托相轮,叠涩凿雕,无莲瓣雕饰。石刻塔表层素面,白灰粉妆应为后期妆绘。剥落严重,裸露红砂岩胎体。部分塔龛有香火痕迹。

MN02、MN03、MN04、MN05、MN06 正上方有三角形沟槽，宽 7.70 米,高 0.90 米。沟槽下方对称凿刻方形柱孔 6 个,当属龛外原有窟檐建筑遗留的痕迹(图 10)。

图 4　MN01

图 5 MN02

图 6 MN03

图 7 MN05、MN06

图 8　MN07

图 9　MN08、MN09、MN10

图 10　南塔龛区(局部)

沟槽之下，MN04号塔龛居中，体量高大。圆拱形龛带人字形龛楣，龛高3.70米，宽2.22米。龛内浮雕舍利塔，通高3.51米，底边宽1.60米。纵长方形瘗穴，开于塔刹后方，较为独特。宝珠形塔刹，起到封堵瘗穴的作用。被人移位，未发现擦擦等遗物。线刻十三级相轮，塔身覆钵体。方涩须弥座承托相轮，叠涩凿雕，无莲瓣雕饰。龛内及塔体表层素面，白灰粉妆，局部剥落。整个浮雕塔造型完美，是庙湾子石刻塔群之精品(图11)。

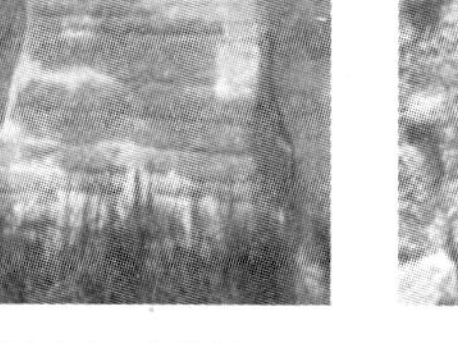

图11　MN04

图12　MN09

MN09号塔龛位于南塔龛区最北端，龛高2.24米，宽1.30米。龛内浮雕舍利塔，通高2.18米，底边宽1.30米。桃尖形塔刹，相轮窄直，线刻轮级漫漶不清。纵梯形瘗穴，开于塔身正中。瘗穴高0.85米，底宽0.35米，内部空间狭长(图12)。

(二)北塔龛区

北塔龛区崖壁南北长50米，高5—10米的立面上分布有石刻塔龛2座，采用压地隐起式凿刻手法，浅浮雕(图13)。编号为MB。风化剥蚀严重，保存较差。

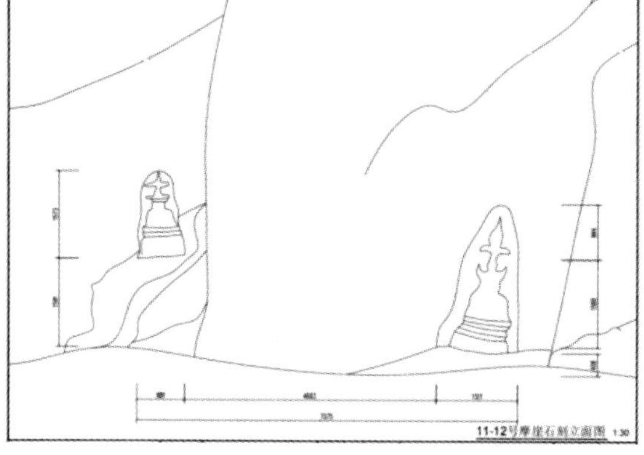

图13　北塔龛区立面图

北塔龛区从南向北，MB01为一圆形瘗穴，直径0.19米，未开龛，亦无塔的痕迹，应是一座未完工的塔龛(图14)。MB02号石刻塔通高1.04米，桃尖形塔刹(图15)。二塔华盖、相轮、塔身、方涩须弥座、线刻轮级漫漶不清，龛体

图 14　MB01

图 15　MB02

轮廓依稀可辨。未开瘗穴,无白灰粉妆痕迹。

(三)东塔龛区

东塔龛区有石刻塔龛 1 座,编号 MD01(图 16)。通高 2.58 米,底边宽 1.30 米,宝瓶型塔刹,相轮窄直。正方形瘗穴,开于塔身正中(图 17)。

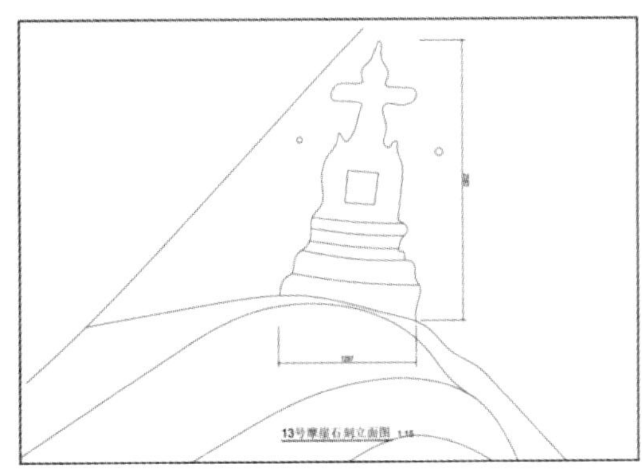

图 16　东塔龛区 MD01 线描图

图 17　MD01

二、相关问题探析

庙湾子石刻塔群,史无记载。2020 年 6 月,永昌县文物管理所对该遗存进行实地查踏,登记为新发现不可移动文物[①]。2021 年 1 月,受金昌市文化广电和旅游局委托,甘肃龙源历史建筑勘察设计有限公司对庙湾子石刻塔群进行了专项调查[②],记录了该遗存保存现状。庙湾子石刻塔群相关问题,初步探析如下:

(一)庙湾子石刻塔群与云庄寺渊源关系辨析

庙湾子石刻塔群东约 6 千米的云庄寺石窟,是距石刻塔群最近的佛教遗存。据现有研究成果和意见,云庄寺石窟始建于东晋,北魏、隋、唐、西夏、元、明、清沿用,香火兴盛。据当地老人讲,云庄寺清代重修,形成一个前后呼应、高下错落较完整的建筑群落。这些建筑毁于 1927 年大地震,20 世纪 60 年代塑像、壁画被毁,现存大小石窟 22 个,以及栈道、石洞、石窝、石槽、石梯、踏步等遗存,是研究河西走廊北朝石窟艺术、佛教文化的重要实物资料。1992 年 6 月,云庄寺石窟被金昌市人民政府公布为市级文物保护单位。

据当地村民介绍,相传庙湾子为云庄寺初选寺址,众工匠先凿刻佛塔,后搬运木料,准备兴建寺院。次日木料不翼而飞,最终在庙湾子以东山崖处发现。高僧刘摩诃认为,这是佛祖旨意,遂将云庄寺改建于现址,庙湾子废弃,只有石刻塔群遗留至今。

据乾隆十四年《五凉考治六德集全志·永昌县志》载:"刘摩诃,初住云庄寺。北凉时,西去殁于酒泉。骨化为珠,血化为丹"。[③]乾隆五十年本《永昌县志·杂志》卷九"仙释"记载:"摩诃俗姓刘,栖云庄山。山腰有石洞,窈窕疑即其挂锡处也。北凉时西游至酒泉殁,而荼(察)毗骨化为珠,血化为丹"。[④]

我们认为,庙湾子石刻塔群为藏传佛教遗存,与云庄寺石窟开凿时代相去甚远,"云庄寺初选寺址"一说,当属佛教附会之词,不足为凭。庙湾子石刻塔群与元明清时期的云庄寺是何关系,有待进一步考证。

---

①永昌县文物管理所:《第三次全国文物普查不可移动文物登记表·庙儿湾佛龛石刻塔群》,2020 年。

②甘肃龙源历史建筑勘察设计有限公司:《甘肃省金昌市庙湾子摩崖石刻专项调查报告》,2021 年。

③[清]张绍美总修,张克复等校注:《五凉全志校注·永昌县志》,兰州:甘肃人民出版社,1999 年,第 322 页。

④[清]李登瀛、南济汉纂修:《永昌县志·艺文志》,乾隆五十年。

（二）庙湾子石刻塔群的年代

图 18　永昌花大门石刻塔

图 19　马蹄寺石窟观音洞塔龛区 MGX018(左)

庙湾子石刻塔群，永昌县文物管理所登记为“始凿于西夏至元代”,2021 年调查组亦从此论。我们认为,庙湾子石刻塔群塔的元素虽然都具备,但大部分佛塔体量小、浅浮雕，雕凿手法过于简单、粗略;塔刹多为桃尖、宝瓶顶,无幡带雕饰,形式单一;方形须弥座,塔座、塔身未做雕饰。根据河西走廊石刻佛塔“西夏至元初达到鼎盛、明清逐步衰落”的特点分析,庙湾子石刻塔群应当晚于永昌花大门石刻塔群(图 18)①,与马蹄寺石窟观音洞塔龛区部分佛塔(图 19)结构特点、艺术风格相近②,当属明清时期的遗存。

三、结语

永昌庙湾子石刻塔群,属于明清时期藏传佛教摩崖石刻塔群遗址。该石刻塔群遗址的发现,为深入研究藏传佛教雕塑艺术在河西走廊的传承、发展、演变,提供了新的实物资料。

附记:本文所示平面图、立面图等,摘自甘肃龙源历史建筑勘察设计有限公司《甘肃省金昌市庙湾子摩崖石刻专项调查报告》,在此特致谢忱。

---

①于光建、张振华、黎大祥:《甘肃永昌花大门藏传佛教石刻塔群遗址考论》,《西藏研究》2014 年第 1 期,第 65—70 页。

②张掖市文物保护研究所:《祁连山北麓马蹄寺石窟群浮雕舍利塔考古调查简报》,《华夏考古》2014 年第 4 期。

龙门石窟北朝ST:54号佛塔的讨论

夏秀玲
（龙门石窟研究院）

佛教从印度传入中国后，对中国传统文化产生了巨大的影响。在河畔山崖间开凿石窟寺，是佛教修行和保存佛法的重要途径。位于洛阳的龙门石窟，开凿于北魏晚期（公元5世纪末）到唐代（公元9世纪中叶），其后断续营造。龙门石窟真实再现了我国二次佛教发展高潮时期的历史，其崖壁上雕刻有不少佛塔，调查研究这些佛塔有利于研究龙门石窟佛教文化发展情况。覆钵式佛塔的覆钵形态，是典型的从印度传进中国的外来建筑样式。钵，更是引用了佛教僧人饮食用具的说法。楼阁，是中国本土传统的木构建筑。塔的概念传入中国，与中国传统的楼阁建筑结合，形成了楼阁式的佛塔。

一、调查情况

据调查，目前龙门石窟现存的佛塔为80座，杨超杰和严辉[①]（2002）认为这80座佛塔中有17座为北朝佛塔，并对其进行了类型学分析（表1）。首先按照中外建筑的样式，分为中国建筑样式的楼阁式佛塔和印度建筑样式的覆钵式塔这两大类。又进一步根据楼阁式佛塔的塔身立壁的直斜程度分为三型：A型（直壁）、B型（壁较直）和C型（梯形）；根据覆钵式佛塔的塔身是否一体化分为两型：A型（幔帐式覆钵塔身）、B型（上部分为覆钵形，下部分为方形）。在继续分B型时，以塔檐的出现情况为依据将佛塔分成三种不同的式：无塔檐—突棱代表塔檐—叠涩塔檐。

①杨超杰、严辉：《龙门石窟雕刻粹编·佛塔》，北京：中国大百科全书出版社，2002年。

表 1　龙门石窟北朝佛塔类型情况

分类		分型式		佛塔编号
第一类	无龛边	A 型:覆钵式	Ⅰ式:无塔檐	55
		B 型:楼阁式	Ⅰ式:直壁	46、47、48
			Ⅱ式:壁较直	49、59、22
			Ⅲ式:壁呈梯形	56
第二类	不明确的龛边	B 型:楼阁式	Ⅱ式:壁较直	34
			Ⅲ式:壁呈梯形	44、45
		C 型:覆钵式+楼阁式	Ⅰ式:直壁	24
第三类	有龛边	A 型:覆钵式①	Ⅰ式:无塔檐	20
			Ⅱ式:突棱代表塔檐	21
			Ⅲ式:叠涩塔檐	37
		B 型:楼阁式	Ⅲ式:壁呈梯形	54

笔者在对前人调查的 17 座龙门石窟北朝佛塔的踏查中发现,塔体周围的石料处理方式有着明显的不同,即塔周壁面处理方式。在《佛塔》一书中提及了“平面剔地”与“剔除石料”的做法,但对于每个塔体的做法并没有具体关注。另外,笔者在调查过程中发现 ST:54 的造像记存有“玄宗”二字,疑似指的是中国历史上唯一一个庙号为“玄宗”的皇帝唐玄宗李隆基。若造像记中的“玄宗”为唐玄宗,那么 ST:54 号塔应该为唐塔,非北朝塔。又 ST:60 楼阁式塔,保存情况很差,仅测得残高约 54 厘米,宽约 20 厘米,余不详。因此在对北朝塔的类型分析中,没有加入此塔。另外,ST:24 号塔的塔身为楼阁式建筑,塔刹为覆钵式塔。故北朝塔的建筑样式有三种:覆钵式、楼阁式、覆钵式+楼阁式。

本文的类型学分析从塔周壁面处理方式出发,在杨超杰和严辉的类型分析的基础上,对龙门石窟北朝佛塔做了进一步的工作。首先根据龛边的情况分

①值得注意的是 A 型Ⅰ式的 1 座覆钵式佛塔为一体的幔帐式覆钵塔身,而 C 型Ⅰ式的 3 座覆钵式佛塔皆非一体式:上部分为覆钵形,下部分为方形。

类三类，再根据三种建筑样式分 3 型：A 型覆钵式、B 型楼阁式、C 型覆钵式+楼阁式，进而根据不同建筑的内在变化进行分式，覆钵式依据塔檐，楼阁式依据塔身立面幅度。

二、ST:54 很可能为唐塔

在此前的对龙门石窟北朝佛塔的调查和研究中，认为龙门石窟存在北朝塔 17 座。但在笔者的实际调查中，发现 ST:54 号佛塔的造像记中提到“玄宗”“帝祚”和“万国”这三词明显有用于表达对皇帝的祈愿之情。玄宗作为庙号使用时，只有唐玄宗李隆基。仅字面解释“玄宗”二字，其意为“渊源悠长不可辨的祖宗”。

龙门石窟北朝佛塔集中分布在西山的三大区域，莲花洞片区、普泰洞—唐字洞片区和药方洞—火烧洞片区，这三区也是龙门石窟北朝集中开凿的区域。龙门石窟明确雕刻有北朝时期的佛塔为 ST:56 和 ST:20。根据造像记内容，可知古阳洞内的 ST:56 楼阁式塔于延昌二年(513)雕凿，位于 712 窟(莲花洞)内的 ST:20 覆钵式塔为建义元年(528)雕凿。《佛塔》认为 54 号为北朝塔：“龙门石窟的 17 座楼阁式塔与此形制(洛阳新安西沃石窟的 1、2 号窟外的 4 座浮雕

图 1　ST:56 佛塔(早崎稉吉于 1893 年或 1903 年拍摄)

图 2　ST:54 佛塔(笔者拍摄)

楼阁塔)相同,而且多数塔身有着北魏的造像。""54 号和 56 号属于同一类型。""54 号由于刻凿于药方洞内,所以其年代可能会早到孝文宣武—孝明时期。"笔者认为与已有的明确时间的北朝塔样式相同就判定为北朝塔的观点过早,只能说此塔的时间可早到北朝,北朝之后也很有可能对北朝样式的塔进行雕凿。同时,54 号塔的塔身为磨光素面,没有造像,也就更看不出来北魏造像了。最后一点,药方洞内不仅有北朝雕凿的龛像,根据题记记录还有唐、宋等时期的龛像。如北壁第 16 龛造像记:"大唐永徽元年三月[①]",南壁第 13 龛龛下铭刻:"大宋天圣四年三月[②]"。继而在本文以 17 座北朝石窟塔前提下进行类型学分析后,ST:54 号佛塔没有和其他佛塔共为一类,其单为第三类的 A 型Ⅲ式。尤其是它的塔体周围磨光的壁面作了明显的龛线,也是龙门石窟北朝楼阁式塔里仅见的一处。因此,本文推测 ST:54 号佛塔非北朝塔,可能为唐塔。

---

①刘景龙、杨超杰:《龙门石窟总录 第八卷 文字著录篇》,北京:中国大百科全书出版社,1999 年,第 68 页。

②刘景龙、杨超杰:《龙门石窟总录 第八卷 文字著录篇》,北京:中国大百科全书出版社,1999 年,第72 页。

陇南石窟与佛教史

王百岁
（陇南师范高等专科学校文学与传媒学院陇南文史研究中心）

佛教何时传入今陇南市境内，历史上发展状况如何？正史和地方志皆没有专门、系统、具体、详尽的记述，佛教史亦没有记载。[①]所幸陇南市境内现存的一些石窟寺，直接或是间接地为我们保存了这方面的一些资料，其价值弥足珍贵。根据古代建筑、窟龛、塑像、壁画、碑文等，结合相关文献资料，可以大体勾勒出陇南的佛教史。

一、魏晋南北朝时期陇南石窟与佛教

魏晋南北朝时期陇南佛教获得了迅猛和长足的发展，是陇南佛教发展的初始阶段和第一个黄金时期。就石窟始凿及其早期发展而言，主要有成县大云寺，西和县法镜寺、八峰崖，徽县竹林寺等石窟。

（一）佛教最早传入今陇南成县等地

根据现有地方志看，佛教传入陇南市各县的时间先后不尽相同，但大多数县份的传入时间在地方志中均没有明确或准确记载。从现有的石窟资料和文献资料综合推断，至迟于东汉明帝时期佛教就传入了今成县境内，成县理所当然成为今陇南市也是今甘肃省佛教传入最早的地方之一。

关于佛教传入成县的时间，位于今成县城关镇的大云寺石窟摩崖石刻和

①杜继文主编：《佛教史》，南京：江苏人民出版社，2008 年。任继愈主编：《中国佛教史》第一至三卷，北京：中国社会科学出版社，1981、1985、1987 年。汤用彤：《汉魏两晋南北朝佛教史（增订本）》，北京：北京大学出版社，2011 年。汤用彤：《隋唐佛教史稿》，北京：中华书局，2010 年。

一些相关文献的记载功不可没。据孙晓峰先生考察与研究,大云寺石窟始凿于唐代,现"已基本残毁""仅存少许摩崖浮雕及题记"。[①]《甘肃省志》在记述了敦煌、凉州等地佛教传入及译经情况后写道:"随着佛教在甘肃的早期传播,佛教寺院也开始在一些地方兴建。据《舆地胜记》记载:'大云寺碑在成州(成县)凤凰山上,去州七里,创始莫考,殿后崖上存刻字云:汉永平十二年。'按这一记载,说明在东汉明帝时,成县已经有佛寺。"[②]《成县志》载:"《元一统志》成州大云寺条谓,殿后崖上有刻字,云:汉永平十二年重修,寺主广昌记。又,经阁崖上刻云:梁大同九年。今寺毁碑亡,考察无门。若记载不误,则佛教之始于本县,似自汉代。"[③]《陇右金石录》"凤凰山摩崖"条引王象之《舆地碑记目》亦云:"大云寺碑在凤凰山上,去成州七里,创始莫考。殿后崖上有刻字云'汉永平十二年',又修经阁崖上刻云'梁大同九年'。"[④]"学术界一般认为,汉哀帝元寿元年(公元前2年),大月氏王使臣伊存口授《浮屠经》,当为佛教传入汉地之始。此说源于《三国志》裴松之注所引鱼豢的《魏略·西戎传》。""在佛教界,则普遍把汉明帝夜梦金人,遣使求法,作为佛教传入中国的开始。此说最早见于《四十二章经序》和《牟子理惑论》(简称《理惑论》)。"[⑤]《元一统志》虽谓"按永平年号,是时佛法始入中国,不同可疑",[⑥]但没有否定永平年间佛教传入成县的可能性。事实上,西汉末年佛教已传入中国[⑦]。故较为准确的说法应该是,"根据信史的记载,佛教传入汉地,当在两汉之际,即公元前后"。[⑧]又据记录"汉永平十二年重修"之事者为"寺主""广昌",则说明今成县境内当时已经有了佛寺和住持僧人;且言"重修",即是"建寺或始凿当更早"之意。因此可以断定,至迟在东汉明帝时

①孙晓峰:《甘肃天水、陇南地区中小石窟的初步考察》,《敦煌学辑刊》2006年第4期,第51页。

②甘肃省地方史志编纂委员会、甘肃省志宗教志编纂委员会编纂:《甘肃省志》第七十一卷《宗教志》,兰州:甘肃人民出版社,2005年,第89页。

③成县地方志编纂委员会编纂:《成县志》,西安:西北大学出版社,1994年,第835页。

④张维编著:《陇右金石录》,兰州:甘肃省文献征集委员会,1943年,第15979页。

⑤杜继文主编:《佛教史》,南京:江苏人民出版社,2008年,第87页。

⑥[元]孛兰肹等撰,赵万里校辑:《元一统志》,北京:中华书局,1966年,第482页。

⑦汤用彤:《汉魏两晋南北朝佛教史(增订本)》,北京:北京大学出版社,2011年,第29—30页。

⑧杜继文主编:《佛教史》,南京:江苏人民出版社,2008年,第88页。

期，佛教不仅传入了中原地区，而且传入了今成县——陇南市境内。

（二）佛教渐次传入今陇南各地并迅猛发展

清康熙三十六年（1697）王殿元撰《西和县新志》，乾隆三十九年（1774）邱大英撰《西和县志》，中华民国三十六年（1947）朱绣梓撰《重修西和县志》，均无佛教最先传入今西和县时间的记载。[①]北魏时期，陇南境内佛教有了很大发展，现存石窟中以位于今西和县石堡乡的法镜寺石窟为代表。据《西和县志》载，该石窟"分南北崖两处，现存 31 窟，南崖 15 窟，北崖 16 窟，有造像 13 尊。"[②]"佛教何时传入本县，尚无确切记载。但从西和法镜寺佛教造型推知，最迟也在北魏时期。"[③]据孙晓峰先生考察，现存大小窟龛 24 个，造像 11 身。[④]据王百岁考察，现存 24 个窟龛，可见造像 19 身。[⑤]当代学者研究认为，该石窟始凿于北魏（中晚期）。[⑥]另外，西和县马元乡佛孔寺始建于北魏太和年间（477—499）。[⑦]西和县石峡镇八峰崖石窟[⑧]、成县城关镇大云寺石窟也很可能开凿于北魏时期[⑨]。可见，北魏时期，陇南不仅已经传入佛教，而且获得了很大发展。

位于今西和县石峡镇的八峰崖石窟现存 14 窟，塑像 170 余身（含新塑），第 12 窟东壁南侧画纵 103 厘米、横 134 厘米，西壁南侧画纵 145 厘米、横 124

---

①西和县志办公室校点：《西和县志》（清康熙三十六年王殿元撰《西和县新志》，清乾隆三十九年邱大英撰《西和县志》，中华民国三十六年朱绣梓撰《重修西和县志》，三《志》合编本），西和县内部编印，2006 年，第 1—487 页。

②西和县志编纂委员会编纂：《西和县志》，西安：陕西人民出版社，1997 年，第 644 页。

③西和县志编纂委员会编纂：《西和县志》，西安：陕西人民出版社，1997 年，第 732 页。

④孙晓峰：《甘肃陇南几处中小石窟调查简报》，《敦煌研究》2008 年第 2 期，第 3 页。

⑤王百岁：《甘肃省西和县法镜寺石窟调查与研究》，《敦煌学辑刊》2017 年第 3 期，第 154—167 页。

⑥西和县志编纂委员会编纂：《西和县志》，西安：陕西人民出版社，1997 年，第 643 页。张宝玺主编：《甘肃石窟艺术雕塑编》，兰州：甘肃人民美术出版社，1994 年，第 184 页。敦煌研究院编，卢秀文编著：《中国石窟图文志·石窟志编》，兰州：敦煌文艺出版社，2002 年，第 244 页。孙晓峰：《甘肃陇南几处中小石窟调查简报》，《敦煌研究》2008 年第 2 期，第 10 页。孙晓峰：《甘肃天水、陇南地区中小石窟的初步考察》，《敦煌学辑刊》2006 年第 4 期，第 43 页。王百岁：《甘肃陇南石窟寺》，郑炳林主编：《佛教艺术与文化国际学术研讨会论文集》，西安：三秦出版社，2009 年，第 154—180 页。王百岁：《甘肃省西和县法镜寺石窟调查与研究》，《敦煌学辑刊》2017 年第 3 期，第 154—167 页。

⑦王百岁：《甘肃西和佛孔石窟调查与研究》，《敦煌学辑刊》2012 年第 3 期，第 115 页。

⑧王百岁：《八峰崖石窟内容总录新编》，《敦煌研究》2014 年第 5 期，第 29—34 页。

⑨王百岁：《成县大云寺石窟调查与研究》，《天水师范学院学报》2014 年第 4 期，第 21—26 页。

厘米。[①]关于石窟的始凿时间，学术界存在争议，有魏晋，不晚于十六国后秦，[②]唐，[③]宋元明清[④]等不同观点，迄今尚无定论。但笔者认为始凿于北魏时期。[⑤]结合法镜寺石窟的开凿可知，迄至北魏，今西和县境内佛教兴隆，凿窟造像活动盛极一时。

据上述内容可知，至迟于北魏时期，佛教已传入西和——实际上可能更早，不排除东汉、魏晋、十六国时期传入的可能性，因为佛教既然能够经由相对较远的今天水市传入成县、徽县，那么也就能够从成县、徽县传入与成县接壤的西和县、礼县，或者可以由今天水市直接传入西和县、礼县，西和县、礼县东北部与天水市秦州区西南部相接壤，天水市与西和县分别从北、东、南、西四面紧邻礼县。自古及今，天水与陇南，礼县、西和县、成县、徽县、两当县、康县、武都区、宕昌县、文县，有时部分县区属于同一行政辖区，有时各自独立，而且都处于陇蜀交通要道上。[⑥]

①西和县志编纂委员会编纂:《西和县志》，西安:陕西人民出版社，1997 年，第 643 页。王百岁:《八峰崖石窟内容总录新编》，《敦煌研究》2014 年第 5 期，第 29—34 页。

②王百岁:《甘肃陇南石窟寺》，郑炳林主编《佛教艺术与文化国际学术研讨会论文集》，西安:三秦出版社，2009 年，第 156 页。

③孙晓峰:《甘肃天水、陇南地区中小石窟的初步考察》，《敦煌学辑刊》2006 年第 4 期，第 51 页。史轲:《甘肃省陇南境内石窟寺概述》，《丝绸之路》2010 年第 2 期，第 24—27 页。

④张宝玺主编:《甘肃石窟艺术壁画编·甘肃石窟一览表》，兰州:甘肃人民美术出版社，1997 年。李永良主编:《河陇文化——连接古代中国与世界的走廊》，上海:上海远东出版社，香港:商务印书馆(香港)，1998 年，第 275 页。西和县志编纂委员会编纂:《西和县志》，西安:陕西人民出版社，1997 年，第 644—645、733—734 页。另外，张宝玺、张学荣、刘永增、魏文斌、孙晓峰等先生认为八峰崖石窟现存最早塑像是明清时期的作品(其中张学荣、孙晓峰等先生认为现存个别塑像具有宋代风格)；本人导师施萍婷先生认为现存塑像大部分是明清时期的，现存最早佛、菩萨塑像为宋代作品。对于八峰崖石窟的始凿时间，目前学术界没有得出肯定、一致的结论。

⑤王百岁:《八峰崖石窟内容总录新编》，《敦煌研究》2014 年第 5 期，第 29—34 页。王百岁:《八峰崖石窟与仇池国》，《天水师范学院学报》2020 年第 4 期，第 26—33 页。

⑥西和县志编纂委员会编纂:《西和县志》，西安:陕西人民出版社，1997 年。礼县志编纂委员会编纂:《礼县志》，西安:陕西人民出版社，1999 年。宕昌县县志编纂委员会编纂:《宕昌县志》，兰州:甘肃文化出版社，1995 年。康县志编纂委员会编纂，黄俊武主编:《康县志》，兰州:甘肃人民出版社，1989 年。甘肃省两当县志编纂委员会编纂，刘瑞、杨永红主编:《两当县志》，兰州:甘肃文化出版社，2005 年。成县地方志编纂委员会编纂:《成县志》，西安:西北大学出版社，1994 年。徽县志编纂委员会编纂:《徽县志》，西安:陕西人民出版社，2003 年。甘肃省武都县地方志编纂委员会编纂，曾礼主编:《武都县志》，北京:生活·读书·新知三联书店，1998 年。文县志编纂委员会编纂:《文县志》，兰州:甘肃人民出版社，1997 年。

据《宕昌县志》载："佛教何时传入宕昌无确切记载，但据传说和境内尚存的寺庙推断，大约在北魏末期传入本县。当时因宕昌系羌族住地，羌人信仰天神、山神、石神、水神等，信仰佛教者不多。"[①]既然宕昌一带"大约在北魏末期传入"佛教，据此可知，佛教传入今宕昌县境内是比较早的，只是因为当时居住宕昌一带的羌族主要信仰自然神，故佛教并不盛行。

据《徽县志》载，"西魏大统年间（535—551）在伏家镇北山修建北禅寺"[②]，这说明至迟在北魏或西魏时期佛教就传入了今徽县境内。与北禅寺对应的是南禅寺，南禅寺遗址位于今徽县水阳乡的佛爷崖石龛近处（在佛爷崖石龛东北方位），出土有很多残砖断瓦等较大规模寺院建筑的遗物。南禅寺与北禅寺同时并存，可知南禅寺的创建不晚于西魏时期。南禅寺与佛爷崖石龛一定有密切关系。该石龛为一处摩崖帐式大龛，又分 4 个较大龛、14 个小龛，佛、菩萨、力士等各类石质浮雕造像 20 身（含被毁的 1 号较大佛左胁侍菩萨 1 身），现已严重风化。大龛龛形类似麦积山石窟西魏至北周阶段流行的帐形龛。[③]大龛、较大龛、小龛，大佛、小佛、菩萨、力士等错落有致。佛陀螺纹高髻，面貌丰满、身材端庄，穿垂领式或圆领通肩式袈裟，倚坐或结跏趺坐于二重或三重仰莲台座上。菩萨或坐或立，肌肤圆润，娴静脱俗，慈悲悯人。力士肌肉发达，魁梧劲健。从窟龛形制、造像思想、造像特征、衣着服饰等方面分析，北朝晚期、隋、唐时期特征明显。张宝玺先生认为当开凿于北魏、西魏时期，[④]施萍婷先生、刘永增先生、王惠民先生认为该石龛开凿于唐宋时期，孙晓峰先生认为当开凿于隋末唐初，[⑤]笔者以为开凿于初、盛唐时期。[⑥]

位于今徽县榆树乡的竹林寺石窟现有 6 个窟（1 大 5 小）。笔者将该石窟仅存窟龛与塑像（残骸）同法镜寺石窟窟龛与塑像作了对比，觉得竹林寺石窟

①宕昌县县志编纂委员会编纂：《宕昌县志》，兰州：甘肃文化出版社，1995 年，第 539 页。

②徽县志编纂委员会编纂：《徽县志》，西安：陕西人民出版社，2003 年，第 906 页。

③孙晓峰：《甘肃陇南几处中小石窟调查简报》，《敦煌研究》2008 年第 2 期，第 10 页。

④张宝玺主编：《甘肃石窟艺术壁画编·甘肃石窟一览表》，兰州：甘肃人民美术出版社，1997 年。

⑤孙晓峰：《甘肃陇南几处中小石窟调查简报》，《敦煌研究》2008 年第 2 期，第 10 页。

⑥王百岁：《甘肃省徽县佛爷崖石龛研究》，《甘肃高师学报》2017 年第 8 期，第 78—84 页。

(开凿于十六国北魏时期),具有北朝时期的某些风格。[①]则徽县境内佛教传入、佛教活动、开窟造像的时间当与成县与西和县相差不远。

据《礼县志》载:“天水市麦积山石窟始建于两晋时期的后秦王朝,当时礼县的东北部属天水郡的始昌县……‘观音圣水牌’寺庙建于唐朝或更早些。”[②]根据今礼县(包括湫山坪)东北部与天水市接壤,历史上深受今天水境内佛教及开窟造像活动的影响,天水市、西和县、成县、徽县等地佛教的传入都不晚于十六国、北魏或西魏的事实,可推知佛教传入今礼县境亦当不晚于十六国、北魏或西魏时期。

据《康县志》载,“康县古属氐人住地,氐族早就信奉佛教”,并引用《西北民族宗教史料文摘》称,“氐王苻坚尝遣兵征西域,其目的之一,乃在邀请僧鸠摩罗什。”[③]这种说法与佛教是否传入今康县境内没有直接关系,且不能说明佛教最早传入康县境内的确切甚至大致时间,但可以肯定,在中国境内,佛教初传并开始流行于氐民(包括当时在今康县境内的氐民)当中,时间当不晚于东晋十六国或南北朝时期。

综上所述,佛教至迟于东汉明帝时就传入今陇南市境内,但传入各县的具体时间不尽相同,传入成、西和、徽、康、宕昌等县较早,传入其他各县或较迟。在魏晋南北朝时期,虽然各县佛教流行与发展并不平衡,但总体上十分迅速,北魏等时期的石窟及造像、宗教活动遗迹就是见证。

二、隋唐五代宋时期陇南石窟与佛教

隋唐五代宋时期陇南佛教达到极盛,是陇南佛教发展的第二个黄金时期。佛教活动或开窟造像较为活跃的有佛爷崖、大云寺、法镜寺、八峰崖、水帘洞、罗汉洞等石窟。

(一)唐宋时期今成县、西和县境内佛教至盛

《成县志》载:

①王百岁:《徽县竹林寺石窟调查与研究》,《甘肃高师学报》2016 年第 1 期,第 54—60 页。

②礼县志编纂委员会编纂:《礼县志》,西安:陕西人民出版社,1999 年,第 782 页。

③康县志编纂委员会编纂,黄俊武主编:《康县志》,兰州:甘肃人民出版社,1989 年,第 780 页。

> 《元一统志》谓大云寺，汉唐时似以凤凰山名，或为其时知名寺院。逮武则天临朝后，颁示《大云经》，凤凰山寺拟于彼时望风景从，易名大云寺。而晨钟暮鼓萦回于崖壁间已数百十年，今崖壁上唐、宋题记可约略推知之。[①]

史载，唐高宗崩而中宗立，“武后乃亟谋篡位，遂大造符瑞图谶，以期移天下之观听。”[②]“《大云经》盖此前已译数种，怀义等因其内有女主之文，故特改造表上之。”[③]载初元年(689)，“有沙门十人伪撰《大云经》，表上之，盛言神皇受命之事。”[④]沙门并造《经疏》，谓经中所云“即以女身当王国土”者，当应在武则天身上。[⑤]武则天据此于天授元年(690)“壬申，敕两京、诸州各置大云寺一区，藏《大云经》，使僧升高座讲解，其撰疏僧云宣等九人皆赐爵县公，仍赐紫袈裟、银龟袋”。[⑥]当时全国“大云寺”之名，与“武周革命”有直接关系。在这一政治背景下，成县“凤凰山寺”遂有了“大云寺”之名，这一名称一直延续到现在。

《佛祖统纪》载：“大足元年[⑦]，成州[⑧]言，有佛迹见甚大，诏改号大足。”[⑨]故知

①成县地方志编纂委员会编纂:《成县志》,西安:西北大学出版社,1994 年,第 835 页。

②汤用彤:《隋唐佛教史稿》,北京:中华书局,2010 年,第 17 页。

③汤用彤:《隋唐佛教史槁》,北京:中华书局,2010 年,第 18 页。

④[后晋]刘昫等撰:《旧唐书》卷六《则天皇后》,北京:中华书局,1975 年,第 121 页。

⑤杜继文主编:《佛教史》,南京:江苏人民出版社,2008 年,第 242 页。

⑥[北宋]司马光编著,[元]胡三省音注:《资治通鉴》,北京:中华书局,1956 年,第 6469 页。

⑦“大足”,武则天年号,时当公元 701 年,是为“大足元年”。

⑧《元和郡县图志》载:“成州,禹贡梁州之域。古西戎地也,后为白马氐国。西南夷自冉駹以来什数,白马最大。有山曰仇池,地方百顷,其地险固,白马氐据焉。秦逐西羌,置陇西郡。秦末,氐、羌又侵据之。元鼎六年平西南夷,置武都郡,今州界二郡之地,晋宋间氐帅杨定、杨难当窃据仇池,自称大秦王,宋遣将军裴方明讨平之。后魏于此置仇池镇,理百顷岑上,后又改为郡。梁改为秦州,齐废帝改为成州。隋大业三年,改成州为汉阳郡。武德元年,复为成州。本属陇右道,贞元五年节度使严震奏割属山南道。今于同谷县西界泥公山上权置行成州。”([唐] 李吉甫撰:《元和郡县图志》, 北京: 中华书局,1983 年,第 571—572 页。)

⑨[南宋]志磐撰,释道法校注:《佛祖统纪校注》(全 3 册),上海:上海古籍出版社,2012 年,第 934 页。另见志磐撰:《佛祖统纪》,《大正藏》第 49 册,No.2035,第 370 页下栏。

武周政权之年号“大足”实来源于当时的成州(含今陇南市境域之一部分)[①]“发现”的所谓“佛迹”。无论“佛迹”是真是假、今在何方,也不论这一记载有何特殊背景和用意,可以肯定的是,它反映了初唐至盛唐间陇南一带的佛教盛况,官、民信仰者自不在少数,因为只有佛教兴盛、很多人信仰,“佛迹”“大足”之说才有吸引力,才有神秘感。

杜甫于安史乱中之乾元二年(759)经秦州(今甘肃省天水市)过同谷(今甘肃省成县),[②]到成都(今四川省成都市)。在同谷时,杜甫曾到过“赞公土室”(与大云寺石窟相距二三里),[③]还写了《宿赞公房》《西枝村寻置草堂地夜宿赞公土室二首》《寄赞上人》《别赞上人》等诗篇。[④]按赞公或称赞上人,曾为长安大云寺住持,与杜甫交情甚厚。至德二载(757),安史叛军陷京师,乃掩护杜甫于长安大云寺避难。杜甫初入长安大云寺时曾作《大云寺赞公房四首》。[⑤]据《长安志》载,大云寺“在怀远坊东南隅。本名光明寺……武太后初幸此寺,沙门宣政进《大云经》,经中有女主之符,因改为大云经寺……”[⑥]赞公与宰相房琯亲善,后琯罢相遭株连,竟被远谪成州同谷大云寺。原长安大云寺住持赞公被远谪陇右同谷大云寺。这反映了成州大云寺在当时有一定影响,初唐、盛唐时期成州乃至今陇南一带佛教之盛。

大云寺石窟现存一块《佛顶尊胜陀罗尼经》八棱石幢,大部残损,幢顶、幢座均已不见,现仅存幢身 4 面 5 棱。第一面,长 48 厘米、宽 17 厘米;第二面,长

---

①关于“成州”,另见谭其骧主编:《中国历史地图集》第五册《隋、唐、五代十国时期》,北京:中国地图出版社,1982 年,第 61—62 页。

②[后晋]刘昫等撰:《旧唐书》卷一百九十下《文苑传下·杜甫传》,北京:中华书局,1975 年,第 5054 页。

③高天佑著:《杜甫陇蜀纪行诗注析》,兰州:甘肃民族出版社,2002 年,第 222 页。

④[唐]杜甫:《宿赞公房》,[清]彭定求、杨中讷等修纂《全唐诗》卷二百二十五,北京:中华书局,1960 年,第 2419 页。[唐]杜甫:《西枝村寻置草堂地夜宿赞公土室二首》,[清]彭定求、杨中讷等修纂《全唐诗》卷二百十八,第 2288 页。[唐]杜甫:《寄赞上人》,[清]彭定求、杨中讷等修纂《全唐诗》卷二百十八,第 2288 页。[唐]杜甫:《别赞上人》,[清]彭定求、杨中讷等修纂《全唐诗》卷二百十八,第 2293—2294 页。

⑤[唐]杜甫:《大云寺赞公房四首》,[清]彭定求、杨中讷等修纂:《全唐诗》卷二百十六,第 2269 页。

⑥[元]骆天骧撰,黄永年点校:《类编长安志》,西安:三秦出版社,2006 年,第 132 页。

50、宽 16.5 厘米；第三面，长 47 厘米、宽 16.5 厘米；第四面，长 37 厘米、宽 8.2 厘米。由碑文落款处“盖幢亭子”等语可知，此碑刻立时建有“盖幢亭子”（早已不见踪迹）。据《大正藏》所收《佛顶尊胜陀罗尼经序》载，北印度罽宾国僧人佛陀波利于“仪凤元年从西国来至此汉土到五台山次……系念倾诚回还西国，取佛顶尊胜陀罗尼经。至永淳二年（683）回至西京，具以上事闻奏大帝。大帝遂将其本入内，请日照三藏法师，及敕司宾寺典客令杜行顗等，共译此经。”[①]初唐始用石头模仿丝帛造经幢。陕西富平武后永昌元年（689）石幢为最早实例之一。[②]据正史载，代宗宝应元年（762），“吐蕃寇秦、成、渭三州”。代宗广德元年（763），“吐蕃陷陇右诸州”。[③]德宗建中四年（783），唐蕃盟于清水，“约：唐地泾州右尽弹筝峡，陇州右极清水，凤州西尽同谷，剑南尽西山、大度水。吐蕃守镇兰、渭、原、会，西临洮，东成州，抵剑南西磨些诸蛮、大度水之西南”[④]。故同谷曾为吐蕃占领，中唐以后长期不宁。遭受阶级和民族双重压迫的人们需求得解脱，故很多人企望在佛教中得到解脱，其中就包括一些人刻写并树立《佛顶尊胜陀罗尼经》以求得佛祖保佑。又据《佛顶尊胜陀罗尼经》经幢石刻“使持节成州诸军事兼成州刺史侍御史充本州守捉使上柱……／……功德……盖幢亭子等于成州凤凰寺创……”中所述行政区划名、官职名，书法风格等同于或近于“元和八年”之《李叔政题壁》。[⑤]综上可以断定该石幢立于中唐时期。

成县地方志编纂委员会编纂之《成县志》载：

> 至宋代，除凤凰山寺外，知名寺院，郭外又有鸡山光祥寺、广化寺、五仙洞，郭内有兴教寺，声名以鸡山、五仙山、凤凰山三寺为著。知名释子有广化寺宗爽，五仙洞晦庵、宗鉴等。[⑥]

---

①[唐]志静述：《佛顶尊胜陀罗尼经序》，《大正藏》第 19 册，No.967，第 349 页中栏至下栏。

②阎文儒：《中国石窟艺术总论》，桂林：广西师范大学出版社，2003 年，第 250—251 页。

③[北宋]欧阳修、宋祁撰：《新唐书》卷六《本纪第六·代宗》，北京：中华书局，1975 年，第 168 页。

④[北宋]欧阳修、宋祁撰：《新唐书》卷二百一十六下《吐蕃下》，北京：中华书局，1975 年，第 6093 页。

⑤蔡副全：《唐〈李叔政题壁〉墨迹考略》，《敦煌研究》2009 年第 2 期，第 48 页。

⑥成县地方志编纂委员会编纂：《成县志》，西安：西北大学出版社，1994 年，第 835 页。

可见，直至宋代，成县的宗教活动中不仅佛教突出，而且知名寺院众多、知名佛徒亦多，佛教活动兴隆，佛寺活动受到人们重视。

据《成县志》之《1987 年以前知名寺院建置调查表》所列佛教寺院（庙）（因为基本上引自黄泳《成县新志》[①]等，故实际上皆为清代及以前所建寺院），创始年代不详的寺院（庙）有资福寺、柏林寺、方山寺、石泉寺、白马寺、清凉寺、成古寺、麒麟寺、华岩寺、朝阳寺、青龙寺、温凉寺、泥功寺、大云寺、东林寺、十方寺、石骨寺、麦磊寺、回龙寺、丰钟寺、普照寺（有 2 座）、马崖寺、石门寺、静宁寺、玉皇楼（寺）等，建于宋代的有兴教寺、资福寺（非上述）、广化寺、光祥寺等。[②]关于大云寺，似始建于东汉，大云寺石窟的开凿至迟不会晚于唐代（已见前述）。[③]关于广化寺，据《成县志》称"黄泳《成县新志》：谓寺中有唐吴道子画观音像碑，宋元丰年间建。址今建学校，道子碑佚。"[④]上述寺院（庙）今多已圮毁，其遗址或存或无考。无论如何，足见唐宋时期，今成县一带佛教不仅长期流行，有时还相当隆盛。

据以上资料可知，初唐、盛唐、中唐及宋代，今成县乃至陇南境内佛教活动十分活跃。

据《西和县志》载："杜甫于乾元二年（759）从秦州赴同谷路经法镜寺所描写的'朱甍半光炯，户牖粲可数'的宏丽情状，说明唐朝时，佛教在本县就很盛行。此后盛衰，无从稽考。"[⑤]杜甫的《法镜寺》诗印证了，最迟到盛唐时期，法镜寺（石窟）已有了相当的佛事活动基础和规模。

据《重修西和县志》载："在县北二十五里石堡城以南，石壁间镌有佛像三

---

①［清］黄泳第纂修：《成县新志》，乾隆六年（1741）刊本，台北：成文出版社有限公司，1970 年，第 361—364 页。

②成县地方志编纂委员会编纂：《成县志》，西安：西北大学出版社，1994 年，第 836 页。

③张宝玺主编：《甘肃石窟艺术壁画编·甘肃石窟一览表》，兰州：甘肃人民美术出版社，1997 年。李永良主编：《河陇文化——连接古代中国与世界的走廊》，上海：上海远东出版社，香港：商务印书馆（香港），1998 年，第 275 页。孙晓峰：《甘肃天水、陇南地区中小石窟的初步考察》，《敦煌学辑刊》2006 年第 4 期，第 51 页。

④成县地方志编纂委员会编纂：《成县志》，西安：西北大学出版社，1994 年，第 836 页。

⑤西和县志编纂委员会编纂：《西和县志》，西安：陕西人民出版社，1997 年，第 732 页。

尊，其形神相貌颇类番僧，唐时为吐蕃所据，其佛像疑为吐蕃所镌也。”[①]这段话该怎样理解呢？笔者以为，今人研究已经证实，从窟龛形制、造像风格等方面分析，法镜寺石窟应始凿于北魏中晚期。[②]但这种说法并不准确，依笔者看来，石刻或雕塑佛像远不止“三尊”，当然不排除可能曾有吐蕃占领时期的雕塑，至少说明：第一，唐代（包括吐蕃统治时期）佛教长期兴盛是事实，唐代继续在法镜寺（石窟）大力开展宗教活动和开窟造像活动（后被毁佛像中或包括吐蕃时期的造像）。第二，信仰佛教的吐蕃并没有破坏原有佛寺与石窟，致使窟龛与塑像得以保存下来。第三，自北朝至唐代法镜寺（石窟）确有佛教及开窟造像活动，甚至在杜甫到达以前就有佛窟及造像存在，直至杜甫路过时见到了寺庙、窟龛和塑像。

杜甫南下路过今西和县石峡镇时，写了一首《石龛》诗。[③]该诗是否针对八峰崖石窟而作，颇有争议，笔者目前持肯定态度，[④]而且多数相关学者已达成共识，认为《石龛》写的“石龛”就是八峰崖石窟。[⑤]无论杜甫在该诗中反映了怎样的社会现实，作为当时即具有悠久历史的佛教石窟寺的存在本身就是佛教在当地曾经长期兴盛的力证。且据本人导师施萍婷先生考证，八峰崖石窟第8窟中的“华严三圣”三身塑像系宋代原塑，第14窟中的普贤菩萨左胁侍菩萨塑像

①西和县志办公室校点:《西和县志》(清康熙三十六年王殿元撰《西和县新志》，清乾隆三十九年邱大英撰《西和县志》，中华民国三十六年朱绣梓撰《重修西和县志》，三《志》合编本），西和：内部编印，2006年，第45页。

②孙晓峰:《甘肃陇南几处中小石窟调查简报》,《敦煌研究》2008年第2期，第10页。王百岁:《甘肃省西和县法镜寺石窟调查与研究》,《敦煌学辑刊》2017年第3期，第154—167页。

③杜甫:《石龛》，见《全唐诗》卷二百十八，第2297页。

④王百岁:《甘肃陇南石窟寺》，郑炳林主编《佛教艺术与文化国际学术研讨会论文集》，西安：三秦出版社，2009年，第156页。王百岁:《陇南八峰崖石窟内容总录》,《敦煌学辑刊》2005年第4期，第88页。

⑤李济阻、王德全、刘秉臣注析:《杜甫陇右诗注析》，兰州：甘肃人民出版社，1985年，第269—271页。西北师范大学古籍整理研究所编:《甘肃古迹名胜辞典》，兰州：甘肃教育出版社，1992年，第188页。李焰平、赵颂尧、关连吉主编:《甘肃窟塔寺庙》，兰州：甘肃教育出版社，1999年，第101页。孙晓峰:《八峰崖石窟散记》,《丝绸之路》2000年第5期，第36页。敦煌研究院编，卢秀文编著:《中国石窟图文志·石窟志编》，兰州：敦煌文艺出版社，2002年，第243页。高天佑:《杜甫陇蜀纪行诗注析》，李济阻《序二》，兰州：甘肃民族出版社，2002年，第3页。刘雁翔:《杜甫〈石龛〉诗与八峰崖石窟》,《敦煌学辑刊》2013年第1期，第141—150页。

颇具宋代风格，它们是八峰崖石窟现存较早也是今陇南市境内最具代表性的石窟塑像之一部分，其塑造技艺水平甚至不亚于敦煌莫高窟同时期的部分塑像。张学荣、孙晓峰等先生及当地一些学者也认为八峰崖石窟部分塑像具有宋代风格。[①]这就进一步证实了唐宋时期八峰崖石窟及其周围一带佛教活动之兴隆、佛教艺术水平之高。

据《西和县志》载，现存创始于唐代的佛教寺院（庙）有稍峪乡碧流寺、晒经乡晒经寺、石峡镇双石寺（石龛）[②]等，不明（或不确知）始建年代的寺院（庙）有稍峪乡云华山寺庙群、石峡镇八峰崖吉祥寺（石窟）、苏合乡经落寺、何坝乡长安寺、十里乡千佛寺、石堡乡五台山法镜寺（石窟）、河口乡梳妆楼（寺）、蒿林乡蒿林寺等。[③]不明始建时间的寺院（庙）不排除有始建于隋唐五代宋时期的可能性。据佛孔寺碑载，佛孔寺重建于唐开元三年（715）。[④]又据《西和县志》载，兴国寺（象龟寺）“民国十三年（1924）《重建象龟寺碑》称，该寺为唐代米佛家喇嘛教派寺院”，白雀寺“从断碑中可看出‘嘉定时重建’字样”。[⑤]这些寺院（庙）有些现仅存遗址，有些遗址亦难寻觅；据笔者了解，未入载县志的寺院（庙）（遗址）还有很多。另据《西和县志》载，“皈依塔：宋代（制造），长道镇水泉村出土。红釉陶，身高 80 厘米，分座、阁、罐、顶四级组成，饰莲花及水波浪纹。”[⑥]“木塔：位于县城北川，宋绍定元年（1228）建。明崇祯七年（1634）毁于地震。”[⑦]这些寺院

---

①王百岁：《八峰崖石窟内容总录新编》，《敦煌研究》2014 年第 5 期，第 29—34 页。西和县志编纂委员会编纂：《西和县志》，西安：陕西人民出版社，1997 年，第 643 页。孙晓峰：《八峰崖石窟散记》，《丝绸之路》2000 年第 5 期，第 35—36 页。

②据目前所知，笔者认为双石寺石龛未必与佛教有关（或许以前曾经是佛教石窟，现在两个巨石上有小房屋，因高峻险要，无法攀登，故不知其详）。另见苏海洋：《试论陇南石窟、石刻与陇蜀交通》，《丝绸之路》2011 年第 16 期，第 14—17 页。蔡副全：《唐〈新路颂并序〉摩崖释考》，《天水师范学院学报》2011 年第 6 期，第 10—13 页。何健：《西和发现唐代石刻〈新路颂〉》，《甘肃日报》1989 年 10 月 29 日，第 2 版。西和县志编纂委员会编纂：《西和县志》，西安：陕西人民出版社，1997 年，第 645 页。

③西和县志编纂委员会编纂：《西和县志》，西安：陕西人民出版社，1997 年，第 734—735 页。

④王百岁：《甘肃西和佛孔石窟调查与研究》，《敦煌学辑刊》2012 年第 3 期，第 115—123 页。

⑤西和县志编纂委员会编纂：《西和县志》，西安：陕西人民出版社，1997 年，第 653 页。

⑥西和县志编纂委员会编纂：《西和县志》，西安：陕西人民出版社，1997 年，第 651 页。

⑦西和县志编纂委员会编纂：《西和县志》，西安：陕西人民出版社，1997 年，第 652 页。

(庙)、窟龛、皈依塔等皆证唐宋时期今西和县境域佛教发展盛况。

赵逵夫先生认为,北宋时西和长道僧海渊,“德行高迈,通于医术,又善于调度管理,在宋王朝收复熙、河、洮、岷、叠、宕等州,结束了这一带长达300多年的分裂局面后,受命兴建广仁禅院,导羌汉及吐蕃、党项民众崇德向善,取义归仁,和睦相处,其功业卓著,名播于当时而彪炳史册,不容遗忘。”[①]据《岷州禅院碑》载:

>……《诗》《书》《礼》《乐》之外,盖有佛寺之道大焉,乃敕数州皆建佛寺。岷州之寺曰广仁禅院……以为不如是之宏大,则不足称佛宇之尊……又有药病咒水之术,老幼争趋,或以车致,或以马驮,健者则扶持而至,人大归信。郡之豪酋曰赵醇忠、包顺、包诚,皆施财造像。荆榛雉而宫殿巍然,门扉辟而金人焕然。次则范钟以鼓其时。藏经以尊其道。徒有常居,客有攸舍,储峙有廪,涓洁有庖,最其凡四百六十区……咸曰:“壮哉!吾土之未尝有也。吾昔之所谓佛居而持其教,知为□矣。”……又得佛宫塔庙,以壮其城邑。凡言阜人物变风俗者,信无以过此也。西羌之俗,自知佛教,每计其部人之多寡,推择其可奉佛者使为之。其诵贝叶傍行之书,虽侏鴃舌之不可辨,其音琅然,如千丈之水,赴壑而不知止。又有秋冬之间,聚粮不出,安坐于庐室之中,曰坐禅……传曰:“用夏变夷。”信哉其言乎……知佛而不知戒,则塔庙尊严以示之……[②]

此段文字表明,北宋时在今陇南境内及周边地区,官方不仅尊崇儒教,而且崇尚佛教,重视经典的收藏与流通、佛教义理的研习和践行,敕令诸州建立佛寺,终使庙宇规模宏大、富丽堂皇,佛像庄严,什物齐全,官僚富户不吝施舍,民间信徒趋之若鹜,诚心皈依,琅音诵经,坐禅苦修,仰赖教化之推行,遂得移

①赵逵夫:《宋代西和高僧海渊》,《天水师范学院学报》2006年第1期,第73—75页。

②王钦臣:《岷州禅院碑》,全文见张维编纂《陇右金石录》,甘肃省文献征集委员会,1943年,第16038页。赵逵夫:《宋代西和高僧海渊》,《天水师范学院学报》2006年第1期,第73—75页。

风而易俗。于此可见宋代佛教之盛况。

（二）唐宋时期陇南各地佛教盛况与窟寺凿建

据礼县志编纂委员会编纂《礼县志》载：

> 现存湫山坪古碑：《湫山观音圣境通济善惠王碑记》记载，湫山南海之滨古代建有观音寺庙“观音圣水牌”，遇有旱灾，诣山祈请，甘澍无虚。唐宋封为通济正佑福安王……从上述史料可见唐宋时代礼县佛教活动就盛况空前了。[①]
>
> 阳坡经幢：位于阳坡乡阳山村西，幢由顶、身、座三部分组成，缺顶部，身呈柱状，人称“八棱碑”，座呈础状，刻莲花图案，八面有3000多字，内容为“大悲心陀罗尼经”。北宋大中祥符元年（1008）建造，相传为当地古寺院遗物。[②]

另据《礼县志》载，南宋庆元二年（1196）立《妙圣院敕额古迹碑》[③]记述“唐贞观二十三年（649）至宋高宗绍兴十四年（1144）妙圣院多次受朝廷敕[④]赐和名称变更及寺院规模等缘由”。[⑤]根据《湫山观音圣境通济善惠王碑记》的记载，结合阳坡大悲心陀罗尼经幢的发现和《妙圣院敕额古迹碑》的记述，可知唐宋时期今礼县及其周围一带佛教活动甚或“盛况空前”[⑥]（虽曾遭唐武法难之破坏）。

据《宕昌县志》载，“直到唐代吐蕃占领宕昌后，当地人们对佛教的信仰才兴盛起来”。[⑦]可见，今宕昌县一带原来信仰佛教者少，客观上正是由于吐蕃的

---

①礼县志编纂委员会编纂：《礼县志》，西安：陕西人民出版社，1999年，第782页。

②礼县志编纂委员会编纂：《礼县志》，西安：陕西人民出版社，1999年，第608页。

③蔡副全先生研究了《妙胜院敕赐碑》，但其文章着眼点在于天水等地“地望”，与佛教关系不大。见蔡副全：《〈妙胜院敕碑〉释考——兼论天水、昧谷、西、邽之地望》，《中国边疆史地研究》2016年第4期，第135—146页。

④“敕”，原为“勅”，今改正。

⑤礼县志编纂委员会编纂：《礼县志》，西安：陕西人民出版社，1999年，第608页，第608页。

⑥礼县志编纂委员会编纂：《礼县志》，西安：陕西人民出版社，1999年，第608页，第782页。

⑦宕昌县县志编纂委员会编纂：《宕昌县志》，兰州：甘肃文化出版社，1995年，第539页。

占领和统治，才使当地的佛教兴盛起来；吐蕃是保护、提倡和扶持佛教的，后来当地藏传佛教的出现当与吐蕃的曾经占领有关。

据《康县志》载，“唐孝文帝[①]天复年间(901—904)，将利县犀牛镇(今豆坪乡境)‘百姓王师德施将空间土地一段’始建罗汉院……宋代修建了水洞寺(大堡乡境)、同谷寺(迷坝乡同县坝)”。[②]另据《康县志》载，豆坪乡境之罗汉院(今名犀牛寺)，于周显德三年(956)牒修，宋嘉佑[③]七年(1062)敕[④]黄一道，特赐“仁济院”为额，熙宁六年(1073)立石，是为全县修建最早的寺院。[⑤]大蟒寺“建寺时间无考。宋嘉佑五年(1060)和元佑六年(1091)四月十五日将利县转运使陈、黄二人先后曾题诗二首”。[⑥]这说明，至迟在唐末，今康县境内已有佛教流行；唐五代宋之际，当地佛教受到官民的普遍重视。

《武都县志》卷十二《社会》之第五章《宗教》对武都区境内的汉传佛教史未作记载(一定是缺乏资料，不等于无内容可记)，只是就有关藏传佛教史的内容作了极为简略的叙述：“坪垭藏族乡藏民所信奉的藏传佛教的传入，约在唐、宋之间。”[⑦]这就是说，佛教之传入今武都区境内当不晚于唐代(实际可能更早)。位于今武都区城关镇的水帘洞石窟的宗教活动在唐代即很兴盛，原有窟龛、塑像较多(现已无存，“现存楼阁为清代康熙年间所建”)。[⑧]近年武都区城关镇药王殿发现中国佛教禅宗初祖达摩只履西归画像，报道称，“经有关人员考证，该

①“唐孝文帝”，误，应为“唐昭宗”(全称为“昭宗圣穆景文孝皇帝”)。

②康县志编纂委员会编纂，黄俊武主编：《康县志》，兰州：甘肃人民出版社，1989 年，第 780 页。

③此处“佑”应为“祐”。下同。

④“敕”，原为“勅”，今改正。

⑤康县志编纂委员会编纂，黄俊武主编：《康县志》，兰州：甘肃人民出版社，1989 年，第 721—723 页。

⑥康县志编纂委员会编纂，黄俊武主编：《康县志》，兰州：甘肃人民出版社，1989 年，第 721—723 页。

⑦甘肃省武都县地方志编纂委员会编纂，曾礼主编：《武都县志》，北京：生活·读书·新知三联书店，1998 年，第 1076—1080 页。

⑧甘肃省武都县地方志编纂委员会编纂，曾礼主编：《武都县志》，北京：生活·读书·新知三联书店，1998 年，第 977 页。西北师范大学古籍整理研究所编：《甘肃古迹名胜辞典》，兰州：甘肃教育出版社，1992 年，第 171—172 页。王百岁：《甘肃陇南石窟寺》，郑炳林主编《佛教艺术与文化国际学术研讨会论文集》，西安：三秦出版社，2009 年，第 167 页。

幅壁画创作时间早于宋代,可能是隋朝时期作品”。“佛教在这一地区早期传播的历史文化渊源值得史学家研究”。今武都区三河镇重建广严院(柏林寺)《福津县广严院记》碑文曰:

……有僧庵曰广严院,直峰之趾。竹树蒙密,殿屋崇丽,杰出树杪,宜其地势,堂皇楼阁,广袤相称,像设严备,徒侣繁集,钟鼓梵呗之音……“院故名弥陀旧庐起于绍兴三十一年,落于乾道九年[①],凡十二年。为屋八十□,为□一,为堂二,为寮十,庖湢浴,无不咸具。又以余力,为大钟楼而悬之。度弟子十有二人,皆普兴之为之也。”……[②]

从此碑文可知,南宋时期,虽有时遭受自然(或人为)的破坏,但广严院能够灾后重建或衰后复兴,寺院宏大、树木茂密、殿宇壮丽、塑像庄严、设施齐备、大钟高悬、梵呗时闻,官民信仰、僧侣众多。综上证明今武都区及其周围地区隋唐五代宋时期佛教活动长期兴盛。

位于今徽县江洛镇的广佛寺石窟,有学者认为始凿于唐代。[③]笔者考察后认为,目前我们没有掌握该石窟开凿于唐代的证据,现存塑像基本上为现代新塑,但不排除唐朝时即有佛事活动的可能性。

位于今徽县虞关乡的罗汉洞石窟始凿于宋代。洞中原塑“石佛及罗汉像”,[④]

---

①崔阶先生将“乾”写作“干”,误。见崔阶:《张维〈陇右金石录〉录文补校二则》,《宁夏师范学院学报(社会科学)》2009年第1期,第70页。

②《福津县广严院记》碑全文请参:张维编纂:《陇右金石录》,兰州:甘肃省文献征集委员会,1943年,第16066页。中国西北文献丛书编辑委员会编:《中国西北文献丛书》第七辑《西北考古文献》第三卷《陇右金石录(上)》(1943年甘肃省文献征集委员会),兰州:兰州古籍书店,1990年,第561—563页。崔阶:《张维〈陇右金石录〉录文补校二则》,《宁夏师范学院学报(社会科学)》2009年第1期,第69—71页。甘肃省武都县地方志编纂委员会编纂,曾礼主编:《武都县志》,北京:生活·读书·新知三联书店,1998年,第969页。

③李永良主编:《河陇文化——连接古代中国与世界的走廊》,上海:上海远东出版社,香港:商务印书馆(香港),1998年,第275页。

④[明]孟鹏年修,郭从道纂:《徽郡志》,嘉靖四十二年(1563)抄本,台北:成文出版社有限公司,1970年,第15页。

今多无存，显然曾遭到人为破坏，现有塑像基本为新塑，但说明宋代在今徽县南部，陕、甘交界一带佛教活动受到重视。另据《徽县志》载："……北禅寺，南宋淳熙（1174—1189）年间重修"。①可知北宋时期、南宋前期今徽县县城、水阳镇一带亦有佛教开窟造像活动，激烈的宋金战争没有能够阻遏民众的宗教信仰。

无独有偶，今徽县栗川乡郇家庄白塔就是北宋淳化年间（990—994）所建，系斗拱、密檐、楼阁式砖结构实心塔，塔座为石条砌筑，两层八角形台基，塔身自底部向上逐级递减收敛，八面十三层，通高25米左右，表现宋代建筑艺术之卓越，被列为省级文物保护单位。该地唐代就有普圆寺，后来普圆寺毁于战火，宋代又重建了白塔和白塔寺（白塔是白塔寺的一部分），不想此后白塔寺被火焚毁，复遭多次地震破坏，但独有白塔至今犹存，岂非幸事。②说明直至北宋前期，陇蜀古道、茶马古道还是畅通的，沿线民众的佛教信仰在延续，佛事活动在进行，甚至比较兴盛。

据孙晓峰先生调查与研究，"位于两当县云坪乡境内的西姑庵、塔院寺等遗址原为修建于明景泰五年（1454）的观音堂，与当时的云坪寺有着密切关系。"③史轲先生认为，"西姑庵石窟，又称佛爷洞，明代开凿"。但《两当县志》载：

> 西姑庵石窟：此窟位于云屏乡西沟峡村西姑山半腰，始建于隋代，盛于唐代，为一处天然形成的洞穴，深3.6米，宽2.8米，高2.4米，体积为24.39立方米，现存小佛像十几尊，有石雕、泥雕、木雕3种，其（中）最大的两尊为泥塑佛，高1米，宽0.45米，有3尊带有莲花座的石佛像，其中1尊座下有一石像。据考证，均系隋朝以至清代的雕塑。
>
> 董真庵石窟：位于杨店乡土峰（蜂）沟村北山庵沟，为唐代石窟，此石窟群分布在长为30米，宽25米的石岩上，共有4窟两寺，寺外有

①徽县志编纂委员会编纂：《徽县志》，西安：陕西人民出版社，2003年，第906页。

②罗卫东主编：《陇南史话》，兰州：甘肃文化出版社，2007年，第173页。

③孙晓峰：《甘肃省两当县西姑庵佛教遗址考察》，《石窟寺研究》2012年，第24—36页。

山门,窟为工人(人工?)开凿,寺则利用石岩壁依势建造,窟内有石佛、泥塑佛,寺内尚有残存神像,寺庙的土墙壁上均有唐代壁画留存。[①]

此处点明位于今两当县云屏乡的西姑庵石窟"始建于隋代,盛于唐代";位于今两当县杨店镇的董真庵石窟"为唐代石窟","寺庙的土墙壁上均有唐代壁画留存"。然而《两当县志》又记载,佛教"唐代传入……位于城南云屏乡的西姑庵,建于唐朝天宝年间。据传,安史之乱唐明皇入川时有一宫女出家于此。"[②]显然,对于西姑庵石窟的始凿时间,县志记载是相互矛盾的,一方面称佛教"唐代传入"、西姑庵石窟"建于唐朝天宝年间",又称西姑庵石窟"始建于隋代",笔者以为当从"隋代"说。据此可知,佛教之传入今两当县境当不晚于唐代(或更早)。笔者于 2013 年 9 月第一次考察两当县石窟时只在西姑庵石窟发现 1 身无首石雕佛像和 1 身木雕神像残骸,未发现其他雕、塑像和隋唐壁画;在董真庵石窟发现尚存 7 个石窟,未发现石雕像,也未发现唐代壁画(现存为明清壁画),唯见残损清代泥塑造像及造像零部件,古代造像遗迹遗物甚多。西姑庵石窟和董真庵石窟均有明显的人为破坏迹象。无论如何,以上状况能够说明,位于陕、甘交界处的两当县一带至迟在隋唐时期佛教就十分流行并大量开窟造像,塑像与壁画很多,寺院香火旺盛,此状况延续到明清时期。

据《两当县志》载,原有的佛教寺院包括亮池寺、月亮寺、高坪寺、鱼池寺、云屏寺、野林寺、白佛寺、法林寺、兴国寺、观音院、孔雀寺等。这些寺院(庙)多已不存,甚或原址无考。白佛寺、法林寺、兴国寺、观音院、孔雀寺等系依据清乾隆元年(1736)《甘肃通志》所载而知。因为鱼池寺、云屏寺、白佛寺、法林寺俱建于南宋时期,[③]故知南宋时期两当——陕、甘交界一带佛教继续发展。

综上所述,唐宋时期,虽有唐武宗、后周世宗的灭佛、限佛等短暂破坏活

---

①甘肃省两当县志编纂委员会编纂,刘瑞、杨永红主编:《两当县志》,兰州:甘肃文化出版社,2005 年,第 712—713 页。

②甘肃省两当县志编纂委员会编纂,刘瑞、杨永红主编:《两当县志》,兰州:甘肃文化出版社,2005 年,第 761 页。

③西和县志编纂委员会编纂:《西和县志》,西安:陕西人民出版社,1997 年,第 704—706 页。

动，或有较长时期的社会动乱（如宋金战争等），但陇南一带的佛教往往受到官民的普遍重视，信徒很多，寺庙林立，寺院规模很大，造像众多且或有精品；佛事活动长期兴盛；佛教在教化民众、缓和阶级与民族矛盾、维护社会秩序等方面具有无可替代的作用；唐代安史之乱爆发后不久，吐蕃一度占领陇南的大部分地方，客观上有利于汉、蕃文化的交流，亦有利于佛教及其石窟寺的保护，这就为随后藏传佛教逐渐在今宕昌县、武都区等地流行创造了某些条件。

三、元明清时期陇南石窟与佛教

元明清时期陇南佛教虽然仍在延续，但已属于古代陇南佛教发展的晚期或衰落时期。佛教活动主要在法镜寺、八峰崖、佛孔、金莲洞、甸山、广佛寺、真空寺、西姑庵、千佛洞、朝阳洞、水帘洞等石窟进行。

（一）元明清时期今西和县、成县、徽县、两当县等地佛教发展与窟寺凿建

据《西和县志》载，法镜寺（石窟）“现保存清代重建‘法镜寺’石碑三通。康熙丁亥年（1707）《法禁寺碑记》、康熙岁次戊辰（1688）孟夏三月《复建五台山法镜寺碑》、雍正三年（1725）四月立《重建五台山发镜寺碑》。”[①]法镜寺石窟原属西和石堡五台山下整个法镜寺的一部分，因“明清之际，崖前建筑毁于大水，寺院遂移建五台山”。[②]碑文不仅记载了清康熙、雍正年间重建法镜寺“一举而众喜，共襄效力”“补葺宫殿，圣像辉煌”的情况，而且载明组织者、参加者、功德主有“新任知县”“原任知县”“恩贡生”“生员”“监生”“客商”等类人，这些人中有些来自临潼县、高陵县、韩城县、礼泉县、咸宁县、渭南县、伏羌县等地。这些县份，除了伏羌县在今甘肃省天水市境内以外，其余均在今陕西省境内，可见，迄至清朝前期，法镜寺（石窟）佛教活动有官、学、农、工、商各阶层的信徒参加，受到信众重视，影响遍及陕、甘两省。地方行政区划清初基本沿用明制；康熙五年（1666），陕、甘分治。但陕、甘两省的特殊性、历史惯性、历史影响及在民众中的

---

①西和县志编纂委员会编纂：《西和县志》，西安：陕西人民出版社，1997 年，第 733—734 页。孙晓峰先生将这三通碑名分别释录为《法禁寺碑记》《复建五台山发镜寺碑立叩献》《重建五台山法镜寺碑》。见孙晓峰：《甘肃陇南几处中小石窟调查简报》，《敦煌研究》2008 年第 2 期，第 10—11 页。

②西和县志编纂委员会编纂：《西和县志》，西安：陕西人民出版社，1997 年，第 644 页。

意识仍在，故清朝时西和法镜寺（石窟）有许多陕西籍佛教信徒。

八峰崖石窟现存第5窟中的三佛塑于元代；第5窟中的十六罗汉，第9窟中的华严三圣，第10窟中的布袋和尚（罗汉、"弥勒佛"），第13窟中的东方三圣，第14窟中的普贤菩萨、观世音菩萨、文殊菩萨等塑于明代；第2窟中的哼将，第3窟中的四大天王等塑于清代。[①]由此可见，元明清是八峰崖石窟造像的重要时期，佛事活动时常举行，佛教造像水平也较高。

据佛孔寺碑载，位于今西和县马元乡的佛孔寺再建于明嘉靖年间（1522—1566）。佛孔石窟始凿于明万历年间（1573—1620），原有塑像全毁，现存7窟，可登临者5窟，其中大悲殿内塑观世音菩萨、文殊菩萨、普贤菩萨等，明清碑4通，该石窟又恰在陇南市西和县、礼县、成县、徽县及天水市秦州区的交界处，足证自北魏至明清时期，虽历经风云变幻，但位于交通地位凸显、临近佛教较为发达的天水的佛孔石窟寺及其周围一带佛教长期受到崇尚。[②]

据《西和县志》载，始建于明代的佛教寺院（庙）有马元乡佛孔（石窟）寺、卢河乡歇台寺、蒿林乡广法寺（明弘治十三年重建），始建于清代的有西峪乡白雀寺（乾隆时重建）、汉源镇侯家庙凝禧寺等，始建于民国时期的有兴隆乡象龟寺（民国四年、十三年重建）等。[③]

位于今成县店村镇的金莲洞石窟于元世祖至元十四年（1277）动工兴建，至成宗大德五年（1301）基本告竣，道士刘道通、罗道隐于成宗元贞丙申（1296）至大德壬寅（1302）间修复古迹、创建洞观，此后屡有修补扩建，明、清时香火旺盛，清末至民国间残破。现存造像遗迹多处，原有塑像全毁，老君殿北壁东端壁画纵219厘米、横80厘米，元明清民国碑8通（截止2014年增至10通）。[④]该

---

①王百岁：《八峰崖石窟内容总录新编》，《敦煌研究》2014年第5期，第29—34页。西和县志编纂委员会编纂：《西和县志》，西安：陕西人民出版社，1997年，第733—734页。

②王百岁：《甘肃西和佛孔石窟调查与研究》，《敦煌学辑刊》2012年第3期，第115—123页。

③西和县志编纂委员会编纂：《西和县志》，西安：陕西人民出版社，1997年，第653、734—735页。

④以上内容主要依据笔者考察所获资料，另参：敦煌研究院、卢秀文编著：《中国石窟图文志·石窟志编》，兰州：敦煌文艺出版社，2002年，第241—242页。李焰平、赵颂尧、关连吉主编：《甘肃窟塔寺庙》，兰州：甘肃教育出版社，1999年，第94页。成县地方志编纂委员会编纂：《成县志》，西安：西北大学出版社，1994年，第759页。王百岁：《甘肃省成县金莲洞石窟与全真道》，《宗教学研究》2014年第2期，第61—71页。

石窟虽然是以道教(全真道)为主要内容,但包含一定的佛教内容,如三大菩萨(观世音菩萨、文殊菩萨、普贤菩萨)殿、地藏菩萨殿、燃灯古佛像、达摩祖师像等,虽然这些佛教造像皆为新塑,但据碑文,元明清时期确有佛教活动。

位于今成县红川镇的甸山石窟1号窟达摩洞以达摩祖师塑像为主尊。达摩是否曾经来到陇南?禅宗何时传入陇南?我们目前没有掌握这方面的详细材料。专门为"中国禅宗之初祖"[①]达摩开窟造像供养,目前在陇南仅发现此一例。据《徽县志》载,"清道光年间(1821—1850)碑文载,徽县佛教属禅宗派"。[②]除成县红川镇达摩洞外,成县店村镇金莲洞、鸡峰山寺庙群,徽县伏镇达摩洞,西和县稍峪乡塔山寺庙群等都供奉有作为主尊的达摩塑像, 前述武都区城关镇药王殿宋代达摩只履西归画像迄今犹存,且这些窟寺迄今香火旺盛,说明止于清代、民国、当代,今西和县、成县、徽县、武都区等地不少民众信仰禅宗。

据笔者调查,今陇南市境内绝大多数窟(寺)都供奉着观世音菩萨像。从佛教史上看,"有关观世音菩萨的经典很多[③],但最基本的是《法华经》中的观世音菩萨普门品"。[④]西和县八峰崖石窟甚至有宋代的"华严三圣"塑像。这些情况说明天台宗和华严宗也曾在陇南一带流行。然自元明以后,法华宗学者往往兼倡净土,形成"教在天台,行归净土"之风。清代内地佛教主要是禅宗和净土宗,而清初以禅宗最为活跃。新旧王朝交替使得禅宗的政治倾向日益鲜明。一般地说,今闽、粤、川、滇、黔、辽等地的禅众与明朝遗民联系紧密。笔者据此推断,清代前期今陇南市境内流行的禅宗很可能传自四川等地。后来雍正王朝给予具有反满情绪的禅系以毁灭性打击。乾隆帝大力扶持士大夫学佛运动,使念佛净土在社会上深入推广,成为世俗学佛的基本内容。[⑤]禅宗的地位逐渐为净土宗

---

①汤用彤:《汉魏两晋南北朝佛教史》(增订本),北京:北京大学出版社,2011年,第432页。

②徽县志编纂委员会编纂:《徽县志》,西安:陕西人民出版社,2003年,第906页。

③[姚秦]三藏法师鸠摩罗什译(长行),[隋]北天竺沙门阇那崛多译(重颂):《妙法莲华经观世音菩萨普门品第二十五》,《大正藏》第9册,No.262,第56页下栏—58页中栏。

④任继愈主编:《中国佛教史》第三卷,北京:中国社会科学出版社,1988年,第585页。

⑤杜继文主编:《佛教史》,南京:江苏人民出版社,2008年,第455—459页。

取代。事实上，直至今日，徽县、成县等地的“大多数信徒修净土宗”。[①]

据今徽县伏镇豆坪村信众说，迄今他们感到达摩祖师有求必应，非常灵验。由此上溯到乾隆及其以后时期，多数信众并不注意佛教宗派之别，即使对于本宗派的教义、特点甚至宗派名称等并不了解，相当一些信徒唯知称念“观音”“弥陀”名号，以追求现世或来世利益。可知清代以来在今陇南市境内流行禅宗，应主要出于民众对于佛教本身的虔诚，在信徒心目中，信仰“佛教”而非信仰“禅宗”也。当然，可以肯定地说，民众信佛的主要根源在于社会矛盾，在于阶级内部和阶级之间矛盾、民族矛盾等。故达摩崇拜能顽强地延续和流行，绝非偶然。

孙晓峰先生认为“广佛寺石窟的开凿时代大致在明清之际”。[②]经笔者考察发现，广佛寺石窟明清时期造像遗迹尚存，据此可以肯定，地处陇南市徽县、成县、西和县、礼县，天水市秦州区交界处的广佛寺（石窟），明清时期佛教活动受到重视，开窟造像活动还在延续。

位于今徽县柳林镇的真空寺石窟始凿时间不晚于明弘治二年（1489），明清时期造像遗迹、残骸尚存。现有明凿大龛 1 个、中龛 1 个，完整石窟（平面近长方平顶窟）1 个、造像残骸 7 身、造像衣裾残骸 2 身，壁画无存，明、清碑 4 通，碑文落款有“弘治”“道光”年号。故知包括今柳林镇在内的徽县及其周围一带，佛事活动和开窟造像活动在明清时期长期进行。

《徽县志》载：

> 元代文宗皇帝钦诏幼年出家精通经律的徽县籍僧人张氏至京师，授荣禄大夫、司徒，赐银印，赐号真慧国师，后归北禅寺。四方参拜的僧众很多。元代，天下僧籍贮藏于此，至明清时期依然保存完好……清末佛教衰落……1949 年底，全县有和尚 7 人，尼姑 7 人，居士 543 人，信教群众 300 余人。有佛教寺院13 处，分别为坐落在伏家

①徽县志编纂委员会编纂：《徽县志》，西安：陕西人民出版社，2003 年，第 906 页。王百岁：《甘肃省成县甸山石窟调查与研究》，《东方论坛》2018 年第 1 期，第 91—97 页。

②孙晓峰：《甘肃陇南几处中小石窟调查简报》，《敦煌研究》2008 年第 2 期，第 9 页。

镇北的北禅寺、水阳乡新寺村的南禅寺、柳林镇江口的真空寺和甘沟村的圣泉寺、永宁乡三泉村的三泉寺、泥阳镇的铁佛寺和福兴寺、江洛镇下寨村的广佛寺、麻沿河乡麻沿河村的清凉寺、榆树乡王庄村的东禅寺、东关乡石佛村的石佛寺、银杏树乡中川村的庆寿寺以及城关镇西寺村的兴善禅院。①

北禅寺铁钟：原为伏家镇北禅寺之物，1983年迁存县文化馆钟亭内。钟高1.48米，口径1.37米，厚0.12米，重约2000公斤，铸造于明成化十六年（1480）……篆书"皇图永固，帝道遐昌，佛日增辉，法轮常转"十六个大字环布一周……②

由这两段材料再结合前面所述可知，元朝时皇帝曾诏令俗姓张氏僧人进京，授官、赐印、赐号，十方信众前来北禅寺参拜，甚至（元明时期）贮藏天下僧籍于寺中，足见北禅寺在全国佛教中地位之突出。为什么会将"天下僧籍贮藏于此"，尚待研究，不过也说明，至少北禅寺在元明时期是有一定影响的。北禅寺铁钟篆书"皇图永固，帝道遐昌，佛日增辉，法轮常转"，说明当时朝廷上下普遍信仰佛教，并祈求佛祖保佑皇权永固、天下太平。直至今天，北禅寺在徽县佛教界中仍首屈一指，县佛教协会即设于此。元代以来，佛教的发展虽有起伏，但总体上一直在延续，佛寺遍布县域各地，佛教活跃之寺院包括一些寺院和石窟寺，如留存至今之真空寺石窟、广佛寺石窟、佛爷崖石龛、南禅寺、东禅寺、竹林寺石窟等，也都只存遗址。明成化年间，佛教受到官方和民众的普遍重视，佛教拥护朝廷、朝廷保护佛教。无论如何，不可否认的事实是，元明清三代，今徽县及其周围一带，佛教在曲折中延续。

罗汉洞石窟，笔者将西壁题记识读为："……行兵到此……/……百户

①徽县志编纂委员会编纂：《徽县志》，西安：陕西人民出版社，2003年，第906页。关于张氏僧人及北禅寺保存僧籍情况，《徽县志》前后记载不完全相同，同《志》又曰"元文宗时，钦诏张姓僧人（徽县籍，幼年出家，精通经律）至京，授荣禄大夫、司徒等职，赐银印一枚，赐号真慧国师，掌国师印。明初，天下僧籍贮藏于此"，见徽县志编纂委员会编纂：《徽县志》，西安：陕西人民出版社，2003年，第824页。

②徽县志编纂委员会编纂：《徽县志》，西安：陕西人民出版社，2003年，第819页。

萧/……守备金/……此此……明嘉□申……”。此大概是明代人记宋金战争时事,至少说明明嘉靖年间乃至整个明清时期,今陇南乃至陕、甘交界一带佛教为官民信仰,窟寺香火旺盛;抑或国内战事频仍(如民族或阶级矛盾尖锐时),正常的宗教活动被打断,罗汉洞石窟成为驻兵的营房。详情待考。据孙晓峰先生考察,罗汉洞石窟现存造像 17 身,其中左壁 5 身,残高 0.43—0.55 米,多身穿交领长袖衫,双手笼于胸前或抚膝,结跏趺坐或游戏坐;右壁残存 12 身,其中靠前侧 3 身为现代重塑,其余均为原作,有立姿有坐姿,多身穿交领长衫。窟内残存石雕香炉残件 6 块,贴崖壁处还保存有泥塑莲台残块。另有残碑 6 块,字迹多已模糊不辨。他将窟内壁面题记判定为明清时期,内容识读为“守备金……百户萧……行兵到此”“……汉阳……”等字迹。①

《两当县志》载:

> ……至解放前夕有寺院 32 座,庵堂 8 座,大部分分布在山区……在本县历史上有影响的寺庙还有:金洞乡立渠村的周壁崖(寺)、兴化乡的兴化寺、云屏乡的云屏寺、显龙乡的显龙寺、鱼池乡的鱼池寺、城郊香泉村的香泉寺……。这些寺院始建于明代,因年代久远,历经沧桑兵燹,圮废残破。②
>
> 香泉寺……始建于清康熙二十七年(1688)……原只“古庙一楹,仅奉观音像”,雍正乙巳年(1725),“始廓为三,又增文殊、普贤两像”,乾隆壬午年(1762),知县冷文炜砌泉为池,增建印月轩、僧舍、山门,落成后立碑作志,亲书匾额曰:“广济群生”。光绪癸巳秋(1893)募捐 40 余金重修。③

---

①孙晓峰:《甘肃徽县境内佛教遗迹与青泥道之间相关问题的考察与研究》,《大足学刊》2018 年总第 2 辑,第 283—299 页。

②甘肃省两当县志编纂委员会编纂,刘瑞、杨永红主编:《两当县志》,兰州:甘肃文化出版社,2005 年,第 761 页。

③甘肃省两当县志编纂委员会编纂,刘瑞、杨永红主编:《两当县志》,兰州:甘肃文化出版社,2005 年,第 712 页。

《两当县志》既谓鱼池寺、云屏寺等始建于南宋时期，又云“这些寺院始建于明代”，由此推测，明代实际上是进行重建。这些寺院现多已不存。可知明清时期，包括两当县在内的陕、甘交界一带官民信佛，寺院广布，虽经沧桑而流行未绝。

《两当县志》又载：

> 千佛洞石窟：该窟位于广金乡政府北1.5公里，为清代石窟、[①]窟分上、中、下三层，石窟内有为塑小佛像而在窟壁上开凿的站[②]孔上千个，窟内第一层墙壁上仍残存有清代壁画图样，泥塑像均已残缺不全。
>
> 古坛登禅师宝塔：位于张家乡寺沟村云屏山南坡（塔园），全塔为石雕工艺，顺治六年（1461）[③]建成，塔高1.8米，由四部分组成，顶部为一个高0.93米，周长2.95米的圆柱；第二部分为一厚0.3米的莲花座；第三部分为一段厚0.27米的八棱台；塔底部为一厚0.27米的圆台形底座。现保存完好。
>
> 西沟峡石塔：位于云屏乡西沟峡，建塔年代不详，塔高2.5米，底周长约2.6米，塔顶为亭子形，全塔由石园台、石方墩等组成，底部有一莲花座，塔的石方墩上镌有文字，已被毁坏，无法辨识。在距该塔东35米处，又有一座残塔，造型与此塔一致，其上半部被毁。[④]

位于今两当县广金乡的千佛洞石窟，县志所载与笔者考察获知情况基本一致。“古坛登禅师宝塔”“西沟峡石塔”均为佛教建筑，且明言前者建成于清顺治六年，可知清朝前期当地佛教即颇受重视。“西沟峡石塔”即西姑庵佛教遗址

①此处宜用逗号，原文用顿号。——笔者注

②“站”，疑为“钻”。——笔者注

③“1461年”，误，“顺治六年”应为公元1649年。——笔者注

④甘肃省两当县志编纂委员会编纂，刘瑞、杨永红主编：《两当县志》，兰州：甘肃文化出版社，2005年，第712—713页。

中塔院坪两座石塔。虽说“建塔年代不详”，但反映出明清时期今徽县、两当县乃至陕、甘交界地域佛教发展情况。

两当县云屏乡棉老村西姑庵佛教遗址塔院坪现有两座石塔（其中一座塔上有文字，不可卒读），两塔似为今人重新组装。庄稼地里还有难计其数的石塔部件和寺庙建筑残件。西姑山上有西姑庵佛爷洞石窟，现存一身无首菩萨像（孙晓峰先生 2012 年考察时见到 3 身石雕无头菩萨坐像和 2 身泥塑弟子立像，笔者曾于 2014、2020 年两次考察），还有一身木雕神残像，形貌看不清楚。在新建骑龙寺放置一块残损八棱碑，上有文字，不可卒读。[①]虽然碑文上说，迄至唐代，佛教长期发展，但现存遗迹遗物本身主要反映（或载明）明代的佛教活动情况。故西姑庵佛教遗址和碑文基本上反映了今两当县、徽县乃至陕、甘交界一带佛教发展的悠久历史（可上溯到唐代以前）、昔日的辉煌，明清时期发展概况。

千佛洞石窟现存大量的造像遗迹遗骸，一层西壁中部清代壁画（屏风）纵 160 厘米、横 290 厘米。虽然从千佛洞新造神像来看，石窟内容以道教为主，但也包含佛教内容，佛、道俱奉，想来明清时期亦如此。

董真庵石窟中保存至今的洞窟不少于 7 个，且有大窟龛残迹及大像塑造遗迹，地藏殿外第一幅壁画纵 200 厘米、横 158 厘米。并非完全如以前所说的，两当县境内“东部地区以道教为主”“石窟是一处道教石窟”，事实上明清时期石窟中的佛教内容不少于道教内容，似有释、道平分秋色之状；也不是以前所称“石窟原有造像全毁”，事实上存在大量明清时期造像遗迹、残毁造像、残损壁画等；碑文绝大多数可读，提供了一些重要信息。保存至今的观音殿、三佛窟、大佛殿、地藏殿、小禅窟、大佛造像遗迹等都说明，明清时期，今两当县、徽县乃至陕、甘交界地区，佛教、道教都很兴盛，窟寺往往具有释、道兼容或三教合一特征。

（二）元明清时期陇南其他地方的佛教发展与窟寺凿建

据《康县志》载：

---

①《题禅林竖塔记叙》和《题立禅林碑记》录文见孙晓峰：《甘肃省两当县西姑庵佛教遗址考察》，《石窟寺研究》2012 年，第 24—36 页。

明代修建了朝圣寺(寺台乡境)、观音寺(寺台乡李家庵)、瞿凉寺(王坝乡境)、鸡冠山寺(大南峪乡境)等。据旧县志记载,全县至1935年共建寺院53所。县内佛像多为泥塑像;水洞寺、圆通寺、对对山寺有铁铸像;各地都有壁、纸和布上画像。佛名有释迦牟尼佛、如来佛、罗汉等。民国二十三年(1934)《康县社会调查纲要》载:"人民信仰以佛教居多。用跪拜仪式"。1947年省民政厅统计,康县共有佛教徒846人,其中男483人,女363人。①

全县共有寺庙84座。其中:寺院56座,庙25座,祠2座,庵1座。这些寺庙有的建筑宏伟,规模很大,有的较小,但都雕梁画栋,十分精巧。佛像雕塑逼真,栩栩如生。②

县志所载民国时期的一些寺院(庙)可能就是明清时期遗留下来的,因为明清时期距民国时期及当代最近,近代史上风云变幻,故近、现代佛教状况实际上间接反映了明清时期佛教活动的(兴盛)状况。现存"历史悠久、规模宏大"的寺院(庙)有罗汉院、水洞寺、朝圣寺、瞿凉寺、大蟒寺、元帝宫、明月山寺等。③明代重修了水洞寺,修建了朝圣寺、观音寺、瞿凉寺、鸡冠山寺等多座寺院,其中瞿凉寺修建于明嘉靖年间(1522—1566),证明明代当地的佛事活动十分活跃。虽然圆通寺、对山寺等建于何时尚不明确,但从水洞寺曾有古塔、现存石桥,朝圣寺原正殿曾有三尊大佛、四大金刚、十八罗汉等,左厢有送子娘娘,右厢有关圣帝君,倒殿有倒坐观音,瞿凉寺原有"庙宇四座,各种泥塑释迦牟尼、菩萨、十八罗汉、关圣帝君,马王爷、牛王爷等神像罗列各殿,昔日香火极盛",大蟒寺"上修正殿护法堂,左右禅室廊房,有十八罗汉,大石巅即韦陀宫",元帝

①康县志编纂委员会编纂,黄俊武主编:《康县志》,兰州:甘肃人民出版社,1989年,第780—781页。

②康县志编纂委员会编纂,黄俊武主编:《康县志》,兰州:甘肃人民出版社,1989年,第721—723页。

③康县志编纂委员会编纂,黄俊武主编:《康县志》,兰州:甘肃人民出版社,1989年,第721—723页。

宫原曾“有一座正殿，两座厢房，其规模气势居对对山庙群之首，宫前山腰有砖石结构5层塔一座，建于清咸丰五年(1855)七月。塔高约7米。一层塔门横额上刻有‘光辉寂静’四个字。今依存。旧有禅林一所，始建于明万历年间”。[①]由此可知，明清时期，佛教受到民众的普遍信仰，释道兼容、三教合一现象比较突出，在各种宗教中信仰佛教者居多，在佛教趋向衰落时期，仍出现相对盛况。

位于今武都区角弓乡的朝阳洞石窟，“似开凿于唐代”，明成化十六年(1480)有一老禅坐化于洞中。原有塑像、壁画多毁，现存卧仙窟、三霄洞、玉皇殿、观音洞、瑶池窟等大小窟龛24个，明碑1通、清碑2通、民国仿制明碑1通。[②]佛、道、儒内容各占一定比例，说明明清时期今武都一带佛教活动亦曾兴盛，朝阳洞石窟三教合一内容突出，且受到了藏传佛教的影响。

据《宕昌县志》载：“清代时大小寺院达60余座，其中修建宏大、僧侣众多、香火旺盛的有宕昌镇的大佛寺，新寨乡的普光寺，韩院乡的牛头寺，簸箕乡的崖寺等。”“宕昌信仰佛教的主要是藏民。据统计，截止1985年底，信佛教的藏民有796户，3840人。部分汉族群众也信奉佛教。宕昌县信奉佛教的藏民远与西藏、夏河的寺院联系，近与舟曲的各寺院来往。”[③]从清代寺院、僧侣的数量，寺院曾经达到的规模，“香火旺盛”的状况可以推知，明清时期佛教曾经兴旺。既然当代“信仰佛教的主要是藏民”且与藏区佛教寺院有联系，那么至迟在清代一定有藏传佛教传入并流行。

据《文县志》载，县内佛教盛行于明、清时期，[④]故知迄今为止，关于佛教初传文县的时间尚不明确，但明清时期却一度盛行。从“大小寺院，供奉释加牟

---

①康县志编纂委员会编纂，黄俊武主编：《康县志》，兰州：甘肃人民出版社，1989年，第721—723、780—781页。

②王百岁：《武都朝阳洞石窟调查与研究》，《甘肃高师学报》2022年第4期，第69—76页。另参：敦煌研究院、卢秀文编著：《中国石窟图文志·石窟志编》，兰州：敦煌文艺出版社，2002年，第242—243页。李焰平、赵颂尧、关连吉主编：《甘肃窟塔寺庙》，兰州：甘肃教育出版社，1999年，第96—98页。西北师范大学古籍整理研究所编：《甘肃古迹名胜辞典》，兰州：甘肃教育出版社，1992年，第176页。史轲：《甘肃省陇南境内石窟寺概述》，《丝绸之路》2010年第2期，第24—27页。

③宕昌县县志编纂委员会编纂：《宕昌县志》，兰州：甘肃文化出版社，1995年，第539页。

④文县志编纂委员会编纂：《文县志》，兰州：甘肃人民出版社，1997年，第963页。

尼。城关的北禅寺和小西天、丹堡的凤凰山寺和大通寺、马莲河的铁禅寺、尚德的禅林寺,都有剃发修行和尚。”“清代同治中,四川僧人朱明芳主持丹堡凤凰山寺,开展佛教活动。”文县现在尚存圣寿寺、慈恩寺、金山寺、北禅寺、南海寺、清净寺、雄德寺、永宁寺、凤凰山寺、大通寺、铁禅寺、龙池山寺、大通寺、回龙寺、清凉寺、五花寺、高天寺、牡丹寺、凹凸寺、龙凤山寺(遗迹)①,据文州普明禅院(遗迹)②等记载可知,明、清时期,佛教曾经相当兴盛,信徒众多、寺院林立,信徒多严守戒规,且甘、川之间佛教活动相互影响。

综上所述,元明清时期,陇南佛教总体上趋向衰落,佛教活动与窟寺修建有一定的起伏,民众的佛教信仰却一直在持续,多宗派逐渐衰落而净土宗一枝独秀,禅宗亦在延续③,开窟造像、建筑寺庙活动仍在进行,佛寺屡圮屡兴。一些窟寺兼有佛、道内容,三教合一现象较为普遍且突出。藏传佛教在局部地区获得了一定发展。

四、余论

本文通过将陇南诸石窟寺与相应的文献资料包括地方志结合进行研究,对陇南市古代佛教史从宏观上进行勾勒。在古代史上,今陇南市各县境内佛教传入的时间不同,发展规模和水平亦不同。根据大云寺石窟石刻题记,东汉明帝时期今成县境内已经有了佛教活动和佛教寺院,说明至迟在东汉初期佛教已经传入今陇南市境内,这种步伐与中原地区相差无几。魏晋南北朝时期陇南佛教获得了迅猛和长足的发展,是佛教发展的第一个黄金时期。隋唐五代宋时期陇南佛教达到极盛,是佛教发展的第二个黄金时期。元明清时期的陇南佛教虽然仍在延续,有时也很兴盛,但已属于其发展的衰落时期或晚期。

---

①文县志编纂委员会编纂:《文县志》,兰州:甘肃人民出版社,1997 年,第 859—861 页。

②文县志编纂委员会编纂:《文县志》,兰州:甘肃人民出版社,1997 年,第 862 页。

③王百岁:《甘肃省成县甸山石窟调查与研究》,《东方论坛》2018 年第 1 期,第 91—97 页。

佛教和石窟艺术的传播离不开丝绸之路的作用[①]，离不开经过南亚、中亚、新疆、河西走廊的传播，然后或同时，才能到达中原地区与青海、陇南、西南地区和南方地区。今陇南市在古代中原北方地区与川渝等西南地区之佛教与开窟造像活动中起着桥梁和纽带的作用，两大地区相互影响。佛教必然显示出地方特征，窟龛与造像艺术难免具有过渡性特点，留下传播的痕迹[②]。

陇南佛教史的突出特点包括：第一，今陇南各县，在古代历史上，于众多的宗教信仰中，无论是佛道相争，还是阶级、民族矛盾，从总体上看，总是佛教早于道教、盛于道教，居于主要地位。第二，宋代以后，陇南的开窟造像和佛教活动越来越夹杂着、渗透着道教和儒教的内容，道教乃至儒教所占比重越来越大，往往是释、道兼容或儒、释、道三教合一，基本上没有清一色的佛教石窟寺了。[③]第三，陇南佛教既有汉传系统，也有藏传系统；汉传传入早、藏传传入迟；汉传为主、藏传为辅。

陇南民众的佛教信仰有稳固的群众基础，即使局部的社会动荡和一些重大历史事件也没能使之从根本上发生动摇，即使在佛教趋于衰落之时，佛教信仰及佛教活动仍在延续，有时甚至还很活跃。佛教等宗教是一种重要的社会现象，我们不得不重视并进行正确的引导和规范。

佛教中国化就是一个常说常新、需要长期努力的课题。习近平主席曾说，“佛教产生于古代印度，但传入中国后，经过长期演化，佛教同中国儒家文化和道家文化融合发展，最终形成了具有中国特色的佛教文化，给中国人的宗教信仰、哲学观念、文学艺术、礼仪习俗等留下了深刻影响。……中国人根据中华文化发展了佛教思想，形成了独特的佛教理论”。[④]所以，我们现在研究陇南石窟

---

①吴景山：《丝绸之路在甘肃的线路述论》，《兰州大学学报（社会科学版）》2013 年第 3 期，第 1—10 页。杨发鹏：《两晋南北朝时期河陇佛教地理研究》，西北师范大学博士学位论文，2010 年。董玉祥：《梵宫艺苑——甘肃石窟寺》，兰州：甘肃教育出版社，1999 年。敦煌研究院、甘肃省文物局编：《甘肃石窟志》，兰州：甘肃教育出版社，2011 年。杜继文主编：《佛教史》，南京：江苏人民出版社，2008 年。

②王百岁：《甘肃省西和县法镜寺石窟调查与研究》，《敦煌学辑刊》2017 年第 3 期，第 154—167 页。

③王百岁：《陇南石窟与儒道佛三教合一研究》，《甘肃高师学报》2021 年第 6 期，第 24—29 页。

④习近平：《在联合国教科文组织总部的演讲》（2014 年 3 月 27 日，巴黎），《人民日报》2014 年 3 月 28 日，第 3 版。

与佛教文化,实际上也是在继承弘扬中华优秀传统文化,更加有利于坚定文化自信,更加有利于坚持中国特色社会主义道路!

以上的认识是初步而粗浅的。相信随着新的文献资料的面世及考古发掘、整体研究工作的推进,对于陇南石窟寺、陇南古代佛教史的研究一定会达到新的水平。

致谢:2012 年 5 月本人对今敦煌莫高窟、瓜州榆林窟、陇南市境内各主要石窟、天水麦积山石窟、武山石窟群等的考察,得到了兰州大学敦煌学研究所的支持和敦煌研究院的资助,在导师施萍婷先生和刘永增、王惠民、邰惠莉、陈菊霞、宋利良、朱成录等老师的带领下得以顺利完成。在此对兰州大学敦煌学研究所、敦煌研究院、各位老师的支持、指导和帮助表示衷心感谢!同时感谢导师冯培红教授的指导和支持!

玉门境内石窟的分期断代研究和新发现

王　璞
（玉门市博物馆）

一、昌马石窟

昌马石窟地处甘肃省玉门市昌马镇，自北魏时期建成以来一直是河西走廊上重要的文化艺术宝库之一。由于1932年昌马石窟被地震毁损，加之残存石窟空间所限，为保证文物安全，自20世纪80年代开始，昌马石窟进入了封闭保护，较少对公众开放。

图1　昌马石窟外景图

昌马石窟从残存的洞窟来说，虽然是河西走廊比较小的一座石窟，但因为开凿年代早，研究起步早，地处祁连山区，位置特殊，在中国石窟界也是一座具有重要影响的石窟，许多石窟界的研究都涉及昌马石窟的研究。对昌马石窟开凿时间，学界看法历来不一，本文梳理了多年来学术界对昌马石窟的分期研究。

根据不完全资料，有北凉说、十六国时期、北朝（5世纪初）、6世纪前期等几种说法。

(一)北凉时期说(397—460)

主要有杜斗城、暨远志、董玉祥等人。

1. 杜斗城:《关于河西早期石窟的年代问题》[郑炳林、石劲松主编《永靖炳灵寺石窟研究文集》(上册),兰州:甘肃文化出版社,2011年。]

以前,我们曾经提到,河西地区早期的一些石窟是北凉石窟,这个观点至今仍无变化。

这一时期主要有玉门昌马石窟群:

昌马石窟群位于玉门镇东南90公里处的祁连山境内,窟群包括大坝和下窨石窟等处,现大坝石窟仅留窟龛,造像与壁画已荡然无存。仅下窨石窟还保留着一些造像与壁画。

下窨石窟周围环山,中心盆地,石窟即开凿在下窨村西的崖壁上。窟距地面40—50米,共有11个。其依山势分为南、北、中三段。其中南、北二段的七个窟龛多已残破,仅中段四个窟内,还留存着一些造像与壁画。在中段的四个窟中,又以第2窟、第4窟较为完整。

第2窟:窟平面近方形,窟内凿有中心柱,窟前部分横圆拱形顶,后部平顶,中心柱两侧为券顶形通道(这种窟形接近新疆克孜尔等石窟的窟形)窟深4.25米、宽4.05米、高3.06米。中心柱宽2.05米、深2米,每面分两层开龛造像。原每龛内均塑一佛二菩萨,现造像大部分已毁,仅留一些痕迹和残破的造像。窟内原壁画无存,现存全为西夏重绘。

第4窟:窟形与第2窟基本相同,窟深6.36米、宽4.79米、高3.82米,中心柱宽1.93米、深2.10米,每面分两层开龛造像。每龛内塑一佛二菩萨,佛结跏趺坐,二菩萨侍立。窟内造像大部已毁,壁画为西夏时作品。

文章观点:坚持河西早期石窟是北凉石窟,北魏几乎是一片空白。由此昌马石窟是北凉石窟。

2. 暨远志:《中国早期石窟佛教供养人服饰》[郑炳林、石劲松主编《永靖炳灵寺石窟研究文集》(上册),兰州:甘肃文化出版社,2011年。]

十六国时期的佛教石窟主要有炳灵寺、凉州石窟和敦煌石窟。

凉州石窟主要包括武威天梯山、张掖马蹄寺、肃南金塔寺、酒泉文殊山、玉门昌马等地石窟,一般公认为北凉时期开始开凿。

图 2 昌马石窟第 4 窟中心柱后侧面上层佛与胁侍菩萨塑像

3. 董玉祥:《十六国时期甘肃境内佛教石窟寺的兴起及其艺术特色》[郑炳林主编《陇东河西石窟研究文集》(上册),兰州:甘肃文化出版社,2014 年,第 121 页。]

河西石窟究竟始于何时?这也是学术界非常有争议的问题之一,酒泉、玉门敦煌石窟的一些北凉洞窟,可能都是在公元 420 年到北凉灭亡(439)的这十多年中修造的。

4. 甘肃省文物工作队

张宝玺:《甘肃石窟调查研究的回顾与展望》[郑炳林主编《陇东河西石窟研究文集》(上册),兰州:甘肃文化出版社,2014 年,第 70 页。]

河西石窟的分期,以甘肃省文物工作队名义发表的简报及后来的各种论著,都将金塔寺、千佛洞、文殊山、昌马石窟定为北凉石窟。这一结论主要是根据佛教在河西的发展及石窟本身的艺术风格得出的,并因炳灵寺发现西秦石窟,而河西石窟应不晚于西秦石窟的这样一个指导思想产生的,并无直接根据。笔者认为这种提法夸大了北凉石窟的影响。

图 3 昌马石窟破坏前的塑像(刘庆杨提供)

5. 北凉塑像

在玉门市博物馆与中国译文出版社调查中,刘庆杨搜检资料时发现了在早期石窟著作中有关昌马石窟塑像的资料,该塑像已经被破坏。

(二)十六国时期说(304—439)

主要有董玉祥、王泷。

1. 董玉祥:《甘肃其他石窟与敦

煌莫高窟十六国时期窟龛之比较》[郑炳林、石劲松主编《永靖炳灵寺石窟研究文集》(上册),兰州:甘肃文化出版社,2011年。]

根据多年调查研究,目前能确认为十六国时期的洞窟有敦煌莫高窟的第268、272、275窟,玉门昌马的第4窟,肃南裕固族自治县文殊山的千佛洞、万佛洞及马蹄寺石窟群中的金塔寺东西二窟、千佛洞第2、8窟,武威天梯山石窟中的第1、4窟,永靖炳灵寺石窟群169窟,天水麦积山的第74、78、165窟等等。

石窟的修凿,因地制宜,各地十六国时期的窟龛,也都根据地理环境等条件而周密设计布局,因此,各地石窟形制不拘一格,变化多端。

……

其余的,昌马的第2窟,文殊山的千佛洞、万佛洞,马蹄寺石窟群中的金塔寺东西二窟、千佛洞第2、8窟,武威天梯山石窟中的第1、4窟等,其形制,则几乎是千篇一律的中心柱窟。尽管各窟形式多少有些变化,但其基本形制多为平面纵长方形,平顶。窟内正中中心方柱,多作二层或三层,四面多开圆拱形龛,窟内四壁不开龛。这种窟形,虽非出自一种设计,但都以一种模式为依据,即印度支提式窟,在中国演变发展为一种新形式。

石窟寺内造像与壁画的内容,是宣扬佛教和吸引善男信女们朝拜的主题,每个石窟中,既有当时普遍的题材,又有自己独特的主题。

玉门昌马第4窟和酒泉文殊山千佛洞、万佛洞的窟形基本相似。四壁不开龛,中心柱四面分两层开龛造像,每龛内均塑一佛,结跏趺坐。龛外两侧各塑二胁侍菩萨,虽大部已毁或被后代重修而有所改变,但从昌马第4窟残存的造像来看,仍具有十六国时期造像的浓厚时代特点。昌马与文殊山的壁画,大部分为西夏时期重绘。

河西石窟比较普遍的造像有弥勒佛、释迦牟尼佛、无量寿佛、三世佛、四方佛等,壁画则以一佛二菩萨说法图、千佛、飞天、供养人等为主。中心柱四面塑像,下层多以四方佛为本尊。

甘肃各地十六国时期,这些造像、壁画内容的出现,都与当时的社会有着密切的关系。佛教信徒认为开窟兴寺、修造佛像可得福报。

2. 王泷:《甘肃早期石窟的两个问题》[郑炳林主编《陇东河西石窟研究文集》(上册),兰州:甘肃文化出版社,2014年,第601页。]

武威的天梯山、张掖的金塔寺、酒泉的文殊山以及玉门的昌马石窟等，可能都是沮渠蒙逊凉州石窟的一部分。

3. 董玉祥、杜斗城：《北凉佛教与河西诸石窟的关系》[郑炳林主编《陇东河西石窟研究文集》(上册)，兰州：甘肃文化出版社，2014 年，第 911 页。]

玉门昌马石窟第 4 窟、酒泉文殊山石窟的千佛洞及肃南马蹄寺石窟群中的东、西二窟等，都有时代较早的塑像或壁画。这些壁画和塑像都具有一种古朴挺健的早期风格，与敦煌、武威、永靖等地的十六国时期造像与壁画风格极为接近或一致。

玉门昌马石窟群中的下窨第 4 窟：

平面作纵长方形，窟内正中凿方形中心柱，中心柱分上、下两层，每层每面各开一个圆拱形龛，每龛内塑一佛二菩萨。

4. 吴莛、魏文斌：《地方统治者与甘肃早期佛教石窟的开凿》[郑炳林主编《陇东河西石窟研究文集》(上册)，兰州：甘肃文化出版社，2014 年，第 96 页。]

由于凉州所辖地域广大，整个河西走廊在其统治之内，因而包括莫高窟最早的一批洞窟(第 268、272、275 窟)及分布于河西走廊祁连山中的昌马石窟、文殊山石窟、马蹄寺石窟群等早期洞窟，俱属"凉州石窟"系统之内。这些石窟的开凿应略晚于天梯山石窟。

(三)北朝早期说(439—581)

1. 胡同庆：《甘肃石窟艺术概况》[郑炳林主编《陇东河西石窟研究文集》(上册)，兰州：甘肃文化出版社，2014 年。]

甘肃石窟分为五个石窟群：敦煌石窟群、河西石窟群、陇中石窟群、陇南石窟群、陇东石窟群。

其中河西石窟群包括敦煌石窟群以东，兰州以西的所有石窟。

昌马石窟，位于玉门镇东南 90 公里处。包括下窨、大坝等。下窨石窟有部分洞龛保存比较完整，留有早期造像及五代、宋初壁画。共有窟龛 11 个，现存者以编号第 2 窟与第 4 窟最为重要。第 4 窟是平面纵长方形的中心柱窟，中心柱每面二层像，题材为简单的一佛二菩萨。作风古朴，技法概括而简练，接近敦煌莫高窟 259 窟等北魏早期的作品，应是北朝早期洞窟，也是河西走廊西端开凿较早的石窟寺之一。

2. 胡同庆:《甘肃石窟雕塑艺术概论》

中心柱窟:敦煌莫高窟、玉门昌马、酒泉文殊山、张掖马蹄寺、金塔寺等河西北朝洞窟的主要形制。中心柱把全窟布置成前后两个空间形式,是同当时的宗教活动密切相关的。显然,前部是供僧众礼拜的殿堂式空间,相当于印度支提窟中的“礼堂”,后部的供绕行的甬道是专为佛教徒绕塔柱而设。因此中心塔柱正面龛内佛像的主要功能是供人礼拜,具有较多神性;左右及后面龛内佛像的主要功能是供人观像,具有较多人性。

敦煌石窟和河西石窟开凿在砾岩上,塑像不宜雕刻,所以一开始就采用泥塑。北朝洞窟中,塑像和龛、壁结合为一体,佛为圆雕塑像在龛内居中;菩萨、弟子列置在龛内或龛外,身躯紧贴墙面,为高浮雕,头部多为模制加工后安装在身体上的。

3. 魏文斌:《东西文明的汇聚——谈河陇石窟艺术》[郑炳林主编《陇东河西石窟研究文集》(上册),兰州:甘肃文化出版社,2014 年。]

河西地区十六国北朝石窟流行的中心柱窟间接地受印度支提窟的影响。西域 3—4 世纪的龟兹克孜尔石窟改造印度的支提窟建造了中心柱窟。进入河西后又进一步改造成与中国传统建筑相结合、独立支撑到顶的中心塔柱式窟,在中心柱四面进而分数层开龛造像。这种形式在河西区是从 5 世纪初建造的天梯山、金塔寺、文殊山、昌马诸石窟开始的,这是吸收印度、西域形式而建造的中国特色的一批石窟。这批石窟的形制及其艺术被称为“凉州模式”。在文殊山后山的北凉洞窟、莫高窟 268 窟两侧凿有多个仅容一人坐禅的小禅室,这也是受龟兹石窟的影响而建造的。

(四)6 世纪前期

张宝玺、魏文斌:《丰富多彩的甘肃石窟艺术》(郑炳林主编《陇东河西石窟研究文集》(上册),兰州:甘肃文化出版社,2014 年,第 26 页。)

玉门昌马石窟,位于玉门镇南约 50 公里。石窟坐落在昌马乡水峡村西南的崖壁上。现存 4 窟,其中二座北朝中心柱窟。石窟始建于 6 世纪前期。现存壁画为五代宋初重修,它仍然是莫高窟系列石窟之一。

以上断代研究,有些具体,有些宽泛,都是处在十六国和北朝时期,一部分学者直接断代在更小的范围,如北凉。

二、昌马大坝石窟开凿断代

玉门昌马大坝石窟处于甘肃第二大内陆河——疏勒河的祁连山出山口，石窟开凿在疏勒河崖壁上。这里遗存有大坝石窟、龙王庙、将军墓、清代烽火台、墓群、昌马大坝等多处遗迹。20世纪初，探险家伯希和曾驻足调查。

图4 北段崖壁

1. 现存情况

大坝石窟位于玉门市玉门镇北门村黑崖子崖壁。黑崖子西壁、南壁上分布着三片石窟。西壁上离地面3米高有一片石窟，崖壁上横排开有三个洞口，右边第一个洞口为窟门，另外二个洞口为窗口。这一片石窟由两个窟室用一条甬道相连组成。里间窟室内顶部和墙壁上有严重受损的壁画，窟室前墙不是崖壁，而是用土坯砌成，窟叫地母佛洞。

图5 南段洞窟

中间一片石窟在崖壁拐角处的南壁上，离地面有七米高，也是两个窟室用一条甬道相连，窟内残留壁画。崖壁上有三个洞口，上面两个为窗口，分别在两个窟室的前墙上。外室窗口垂直向下4米有门口，进入门口有一个圆洞垂直通向上面的石窟，洞内有一

图6 中段1号窟残留壁画

图7　中段1号窟窟前题字

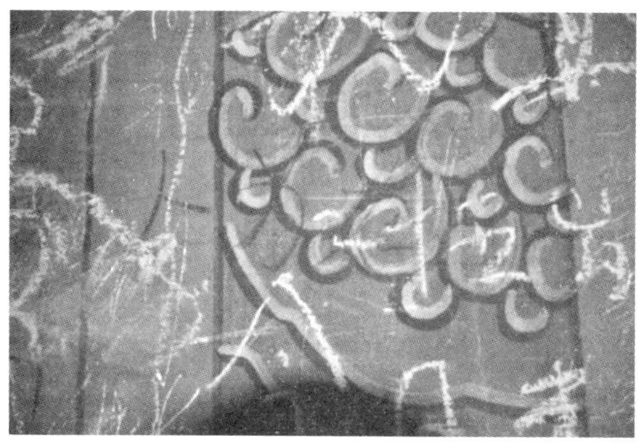
图8　中段1号窟壁画

图9　中段1号窟

木梯可以进入石窟。

南壁上一片石窟最大，离地面最高。石窟门口、窗口连成一排，足有30多米长，从左边起先是两个有门的单间窟室，然后是连成一大片的窟室。这片窟室共有五大间，前面三窟，后面套着两窟，有些窟内残存少量壁画。前面三窟室前用甬道连通。最大一间窟室在后面，两条边分别达到9.2米和9.8米，内有中心柱。石窟可能始建于唐代或以前，1932年12月25日8时45分，昌马地区发生7.6级地震，崖壁有脱落。后来在破"四旧"运动中，窟内塑像彻底被毁，壁画遭到损坏。修建昌马大坝时，该石窟用于住人、烧火做饭、存放东西，此后窟内屡遭涂抹刻画。大坝石窟是研究民国时期石窟壁画的重要资料。

《玉门市志》中记载如下：大坝石窟位于昌马河东岸的砾石崖壁上，较高处的洞窟距地面约40米。20世纪50年代初，大坝石窟保护较好,窟外有阶梯、两廊,窟内有壁画、泥塑,窟顶崖上建有庙宇。后因河水冲刷,崖面坍塌严重,窟外建筑全部倒塌。20世纪60年代,昌马水库建筑工人住进石窟,因管理不善,窟内文物毁坏严重。现大坝石窟残留有多种形制的窟龛,但早期造像与壁画已荡然无存,仅存少量清代至民国时期的壁画。

大坝睡佛,头西脚东,长5米,在大坝石窟北窟,1958年还在,后来不知去向。石窟壁画颜料鲜艳。

中间段有5窟,最低的一间实际是入口,很窄小,仅容一木梯通向二层,二层距离入口3米,登梯上到二层,有四个串联的洞窟,顶有清代壁画,有几处题字,早的有民国11年(1922)。开凿的土料是如何运出去的,不得而知。

南段有串联的8窟,坐北朝南,从下往上看,仅看见洞窗,像现代人的居室一样,一间套一间,有少许清代壁画。每间洞窟都有一个向外的窗子,也许是开凿洞窟的时候,为了便于运土。

大坝石窟的特征是多种形制的综合,既有多窟相连,又有上下层相连。是玉门现存石窟中形制最多的。中段是二层式,第一层是窟门一间,狭小,仅容一木梯通向二层,二层则是多窟相连。南段是8窟相连。大坝石窟的另一特征是比下窖容积大,宽敞。

2. 开凿时间

《疏勒河水湖变迁》:"康熙年(1719),靖逆招来屯户于睡佛洞前,高筑巨坝,将河水堵向东南。"说明此地是睡佛洞,开凿早于1719年。考察疏勒河流域自吐蕃自清一直为少数民族占领,疏勒河流域少有历史遗迹,由此可以推至唐代或以前汉族统治时期。实际上,唐代统治疏勒河流域时间较短(636—776),约为140年左右,后为吐蕃占领,唐代留下的历史遗迹在这一带并不多。疏勒河流域石窟开凿始于北朝,昌马石窟开凿就始于北朝。

敦煌研究院《昌马石窟壁画修复报告》:"大坝石窟中也残存有部分仅存窟形的中心柱窟。"从此看就有北朝特征。

由以上判断,大坝石窟开凿于北朝的可能性最大,最晚可能至唐朝初年。

3. 伯希和印象中的大坝石窟

法国探险家,欧美公认的汉学领袖伯希和《伯希和西域探险日记(1906—1908)》:

1908年6月15日……我于清晨5时出发去大坝，携一名骑着骏马的马夫共同出发。

玉门县绿洲很小，我们立即就到达了一直延伸到大山的黑山卵石滩。从玉门县到大坝,我们共计算到90里。

我们于8时45分到达大坝,此名称起得非常准确。因为这里有一条长达1公里多的大坝,系用卵石和柴笼筑成。从而将自昌马河流出的水一分为二,使其部分水流到三道沟,另一部分(最大的一部分)流向了玉门县。在这岔路口的中间,有一片很突出的驴背地带。如果没有大坝,那么全部水都会流向三道沟。

我们遇到了许多煤车,他们来自南部的第二道山脉,也就是说紧傍昌马以南的那条山脉。在昌马,人称那里仅有一座石窟。

在大灞(大坝),共有五孔被装饰过的石窟,还有悬崖峭壁上的龛,还有某些完全是近期的摸层。另外一个石窟带有矩形祭坛(今天已经成了中心祭坛),其前部已经坍塌,并且被近期的一道墙壁所封锁。祭坛的类型属原始型。在洞顶,具有"常见风格末期"的装饰,但其下部却是带挑梁的装饰,以及带宽阔阴影带的人物供像的龛,这肯定是"原始风格"装饰的残余。另外一孔石窟的前部同样也坍塌并被墙壁封闭,其矩形祭坛现今已经紧靠被重修过的前墙了,应该属于原始类型和风格,但它已经完全被近代那质量低劣的装饰改变了。最后一个石窟是具中等规模的涅槃洞。其侧壁的绘画属于"常见(伯希和原笔记本中于此划去了"古老")风格末期"的大菩萨像;顶洞的情况也大致相同;人们在下部,有时会发现一种不太清楚的装饰,它使我觉得似乎应为"常见风格的初期"。

这就是全部,实际上,这对于我们的旅行来说,不值一提。一名道士生活于此,以其香炷而使石窟的空气有所污染。

昌马大坝之北,有一座龙王庙,竖有两道碑。其一是乾隆碑,其二是同治碑。乾隆碑是乾隆二十五年,为纪念重修庙塔而竖起来的,碑文是这样开始的:"靖城西南九十里,朗雪山之麓,昌马河源,由山嘴而下"等等。大坝首先是在康熙五十六年时,当在靖城(玉门县)建卫时修造的。这方碑文其后又提到,靖城后来就成了玉门县。

1874 年的石碑是为了纪念重修大灞(坝)而竖立起来的。它重新提到,该坝在动乱时期被摧毁,它当时又被重修。

《重修肃州新志》:“按昌马河脑儿,源在靖逆城西南一百八十里南山中,东北流与苏勒河会,又北流,行至上龙王庙,人称昌马河口,在靖逆城南百里,由靖逆至昌马屯地一百二十里。”

昌马大坝龙王庙在《西域图志》(1782 年完成)有记载,“西南三十里有龙王庙。”。

由此判断大坝石窟处的龙王庙应该早于 1737 年。

三、玉门石窟新发现

第三次全国文物普查中新发现红柳峡石窟,继而在红山寺石窟发现唐代壁画,从物证方面印证了红山寺石窟最早可能开凿于北朝时期。2023 年又发现昌马喇嘛洞石窟、严家庄石窟,都有早期文化元素。

1. 红山寺石窟

2012 年 6 月 27 日至 28 日,敦煌研究院考古研究所与玉门市文博工作人员,对玉门市赤金镇境内的红山寺石窟寺调查中发现唐代壁画。

红山寺石窟位于赤金镇光明村一组红山南山坡,分别占据东、中、西三个山头。总共 45 个洞、殿、祠。东部山头分两层,共计 10 个洞、殿、祠;中部山头分五层,最为壮观,共计 24 个洞、殿、祠;西部山头分两层,共计 11 个洞、殿、祠。《玉门市志》记载,“清代雍正六年(1728),赤金卫守备段良材捐资并倡导民

图 10　红山寺石窟寺调查中发现的唐代壁画

众，在原红山寺佛洞（石窟）基础上，创建殿宇、山门、铸造钟磬，又在独山顶建八卦亭，使红山寺为一境之胜地。”推断，红山寺石窟肯定早于 1728 年。

洞窟内顶壁上绘有千佛，总计有 20 多尊，在旁边的 1 座洞窟内，还有清晰的边饰和头光，这些都是唐代的壁画，这是敦煌到张掖一线为数不多的 1 处唐代壁画。对研究玉门地区甚至河西走廊唐代佛教有重大意义，不仅使玉门石窟壁画由原来的北魏、五代、宋初、清末民初四个时期，增添了很重要的唐朝，使玉门石窟唐代、五代、宋初的历史有了连贯性，而且填补了玉门唐代遗迹的空白。

而据笔者查阅《中国美术史》第四章第三节敦煌莫高窟的唐代壁画和彩塑（附五代及北宋初），有记载：甘肃河西一带的石窟，如武威天梯山、民乐马蹄寺、武威大佛寺、玉门赤金红山寺、酒泉文殊山等，大多是北朝开凿，唐代续有修建。

以上资料似可证玉门赤金红山寺为北朝（386—581）开凿，西部山头的 11 个洞、殿、祠距离中部山头的石窟寺大约 500 米，这里发现的唐代壁画应该为唐代贞观年间续建。这一发现将续建的时间上推了 1100 年，始建的时间提前 1200 年左右。

2015 年底，张小刚发表文章《玉门红山寺石窟新发现的唐代石窟和壁画及其意义》（《朱雷教授八十华诞庆寿文集》），指出部分壁画的年代约在公元 8—9 世纪，其题材和艺术特征与敦煌莫高窟同时代的洞窟壁画相一致。红山寺石窟应该也属于敦煌石窟范畴之内。红山寺石窟从民间信仰角度，反映了唐代以及归义军时期对玉门军的经营。

图 11　红柳峡石窟寺

2. 红柳峡石窟

红柳峡石窟寺是玉门市第三次全国文物普查时发现的，位于玉门市赤金镇朝阳村五华山红柳峡南峡口西侧山壁。石窟分两层排列，上层 6 间排列于山腰，下层 10 间排列于山脚。第二间石窟内有千手观音壁画。第三间石窟内有建窟捐款人名单。第四间石窟内南北两侧墙上有壁画。底下一排从南数第六间石窟最里面靠西墙有一睡佛，睡佛背靠墙面朝里侧睡，头南脚北，只存头和脚。红柳峡石窟始建于清代，在“破四旧”中，佛像被砸毁。该石窟是研究清代石窟建筑的重要资料。

图 12 新发现的青草湾石窟

3. 青草湾石窟

位于玉门市赤金镇青草湾，为清代石窟，2017 年新发现。

图 13 佛爷窟（作者拍摄）

4. 天津卫洞窟

位于玉门市赤金镇金峡村五组西北石油河谷崖壁，有 2 个洞窟。与天津卫宣统塔、青塔、庙宇位于一处，是赤金又一寺塔庙组合的宗教之地。

5. 昌马石窟

2023 年，玉门市博物馆与中国译文出版社合作开展

图 14 昌马石窟新发现喇嘛洞

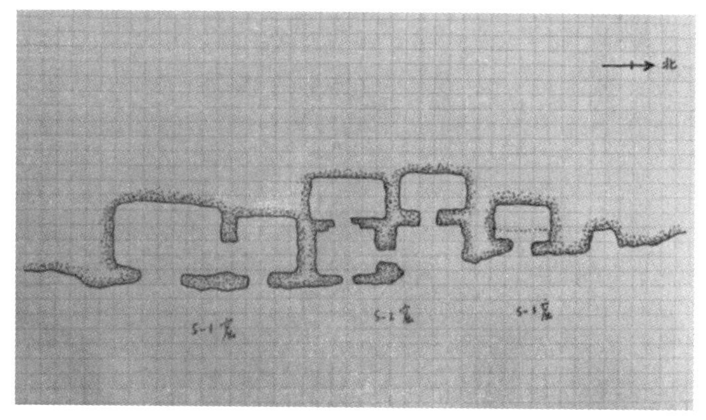

图 15　洞窟平面图(手绘)

图 16　严家庄洞窟外景图

图 17　新发现严家庄石窟遗存严家庄石窟形制
(刘庆杨摄)

玉门石窟调查研究，有两个重要发现。昌马石窟以南800米处有5—6个洞室，应该为3个窟，最南边1窟有壁画，年代初步判断早于唐。此外还新发现了喇嘛洞。

6. 严家庄洞窟

昌马石窟以西14公里处，昌马镇以南河滩南岸发现一组石窟（现被牧人占做羊圈），该组石窟其中一个窟主体正面开龛，柱体前面的主室空间较大，顶呈纵券式。明显是中心柱窟典型的“龟兹型窟”。

四、小结

玉门有较多的石窟资源，是中国早期石窟发展线路上重要的一环,对昌马石窟学界早期多有研究,同时新研究、新发现也不断涌现,不断丰富着玉门石窟的内涵和价值。玉门石窟内涵的增加,对研究河西石窟寺乃至丝绸之路佛教传播提供了宝贵的资料。但存在的问题是对昌马石窟有一定研究但不系统、不深入,比较零碎,对其他石窟的研究空缺,仅仅是文物管理部门的一点初步判断而已,尤其是对新发现的石窟还是空白,此文仅仅是抛砖引玉,期待学界有更多的同仁加入到研究行列。

由洞窟停废谈庆阳北石窟寺165号窟的营建

张雪芬
（成都文物考古研究院）

有关庆阳北石窟寺165窟的开创年代及功德主，主流意见一般认为，洞窟开创于北魏永平二年（509），与陇东地区另一座同类题材及组合的大型七佛窟——泾川南石窟寺1号窟（以下简称“南石窟寺”，完工于永平三年）均由北魏泾州刺史奚康生主持兴建。由于这一认识是通过间接材料推定而来，并非出自直接证据，因此这一问题还有继续商榷的空间[①]。

近来我们在查阅资料中，注意到165窟窟口附近的造像存在一些比较特殊的情况。经过观察、比对与分析后，我们怀疑这部分改动十分明显的造像可能反映了洞窟兴建中曾发生过停废。由于庆阳北石窟寺165窟独特的形制、题材及造像风格等在中国石窟寺研究领域中具有重要地位，而上述重要问题的相关讨论又与洞窟功德主及开创年代存在直接且密切的关联，因此165窟的这两个关键问题的答案对于北魏中晚期石窟寺发展演变具有重要的学术价值。基于这一点，我们对165窟洞窟功德主及其开创年代作了一些尝试性思考。

一、165窟兴建停废迹象

165号窟平面为横长方形，高14米，宽21.7米，进深15.7米[②]，造像立于

①宋文玉先生在《庆阳北石窟寺内容总录》序中也曾提出，关于北石窟寺开凿年代和功德主问题，“奚康生于永平二年所建”的观点目前虽得到普遍认同，但实际上依然有可商榷的余地。甘肃北石窟寺文物保护研究所编：《庆阳北石窟寺内容总录》，北京：文物出版社，2013年，第30页。

②关于165窟中造像高度的数据、宋代残碑、清碑《重修石窟寺诸神庙碑记》录文等均采自甘肃北石窟寺文物保护研究所编《庆阳北石窟寺内容总录》，后不再赘述。

四壁坛上，洞窟中部形成一个巨大的佛殿空间。正、左、右三壁雕刻了七身立佛及十三身胁侍菩萨立像。前壁与其他三壁差异较大，中部开门洞及明窗，门洞南侧为交脚坐菩萨及普贤骑象，北侧为交脚坐菩萨及阿修罗像；窟外两侧各有一身护法及狮子(图 1)。窟内同类(性质)造像体量大体一致，如七佛高度均为 8 米、十身胁侍菩萨均高 4 米；两尊交脚坐菩萨均高 5.8 米，普贤骑象组像和阿修罗像均高 3.05 米，可见洞窟规划时对造像体量及内容的对称有成熟考虑，这也是中原北方石窟中常见的处理方法。

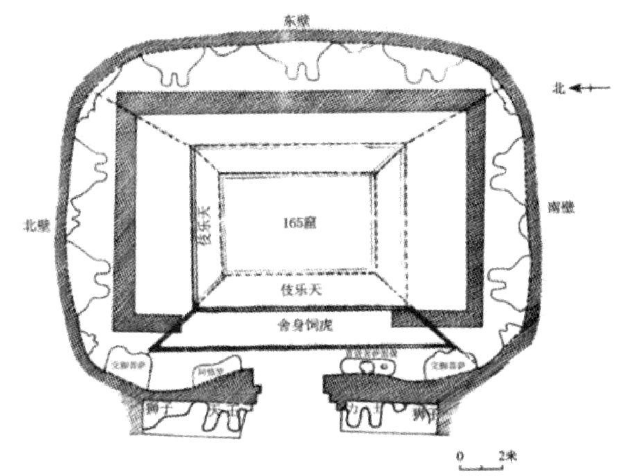

图 1　庆阳北石窟寺 165 窟平面图①

(一)窟内门道左侧的神王像

窟内左侧的神王只有上半身，三头四臂，上两手各执日、月，下两手执剑等兵器，身后有须弥山。除了下右手持兵器未雕刻完以外，该造像最特殊之处在于腰部以下，依据 2013 年调查报告，阿修罗像的“下半身为一方形台座，后人用泥补修成结跏趺坐的腿形”②；从 1987 年公布的照片看，神王右腿屈膝盘坐姿势的石胎尚在，方座左侧有竖条形石胎，疑似为神王下垂的左腿(图 2)。

类似三头多臂、手执日、月、兵器等形象的神王像在山西大同云冈石窟第二期③洞窟，如第 10 窟前室北壁门洞上方、第 11 窟中心柱四面上端、12 窟主室天井曾大量出现；这些神王腿部常见一腿屈膝、一腿斜伸姿势或双腿屈膝、

①甘肃北石窟寺文物保护研究所编:《庆阳北石窟寺内容总录》，北京:文物出版社，2013 年，第 152 页。

②甘肃北石窟寺文物保护研究所编:《庆阳北石窟寺内容总录》，北京:文物出版社，2013 年，第 157 页。

③本文涉及云冈石窟分期及年代判断，均采用宿白先生研究成果。详见宿白:《云冈石窟分期试论》，《考古学报》1978 年第 1 期。

双足足心相对姿势(图 3),未见有结跏趺坐姿或半身像造型。与 165 窟年代相近的最有代表性的多臂神王像见存于龙门石窟宾阳中洞[①]甬道两侧,神王略屈一膝站立,四臂手持各式法器,右侧多臂神王身下伏有夜叉;应该说,迁洛以后多臂神王像逐渐被单头双臂神王像[②]取代,同样在宾阳中洞,该洞前壁第四层另浮雕有十身单头双臂游戏坐神王像,后者也见于巩县石窟,此外在东魏北齐造像中也十分流行。就坐姿而言,5 世纪中晚期至 6 世纪上半叶,无论是多头多臂或是单头多臂、单头双臂神王像,均不见结跏趺坐及倚坐姿。

图 2　165 窟内神王像[③]

图 3　云冈第 11、12 窟中阿修罗像[④]

①该窟为宣武帝为孝文帝兴建的皇家石窟,也是北魏都城迁洛后兴建的第一座大型石窟,代表了当时石窟造像的最高水平,兴建年代约在北魏正始二年至宣武末(505—515);《魏书·释老志》:“景明初(500),世宗诏大长秋卿白整准代京灵岩寺石窟,于洛南伊阙山,为高祖、文昭皇太后营石窟二所。初建之始,窟顶去地三百一十尺。至正始二年(505)中,始出斩山二十三丈。至大长秋王质谓斩山太高。费功难就,奏求下移就平,去地一百尺,南北一百四十尺。永平中(508—511),中尹刘腾奏为世宗复造石窟一,凡为三所……”。宿白先生据此判断,中洞的兴建始于正始二年,大约完成于宣武末年。宿白:《洛阳地区北朝石窟的初步考察》,《中国石窟寺研究》,北京:生活·读书·新知三联书店,2019 年,第 184 页。

②双臂神王像与多臂神王像一样约在 5 世纪中期以后开始流行于北魏控制区域。如西安碑林藏北魏皇兴五年(471)交脚菩萨像背屏与北魏承平年间佛座(详见李裕群:《神王浮雕石佛座拓本考释》,《文物》2010 年第 7 期)迁洛后,此类神王多身着天人菩萨样式服饰。

③甘肃省文物工作队、庆阳北石窟文物保管所编:《陇东石窟》,北京:文物出版社,1987 年,图版 33。

④(日)长广敏雄、水野清一:《云冈石窟》第八、九卷,京都大学人文科学研究所,1953 年,第 16 页。

165 窟中的神王像上半身三头四臂，手持日、月等法器，正是 5 世纪中至 6 世纪早期多臂神王像共有特征，应属初始规划。现存窟底又为原窟底，造像腰部以下石台的高度也应是原高，另结合造像身高比例及与其对称的骑象菩萨群像的高度，可排除神王像为立姿的可能；即神王像的原始规划应该是坐姿且为半舒坐姿势的可能性最大，身下石台与雕刻未就相关。此外，造像右手所持武器线条粗放，可能也与停废有关。

（二）窟内门道左侧的交脚弥勒菩萨像等

窟内门道左侧交脚菩萨整体服饰一方面与窟中其他菩萨像大体一致，如戴冠及项圈，披 X 形帛带，帛带交叉穿璧，下着长裙；另一方面又在某些造像特征上表现特别（图 4），即使和窟门门道右侧对称交脚像（图 5）相比，差异也比较明显。如冠侧装饰双折缯带；165 窟菩萨像共有十三身，其中有十一身菩萨冠则不表现宝缯，它们的发缕沿头侧垂至双臂外，宝冠上装饰团花；虽戴了桃形项圈但未表现出项圈上缘凸棱，项圈也无任何雕饰；双肩外披的“X”形披帛

图 4　165 窟前壁左侧交脚菩萨像[①]

图 5　165 窟前壁右侧交脚菩萨像[②]

图 6　165 窟中胁侍菩萨像

①甘肃省文物工作队、庆阳北石窟文物保管所编：《陇东石窟》，北京：文物出版社，1987 年，图版 28。

②甘肃省文物工作队、庆阳北石窟文物保管所编：《陇东石窟》，北京：文物出版社，1987 年，图版 27。

交叉的圆璧位置更靠上，接近于腹中部，窟中其他菩萨圆璧基本位于腰部；此外菩萨的宝缯及发缕也比较特别，如头侧浮雕浅刻双折宝缯于壁面，双肩外无发缕下垂[①]。另外菩萨颈部项圈上缘磨平，与颈部无法分出明确界线，与窟中其他菩萨像桃形项圈上缘有棱或明确分隔线的做法完全不同(图 6)。

除了上述两点，左侧这尊交脚菩萨像雕刻粗率的部分还有很多。如与其他菩萨像相比，这身菩萨像头部更方、颈部粗短，肩头转折接近直角；双肩上仅右侧圆珠形装饰雕出大体轮廓，左侧连圆形都未完成；帛带交叉穿璧处仅以线条浅刻草图，扁平、无立体感；圆璧置于裙腰处，比较靠上；帛带绕臂后下垂部分未雕刻；裙摆衣纹表现简单，腰下甚至未刻出衣裙褶皱。考虑到这身交脚菩萨像为窟中造像主尊之一，这些雕刻细节的"草率"显得十分突兀，很难将其简单归咎于工匠粗心或技艺水平差，如果将其解释为造像雕凿过程突然发生了中断、造像并未完成细部装饰的雕刻及美化可能更为合理。

5 世纪中晚期至 6 世纪上半阶段，菩萨的宝缯样式存在演进特征。北魏都平城时期的云冈石窟中，菩萨头侧并不表现宝缯飘扬之姿，这一特征亦为 165 窟菩萨像沿用；公元 500 年前后雕凿龙门石窟古阳洞正壁胁侍菩萨像时，北方始出现所谓"宝缯上翘，再打折下垂样式"[②]；这种样式南朝出现的时间更早，如成都西安路出土永明八年(490)释法海造弥勒成佛像背面交脚菩萨像(图 7)[③]；约至永平年间，菩萨宝缯出现双重弯曲下垂的样式，此时弯曲的弧度比较大，如永平二年(509)河南博爱县青天河摩崖观世音菩萨像；165 窟左侧交脚菩萨像"双折上翘后下垂"的宝缯样式，洛阳地区大约在北魏正光至孝昌年(520—527)才开始大量流行，如龙门皇甫公洞南壁大龛主尊结跏趺坐菩萨[④](图 8)、

①需要说明的是，窟内东北角二胁侍菩萨之右侧菩萨亦有宝缯，形制特别，应该也是后期补加。

②李裕群:《麦积山北魏晚期洞窟分期研究》，麦积山石窟艺术研究所编《麦积山石窟研究》，北京：文物出版社，2010 年，第 144 页。

③成都市文物考古工作队、成都文物考古研究所:《成都市西安路南朝石刻造像清理简报》，《文物》1998 年第 11 期。

④马世长:《龙门皇甫公洞》，龙门文物保管所、北京大学考古系编《龙门石窟(一)》，北京：文物出版社，1991 年，第 249 页。

图 7　齐永明八年释法海造弥勒成佛背屏式造像背面

图 8　洛阳龙门皇甫公洞南壁大龛主尊结跏趺坐菩萨

河南博物院藏赵安香造像碑[①]等,此类菩萨宝缯双折转角开始锋锐。简言之,如165 窟门道左侧交脚菩萨今存宝缯样式，其出现时代不可能早至永平初或更早,反而更可能是北魏末西魏初时补凿所为。

(三)窟外的两尊护法像及双狮

窟口左侧护法为力士像,有圆形头光;身穿两裆甲;下穿短裙,外裹护腰并束带,略向左侧扭胯,腰部位置偏下,腿短,着靴。力士像右侧保留有原长条形石屏残痕,上部与头光相连,中间局部被一榫槽打破。力士像有些明显的特点,如头身比例极不协调,头大、上身长、下身短;站立的姿势比较僵硬,但身体微扭胯部,又显现出一定的动态;双臂下各垂下一石条,作用不明。

窟口右侧护法为天王像,无头光,身后有长条形石屏;身体直立,头戴兜鍪,身穿明光甲;下穿短裙,外裹护腰,着靴。天王像头身比例适中,正面朝前,腰线不明显,身体部分厚重浑圆、魁梧壮硕、略显呆板。与力士像相比,天王像整体雕刻比较一致,唯一略显特别的是双臂自肘部以下突然变细,双手比较小(图 9)。

①河南博物院编、王景荃主编:《河南佛教石刻造像》,郑州:大象出版社,2009 年,第 114 页。

图 9　165 窟外二护法像及右侧狮子

两尊护法像的外形、服饰、雕刻技艺等区别非常大，显然出自不同粉本。据调查报告公布的线图，左侧力士像体量明显大于右侧天王像，这与窟中其他同类或同组对称造像体量等高的情况不同。早年已有学者发现护法像及双狮等内容雕刻晚于窟内其他造像、进而提出造像为后期改刻①，但并未对两尊护法像展开详述。

天王与力士像对 7 世纪以后的唐代窟龛组像极为重要，它们参与构成了唐代最有代表性的“一佛二弟子二菩萨二天王二力士”一铺九尊像组合。但在公元 5 世纪末 6 世纪早期，情况完全不同，此时两个题材尚处于形象相互独立、各自演变的初步发展、确立阶段。

南北朝佛教天王像主要有铠甲装和菩萨天人装两类，后者出现的时间略早于前者。现存年代及题材明确的天人菩萨造像可参考北魏承平元年(452)的石雕佛座②侧面浮雕四天王像(图 10)和约开凿

图 10　北魏承平元年(452)神王浮雕石佛座拓片

①邓健吾先生认为，窟外两身护法像“从姿态和甲胄的形式来推测，刻制的时间可能比窟内各造像晚一些”，并认为窟口附近的弥勒菩萨像、阿修罗像等雕刻比较粗率。见邓健吾：《庆阳寺沟石窟“佛洞”介绍》，《文物》1963 年第 7 期；李淞先生认为，“二天王的铠甲形制十分可疑，与唐代至宋金时期的铠甲相似，使人对其年代产生疑虑。但从二像(及二虎)的位置与 165 窟的关系看，它又应是最初的原始设计……因此可初步推定二天王是经后代改刻的北魏原作”。见李淞：《略论中国早期天王图像及其西方来源》，《长安艺术与宗教文明》，北京：中华书局，2002 年，第 115 页。

②李裕群：《神王浮雕石佛座拓本考释》，《文物》2010 年第 7 期。

于北魏云冈二期第 8、12 窟中小龛主尊两侧的“四天王奉钵”像[①]，反映出当时汉地对天王隶属“天部”的一个普遍认知。霍巍先生提出，比较早的铠甲装天王像为成都万佛寺出土梁普通四年(523)康胜造像背屏两侧的着皮甲天王像[②]，此外该造像正面左侧立一手托宝塔的菩萨装护法，或与北方毗沙门天王题材有关[③]；南京地区情况略复杂，栖霞山第 27 号龛内所雕着铠甲护法手持金刚杵，题材应属于力士，其时代约为梁天监中晚期[④]。大约公元 530—540 年前后，汉地多处出现铠甲装四天王像。如敦煌莫高窟第 285 号正龛北侧左右下部所绘四天王组像、四川绵阳平阳府君阙上线刻四天王像[⑤]以及下同仁路两地出土的 2 件单体圆雕天王像[⑥]等。也就是说大约在 6 世纪 20 年代前后，铠甲装才逐步取代天人菩萨装成为汉地天王像的主要形象。因此，165 窟开创时的 6 世纪初窟口配置铠甲装天王对称组像的可能性是很小的。

汉地佛教力士像的来源比较复杂，糅合了希腊、印度及汉地本土等多种文化因素[⑦]。关于力士像对北朝洞窟造像组合的重要性，有学者在谈到龙门石窟时曾提出，“龙门北朝小龛中力士像的出现是造像组合中又一重大变化”[⑧]。云冈一、二期洞窟中并没有可以明确被判断为力士题材的造像，一般认为初创于

①李凇:《略论中国早期天王图像及其西方来源》，李凇《长安艺术与宗教文明》，北京:中华书局，2002 年，第 113 页。

②霍巍:《论成都出土的早期佛教天王像》，《考古》2018 年第 8 期。

③王卫明:《大圣慈寺画史丛考》，北京:文化艺术出版社，2005 年，第 184 页。

④张雯:《成都地区南朝石造像与南京栖霞山南朝窟龛的分期与比较》，中国古迹遗址保护协会石窟专业委员会、龙门石窟研究院编《石窟寺研究》第二辑，北京:文物出版社 2011 年，第 217 页。

⑤孙华:《四川绵阳平阳府君阙阙身造像——兼谈四川地区南北朝佛道龛像的几个问题》，巫鸿主编《汉唐之间的宗教艺术与考古》，北京:文物出版社，2000 年，第 89—137 页。

⑥笔者比较赞同霍巍先生认为持剑天王像年代约在南朝梁中期的看法。见霍巍:《论成都出土的早期佛教天王像》，《考古》2018 年第 8 期。对于托塔天王像，笔者更倾向于将其年代判断为 6 世纪中叶前后。见成都文物考古研究院编:《成都下同仁路——佛教造像坑及城市生活遗址发掘报告》，北京:文物出版社，2017 年，第 174 页。

⑦邢义田先生认为四川发现的南朝背屏式造像侧面持棒人物为力士形象，它与希腊神话人物赫拉克利斯有一定关联。见于邢义田:《赫拉克利斯在东方》，《画为心声——画像石、画像砖与壁画》，北京:中华书局，2011 年，第 489—491 页。

⑧温玉成:《龙门北朝小龛的类型、分期与洞窟排年》，龙门文物保管所、北京大学考古系编《龙门石窟(一)》，北京:文物出版社，1991 年，第 186 页。

正始二年(505)、完工于宣武末年的龙门石窟宾阳中洞最早开始配置怒目圆睁、身披“X”形帛带、下着裙的对称汉化金刚力士像(图 11);泾川南石窟寺 1 号窟外另起小龛，置二护法力士像,手中持杵,帛带及着裙样式接近宾阳中洞。此窟造像完工于北魏永平三年(510),明显早于宾阳中洞的完工[①];南朝地区现存最早的汉式力士像为成都下同仁路天监十五年(516)蔡僧和造背屏像[②]上,造型成熟,显然不是最早的粉本[③]。龙门小龛有纪年最早的力士像为神龟二年(519)古阳洞邑师惠感等造像龛[④],年代晚于前二者;铠甲装力士像出现时间更晚;龙门莲花洞辍工于永平末至延昌初年(510—513),两壁晚期补凿的小龛集中开凿于正光二年至永熙二年前后(521—533)[⑤],其中存有 1 例小龛外力士像即着密集片甲连缀式样铠甲(图 12),从样式看,与洛阳北魏杨机墓出土武士俑所穿铠甲[⑥]相同,可见其形象受到了洛阳北魏墓葬武士俑的一些影响。165

图 11　龙门宾阳中洞窟外二力士

---

①宿白先生推断,宾阳中洞的兴建始于正始二年,大约完成于宣武末年。宿白:《洛阳地区北朝石窟的初步考察》,《中国石窟寺研究》,北京:生活·读书·新知三联书店,2019 年,第 184 页。

②成都文物考古研究所:《成都市下同仁路遗址南朝至唐代佛教造像坑》,《考古》2016 年第 6 期。

③南京栖霞山部分南朝梁代洞窟中也有疑似力士像的雕刻，可能与成都造像粉本来源有直接关系,但栖霞山造像风化残损严重,对于造像的具体观察分析还存在困难。

④温玉成:《龙门北朝小龛的类型、分期与洞窟排年》,龙门文物保管所、北京大学考古系编《龙门石窟(一)》,北京:文物出版社,1991 年,第 186 页。

⑤两壁北魏小龛的纪年有北魏正光二年(521)、六年,孝昌元年(525)、三年(527),武泰元年(528)、建义元年(528)、建明二年(531)、普泰二年(532)、太昌元年(532)、永熙二年(533)等。温玉成:《龙门北朝小龛的类型、分期与洞窟排年》,龙门文物保管所、北京大学考古系编《龙门石窟(一)》,北京:文物出版社,1991 年。

⑥洛阳博物馆:《洛阳北魏杨机墓出土文物》,《文物》2007 年第 11 期,图七,三式武士俑。杨机及夫人合葬墓虽被盗掘,但依据墓志可知,杨机卒于北魏永熙二年(533),其夫人梁氏卒于普泰二年(532),后于东魏天平二年(535)迁葬。

窟力士像身着两裆甲，胸前十字形绑带与成都万佛寺出土北周天王立像[①]（图13）相似，另与庆阳北石窟第41龛右侧天王[②]（图14）也接近，此龛二天王护法与双狮的配置显然是对165窟的借鉴。可见，165窟外原设计应为双力士像，样式可参考龙门宾阳中洞及泾川南石窟寺，由于洞窟开凿停废，两身力士像停在了不同的雕刻阶段；约在西魏及北周至隋时期，二力士像可能经过数次补凿，遂成今日所见主体。

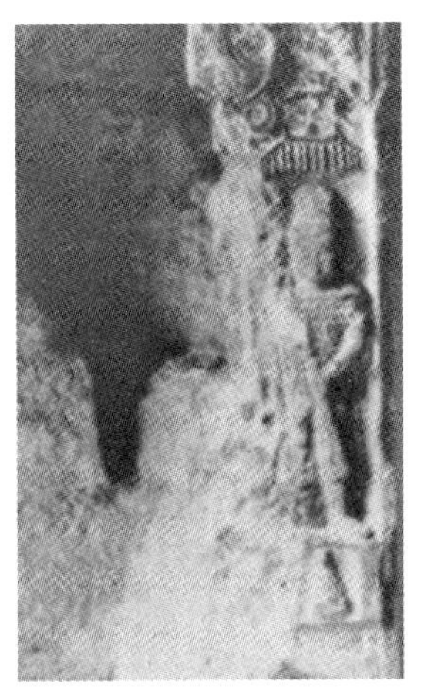

图12　龙门莲花洞小龛力士像

图13　成都万佛寺北周天王立像

图14　庆阳北石窟寺40号窟北周天王像

关于造像的改刻时间及改刻前本体情况。从现存天王像的整体表现看，造像比例恰当，雕刻手法一致，应是一次性完工，而非在原造像上的局部改刻，推测原力士像很可能尚未开始雕凿。现存天王像手部比例失调，属于最晚一次改刻。现存力士像的改刻相对复杂。造像保持了与窟内主尊1∶5.5的头身比，胯部略扭的姿势与宾阳中洞及南石窟寺窟外力士相仿，下身外束甲片的穿着方式与南石窟寺也有一定相似，可见改刻前力士像至少已完成了头身及服饰等大体轮廓甚至更多，造像双臂下现存的“怪异”石条也属于原造像遗留（参考南

①刘志远、刘廷壁编：《成都万佛寺石刻艺术》，北京：中国古典艺术出版社，1958年，图23。

②报告认为此龛开凿年代为初唐，从整龛造像情况看，亦不排除北周或下限至隋雕刻的可能。甘肃北石窟寺文物保护研究所编：《庆阳北石窟寺内容总录（上）》，北京：文物出版社，2013年，第101页。

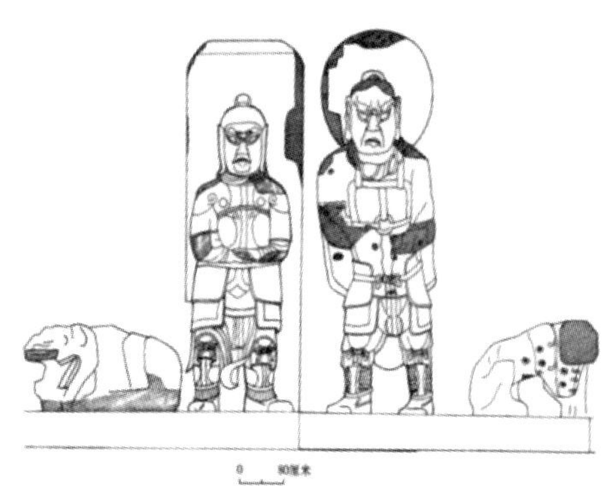

图 15　165 窟窟外双狮及护法

石窟寺，很大可能是帛带下垂部分）。此外，力士上半身明显向崖面斜伸，可见改刻时亦对造像表面进行了岩体的大量削凿。

依据石狮上侧小龛造像以及狮身与崖面关系看，窟外双狮与洞窟同期规划（图 15）。双狮相背而卧，保留了北魏中期以前流行的构图，左狮表面浅刻卷毛装饰，类似卷毛，在 5 世纪中后期雕凿的谭副造像背面狮子[①]、北魏永平三年《南石窟寺之碑》碑首石狮均有发现。165 窟外双狮之间体长及一些细节存在明显差别，如左狮身长 2.28 米，身形较瘦，腹部与地面之间掏空，除头部残损外，基本保存完好，身体表面浅雕卷毛；右侧狮身长 2.80 米，比左狮长 52 厘米，且腹部与台座间多余岩石未凿空，头部亦为粗坯难以辨别。可见，双狮的差异同样是由雕凿进度不同造成。停废时，左狮应基本完工，而右狮由于进度明显落后，外轮廓大量石坯未凿落。因此右狮现存总体量相对于左狮要大得多，且狮身虽有轮廓线条但狮腹也未掏空多余岩石。

综上可知，李凇先生对二护法像及双狮为洞窟原设计的看法十分可信。参考前面的梳理，165 窟外二护法像很大可能为力士组像。

除了 165 窟洞窟前壁（西壁）内外（也就是窟口内外两侧）比较集中出现未完工部分或经后世改刻较多部分外，洞窟中应该还有个别造像有类似情况，如有宝缯或梳双髻的其他胁侍菩萨像、雕刻草率的右侧交脚菩萨坐像等，不一而足。从上文梳理可以发现，未完工的造像更多是聚集在洞窟前壁，且窟内进度快于窟外，此外窟口两侧造像的雕刻进度存在一定规律，如窟外左（南）侧的力士与狮子进度快（大体成形或具粗坯）、右（北）侧的力士及狮子进度慢（可能雕出石条或石坯，最多至线刻轮廓阶段）。窟内右（南）侧的交脚菩萨像与骑象菩萨组像基本完工，而左（北）侧的交脚菩萨像与阿修罗像雕刻进度慢，许多细节

①何利群：《邺城遗址出土北魏谭副造像图像考释》，《考古》2020 年第 5 期。

未经打磨或完工)。这些认识将有助于我们深入了解北魏石窟寺开凿中工匠的分组、分工情况。

如前所述,165 窟规模极其宏大,窟内造像雕刻精美,四壁整体布局规整考究,以这种标准兴建的石窟寺绝非普通人的功德窟,这也是自宋代以来迄今,屡屡将 165 窟的兴建与北魏泾州刺史奚康生建立联系的论据之一。宿白先生在谈到宾阳三洞的停废时曾提出,“一座大型洞窟中途停工废置,很有可能与当时统治集团上层的变动有关”[①],像 165 窟这样规格的一座功德窟在接近尾声、临近功德圆满时发生骤然停工,那么它的停废我们也需要结合本地统治集团上层的变动进行考虑。为此,我们将结合奚康生崇佛特点及其永平前后的活动轨迹来考察 165 窟的创建与奚康生之间是否存在关联。

二、奚康生崇佛特点及其对泾州军政的全面控制

(一)崇佛特点及行事风格

奚康生出身鲜卑拓跋贵族,曾随孝文帝南征累立军功,《魏书》《北史》中皆有传。作为一名征战沙场的将军,奚康生本人却对佛教功德极为热衷。《魏书》中曾记载其崇佛一事,“康生久为将,及临州尹,多所杀戮,而乃信向佛道,数舍其居宅以立寺塔。凡历四州,皆有建置”[②]。正如温玉成、秦明智等先生所分析,奚康生皈依佛教具有很强的功利性,即出于对本人“多所杀戮”而寻求的除罪免灾[③]。事实上这也是北魏大多数上层阶级崇信佛教的心态,即并非醉心佛法,而是充斥着各种私心杂念,有时为了实现个人功德目的还会不择手段[④]。

---

①宿白:《洛阳地区北朝石窟的初步考察》,《中国石窟寺研究》,北京:生活·读书·新知三联书店,2019 年,第 184 页。

②[北齐]魏收:《魏书》卷七十三列传第六十一,北京:中华书局,1974 年,第 1633 页。

③温玉成:《中国石窟与文化艺术》,上海:上海人民美术出版社,1993 年,第 1169 页;秦明智:《北魏泾州二碑考》,《西北史地》1984 年第 3 期。

④北魏权贵中信佛者比较多,但同时霸道嚣张、贪财好色、功利心极重者也不在少数。如北魏冯太后兄冯熙即为此类代表,“熙为政不能仁厚,而信佛法,自出家财,在诸州镇建佛图精舍,合七十二处,写一十六部一切经。延致名德沙门,日与讲论,精勤不倦,所费亦不赀。而在诸州营塔寺多在高山秀阜,伤杀人牛。有沙门劝止之,熙曰‘成就后,人唯见佛图,焉知杀人牛也。’”[北齐]魏收:《魏书》卷八十三上《外戚上》,北京:中华书局,1974 年,第 1819 页。

一般来说，崇佛功德有大小之分，耗费越多、规模越大，功德成就越非凡，“除罪免灾”效果越好。正因如此，信众在选择开窟造像时，常“竭尽家财”以求尽可能华丽宏大，而“制约窟龛规模大小的主要因素，是资金而非题材”①。泾川南石窟寺1号窟位于泾川（北魏泾州治地）县东7.5公里的泾河北岸，窟内为“七佛和双弥勒”像，与北石窟寺165窟题材相仿且两窟相距仅45公里，因而并称“姊妹窟”；从窟外北魏永平三年（510）四月所立《南石窟寺之碑》（现存于泾川文化馆），知其功德主正是泾州刺史奚康生；此窟高11米、宽17.2米、进深14.5米，窟内平面达238平方米，其规模仅次于北石窟寺165窟，居陇东第二②。

通过《南石窟寺之碑》，我们梳理了奚康生兴建南石窟寺的过程，并了解奚康生还曾在窟前构建馆堂、僧房，可见整个石窟寺工程隆重盛大，与文献对他崇佛的记载也相吻合。“遂寻案经教，追访法图，……命匠呈奇，竞工开剖，积节移年，营构乃就。……又构以房馆，建之堂阁”③。可见，营建初期主要是筹谋规划、寻访粉本、组织工匠，开工后则开山凿窟、雕造巨像，最后构建窟前房馆、堂阃，整个工程“积节移年，营构乃就”，这个过程应当是所有石窟兴建都必须经历的。然而就整个过程用时而言，南石窟寺的营建速度之快在大型洞窟开凿史上十分罕见。

关于南石窟寺的急迫兴建，石窟本身也有一些证据。一是对洞窟开凿前序“辟山”的简省。北魏大、中型洞窟开凿前，通常有一个必要程序——“辟山”，即对山体崖面纵向下挖、在石窟前形成一个类似墙的垂直壁面，这在北魏皇室权贵营建的云冈、龙门等大、中型洞窟上表现明显。值得注意的是，庆阳北石窟寺165窟也是开窟前先“辟山”。但南石窟寺比较特殊，选在相对较规整的崖面上挖洞开窟，省去“辟山”程序，窟外二力士像单独成龛，并未像165窟那样特意设计一个类似前室的空间安置双护法及双狮。二是洞窟规模。这一点从北石窟

①李淞：《论唐代阿弥陀佛图像的否定问题——与曾布川宽教授商榷》，《长安艺术与宗教文明》，北京：中华书局，2002年，第55页。

②甘肃北石窟寺文物保护研究所编：《庆阳北石窟寺内容总录（上）》，北京：文物出版社，2013年，第300—304页。

③录文引自党燕妮：《〈南石窟寺碑〉校录研究》，《敦煌学辑刊》2005年第2期。

寺 165 窟窟高、宽、进深等数据的对比上表现直观[①]，关键数值的缩小对开窟工程量的削减作用极明显，不仅洞窟内室需要挖空的岩体大量减少，后期需要雕饰的造像规模也会同比例缩小，具体效果可参考《魏书》中对龙门石窟宾阳洞规模缩减的记载。三是造像内容，即造像数量的删减。从题材上看，南、北二窟主要造像为七佛及二弥勒菩萨像，因此这些造像之外的其他非主要内容，如北石窟寺 165 窟中的阿修罗、骑象普贤菩萨、双狮等被删掉，相对于 165 窟规划者想传达的丰富信息而言，南石窟寺“删繁就简”的意图更为突出。

此外还需特别注意一点，即南石窟寺 1 号窟在造像数量上“删繁就简”的同时，却在窟内右侧交脚菩萨像左侧多造了一身供养人像。这一处理，很难不让人将此身供养人像与执着于立碑述功、一时风头无两的功德主“奚康生”建立联系。反观北石窟寺 165 窟，“忽略”功德主则是其最大的特点之一。

关于奚康生如此急切地推进南石窟寺营建的原因，推测与他多年的戎马生涯有关。纵观奚康生入仕后的经历，由于需要四处征战，很少会在一个地方长久停留。已有学者注意到，奚康生任泾州刺史期间曾发生过一件事，“……（奚康生）转泾州刺史，仍本将军。以辄用官炭瓦，为御史所劾，削除官爵，寻旨复之”[②]，有学者认为此事或许与兴建石窟寺有关[③]，这一判断十分合理。这一记载还为我们提供了另一个线索，即奚康生对其主持的崇佛功德极为重视，为了推进工程进度不惜以身试法。结合碑文及洞窟，同样可以发现这一点。南石窟寺的整体规划十分完备、周密，如佛殿式的洞窟空间大，既可以观像、亦可以举行仪式与法会；窟前营建馆堂、僧房，招募并安置僧团，可维持寺院日常运行；诸事周备后，刻碑纪事，彰显个人功德。整个石窟寺营建不仅筹谋妥善、思虑周全，还能突破种种困难、迅速推进。

然而要实现快速推进石窟兴建工程并非易事，这与奚康生对泾州军政的全面快速控制有很大关系。

---

①北石窟寺 165 窟高 14 米、宽 21.7 米、进深 15.7 米；南石窟寺 1 号窟高 11 米、宽 17.2 米、进深 14.5 米。

②[北齐]魏收：《魏书》卷七十三列传第六十一，北京：中华书局，1974 年，第 1630—1631 页。

③杜斗城、宋文玉：《南北石窟与奚康生》，《丝绸之路》2004 年第 2 期。

（二）奚康生对泾州军政的全面快速控制

关于永平年间奚康生在泾州的活动轨迹已有很多学者曾撰文讨论[①]，本文将其归纳如下：大魏永平二年（509）正月华州刺史奚康生受诏赴泾州平乱[②]，永平二年四月之后接替高乘信（此人于永平二年四月曾立《敕赐嵩显禅寺碑》）、出任泾州刺史[③]；同一年，奚康生招募工匠开始兴建南石窟寺1号窟（现位于今泾川县东7.5公里）并窟前馆堂建筑等，直至永平三年（510）四月完工并立《南石窟寺之碑》纪兴建南石窟寺之事[④]；约永平四年（511）十一月受诏“治兵寿春”，离开泾州[⑤]。奚康生辖治泾州的时间约从永平二年四月始，至永平四年十一月终，历时大约两年半。

对比《敕赐嵩显禅寺碑》与《南石窟寺之碑》两碑碑阴所刻地方官员名单后，一般认为奚康生继任泾州刺史后，解散了原泾州军政组织，重新组建军府。《魏书》所记载的奚康生前任泾州军府长史张洪“府解”回京一事[⑥]可与此判断

①秦明智：《北魏泾州二碑考》，《西北史地》1984年第3期。

②永平二年（509）正月“泾州沙门刘慧汪聚众造反，诏华州刺史奚康生讨之”。见［北齐］魏收：《魏书》卷八世宗纪第八，北京：中华书局，1974年，第207页。

③永平二年四月，泾州刺史高乘信为宣武帝及皇后高氏建“嵩显禅寺”并立《敕赐嵩显禅寺碑记》，知奚康生接任泾州刺史一职当在永平二年四月之后。此碑已佚，有拓片存于甘肃省博物馆，残高2米、宽1米，篆额“敕赐嵩显禅寺碑记”，碑末有“大魏永平二年岁在己丑四月戊申朔八日乙卯使持节都督泾……”见甘肃省文物工作队、庆阳北石窟寺文管所：《陇东石窟》，北京：文物出版社，1987年，第15页。秦明智在《北魏泾州二碑考》（《西北史地》1984年第3期）一文中依据《陇右金石录》所收《生修高公佛堂碣》，认为主持兴建嵩显禅寺的泾州刺史为高绰；暨远志《北朝泾州地区部族、世族石窟的甄别、分期与思考》（麦积山石窟艺术研究所编：《麦积山石窟研究》，北京：文物出版社，2010年，第374页）一文依据《古今图书集成》卷五五三“高峰寺，在州南五里笔峰山顶，魏永平年泾、平二州刺史高乘□造”认为主持兴建嵩显禅寺的泾州刺史为高乘信。本文从“高乘信”一说。

④奚康生立《南石窟寺之碑》现存于王母宫石窟文管所院内之碑亭。碑高225厘米、宽103厘米、厚17厘米。碑额阳文隶书“南石窟寺之碑”。

⑤永平四年（511）冬十一月己亥“诏李崇、奚康生等治兵寿春，以分朐山之寇”，［北齐］魏收：《魏书》卷八世宗纪第八，北京：中华书局，1974年，第211页。

⑥《敕赐嵩显禅寺碑记》中记永平二年（509）泾州长史为张洪。张洪，《魏书》无传，但“律历志”记载了永平初张洪受“府解”影响而回京参与造历一事；据载景明初年，著作佐郎张洪等曾参与造历，“功未及讫……洪出除泾州长史……永平初……洪府解停京，又奏令重修前事”。［北齐］魏收：《魏书》卷一百七上《律历志上》，北京：中华书局，1974年，第2661页。

相互印证。可见,自奚康生接任泾州刺史后,迅疾实现对泾州诸事的有效掌控,也为集全州之力营建南石窟寺创造了条件。

如果上述讨论成立,我们再看165窟的创建与奚康生的关系时会发现有些不妥。一个不可回避的疑问是,以奚康生在泾州营建南石窟寺的行事风格,在时间、精力充足的情况下,是否会放任自己的功德窟半途而废?尤其是,165窟中造像风格明显保留了更多云冈二期特征,与南石窟寺1号窟中呈现清秀风格的龙门样式不同,这两种风格样式又恰好代表北魏晚期在皇室支持下出现的佛教造像艺术发展进程中的两个阶段,是造像早晚关系的重要参考。从这一点看,基本决定了与南石窟寺采用同题材、同形制的165窟开凿年代不会晚于南石窟寺完工的永平二年(509),因此,可以排除165窟的停废与奚康生永平四年离开泾州有关。

基于上述分析,我们认为过去普遍所持的"165窟由奚康生于永平二年兴建"观点很难成立。

三、165窟创建与停废的延伸思考

1. 北石窟寺的停废与南石窟寺的开创

前据《南石窟寺之碑》梳理了奚康生兴建南石窟寺的过程,筹备阶段曾"……遂寻案经教,追访法图……命匠呈奇……",可见奚康生营建之初曾特意"寻访粉本、招募工匠"。我们已经知道,165窟的兴建早于南石窟寺,结合两窟的相似度,奚康生寻访的"法图"粉本只能来自北石窟寺165窟。那么工匠呢?考虑到奚康生对南石窟寺营建速度的要求,就近从北石窟寺招募应是最有效率的方式。我们前文曾提到,北魏时期上层显贵一方面崇佛敬法,另一方面却强取豪夺、草菅人命,哪怕是在营建佛寺中亦毫不收敛。以奚康生的性情,携镇压泾州叛党之威势、强行征招165窟正在营建施工的工匠,完全有可能。关于工匠问题,宿白先生很早就注意到工匠人才的流动对石窟寺营建兴废有很大影响。他在谈到云冈第三期与龙门关系时,曾指出迁洛后至永平前,洛阳大规模的石窟营建工程并不多,"伊阙工程并不需要太多的雕刻艺术。所以,平城技艺这里有可能还未显著削弱……",而孝明以来洛阳佛寺工程急剧扩大,龙门窟龛开凿兴盛,对工匠(技术人才)需求强烈。随着平城工匠大量南下,云冈第三期工程式微，留下大量未完工窟像[①]。

综上所分析，奚康生南石窟寺1号窟的营建，可能是直接导致北石窟寺165窟骤然停废的关键原因。也正是由于奚康生明知泾州北45公里已然存在一座同样形制、同样题材的大型石窟寺，才将自己的功德窟寺命名为“南石窟寺”。由于两座洞窟是由同一批工匠依据同一粉本雕凿，两窟之间的相似才达到“姊妹窟”的程度，南石窟寺造像数量的减少、洞窟规模的缩小、开窟程序的简化等都与奚康生对功德窟营建速度的要求有关，而南石窟寺表现出的“龙门造像艺术风格”或许与奚康生本人喜好或是奚康生与洛阳朝廷关系更为紧密有关。

2. 北石窟寺165窟功德主的设想

北石窟寺所在地北魏时隶属豳州西北地郡彭阳县[②]，西魏废帝三年(554)，改豳州为宁州。考虑到奚康生可以对相邻州府大型洞窟正在负责营建的工匠直接“豪夺”，我们对165窟的功德主也作了一些推测。一般来说，像165窟、南石窟寺等这种规模的石窟寺功德主如果不是皇亲贵戚，也必然是权贵阶层，才能承担起费用极巨的石窟营建开支。对于偏远且不受朝廷重视的豳州而言，像165窟这样规模的洞窟兴建，不可能与地方州府中的权贵无关。

2004年宁县出土《豳州刺史山公寺碑颂》(以下称“山公寺碑颂”)[③]，记载了北魏正始元年(504)豳州刺史山累为孝文帝兴建“追献寺”时掘出祥瑞灵井一事，“……山累率州府纲佐，仰为孝文皇帝立追献寺三级……累忝沐恩景，世荷荣爵，历侍三朝，出牧汾蕃，皇上流恩，迁任此州，宣猷坙左，姬教西服，夙夜追念，不知何以仰助冥祉……遂发诚心，开造禅堂……规制之初，于寺所绝壁

①宿白：《平城实力的集聚和“云冈模式”的形成与发展》，《中国石窟寺研究》，北京：文物出版社，1996年，第141—142页。

②据《魏书》“地形志下”：“豳州，皇兴三年(469)为华州，延兴二年(472)为三县镇，太和十一年(487)改为班州，十四年(490)为邠州，二十年(496)改焉。领郡三，县十。西北地郡，秦昭王置，领县三，彭阳、富平、安武；赵兴郡，真君二年置，领县五，阳周、独乐、安定……”。见[北齐]魏收：《魏书》卷一百六下《地形志下》，北京：中华书局，1974年，第2627页。《元和郡县图志》卷3“关内道”：“废帝三年(554)，改豳州为宁州，以抚宁戎狄为名”。见[唐]李吉甫：《元和郡县图志》卷3“关内道”，北京：中华书局，1983年，第64页。

③吴荭、张陇宁、尚海啸：《新发现的北魏〈大代持节豳州刺史山公寺碑〉》，《文物》2007年第7期。高然、苑黎：《“大代持节豳州刺史山公寺碑”考释》，《考古与文物》2010年第3期。

之际,有灵井三区,忽然自成……遂乃镌石立颂焉……”。山累此人《魏书》无传,本为鲜卑贵族、世荷荣爵,据侯旭东考证,宣武初山累起为豳州刺史时年岁已在 50 岁左右,且与《魏故谏议大夫建城侯山(徽)君之墓铭》[①]中的山徽为叔侄关系[②]。山累为孝文帝兴建追献寺是为了报宣武帝起用之恩,那么山累是否有可能在豳州境内同时为北魏帝王造一座石窟寺呢?

除了以往学者们屡屡谈到 165 窟造像风格与云冈相似外,165 窟以七佛及双交脚弥勒菩萨为主尊,这种题材也恰恰是云冈石窟第二期晚期又新流行的内容。如云冈第 11、13 窟洞窟中轴线通道正上方,都采用将七佛以屋形顶分为三组的布置方式,且七佛分组为“2+3+2”结构,与 165 窟中七佛分三壁的形式及数量分配实际上是相同的。此外窟口上方开明窗的做法,早前已见于云冈二期洞窟,其影响还远传至南朝京城地区[③];可见 5 世纪晚期至 6 世纪早期,云冈石窟曾对广大北方地区甚至南朝都产生过巨大影响。而龙门石窟宾阳洞的兴建最初也是计划“准代京灵岩寺石窟”,只是因为“辟山难就”、工程过于艰难才被迫进行了调整。此外,165 窟窟口外“辟山”后形成的无顶“凵”形前室,与云冈二期多数洞窟前室区别明显[④],反而与龙门石窟宾阳三洞外情况相若。这一点或许为 165 窟的营建时间提供了线索,即其窟外的设计可能是参考了方案调整后的宾阳洞,即不早于正始初年(504)。

从山累个人经历看,自幼成长于平城贵族之家,因排行第三而无缘袭爵;太和前期曾出任汾州,其后一直赋闲在家;因而此次出任豳州刺史的机会,对年近半百的山累而言的确不易。此人一生大部分时间活动于山西境内,少年时恰逢云冈石窟兴建鼎沸之时,从“山公寺碑颂”末尾有“丽景兜率,靖证常道”之

①赵超:《汉魏南北朝墓志汇编》,天津:天津古籍出版社,1992 年,第 262—263 页。

②侯旭东:《大代持节豳州刺史山公寺碑所见史事考》,《纪念西安碑林九百二十周年华诞国际学术研讨会论文集》,北京:文物出版社,2008 年。

③据宿白、林蔚等研究,南京栖霞山南齐石窟(以 19 号窟为主)的营建应受到了云冈一、二期窟像工程的启示。见宿白:《南朝龛像遗迹初探》,《中国石窟寺研究》,北京:文物出版社,1996 年,第 193 页。

④云冈二期第 7、8 窟营建于孝文帝初期,两窟前室露天,宿白先生推测“原应覆有屋顶”。宿白:《云冈石窟分期试论》,《中国石窟寺研究》,北京:文物出版社,1996 年,第 79 页。165 窟窟外现存窟檐应为近代修筑,但从崖面分布大量榫孔看,原来也应有木构窟顶或窟前建筑。

语，似可推测山累似持“弥勒上生”信仰。山累此次被起用，缘自宣武帝恩宠，因此积极模仿宾阳洞的形制，如采用长方形佛殿窟，放弃云冈二期大量采用的窟中开龛、龛内造像方式，窟外无顶前室（可能原规划有木结构与洞窟相接）等，也很容易理解；由于宣武初时山累家族恩宠已大减，加之本人长期赋闲且年事已高，出任刺史的山累并无太多亲信，只能倚仗豳州原有军州府僚及地方胡族势力，这一点可从山公寺碑颂碑阴中有当地胡族通过在军府与州府任职大量参与地方治理可知[①]，也就是说西北一带的佛教信仰对豳州石窟寺的兴建也可能有一定影响。

如果上述推断不误太远，165 窟的初创年代应与宾阳中洞第一次粉本确立的时间大体相近[②]，即北魏景明初至正始二年间（500—505）；当时的豳州刺史山累很可能就是 165 窟开凿的功德主。考虑到起用为豳州刺史时，山累年事已比较高，不排除他并未坚持至石窟完工，而 165 窟的营建在失去最大功德主支持、同时又遇到像奚康生这样的军事功勋营建南石窟寺背景下，不得不在临近尾声时骤然中断。

三、余论

正如宋文玉先生在谈到 165 窟开创年代及功德主问题时曾提出的那样，“北石窟寺系北魏永平二年（509）泾州刺史奚康生所创建，这一结论并非来自直接的记载……上述观点目前虽得到普遍认同，但实际上依然有可商榷的余地”[③]。20 世纪 80 年代，温玉成先生曾提出，“从总体上观察，165 窟比南石窟寺的时间要早，大致与龙门古阳洞完工年代（约公元 500 年）相近。旧说北石窟寺

①侯旭东：《大代持节豳州刺史山公寺碑所见史事考》，《纪念西安碑林九百二十周年华诞国际学术研讨会论文集》，北京：文物出版社，2008 年；暨远志、宋文玉：《北朝豳宁地区部族石窟的分期与思考》，《2005 年云冈国际学术研讨会论文集·研究卷》，北京：文物出版社，2006 年，第 76—109 页。

②考虑到正始二年（505）曾大大缩减了宾阳中洞的规模，不排除对洞窟造像整体粉本也进行过调整。

③甘肃北石窟寺文物保护研究所编：《庆阳北石窟寺内容总录》，北京：文物出版社，2013 年，第 30 页。

完工于永平二年,恐不确切"[1],这一观点如今看来具有极为重要的参考价值。通过对165窟前壁内外造像情况的观察及相关讨论,我们认为165窟属于一座未完工的洞窟,功德主与奚康生并无关联,很可能是当时的豳州刺史山累;洞窟在接近尾声时骤然停废,与奚康生营建南石窟寺、征招工匠有直接关系。此后千余年,历经西魏、北周、隋唐,宋元不断补凿、修葺,165窟终成今日我们所见到的模样。值得注意的是,关于南、北石窟寺表现出的风格差异,近年有一种说法颇受重视,即南石窟寺1号窟为"世族造像"、北石窟寺165窟为"部族造像",研究者认为,两座洞窟均由泾州刺史奚康生主持,但受两州民族成份、世族影响不同,洞窟造像风格产生鲜明差异[2]。经过前文梳理,我们并不认为这一说法能够很好地解释两座洞窟存在的问题,尤其是在165窟为一座"未完工"洞窟的情况下,这一推测还需谨慎审视。

尽管北石窟寺165窟中造像风格呈现比较突出的云冈二期特征,但考虑到其另外一些表现,如窟型采用佛殿式、四壁造像不开龛、窟外配置二力士像等,显示与龙门宾阳中洞之间存在千丝万缕的联系[3]。洞窟形制及造像配置等都属于开窟前期需要考虑或最早动工的工程,由于此时宾阳中洞尚处于辟山与初创阶段,其窟内造像布局及雕刻风格尚未形成对周边的巨大影响,因而165窟中造像题材及风格同时还吸收了其他区域影响,最终呈现出兼有洛阳新样式与河西、云冈等地旧传统以及陇东本土特色的独有艺术特征,留下了别具一格的造像形式。从某种意义上看,165窟甚至为我们遥想景明初年,大长秋卿白整所规划的龙门石窟宾阳洞原貌提供了可能。

---

①温玉成:《中国石窟与文化艺术》,上海:上海人民美术出版社,1993年,第170—171页。

②暨远志:《泾州地区南北石窟寺与云冈二期石窟的比较分析》,《深圳文博论丛2005年》,北京:中华书局,2005年;暨远志、宋文玉:《北朝豳宁地区部族石窟的分期与思考》,云冈石窟研究院编《2005年云冈国际学术研讨会论文集·研究卷》,北京:文物出版社,2006年,第76—109页。暨远志:《北朝泾州地区部族、世族石窟的甄别、分期与思考》,麦积山石窟艺术研究所编《麦积山石窟研究》,北京:文物出版社,2010年。

③黄文昆:《南北石窟寺》,《中国大百科全书·美术卷》,北京:中国大百科全书出版社,1991年,第582页。

石窟寺多元文化研究

敦煌石窟游人题记反映的佛教信仰
——以清代以来游人题记为中心

杨秀清
（敦煌研究院）

大约自晚唐以来，作为佛教圣地的莫高窟及周边其他石窟，不断吸引着信徒和其他游人礼拜和参观。在以后的历史长河中，无论是前来朝拜的信徒，还是慕名而来的游人，各地各色人等在包括莫高窟在内的敦煌石窟中，留下了大量的题记，这些题记以汉文居多，也包括诸多少数民族文字，我们将这类文字统称为游人题记。近年来，随着敦煌学研究领域的不断拓展，敦煌石窟游人题记的价值意义开始受到学术界重视，但研究者所据材料，主要依据法国学者伯希和所著《伯希和敦煌石窟笔记》，敦煌研究院编《敦煌莫高窟供养人题记》，徐自强、张永强、陈晶编著《敦煌莫高窟题记汇编》以及20世纪50年代史岩、谢稚柳先生调查笔记中所记的若干游人题记①等等，这些著述中所收录的游人题记不过数百条，远非敦煌石窟游人题记全貌，即便是《敦煌莫高窟供养人题记》这样权威的著述，其著录的重点是石窟壁画中的供养人题记，游人题记的著录也较少，且对民国以来特别是1949年新中国成立以来的游人题记几乎未曾著录。从我们调查的情况来看，目前公布的敦煌石窟游人题记，仅仅是敦煌石窟现存游人题记的一小部分，大量的游人题记由于没有调查、辑录和刊布，而不

①（法）伯希和著，耿升译：《伯希和敦煌石窟笔记》，兰州：甘肃人民出版社，1993年。敦煌研究院编：《敦煌莫高窟供养人题记》，北京：文物出版社，1986年。徐自强、张永强、陈晶编著：《敦煌莫高窟题记汇编》，北京：文物出版社，2014年。史岩：《敦煌石室画像题识》，比较文化研究所、敦煌艺术研究所、华西大学博物馆，1947年。谢稚柳：《敦煌艺术叙录》，上海：中国古典文学出版社，1957年；上海：上海古籍出版社，1996年重版影印。

为外界所知,从根本上影响了我们对游人题记价值的认识。不能不令人遗憾。

近年来,笔者参与了同仁李国先生主持的国家社科基金“敦煌石窟历代游人题记调查整理与研究(18XKG008)”项目,对敦煌莫高窟、西千佛洞及瓜州榆林窟在内的敦煌石窟游人题记进行了系统调查,深感有必要向社会各界介绍敦煌石窟游人题记所蕴含的价值意义,今以敦煌石窟清代以来游人题记反映的佛教信仰为例,略陈管见,以期进一步引起学术界对敦煌石窟游人题记关注和研究。

一、敦煌石窟作为佛教圣地的地位仍然影响着人们的信仰方式

笔者曾以敦煌藏经洞出土文献和敦煌石窟壁画资料为据,认为唐宋时期的敦煌佛教是佛教在长期大众化过程中形成的大众佛教。所谓佛教的大众化,我个人认为,是指佛教在传播过程中,向大众传播一般的佛教知识与佛教思想,这些佛教知识与思想在大众社会生活中普遍流行,并由此支配着社会大众的佛教信仰与佛教实践。唐宋时期,大众化的佛教信仰成为敦煌地区主流的佛教信仰,这种佛教既不同于过去我们所说的传统意义上的佛教(或称经典佛教),也不是非主流的所谓“民间佛教”。[①]在近年来敦煌佛教研究新成果的基础上,笔者从信仰群体、信仰内容、信仰目的、信仰方式等方面探讨了唐宋时期敦煌佛教与经典佛教的不同;从敦煌佛教所呈现出的特征,探讨唐宋时期敦煌佛教特点,是以社会大众为主体,以一般佛教思想为指导,以佛教信仰与实践为特征的大众佛教;通过对唐宋时期敦煌各阶层佛教生活的探讨,认为这些全民共同参与的佛教生活背后,必然有一种为他们所认同的知识和思想,这一思想我们称之为大众的佛教知识与思想;同时,以经变画为中心,探讨了佛教的大

①李正宇先生指出:“唐五代至北宋时期的敦煌佛教,是一种中国化、民族化、世俗化的佛教,同佛学家所描绘的正统佛教亦即传统观念中的佛教大相径庭、别具典型。”“根据其性质、特点、播布、渗透的实际情况给予命名,笔者称之为‘敦煌世俗佛教’。可以肯定地说,唐宋时代敦煌佛教的主流和代表,不是别的,正是这种冲破佛教正统、被某些佛学家、宗教家视为难登‘大雅’、不入流品的世俗佛教。”见李正宇:《唐宋时期的敦煌佛教》,郑炳林主编《敦煌佛教艺术文化论文集》,兰州:兰州大学出版社,2002年,367—386页。笔者非常认同李先生的观点,但就具体概念上李先生以“敦煌世俗佛教”命题,笔者则以“敦煌大众佛教”称之,与先生略有不同。

众化与敦煌石窟的关系。[①]我们认为，这是以敦煌大众佛教为个案，从一个新的角度来探讨唐宋时期的中国佛教问题。

由此认识出发，笔者认为，清代以来敦煌地区的佛教，更体现出大众佛教的特色。笔者注意到，相关研究者在利用敦煌石窟游人题记研究敦煌佛教时，已指出敦煌佛教在信仰方面的大众化现象。[②]但由于研究者所依据的资料有限，影响了对此问题的进一步认识，而我们的调查，则更有助于我们加深对清代以来敦煌佛教的认识。

嘉庆十八年（1813）四月，敦煌当地人赵吉到莫高窟礼佛，在莫高窟今编第231窟西壁龛外南侧下部，抄录诗一首：

古郡敦煌远，幽崖佛洞传。建垣新日月，访胜旧山川。
宝启琳宫现，沙凝法相填。神工劳劈划，匠手巧雕镌。
……
色相嗟多毁，丹青讶尚鲜。问禅无僧侣，稽首冷香烟。
字落残碑在，丛深蔓草缠。徘徊荒刹外，怀往意悠然。

学者指出，这首诗为清雍正初年任职敦煌的光禄少卿汪漋所作，在《重修肃州新志》《敦煌县志》中均收其所作本诗。雍正五年（1727）汪漋来到敦煌，监督当时沙州卫城的修建工作。两年后，新城建成，衙署也基本竣工，汪漋写诗以记其事。其间，汪漋游莫高窟，目睹石窟现状，感慨石窟兴衰，记录了莫高窟“色相嗟多毁，丹青讶尚鲜。问禅无僧侣，稽首冷香烟。字落残碑在，丛深蔓草缠。”的状况。这种情况在后来到莫高窟礼佛的游人题记中也有反映。如莫高窟第152窟甬道南壁清乾隆年间题记曰：

---

①杨秀清：《唐宋时期敦煌大众的知识与思想》，第六章，兰州：甘肃人民出版社，2022年，第192—315页。

②参阅公维章：《元明清时期的敦煌佛教》，《敦煌学辑刊》1999年第2期。秦弋然：《从莫高窟游人题记看明清时期的敦煌佛教》，学愚主编《佛学思想与佛教文化研究》，下册，北京：社会科学文献出版社，2017年，第452—463页。

千里进香到西方，
观看佛洞甚辉煌。
荒凉寂寞少僧住，
令人越望越悲伤。

张永奠
肃州总寨堡庠监弟子　张永达　进香一次
于体堂

乾隆□二年□□□□偶书

莫高窟第 148 窟主室东壁门南侧底层墨书四行

可叹可叹真可叹，可叹诸佛连节(劫)难。
不知何年并何月，再得重兴胜景山。
甘肃凉州府武威县信士弟子王维曾叩□
大清乾隆伍拾四年八月十五日题

尽管从政府官员到普通信众，都感叹莫高窟的衰败，但他们都认识到莫高窟在历史上曾经的辉煌。众所周知的事实是，有明一代，是敦煌古代历史上最为衰落的一朝。迨至明朝末年，明政府已完全放弃了对敦煌的管理，居民东迁嘉峪关以内，敦煌经济文化随之衰落。清朝康熙年间，着力经营西北，驻兵敦煌，开始对敦煌的管理。雍正三年(1725)又移民敦煌，发展生产，文化的重建也随之开始。八十余年后，赵吉礼佛莫高窟，此时敦煌设县，安西(今瓜州)置府，生产恢复，人民安宁，莫高窟又是另一番景象。于是赵吉于四月礼佛莫高窟时，在 231 窟抄录题写了汪灖的诗，六月再次礼佛时，便在第 14 窟中心龛柱北向面题写了自己所作的诗：

山岩开劈势隆崇，造作非凡巧琳工。
意依群曹分效职，期逾何年告功成。
云峦翠柳层楼胜，佛屋宝塔四望中。

新开此境香烟盛，夷狄诸夏往来通。
大清嘉庆十八年六月初一鸣沙赵吉书

赵吉抄录和亲笔题写的这两首诗，真实记录了莫高窟在清朝立国后由衰落重新走向兴旺的历程。

随着唐宋时期佛教大众化的完成，佛教义理中因果报应、转世轮回思想成为基本的佛教知识，“诸恶莫作，诸善奉行”的佛教伦理规范，成为影响人们信仰的基本伦理。这些基本的佛教知识，在佛教发展过程中，得到普及和传承，成为大众佛教信仰的主流思想。敦煌石窟游人题记也正是继承了这种信仰特色。我们知道，信众是佛教发展的基础，信仰是佛教发展的动力。佛教在传播过程中，利用种种所谓“方便法门”，鼓励人们信仰佛教。诸多佛教经典中都强调写经、诵经、转经、造窟、造佛堂、造兰若、造像、浴佛、行象、造幡、造塔、安伞、燃灯、施舍、设斋等，都可以作为一种“功德”，给自己种下善因，为自己带来福报或者免除灾难，甚至口称“阿弥陀佛”，念诵“观世音”名号，便可消灾除厄，获得福报。唐宋时期的敦煌如此，清代敦煌也是如此。开窟造像历来是敦煌地区佛教信仰最主要的方式，延及清代，虽然敦煌成为新移民开发新区，但由于敦煌石窟的存在，开窟造像仍然成为社会大众佛教信仰的方式。学者研究表明，清代新开洞窟为今编第 11 窟和第 228 窟，清代重修石窟共 217 个，占莫高窟现存全部洞窟数量的近一半。根据第 454 窟甬道北壁第一身供养像榜题上墨书：“凉州武威县朝山施画匠雷吉祥于雍正元年二月十五日功完”，这是清代重修莫高窟的最早记录。其他如莫高窟第 342 窟雍正三年十二月“武威弟□(子)刘斌在此开圣像陆尊”，第 152 窟甬道北壁西起第二身供养菩萨像前有：“陕西府乾隆拾叁年伍月十六日众信弟子新修斋房壹院，又补修佛殿房一次。”都是清代重修洞窟的证明。据敦煌研究院编《敦煌石窟内容总录》可知，[①]在莫高窟之外，清代对敦煌西千佛洞石窟、瓜州榆林窟、东千佛洞也进行了修缮。我们不妨再举几例清代晚期修缮洞窟的题记。

①敦煌研究院编：《敦煌石窟内容总录》，北京：文物出版社，1996 年。

莫高窟第285窟窟檐题字：

五月初六日未时山成工咸丰九年
四月廿二日木工四个
初一日出寿功德主布修染金佛

第450窟主室北壁龛东侧墨书：

大清嘉庆岁次戊午甲子月望五日
甘泉弟子塑工人李滋□　　　在此□□
武威画士杨钧
镇番画士吴正□

第365窟洞窟木门内侧上端重新装修洞窟题记：

光绪二年四月初三日起工安门
　　朝山焚香　弟子
　　年禄　杜秀　周才
　　安财章　殷思存
　　杜茂林　叩献
　　本工　周贵施钱壹两八钱
　　姚克昌施钱陆钱
　　康贵施钱陆钱

此外，在莫高窟233窟主室中央台座前，还绘有清代供养人画像，这也是清代唯一出现供养人画像的洞窟。尽管从艺术价值来讲，清代重修洞窟已远逊前代，但不可否认的是，有清一代，对如此多的洞窟重新进行修缮，完全是民众自发的信仰表达，是清代敦煌佛教发展的一个侧面。

莫高窟第176窟主室南壁西侧塑像后题记：

大清康熙五十五年十一月初十日奉

旨在沙州及色尔藤驻防甘肃马营墩堡把总加一级邓洪印本堡

通士王宫兵丁邵辉学吕朝鼎
书吏杜廷玺侄子邓攀顺等

率领长子国子监太学邓攀龙

杨勇

甘州前营外委雷振海领旗郝元魁兵丁祁秀等

张重林

中营领旗张美兵丁范兴中火伏陶秀等

右营管队毛继位兵丁杨春黄朝张素魁等

永固营外委高惠关应学程禄等

大马营领旗杨士珍石顶器率兵丁等

红水营管队毛彦贵韩守印众兵等

山丹营管队李良吉陈旭众兵等

黑城营领旗蔡鼎等

高台营徐敖等

嘉峪关领旗柴大良顾玠等

金塔本营邓玉等

凉州镇中营领旗曹中后营王四等

南古城营王守华等

硖口营管队杨茂芳等

青水堡陈义等

肃州镇中营吕斌等于

康熙五十九年八月初一日叩进香

学者指出，这则题记不仅表明早在康熙五十五年(1716)，清政府在统一西域的过程中，就已开始派兵进驻敦煌地区，可弥补史料记载之不足。①且从题记所列军营名称来看，包括来自甘州前、中、右营、永固营、大马营、红水营、山丹

①陈光文:《敦煌莫高窟清代游人题记研究》,《敦煌学辑刊》2016 年第 1 期。

营、黑城营、高台营、嘉峪关营、金塔本营、凉州镇中营、南古城营、硖口营、青水堡、肃州镇中营等各营的军官和兵士,有名有姓者达数十位之多。这些远离故乡故地的军士,戍守他乡,莫高窟作为历史上的佛教圣地,再度成为慰藉他们心灵的重要场所。

此外,如敦煌莫高窟第427窟甬道北壁记有甘州工匠37人来沙州做工,工匠留下了题记:

雍正叁年甘州宁夏人三十七名伍月十六日卅□做沙州房伍百简立起工完

第454窟甬道北壁题记:

大清陕西省直隶肃州钟楼寺比丘普印,徒通愔、通□、通儁、通懿,孙心观、心空、心月,乾隆十九年七月十五日到此朝谒流通法华经一部金刚批注等经。

瓜州榆林窟第六窟二层甬道南壁题记

乾隆八年五月十八日进香

因为诚心进香炉

卒领众兵到佛前

千佛古洞世上少

山水连连万万年

沙州协标左营功加把总加一级赵连璧率众外委旗队兵丁叩

外委

方必成

李攀富

高伏

张廷禄(?)

马守隆

杨进虎

嘉庆七年六月十五日朝山奉献

山西平阳府襄陵县弟子杨建科施舍云梯一架敬□

嘉庆十九年六月初六日安西弟子王大国，子王宪龄、王泰龄，孙□儿

沐手焚香上叩

诸佛拥护保佑合家人等出入顺利万事亨通许愿朝山三年敬叩

随着对莫高窟、榆林窟等敦煌石窟的修缮、维护，这些石窟开始吸引更多僧俗群众前往礼拜、观瞻，并且随着各类游人的到来，为我们留下了内容更为丰富多彩的题记。与敦煌社会历史发展相一致，莫高窟的兴衰，正说明了其作为历史上的佛教圣地，在清代仍然受到人们顶礼膜拜，是清代佛教在敦煌复兴的一个证明。敦煌莫高窟第146窟甬道南侧壁上嵌有一方民国五年《重修千佛洞宝贝佛殿功德碑记》木碑，其文曰：

敦煌之有千佛洞，由来久矣。稽诸邑乘，证诸父老，亦莫详其所自始、述其所以来也。历观古碣，惟唐为盛。自前清定鼎以来，洞宇如旧，佛像犹新，级有三层，像约万数。洞各千佛，实不止千，不过总其成数而已。每年四月八日，相传为浴佛会，邑之士女邀福酬愿者，络绎不绝。诚为一邑之胜境焉。[①]

碑文所记，便是最好的佐证。并且，从游人题记反映的地域范围和人员来看，相比于唐宋间敦煌佛教的兴盛，元明清以来，敦煌佛教尽管处于式微状态，但仍然吸引了大批佛教信士来敦煌礼佛、进香许愿，做佛教功德，佛教对社会生活的影响始终存在，敦煌作为佛教圣地的地位仍然影响着人们的信仰方式。

①李永宁：《敦煌莫高窟碑文录及有关问题》，《敦煌研究》1982年试刊第2期。

二、游人题记反映的大众佛教信仰内容

佛教传入中国后，为了向僧俗大众宣传其教义，不断采取各种手段，以故事化、通俗化的形式宣传佛教，以期使深奥的佛教义理通过大众化的传播手段为各阶层信众所了解和掌握。敦煌藏经洞出土文献表明，到唐宋时期，宣传佛教的通俗读物更是多种多样，诸如讲经文、变文、因缘、话本、小说、佛家赞辞、俗曲（五更转、十二时、百岁篇、十恩德）、儿郎伟、劝善文等，这些通俗读物语言流畅，通俗易懂，故事性、趣味性强，适于听闻，因此十分受人欢迎，流传广泛。特别需要指出的是，上述各类通俗读物不仅仅以文本形式在社会上流传，而且以说唱形式，或由僧人在宗教集会上说唱，或由艺人在集市赛会上讲唱，这就使得广大中下层群众尤其是文化水平较低的群众也能通过接受说唱的机会掌握佛教知识，因此，各种通俗读物的传播，成为唐宋敦煌大众接受佛教知识的一条重要途径。不仅如此，有些通俗读物还被视为同佛经一样庄严，和佛经一样被供养、诵读、抄写或施舍流传。这种以通俗方式宣传佛教义理、鼓励人们信仰佛教的形式，自清代以来，仍然在全国各地流行，如各类劝善文书的大量出现，便是一例。而流行于河西地区的宝卷，更是与敦煌变文、俗讲有某些渊源关系而又有地方特色的一种通俗宣传佛教义理的方式，敦煌石窟也成为最为便利而形象地宣扬佛教的手段。榆林窟第 14 窟前室北壁一则藏头为“南无阿弥陀佛”的题记，便是明证：

南字本是天地根，长养万物一气生，上生天来下生地，生天生地生人根。

无字本是如来家，要除生死连根发，寻着无字是正体，要到西方路不差。

阿字本是空地门，观见弥陀其向云，一声□开生死路，灵山顶上见世尊。

弥字本是□□□，□□□□两边□，（？）开混元生路径，半夜三更见太阳。

陀字本是一只船，度了文殊度普贤，善人度在娑婆岸，要相成佛

亦不难。

佛字本是真宝地，金莲台上见消息，三千诸佛同了道，清风明月尽皈依。

来人念佛南无阿弥陀佛

宣统辛亥六月初六日玉门县弟子济世居士集(?)三王陈有途(?)

莫高窟第16窟前室西壁门北面有一方类似劝善书的文字，更让我们了解了儒释相间，劝善修行的内容(图1)：

子贡欲(?)行，辞于夫子。夫子曰“百行之首，忍之为上。”子贡曰：“何以为?”夫子曰：“天子忍之国无害，诸侯忍之承其大，官吏忍之全其职，父子忍之免其戮，兄弟忍之家必富，夫妻忍之终其世，朋友忍之全其义，自身忍之无愧辱。”子贡曰：“何为不忍?”夫子曰：“天子不忍国空虚，诸侯不忍丧其躯，官吏不忍失其职，父子不忍遭其戮，兄弟不忍家难治，夫妻不忍临身孤，朋友不忍情义疏，自身不(忍。案此处疑漏写‘忍’之子)受其辱。”子贡曰：“非人不忍，不忍非人，此忍之谓也”。不外乎从今后再休算卦，吉凶事只问自家。说甚么财官印绶，说甚么羊刃七煞。为善的好路上安身，八十翁富贵荣华，那是他为人高(尚?)，鬼神报答；作恶的歹路上等他，□十年命染黄沙，那是他为人短诈，那管他属羊属马。克勤克俭，起盖高楼大厦；粪多力勤，必然得

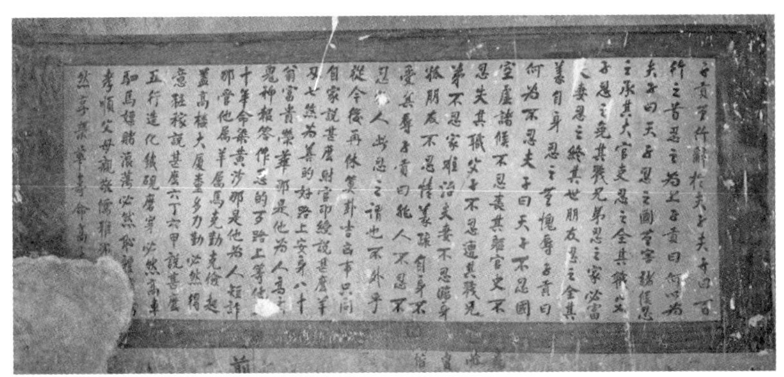

图1　莫高窟第16窟前室西壁门北《劝善文》

意庄稼。说甚么六丁六甲，说甚么五行造化。铁砚磨穿，必然高车驷马；嫖赌浪荡，必然耻体□□。孝顺父母，亲敬儒雅，那……然享荣华寿命高□……

从第16窟前室相关题记及甬道所立碑文，我们可以大体推断这段文字题写于民国年间。据敦煌研究院李国、王海彬研究，本文前部夫子与子贡对话部分源于《明心宝鉴·戒性篇·景行录》，不过对话的人物由子张改为子贡而已。[①]其实，《景行录》为元朝史弼所撰写的道德教育读物，收录格言百余条，《明心宝鉴》的作者在编辑本书时，引用了《景行录》中的有关句子。《明心宝鉴》是元末明初范立本整理编辑的劝善启蒙书，也是最早被译介到西方的中国古籍，成为明清时期最有影响的劝善启蒙读物。这段文字出现在莫高窟里，不仅可以使我们了解《明心宝鉴》在民国年间的流行情况，更重要的是其中所讲内容，虽与传统儒家思想有关，但其间所透露的"善有善报，恶有恶报"因果报应思想，是其出现在莫高窟的重要原因。这段文字，多年来未曾受到关注，也未见有文字公布，现移录如上，与大家共享。

笔者认为大众佛教的特点之一，是对经典的供养和对佛教诸神的崇拜，代替了对佛教义理的探寻，因此，经像崇拜自然就成为大众佛教的内容。佛教在自身发展过程中，由最初的反对神祇崇拜逐渐发展为将释迦牟尼神格化，并构建出一套神祇体系，允许人们顶礼膜拜。佛教在向大众传播过程中，正是借助大众对传统神仙方术的认同，通过各种方式，夸大和神化佛教诸神的神力，并由此形成一系列人格化、偶像化的神祇信仰。佛教为中国的信仰者贡献了诸多新的神灵，这对于本来就有多神信仰的中国大众来说，又有了新的膜拜对象。敦煌石窟塑像、壁画，以及藏经洞出土的绢、纸画当中，佛、菩萨等佛教诸神被安排在最突出、最重要的位置，形象也最为高大神圣，佛教诸神不仅在石窟、寺院的殿堂里受到僧俗各界的崇拜，而且被请到坊巷里社，甚至自己家中的佛堂佛龛中供养。除了佛教神灵，敦煌文献还表明，在敦煌大众的认识中，不仅仅佛

①李国、王海彬：《敦煌石窟研究的新视角——以莫高窟儒、释、道游人题记为中心的考察》，《丝绸之路研究集刊》第5辑，北京：商务印书馆，2020年，第186页。

教经典本身,所有宣扬、赞扬佛法的作品,例如讲经文、佛教变文、佛家辞赞(如《太子五更转》《法体十二时》《归极乐去赞》《十恩德赞》之类)、灵验记等等,一概被认为神圣庄严、具有法力,视同佛经一般进行供养、观瞻、诵读、抄写或施舍流传。在经像崇拜中,敦煌大众通过神灵功能的确认,而确定对神的角色的认同。对敦煌大众而言,无论是佛经的抄写、供养,还是对神灵的膜拜,他们关心的并非其中深奥的义理,而是他们视为神圣的经典与佛像。在他们心中,经典与神佛是善和道德的象征与化身,借助经典和神灵的力量,对人们进行教化和约束,于是他们开石窟、建寺庙、建佛堂,把他们信仰和崇拜的神,高高地供养在石窟和寺庙里,他们相信这些神佛掌握着他们进入天国和地狱的门票,于是他们自觉自愿地皈依佛教诸神,为自己修善除恶,积累功德。信仰者通过求神拜佛表达向佛的心愿,他们希望用这种方式建立起与佛教神灵的联系,这样当他们向神灵发出拯救的信号时,佛教诸神或救他们于苦难,或带他们于福地。对于占人口大多数的普通大众来说,他们的佛教知识与思想更多地来自佛教神殿,来自内心对佛教诸神的皈依而不是对教义的理解,对经典的崇拜而不是对经典的研读。清代对敦煌石窟的修缮,主要是新塑或者对残损塑像的修补,包括佛、弟子(迦叶、阿难)、菩萨(观音、文殊)、天王等,最能反映敦煌大众的信仰特色。而更多的题记则表明,僧俗群众来敦煌石窟的目的之一,就是求神拜佛。我们也不妨罗列数条题记如下。

莫高窟第454窟主室北壁东侧《梵网经变》下方题记栏内(图2):

维　乾隆元年岁叙丙辰四月癸巳八日壬申,欣逢　祖佛瑞诞之辰,是以杨如栢在此修设兰筵诵经

本贯武威人氏

久闻敦煌有雷隐
只见沙岭不见形
早朝起来往东走
一直上了摩天岭
沙岭崖下有水流
但看梧桐绿华浓

回首不见城和寨
低头拜佛鬼神钦
杨如柏叩

图 2　莫高窟第 454 窟主室北壁东侧《梵网经变》下方题记栏内

十三年后，一位道士又在杨如栢题诗中间，插了一首诗，反映了敦煌佛道交融的特色：

沙州燉煌郡　旧有小雷音
今朝来到此　佛像即此身
乾隆十三年六月初三日凉武玄弟子张维绪、箓名精始叩

榆林窟第 6 窟二层门北侧西壁下层：

光绪甲辰年
弟子拜佛来
诚心来梵香
四季保平安
七月七日提笔

明(民?)国元年
弟子拜佛来
诚心来梵香
四季保安平
六□玉门雷兴成

榆林窟第6窟木门背面:

万佛通灵保合境
一家大小得安宁
若要年々来朝佛
富贵永佑保长生
渊泉道士书
酒泉人

榆林窟第6窟甬道北壁:

诚心叩佛上宝峡
古佛万层真仙洞
世人存心多向善
添寿增子丰光年
玉门信士弟子七人张玉成提笔

莫高窟第138窟甬道北壁还愿文(图3):

光绪十一年(1885)七月初七日,弟子刘天添诚心还愿,灵应男童千佛保,长命百岁,万事亨通。原籍系凉州府武威县大渠东北乡板槽下沟居住,刘家新庄子巽山乾的住宅,诚心还愿一回。

十年四月初六日求男,十一年四月初旬天赐一男童,乳名千佛宝

(保)。大吉大利。

光绪卅年四月上旬
弟子任运熙叩恳
光绪卅一年正月初旬
生下童男全禄儿
(笔者按,光绪三十年的这则题记为竖写,其上还有横写四字“有求必应”)

图 3　莫高窟第 138 窟甬道北壁还愿文题记

莫高窟第 454 甬道南壁第二身供养人像衣袍上题记:

弟子来朝山
四季保平安
求儿来年生
挂袍把油添

如果说,求神拜佛休现了大众佛教信仰的重要内容,那么游人信仰目的或许可以让我们更加清楚大众佛教信仰的特色。

佛教还为信仰它的大众,提供了如何获得幸福与消灾除厄的知识与思想,把出世的教条转化为入世的利益。这些关于解决人生幸福与困厄的思想,与敦煌大众的生活观念与普遍想法相契合,深刻影响着敦煌大众,成为他们追求人生幸福和宗教救赎的信条。对于来敦煌石窟的游人而言,他们所表达的信仰目的不是为了追求终极性的精神超越,而是通过信仰实践,获得解决问题的技术与方法,也就是说,信仰者通过各种功德活动,希望获得现实生活中的利益。这些利益在当时来说,就是国家的安宁,家庭、家族的平安,子孙的繁衍,五谷的丰登,是与他们生产生活息息相关的世俗利益。我们试列举民国期间的几则游人题记。

榆林窟第 6 窟门外北墙有两则题记言:

吾辈来此千佛洞
诚心虔叩诸圣辰
默佑众生四时泰
庇护安邑万载宁
乙丑年荷月伍日
信士　段复泰
陈学曾　仝沐手百拜
秦秀科

（乙丑年当为 1925 年）

六人一同来朝山
佛爷保我无灾难
念经朝斗消苦难
佛祖保佑回家转
民国廿九年六月初六日玉化堂弟子　张□叩

莫高窟第 136 窟前室南壁有民国年间甘州进香游客题记：

千佛面前来叩首，
保佑凡人乐安宁。
今年诚心来焚香，
来年还是报神恩。

千里路上出了门，
来到敦煌千佛洞。
叩首拜过千佛祖，
保佑弟子乐安宁。

大中华民国十七年古四月初五日
甘州东乐县三堡金山香汀笔

莫高窟第383窟主室西壁龛下南端观音像身后民国二十六年(1937)游人题记(图4):

佛菩萨摩诃萨一心圣愿
生母常安乐,先亡获超罪。
现眷得福慧,师友悉康宁。
消除己身业,增长胜善根。
法界诸含识,同证无上道。

(笔者按:莫高窟第365窟窟门外南壁有同样内容的题记,“廿六年夏蝶娱馆主韩军秉诚至此,普礼诸佛菩萨麽诃萨一心圣愿”,而第383窟则有“廿六年夏开封韩馨(?)武因赈务来敦虔诚普礼”。这两个洞窟相距不远,题记字体相同,许愿内容一致,或许二人为同一人。)

莫高窟第443窟西壁游人题记:

宽心留诗许愿心,
恐误佛爷那一尊。
若待发迹回家早,
另塑佛身贴赤金。
民国廿八年五月廿二日
陕西三原县弟子崔宽心作

图4 莫高窟第383窟主室西壁龛下南端观音像身后游人题记

莫高窟第454窟木门正面右(南)扇门上:

弟子来到大佛殿
时运不通拜□□

许下喜文事百篇
保佑弟子孝□亲
民国□七年□□□□□拜

如前所言,清代以来,到莫高窟参观礼拜的人并非来自敦煌一地,而是来自全国各地,身份以普通大众为主,他们在莫高窟、榆林窟等处留下题记,表达信仰,目的不是为了追求终极性的精神超越,通过这种信仰表达,希望获得现实生活中的利益。因此,敦煌石窟历代游人题记从一个侧面,印证了笔者所提出的"大众佛教"的特征。

三、游人题记反映的大众对佛教信仰的迷茫、困惑与批判

更有趣的是,敦煌石窟游人题记反映的佛教内容远不止上述这些,还有更为丰富的内涵。比如对佛教信仰的迷茫和困惑。大家都知道,生活在东晋后期的戴逵是著名的书法家、雕刻家,也是一位虔诚的佛教徒,他以自己坎坷一生的命运为例,写了《与远法师书》和《释疑论》两封信给慧远,就现世社会出现善人得恶报、恶人得现报的情况,表达了他对善恶报应的怀疑。慧远于是作《三报论》以答之,《三报论》的副题是"因俗人疑善恶无现验而作",表明解决这一问题具有普遍意义。中国佛教中的因果报应思想,实质上就是经过慧远等思想家整理过的因果报应说。但是这个问题仍然困惑着现代人的信仰。榆林窟第6窟一层木门外南壁长眉罗汉画像旁有两则题记(不在同一位置),就是现代人的困惑:

其一曰:

行善人朝々不乐,
作恶人夜々生(笙)歌。
忠厚人忍饥受饿,
奸侬人狂骗财多。
具手念佛问弥陀,
弥陀无言对我。

长眉罗汉哈々笑，
不因看眼前快乐。
是问老天待如何？
且看收圆结果。

其二曰：

欲悟至道却无缘
可怜苦志二十年
披毛戴角能成正(？)
惟人为何得道难
前人

而在莫高窟第16窟前室西壁门南墙壁上，有一首陆孙祥题名的诗：

修行悟道最高上，一日丹成寿无疆。
总要受得人毁谤，有始有终有吉祥。
不但阻拦有尊长，还有恩爱非寻常。
年初本是神仙样，三宝满足似金刚。
知识一开日放荡，十恶八邪满尸腔。
又加娇妻美容像，无限波涛有愁肠。
生下儿女结成党，寒来暑往要衣裳。
盘盘算算精神丧，不觉就是两鬓霜。
纵要冲天大志向，奔波劳碌好悲伤。
正是恩枷爱如纲，不能识破枉思量。
父母爱惜不由往，烦恼怎能上九天。
奉道修真不思想，恩爱牵缠没下场。
此是三难对你讲，看不穿时落汪洋。

天地的大道清雅，正堂堂合得三家。
日月初照满天下，谁不见郎郎光华。
雷霹雳声音多霍，远近闻岂比青蛙。
外旁门异端小法，唧唧虫呼唤呱呱。
左开弓有右去扯，拉抱着头立定身价。
手搓热满面云擦，气存在丹田之下。
若叩齿牙咬紧牙巴，枝叶上摸索总假。
争事非你错我差，书符咒不合造化。
所修谓也。
己巳阳和月　陆孙祥拙笔

查阅中国年历，清末至现代己巳年分别是为 1869 年、1929 年、1989 年，据第 16 窟前室相关题记及甬道所立碑文，并参阅斯坦因相关笔记，此己巳年当为 1929 年无疑。陆孙祥此人情况不明，但所抒写的个人修行与世俗生活的矛盾，却代表了那一代人的困惑。

所以佛陀总结出“空”的智慧，教人们凡事不必过于执着，应以平常心待之，心无挂碍，得失从缘，超然物外，便可轻松安详地做更多有益的事情，生活也会更加幸福吉祥。如此人生智慧，真正感悟者又有多少呢？而处在俗世间的有情之人，又有多少人能践行这一点呢？

莫高窟第 454 窟甬道北壁第七身供养人像身上，有人写道：

佛在灵山莫远求，
灵山只在汝心头。
人人有个灵山地，
好在灵山地（底）下修。
癸酉年古四月十八日题诗一首

这首感悟诗有着满满的禅意。原来这位游客化用了被认为是南宋慧开禅师创作的一首偈诗。全诗如下：

春有百花秋有月，夏有凉风冬有雪。
若无闲事挂心头，便是人间好时节。
善是青松恶是花，看看眼前不如它。
有朝一日遭霜打，只见青松不见花。
面上无嗔是供养，口里无嗔出妙香。
心中无嗔无价宝，不断不灭是真常。
佛在灵山莫远求，灵山只在汝心头。
人人有个灵山塔，好向灵山塔下修。

但笔者注意到，只有“春有百花秋有月，夏有凉风冬有雪。若无闲事挂心头，便是人间好时节”四句为南宋慧开禅师所作。慧开，俗名姓梁，字无门，临济宗杨岐派禅僧。慧开于南宋绍定元年(1228)，在福州永嘉龙翔寺，应学人之请益，从诸禅籍中拈提佛祖机缘之公案古则四十八则，加上评唱与颂而成《禅宗无门关》一书，以上四句诗便是其中“平常是道”一则。[①]而“善是青松恶是花，看看眼前不如它。有朝一日遭霜打，只见青松不见花”四句学者认为是明初政治家刘伯温所作。“面上无嗔是供养，口里无嗔出妙香。心中无嗔无价宝，不断不灭是真常”似也不是慧开所作。《五灯会元》卷9《无着文喜禅师》记载，此偈为杭州无着文喜禅师于唐大中初年到五台山华严寺，见童子说偈：“面上无嗔供养具，口里无嗔吐妙香。心里无嗔是珍宝，无染无垢是真常。”[②]可见这首偈语产生于唐代。《五灯会元》成书于南宋淳祐十二年(1252)，作者普济，和慧开禅师同为临济宗杨岐派禅僧，他们二人所处时代相同，无着文喜禅师在五台山华严寺的这几句偈语，应该有所流传，而为二人所知，但非慧开所作。“佛在灵山莫远求，灵山只在汝心头。人人有个灵山塔，好向灵山塔下修”则出自《西游记》第八十五回：唐僧师徒四人辞别钦法国王，一路西去，忽逢一高山阻路，唐僧顿觉神思不安，孙悟空讲解乌巢禅师的《多心经》，其中有四句偈语：“佛在灵山莫远求，灵山只在汝心头。人人有个灵山塔，好向灵山塔下修。”[③]笔者认为这应当是莫

①《大正藏》第48册，No.2005，《禅宗无门关》，第295页。
②普济著、苏渊雷点校：《五灯会元》中册，北京：中华书局，1984年，第545页。
③吴承恩：《西游记》，北京：人民文学出版社，1980年，第1024页。

高窟第454窟甬道北壁游人题记的真正来源，因为清代以来《西游记》在敦煌的流传要比《禅宗无门关》更为流行。题写者很可能是一位修习禅宗的僧人，当来到莫高窟时，才有所感悟，遂题壁石窟，留下了这几句文字。

我们还注意到，后人甚至将五代僧人契此（布袋和尚）写的“手捏青苗种福田，低头便见水中天。六根清净方成稻，后退原来是向前”与明代诗人于谦的“千锤百炼出深山，烈火焚烧莫等闲。粉身碎骨都无怨，留得青白在人间”也添加进来，使得这首“平常是道”偈语越来越长，增加了更多层次的意味在其中。笔者学力不逮，仅就上述题记来源，妄作上述勾勒，正解与否，还请方家不吝赐教。

“佛在灵山莫远求，灵山只在汝心头。人人有个灵山塔，好向灵山塔下修。”对修行者来说，佛不在别的地方，觉悟不在别的地方，它就在你的心中。而对世俗大众而言，你所追求的幸福、快乐、平和、宁静，都不可能从别人或者别的地方获得，所有的事情都要靠自己，因为那个觉悟的世界就在你的心里。

于是有人化用清人萧锦忠的《闲居即兴》诗，在榆林窟也题写了如下的感言（榆林窟第5窟西壁北侧）：

依山靠水房数间，名也不贪，利也不贪。
粗米淡饭饱三餐，早也香甜，晚也香甜。
布麻絮丝棉，长也可穿，短也可穿。
一对犁牛盘顶田，收也平（凭）天，荒也平（凭）天。
雨过天，架令船，琴在一边，酒在一边。
夜于（与）妻子花灯前，可（今）也言言，古也言言。
日高三丈有（揉）我眼，谁是神仙？我是神仙！

奴平小乙
清同治元年四月八月敬香弟子武生王裕堂叩

榆林窟第3窟窟门内南侧，也有一则与之旨趣相同的题记：

世人笑我不耕耘

我笑世人空劳神
学不求禄禄自得
君子忧道不忧贫
山右吕占魁书

在榆林窟第11窟(龙王洞)窟门内北侧、第6窟一层甬道、二层甬道都有吕占魁相同题记,时间据第6窟题记,当在道光辛卯年(1831)四月八日。吕占魁,有学者著录为“吕六魁”,当为误读。颜廷亮先生在《榆林窟题记中的文学作品及其意义略说》[①]一文中认为,诗中“山右”即为山西省代称,吕占魁或为山西游人或为在安西(瓜州)做官的山西人,时代当为清嘉庆(1796—1820)年间,兹从之。明代唐伯虎《桃花庵歌》里有“别人笑我太疯癫,我笑他人看不穿。”此诗是否化用唐寅之诗,尚且不论,但诗中借用孔子《论语》中“君子忧道不忧贫”之语,反映的安贫乐道的思想,却又和前一则题记有异曲同工之处。

在榆林窟第6窟一层木门外北壁,有一处对礼佛不敬者的批评,则更有生活的情趣:

佛洞清净系西天
凡民朝山(??)虔
大殿面前拴驴马
后宫内中妇女眠
如此焚香神不愿
反造(?)办深罪愆
自己作孽自思改
傍人相劝是浮言
春和题

1949年以后,宗教被认为是麻醉人民的鸦片而受到批判,唯物主义、无神

①颜廷亮:《榆林窟题记中的文学作品及其意义略说》,《丝绸之路》2011年第18期。

论成为主流意识形态。受国家意识形态的影响，佛教也受到批判，信仰受到限制。从这一时期敦煌石窟游人题记来看，游人的信仰也发生了变化，题记中出现了对佛教信仰的批判与否定，更多的是将敦煌石窟当作一处古迹而“到此一游”，表明人们对佛教信仰的淡漠。

1973 年，全国掀起农田基本建设的高潮，安西县（现瓜州县）也在榆林窟不远的榆林河谷修建水库，灌溉农田。劳动之余，有人来到榆林窟参观，在第 6 窟一层甬道北壁题写了如下诗句（图 5）：

劳动之余历胜地
祖先遗迹堪称奇
中古名景今犹在
榆林水库甲榆窟

毛主席恩情深似海
开创劳动新纪元
安西人民树雄心
改造荒滩变良田

榆窟文物志封建
榆林水库利人环（寰）
扩大生产为祖国
但叫玉宇换新颜

一九七三年七月一日安西县三道沟
（笔者按：两人名漫漶）偶感随笔

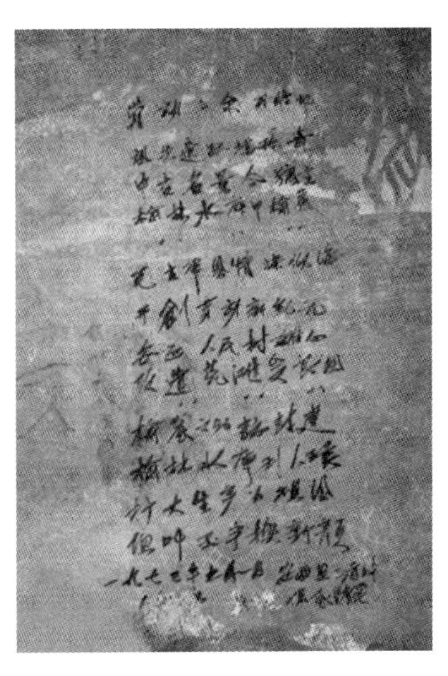

图 5　榆林窟 6 窟甬道题记

这首题诗的观念与态度已是非常明确，无需解释。我们还可再拣出几条。莫高窟第 14 窟前室北壁游人题刻：

百花定在春天开
远离家乡来游玩
游玩来到千佛洞
观看□□已经完
　留念
　河南郑州

莫高窟第 205 窟甬道北壁,铅笔题写(图 6):

这里由去青海石油
部工作的同志游过,
为了纪念特题上感想:
祖国(按:以下原有字,现有被擦痕迹,字迹不清),
在心腹中还藏有我们祖先的□□(按:被擦),
我们感到做一个中国人的□□(按:被擦),
做一个新中国毛泽东时代的青年
更加骄傲,我们要依(以)无比的
智慧和热情建设我们
的大西北。

(笔者按:青海油田 1954 年开始勘探,本题记为繁体书写,应是 1964 年 5 月中国文字改革委员会出版《简化字总表》之前的字体,因此判断此题记当作于 20 世纪 50 年代。)

图 6　莫高窟第 205 窟通道北壁游人题记

莫高窟第 367 窟主室南壁红色圆珠笔题写:

跨渡当金来佛洞
千佛端坐各窟中
忆古祖国唐宋史
继续革命向前冲
青海省公路处机械队
八一参观
千佛洞
□□铭叶□新□□人题

莫高窟第454甬道北壁第四身至第五身供养像之间铅笔书写：

五四青年节
慢游千佛洞
虽说以(已)古老
但是更好看
五四留念
王丽燕

莫高窟第464窟前室南壁：

青海省汽车运输公司汽车七三八场
周诂军、王岁德、郭玉桂三人到此一游
三人都有同样的感觉：
历史记□和平□
劳动人民普(谱)新篇
1975年7月20日

莫高窟第4窟前室北壁铅笔题记：

古闻甘肃千佛洞
可惜无缘来贵地
今巧为国来建设
便游神山于留念
　　浙乐工程队
　　一九七六年九月十九日

这些有着明显时代烙印的题记，为史书所不载，但对我们了解新中国成立至改革开放这一时期中国宗教的演变及大众的信仰趋向，极具价值。

四、游人题记中佛道相融

如前所言，清雍正三年(1725)以来，清政府接受川陕总督岳钟琪的建议，自甘肃56州县向敦煌有计划、大规模地移民屯田，敦煌地区的社会经济开始复苏。随着移民到来，生产恢复，经济发展，敦煌地区的文化重建活动也随之开始。有学者指出“这次文化活动的主人都是外来移民，他们将各自从西北56州县带来的地方文化进行了杂糅组合，形成了一种新的敦煌文化”，①这是颇有见地的认识。而这种文化反映在敦煌石窟中，一方面以莫高窟第138、454窟为代表的一批洞窟，被改造成为具有民间道教色彩的“娘娘殿”，佛像被灵官、送子娘娘所代替，远在敦煌之外的榆林窟也是如此。另一方面，游人题记里出现了不少与道教相关的题记。

莫高窟第34窟前室西壁门北：

昨夜梦不祥
今朝书在墙
太阳来临见
凶々化吉祥
　　吾奉
太上老君急々如律令千年大吉

①杨宝玉:《敦煌史话》，北京:社会科学文献出版社，2011年，第149—150页。

莫高窟第95窟主室中心龛柱东向面甬道门北侧：

大清嘉庆二十二年七月初七日道德腊之辰，西宁府县西川镇海堡人唐成斗、唐明九，石匠沟人山有铭王敦铭同来此地进香，在大佛殿内讽：金刚弥陀经各一卷，太上诸品弘名宝号，祈消愆减罪，早超彼岸，天下太平，共乐升平之世也。

莫高窟第98窟甬道南壁供养人像列西起第一身供养人像绿底榜题栏内，有铅笔书写的民国二十一年（1932）组织军队清理积沙的题记，明确指出“僧道两教敬神佛”：

民国贰拾壹年
远看青山一片石
来到青山有贵处
千々佛爷在洞里
三大寺院修的新
僧道两教敬神佛
骑五十三团赶沙子
千年古洞见天日

莫高窟第152窟甬道北壁西起第七身供养菩萨身上书写：

武当山太玄道人真阳子今
乾隆四十年四月初八日到此朝山

相同题记也出现在莫高窟第166窟主室南壁观音菩萨像前：

武当山太玄道人真阳子今
乾隆四十年四月初八到此朝山

莫高窟第148窟甬道二门北面门框旁墨书一行：

龙门洞金符山授戒弟子张来德至嘉庆十年九月廿一日朝礼

同窟甬道二门外北侧墨书二行：

玄门弟子吕义寿到
千佛洞十(释)迦佛爷遵(尊)下

甬道二门内南侧墨书：

嘉庆九年玄门弟子潘永归叩拜
嘉庆十年玄门弟潘永归叩拜徒颜元子□□叩
乾隆十三年六月初三日凉州
武威玄裔弟子张维绪篆名精始到此

同窟主室东壁门北侧下方第二身供养人像榜题栏内竖写：

大清陕西安沙州西云观出家道人马合庆叩

莫高窟第237窟主室东壁门北：

道光十六年四月初七日诵经
　嗣教弟子同叩上祝
佛祖圣诞之辰建醮(言+奉)诵仙经蒙
神灵永佑万事如意百福千祥
一诚上达
百事皆通
岁次丙申七日叩

莫高窟第366窟主室南壁：

王子去求仙
丹成入九天
洞中方七人（日）
世上已千年
云山道人笔

莫高窟第454窟主室北壁墨书：

乾隆元年四月初七武当会一会人等到此建醮

莫高窟第454窟甬道南壁第二身供养像榜题上端题记，留下了佛教僧人与道士结伴到莫高窟诵经的题记，别有意味：

临洮狄道州　玄门弟子朱成相
大清乾隆十八年四月初八日诵经　　二人虔叩
临洮狄道州　报恩寺僧人照永

无独有偶，第196窟甬道南壁西起第二身供养人衣袍前下方题写的“咸丰十一年四月十五日玄门弟子徐德、李春云，僧人七斤子敬叩”应该也是佛道弟子共同礼拜莫高窟的记录。

同窟甬道南壁第四身供养像衣袍上题写：

玉皇敕令下九天
王母嶓（蟠）姚（桃）会八仙
太极八仙来上寿
天降长寿不老丹
伊吾云山弟子萧立恒敬叩

此则题记无时代，从甬道南壁第六身供养像身上墨书题记可知作于同治五年(1866)：

西方我佛在此山
世人朝山□□□
若要不姓(信)抬头看
半岩尽是古神仙
同治五年三月二十日伊吾云山弟子萧立恒敬叩

榆林窟第6窟二层门北侧西壁下层：

云游胜境漫参禅
不是前缘有后缘
福地洞天真自在
世间极乐是神仙
楚北圻水方锡矦(侯)官安西□二次
同　杨受□□□等并刘队长来
山,随笔写意

莫高窟第152窟东壁门南存有一纸光绪十五年道教仪式榜文，这类纸质榜文在莫高窟第138窟、第454窟等洞窟都有留存痕迹,说明莫高窟甚至已成为道教举行斋醮科仪的场所。我们知道,道教的斋法与醮仪,是道教的祀神仪式,也是道教最重要科仪。在道教发展过程中,道教的斋法与醮仪融合成为同坛举行的斋醮,斋醮科仪格式趋于完备。道教宣称斋醮具有度世之功,可“上消天灾,中镇国祚,下度人民”。[①]道教斋醮的祈禳、济度功能,可以通过仪式的象征表现,达到祈福消灾、济生度死的目的。这也是敦煌石窟在清代成为道教斋醮之所的原因。道教的起源,与大众的民间信仰息息相关。道教斋醮科仪中祭神如

①《道藏》第30册,上海:上海书店,1988年,第779页。

神在的信仰观念,能充分满足普通大众对生命的祈求,对祖先亡灵的济度,更符合大众的祭祀需求与信仰习俗,因而敦煌石窟内留存的道教斋醮仪式榜文,有着明显的大众化色彩(图 7)。

图 7　莫高窟第 152 窟东壁门南道教斋醮榜文

敦煌莫高窟、瓜州榆林窟众多的道士题记,学界一致的观点是,这类道士题记表明了莫高窟已非佛教独尊的圣地,而成为佛道相融的场所。①这一方面是与敦煌地区新移民的到来有关,另一方面来敦煌石窟的道士,除甘肃各地之外,还有来自今新疆、陕西、湖北及江南地区的道士,他们当中有不少是清代道教著名流派如正一派、武当派、龙门派的道士,甚至出现了僧人与道士结伴来到敦煌石窟的情况。从敦煌石窟道士题记及相关洞窟中保存的道教科仪的榜文,以及榆林窟第 23 窟清代道教壁画,可以看出,道教教义与道教伦理对民众日常生活的影响,尤其是蕴含儒家伦理与佛教因果报应思想的道教伦理观念,更是影响着普通民众的心理和行为,在大众层面体现出“三教圆融”的宗教特色。笔者在研究敦煌藏经洞出土文献中的道教文献时,曾指出唐宋时期敦煌道教的大众化特色,清代以来敦煌石窟中的道教题记,虽不是唐宋敦煌道教的延续,却是元明以来,中国道教不断大众化、世俗化的结果,在清代以来更加体现了大众化的色彩。这些为史书所不载的道教题记及相关内容,为我们认识清代以来中国道教发展的特色,提供了一个真实而新颖的视角,这也是为什么发现藏经洞的王道士,会出现在佛教石窟的原因。

五、敦煌学研究的新材料

20 世纪以来的考古发现,改变了人们的思想世界。考古发现对学术研究

①利用游人题记的研究成果,可参李国:《榆林窟道教游人题记刍议》,《敦煌研究》2020 年第 3 期。

的意义，越来越为人们所认识，研究者在各自的研究领域对此进行了精辟的阐述。就敦煌学而言，1930 年，著名学者陈寅恪先在为陈垣先生《敦煌劫余录》所作序言中就指出："一时代之学术，必有其新材料与新问题。取用材料，以研求问题，则为此时代学术之新潮流。""敦煌学者，今日世界学术之新潮流也。"①陈寅恪先生的这一著名论断早已为敦煌学界所熟知。而敦煌学之所以成为如陈先生所言，为"世界学术之新潮流"，自然是由于 1900 年敦煌藏经洞文献的出土。百余年来，流散于世界各地的藏经洞出土文献陆续公布，利用敦煌文献、敦煌石窟资料进行研究的领域也在不断扩大，而百年来国际敦煌学的研究成果更是硕果累累。我国敦煌学自 1949 年以来的研究成果，在 2020 年出版的《当代中国敦煌学研究》一书中得到集中的展示。②自 2009 年 3 月开始，收藏李盛铎旧藏敦煌写本的武田科学振兴财团杏雨书屋开始编辑发行《敦煌秘笈影片册》，这样一来，随着散藏于世界各地的敦煌藏经洞文献的最后公布，作为资料意义上的敦煌学新材料已越来越少，但随着研究领域的不断扩大，研究方法与研究视角的不断变化，敦煌文献的新价值也在不断凸显。不单是新发现的材料是新材料，用新视角重新审视旧材料，旧材料于是也变成了新材料。

当然，新材料既不能决定学术研究的命运，也不是如超市里陈设的商品，随时出现在我们面前。但学术研究的新材料并非从此销声匿迹，它总是会在不经意间给我们一个惊喜。如我们所调查的敦煌石窟游人题记，就是长期被学术界忽略了的新材料。北京大学邓小南教授曾经指出：

> 新材料中的另外一类，则是尽管长期存在却一直被忽视的"边缘材料"。这类材料从人们视而不见的背景下"涌现"出来，更是依赖于问题意识带动下的新视角和新眼光。社会史领域的学者们首先感到，要突破根深蒂固的"经典话语系统"，需要把研究的取材范围从精英著述扩大到边缘材料。这里既包括文字资料的拓展（例如正史等传统

①陈寅恪：《金明馆丛稿二编》，北京：生活·读书·新知三联书店，2001 年，第 6—268 页。

②敦煌学研究百年成果综述性论著颇多，最新成果为郝春文、宋雪春、武绍卫：《当代中国敦煌学研究（1949—2019）》，北京：中国社会科学出版社，2020 年。

> 文献之外的档案、方志舆图、墓志碑铭、宗教典籍、医书、笔记小说、诗词乃至书信、契约、婚帖等),又包括对于各类实物、图像、出土材料、考古遗迹乃至情境场景(发生环境、社会氛围等)的综合认识及其与文字资料的互补和互证。[①]笔者认为,敦煌石窟游人题记就是一直被忽略了的"边缘材料"。这些由历代社会各界人士相继题写于敦煌石窟的文字,由于我们的预设和清代以来文献资料的大量存世而边缘化,未能进入学术研究的视野。

即以邓小南先生指出的社会史研究而言,20 世纪 60 年代以后,西方史学在社会史研究方面出现了新的动向。正如学者所指出的:"新社会文化史重点研究普通人的知识、意识、心理和情感,或者说,社会上流行的普通人的理性和非理性的观念,认为普通人的观念犹如大河的河床,更能反映社会观念和价值的最基本和最底层的存在。同时,新社会文化史还研究普通人是如何构筑其意义和观念的世界,以及研究这些观念如何影响人的行动并进而塑造他们的社会的。"[②]法国年鉴派史学家埃马纽埃尔·勒华拉杜里《蒙塔尤》是新社会文化史研究的代表性成果之一。[③]蒙塔尤是法国南部讲奥克语的一个牧民小山村。1320 年,当时任帕米埃主教(后为教皇)的雅克·富尼埃作为宗教裁判所法官到此办案。在调查、审理各种案件的过程中,发现和掌握了该山村包括居民的日常生活、个人隐私以及种种矛盾、冲突等资料,并把它们详细记录下来。在这个过程中留下的资料,随着他后来成为教皇伯努瓦十二世而被保存于罗马梵蒂冈图书馆,直到 600 多年后被再次发现并最终成为今日历史学家珍视的研究材料。法国著名学者勒华拉杜里利用了这些珍贵史料,并以现代历史学、人类学和社会学方法再现了 600 多年前该村落居民的生活、思想、习俗的全貌和 14 世纪法国的特点。所以新社会文化史在某种程度上说,就是对大众文化、大众

①邓小南:《永远的挑战:略谈历史研究中的材料与议题》,《史学月刊》2009 年第 1 期。

②王锟:《寻求"精英思想"与"民众观念"的统一》,《南京大学学报》2005 年第 2 期。

③(法)埃马纽埃尔·勒华拉杜里著,许明龙、马胜利译:《蒙塔尤——1294—1324 年奥克西坦尼的一个小山村》,北京:商务印书馆,1997 年。

观念的研究。就我国而言,20 世纪 90 年代以来,随着国际国内政治、经济、文化的变化,特别是人文社会科学研究领域的发展变化,国内社会史、思想史研究也受到挑战,人们开始关注对大众文化、大众思想的研究,而对此研究最有帮助的就是那些所谓的“边缘材料”。代表性的成果如葛兆光先生的《中国思想史》一书,他利用早期中国的星占历算、祭祀仪轨、数术方技、宫室陵墓建制,还有敦煌文书的写经题记、变文小说、各种类书、私塾教材,以及秦汉简帛画像、魏晋南北朝隋唐的碑刻造像,以及书札信件等材料,来描述当时人们的知识、观念和信仰,新意迭出。由此,也引发了笔者利用敦煌藏经洞出土文献及敦煌石窟壁画资料进行大众思想史研究。①而新近出版的《龟兹石窟题记》,第一次全面清理了龟兹石窟群中七大石窟寺的 700 多条题记, 以及龟兹研究院收藏的木简、经籍残片和陶片陶罐上的婆罗谜字母文字,解读对象以龟兹语为主,而又兼及梵语、据史德语、回鹘语、粟特语等古代胡语,在龟兹佛教和世俗社会历史的多个方面,为学界带来了大量新资料。②

事实上,从我们调查的情况来看,敦煌石窟游人题记和《龟兹石窟题记》有着同样的意义。敦煌石窟游人题记,以清代以来为多。从时间来说,自唐五代到现当代,跨越千余年;就地域范围而言,若以今日行政区划为标准,则涵盖北京、河北、陕西、甘肃、宁夏、青海、新疆、山西、湖北、、四川、重庆等全国诸多地区;游客成分则包括普通民众、一般文人、中下层官吏及军将、佛教僧侣、游方道士、各类工匠、往来商旅等。游人题记的文字,除汉文外,还有藏文、回鹘文、西夏文、蒙古文(巴思八文)等民族语言文字,甚至有俄罗斯、日本等外国人的题记。如此丰富的游人题记,既反映了敦煌社会的历史变迁,更记录了敦煌大众的社会生活、宗教信仰、思想观念等方面的内容,这些题记基本为传世文献所不载,也从未全面调查和刊布过,完全能够印证和弥补文献记载的不足,可以说是真正意义上的新资料。所有这些题记,经过一代代参观朝圣者的不断添加,日积月累,遍布莫高窟、榆林窟等敦煌石窟当中,静静地在石窟中度过历史的岁月。我们知道,20 世纪以来的考古发现,不仅改变了我们学术研究的方法,

①杨秀清:《唐宋时期敦煌大众的知识与思想》,兰州:甘肃人民出版社,2022 年。

②赵莉、新江主编:《龟兹石窟题记》,上海:中西书局,2020 年。

更重要的是改变我们对过去历史的诸多认识。敦煌藏经洞的发现,足可作为一个典型例证,它的意义已被百年来的学术研究所证实,无须多言。敦煌石窟游人题记,其内涵和价值固然无法与藏经洞出土文献相比拟,但它所涉及的范围和反映的问题,已远远超过题记本身。敦煌石窟游人题记,零星且不系统,正如学者王力平先生所言:“虽不像敦煌碑铭墓志、供养人题记那样被学者所重,但它同属重要的古代文献遗存,更具原始性、真实性,它或多或少、直接或间接地反映了敦煌不同时期的社会历史面貌, 因而独具价值……倘能将莫高窟以及榆林窟等西北地区众多石窟尚存的汉文、吐蕃文、于阗文、回鹘文等多民族文字的游人题记一并重新辑录并加以整理和考订, 则必将为敦煌学研究提供重要的文献。”[①]笔者很认同这个观点,并撰文介绍了其价值意义,[②]同仁李国先生也有专论,[③]目前敦煌石窟游人题记还处在整理和校录阶段,相信随着越来越多的资料公布,敦煌石窟游人题记的价值意义会被越来越多的人所认识。

---

①王力平:《莫高窟汉文游人题记史料价值探析》,《敦煌学辑刊》2014 年第 3 期。

②杨秀清:《游人里的社会众相——以清代以来敦煌石窟游人题记为中心》,《敦煌另类的解读》,兰州:甘肃人民出版社,2020 年,第 219—285 页。

③李国、王海彬:《敦煌石窟研究的新视角——以莫高窟儒、释、道游人题记为中心的考察》,《丝绸之路研究集刊(第五辑)》,北京:商务印书馆,2020 年,第 186 页。

中西文化交流视域下的乐舞形象
——以河西中小型石窟为中心

王凌云
（龙门石窟研究院）

河西因位于黄河以西而得名，包括甘肃西部的武威、张掖、酒泉、玉门、敦煌等地，是我国通往西域[①]的交通要道。汉武帝时在此设河西四郡。特殊的地理位置使中西文化在此不可避免地产生交流与融合。佛教传入中国后，河西是首及之地，大量石窟寺因佛教的兴起与发展得以开凿。除敦煌莫高窟外，河西地区还有马蹄寺石窟群、文殊山石窟、金塔寺石窟、玉门昌马石窟等中小型石窟。这些石窟虽规模不大，但因开凿时间早、时代跨度大而在我国佛教艺术发展史上占有十分重要的地位。

石窟中的乐舞形象主要包括乐伎和乐器两大类，乐伎又可分为伎乐天和伎乐人。它们均是佛教艺术的重要组成部分。在河西诸石窟中，我们可以见到不少反映乐舞形象的壁画和塑像。这些壁画和塑像为研究当时、当地的乐舞文化提供了重要的实物资料。本文在前人已有研究成果的基础上，从中西文化交流的角度对河西中小型石窟中的乐舞形象进行研究和分析。

一、河西中小型石窟中的乐伎

中国古代将从事歌舞百戏的人称为“伎”，乐伎主要指演奏乐器的人。此处的乐伎涵盖了乐和舞的范围。河西中小型石窟中所见乐伎主要为伎乐天，有飞天乐伎、天宫乐伎和经变画乐伎几种类型，它们反映的是佛国世界的乐舞。首

①本文所说的“西域”范围包括今中国新疆、中亚、西亚乃至南亚天竺（古代印度）等地区。

先,我们对河西中小型石窟中所见的乐伎做一统计(表1)。

表1　河西中小型石窟所见乐伎统计表[①]

洞窟		位置	乐伎类型	时代	雕塑/壁画
马蹄寺石窟群	千佛洞第2窟	中心柱底层龛外两侧	飞天乐伎	北凉	雕塑
	千佛洞第8窟	中心柱底层佛龛上方两侧	飞天乐伎	西魏	壁画
	千佛洞第8窟	中心柱底层龛佛像背光	飞天乐伎	西魏	壁画
文殊山石窟	前山万佛洞	东壁(左壁)	经变画乐伎	西夏	壁画
	前山千佛洞	窟顶	天宫乐伎	北魏	壁画
	后山千佛洞	窟顶	飞天乐伎	北魏	壁画
	文殊寺	窟顶	飞天乐伎	元代	壁画
金塔寺石窟[②]	东窟	中心柱底层龛龛楣两侧	飞天乐伎	北凉	雕塑
	西窟	窟顶	飞天乐伎	北凉	壁画
玉门昌马石窟	第2窟	后室窟顶	飞天乐伎	五代宋初	壁画

可以看出,乐伎主要分布在洞窟的窟顶、窟壁和佛龛两侧。其主要表现形式为壁画,少数为雕塑。另外,在马蹄寺石窟群的一些摩崖佛塔两侧也有一些浅浮雕的飞天乐伎形象。它们所处的时代最早为北凉,最晚至元。下面对其分别进行论述。

(一)飞天乐伎

飞天乐伎源于印度神话中的乾闼婆与紧那罗，二者分别为天歌神和天乐神。后被佛教纳入天龙八部众,为佛教服务,是石窟乐舞形象中的主要角色。伴随着佛教及佛教艺术的传入,飞天随之在我国出现。"飞天"一词最早见于北魏

①资料来源为姚桂兰主编《马蹄寺石窟》《文殊山石窟》《金塔寺石窟》,张宝玺《河西北朝石窟》及秦春梅主编《河西石窟》等。乐伎形象残损严重,不便于分析的不在此表统计范围内。

②关于金塔寺石窟的开创年代,根据目前研究有北凉说和北魏说两种,本文采用北凉说。

杨衒之的《洛阳伽蓝记》。书中记载:“石桥道南有景兴尼寺,……飞天伎乐,望之云表。”石窟中的飞天多被雕造或绘制在佛龛龛楣、窟壁上端、窟顶等位置。

从十六国时期的北凉至北朝的飞天形象受印度、西域风格影响较为强烈,但已受到中国传统文化艺术及审美的影响和熏陶。金塔寺石窟西窟窟顶中间平顶部分壁画为北凉时期作品,上绘有两排飞天,每排七身,纵向排布。壁画烟熏、氧化严重,人物特征多漫漶。其中也有一些保存状况较好的飞天。它们身躯健美,袒露上身或袒右肩,下着裙,披巾绕肘飞扬,末端呈尖形的燕尾状。它们有的举臂起舞,有的手持供物或双手相握于胸前,动作舒展,给人以潇洒轻盈之感。飞天的头后绘有圆形头光以及服饰方面的袒露上身或袒右肩,应该是受到了古代犍陀罗造像的影响。飞天侧面高挺的鼻梁,又极具西域特色。在绘画技法上,以劲健有力的朱红色线条勾勒出人物形象,肌肉部分施以淡黄,衣饰以石绿、白色为主。有学者认为,这种画风与《历代名画记》中所记载的顾恺之的用笔一脉相承。[①]可以认为,在北凉时期,河西一带民间工匠的绘画风格已受到当时东晋绘画名家的影响。

在金塔寺石窟东窟中心柱下层正中每面所开的圆拱形大龛龛楣两侧各塑有三至四身飞天,整体多呈 V 字形,相对作凌空飞舞之势。它们形态各异,各有其特点,身长大约在 43–88 厘米之间[②]。比如中心柱东向面南侧第二身飞天。头戴红色宝冠,上着红色通肩大衣,下着绿裙,左手残失,右手掌心握一朵红色小花。同样位于东向面的北侧第三身飞天则头戴红色宝冠,颈饰宽幅项圈,袒露上身,胸腹前饰蓝色华绳,下着绿裙,红色飘带自双肩绕肘垂下,腰间系红色腰带。南向面南侧第一身飞天与东向面北侧第三身飞天较为接近,亦头戴宝冠,颈部饰宽幅项圈,上身袒露,下着绿裙,红色飘带自双肩绕肘后向上飞扬,腰间系红色腰带。两手腕部还佩戴了手镯。左手残失,右手掌心握有小花。总的来看,它们的形体较浑厚,肢体稍显短壮,小腿及足部多外露。衣物虽贴体,但视觉上也显得较为厚重,且飘带长度略短,飞翔的轻盈感不足,包括外露的足部,

①甘肃省文物考古研究所编:《河西石窟》,北京:文物出版社,1987 年,第 20 页。

②数据来源参考姚桂兰主编《金塔寺石窟》(兰州:甘肃人民美术出版社,2017 年)一书中的相关图版说明。

均带有明显的印度或西域风格的印记。而观察其面相,皆丰满圆润,面带微笑,肌肉丰腴而匀称。整体形象又显得庄重大方,比较符合汉民族传统的审美与欣赏习惯。从雕塑技法上看,这些飞天均采用了近似圆雕的悬塑手法,具有很强的创造性和想象力。所塑飞天栩栩如生,立体感十足,大半个身子好像随时要脱壁而出。衣纹雕作上多采用凹凸线条或圆线条来增加立体感和衣服质感,运用到了犍陀罗式和秣菟罗式的雕法。这种高肉雕的表现形式在全国石窟中都是独一无二的。而该作品的制作者必然有来自中国本土的工匠的参与,那么这种形式的飞天可以看作是中国本土对于飞天形象的再创作。而将体型如此大的雕塑作品悬置在中心柱之上且保存了 1600 多年,足以反映出中国古代劳动人民的智慧是无穷的。

马蹄寺石窟群千佛洞第 2 窟中心塔柱最下层的尖楣圆拱形龛龛楣两侧也有飞天的塑像。时间上同属北凉①。中心柱四面开龛,每面各塑飞天一对或两对。飞天残损较严重,均袒上身,下着裙,双臂展开,作飞舞状。其身形与金塔寺东窟飞天相比已变得瘦削修长,应是受到了本土汉晋壁画人物的影响。而下裙的衣纹用阴线刻画,亦有中国本土雕刻技法的影响。位于南向面底层的飞天还残存有比较明显的飘带末端,飘带在身后上方飞舞,与金塔寺东窟的飞天已有不同。史岩先生认为千佛洞飞天的形象与金塔寺飞天作风相同。且这两处北朝窟中所见的高肉雕②大型飞天,“是富有创造性的,它又是接受了影塑的传统形式,更进一步的发展,它给予人们的感动力是大大地超出于影塑,艺术家非有更健全的想象力,更高度的表现技术,更丰富的造形经验和大胆的构图设计能力,是不能做到的”③。

文殊山后山千佛洞窟顶右侧拐角处近似方形的平棊格内,被一条绘有连续宝瓶图案的对角装饰纹带分割成两块,两块三角形图案中各绘有一身飞天,时代为西魏。两身飞天均头戴宝冠,颈部饰项圈,上身裸,下着绿色长裙,飘带

---

①张宝玺《河西北朝石窟》一书中认为该窟属北魏时期。

②关于史岩先生“高肉雕”的说法,似与所见到的千佛洞第 2 窟飞天实际情况不符,其与金塔寺东窟的高肉雕飞天有较大的差别,看起来更接近浅浮雕。

③史岩:《散布在祁连山区民乐县境的石窟群》,《文物参考资料》1956 年第 4 期,第 44 页。

绕肩飞扬。二者肤色略有不同,左侧一身肤色略暗沉,为黑褐色,另一身为灰白色,像印度和西域壁画一样表现出一对不同肤色的飞天。张宝玺先生用“丰乳细腰大臀”[①]这样的词汇来描述它们。这一特征与印度阿旃陀石窟壁画中丰乳细腰的飞天基本一致。此外,从窟顶的图案纹饰来看,也具有比较浓郁的西域风格。因而可以认为其受印度和西域风格影响明显。

马蹄寺石窟群千佛洞第 8 窟中心柱左面(北面)下层圆拱形龛外左右上方塑有两身飞天,束发,头戴宝冠,两手腕处饰手镯,右手手掌心握有小花,身着袒右肩袈裟,双足外露,带有较浓厚的秀骨清像色彩。

图 1　千佛洞石窟第 8 窟中心柱左面佛龛左侧飞天线描图[②]

同样在千佛洞第 8 窟, 中心柱东向面底层龛背光上的飞天经过了重新描画敷彩。但由于线描不到位,色彩显得轻浮,已然变成了失神之作。飞天被绘制在白色底的佛像背光上,面部漫漶不清,上身袒露,下着裙,颈部饰项圈。披巾或蓝或绿,色泽鲜艳,在身后飞扬。壁画重绘的时间不详,但从飞天袒露的上身来看仍带有较明显的西域风格。而其身后飘逸的披巾,裹脚的长裙,又带有南朝飞天的秀骨清像。

玉门昌马石窟第二窟后室窟顶画飞天(左右各四身),时代为五代宋初。飞天手捧供物,临风飞舞,神态略显呆板。与敦煌莫高窟 327 窟宋初所作飞天酷

①张宝玺:《河西北朝石窟》,上海:上海古籍出版社,2016 年,第 111 页。

②张宝玺:《河西北朝石窟》,上海:上海古籍出版社,2016 年,第 70 页。

似。其用笔比较端庄拘谨，一失前朝自由流畅的作风；用色以赭红、大绿为主。正如段文杰先生《飞天在人间》一文中所言：五代宋初的飞天"逐步公式化，形象姿态千篇一律，渐渐失去了艺术生命力"。

元代密教流行，飞天不常见。但在文殊寺的顶部，有倚卧在云中的飞天形象。飞天束发，梳单髻，上身袒露，向后回首，飘带绕肩，小腿及双足隐藏在云中。云朵的形状为中国传统的云纹。

（二）天宫乐伎

天宫乐伎是在佛国世界里专门为佛陀奉献歌舞和鲜花的天人，多绘制在窟顶或与四壁交界处绘有天宫圆券门洞的位置。画面主要表现帝释天宫或弥勒兜率天宫的欢乐歌舞景象。河西石窟早期天宫乐伎具有较浓郁的西域风格。

文殊山石窟中保存早期壁画较好的前山千佛洞窟顶围绕中心塔柱一周绘有天宫栏墙和动势各异的天宫伎乐，现存八身，属北魏时期作品。他们头戴宝冠，宝缯飞扬，或袒上身，或斜披络腋，或着通肩天衣，下着裙，双足外露，飘带随着动势飞扬。有演奏乐器的，如琵琶、横笛等；也有作天女散花状的，伎乐之间或装饰有飘落的不鼓自鸣乐器。伎乐的面部采用了凹凸晕染的画法，线条较粗犷，色泽浓重。在其裸露的肌肤部分及裙裾上，也多以较深的近似土棕的颜色进行晕染，十分强调色彩的鲜艳和人物形象的立体效果，具有较强的写实性。与早期新疆龟兹地区石窟中的绘画风格类似。可见这一时期仍受到西域文化的较强影响。但观察人物的身材比例，已变得较为修长。这是佛教艺术适应中国本土审美，不断中国化的体现。其身后的飘带相较于北凉时期也已变长许多，随风飘舞所带来的动感使其笨重下坠之感削弱了不少。

天宫伎乐的飘带所带来的动态的飞扬感与中国本土舞蹈中擅长使用巾袖有着一定的联系。无论是同时期绘画作品中的舞蹈形象还是出土墓葬中所见到的舞蹈形象，在一定程度上都为石窟中的乐舞形象提供了现实依据。但需要注意的是，石窟中的乐舞形象的飘带运用，实际上会超出现实中的舞蹈。事实上，天宫乐伎和飞天的很多动作都是现实舞者所不能表现出来的，因而带有理想主义的色彩。飘带所带来的动感，虽凝固于静态的塑像动作或壁画画面中，却依然为观众传达出佛国净土的"妙胜"。

图 2　文殊山前山千佛洞窟顶 天宫伎乐

（三）经变画乐伎

文殊山前山万佛洞东壁（左壁）所绘《弥勒上生经变画》是一幅保存较完整的经变画。在画面中部偏下位置有 12 身乐伎，呈左右对称分布。在时代上属西夏晚期。这些人物形象均为女性。她们头束高髻，身穿交领宽袖长袍，交错跪坐于弥勒菩萨前面阶下的曲栏石桥上。12 身乐伎手中持箜篌、琵琶、笙、横笛、箫、排箫等乐器进行演奏，动势各异。另外，在 12 身乐伎中间位置还有 4 位站立的女性形象，不少学者认为其为舞伎。但通过仔细观察其身体姿态及手中所持物，似与舞伎无太大关系。有学者认为其为《佛说观弥勒菩萨上生兜率天经》中所说的“眷属”①。在画面下部一棵桃形树冠的菩提树下，有三位女性乐舞形象，均头束高髻，身着宽袍大袖的汉式服装。其中左侧两位为乐伎，分别手持笙和排箫演奏乐曲，右侧一位为舞伎。画面在整体上为我们展现出一片佛国净土的美妙景象。但其又具有很强的写实性，乐伎们的演奏姿态逼真，在排列组合上具有宫廷乐队的形态和特质，应该也更接近于当时的现实社会生活中的乐舞活动，呈现出世俗化的特征。此外，这幅经变图与新疆北庭西大寺 E204 窟南侧弥勒上生经变图有诸多相似之处，可见文殊山西夏风格的壁画还受到了高昌回鹘壁画的影响。

通过对河西地区中小型石窟中乐伎形象的梳理，可以看出该地区不同时期乐舞形象在的发展和变化。其总体风格演变表现在以下几个方面：乐伎从早

①姚桂兰主编：《文殊山石窟》，兰州：甘肃人民美术出版社，2017 年，第 73 页。

期的带有浓郁印度、西域风格特征的形象逐渐演化成中原汉人的形象。身躯由粗短向转向舒展修长,面相向清瘦发展变化。服饰从早期的袒露身体肌肤较多向符合中国传统道德观念转变,上身及小腿、足部多被完全覆盖,不再外露。服饰逐渐汉化,且服饰的繁复程度有所增加。衣料的厚重感减弱,逐渐变得轻薄飘逸。针对飞天乐伎这一形象,当时的工匠还会用散落的花瓣、长长的披巾、飞舞的流云等来营造出飞天的飞动感。这种对飞天的处理方式,应是借鉴了中国本土宗教道教中的飞仙形象。同时，这也是中国传统审美文化追求意境的体现。至五代宋初,飞天较前朝显得呆板。

总之,河西中小型石窟各个时代的乐伎形象,不仅具有其时代特征,更具有其独特的地方色彩。在这里,既有鲜明地印度、西域文化特色,也有从东而来的中原文化气息和南朝的秀骨清像之风，极大丰富了河西地区乐舞的内容和内涵。文殊山石窟和玉门昌马石窟在地理位置上与敦煌接近。因而在其早期和晚期作品中,较多受到了敦煌的风格影响。而马蹄寺石窟群内出现的乐伎,就与敦煌在内的其他石窟有较大差别,特别在造作技法上,有其独到之处。石窟中的乐舞形象之滥觞在印度，但受中西文化交流影响的河西地区石窟乐舞形象绝不是简单的对外来事物的模仿，而是在民族传统基础上的一种新的本土化的创造。来自遥远的印度佛教乐舞人物形象经过我国工匠的再创造、再加工,无论从艺术创作理念还是艺术表现风格上,都深刻体现出中华民族的审美特征,呈现出中国化、世俗化的趋势。

二、河西中小型石窟中的乐器

河西中小型石窟中文殊山前山万佛洞、文殊山前山千佛洞和马蹄寺石窟群下观音洞几处有含乐器图像的壁画。虽然有乐器图像的洞窟数量不多,但出现的乐器种类还是比较丰富的，可以较好地反映出河西地区中西文化交流的情况。

表 2　河西中小型石窟所见乐器统计表

<table>
<tr><th>洞窟</th><th colspan="2">位置</th><th>乐器类型</th><th>时代</th></tr>
<tr><td>文殊山前山千佛洞</td><td colspan="2">窟顶壁画</td><td>琵琶、横笛、排箫</td><td>北凉</td></tr>
<tr><td rowspan="3">文殊山前山万佛洞</td><td rowspan="3">东壁壁画《弥勒上生经变图》</td><td>上部两侧</td><td>铜钹、拍板、筝、埙、贝、排箫等</td><td>西夏</td></tr>
<tr><td>中下部曲栏石桥上</td><td>竖笛、排箫、琴、拍板、琵琶、箜篌、笙、横笛等</td><td></td></tr>
<tr><td>下部菩提树下</td><td>笙、排箫</td><td></td></tr>
<tr><td>下观音洞第 3 窟</td><td colspan="2">后室西壁壁画</td><td>琵琶</td><td>明代</td></tr>
</table>

由表 2 可见，河西中小型石窟所见的乐器涵盖了吹奏乐器、弹拨乐器和打击乐器三大类。其中吹奏乐器有：横笛、竖笛、排箫、笙、贝、埙；弹拨乐器有琵琶、琴、筝、箜篌；打击乐器有拍板、铜钹。一些乐器因壁画细节保存情况或画师绘画水平的不同，在辨识与认定上仍存在讨论的空间。

在以上乐器中，属外来乐器的有琵琶、箜篌、铜钹、贝等；属中国本土乐器的有琴、筝、排箫、拍板、埙等。现对其中部分乐器作一介绍和论述。

琵琶在文殊山前山千佛洞窟顶壁画和前山万佛洞东壁壁画《弥勒上生经变图》（下文简称《经变图》）以及马蹄寺石窟群下观音洞第 3 窟后室西壁壁画中均有出现。这些壁画在时代上分别属于北魏、西夏和明。所见琵琶有四弦琵琶和五弦琵琶两种类型。

四弦琵琶即曲项琵琶，也称曲颈琵琶。《隋书·音乐志》中记载："今曲项琵琶、竖头箜篌之徒，并出自西域，非华夏旧器。"[①]日本学者林谦三认为四弦琵琶生长完成在西亚，特别是伊朗。[②]具体见于《经变图》中下部左侧六身乐伎中的第二位（自内向外方向）乐伎和下观音洞第 3 窟后室西壁壁画中的伎乐天手

①[唐]魏征等撰：《隋书》卷一五《音乐志下》，北京：中华书局，1973 年，第 378 页。

②（日）林谦三：《东亚乐器考》，北京：音乐出版社，1962 年，第 283 页。

中。前者时代属西夏,后者为明朝,时代均较晚。特别是元明以降,西北地区藏传佛教盛行,下观音洞中的伎乐天即为藏传佛教的题材。画面中,这位乐伎正双手持琵琶,赤脚在莲台上舞动,显得格外美妙动人。壁画表面虽有剥蚀,但仍可辨琴弦为四根,应是曲颈琵琶无疑。可以看出,四弦琵琶的适用范围既存在于大型经变乐队,也存在于藏传佛教中的乐伎独奏。这两处琵琶的弹奏姿势也略有不同。经变图中的乐伎横抱琵琶,琴头斜向下约 45 度。而明代的乐伎虽也是横抱琵琶,但已是琴头向上倾斜约 45 度演奏了。在波斯,曲颈琵琶的共鸣体很大,已接近圆形,而在河西石窟中我们看到的曲颈琵琶呈现出修长的梨形。由于二者出现的时代较晚,不能很好地反映四弦琵琶初传入我国的情况。

五弦琵琶指直颈琵琶。唐杜佑《通典》云:“五弦琵琶,稍小,盖北国所出。”又云:“自(北魏)宣武已后,始爱胡声,洎于迁都。屈茨琵琶,五弦,箜篌……胡舞铿锵镗,洪心骇耳。”[①]可见五弦与四弦琵琶相同,也不是我国本土的乐器。至北魏宣武帝之后,五弦才开始真正受到人们的喜爱。这一时期,五弦实际上也被称作龟兹琵琶。《通典》卷一四六龟兹乐一条中记载:“龟兹乐者,起自吕光破龟兹,因得其声。吕氏亡,其乐分散,后魏平中原,复获之。”那么,五弦由龟兹传入中原的时间约在四世纪下半叶。时代属北凉的文殊山前山千佛洞窟顶壁画中的天宫伎乐手中所持即为五弦。该五弦琵琶体形细长,直颈。乐伎横向抱琵琶于胸前弹奏,琴头斜向上约 30 度。其左手按在第一把位上,右手拨弦,双目下垂,下巴微颔,仿佛沉浸在美妙的音乐之中。

箜篌出现在《经变图》中下部左侧六身乐伎中的第三位(自内向外方向)乐伎手中,为竖箜篌。竖箜篌,又名胡箜篌,立箜篌,竖抱于怀中演奏。结合《隋书·音乐志》及《通典》中的记载,竖箜篌很可能是随佛教文化经西域传入的。

铜钹,为佛教常用法器。它是一对形状相同的中间隆起呈半球状的金属圆盘,通过手持柄带使镲左右或上下互动碰擦发声。周菁葆在《丝绸之路上的铜钹》一文中指出,铜钹发源于西亚的美索不达米亚地区。经波斯、印度传入古代西域,再经西域传入我国中原地区。

---

①[唐]杜佑:《通典》卷一四四《乐四》,北京:中华书局,1988 年,第 3679、3614 页。

贝,也称海螺或法螺,用天然海螺制成。《法华经·序品》载:“今佛世尊欲说大法,雨大法雨、吹大法螺。”可见贝亦属于佛教法器。

这些乐器除《经变图》上部两侧的乐器外,均有演奏者。它们被称作“不鼓自鸣”乐器,往往出现在画面的最上端,象征着佛国的伎乐世界。铜钹、拍板、贝、排箫等点缀在画面最上方两侧两身菩萨装扮的人物周围,呈飘落在空中的状态。每个乐器上均系有随风飘荡的彩色飘带,且无人演奏,而是由乐器自鸣其响,故谓之“不鼓自鸣”。这些乐器虽无人演奏,但汇集在一处,俨然是一个乐队的配置。此外,飘扬的彩带使画面变得动感十足,且带有浓厚的佛教幻想色彩,给人以无限遐想。关于不鼓自鸣,高德祥先生认为其与我国古代民间广为流传的风筝有着密切的联系。[1]虽然壁画中的不鼓自鸣乐是运用了艺术夸张手法结合对佛国世界的想象而创作的,但其背后有着中国本土因素的影响。

外来乐器与中国本土乐器相得益彰,共同构成了河西地区的石窟乐舞艺术。大量外来乐器出现在石窟壁画中,反映了我国文化对外来文化的接受能力、态度和容纳程度。这些外来乐器在发展的过程中,已深深渗透到了河西地区,并不断融入到中国传统乐器的行列之中。而中国本土乐器在石窟壁画中出现这一事实,是佛教中国化、本土化的实际体现,也是佛教在中国寻求传播的主动选择。许多中国传统的乐器被纳入到了石窟寺乐舞形象的体系中来。北凉昙无谶译《大般涅槃经》卷十一云:“诸天伎乐筝、笛、笙、瑟、箜篌鼓吹,供养于佛。”中国本土乐器如琴、筝、笙、箫等成为了诸飞天、乐神手中表达佛国世界乐舞、供养诸佛的工具。这些乐器也因此成为传达弘扬佛法的载体而脱离俗世、上升至所谓佛国。这些被中国民众所熟知且有悠久历史的乐器在石窟寺的出现,对于佛教更好地在中国本土传播佛法,提升佛教的教化功能产生了积极的作用。

三、结语

河西中小型石窟中的乐舞形象和整个河西地区石窟艺术一样,是中西文化交流的结晶。在各个历史时期,河西地区与中国其他地区以及印度、西域之

---

①高德祥:《敦煌壁画中的不鼓自鸣乐》,《乐器》1990 年第 2 期,第 1 页。

间都存在着频繁的人员交往与深入的文化交流，这为河西乐舞形象的丰富繁荣提供了土壤。扎根于河西这一特殊的地理环境的石窟乐舞形象，在中国传统乐舞文化基础上吸收并融合了外来艺术营养而发展起来。其在体现佛教艺术逐渐中国化过程的同时，也反映出中西方文化交流融合的不断加深。需要注意的是，中国化的乐舞形象并非突然出现，而是一个渐进的过程。北凉时期的乐舞形象中已经有了本土化的因素，元明时期的乐舞形象也可见到印度、西域风格的影子。带有西域和中国本土特征的乐舞形象互相融合渗透，贯穿于河西中小型石窟的各个时期。

综观河西地区中小型石窟中的乐舞形象，我们可以看到，自佛教艺术传入河西以来石窟乐舞形象逐步汉化的过程。其形象从明显的印度式、西域式的艺术风格向中原式转变，逐步适应汉民族社会的审美情趣，呈现出褒衣博带、秀骨清像的造型特征，进而成为中国传统文化的一部分。在其中国化的过程中，一方面是乐伎的身形变得修长、服饰上呈现出的褒衣博带的风格、面容上的秀骨清像体征以及流云、花朵、飘带等营造出的中国传统的审美意境等等；另一方面则是西方外来乐器在中国石窟乐舞场景中的应用，并随着时代发展逐步融入到中国传统乐器的行列里来；中国本土乐器又在石窟这一佛教场所的乐舞图像中出现，为佛教的传播搭建起与普通民众联系的桥梁。此外，无论是乐伎还是乐器，它们都多以壁画的形式表现出来。而用绘画来表现乐舞内容在我国由来已久，如汉代的画像石、画像砖对乐舞场面的描绘。因而可以认为石窟壁画中的乐舞形象是中国本土乐舞绘画的延伸，并非全然是受到印度、西域的影响。我们认为，河西地区中小型石窟中的乐舞形象，是印度、西域文化和中原汉文化向河西动态拓展的结果。而石窟乐舞形象在河西地区的发展，就是其不断中国化的过程。它不断与当时中西方不同的乐舞元素相适应，最终形成了具有自身风格特色的乐舞形象，以其独特的形式成为中国石窟寺艺术的重要组成部分。这不仅促进了河西地区石窟文化艺术的发展，也极大的丰富了我国的石窟文化艺术。探讨中西文化交流视野下的河西中小型石窟乐舞形象，不仅对丰富我国石窟乐舞发展历史具有重要价值，还对中西文化交流研究的深入起到了一定的推进作用。

浅析甘肃张掖马蹄寺石窟群早期石窟与高台魏晋墓的形成条件

秦春梅
（张掖市文物保护研究所）

一、马蹄寺石窟群早期石窟与高台魏晋墓概况

马蹄寺石窟群位于张掖市南62公里的肃南裕固族自治县马蹄藏族乡境内，由金塔寺，千佛洞，上、中、下观音洞，马蹄南寺、北寺七个部分组成，分散分布于祁连山区，共计70多个窟龛和462座浮雕舍利塔。石窟群始建于十六国北凉时期，历经北魏、西魏、隋、唐、西夏、元、明、清各代，距今已有1600多年的历史。石窟群中早期遗迹主要分布在金塔寺、千佛洞石窟中。金塔寺石窟位于马蹄藏族乡李家沟村南刺沟内的红砂岩崖壁上，分东西二窟，均为中心塔柱窟，中心塔柱四面分层开龛塑像，共有200多身，四壁绘有壁画。千佛洞石窟位于马蹄藏族乡政府驻地南1公里处的陡峭崖壁上，共有8个编号洞窟。1—4号窟位于南段，窟内塑像壁画均为早期遗迹；6号窟内为隋唐时期的三尊石雕像；8号窟内底层壁画多为西魏时期遗迹，保存较完好。北段保存有开凿于元、明、清各时期的舍利塔龛90多座。

高台县位于张掖市境内，县城西南20公里处的“骆驼城遗址”是国内现存最大、保存最为完整的汉唐文化遗址之一。高台境内发掘有壁画与壁画砖的魏晋墓，现有骆驼城1995年墓、骆驼城1999年前秦建元十四年纪年砖墓、骆驼城2001年苦水M1墓、苦水M2墓、采帛木几墓、许三湾1号墓、2007年地埂坡M1、M2、M3、M4、M6墓群。根据出土的器物、壁画、壁画砖反映的舆服制度和风格来看均属于魏晋时期。内容以反映现实社会为主，其中表现农耕题材的有犁

地、播种、耙地、耱地和嘉禾、田园等;描述牧猎生产的有驰马引弓、鹰犬围猎、扬鞭放牧、牲畜觅食等;描述生活场景的有歌舞宴饮、车马出行、品茗清谈、庖厨切肉、酿造酒醋等。这些画面,再现了魏晋时期河西地区农业开发、民族融合、丝路畅通的历史,是一部形象的西部开发史。对研究魏晋社会的经济生活、典章制度、风俗习惯、艺术思想等都是不可多得的图像资料,具有一定的历史价值和社会价值。

二、马蹄寺石窟群早期石窟与高台魏晋墓产生的时代背景及艺术特征

马蹄寺石窟群和高台魏晋墓地处河西走廊中部。河西走廊又位于丝路交通咽喉地带,自汉武帝以后,丝绸之路畅通而繁荣,当地相对稳定的社会环境和发达的农牧业经济有了统一强大的大汉政权支撑,商业贸易也日渐活跃,在河西走廊境内丝绸之路沿线的武威、张掖、居延、酒泉、敦煌等地,遂成为商业贸易和中西方文化交流的枢纽。来自西域和北方草原的"胡商贩客"和中原的使者商队,在河西各地络绎不绝。在这漫长的历史过程中,无论匈奴、乌孙、月氏、氐族、鲜卑、回鹘,还是党项、蒙古、吐蕃、哈萨克等部族都曾在这里繁衍生息、争战变迁、建功立业。他们在部族东迁西进、逐水游牧、外交往来、从事各种商业贸易的同时,也渐渐杂居融合,带来了各具特色的文化习俗、文化传统及宗教信仰,使河西成为承接、融合和传播各民族历史文化的纽带。千百年来,这些民族创造了丝绸之路灿烂的文明,这些历史的记忆和传统在岁月的长河中已经消逝,如今我们只能通过石窟和墓葬文化这种历史载体再现曾经的辉煌和文明。

公元 397 年,匈奴卢水胡首领沮渠蒙逊(张掖临松卢水胡人)与段业(曾是后凉吕光政权的建康太守)在建康郡(高台骆驼城)割据。沮渠蒙逊于 401 年 5 月杀段业,夺其王位,改年号为永安,定都张掖,历史上唯一的卢水胡政权——北凉政权在张掖正式建立。[①]417 年春天,蒙逊欲多次摧毁西凉不成,遂在建康(今高台境内)筑城置戍,深沟高垒。[②]骆驼城遗址本身就是农、牧、商业文明交

①赵向群:《五凉史探》,兰州:甘肃人民出版社,1996 年,第 148 页。

②赵向群:《五凉史探》,兰州:甘肃人民出版社,1996 年,第 155 页。

汇的历史文明的体现，该墓群出土的壁画砖所涉及的人物形象具有十分鲜明的民族特征。

北凉时期，沮渠蒙逊为北凉王，“博涉群史，颇晓天文”。建立北凉政权后，更是“素奉大法，志在弘通”。在他的积极扶持下，开凿石窟、广译佛经，北凉佛教得到了发展，影响四方。马蹄寺石窟群正是在这样的历史背景下被开创并兴盛起来的。

一个地区文化的发达不可能完全是一种外来文化的移植，其恰恰是一种地域文化与外来文化的不断碰撞、冲突、交流与融合的过程。魏晋时期是古代北方以及境内外民族大融合的重要时期，尤其处于古丝绸之路咽喉要道的河西走廊，周边民族内迁和内迁后形成了多民族错居杂居的局面。各民族由于经济、文化发展不平衡，民族融合的历程也不一样，出现鲜卑化、匈奴化、羌化，融合构成河西地域民族关系的多元共同体。而其文化特征是“与时俱进”的，反映到石窟中就是我们可以看到的印度、西域佛教艺术经融合、地方化后的特点，比如金塔寺西窟窟顶的飞天、千佛洞 1 号窟中壁画供养菩萨面部的晕染、人物服饰、造像手法等都鲜明地具有印度、西域文化的特色；金塔寺东、西二窟中的彩塑佛、菩萨、弟子、飞天等都具有古代北印度犍陀罗艺术的风格，即所谓“胡貌梵相”，也具有我国北方本土少数民族强悍、粗犷的性格特点。同时我们也能感受到从东而来中原特色的文化气息，比如北魏、西魏时典型的“褒衣博带”“秀骨清像”（图 1）；隋唐时“雄伟健实”的石雕像；西夏时期具有“兼收并蓄”文化艺术特色的壁画；元代藏传佛教密宗造像、壁画以及西夏、元、明、清各代大规模雕凿的舍利塔龛群均在这里一一呈现。这些遗迹既传承了佛教艺术发源地印度、西域的艺术风格，也融合了生活在河西诸多少数民族的文化传统、社会生活风俗以及形体外貌特征。

图 1　马蹄寺千佛洞 8 号窟说法图
（来自张掖市文物保护研究所）

从现存石窟和墓葬壁画遗迹来看，这样的融合在广度和深度上都是从始至终的。与文化融合同时进行的还有政治、经济、社会形态的融合，争夺剩余价值和地盘以及宗教信仰的冲突等需要通过武力征战来实现。发掘高台魏晋墓葬的过程中，出土了很多古代兵器，这些都表明民族融合的过程均伴随着战争、残酷、血腥镇压和兼并。在表现地主庄园经济的墓室壁画中，墓葬壁画与壁画砖面上古代丝路各民族人物形象大量出现，人物形象、构图、色彩都极大地丰富了壁画砖的内容。笔者通过调查发现一个现象——过着享乐生活的多为汉人，在“死后天堂”里依然“享受”着生前的富足生活，少数民族却是受到压迫和奴役，间接地反映了这个时代阶级剥削压迫的现实——东汉以来大地主庄园经济在魏晋时的高台得到继承和发展。于是这些人在为自己营造“死后天堂”的坟墓时，用壁画墓的形式将当时的大地主庄园经济的状况“记录”下来。这些人死后留下的“财富”，今天却成了研究当时社会经济文化的重要形象资料。

三、马蹄寺石窟群早期石窟与高台魏晋墓的地域环境

马蹄寺石窟群地处河西走廊中部祁连山中段北麓，位于肃南裕固族自治县东南，这里古称甘州南山，属禹贡雍州之地。石窟群所处的马蹄乡属于祁连山北麓的中低山丘陵地貌，平均海拔3000米左右。窟区地势高，受温带季风气候和高寒半干旱气候的影响，具有气候寒冷、温差大、四季分明的特点，夏秋季雨水多比较潮湿，冬春季干旱低温。石窟开凿在上第三系上岩组砂岩中，砂岩普遍风化强，胶结差，岩质疏松，吸水性强，遇水软化，鉴于这样的岩性结构，古人在开凿石窟时因地制宜，大多以中心柱的形式(用以支撑窟体)开凿而成，中心柱四周开龛造像，壁面绘制壁画，其中彩塑以石胎为胎体框架敷泥彩绘而成。尽管此地夏季雨水多，但冬春季干旱少雨且漫长，适宜窟内壁画和塑像的保存，也因此才得以让后世领略到窟内辉煌灿烂的佛教石窟艺术。

高台县位于河西走廊中段，南抵祁连，北枕合黎，黑河纵贯，清《重修肃州新志》称高台“山岭崔巍，石峡险隘，实屯守要地，泉水环绕，山河襟带，为甘肃通驿要道”。地貌分祁连山脉、走廊平原、合黎山地，是古代游牧民族迁徙驻牧的地方，也是古代丝绸之路的必经之地，沿黑河北上，是去匈奴龙庭的必经之地，古称龙城古道。也是匈奴和其他民族南下的重要交通要道，故有“三秦锁

钥,五郡咽喉”之称。[①]自古以来即为连接中原地区与西部边陲的重要通道和古代丝绸之路的咽喉孔道,在古代中国的政治、军事、经济、文化发展和促进东西方文化交流中,占有十分重要的位置。

高台县属于北温带干旱气候,夏季炎热而短促,冬季寒冷而漫长,日照时日多,昼夜温差大,属于高寒半干旱区气候。地表是坡积和洪积物构成的砾石戈壁,大多是植物稀少的荒漠平原,也有小片沙漠和沙丘。[②]正是由于此类特殊的地域环境才会产生特殊的墓室形制,高台魏晋砖室墓墓葬由墓道、墓门、门楼、墓室、甬道、耳室、壁龛组成。墓门用条形砖叠砌成拱券形。券顶以上采用条形砖叠造门楼直达地面,门楼墙面嵌砌有斗拱及力士、雷公、鸡首人身或牛首人身像等造型的雕刻砖。这种位于砖室墓葬墓门上方的挡土墙服务于迁移葬制度,是专门针对戈壁砂砾石地质结构设计建造的独特的墓葬结构形式。也正是由于此地干旱的气候,壁画与壁画砖才会得以保存至今。

四、马蹄寺石窟群早期石窟与高台魏晋墓多元的宗教文化

河西走廊多种宗教并行,既有本土的儒、道,也有外来的佛、祆、摩尼,多种宗教势必碰撞、交流、融合,形成一种新的共存模式。

儒家文化自古以来一直是中国基本的文化形态, 历史上在河西首次大规模传播的宗教当属儒教。或据或守、或汉或胡的政权都希望得到中原王朝的册封,为得到正统地位,不断地学习传播儒家文化;汉武帝打通河西并使中原人口的大量迁徙屯田戍边,将中原文化带入河西,也在一定程度上推进了儒家文化的传播;魏晋时期中原爆发了“八王之乱”,“流尸满河,白骨遍野”,而“凉州独安”。这样在中原地区政权更迭或内乱纷争时,河西地区往往能保持相对的独立和社会的安定,吸引了大批战乱之地的人民,尤其是大量的文人墨客前来避难和定居, 带来了中原发达的儒家文化, 促进了当地儒家文化的兴盛和发展。[③]同时也给当地带来了充足的人力资源和先进的生产技术,使得河西绿洲

①高台县志编纂委员会编:《高台县志》,兰州:兰州大学出版社,1993 年。

②高台县志编纂委员会编:《高台县志》,兰州:兰州大学出版社,1993 年。

③邵如林:《河西文化论》,《西北史地》1995 年第 2 期。

农业得到进一步发展。

道教是中国本土的宗教，东汉末开始兴起。高台魏晋墓道家关于修炼成仙的题材都体现在出土的墓门砖雕、墓室壁画中(图 2)。道家和道教在丧葬上主张“归本返真”的思想，提倡薄葬。魏晋时期的高台在丧葬习俗上基本实行薄葬，这固然与战乱、经济凋敝等因素密切相关，但与当时道教的风靡也有密切的关系。墓室主人的物质要求相对松弛，精神追求大幅提高。墓室内不再陈设生活用品，复原生产场景。内容丰富的壁画成为墓室的重要组成部分，它利用有限的空间，展现社会生产、生活场景的各个方面。高台魏晋墓室壁画的产生和发展即这种社会现象的物化形态，从一个侧面反映了魏晋时期高台的社会经济、政治和占主流的思想以及由此而形成的墓葬制度与习俗方面的发展变化。

图 2　骆驼城苦水 M1 墓《朱雀玄武图》画像砖(来自高台博物馆)

河西走廊地处边陲，割据政权此伏彼起，战事不断，人民将希望寄托于来世，儒教是不能胜任的。公元前 3 世纪，发源于印度的佛教开始传入中国。随着佛教的传入，译经、建寺、开窟、绘制壁画、雕塑佛像等佛教文化艺术也随之沿丝绸之路传播至河西地区。《魏书·释老志》中记载“敦煌地接西域，道俗交得其旧式，村坞相属，多有塔寺。”①魏晋时期河西走廊的凉州地区高僧云集，是著名的译经中心，佛教石窟“凉州模式”就是此时形成的。

佛教的传入在当时中原时局动荡的历史背景下，有利于僧侣避世禅修。据《敦煌县志》载：“郭瑀，晋敦煌人，少有操行，东游张掖，师事郭荷。荷卒，瑀隐于

①索伯著，殷光明译：《北凉和北魏时期的甘肃》，《敦煌研究》1999 年第 4 期，第 62 页。

临松谷,凿石窟而居。”401 年沮渠蒙逊在张掖建立北凉,412 年迁都姑臧(武威),称“河西王”,420 年占领整个河西地区。据《魏书·释老志》《集神州三宝感通录》《广弘明集》等记载,沮渠蒙逊崇信佛教,大兴佛法,在凉州南山中开凿石窟,并为母造丈六佛像。在他的积极扶持下,著名的天竺高僧昙无谶、西域高僧鸠摩罗什以及河西的名僧慧嵩、道朗等长期驻足凉州,翻译佛经、传播佛教,对佛教在中原地区的流传和发展产生了极大的影响。北凉佛教得到极大发展和传播,影响深远。自 397 年北凉兴起到 412 年迁都姑臧的 10 余年间,北凉统治者的活动中心一直在张掖一带,马蹄寺石窟群所在地临松,正是沮渠氏家族故地,这里早期石窟的开凿与北凉佛教的广布密切相关,这一时期的洞窟主要有金塔寺东窟和西窟、千佛洞第 1、2、4、8 窟等,以中心柱窟为主。石窟群的洞窟成为外来佛教艺术本土化、民俗化和大众化的重要载体,对于佛教的流播起到举足轻重的作用。

河西地区远离中国的政治中心,重大毁灭性的政治事件往往很难波及至此,河西宗教的产生和发展一直处于“自由度”很高的文化氛围中。这也是河西宗教多元化且持久兴盛的原因所在。

五、马蹄寺石窟群早期石窟与高台魏晋墓时期的审美风尚

中原文化真正影响到河西是从汉武帝派张骞出使西域后开始的,其表现是多方位的也是具体的。无论是服饰、饮食、习俗、民居、出行、娱乐等,均有别于中原地区而具有十分鲜明的地方特色。在河西各地的民俗中,既有中原地区的遗风,也有西域地区的特点,被誉为华夏文明的延续与西域胡风的变奏。由于正值民族纷争、变迁至民族融合的时代,有关胡汉文化相互渗透的内容,恰好反映了那不可阻挡走向统一的历史潮流。于是在那战祸不已的痛苦年代,人们从艺术创作中,依然可以辨析出希望的微光。①

“人的觉醒”带来了“文的自觉”。表现在绘画的造型上是“气韵生动”和“以

①夏鼐:《从兰州到敦煌》,《文物天地》1999 年第 1 期,第 28—31 页;1999 年 2 期,第 39—41 页;1999 年第 3 期,第 36—39 页。

图3　金塔寺西窟顶部飞天
（来自张掖市文物保护研究所）

形写神”，所谓“气韵生动”就是要求绘画生动地表现出人的内在精神气质、格调风度。马蹄寺石窟群早期石窟壁画与高台魏晋墓室壁画的创作是在当时书画艺术对“形”美的自觉追求基础上，借鉴了中国绘画的线条功力，夹杂印度、西域绘画技法的表现力才进入到了传神写意的阶段。佛教石窟的绘画偏向于信徒礼佛、信仰的实用性；墓葬绘画自然是侧重于丧葬文化的实用性，这样绘制者在长期的艺术和生活实践活动中，逐渐地认识和掌握了线描的造型规律，根据题材内容他们运用线条的轻重、缓急、粗细、转折等技巧，绘制出不同艺术风格的石窟壁画与墓室壁画（图3）。

在塑像艺术上的呈现也是如此，金塔寺东窟中心柱东向面中层龛楣两侧的圆雕飞天，袒露上身，下着裙（西域特色），面带微笑，举臂起舞，身躯健美，动作舒展，有呼之欲出的感觉（图4）。这种工艺技法，既接受了传统的雕塑形式，又融入了地域化、民族化的色彩，还渗透了工匠和佛教信徒世俗的思想情感。金塔寺东窟中心柱东向面中层南侧的菩萨，长发掩耳、轻纱绕体、上身袒露，绿

图4　金塔寺东窟飞天塑像
（来自张掖市文物保护研究所）

图5　金塔寺东窟胁侍菩萨塑像
（来自张掖市文物保护研究所）

色披帛自左肩至腰际绕右肘下垂，下着红色鼻犊裤(据研究，在印度加尔各答博物馆有此风格的造像)，背朝外，侧首而立，赤脚踏在莲台上(图 5)，微笑着俯瞰人间的千百年……塑像本身是静止的、无生命的，尤其是佛的威严、菩萨的沉静、弟子的虔诚，更是通过这种静态来呈现的。然而，雕塑师在这种静态的肃穆中却通过极其巧妙的艺术创造，通过人物面部的复杂表情，身躯的适当扭动变化，在不知不觉中注入动态，达到了动静相生的艺术效果，表现出了对世俗美好生活的向往和憧憬。

图 6　地埂坡墓 M4 前室东壁上部局部《搁鼓图》壁(来自高台博物馆)

高台魏晋墓中反映农耕文化和草原文化交汇的壁画大量出现，少数民族人物放牧骑射的形象在壁画中屡屡出现，这足以说明即使在社会剧烈动荡的魏晋时期，民族的迁徙融合、文化的交流碰撞仍未中断（图 6、7)。图 8 是骆驼城南墓群出土的《对座品茗图》，画中绘有二女子拱手端坐，中置茶炉、茶碗，品茗对饮。描绘的是日常生活中品茶的情形，具有浓郁的生活气息。高台骆驼城南墓群出土的《牧畜图》(图 9)，画面绘一牧人，束高髻，身穿交领服，持鞭而立，两马悠闲地吃草，后面绘有淡墨写意的骆驼和驴。在绘画技法上，运用中国传统的线描笔墨技法和淡墨写意法来表现物体前后的空间层次、远近，并表现了骆驼绒毛的质感，生活气息浓郁，写实性强。这些画用线

图 7　骆驼城苦水一号墓《裁剪图》画像砖(来自高台博物馆)

图 8　骆驼城南墓群《对座品茗图》画像砖(来自高台博物馆)

图 9 骆驼城 1995 年墓《放牧图》画像砖（来自高台博物馆）

色相融、形神兼备的创作形式，形象地反映了墓主人对过去生活的留恋之情以及对“未来”美好生活的憧憬之心。

每个民族的文化艺术必然体现着本民族的审美理想。魏晋时期战争频繁，人们经历了太多生离死别的痛苦，感受到世事无常，隐逸的风气弥漫于整个社会。艺术家通过艺术形式对佛国理想境界和现实生活场景的描绘，体现着魏晋时期民众的乐观心境和对未来世界的美好渴望，人们追求幸福自由的生活，呼唤人性的复苏与觉醒。所以不论是马蹄寺石窟群中的早期塑像、壁画，还是高台魏晋墓室壁画砖、壁画都关注现实生活的题材，充满了人性化和自然主义的色彩，突出宣扬的都是一种人性至上的精神（图10、11）。

图 10 骆驼城 1995 年墓《牵马猎犬图》画像砖（来自高台博物馆）

图 11 骆驼城苦水 1 号墓《屠宰图》壁画砖（来自高台博物馆）

六、结语

马蹄寺石窟艺术与高台魏晋墓葬文化艺术的兴盛不是偶然的，而是和它们的历史背景、地域环境、宗教文化以及审美风尚息息相关的。石窟艺术与墓室壁画的历史传承、审美特点、工艺技法、构图形式，对于研究魏晋绘画和建筑的审美风尚、演变具有极大的参考价值。它所体现的意识层面的民族文化和人们的精神追求，是史书中所不能承载的，为研究魏晋时期河西地区的政治、经济、文化的交流与传承提供了依据。陈寅恪先生在《隋唐制度渊源略论稿》中指出:“西晋永嘉之乱,中原以降之文化转移保存于凉州一隅,至北魏取凉州,河西文化遂输于魏,其后北魏孝文、皇武两代所制定典章制度遂受其影响,故此魏、齐之源其中有河西之一派”。[①]魏晋时期马蹄寺早期石窟艺术与高台魏晋墓,在河西与中原的文化交流过程中,中原地区因为有着深厚的历史根基,不管潮起潮落,总能够在融合新的文化因素的基础上产生出具有原创性的新内容,而河西这样的边地更易于接受先进文化,兼收并蓄、包容多元性,并凭借地理优势将其继续传播。

①陈寅恪:《隋唐制度渊源略论稿》,北京:生活·读书·新知三联书店,2004年。

政教关系视域下西夏佛教的多元性初探
——以高僧像为例

蔡金福
（河西学院）

西夏信奉佛教，建立政权以后统治者就通过崇佛、译经等相关活动确立了佛教在整个国家的地位。据《凉州重修护国寺感通塔碑铭》载："至于释教，尤所崇奉，近自畿甸，远以荒要，山林溪谷，村落坊聚，佛宇遗址，只椽片瓦，但仿佛有存者，无不必葺。"①西夏佛教的兴盛情况可见一斑。更为重要的是，随着佛教的发展，一方面僧侣群体不断扩大，阶级内部民族构成复杂、教派众多，呈现出交互错杂的多元化特征。另一方面西夏政权建立以后，统治者寻求政权合法性的诉求更为强烈，并最终确立了皇权主导教权的统治格局。

一、借教权确立政权合法性的端倪

西夏没有入主中原，长期被视为党项人在中国西北建立的一个区域性割据政权，以致其历史不被官方正史所载，政权的合法性问题也一直存疑。实际上，西夏为争取政权的合法性地位，做出了诸多努力，这突出表现在以下两个方面。

从正统意识方面来看，史料记载，夏大庆三年、宋宝元元年（1038）十月十一日，元昊称帝立国，国号大夏，三月以后，向宋呈表。曰："臣祖宗本出帝胄，当

①陈炳应：《西夏文物研究》，银川：宁夏人民出版社，1985 年，第 108 页。

东晋之末运，创后魏之初基。远祖思恭，当唐季率兵拯难，受封赐姓。”[①]显然，元昊宣称自己的祖先是北魏皇帝，而建立北魏的拓跋族鲜卑人则自称是黄帝子“昌意少子”之后。[②]这一点，在很多史料中也多有记载，如“西夏，本魏拓跋氏后，其地则赫连国也。”[③]时至“元魏衰微，居松州者因以旧姓为托跋氏。”[④]其实，元昊自称北魏后裔的目的在于仿效鲜卑拓跋氏将自己的帝系追溯至黄帝，为称帝建国寻找合法性依据。这一点西夏使者贺九言曾明确表示“元昊为众所推，盖循拓跋之远裔，为帝图皇，又何不可？”[⑤]有趣的是，元昊在追溯先祖帝系之后，又大肆宣传先祖受封李唐皇姓的丰功伟绩，暗含为唐续统的政治意味。然而，这种将西夏皇室安插在两种帝王谱系中的做法，一方面直接挑战了赵宋作为承五代之运而直追李唐承袭正统的意识形态宣传，另一方面也反映出西夏在政权正统性问题上的不自信以及构建正统理论的不成熟。

然而，西夏统治者对政权正统性的构建并未就此止步，一个有趣的切入点便是学者对其西夏文国名的解读。具体言之，《德行集》《佛说阿弥陀经》《佛说宝雨经》《佛说长阿含经》《金刚般若波罗蜜经》，以及《文海宝韵》（全称《大白高国文海宝韵》）等西夏文文献中都出现过“白高”字样。而且考古发现，西夏仁宗皇帝陵墓的碑额上镌刻西夏文“大白高国护城圣德至懿皇帝寿陵志铭”。显然，“白高”是西夏的一个特殊称呼。[⑥]关于所谓“白高”的起源和内涵，学术界也经

---

①[元]脱脱等撰，中华书局编辑部点校：《宋史·卷四百八十五列传第二百四十四外国一·夏国上》，中华书局，1985 年，第 13995 页。

②据史料记载“黄帝以土德王，北俗谓土为托，谓后为跋，故以为氏。”见[北齐]魏收撰，中华书局编辑部点校：《魏书·卷一序纪第一》，北京：中华书局，1974 年，第 1 页。

③[元]脱脱等撰，中华书局编辑部点校：《辽史·卷百十五列传第四十五二国外记·西夏》，北京：中华书局，1974 年，第 1523 页。

④[元]脱脱等撰，中华书局编辑部点校：《金史·卷一百三十四列传第七十二外国上·西夏》，北京：中华书局，1975 年，第 2876 页。

⑤[宋]李焘撰，上海师范大学古籍整理研究所、华东师范大学古籍整理研究所点校：《续资治通鉴长编·卷一百三十 仁宗·庆历元年》，北京：中华书局，2004 年，第 2950 页。

⑥参考史金波：《西夏社会（上）》，上海：上海人民出版社，2007 年，第 13 页。需要注意的是，原来大多数学者将此西夏文国名译为“白上国”或“大白上国”。近年来根据西夏汉文佛经《佛说圣大乘三归依经》题记“白高大夏国乾祐十五年岁次甲辰九月十五日”，普遍认为西夏国名应正确译为“白高国”或“大白高国”。参考李华瑞，《宋夏史研究》，天津：天津古籍出版社，2006 年，第 264—268 页；[苏]Л.Н.缅什科夫：《哈拉浩特藏汉文文献叙录》，莫斯科：科学出版社，1984 年，第 497—498 页。

过了长期的研究,大致有两种观点。其一,“白高”确是河名,它发源于白坡,是番族民庶的根基,与党项族民族的起源直接相关。[①]其二,西夏自命“西朝”,在中国五行相配学说中,西方属金,主白色,因喜好白色,故以色尚称国。[②]而其自称“大白高国”,意在标榜继大唐王朝的土德之后取金德为正统,显示与其他并立政权的对等性。[③]笔者更倾向于认同后一种说法,因为西夏深受儒家正统思想影响,汉化程度较高,并且在建国之初就有寻找支持政权正统性理论依据的迫切需求。

值得注意的是,据史金波介绍,西夏有时还有“南瞻部洲大白高国”的称呼。而“南瞻部洲是佛教中的四大部洲之一,包括西夏在内的中土皆在南瞻部洲之中。”[④]显然,这里西夏又将儒家的正统思想与佛教四大部洲的世界观相关联。一方面体现了西夏自元昊建国以来,历代统治者学习中原汉族传统远溯祖先、构建帝系,同时按五德终始说自命“大白高国”为唐续统的惨淡经营。另一方面西夏的诸多努力较之于赵宋政权的先天优势,其实际效果是可想而知的,所以上述国名之所以增加佛教色彩也是西夏另辟蹊径, 企图借助佛教理论扭转自己的劣势地位,显示与赵宋政权对等性的显著表现。

从政教关系方面来看,西夏从宗教,尤其是从佛教中寻找政权合法性的诉求极为强烈,突出表现为仁宗仁孝皇帝颁布法典《天盛改旧新定律令》,在对全国佛教进行制度化管理的同时,也最终确立了皇权高于教权的统治原则。

简而言之,在国家规范佛教赐衣制度方面,西夏继承了唐宋以来的赐紫、赐绯制度,也相应地增加了赐黑、赐黄之制,使得赐衣制度更为完善而系统。更重要的是,完备的赐衣制度也是僧侣阶级职官品级高低的主要体现,并由此规

---

①陈炳应、史金波等学者持此说。参考陈炳应:《西夏谚语》,太原:山西人民出版社,1993 年,第 16 页;史金波:《西夏社会(上)》,上海:上海人民出版社,2007 年,第 15 页。

②吴天墀、王炯、彭向前等学者持此说。参考吴天墀:《西夏史稿》,成都:四川人民出版社,1980 年,第 34—37 页;王炯、彭向前:《“五德终始说”视野下的“大白高国”》,《青海民族学院学报(社会科学版)》2009 年第 3 期。

③王炯、彭向前:《“五德终始说”视野下的“大白高国”》,《青海民族学院学报(社会科学版)》2009 年第 3 期。

④史金波:《西夏社会(上)》,上海:上海人民出版社,2007 年,第 14 页。

定了不同僧侣在享有政治特权和违法惩戒等方面的不同程度。如“僧人、道士中赐黄、黑、绯、紫者犯罪时，比庶人罪当减一等。除此以外，获徒一年罪时，赐绯、紫当革职。取消绯、紫，其中□依法按有位高低、律令、官品，革不革职以外，若为重罪已减轻，若革职位等后，赐黄、黑徒五年，赐绯、紫及与赐绯、紫职位相等徒六年者，当除僧人、道士。”[①]在政府对僧籍的管理方面，西夏也继承了唐宋时期政府对佛教徒施行的一整套僧尼籍账制度，并以严格的律法确保其有效实施。其中对私度行为的处罚甚大，规定“若违律时，使为僧人者及为僧人者等之造意当绞杀，从犯徒十二年。若为僧人者未及丁，则罪勿治，使为僧人者依法判断，为僧人处之师傅与造意罪相同。担保者知觉则当比从犯减一等。其中受贿者与枉法贪赃罪比较，从重者判断。”[②]在强化皇权巩固统治方面，具有代表性的规定即“盗毁护神、天神，传御旨时不行臣礼，起轻视心，及御前、制、御旨直接唤人往，无故不来等，一律造意以剑斩，从犯无期徒刑。”[③]显然，此条法规的直接打击者即蔑视皇权的部分僧侣，明确地体现出皇权至上的统治理念。同时，为保证国家的税收来源和军队人数，西夏统治者也严格限制着僧侣集团的规模。如严格禁止为国家承担徭役赋税的成丁者出家，“倘若违律为僧人、道士貌，则年十五以下罪勿治，不许举报，自十五以上诸人当报。”[④]又如“大小臣僚于京师、边中任职、军首领于本军检校未至，变换小首领、舍监、权监校等知觉为伪僧人、道士，不禁止，及不报官方等时，依前述僧监等法判断。”[⑤]从而极大地限制了佛教徒对政治、军事领域的干涉，确保了国家对官僚集团和军队系统的统治效力。

另外，更为重要的是，《天盛律令》还确立了一整套针对高僧的、颇具特色的封号体系。即“皇帝之监承处上师、国师及德师等与上等位当。皇太子之师仁师者，与次等位当。诸王之师忠师者，与中等位当。”[⑥]而《天盛律令》中未提及帝师，说明天盛年间，即1149—1169年还未出现此封号。所以，西夏初期，“国师”

---

①史金波、聂鸿音、白滨译注:《天盛改旧新定律令》,北京:法律出版社,2000年,第145—146页。

②史金波、聂鸿音、白滨译注:《天盛改旧新定律令》,北京:法律出版社,2000年,第406页。

③史金波、聂鸿音、白滨译注:《天盛改旧新定律令》,北京:法律出版社,2000年,第127页。

④史金波、聂鸿音、白滨译注:《天盛改旧新定律令》,北京:法律出版社,2000年,第407页。

⑤史金波、聂鸿音、白滨译注:《天盛改旧新定律令》,北京:法律出版社,2000年,第408页。

⑥史金波、聂鸿音、白滨译注:《天盛改旧新定律令》,北京:法律出版社,2000年,第366页。

是僧人的最高称号，[①]当"帝师"出现之后，[②]遂即取代了国师的地位，成为西夏僧人中职位最高者，其次是国师、上师、法师等。自此，西夏佛教的最高领袖需要接受皇帝敕封的原则通过法典得以确立，皇权凌驾于教权之上的统治格局逐渐形成。并且在很大程度上，帝师取代国师的地位，与皇权凌驾于教权是同步进行的，其中涉及复杂的权力更迭问题。

①克恰诺夫在《俄藏黑水城出土西夏文佛经文献叙录》中提到有 13 位国师，史金波据此考证，即景宗元昊时主持译经的国师白法信、惠宗秉常时主持译经的安全国师白智光、崇宗乾顺时建卧佛寺的嵬名思能国师和嵬名思能之师燕丹国师、仁宗仁孝时校译佛经的兰山觉行国师沙门德慧，后来又被封为兰山智昭国师、仁宗时集《四分律行事集要显用记》的兰山通圆国师沙门智冥、参加传译佛经的天竺僧人五明显密国师胜喜（拶耶阿难答）、被请到大度民寺作大法会的宗律国师、净戒国师、大乘玄密国师，以及西夏文佛经《魔断要语》的作者兰山觉照国师法狮子、晚期榆林窟 29 窟绘有供养像的高僧真义国师西壁智海、晚期译《金光明最胜王经》的番汉法定国师。此后，史金波又根据各种西夏史料记载，共提到 24 位国师。参考史金波：《西夏佛教史略》，银川：宁夏人民出版社，1988 年，第 143—144 页；崔红芬：《〈俄藏黑水城出土西夏文佛经文献叙录〉中的帝师与国师》，《西北第二民族学院学报（哲学社会科学版）》2004 年第 4 期。

②罗炤最先提出西夏存在帝师，此观点后来为大多数学者所接受，克恰诺夫认为乾祐十三年（1182）以后才出现帝师，史金波也认为仁宗乾祐年间才出现帝师。参考罗炤：《藏汉合璧〈圣胜慧到彼岸功德宝集偈〉考略》，《世界宗教研究》1983 年第 4 期；史金波：《西藏佛教史略》，银川：宁夏人民出版社，1988 年，第 140—141 页。由此，邓如萍、陈庆英、聂鸿音、崔红芬等一众学者开始进行考证西夏帝师身份的工作。代表性成果有：克恰诺夫在《俄藏黑水城出土西夏文佛经文献叙录》中记载有 8 处帝师封号，已断定身份名称者 4 名：即慧玄（宣）、慧竹、波罗显胜（显胜）、贤觉帝师。史金波认为西夏帝师至少有 3 位，即波罗显胜、慧宣、大胜玄密帝师。此后史金波又增加了 2 位帝师，即真国妙觉寂照帝师和新圆真证帝师。熊文彬认为有 4 位帝师，即贤觉帝师波罗显胜、大乘玄密帝师、藏波巴、日巴。崔红芬考证出帝师 5 人，即仁孝时期的贤觉帝师波罗显胜或显胜、大乘玄密帝师慧宣和格西藏波哇，以及西夏末期的日巴帝师（底室哩喇实巴）和藏巴·东库瓦旺秋扎西。谢继胜认为有 5 位帝师，即贤觉帝师、慧宣帝师、大乘玄密帝师、真国妙觉寂照帝师和真圆真证帝师。参考史金波：《西夏佛教新探》，《宁夏社会科学》2001 年第 5 期；史金波：《西夏的佛教》，《法音》2005 年第 8 期；熊文彬：《从版画看西夏佛教艺术对元代内地藏传佛教艺术的影响》，《中国藏学》2003 年第 1 期；崔红芬：《再论西夏帝师》，《中国藏学》2008 年第 1 期；谢继胜、才让卓玛：《宋辽夏官帽、帝师黑帽、活佛转世与法统正朔（下）——藏传佛教噶玛噶举上师黑帽来源考》，《故宫博物院院刊》2020 年第 7 期。值得注意的是，以张羽新和张永富为代表的部分学者却明确反对西夏设立帝师的观点，并从儒家"王者必有师"的治国思想和相关职官制度的继承，或是从"帝师"词义在诸民族语言中的转译等方面进行反驳。参考张羽新：《帝师考源》，《中国藏学》2004 年第 1 期；张永富：《"元朝帝师制度源于西夏说"考辨》，《中国藏学》2022 年第 5 期。笔者在此问题上更倾向于认为西夏确实设立过帝师这一制度，并将帝师代替国师成为全国僧侣最高领袖地位的过程置于西夏的政教关系视域下进行分析，后文将以高僧像为例着重说明。

二、吐蕃帝师与藏传佛教的传播

此部分，笔者将从西夏高僧像的角度切入，对几幅具有代表意义的西夏帝师的形象进行图像化的类比分析。现列表如下：

高僧像				
来源	莫高窟第 465 窟前室西壁	榆林窟第 27 窟正壁	俄藏黑水城唐卡 X.2332《药师佛》右下	俄藏黑水城唐卡 X.2332《药师佛》左下
帽饰	与西夏文官帽式相似，圆筒状黑色，帽顶多边形	黑帽，正前绘十字金刚杵	金边黑帽，三角形尖顶，前绘十字交杵金刚的黄色菱形图案	黄帽
底衫	左衽衣衫	土黄色交领坎肩	橘红色短袖衫（不常见）	褐色长袖衫
袈裟	斜披袈裟	右袒袈裟	褐色田相袈裟	淡黄色右袒袈裟
外披	红色披风	斗篷	褐色团花黄色斗篷	黄底褐色团花斗篷
坐相	推状式说法印	结跏趺坐于方毯之上，右手期克印，左手说法印	跣足跏坐于方毯之上，双手作说法印	坐于方毯之上，双手作说法印
外貌	褪色严重	浓眉蓄须	皮肤黝黑，髭须和连鬓须相连，颌骨突出	蓄有花白色胡须
头背身光	马蹄形头光，红色背光	蓝色黑边马蹄形头光，绿色背光	镶嵌宝石的焰肩背光和马蹄形头光	镶嵌宝石的焰肩背光和马蹄形头光
身份	最初确立的帝师/噶玛噶举派的藏巴扎西（谢）	（左侧绘寒山与拾得读画图，右侧画布袋和尚）最初确立的帝师/噶玛噶举派的藏巴扎西（谢）	藏巴帝师（谢）	藏巴·东库瓦旺秋扎西帝师（崔）/蔡巴噶举上师格西藏巴敦库瓦（谢）①

①崔红芬认为此高僧是藏巴·东库瓦旺秋扎西帝师，谢继胜则认为是蔡巴噶举上师格西藏巴敦库瓦。参考崔红芬：《再论西夏帝师》，《中国藏学》2008 年第 1 期；谢继胜、才让卓玛：《宋辽夏官帽、帝师黑帽、活佛转世与法统正朔（上）——藏传佛教噶玛噶举上师黑帽来源考》，《故宫博物院院刊》2020 年第 6 期。

续表

供养人	无	无	无	女性供养人

高僧像			
来源	东千佛洞第 4 窟正壁塔龛内	《上师像》上部	《胜乐金刚与金刚亥母》左下
帽饰	莲花帽	红色莲花帽	黑红色莲花帽
底衫	白色左衽衣衫	坎肩底衫	交领短袖
袈裟	红色右袒袈裟	右袒紫色百纳袈裟	红色右袒百纳袈裟
外披	灰色条横纹斗篷	红底金色小团花斗篷	红底金色小团花斗篷
坐相	结跏趺坐相	结跏趺坐于莲台之上,右手无畏印,左手禅定印	跣足跏趺坐,右手作论辩印
外貌	褪色严重	髯须	髭须与髯须相连
头背身光	蓝色头光, 绿色身光,红色背光	白色马蹄形头光,绿色身光,红色背光	白色圆形头光,红色焰肩背光,绿色身光
身份	不明	不明	不明
供养人	女供养人	无	无

注:此七位高僧像为 A 组,为行文方便以下按顺序简称之为图 1—7

在 A 组 1—7 图中,可以清楚地看到这七位高僧或是浓眉蓄须,或是髭须和连鬓须相连,是典型的吐蕃人的形象。另外,七位高僧不仅穿底衫和袈裟,同时还外披红色或黄色斗篷。据多位学者的研究可知,披斗篷是吐蕃高僧特有的服饰特征，西夏中后期，随着藏传佛教的传入，该服饰也传入西夏。[①]于是，在西夏佛法盛会中披斗篷便成为吐蕃僧人彰显其帝师身份的主要表现，所以，A组中的七位高僧都是西夏境内的吐蕃帝师，尽管其穿着大致相似，但也应该注意到其帽饰的细微差别。

具体言之，A组图1中的高僧帽饰与西夏文官帽饰十分相似，即帽子的形态呈圆筒状、黑色，且帽顶呈多边形。但是这种形态的帽饰在绝大多数的帝师帽饰中再无出现，而更为常见的是正前绘有十字金刚杵的黑帽，如图2、3中帝师的帽饰。考虑到仁宗仁孝年间西夏开始对僧侣进行制度化管理，相应地在服装、帽饰等各方面都会参考西夏官员的穿戴以制定标准。所以，有理由认为，图1所反映的很可能是最初模仿西夏文官设计帝师帽饰的过渡性的高僧形象，而戴黑帽也成为西夏时期帝师制度确立之后得到官衔所授品级的标志。值得一提的是，谢继胜认为A组图1与图2的高僧当为西夏设立帝师制度后最初确定的帝师，或者是噶玛噶举派的藏巴扎西。[②]若如此，图2中藏巴帝师与寒山拾得以及布袋和尚的组像，则反映出西夏时期除了受藏传佛教影响之外，禅宗信仰也十分兴盛的多元化特征。

另据谢继胜考证，A组图3中的高僧很可能也是噶玛噶举派的藏巴帝师，图4中的高僧是与藏巴帝师几乎同时到达西夏的蔡巴噶举上师格西藏巴敦库瓦，其所戴黄帽的样式原属于达布噶举支系、源于祖师达布拉杰特有的帽子，称为“达布修习帽”。[③]图5中高僧以主尊的形式出现，地位甚高，其帽子褪色严重，形制不好辨别，似为莲花帽。值得注意的是，图5、6、7中帝师的服装、帽饰已经固定，呈现出一种程式化的色彩，即高僧穿底衫、袈裟、披风“三衣”完备；带有头光、身光、背光“三光”齐全。较之于A组图1—4而言，图5—7中三位高僧最大的不同在于其帽饰都属于莲花帽。所谓莲花帽，是莲花生大师所戴帽子

①司晶晶、沙武田：《西夏帝师、国师、上师图像及服饰初探》，《西夏研究》2020年第4期。

②参考谢继胜、才让卓玛：《宋辽夏官帽、帝师黑帽、活佛转世与法统正朔（下）——藏传佛教噶玛噶举上师黑帽来源考》，《故宫博物院院刊》2020年第7期。

③谢继胜、才让卓玛：《宋辽夏官帽、帝师黑帽、活佛转世与法统正朔（上）——藏传佛教噶玛噶举上师黑帽来源考》，《故宫博物院院刊》2020年第6期。

的继承，西夏未建立政权之前就在党项族中流行，“当时藏传佛教的诸多教派还没有兴起，在安多流行的藏传佛教多为旧派（宁玛派），这些教法同时也在党项人中间流行，宁玛派的莲花帽也是党项佛教法师的帽子，并一直沿用到西夏时期。”①

所以，这里涉及一个问题，即莲花帽与黑帽的关系如何？两种帽饰与藏传佛教教派之间又是否存在一些联系？对此，有学者认为“宁玛派高僧戴一种宝座形的莲花帽；萨迦派僧人戴心脏形的帽子；噶举派活佛戴金边黑帽；格鲁派僧人戴黄色的僧帽。”②无疑，这种观点很有说服力，以致学者认为可以根据僧帽的样式直接区分藏传佛教的四大派别。但是这种解释却缺乏一种历时性的视角，难以推测莲花帽和黑帽之起源与关系，以及其背后隐含的政教间的互动联系。基于此，谢继胜认为“最早的法师帽乃是象征以大日如来为首的五方佛的毗卢帽，宋夏时期的本土上师都戴这种帽子，稍后传至藏地，成为宁玛派的莲花帽，藏传佛教其他教派也分别形成容易辨识的不同帽子；另一种类型帽子的形成，则与相关的政治文化背景有关，是表示教派归属某种政教法统的标记，即如本文讨论的（谢氏文）噶玛噶举的黑帽。”③结合 A 组七位高僧形象整体来看，图 1 中高僧所戴的黑色的、两边朝向前方的折角黑帽与西夏文官黑色镶金边，去除挑檐帽翅后呈现的官帽形状极为相似，而此帽饰目前也只发现一例。说明此帽饰只是一个短暂的制度初创阶段的产物，后经过发展完善最终呈现出图 2、3 中的黑帽样式，此后黑帽便成为鉴别帝师身份的又一重要特征。但不容忽略的是，戴莲花帽的帝师形象也常出现，且较为集中在西夏中后期。据此推测，图 5、6、7 中戴莲花帽的帝师形象，很可能是帝师取代国师成为西夏佛教领袖后，对国师莲花帽的承袭，且多用于讲经说法等重要佛事活动的正式场合中。

---

①谢继胜：《莫高窟第 465 窟壁画绘于西夏考》，《中国藏学》2003 年第 2 期。

②陈立明、曹晓燕：《西藏民俗文化》，北京：中国藏学出版社，2003 年，第 89—101 页。

③谢继胜、才让卓玛：《宋辽夏官帽、帝师黑帽、活佛转世与法统正朔（上）——藏传佛教噶玛噶举上师黑帽来源考》，《故宫博物院院刊》2020 年第 6 期。

综上可知，外披斗篷是吐蕃高僧特有的服饰特征，[①]又因西夏帝师多由吐蕃高僧担任，所以，在佛法盛会中外披宽大厚重的红色或黄色的斗篷，随即成为鉴别帝师身份的重要标识。另外，戴黑帽也是西夏帝师形象的又一大显著特征，颁发黑帽给予新晋帝师的做法，一方面与帝师制度的建立同步进行，是西夏中后期强化皇权，对佛教制度化管理的重要表现。另一方面也是西夏作为地方割据政权依附唐宋以来的王权正统，以强调自己政权合法性的间接反映。[②]还需强调的是，西夏中后期，皇权往往通过推崇佛教领袖——帝师来加强统治，表面上帝师享有崇高的地位和诸多特权，实质上却成为皇权统治的工具。突出表现即西夏中期以后“三衣”完备，“三光”齐全的帝师形象固定化和程式化的趋势。

三、帝师制度设立背后的权力更迭

如果西夏帝师图像只能提供一个单向视角，那么综合一些国师图像的解读或许能对帝师制度设置前后的权力更迭问题有更清晰的认识。现将几幅典型的国师像列表如下：

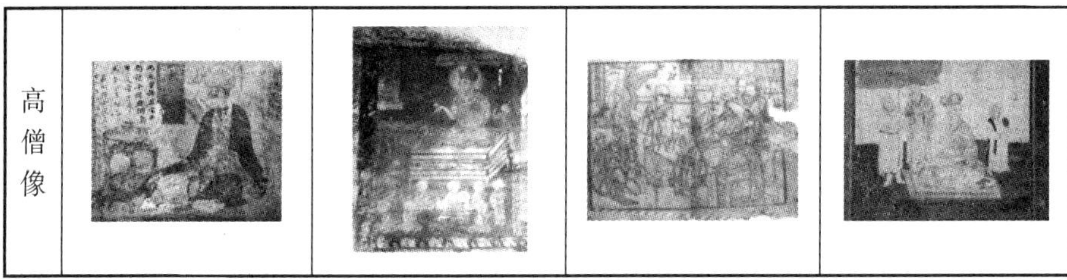

①披风，藏语称“达喀木”，是僧侣们在佛法盛会时披用的大氅，其特点是宽大、厚重，形状呈扇形，背部多褶皱，衣领处镶以扁月状围绕其压以宽度相等的褶纹衣条，通常藏区僧伽的大氅是红色的，唯有三大寺的堪布、扎什伦布寺的僧人着黄色，表示扎什伦布寺与三大寺享有同等的地位。参考李玉琴：《藏传佛教僧伽服饰释义》，《西藏研究》2008 年第 1 期。

②黑色是中原王朝先秦以来冠冕章服的主调，是法统正朔的标志，延续近两千年。宋代程朱理学对儒家王权正朔地位的阐扬形成特定的社会风潮，表现在舆服的变革方面，宋人将唐代的幞头硬质化并逐渐形成黑色的官帽乌纱帽。宋代黑色官帽，镶以金边，帽身两边朝向前方的折角是官帽去除挑檐帽翅后呈现的形状，噶玛巴黑帽的折角就来源于此。详见谢继胜、才让卓玛：《宋辽夏官帽、帝师黑帽、活佛转世与法统正朔(下)——藏传佛教噶玛噶举上师黑帽来源考》，《故宫博物院院刊》2020 年第 7 期。

续表

来源	文殊山万佛洞前壁	榆林窟第29窟南壁东侧	《鲜卑国师说法图》	莫高窟第464窟
帽饰	莲花帽	莲花帽	莲花帽	莲花帽
底衫	左衽白衫	圆领短袖右衽紧身衫,领和襟镶有浅色缘边	交领袖衫	左衽白衫
袈裟	黄色袈裟	右袒袈裟	左肩斜披袈裟	斜披袈裟
外披	红色斗篷	无	无	无
坐相	结跏趺坐于方毯之上,左手胳膊搭黄色袈裟,手持黑色念珠	结跏趺坐于佛床上,右手说法印,左手持物品,左后方幼童撑一伞盖	结跏趺而坐,前案有供品,身后一侍从双手举一伞盖,两边各一僧人	结跏趺坐于地毯之上,右手说法印
外貌	脸部残损	面相丰圆	面相圆润	面部圆润
头背身光	无	白色头光	无	无
身份	贤觉帝师波罗显胜(沙)①	真义国师西壁智海	"鲜卑国师" 鲜卑宝源(司)	鲜卑宝源(孙)
供养人	无	听法僧十身,或跪或立,姿态各异	妇人、士兵、僧人等"听法众"无	

①据沙武田、司晶晶推测此高僧可能是贤觉帝师波罗显胜。详见司晶晶、沙武田:《西夏帝师、国师、上师图像及服饰初探》,《西夏研究》2020年第4期。

高僧像		
来源	《西夏译经图》	《上师像》
帽饰	无	无
底衫	交领短袖花衫	交领白色底衫
袈裟	左肩披袈裟	紫色右袒袈裟
外披	有	橘黄色通肩披帛
坐相	结跏趺坐,右手比划,似在说经	结金刚跏趺坐于五色对卷仰莲上,右手结辩论印,左手为禅定印
外貌	额头正中一颗痣,蓄山羊胡	秃顶连鬓须,头微侧
头背身光	有头光	白色马蹄形头光,卷草纹青绿色身光,后卫藏的波罗佛龛式背光
身份	都译勾管作者安全国师白智光	西夏晚期帝师
供养人	"母梁氏皇太后"和"子明盛皇帝"听国师讲解经文,僧侣和官员等共同译经	纯祐和皇后或者是襄宗安全(萨玛秀克)①

注:此六位高僧像为B组,为行文方便以下按顺序简称之为图1-6

有趣的是,B组图2、3、4中呈现出一种违反常规的构图模式。一般而言,高僧有度化世人、接引的作用,所以常出现在供养人的前面,并与世俗之人一起恭敬地面向佛陀站立。但B组图2中的高僧却在佛陀面前端坐于须弥座上,还有侍从为其撑伞盖,享受着帝王一般的待遇。图3与图2中的高僧类似,面

①萨玛秀克认为"佛座前是衣着豪华,头饰镀金的皇家供养人;也许,这是西夏仁孝皇帝的继承者纯祐及其皇后或者是安全。"见[俄]吉拉·费达罗芙娜·萨玛秀克:《俄罗斯国埃尔米塔什博物馆藏黑水城艺术品Ⅱ》,上海:上海古籍出版社,2012年,第284页。

前的案桌上奉有各种供品，身后侍从举一伞盖，桌前跪着听法信徒，旁边以西夏文题记“听法众”，左上角书“鲜卑国师”。[①]另外，传统经典中，观音化现人物的两个共性特征：一是所有尊像均有头光，二是所有尊像均无侍从眷属类人物出现。但在B组图4高僧像中却以相反形式出现，即画中上师无头光，却有三身侍从。沙武田认为此高僧像脱离了传统图式规范，并和西夏国师、帝师制度的发展演变有密切关系，有明显的时代特性。[②]整体来看，B组图2、3、4中的高僧形象较为接近，如图2、3中的高僧都配有象征帝王权力的伞盖，这与图1高僧形象不同，在A组帝师形象中也极少见。结合诸位学者对相关高僧身份的考证，似乎有理由认为，一方面西夏初期国师地位极高，佛教势力极为膨胀。尤其是图2中高僧端坐于佛陀面前，又出现了象征权力的伞盖，以致有学者认为其地位与文殊普贤、观音相同，成为僧众供养的对象，是一种将国师“神格化”的体现。[③]另一方面西夏最初确立的帝师形象，如B组图1与A组图1、2、3等几位高僧多数都是独身像而无侍从、贡品，伞盖更是从未出现。这也间接反映出西夏中后期皇权不断加强的趋势，相应的帝师取代国师成为全国僧侣领袖后，尽管地位崇高，然其实际权力却被不断弱化。

---

①司晶晶认为此高僧与真义国师是同一级别而非同一人，且更加倾向认为是鲜卑宝源。参考司晶晶：《瓜州榆林窟第29窟国师像阐释》，《西夏研究》2021年第2期。

②参考沙武田：《礼佛窟·藏经窟·瘗窟——敦煌莫高窟第464窟营建史考论（上）》，《故宫博物院院刊》2021年第7期。孙伯君则认为此高僧服饰除冠帽与藏传佛教的莲花帽较为相像外，整体的服饰风格基本属于汉地，于是推测其出自西夏本土，最终将之与仁宗皇帝早期的僧人鲜卑宝源对应。详见孙伯君：《莫高窟第464窟莲花冠上师为西夏国师鲜卑宝源考》，《石河子大学学报（哲学社会科学版）》2022年第6期。

③值得注意的是，司晶晶从榆林窟第29窟国师像切入，综合类比了与之相似的几高僧像后，认为西夏中后期随着帝师的设立，僧人的地位随之提高。并且依据华严信仰与神异相连和藏传佛教僧人的神圣地位，将西夏僧人“神格化”。这一观点颇富洞见，但笔者认为也有部分需要补充的地方，如上文所述从政教关系方面来看，西夏自建国以来历代统治者都在探索一种政权合法性的路径。最终在仁宗仁孝时期，借助佛教思想极大地强化了皇权，并将佛教紧密控制在皇权的统治之下。举例而言，B组图5听法队伍中皇室成员和高僧一并出现，他们与佛弟子、菩萨、天王等处于相同的级别地位。王胜泽认为这是一种把世俗人物“神质化”，把皇权与神权结合，提升皇族统治地位的表现。参考司晶晶：《瓜州榆林窟第29窟国师像阐释》，《西夏研究》2021年第2期；王胜泽：《西夏佛教图像中的皇权意识》，《敦煌学辑刊》2018年第1期。

B组图5是现藏于国家图书馆的木版画《西夏译经图》,图中白智光国师形象高大,端坐于中心位置,主持译经活动,十六位僧俗助译者对称地分坐两边。下端较大的、头戴王冠,身穿团花长袍的形象,即西夏皇帝惠宗秉常,皇帝对面头戴宝冠,穿锦绣长袍的女身坐像,即梁氏皇太后。国师与皇帝、皇太后形成了稳定的三角构图,不仅反映了皇帝对译经活动的重视,而且国师白智光的形象最大,一度超过皇帝和皇太后,暗含国师的至尊地位以及皇权与教权的妥协与联合。B组图6中高僧则结金刚跏趺坐于五色对卷仰莲上,身前供台上铺带有黑色花团的半圆形红帷帐,"三衣"完备,"三光"齐全。更为重要的是,此高僧形象巨大,远远超过画面底部的皇帝和皇后的形象,占据了整个唐卡的大部,这在高僧像中是极为少见的。如谢继胜所言"藏传佛教僧人对其传法上师非常尊敬,一个人的上师地位在所有神灵之上,甚至有可能是在最高的佛释迦牟尼之上。"[①]而唐卡作为藏传佛教膜拜体系的一部分,把帝师作为唐卡的主尊,可见其在西夏晚期的崇高地位。

通过比较B组图5、6中两位高僧可以发现,前者是帝师制度设立前夕的国师形象,后者是帝师制度形成之后的西夏晚期的帝师形象。尽管两位高僧的身份、民族、生活时期各不相同,但是两者之间的共同点却是高僧像中最多的,其价值也最大,一定程度上反映了仁宗仁孝时期国师权力向帝师转移,皇权高于教权的同步趋势。

简而言之,一者,两位高僧都未戴僧帽,且形象高大,一度超过皇帝,成为画面的中心。前者是因为西夏初期两代梁太后对国师的过度崇敬,造成佛教权力膨胀。因为"僧人平常一般不戴僧帽,但在讲经和各种宗教仪式上要戴僧帽,据等级和教派的不同呈现出多样性。"[②]但是,国师白智光却可以在译经讲经的正式场合不戴头冠,既反映出西夏初期高僧的管理制度尚未健全,又暗示了皇权与教权的紧张关系。后者则反映出西夏晚期战乱频发,蒙古不断入侵,西夏皇帝面临内忧外患之际转向对吐蕃帝师的盲目崇拜,以求佛法护国的幻想。与

①谢继胜:《西夏藏传绘画》,石家庄:河北教育出版社,2002年,第160页。

②达娃:《藏传佛教僧服浅述》,《西藏艺术研究》2012年第2期。

之相似的,图 2 真义国师是西夏初期华严信仰的大成者,其图像绘制于西夏晚期洞窟之中,既隐含着一种浓厚的荐亡、护国护世的意蕴,又体现了西夏佛教以华严净土信仰为主导,兼容密教的多元化倾向。[①]二者,谢继胜认为"以西夏原本的佛教官衔制度,颁发帝王黑帽予新晋帝师高僧,这种做法与西夏帝师制度的建立应当是同步的, 黑帽的出现正是西夏后期完善的职官制度在宗教领域的体现。"[②]考虑到帝师制度确立之前西夏国师戴的莲花帽是由莲花生大师所戴法帽的继承, 是典型的佛教教派传承法统的反映。而随着国师权力的膨胀,西夏统治者决定利用吐蕃帝师压制国师以强化皇权。这突出反映在仁宗仁孝时期统治者在给予帝师佛教领袖地位的同时,又在《天盛律令》中对佛教各方面进行严格管理,也反映在 B 组 2、3 中象征王权的"伞盖"形象在 A 组帝师形象中再无出现等方面, 从而确保了吐蕃帝师始终处在皇权的控制之下。可见,黑帽的传承不同于莲花帽佛教法统的传承,而与西夏王权与教权的政治权力斗争直接相关。

总之,西夏中后期统治者制定法典,对佛教的各个方面进行了严密的管理和控制,而随着帝师制度的设立,皇权得到强化,西夏也发展到鼎盛阶段。相应的皇权之下的西夏佛教也呈现出多元化的发展趋势, 在强调华严与禅宗思想的结合、中原大乘佛教与藏传佛教思想结合的基础上,建构了一种独特的既适应于统治权又适应于宗教信仰的模式。于是,在一些西夏高僧像中,既表现出高僧"神格化"的趋势,又体现出将世俗人物"神质化"的意图,而这两种图像传达出的都是西夏统治者借助佛教,构建政权正统性的政治理想。

---

①参考司晶晶:《瓜州榆林窟第 29 窟国师像阐释》,《西夏研究》2021 年第 2 期。

②谢继胜、才让卓玛:《宋辽夏官帽、帝师黑帽、活佛转世与法统正朔(下)——藏传佛教噶玛噶举上师黑帽来源考》,《故宫博物院院刊》,2020 年第 7 期。

敦煌归义军时期邈真画的构图形式探析

黄孟鋆
（厦门书画院）

晚唐五代宋初的敦煌归义军时期出现特有的邈真赞文书，经藏经洞的发现而被学界所知。邈真赞作为为画像写赞的题图文学，仅保留了抄本，与之配套的邈真像一直未被发现。同出于藏经洞的绘画品中有许多“上图佛绘，下邈真仪”的作品，其中有7件明确在画面下方供养人旁的榜题、发愿文中记录“邈真”二字，反映所绘人物为邈真像。①邈真像一般是用于表现真实人物的绘塑写像，作为描绘人物形象的图画，追求以形写神。沙武田、吴立行根据敦煌供养人画像绘制的精细程度及榜题标识的身份，认为一部分供养人画像并非程式化写意作品，而是可以表现真实人物的实际样貌。②由此，我们认为敦煌部分供养人画像具有邈真像的性质，那些绘制精细、附有榜题的人物形象都可视为邈真像，并称呼这类与邈真像、邈赞相关的绘画作品为邈真画。

---

①敦煌绢画中有七幅发愿文榜书明确的“邈真”作品，分别是Ch.liv.006（BM.SP14）《普光寺法律尼严会及殿中监张友诚二邈真题记并赞》、MG.17778《十一面观音菩萨图》、MG.17775《千手千眼观音菩萨图》、美国波士顿美术馆藏27.570《开宝八年观音经变绘画邈真记》、MG.17659《太平兴国六年敬绘大慈悲菩萨邈真功德记并序》、MG.17662《清河郡娘子张氏绘佛邈真赞并序》、甘肃省博物馆藏11606号《淳化二年报父母恩重经变绘佛邈真赞记》。

②沙武田：《敦煌写真邈真画稿研究——兼论敦煌画之写真肖像艺术》，《敦煌学辑刊》2006年第1期，第50页；吴立行：《制度化宗教下对“工匠”制作技术与风格的影响——以敦煌遗画为例》，范景中、郑岩、孔令伟主编《“考古与艺术的交汇”国际学术研讨会论文集》，杭州：中国美术学院出版社，2009年，第374页。

一、学界对邈真画的概念提出及讨论

“邈真画”这一说法最早由李正宇提出，曰：“从敦煌石室保存的实物得知，敦煌邈真赞一般书写在邈真画下栏正中处。邈真画一般是绢质彩图，画幅为长方形。”[①]一直以来对于邈真像的讨论不在少数，关于此类画像的分类，有饶宗颐撰《敦煌白画》一文根据邈真赞及石窟所见将邈真分为：佛像邈真（如 MG.17775、MG.17659、MG.17662）、生前写真（如 S.289、P.3718）、忌日画施（如 S.3092），并提出唐朝有专门的写真官、画真官，将《历代名画记》中记载的部分专画人物画像的画家称为“邈真画家”。[②]姜伯勤在其《敦煌的写真邈真与肖像艺术》一文中提出邈真、邈影是带有佛学意味的绘画术语，这类藏经洞出土绢本彩画中常见用于表示写真的邈真肖像，既可表示为某世俗人写像，也可指绘制佛像，与丧礼礼仪相关，用于表现祭祀礼仪的真容仪范，主要是佛像下的施主或供养人邈真肖像。[③]马德认为藏经洞出土绢画上的供养人像可以作为“邈真”“邈影”来看，而下方的“功德记”也可以作为“邈真赞”来读。[④]以上这些对于邈真像的分类讨论都围绕着“邈真”的对象具体为何，但通过学者们的讨论，这类带有供养人写真像的藏经洞绘画品，即为邈真像，其所在画幅也可称为邈真画。

藏经洞绘画品数量庞大，斯坦因在不考虑绘画题材及材料的情况下，将其所见画作根据悬挂方式，分为三大类：第一类是以丝绸或麻布为主要材质的大尺寸画作，用于挂在石窟寺的木质游廊或僧侣居住区的大厅和前厅；第二类是带有三角形顶饰的窄矩形幢幡，用于挂在石窟寺内厅、过道或前厅、游廊的顶上；第三类为表现佛教神祇且画幅较小的纸画，用于放在神像底部或粘在庙门

①李正宇：《邈真赞》，颜廷亮主编《敦煌文学》，兰州：甘肃人民出版社，1989 年，第 183—184 页。

②饶宗颐：《饶宗颐二十世纪学术文集》卷 8《敦煌学》（下），北京：中国人民大学出版社，2009 年，第 419—458 页。

③姜伯勤：《敦煌艺术宗教与礼乐文明》，北京：中国社会科学出版社，1996 年，第 83—85 页。

④马德：《敦煌绢画上的“邈真”与“邈真赞”》，颜廷亮《转型期的敦煌语言文学》，兰州：甘肃人民出版社，2009 年，第 387—395 页。

上。[①]对于藏经洞出土邈真画的构图形式分类，则是李正宇提出“邈真画”这一说法后，曰：

画面布局一般分为上下两栏。其上栏绘佛或菩萨、观音尊像，或画《十王变》《观音变》之类的变相图。下栏一般竖分为三格：左右两格，一格画菩萨或观音尊像、或引路菩萨、或普贤菩萨、或水月观音；另一格画像主，作礼佛状，姿势或跪或立，有的在像主身后还画有他的子女和仆役，也有在左右两格分别画赞主夫妇或父子兄弟像者，即所谓“上图灵像”“下题形影”。中间一格，是书写邈真赞的位置，邈真赞的书写格式为竖行自左而右逐行排列。由此看来，同后世肖像画、像主占据主要的画面正好相反，唐宋时代敦煌的邈真像，却是佛、菩萨尊像或佛经变相图占据主要的画面，像主的肖像则侧居一角，实际上等于礼佛供养像。[②]

这段文字用简练概括的语言将邈真画按供养人与尊像的位置关系分为两大类构图，即上下构图或是左右构图。我们以前人的研究成果为基础，将邈真画的画面梳理对比以进一步划分构图形式。

二、归义军时期邈真画构图形式分类

按上文邈真画的概念来看，显而易见的画面构成即包含尊像、供养人邈真像、邈真赞功德记这三部分，还有一部分李正宇归为“礼佛供养像”的绘画品，虽然画面中没有榜题、发愿文等文字，但是画面中的供养人邈真像具有独特的造型且看上去身份特殊，实际也可将这类绘有人物邈真像的画作视为邈真画。因此，本文的邈真画以是否具有供养人邈真像为判断依据。邈真画主要围绕供养人邈真像与主尊佛像的位置进行布局，结合前辈学者已有的研究，本文认为邈真画最明显的两类构图即邈真像与尊像之间有无分隔线，目前多数见到的是有界栏的情况。供养人邈真像大多位于尊像正下方或侧下方的位置，因此根据邈真画有无界栏，以及邈真像与发愿文、尊像的关系，划分邈真画的构图形

①（英）奥雷尔·斯坦因著，中国社会科学院考古研究所主持翻译：《西域考古图记（修订版）》第3卷，桂林：广西师范大学出版社，2020年，第90—91页。

②李正宇：《邈真赞》，颜廷亮主编《敦煌文学》，兰州：甘肃人民出版社，1989年，第183—184页。

式为:分栏式、无栏式、叠加式,并以供养人位置进一步细分为对称与非对称的画面关系。我们以英国大英博物馆及法国吉美博物馆所藏绘画品为例,尽量根据作画时间、尊像内容排序,以探析画面风格变化及不同阶段信仰主体的选择。

(一)分栏式

最常见的邈真画以一条装饰带为分隔线,将画面分为上画佛教尊像、下画供养人邈真像两部分。这条装饰带或为简单的双勾墨线,或为勾勒精细的菱格、卷云、回形等纹样。以装饰带为界分隔的邈真画,整幅画面绝大多数是对称结构,但还有一部分存在下方供养人非对称的情况。我们根据邈真画下方的供养人邈真像进一步分类,以发愿文框为中心,在不考虑具体人数及僧众身份的情况下,①按照最表象的画面构成分为对称结构与非对称结构。

1. 对称结构

对称结构的邈真画以供养人为中心,一般供养人分为左右两侧对向排列,再以下方正中间有无发愿文的情况,分为“供养人+发愿文+供养人”或“供养人+供养人”这两种。

(1)供养人+发愿文+供养人

分栏式邈真画作为藏经洞出土绘画品中数量较多的构图形式,最常见的便是下层正中间为发愿文,两侧为供养人邈真像的结构。在中、日、美、英、法、俄等国所藏邈真画中,上半部分绝大多数是以观音为主要尊像,我们将此与绘制其他佛菩萨的邈真画分类,按照时间顺序排序。

①观音

以观音为主尊的邈真画包括绘制十一面观音、水月观音、千手千眼观音、六臂观音等样式,材质以绢画、麻布画为主。在下方供养人对称排列且主尊均为观音的情况下,上部分尊像有单尊像、说法图、经变画等形式,这三种形式从晚唐贯穿至五代宋初,观音的形象变化较小,而从供养人邈真像的服饰、发饰、装束方面则可以明显看出时间上的区别。这类邈真画按照画面纪年及《西域美

---

①由于邈真像一般配有榜题文字,因此将人物搭配榜题作为一个整体看待。

术》图集中判定的大致年限,划分绘制时间为晚唐、五代、北宋初年,详细如下。

晚唐:大顺三年(892)绘 Ch.xx.005(BM.SP28)《大悲救苦观世音菩萨像》、Дx95《观音菩萨》、Дx210《观音菩萨》。

五代:Ch.xxii.002(BM.SP60)《六臂观世音菩萨像》、中国国家博物馆藏天成五年(930)绘《观世音菩萨毗沙门天王像》、乾祐三年(950)绘 MG.23079《不空绢索观音菩萨立像》、显德二年(955)绘 MG.17695《观音菩萨图》、显德三年(956)绘 Дx68《观音菩萨图》、显德三年(956)绘 EO.1176《不空绢索观音菩萨立像》、显德丁巳(957)绘 Ch.xlvi.0013(BM.SP65)《十一面观音菩萨像》、显德六年(959)绘 MG.25486《十二面观音菩萨立像》、中国国家博物馆藏《吴勿昌造八臂十一面观音立佛像》、Ch.lvii.001(BM.SP28)《法华经普门品变相图》。

宋初:四川博物院藏《建隆二年(961)樊再昇绘水月观音像》、美国弗利尔美术馆藏乾德六年(968)绘编号 1930.36《乾德六年翟氏与行军司马曹延瑞绘水月观音像功德记》、四川博物院藏《开宝二年(969)张定成绘千手千眼观音》、开宝四年(971)绘 Ch.00167(BM.SP52)《观世音菩萨像》、美国波士顿美术馆藏开宝八年(975)绘编号 27.570《开宝八年观音经变绘画邈真记》、太平兴国八年(983)绘 Ch.lvii.004(BM.SP54)《观世音菩萨像》、太平兴国九年(984)绘 MG.22799《观音菩萨立像》、EO.3581《观音菩萨坐像与善恶童子》、Ch.00102(BM.SP63)《十一面观音菩萨图》、Ch.lvi.0015 (BM.SP29)《水月观音图》、Ch.xl.008(BM.SP2)《法华经普门品变相图》。

另有一件日本白鹤美术馆藏《千手千眼观音经变》绢本画,主尊画千手千眼观音立像,周围附属尊像有功德天、婆薮仙、帝释天、大梵天、四天王、二明王、二供养菩萨等。下方左侧为一男供养人,中间为发愿文,右侧为一结跏趺坐的比丘,二者有榜题框却无内容。发愿文框上的拙劣字迹应是藏经洞开启之后才被人题写上去,并非原配,题字写道:"唐朝大中三年(849)隐藏。于大清光绪贰拾陆年(1900)四月吉日闪出佛像经典。一千二百余年。"王惠民认为这幅千手千眼观音与绘制于太平兴国六年(981)的 MG.17659《千手千眼观音菩萨图》绢画有相似之处,或许是存在粉本上的关联。[①]"粉本"是以粉痕落墨的方式将

①王惠民:《日本白鹤美术馆藏两件敦煌绢画》,《敦煌研究》1999 年第 2 期,第 177—178 页。

底稿的构图线原封不动地复制。这两幅绢本邈真画虽构图方式同为分栏式，但在主尊细节上存在明显差距，下方男供养人的细致程度也有区别，明显 MG. 17659 更为精细。

②其他

对称的分栏式邈真画上方除绘制观音外，还可见弥勒、地藏、药师等不同尊像，由于数量较少，不再单独分类。这类邈真画按照画面有记录的时间排序，分别为：日本白鹤美术馆藏五代天成四年（929）绘《药师说法图》、天福四年（939）绘 Ch.00224（BM.SP41）《弥勒佛·文殊普贤菩萨图》、天福五年（940）绘 EO.1135《弥勒净土图》、后周广顺三年（953）绘 Ch.xxxiii.001（BM.SP16）《释迦如来佛》、北宋建隆四年（963）绘 Ch.lviii.003（BM.SP19）《地藏菩萨图》等。还有一些纪年不明，但根据画面风格可知大致时期的邈真画，如五代（10 世纪中叶）的 Ch.xxi.002（BM.SP49）《弥勒佛三尊像》、Ch.0021（BM.SP23）《地藏十王图》、Ch.i.0014（BM.SP203）《药师三尊像》、MG.17664《被帽地藏菩萨图》等；又如五代至北宋（10 世纪中叶至末期）的 Ch.xlvi.009（BM.SP30）《佛倚像》、EO.1143《延寿命菩萨图》、EO.1149《骑象普贤菩萨图》、Дx75《一佛二菩萨》、东京国立博物馆 TA160《二菩萨立像》、Ch.lii.004&Ch.lxi.008（BM.SP67&68）《父母恩重经变相图》等。

上述以供养人位于发愿文框两旁的对称结构表现的邈真画约有 40 件，其中 20 件有明确的时间纪年。这类构图的邈真画在唐晚期就有苗头，到了五代中后期至北宋初期集中出现。

（2）供养人+供养人

供养人搭配供养人的邈真画意味着在画面下方人物中间没有发愿文框，而是直接以两端供养人邈真像相向排列。这类邈真画有三件最为典型：MG. 17778《十一面观音菩萨图》、哈佛大学赛克勒艺术博物馆藏 1943.54.1《弥勒说法图》、Дx57《四臂观音菩萨》。还有一些邈真画下方，或在供养人之间绘有一张供桌，或这张供桌是作为上方观音尊像莲花座台的延伸物，如 Ch.xxi.006（BM. SP199）《千手千眼观世音菩萨图》、MG.23076《不空绢索观音菩萨图》、Дx316《观无量寿佛经变》、瓜州博物馆藏《千手千眼观音经变绢画》等。

其中哈佛大学赛克勒艺术博物馆藏天福十年（945）绘制的编号 1943.54.1

《弥勒说法图》为麻布画，画面中的发愿文位于分隔线上方，即弥勒说法图下方净水池的位置。发愿文框两旁有对称的供桌，较为独特的是在两张供桌的外侧（即画面的边缘处），各绘一围栏，当中画供养人像于垫毯之上，按照顺序可能是下方供养人像位置不够，延伸至上方空白处。这两身多出来的五代供养人前方画有弥勒经变场景之一的剃度图，且剃度僧与被剃度的小沙弥形象均为五代僧人形象，这在敦煌绘画品世俗供养人中较罕见。

2. 非对称结构

分栏式的非对称结构邈真画上方仍是描绘尊像，与对称结构的区别在于画面下层供养人所在位置，将其中一侧的绘制由供养人换为佛菩萨。综观大部分藏经洞绘画品，仅有 6 幅在下层供养人位置处改画佛菩萨，下方为三组，以发愿文为中心，按时间先后顺序有天福八年（943）绘 MG.17775《千手千眼观音菩萨图》、太平兴国六年（981）绘 MG.17659《千手千眼观音菩萨立像》、太平兴国八年（983）绘 MG.17662《被帽地藏菩萨十王图》、哈佛大学赛克勒艺术博物藏雍熙二年（985）绘编号 1943.57.14《十二面六臂观音立像》、10 世纪中期 Ch.xx.004（BM.SP59）《观世音菩萨·弥勒菩萨图》、美国弗利尔美术馆藏 10 世纪末期 1935.11《被帽地藏菩萨像》。这类非对称结构的邈真画，从绘制年代来看，普遍较分栏式对称结构的画作更晚。

（二）无栏式

无栏式的邈真画顾名思义就是没有界栏将画面中的尊像及人物分隔，这类绘画品同样可以根据供养人所在位置分为对称及非对称的形式，对称即供养人位于尊像两侧，非对称则是位于单侧或是画面较特殊的情况。

1. 对称结构

无栏式的对称结构邈真画仍是以下方供养人邈真像为分隔依据，即使上方尊像只有一身，且姿态为侧面立像无法对称，也视为对称结构。这部分作品共有 17 幅，多数漫漶，我们按画风结合画册标定的时间范围进行排序。时间较早的有唐代 8 世纪的 Ch.00260《刺绣灵鹫山释迦说法图》、Ch.liii.001（BM.SP6）《树下说法图》、8 至 9 世纪的 Ch.xxxiii.002（BM.SP17）《千手千眼观世音菩萨像》、哈佛大学赛克勒艺术博物馆藏 9 世纪编号 1925.12《观音立像图》、9 世纪后半 Ch.xxxvi.001（BM.SP21）《观世音菩萨像》、晚唐 Дx80《普贤菩萨像》、五代天福十年（910）Ch.liv.006（BM.SP14）《观世音菩萨像》、五代10世纪初Ch.00101（BM.SP27）《药师琉璃光佛像》、EO.1151《千手千眼观音菩萨坐像》、10世纪中期Ch.xxii.0010（BM.SP43）《十一面观音菩萨像》、EO.3583《十一面观音菩萨立像》、MG.22795+MG.22796《持幡观音菩萨立像》、北宋建隆四年（963）Ch.xxi.001（BM.SP24）《法华经普门品变相图》、10世纪后期MG.17665《观音经变相》、EO.1132《杨柳观音菩萨半跏像》、EO.1230《杨柳观音菩萨坐像》、MG.17780《金刚界五佛》。

以上邈真画中的英藏Ch.liii.001（BM.SP6）《树下说法图》为8世纪初的绢画，应是目前见到的藏经洞出土较早的画作。画面尊像姿态均为坐姿，中间为阿弥陀佛，两侧是大势至菩萨、观音菩萨，前侧还有两位供养菩萨，大势至与观音身后还有一排个性鲜明的佛弟子，俨然画的是一幅净土图。画面中供养人像位于整幅画作的左下角空白处，微小但精致的妇人双手握住一枝长花，着红色百褶长裙跪于蓝黑色方形垫毯上，面部及姿态尽显虔诚，斯坦因有言："信女的像作跪坐一方席上的姿势，有一种单纯的美，这显然是一位高手从真人写生下来的"。[①]这幅绢画正下方中间有一块空白的牌子，应当是为供养人准备的，但是并没有填写内容。此身女供养人画像与莫高窟初唐第329窟东壁南侧说法图中的女供养人相似，该窟东壁北侧为初唐树下说法图。无栏式对称结构的邈真画应是延续了洞窟壁画中的构图形式，年代普遍较早，供养人形象也较为单一，不会有过多的装饰，整体以尊像为主。

2. 非对称结构

无栏式的非对称结构邈真画按照尊像与供养人的位置关系大致可分为两种，一种是供养人位于尊像右侧，另一种则是供养人位于主尊左侧或下方。

供养人独自立于画面右侧的藏经洞绘画品，主尊多为引路菩萨。这类画作中的引路菩萨以站立姿态回头望向右侧的供养人，供养人形象刻画独特且具有个性，属于邈真像的范畴，因此亦可称这类绘画品为邈真画。目前在藏经洞

①（英）奥雷尔·斯坦因著，向达译：《斯坦因西域考古记》，乌鲁木齐：新疆人民出版社，2013年，第210页。

出土绘画品中见到 7 幅命名为《引路菩萨图》的邈真画,侧边均有至少一身供养人，编号分别为:Ch.lvii.003（BM.SP46)、Ch.lvii.002(BM.SP47)、MG.17657、MG.17697、MG.26461、EO.1133、EO.1398(P.175)。Ch.lvii.003(BM.SP46)、Ch.lvii.002(BM.SP47)、MG.26461 中的女供养人皆身着宽襦大袖曳地长裙,但从三位女性的发髻、服饰、眉眼妆容等形象细节可以看出风格变化,以反映年代的不同。前者与后者头梳高髻,柳叶细眉,妆容淡雅,中者蛾翅短眉,樱桃小嘴的年代更早一些,Ch.lvii.003（BM.SP46)、MG.26461 更接近盛唐之风,Ch.lvii.002(BM.SP47)则有晚唐之韵。

还见有 4 幅供养人在右侧的绘画品,为:故宫博物院藏编号 70980《白衣观音像》、P.4518(19)、P.4518(31)、P.2013《药师如来立像与供养者》。P.4518 为伯希和收集品,其中第 19 幅与第 31 幅的纸画与其他画作粘连为同一卷,画面的独立性较强。另外,无栏式的邈真画中供养人在尊像左侧的情况较少见,如 P.4518(22)、日本久保惣美术馆《十王经图赞》卷末的董文员画像。还有两幅无栏式邈真画将尊像画在了供养人的幞头之上,为较特殊的画面构成,如:P.4014、P.4518(21)。这些绘画品中有特征鲜明的人物,同时也有尊像,虽然没有过多的榜题发愿文等文字信息,但仍视为独幅邈真画。

（三)叠加式

以上分栏式、无栏式的邈真画是以有无分隔线为划分依据,除此之外,还有一类绘画品中的供养人仍是处在画面最下方位置，但上方尊像不止一个主尊或是多种佛画于同一画面中，整幅画以三段或四段的方式呈现，有 MG.23080《十一面观音菩萨图》、甘肃省博物馆藏 11606 号《报父母恩重经变画》、EO.1173《千手千眼观音菩萨图与被帽地藏菩萨十王图》、EO.3579《不空绢索观音曼荼罗》、EO.3644《十一面观音菩萨·被帽地藏菩萨·十王图》、MG.17673《观经变相》、Ch.xxiv.008.a(BM.SP196)《菩萨像长幡》等。[①]由于画面中的供养人形

①还有一幅 Ch.i.009(BM.SP15)《水月观音图》画面较为特殊,看似为叠加式构图,但是最上方并非尊像,而是一顶华丽的华盖,最下方有一张供桌,桌旁站立一身男供养人,整体构图形式较特殊,暂不纳入叠加式邈真画范畴。

象邈真,因此这类画作亦为邈真画,其中一些画作由于缺乏反映人物及作品信息的榜题、发愿文,遂无法按具体时间排序,但这部分叠加式的邈真画总体绘制时间都在五代后期至北宋初期阶段。

EO.3579《不空绢索观音曼荼罗》画面鲜艳,保存较好,却没有榜题、发愿文等文字信息,但是画面下方供养人形具有特征,尤其是手持长柄香炉的男供养人身后跟随一群怀抱箭筒、手持长扇等侍从形象,我们在其他绘画作品(如MG.17659)及曹氏归义军时期修建的洞窟中也能见到相似的画面。

MG.17673 最下排绘八身供养比丘,这在藏经洞绘画品中仅此一件。比丘左右各四身相向结跏趺坐,着通肩袈裟。这幅精美的绢画可惜比丘面前榜题框无内容,无法考证是否与当时哪一位高僧有何联系。根据这种特殊布局、内容独特的供养人形象,我们遵从沙武田的猜测,这八身高僧可能是曹氏归义军时期在敦煌有着极为重要地位的佛教领袖人物。①

EO.3644《十一面观音菩萨·被帽地藏菩萨·十王图》画面较特别,上部主尊为观音与地藏并列的形式,同样的组合形式还见 EO.3580《被帽地藏菩萨十王图与净土图》上方绘观世音说法图、下方绘被帽地藏菩萨十王图,虽然 EO.3580 最下方没有供养人邈真像,但是根据画面尊像组合以及佛像风格与内容,我们将两件绢画作品放在一起,以说明叠加式的构图方式在归义军末期存在。

以上这些邈真画均绘于晚唐五代宋初的敦煌归义军时期,这一时期的人们喜爱绘制弥勒、地藏、观音、药师等尊像,尤其以观音题材为主。在绘有供养人邈真像的邈真画中,我们总结出了分栏、无栏、叠加这三类构图形式,又从中根据供养人所处位置是否对称进行划分。综观上述敦煌归义军时期近百幅邈真画,画面从中、晚唐无栏式的构图、主尊为单尊像、供养人仅有一两身的简约画面,逐渐向分栏式的说法、经变图像等复杂布局的画面转变。尤其到了五代末期至北宋初期,甚至出现了上部、中部两种尊像搭配下部供养人邈真像这种叠加式的构图形式。在一米多的邈真画中,每一处都精心布局合理安放尊像,

①沙武田:《敦煌画稿研究》,北京:中央编译出版社,2007 年,第 85 页。

并将下方微小的供养人形象尽可能地邈真描绘勾勒，实属一件工作量极大的工程。

三、敦煌邈真画对卷轴画发展的影响

敦煌邈真画从画幅来看，基本以竖长的矩形呈现，虽无装裱、无画轴，但时人礼佛供养时应是将这些画作以立轴式张挂于寺院过道或长廊。我们在藏经洞绘画品中看到一批有装裱且带有布钩的画作，如 Ch.lviii.003（BM.SP19）《地藏菩萨图》、Ch.lvii.004（BM.SP54）《观世音菩萨像》、Ch.xxii.002（BM.SP60）《六臂观世音菩萨像》、Ch.00102（BM.SP63）《十一面观音菩萨图》、Ch.i.0014（BM.SP203）《药师三尊像》、MG.22795+MG.22796《持幡观音菩萨立像》、MG.22799《观音菩萨立像》、MG.23079《不空羂索观音菩萨立像》、MG.23080《十一面观音菩萨图》、中国国家博物馆藏《吴匆昌造八臂十一面观音立佛像》、哈佛大学赛克勒艺术博物馆藏编号 1925.12《观音立像图》、日本东京国立博物馆藏 TA160《二菩萨立像》等，这些画作均为上文提到的邈真画。薛永年将这类出土于敦煌石室，用于信徒礼佛供奉的独幅画作称为“佛教帧画”，并指出帧画虽镶四缘，可以张挂，但需折叠收藏。[①]而藏经洞绘画品从画面遗留的痕迹来看多是以卷轴的方式收纳。卷轴画指的是便于携带的独幅绘画作品，一般画于绢纸等材质，根据画幅的舒展方向、宽窄边距而形成横卷式、立轴式、条屏式、册页式等不同装裱形制。

我们见到的多数邈真画图版均是裁剪修复后的样貌，不知原样是否也与这些带有布钩的画作一样，可用于悬挂。从斯坦因的行文中发现了他对于绢画的记录，绢画所用细绢是一种稀薄透光的材质，原来的绢画四边别有坚韧的材料作为衬托，但由于在庙墙上挂得太久，画面主体与镶边都有不同程度地被拉长，这些大绢画从藏经洞翻出时就已受损害，且由于扎捆太紧使得一些绢画破裂。[②]斯坦因笔下记录由于绢画残损、变形等原因，“大英博物馆的工作人员不

---

①薛永年:《卷轴画史概说》,《新美术》1993 年第 3 期,第 43 页。

②(英)奥雷尔·斯坦因著,向达译:《斯坦因西域考古记》,乌鲁木齐:新疆人民出版社,2013 年,第 182 页。

得不把许多画的镶边取下来，然后才能把画裱糊在丝绸上并装框”。[①]现在见到的藏经洞出土绢画多数是经过修缮处理后的样子，它们最初应当是有缝纫布钩以便画作悬挂。绢画使用这种很薄的绢丝，可以用于悬挂在穹门或佛堂的过道上，目的是不挡住光线且不受风吹影响，二是如此轻薄的材质可以让往来进香礼佛的人都看到，这也可以解释一些绢画在中心处有磨损、破裂的痕迹。

目前所见中国最早期的独幅绘画，应是湖南长沙陈家大山楚墓及长沙子弹库楚墓出土战国时期的《人物龙凤图》及《人物御龙图》，二者都属于非衣性质的帛画。帛画的上沿包裹细竹篾，并系丝绳，形成旌幡，作为随葬品用于葬礼丧仪时覆盖在棺椁之上。帛画的功能虽然与葬俗相关，但是它的技术及形制加上具有悬挂展示的作用，为后世卷轴画的发展奠定了基础。之后汉代、东晋、隋代较为出名的独幅绘画还有《马王堆 T 型帛画铭旌》《汉明帝画官图五十卷》，顾恺之《女史箴图》《洛神赋图》《列女仁智图》，展子虔《游春图》等，均为横卷式的卷轴画。立轴与条屏式的画幅粗成于唐代，完备于宋代，南宋以后成为横卷以外的主要形制。流行于唐宋之际的敦煌邈真画以长高于宽的矩形居多，即多为立轴式卷轴画，对于研究中国绘画史中的卷轴画发展与传承具有重大意义。

壁画作为传统中国绘画的主流，在隋唐卷轴画兴起之后，受到了一定程度的冲击。一是并非所有人都有能力出资建寺以绘壁画于墙上，二是卷轴画便于携带与观赏，百姓不论贫富都可以获得这类绘画，使之愈发流行。藏经洞这批邈真画的出现，无疑是丰富了中古时期独幅绘画的成果，在唐宋时期传世至今保存较为完好的绘画作品之外，又让更多人了解到了当时还有这种绘画风格及题材的存在，对中国画发展产生了极大的影响。

从绘画时代及画面内容来看，与邈真画年代较为接近的有藏传寺院的唐卡及水陆画。唐卡在《藏汉大辞典》中意为“卷轴画，画有图像的布或纸，可用轴

①(英)奥雷尔·斯坦因著，姜波、秦立彦译:《发现藏经洞》，桂林：广西师范大学出版社，2020 年，第 118 页。

卷成一束者”,[①]还可解释为“彩缎装裱而成的卷轴画”。[②]谢继胜梳理了唐卡的语源与起源后,提出唐卡是采用汉人以汉地卷轴画之名,从起源角度认为“唐卡这种艺术形式本身并非来自印度,实际上它的发展演变过程与从汉唐至宋元的中原汉地卷轴画的形成演变过程相一致,发源于蕃汉交往密切的敦煌,沿着佛教绘画的轨迹,由吐蕃旗幡画演变而成的”,与语源没有联系。[③]这一观点为我们研究邈真画也提供了更宽广的思路,邈真画的来源问题可以从画面形制的角度讨论,如同本文对邈真画构图的分类,从立轴式的卷轴画入手,了解其来源与传承。由于邈真画以尊像为主要构成部分,因此它的形制传承可以从同样以尊像为主要表现内容的唐卡入手。笔者先提出这一想法,具体内容还需继续翻查资料并完善。

四、结语

敦煌归义军时期的邈真画丰富多彩,不仅能够通过下方的供养人邈真像了解晚唐五代宋初敦煌地区百姓的真实形象,还可以借上方尊像与世俗人物的画面构图布局反映人们礼佛心理的变化。邈真画的构图形式按照分栏式、无栏式、叠加式划分,再进一步从供养人切入以对称、非对称细分,改变了以往按照尊像进行分类的方式,可以从图像学的角度将这类绘画品贯穿于中古美术史中。且这类邈真画为立轴式画卷,它的存在有利于填补画史中卷轴画实物资料的不足,但本文还缺乏对邈真画传承关系的深入研究,希望在后续的研究中进一步完善,以丰富对敦煌归义军时期邈真画的整体认识。

①孙怡荪主编:《藏汉大辞典:藏汉对照》上册,北京:民族出版社,1993 年,第 1140 页。

②西藏自治区文物管理委员会编:《西藏唐卡》,北京:文物出版社,1985 年,第 14 页。

③谢继胜:《西夏藏传绘画:黑水城出土西夏唐卡研究》,石家庄:河北教育出版社,2001 年,第 280—297 页。

祖尔万乘天鹅
——摩尼教大明尊信仰图像释证

盖佳择
（南京师范大学社会发展学院历史系　淮阴师范学院图书馆）

一、学界有关柏孜克里克“摩尼教窟”三干树图像的若干讨论

众所周知，摩尼教为波斯人摩尼于三世纪时创立。摩尼教并非完全原创的宗教，而是以基督教和祆教为效法的模板，至东方传教，则又对佛教与婆罗门教颇有借鉴，甚至教主的本名（其真名今似已无考[①]），也成了贴近于佛祖名字（Śākya-muni）的摩尼（Mani）。摩尼本人除了是宗教家外，还是著名画家，其绘画风格对后来的波斯细密画的形成亦大有影响，以致作为异教徒，摩尼在伊斯兰化时代仍被视作一个大画家而为波斯诗哲们咏叹[②]。遵循教主，摩尼教徒亦

①芮传明先生研究，摩尼本名或为 Cubricus 抑或 Ubricus，来自阿基来等敌对者的记录，与此名相关者还有一系列对摩尼盗书等的污蔑，所以摩尼是否真叫此名值得怀疑。而“摩尼”为其自取的带有尊崇性的称号是无可置疑的，摩尼很早就了解了印度佛教文化，亦曾亲往印度，故其取佛教摩尼之珠以喻光明之教，且有意借用佛祖之名，实是高明。详见芮传明：《“摩尼光佛”与“摩尼”考辨》，《传统中国研究集刊》（第 4 辑），上海：上海人民出版社，2008 年，第 73—76 页。珍珠也是诺斯替教的永恒概念，《多马行传》引《珍珠之歌》十分著名，珍珠在诺斯替教中指失去的“光辉衣袍”，也就是我们的灵魂（诺斯）。本为叙利亚文，译文见张新樟译：《古代诺斯替主义经典文集》，北京：人民东方出版传媒有限公司，2017 年，第 523 页。

②参见陈明的《波斯“摩尼画死狗”故事的文图源流探析》、内扎米的《五部诗》、贾米的《玛斯纳维》、阿米尔·霍思陆的《五部诗》等著述中悉有关于摩尼高超画技的描述，见《世界宗教文研究》2017 年第 4 期，第 35—62 页。不过史诗诗人菲尔多西则对摩尼不屑，认为这个来自“中国”的画家虽画技举世无双，然其宗教却是欺世盗名，因为菲尔多西心中只有琐罗亚斯德教信仰。见（波斯）菲尔多西著，张鸿年、宋丕方译：《列王纪全集（四）》，长沙：湖南人民出版社，2001 年，第 679—681 页。

多以擅绘著称,安史之乱后摩尼教传入回鹘,其教徒这一特长亦从波斯带到了回鹘汗区,在高昌之宫廷及皇家寺院中发扬光大①。今日新疆高昌柏孜克里克千佛洞、胜金口石窟等皆可见到残余的摩尼教壁画,虽然其大多数已被改造成了佛教式;20 世纪初的德国吐鲁番探险队在吐鲁番发现大量各种材质的摩尼教绘画艺术品,今藏德国亚洲艺术博物馆等处,壁画中最有名者,当属临近高昌故城的柏孜克里克石窟今编第 38 窟[旧编 25 窟,森安孝夫(Moriyasu Takao)氏著述用此编号]主室半圆形后壁上的三干树图。

图 1　三干树线描图(吐鲁番学研究院提供)

三干树是摩尼教元神话的基本意象之一,根据现代学者的推断,其原型当即基督教之生命树,枝干伸向三个方向,代表了摩尼教中东北西三方的光明王国,在摩尼教《巨人书》中,三干树代表了从洪水中逃出的诺亚及其三子(借用《吉尔伽美什》的 Ziusudra 或 ūtanapišti 名)②,我们看到壁画的树上结了累累硕果,这是生命树的果实,可能象征明性,也可能象征了天堂(明界),总之代表各种愉悦和美好。树下跪有回鹘贵族男女各一,戴凤头冠,后有十位神祇形象。三干基底为一椭圆形物,水禽左右各一,背向,面冲供养人。这棵三干树与其下的水禽无疑是供养人及洞窟巡礼者膜拜的对象。既然三干树是圣树,则其下的两只水禽当亦为圣禽,历来解读 38 窟之说极多,诸家亦多注意到此水禽,遗憾阐释多只围绕水禽背后的半椭形空间,并未细究此二禽的象征含义。

①参见穆宏燕:《摩尼教经书插图的发展与世俗化的转型》,《西域研究》2019 年第 1 期。

②Klimkeit, *Manichaean Art and Calligraphy*, *Iconography of Religions*, copyright 1982 by E.I. Brill.Leiden.The Netherlands, pp31.(联邦德国)克林凯特著,林悟殊译:《古代摩尼教艺术》,广东:中山大学出版社,1989 年,第 71、72 页。

德国学者 Arnold-Döben 在其《摩尼教的比喻表现》[①]中指出，三干树下部的根深深扎入一个圆形“容器”中，或从如安乐椅的玉座靠背后隐现，渐渐消失在下方。那在树干基部的难以辨识的形状也可能是某个境域，也许是将光明宝树与黑暗王国隔开的围栏抑或城墙。Döben 女士就“玉座”或“靠背椅”进一步阐发，认为其也许是救济者摩尼的宝座。森安氏则就“围栏”说进一步阐发，认为这个半圆形空间实际呈现三个弯曲的楔形（当是误将水鸟头喙当成半圆空间内部构件），这三个楔形物与三干树一样象征了光明的三界，那么围栏里关的应该就是黑暗王国了。[②]

德国学者克林凯特的观点基本是对诸家假说之综合，推测象征生命树的三干之下边缘部分似应视为一种壁垒或围墙，同时认为其亦可视作一个象征性的宝座，而树就是从宝座后面长出的，宝座则象征神（明尊）、耶稣或摩尼的宝座。宝座和树即标志信徒崇拜的人物[③]。在摩尼教中耶稣和摩尼都被称为生命树：科普特文《诗篇》即称：“夷数是天父，是生命树；果实是圣子，是光明意志（光明诺斯=惠明，为夷数所召唤）；甜美的光明女神（光明童女）则是圣灵。”[④]当然，自始至终，一直有学者认为这个半圆形的空间实际应该是一个水池。森安氏的文章列出了部分持此观点学者之名字及其主要论点，如有学者认为三干树是生命树，生长在生命之水的入海口，生命之水来自天堂，灌溉圣树，云云[⑤]。另如学者古乐慈则认为这是一个涵养水禽和三干树的集水池。匈牙利学者康高宝（Kósa）同样认为树下空间表现的是水池，但将之与告解室联系起来。认为摩尼教素有敬水的传统，忏悔者当用池中水浣洗生平所犯罪孽，其并引《下部赞》相关文句为证。古乐慈也承认，画中诸多元素似乎难以有机联系在一起，学

①Arnold-Döben, V. Die Bildersprache des Manichäismus.Koln.1978.

②（日）森安孝夫《ウイグル=マニ教史の研究》，大阪大学文学部，1991 年，第 25、26 页。

③Klimkeit, *Manichaean Art and Calligraphy*, *Iconography of Religions*, copyright 1982 by E.I. Brill.Leiden.The Netherlands, p.31.

④Geo Widengren, Mesopotamia Elements in Manichaeism（Uppsala Universitets Arsskrift3），1946/3, pp.124—127.Allberry, C R.C, *A Manichaean Psalm-Book* 2, p.116.

⑤（日）森安孝夫《ウイグル=マニ教史の研究》，大阪大学文学部，1991 年，第 26 页。

者们的解释亦多牵强①。

笔者以为克林凯特氏之言近似正确，与上部三干之树相类，半圆形根基及水禽当亦具神圣性，而水塘、围栏显然不具让人膜拜的圣性，而宝座则和圣树一样，代表了神佛。这种表现在古印度“前偶像时代”的佛教艺术中是比较司空见惯的。大部分学者认为：早期佛教艺术因佛像制作被禁止，乃诉诸象征物表现佛陀。象征符号被用来表现佛陀的存在，大量的符号或母题都与佛陀相关，包括空着的宝座、佛足印、华盖或相轮、窣堵波、菩提树、法轮和三宝，以及大象、马等与佛传情景相关的动物母题。尤其是空虚的宝座和窣堵波是描绘的最大重点。正由于佛陀的缺席，方使得他的供奉者意识到这位伟大的导师的存在。在这一点上，佛教和拜火教、犹太教、基督教、伊斯兰教及锡克教等实相一致。②克林凯特《古代摩尼教艺术》中亦指出佛教每每用空宝座与其上的菩提树表现佛陀悟道（可参下图 2），显然摩尼教模仿了佛教图像模式。

图 2　阿育王朝拜菩提道场
桑奇大塔东门正面

禁止偶像崇拜、没有神的具象存在，好处在于能够凸显神职人员的重要性。普通信徒是不容易从抽象的经文与符号式的图像上了悟神佛的存在与意旨的，如此在信众面前神职人员对神旨和教义有着很大的阐释权。故各大宗教创教之初多是不拜偶像的。当建立具象的偶像崇拜后，信徒和神之间无需神职人员为必要中介。③

早期的摩尼教也是严禁偶像崇拜的，因其前身琐罗亚斯德教和基督教这两大“一神教”始创时都是禁绝偶像崇拜的。摩

①Zauzsanna Gulácsi：Mani’s Pictures：The Didactic Images of the Manichaeans from Sasanian Mesopotamia to Uygur Central Asia and Tang-Ming China，Boston：Brill，2016，p.229—233，引康(Kósa)说见 338—339 页注 44.

②赵玲：《印度秣菟罗早期佛教造像研究》，上海大学博士学位论文，2012 年，第 165 页。

③严耀中：《古代中国的婆罗门教和婆罗门文化影响》，北京：中华书局，2019 年，第 296、297 页。

尼教传教之初甚至要求不建寺院[①],塑造偶像就更无从谈起了——这也就使得摩尼教高级神职人员慕阇、拂多诞等地位格外凸显,大摩尼甚至侔于教主的地位。吐鲁番出土摩尼教赞美诗《胡威达曼》(Huyadagmān)有言:“没有任何一个偶像、祭坛或神像,会把他们救离地狱。”[②]另一件吐鲁番出土摩尼教颂诗则言:“所有那些崇拜偶像的人,都将走向灭亡。”[③]

然而时移世易,无论佛教还是摩尼教,仅仅图示性表现教主形象渐渐不能满足大量教徒和供奉者们情感的需求,没有具象的神佛形象,亦很难让更多的下层人民领会宗教教义,阻碍宗教在更广大民众范围中传播。同时教主达到的境界也成了教徒们的实践目标。这种理论上的发展显然也影响了社会阶层,人们的崇拜热情将远远大于认识和了解。于是神佛形象开始展现,成了偶像的崇拜方式。导师“救世主”的身份是崇拜的最终目的。因此,佛陀抑或摩尼皆被赋予了神化的、具象化的色彩。摩尼的画像:头像和半身、全身像开始被表现:特别是摩尼教的传统节日庇麻节(Bema Feast),教主摩尼将降临于庇麻(台上)宝座,其上一般会放置摩尼画像或经书,故亦有借此表现摩尼形象者(如图 3 巴黎水晶石上摩尼及二弟子头像);然高昌所见之庇麻节图(图 4)则但见庇麻(Bema)讲台[④]上红布覆盖的宝座(或其他圣物)。实际上,这种画面更符合昔者奥古斯丁所见西方摩尼教的庇麻节仪式:“……你们向庇麻(祭日)致以崇高的敬意,那天即摩尼的殉道日,你们立了一个有五层阶梯的台子,用贵重的幕布覆盖住,它的位置醒目,面向礼拜者……”[⑤]此庇麻座实为审判者的圣座。它象

---

①杨富学、彭晓静:《福州福寿宫所见摩尼光佛像杂考》,《形象史学研究》2015 年下半年刊。

②H. J. Klimkeit, Gnosis on the Silk Road: Gnostic Texts from Central Asia, San Francisco, 1993, p.104;芮传明:《摩尼教帕提亚语赞美组诗〈胡亚达曼〉译释》,《西域研究》2012 年第 2 期。

③H. J. Klimkeit, *Gnosis on the Silk Road: Gnostic Texts from Central Asia*, San Francisco, 1993, p.127.

④讲坛或祭坛,为一方形平面,摩尼教或景教布道之用,奇台唐朝墩景寺遗迹当中应即有庇麻台一座,即北组中殿高台建筑 F9-10,见任冠、魏坚:《2021 年新疆奇台唐朝墩景教寺院遗址考古发掘主要收获》,《西域研究》2022 年第 3 期,图 1-3,指认中殿为庇麻台为北京语言大学柳博赟教授的见解。

⑤I.Gardner&S.N.Lieu(eds), *Manichaean Texts from the Roman Empire*, Cambridge University Press, 2004.p.237.

征着已去世的摩尼仍活在选民中，他将代表夷数（耶稣），直到后者以审判者的身份重新降临人间。[①]而吐鲁番发现的摩尼教卷轴扉页（IB4614）及粟特文摩尼教书信（吐鲁番柏孜克里克出土）上亦只见为两选民供奉的礼帽（僧帽），当是摩尼本人的象征，按王媛媛则据后者帽下铭文推断其为摩尼教大慕阇的象征，表达了信徒对教会最高领袖的崇拜，而这种崇拜的最终指向应当还是摩尼。[②]可知是否应该对教主摩尼及诸明圣明目张胆地表现偶像膜拜，教徒们似还显迟疑。

图3　巴黎图书馆藏摩尼教带铭文水晶石[③]

图4　高昌出土摩尼教庇麻节细密画柏林亚洲艺术博物馆藏[④]

对于摩尼教最高教主大明尊亦即祖尔万[⑤]，是否当用偶像表现亦存在争议。吐鲁番发现的细密画IB4979和IB4959皆表现四位印度教神祇，克林凯特以为或即摩尼教大明尊的四面尊严即“神、光明、大力、智慧”的展现。其中对应为梵天即婆罗玛（Brahma）的一位，在另一幅印度教神祇图中被认同于艾祖阿

---

①I.Gardner，*The Kephalaia of the teacher*，E.J（Birll，1995），P.XXXⅥ.

②王媛媛：《庇麻与头冠——高昌摩尼教圣像艺术的宗教功能》，编辑委员会编《张广达先生八十华诞祝寿文集》，台北：新文丰出版公司，2010年，第1117、1118页。

③马小鹤：《光明的使者——摩尼与摩尼教》，兰州：兰州大学出版社，2013年，卷首图6。

④（联邦德国）克林凯特著，林悟殊译：《古代摩尼教艺术》，广州：中山大学出版社，1989年，图版21。

⑤Zurvān，一般称蔡宛神，摩尼教中古波斯文及粟特文献中借用袄教Zervanism的最高神灵为明父（Father of Greatness）之称，它是四位一体的神：神（Zarvān）、光明（Rōšn）、大力（Zōr）、智慧（Vahçh）。马小鹤：《光明的使者——摩尼与摩尼教》，兰州：兰州大学出版社，2013年，第25、26页。

(äzrua täŋri)[①],艾祖阿即明尊。应当指出,这里只是借用印度教神祇表现明父之四面,并非直接表现本尊。笔者相信在摩尼教本教之内,明尊本身的形象是否可以直接表现仍是个问题,但象征性的表现是一定存在的,而在“外道”中则更不避讳之。

二、西安碑林存藏“释迦降伏外道”佛像外道形象探究

西安碑林博物馆收藏一尊“释迦降伏外道”造像碑[②],其上下如日月形的两个圆轮中分别浮塑一骑双马神和一骑双鹅神,荣新江先生以为是祆教大神密特拉和祖尔万[③]。荣氏引马尔沙克文以为,在粟特祆教美术中,祆教神祇是以人的形象出现的,他们(化身)的动物特征是用他们的动物坐骑(或动物形态的宝座)来暗示的,而不是把神像体现为动物的形象[④]。在粟特祆教中鹅对应着祖尔万,亦为土星神的化身,故而表现其乘鹅;密特拉对应形象为马,对应神则为太阳。此像表现颇似释迦“手扪日月”,然内涵迥然不同。一般认为祖尔万派是祆教异端(实际上所谓祖尔万派可能并不独立存在为一派思想意识[⑤],其与传统的二元神教交替为帝国的主流思想),相信善恶二神皆为祖尔万所生,祖尔万意为“永恒的时间”,超然两性、超然三际,试图在琐罗亚斯德教中,为其二元论神学提供一种统一的一元论框架[⑥],后摩尼教借用以为明界最高神,然则变成

---

①Klimkeit, Manichaean Art and Calligraphy, Iconography of Religions, p.36.图版 22、23.

②按石像底座上刻“释迦牟尼佛降伏外道时”,翟战胜疑其与石像本身表现主题不符,题刻与石像当不在同一时代。实际上一般造像碑后刻题记者多与重装造像有关。今此像不存在重装痕迹,故笔者以为其乃同时所刻。

③荣新江:《〈释迦降伏外道像〉中的祆神密斯拉与祖尔万》,《中古中国与外来文明(修订版)》,北京:生活·读书·新知三联书店,2014 年,第 293—308 页。

④A. M. Belenitskii and B. I.Marshak, “The Paintings of Sogdiana”, Sogdian Painting, by G. Azarpay, Berkeley 1981, p.70.

⑤(伊朗)图拉吉·达利遥义撰,吴赟培译:《萨珊波斯帝国的崛起与衰落》,北京:北京大学出版社,2021 年,第 147 页。

⑥*The Cambridge Ancient History*: *Volume* XIV(*Late Antiquity*: *Empire and Successors*, *AD425-600*).Edited by Averil Cameron and …… Cambridge University Press, 2008, pp650;(英)艾弗尔·卡梅伦、布莱恩·沃德—帕金斯等编,祝宏俊等译:《剑桥古代史·晚期古典世界:帝国及其继承者 425—600 年》,北京:中国社会科学出版社,2020 年,第 736 页。

了纯粹的善神。作为佛教日天的原型,密特拉(印度称苏利耶)的形象辨识度很高,频频出现在印度、巴米扬和敦煌的画面中,其形象似袄而类佛,当无异议。然碑上对应的另一圆轮,究系所谓月天还是祖尔万,则争议甚大。

在波斯萨珊王朝,祖尔万信仰一度十分盛行,祖尔万派(亦称察宛派)倾向的祭司相信邪灵阿赫尔曼是由于察宛神的怀疑而先降生的,先于善神阿胡拉玛兹达为王九千年[①],两者为一母同胞兄弟(盖因祖尔万实为雌雄同体)。祖尔万先于世界而生,故为"无始无终的时间",其子阿胡拉玛兹达,乃祖神献祭千年而得[②]。据推测这种假说当来自《阿维斯塔圣书》"伽萨"的一段(亦即亚斯纳30.3—5),其中提到二灵诞生,二者在思与行上善恶对立[③]。伊嗣俟二世时期的首相密赫尔·纳尔塞即祖尔万·阿卡奈莱格(Zurvan i Akanarag)的信徒,其子及当时帝国很多贵族都以"祖尔万"为名[④]。萨珊波斯与魏、唐皆有接触,据统计,北魏一朝至少入贡十次[⑤],唐代时王子卑路斯、泥涅师师更避祸在长安生活多年,为其建波斯胡寺[⑥]。

---

①实际上这九千年即《阿维斯塔》《班达希申》善神与恶神争衡之九千年,其分三际:前三千年事事取决于奥尔玛兹德的意愿,中三千年,取决于奥尔玛兹德和阿赫尔曼的意愿,最后三千年,恶神已无能为力,远离善界。魏庆征:《古代伊朗神话》,太原:北岳文艺出版社,1999 年,第 133 页。

②魏庆征:《古代伊朗神话》,太原:北岳文艺出版社,1999 年,第 462—463 页"Zervan"条。

③"最初两大本原孪生并存,思想言论和行动皆有善恶之分,善思者选择真诚本原,邪念者归从虚伪本原。当这两大本原交汇之际,巍峨壮观的生命宝殿起于善端,阴暗的死亡之窟立于恶端。当世界末日到来之时,真诚善良者将在天国享受阿胡拉的恩典和光辉,虚伪邪恶之徒将跌落阿赫尔曼黑暗的地狱。作为原始的两大本原之一,斯潘德迈纽光辉灿烂,高大无比,辽阔的天空像是披在它身上的彩衣。他同皈依正教并以其优良品行取悦马兹达阿胡拉的人们一起,选择了真诚和善良,专事欺骗的阿赫里曼则选择了邪恶和虚伪。"(伊朗)杜斯特哈赫选编,元文琪译:《阿维斯塔琐罗亚斯德教圣书》,北京:商务印书馆,2005 年,第 11—12 页。

④其子名 Zurvandad,即祖尔万所赐。*The Cambridge Ancient History*: *Volume* XⅣ(*Late Antiquity*: *Empire and Successors*, *AD425—600*).Edited byAveril Cameron and…… Cambridge University Press,2008,p.649—650.

⑤根据张星烺先生的研究,波斯于魏高宗时初遣使来贡,共两次,之后显祖朝两次、高祖朝一次、世宗朝一次,肃宗朝竟达到四次。见其《中西交通史料汇编》,北京:中华书局,1978 年,第 94—95 页。

⑥[唐]韦述等撰,辛德勇辑校:《两京新记辑校大业杂记辑校》,西安:三秦出版社,2006 年,第 46 页:"次南曰醴泉坊……十字街南之东,波斯胡寺(仪凤二年,波斯王卑路斯奏请于此置波斯寺)。"此当为皇家琐罗亚斯德教寺院而非景教波斯胡寺。

图 5　碑林博物馆藏释迦牟尼佛降伏外道像[①]

唐代胡风甚盛，祆、摩二教空前流行，祖尔万崇拜亦甚嚣尘上，其称号见于多处，此神骑乘双鹅的形象一定给佛教徒留下了深刻印象，一如乘马车之密特拉。如此，则以之作为外道大神代表被我佛降伏，无论宗教抑或政治上都会很有意义。然而这个“祖尔万”的形象究竟来自祆教、摩尼教抑或其他夷教？吾等须知，圆轮中之神像是作为佛陀的敌对者而存在，其形象痴肥卑琐，身体半裸，头髻左右却系有飘带，头顶更缀以半环的飘带（帔帛），此为灵光赐予的吉祥，显然来自有着伊朗系宗教信仰的地区。[②]冉万里《唐代长安地区佛教造像的考古学研究》中则将此飘带解释为风神之风巾：巴米扬（东大佛壁龛中苏利耶亦身系帔帛）、克孜尔和敦煌 249、285 窟风神（285 窟执飘带者为摩醯首罗天）所执之风巾（风袋）看起来确与“密特拉”“祖尔万”绕身之飘带颇似。此风神确为异质文化之结晶，张元林辨析其为希腊神话的产物。古希腊人实亦原始印欧人移民之后，故其神祇形象亦多有近似，而于中土而言，显然并非主流文化，故其在《降伏外道像》中乃是作为释迦的“辅神”出现，亦必有着异宗教原型图像：冉氏以为使西僧人或误混西土日月天及其上风神为一体，故有帔帛日月天之出现[③]。笔者以为，僧人多博闻强识，于此不当有误，其当故借此异域帔帛/飘带表现夷教神祇。相比摩尼教，粟特祆教是比较典型的多神崇拜宗教，从片治肯特和阿卜西拉阿卜大使厅壁画可推知，其

①采自翟战胜：《西安碑林博物馆藏“石雕释迦牟尼降伏外道造像”再探讨》，《丝绸之路研究集刊（第二辑）》2018 年，图一。按文章附图为王庆卫先生实拍高清图，因冉图中有二外道特写图，故文章中暂放之。

②段晴：《飘带来自吉祥——反映在古代于阗画中的祆教信仰符号》，《艺术史研究》第 17 辑，广州：中山大学出版社，2015 年，第 153—166 页。按文中列于阗达玛沟出土残壁画即出现王者、天女等身披飘带者，乃至莫高窟 98 窟等绘于阗王形象亦隐有飘带垂于脑后。

③冉万里：《唐代长安地区佛教造像的考古学研究》，北京：科学出版社，2017 年，第 190 页。

教内应当有直接表现“最高神”——祖尔万形象的存在，而在中土，祆教神像的载体则以石堂浮雕为主，如史君、虞弘、美秀等皆是其例，其神祇同样多携飘带，值得注意的是美秀(Miho)祆教石刻上手持日月的娜娜女神像。西安“降伏外道”石像浮塑二神，符合祆教表现风格[①]。而观敦煌、西域乃至巴米扬的日月天，单独出现者以绘像为主。而中国所见手托日月之大神，北朝时期则绘像、浮塑皆有之，典型如多人所举之青州韩小华造弥勒像[②]，背光后有天神分托日月。相类似者，莫高窟西魏第 249 窟窟顶阿修罗王亦手托日月，日月中多无特殊图案，亦有个别圆轮中出现飞天图像[③]者。唐代出现的“手指日月瑞像”则几乎悉为画像。西安此例似为例外，其究竟同属指日月瑞像，抑或如题名为降伏外道像？张小刚先生曾引王浮《化胡经》(节录于元祥迈《辨伪录》)“至拘萨罗，降伏九十六种外道。至迦夷罗国，左手把日，右手把月，藏于头中，天地冥暗，山飞石裂海水逆流，山川空行”句，力证碑林“降伏外道”石像受此类文献“降伏外道”与“手把日月”连属之影响乃误题之[④]。实际上这是不可能的：《化胡经》乃道士“偷佛神化伪”之作，佛家造像怎肯以它为标准？故认其为“指日月像”实乏证据。

佛教徒所以拣选密特拉、祖尔万二神为外道代表，并非特为对应日月，如前人所考，唐代以来，壁画中大量出现佛指日月瑞像、舍卫城变等，然所指日月轮中多为传统图案如金乌、蟾蜍、花草等，并无神像[⑤]，沙武田以为其与敦煌壁画、绢画中的“日月的图像系统完全不同，此造像碑上之所以使用了带有浓厚希腊、波斯、粟特艺术的日月形象其实是对该瑞像原始图本的忠实反映[⑥]”，即谓印度或粟特地区的“指日月瑞像”中日月拟态本皆为人像，一如莫高窟 285、384 等窟所绘的日天与月天像等。冉万里亦有类似见解，其《唐代长安地区佛

---

①实亦合于婆罗门教之表现风格，然婆罗门僧在华多与佛僧一同译经，佛僧当不致对其敌意过大。况佛教日月二天本即源自婆罗门教。

②王庆卫：《祆神还是佛像：释迦牟尼降伏外道造像再论》，《国学学刊》2020 年第 3 期。

③碑林博物馆藏《徐安洛四面造像》。信息由王庆卫先生提供，特此致谢。

④张小刚：《敦煌感通画研究》，兰州：甘肃教育出版社，2015 年，第 439 页。

⑤王庆卫：《祆神还是佛像：释迦牟尼降伏外道造像再论》，《国学学刊》2020 年第 3 期。

⑥沙武田：《长安的影响与地方保护神的借用——敦煌石窟于阗瑞像史迹画选择的动机与思想再解读》，《西域研究》2022 年第 1 期。

教造像的考古学研究》书中指出，"降伏外道"右下轮中乘二鹅（按辨认出鸟形为冉氏之功）神与日藏和田出土石膏月天形象如出一辙。其像同样为正面而坐，下有背向站立二鹅。故其以为，此二像实皆为月天而非外道。[①]

图 6[②]

笔者按日月天本为外道，日天实为印度太阳神苏利耶，月天则或为月神旃陀罗（Candra）[③]或为苏摩[④]，为佛教渐渐吸收，传入中土则成为面貌端严的日月天子。西域常见日神密特拉抑或苏利耶之范本，乘鹅天神则相对罕见，且从不单独出现，"降伏外道"和"于阗月天"亦如此或理当如此。康马泰则以为，"降伏外道"祖尔万乘双鸟座，实与印度月神类同，然石碑以此种形象表现日月神，于印度宗教图像中亦属罕见。[⑤]瑞像日月天若为拟人，在西域则为天神装，在中土则为菩萨装，参冉氏所引《尊胜佛顶修瑜伽法轨仪》《诸说不同记》《金刚界七集》等可知月天形象塑造是遵照一定的仪轨的，无论雕塑抑或壁画，都不能胡来。如于阗那尊石膏月天，就端庄如菩萨，其虽略带胡相，但似碑林图像般脑满肠肥，宛如六师外道的胡夷风格，却实实无之，中土佛教之日天被当成观音化身，月天被认为是大势至化身，后在诸《药师经》中被演绎为药师光琉璃如来的胁侍，称日光遍照菩萨、月光遍照菩萨，手持法器，上分日月之形，后密教亦借用日月天，或绘菩萨，或

①冉万里：《唐代长安地区佛教造像的考古学研究》，北京：科学出版社，2017 年，第 186—187 页。按与此同时张元林《跨越洲际的旅程——敦煌壁画中日神月神和风神图像上的希腊元素》文中亦引用此像，《丝绸之路研究集刊（第一辑）》，北京：商务印书馆，2017 年，图 14。

②東京國立博物館藏，（日）龍谷大学龍谷ミュージアム：《特別展：〈仏教の來た道—シルクロー探検の旅〉》，読売新聞社，2012，第 42 页，图版 24。

③谢宇主编：《中国古代佛教艺术 下》，北京：华龄出版社，2011 年，第 293 页。

④[南宋]法云：《翻译名义集》，《大正藏》第 54 册，No.2131，1078 页中栏。

⑤M.Compareti，The Indian Iconography of the Sogdian Divinities，*AION*，69/1 -4（2009），p. 195—196.

绘中土神话之日月形，圆轮中置火鸟或月桂等，断不容被歪曲为外道婆罗门/事火外道。且降伏外道二轮像所御禽兽皆只二身，数量亦不甚符合诸多日月天仪轨——通常所骑乘者数目当为单数，三五七不等，然今则多见御驷马，当据它轨范。如《迦楼罗及诸天密言经》，肃宗时婆罗门三藏般若力所译，云画日月天形：

> 日天作天王形。被甲于金车上交胫而坐。以四匹花聪马驾之。马首两左两右。……天王发黑色。蠡髻宝冠。身首皆有圆光。外以日轮环之。日轮赤色。文如车轮。
>
> 又月天形貌类日……月天身首光外如日轮环之作黄色。有车轮文。又已初月从车厢两傍起向环外侥之。月作浅青色。其月之二尖处于环上当半而相柱也。有四苍鹅绕车而飞。其日月二天王车但有厢及轮谷而无辕也。[①]

则按佛教要求，月天不当御鹅而鹅当绕月车飞转也。此类图像敦煌及克孜尔皆有表现。今于阗月天宝座下实御二鹅，却恐怕带了几分祆教风格：盖于阗之“将佛似祆”由来已久。其实按照张元林的观点，背向双型动物与正视化人物的构图方式本就是西来艺术的影响：波斯以至希腊化图像改造佛教及婆罗门教图式所致。[②]由是可知降伏外道之像当与日月（天）子关系不大（至少御鹅天神与月天实无关系，因祖尔万乃对应土星神），只因降伏火祆外道并无蓝本，故或借“指日月瑞像”模式阐发，而圆轮内像却并不照日月天塑造，而仍塑为外道像以示戒。密特拉在原始祆教中为三个阿胡拉之一，而祖尔万则为阿胡拉之父，此二神足以代表火祆外道——按康马泰因祆教祖尔万像多有长胡须而对骑鹅外道的属性报以审慎态度[③]，然其像实际指向的当是摩尼教的大明尊。塑

①《大正藏》第 21 册，No.1378，第 334 页上栏。

②张元林：《跨越洲际的旅程——敦煌壁画中日神月神和风神图像上的希腊元素》，《丝绸之路研究集刊（第一辑）》，北京：商务印书馆，2017 年，第 61 页。

③M.Compareti，The Indian Iconography of the Sogdian Divinities，*AION*，69/1-4（2009），p.196.

此二外道轮像之操于释迦之手实可收一箭双雕之效。

已知火祆教以乘鹅之神比况最高神祖尔万，则高昌摩尼教窟三干树下之水禽所指明矣，其体貌特征明显为天鹅，然其上却并无一物。笔者以为，此当即代指摩尼教中祖尔万（大明尊）神。鹅在祆教中与祖尔万相“捆绑”，这是不争的事实，而摩尼教本出琐罗亚斯德教，且在粟特祆教流行的中亚地区广泛传播，神祇图像上受到祆教影响当不足为奇：摩尼教《入教图》可以援用具有动物体态的印度教诸神象征明尊，文献中也可以将祆教教主琐罗亚斯德列为本教四大先知（四佛）之一，并可能绘诸图像：在高昌曾经发现一件细密画残片，上残剩佛陀与左下角的巨大中心人物（图 8）。根据古乐慈先生的构想，此画作表现的当是摩尼教“四佛”围绕最后光明使摩尼抑或明尊的形态[①]。高昌出土的另一件残破旗幡，能够看到光明使者耶稣（夷数佛）及正坐其上之人物，古乐慈以为，其也是一幅四佛环绕大明尊图[②]，则完整图画必当有琐氏出现。从此二图残留部分当可见出，其中心人物应是佛化的，坐于莲座。那么是否曾经存在祆教（象征）化的明尊祖尔万及众先知形象呢？虽未见之，不能言其无也，特别是在中亚这个多元宗教交融之地。

按在阿富汗尼加（Nigār）遗址，尚存一些壁画遗迹，其中一拱门下绘出一个带有圆光、身着典型古伊朗长袍的神祇，坐在由背向四马（犬？）——显然不是禽鸟承托的宝座之上，右侧尺寸较小的形象为供养人。过去数十年，学者们试图辨识坐在画面中央的主要形象，基于图像学和历史材料基础，或判断为韦勒斯拉纳—巴赫拉姆（Verethragna-Bahrām），或为阿胡拉·玛兹达（Ahura Mazdā），或者密特拉（Mithra），又或者近来认为的“祖恩”（Zun）——这可能是祖尔万神（Zurvān）在当地的一种形式。[③]而 Deborah 则笼统谓其“大神（Big God）”。认定

①Zauzsanna Gulácsi：Mani's Pictures：The Didactic Images of the Manichaeans from Sasanian Mesopotamia to Uygur Central Asia and Tang-Ming China，Boston：Brill，2016，p.218.

②Zauzsanna Gulácsi：Mani's Pictures：The Didactic Images of the Manichaeans from Sasanian Mesopotamia to Uygur Central Asia and Tang-Ming China，Boston：Brill，2016，p.235；Klimkeit，Manichaean Art and Calligraphy，Iconography of Religions，图版 40.

③（意）康马泰撰，周天宇译：《阿富汗卡克拉克“狩猎王”壁画——国王画像还是神祇图像》（The Painting of the“Hunter King”at Kakrak：Royal Figure or Devine Being？），《西域研究》2017 年第 4 期，第 116 页。

其为祖尔万,证据则显不足。

在撒马尔罕大使厅南壁壁画“皇家仪仗出行图”中左侧为一座庙,庙中有三身男性形象,其中两位可见衣上分别缀有联珠纹中的衔绶鸟及翼马形象,庙外一身着甲人物,迎面而来的队伍中则出现了空鞍马及四只白鹅。康马泰(M. Compareti)认为白鹅是奉献祖尔万的祭品而马则是奉献密特拉(Mithra)的坐骑。则神庙内外站的四身人物中衣上缀以鸟的即祖尔万,缀翼马的则是密特拉。[①]其说法当来自葛乐耐:其以为祆教拥有借自印度宗教的图像系统。南壁画面中的鞍马,当是献祭日神,四只鹅通常是大梵天(Brahma)的坐骑,在这里则是献给伊朗的时间之神祖尔万,根据粟特文书,祖尔万可能会用大梵天之名代替。[②]鹅只右侧及左下皆有戴口罩之祆教祭司,可知确为奉献的祭品——盖此二兽即分为二神之乘骑乃至象征也。

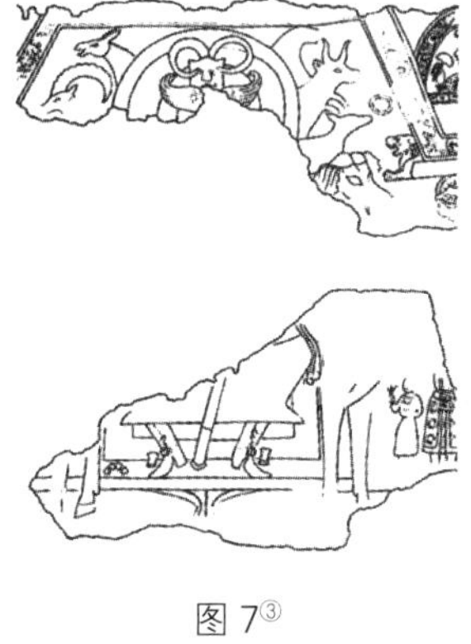

图 7[③]

图 8　撒马尔罕阿卜拉西阿卜大使厅南壁壁画线描图[④]

①(意)康马泰撰,李欣译:《粟特神祇的印度图像研究——考古和文字证据》,《敦煌学辑刊》2008年第4期,第159页。

②(法)葛乐耐(Franz Grenet)著,毛民译:《粟特人的自画像》,荣新江、华澜、张志清主编《法国汉学——粟特人在中国:历史、考古、语言的新探索》第10辑,北京:中华书局2005年,第307页。

③Dokhtar-i-Noshirwan (Nigar) Reconsidered Author(s):Deborah Klimburg-Salter Source: Muqarnas ,1993,Vol. 10,Essays in Honor of Oleg Grabar (1993),p.355—368,fig2—5.但此图中心人物的狮面为康马泰补出。

④王静、沈睿文:《刺鹅荐庙——大使厅南壁壁画研究》,《考古学研究》2019年刊,第135页,图1。

大明尊之与鹅类相联，亦见诸上揭《入教图》，四神正下方的残片中，至少能看到两只鹅。按说鹅只被置于坐垫旁，当象征礼品或祭品，然摩尼教之立教宗旨乃是敬水不茹荤，故或可认为，此物实为神的象征，而当与座上四神特别是明尊—梵天相关。而如 38 窟树下双鹅果然象征明尊，一如其他图像中的画像与礼帽之类，则其后似水池之半圆物当为神之宝座或鹅车之前挡板。参考菩提伽耶的印度教太阳神苏利耶像，其马车前挡板与此半圆物如出一形（图 12），而 38 窟的双鹅与苏利耶的驷马悉皆背向而立，遵循了中亚—印度日月等神像之既定模式，足见这种假设是成立的。

图 9　摩尼教细密画《牟羽可汗入教图》
柏林亚洲艺术博物馆藏[①]

若如前人解释为宝座，则更符合摩尼教义及高昌发现的细密画。不仅《庇麻节图》，高昌故城 M559、Ⅲ8259、Ⅲ6265&Ⅲ4966c[②]等细密画皆表现摩尼教的宝座而无人形。

图 10　高昌绘五佛围绕大明尊图残片

图 11　柏 38 窟三干树壁画局部
（来自：吐鲁番学研究院）

①（联邦德国）克林凯特著，林悟殊译：《古代摩尼教艺术》，广州：中山大学出版社，1989 年，图版 21。

②王媛媛：《庇麻与头冠——高昌摩尼教圣像艺术的宗教功能》，编辑委员会编《张广达先生八十华诞祝寿文集》，台北：新文丰出版公司，2010 年，第 1124、1125 页。

图 12　印度菩提伽耶苏利耶浮雕（图源冉万里文）[①]

吸取中亚祆教以动物坐骑表现不同神祇之成法，而扬弃其对神祇与动物联合之直接表现，仅以空宝座（空车）表现，这也是偶像教与非偶像崇拜宗教之不同。

不过这里仍然存在问题，明尊的宝座显然应该在明界最高天上，如日藏摩尼教绢画《宇宙图》《天界图》等，为什么在壁画中却降而至三干树下而与教众、听者平起平坐呢？窃以为可与《庇麻节图》等所见摩尼宝座同等看待。从画面中可以看出，所有跪坐树下之人皆微微侧目，看向半圆形“宝座”及“二鹅”，可知此中空间确有神圣性，甚至超过了其上的圣树：回鹘贵族男女盛装供养于宝树下，协同十位未名之神灵，或许是反映了教内某盛大节日，此日明尊或将从天上降于人间，坐于宝座之上受人膜拜。抑可能，此壁所绘为天国盛景，三干树本为光明王国之象征，凤冠供养人身后的双翼神灵、兽面人亦不似人间之所有，则不妨将整个壁面当做未来幻景：供养人身后受“三大胜”而进入“涅槃常明世界”面礼明尊之景况。

三、祖尔万与大梵天

认定“双鹅”为明尊所乘更有印度教中证据。由克林凯特对《入教图》的解读我们可知，在回鹘文化中，摩尼教的艾祖阿（Äzrua 大明尊）经常与佛教的大梵天互相指代[正如众神之王因陀罗 Indra 常以摩尼教奥尔米兹德 xormuzta 亦即祆教的马兹达神（Mazda）指代[②]]，可知两教神祇多有混合：与祆教的祖尔万相仿，梵天子孙部分成了天神，部分则成了魔君，而梵天又每每轻言许诺魔王，

①冉万里：《西安碑林博物馆收藏“释迦降伏外道造像”新解》，《文博》2012 年第 5 期，图七。

②木再帕尔：《回鹘语与粟特语、吐火罗语之间的接触》，北京：中国社会科学出版社，2020 年，第 83 页。

给诸神带来麻烦。[①]所以,大梵天亦可谓善与恶的共源。虽然摩尼教关于祖尔万的教义不同于祆教,认为它是纯善的本源,且云谁声称奥尔米兹德和阿赫里曼是兄弟,谁就会因此下地狱[②]。不过显然这种根源性的教义并不能完全被回鹘人所理解。按《摩诃那罗衍那奥义书》和《摩奴法典》等婆罗门教经典皆以梵天为那罗延那。前书第十一分四首云:

> 那罗衍拿天,彼方之光明;那罗衍拿天,超上之性灵;超上之大梵(Brahma);那罗衍拿天,真实自超上;那罗衍拿天,超上静定者;那罗衍拿天,静定自无上。[③]

后者开篇云:

> 他在思想中既已决定是万物从自体流出,于是首先创造出水来,在水内放入一粒种子。
>
> 此种子变成一个光辉如金的鸡卵,像万道光芒的太阳一样耀眼,最高无上的神本身、托万有之祖梵天的形相生于其中。(此处梵天系指唯一的上帝,世界的创造者)
>
> 诸水称为那罗(nârâs),因为它们是那罗神的产物。它们曾经是那罗神的第一个活动场所(ayana),因此那罗神又称为"水上活动者"(Narayana)(此处Narayana指梵天)。
>
> 从这一存在物,从这一不可见的,永恒的,实际存在而对感官不存在的原因,原人(Purusa)出生了,他以梵天的名字著称于世。[④]

---

①魏庆征编:《古代印度神话》,太原:山西人民出版社,1999年,第695页。

②H. J. Klimkeit, Gnosis on the Silk Road: Gnostic Texts from Central Asia, San Francisco, 1993, p.127.

③徐梵澄译:《五十奥义书(修订本)》,北京:中国社会科学出版社,1995年,第328页。

④(古印度)佚名编,(法)迭朗善译,马香雪转译:《摩奴法典》,北京:商务印书馆,1996年,第8—9页。

观《下部赞》可知有一偈称“一者明尊那罗延佛作”，古人未有点读，或有人混淆两者，径将明尊当印度之那罗延亦未可知[①]，而那罗延天作为创世者(那罗延后世通常指毗湿奴，在此不拟讨论)，又是世界初人，是以可方摩尼教之大明尊，而梵天异名云诃姆娑婆诃那，意谓以天鹅为坐骑者，象征梵天对善恶的辨识力[②]。《迦楼罗及诸天密言经》云“没罗含摩唐云梵天。三首并作天王形。衣白披偏袒右肩。合掌当心，掌中持一红莲花。蠡髻无冠，首圆光绿色。于双白鹅上交胫而坐，其鹅首相背，尾相近耳。”[③]可知印度教、佛教之梵天即跨背向双鹅，一如祖尔万形。在广大西域地区，胡人甚众，各门宗教、诸神信仰往往出现杂糅，突出体现在于阗。这里所谓“将佛(婆罗门)似祆(或摩)”现象十分明显，且神灵、王者多携长幅飘带。在丹丹乌里克等地发现的木板画中曾见正面为佛神而背面为祆神像者，1998 年鲍默(Baumer)组织的所谓“中瑞探险队”复在丹丹乌里克发掘出神像木板画，西墙南侧的一幅，据鲍氏推测，当分别为大梵天、诃梨帝和 Graha(九曜或星曜母，可危害幼儿，亦可护佑儿童，按 graha 中有猪形曜鬼)神，而据荣新江先生的研究，佛教或印度教的大梵天正可与祆教的祖尔万对应，且此板最左象乘鹅/孔雀，手持弓箭，似可以是上半身祆教风神和下半身祖尔万/大梵天的拼合[④]。当然亦有人指出其实为湿婆之子战神迦絺吉夜(Kartikkeya)[⑤]，这实际体现了一种西域绿洲民间多元式、佛祆糅合式信仰，未必所有神明于佛典皆历历有据。

在西域高昌，那罗延—梵天之体貌及其坐骑竟变成了明尊之貌及坐骑，当非天方夜谭：亦是根据荣新江前引述之观点，婆罗门教的湿婆，在佛教就是摩醯首罗天，在祆教就是维施帕卡，神之状貌很可能是相仿的，但代表的宗教却

---

①参考林悟殊：《明教五佛崇拜补说》，《文史》2012 年第 3 期，第 385—408 页；林悟殊：《那罗延佛替代明尊佛之因缘蠡测》，《摩尼教华化补说》，兰州：兰州大学出版社，2014 年，第 364—369 页。

②魏庆征编：《古代印度神话》，太原：山西人民出版社，1999 年，第 503 页。

③《大正藏》第 21 册，No.1378，第 334 页上栏。

④荣新江：《丝绸之路与东西文化交流》，北京：北京大学出版社，2015 年，第 325 页。

⑤M.Compareti，The Indian Iconography of the Sogdian Divinities，*AION*，69/1—4 (2009)，p. 191.

图 13　丹丹乌里克新发现的 D.X 佛寺西墙南侧三人组合神像①

可能并不相同。值得注意的是，梵天的坐骑一说为天鹅一说为孔雀。王安石《梵天画赞》云“梵天尚实，厥乘孔雀。”②其《赠李士云》谓：“我闻大梵天，擎跨鸡孔雀”③，足见宋时所绘梵天像多有坐于孔雀背上者。而据森安氏研究树下半圆内供养人题记(在二鹅之间)，大体可释读如下：

This is a gather of guardian deities
With the image of peacock, I, Sävit, have written.
May there be no sin! ......Maybe protected!
Ötükän Nγošakanč (and) Qutluγ Tapmïš Qy-a, may they be protected!
......I have humbly done……May be at peace!
Please forgive my sins!

这是守护灵们的聚合
拥有孔雀的形像，我，Sävit 写下：
无罪，守护
(两位供养人的名字)当被守护
我谦卑的做了……祈望和平
原谅我的罪孽！④

①参荣新江：《丝绸之路与东西文化交流》，北京：北京大学出版社，2015 年，第 322 页，彩图为荣新江先生讲座提供。按此为 1998 年鲍默“中瑞考察队”非法发掘出土，国人多不知。其考古图册在曼谷出版，为荣新江先生偶然发现。

②[北宋]王安石：《王文公文集》卷三十七，上海：上海人民出版社，1974 年，第 442 页。

③[北宋]王安石：《王文公文集》卷四十三，上海：上海人民出版社，1974 年，第 508 页。

④(日)森安孝夫：《ウイグル=マニ教史の研究》，大阪大学文学部，1991 年，第 18—21 页。

其“孔雀的形像”何指？一种可能是指三干树下相对跪坐的回鹘贵族的头冠(孔雀即凤鸟之原型)，但从铭文书写的位置，可知其指代树下二禽的可能性更大。虽然从图像上看，其更像鹅而无孔雀之羽冠，不过考虑到回鹘为北方民族，多半没能接触到南方热带的孔雀，故或不能准确绘制。既然印度教中梵天所骑乘，有孔雀、鹅两种说法，则受到印度教深刻影响(三干树下的十位守护灵中即似有象头神)的高昌摩尼教选择用梵天坐骑孔雀代表它，并祈求其佑助，也就顺理成章了。画中禽鸟似天鹅而云孔雀，是否是欲兼祷梵天及明尊之心境也未可知[①]——但婆罗门教向来有着偶像崇拜传统，故只绘二禽，虚倚以待神圣之自天降临，显然仍是摩尼教的传统。

四、结语

从格林威德尔发掘高昌至今，一百余年间此“摩尼教窟”备受瞩目，关于此中三干树的性质及其下半圆空间、禽鸟的解说历年亦连篇累牍，将此中空间解读为宝座或宝车而非水盘，将二禽解读为代表明尊祖尔万或大梵天的天鹅或孔雀，也不过是笔者的一家之言，然结合西安“降伏外道”祖尔万像，则知以双型动物表现主神并非稀罕事，故吾等之假说存在一定合理性。愚者千虑，亦有一得焉。

---

①如敦煌愿文之《亡小娘子文》:“谓大自在天神证散庶恼，摩殄(醯)首罗天王伏以蝗军。”即将不同宗教的对等神(佛教的大自在天和祆教的摩醯首罗天)放在一起祝祷。黄征、吴伟:《敦煌愿文集》，长沙:岳麓书社，1995 年，第 778 页。另参张元林:《敦煌、和阗所见摩醯首罗天图像及相关问题》，《敦煌研究》2013 年第 6 期。

敦煌写卷中的多民族民俗文化重构
——以腊八民俗为例

米文靖
（福建师范大学文学院）

《四十二章经》载："示修六年苦行，每日止食一麻一麦，皮骨连立，终不成道。乃舍苦行，受牧女十六转乳糜之供，精气充足。次往尼连禅河中，浴身而出。取天帝释化现童子所施吉祥草，诣摩羯提国金刚场菩提树下，敷草结加趺坐，以慈心三昧降伏魔军，深入四禅，观察四谛，于腊月初八夜，明星出时，豁然大悟，证无漏道，是为佛宝初现世间也"。[①]佛俗"成道节"由此佛传故事衍生而来，因此饮乳糜、沐浴、供佛等成为印度佛教徒庆祝佛陀证悟成道的标配仪式。通过梳理敦煌文献发现，成道节随佛教传到敦煌初期，仍只是活动于寺院，随着佛传与本生故事广传民间，成道节"供佛"仪式与腊日"祭神"活动并行且逐渐合流，在两晋之际最终定型为僧俗共庆的制药食、燃灯祈福的腊八法会。这一合流对敦煌地区的"腊八节"具有两个重要意义：一则对以离俗之态仅活跃于寺院的佛俗"成道节"而言，是一场形式与内容的革新，使原本由佛教徒举行的佛教节日披上世俗色彩，成为官、僧、民祈祷国祚昌盛、消灾祛病的法会；二则自先秦到两汉，腊月"祭祀日"众多，受成道节影响，民间有意识将供佛仪式与祭祀活动合流，使腊月初八成为祭祀祈祷、供佛法会为一体的节日。目前学界

①（日）河村孝照等编：《卍新纂大日本续藏经》第 37 册，东京：株式会社国书刊行会，1975 年，第 670 页。

对腊八节的研究以史学与民俗学角度切入的成果颇丰[①],对敦煌腊八节定型过程及本身承载的文化整合意义研究并不多,鉴于此特撰此文略作探讨。

一、敦煌传统腊八民俗的形成与功用

腊八节之所以从祈赛农神的祭祀习俗延伸为具有庆祝、纪念、祈愿、驱傩功用的法会节令,是历史文明对诸多文化重重筛选的结果。敦煌地处关塞之地、华戎交汇之所,多民族文化汇聚于此,而不同文化需经过一定时期的对峙、合流才能形成一种主流文化,即所谓的文化整合,腊八民俗的定型就是民族传统文化与外来佛教文化激烈碰撞后的文化整合。

腊八节最早可追溯至上古时期腊月的祭祀活动,即岁末祭祀农神的蜡祭活动。夏商周时期由于生产力水平受限,所以人们将对自然的敬畏转化为各种祭祀活动,祈望通过对诸神的仰拜与供奉满足生活所需。然民以食为天,以护佑农作物丰收的农神地位则尤为突出,因此每逢岁末以酬谢农神为主的"蜡祭"活动率先而生。

蜡祭活动是岁末由天子带领百官酬谢诸神的盛大祭祀活动。《礼记·郊特牲》载:"天子大蜡八,伊耆氏始为蜡。蜡也者,索也。岁十二月,合聚万物而索飨之。蜡之祭也,主先啬而祭司啬也,祭百神以报啬也。飨农,以及邮表畷、禽兽等,仁之至,义之尽也。迎猫,为其食田鼠也。迎虎,为其食田豕也。故云迎其神而祭之。祭坊与水庸,事也。故祝曰:'土反(返)其宅,水归其壑,昆虫毋作,草木归其泽',皮弁素服而祭之"。[②]蜡祭初始目的是"报啬",迎猫、虎二神驱除鼠患和豕患两大农业之害,祭百神酬谢本年农业丰收之喜,祀农神以期风调雨顺之愿。于天子百姓而言,"农神"是何貌何态尚未可知,更别说以"飨"祀之是否符

---

①前者主要参见:詹鄞鑫:《腊八节与古代的"蜡祭"》,《文史知识》1987 年第 12 期,第 110—115 页;李玉洁:《古代的腊祭——兼谈腊八节、祭灶节的来历》,《文史知识》1999 年第 2 期,第 42—47 页;王永平:《从腊日到腊八:本土文化与外来文化的结合》,《文史知识》2019 年第 1 期,第 94—102 页;高志宏:《腊八节的历史变迁与现代转型》,中南民族大学硕士学位论文,2012 年。后者参见:邱倩楠:《唐宋时期佛诞日、盂兰盆节、腊八日研究》,西北民族大学硕士学位论文,2017 年;谭蝉雪:《唐宋敦煌岁时佛俗——八月至十二月》,《敦煌研究》2001 年第 2 期,第 73—81 页;谭蝉雪:《敦煌的民俗》,兰州:甘肃教育出版社,2008 年,第 57—59 页。

②崔高维校点:《礼记》,沈阳:辽宁教育出版社,2000 年,第 347 页。

合其心意了，可见远古本土诸神产生的根本是现实生活需求与人民丰富想象的结合，蜡祭产生的根本便是人们对农事重视的体现，因此农神等八大神祇是由祭祀的目的幻化出来的。所谓“蜡”，索也，始自伊耆氏，这与《风俗通义·祀典》“夏曰清祀，殷曰嘉平，周曰大蜡，秦曰腊”[①]的记载相一致，伊耆氏即神农氏，为周人，因此“蜡”名定于周人伊耆氏之时基本是无争议的；“八”则源自蜡祭活动中所祭祀的八位神祇：先啬、司啬、百种、农、邮表、禽兽、猫虎、坊和水庸。远古时期蜡祭在腊月郊外举行，但具体时间、地点并不固定。

随着祭祀文化和宗族制度的发展，以祭告宗族祖先的腊祭活动随之诞生，腊祭活动是祭祀主题不断衍生出的新文化。《风俗通义·祀典》载：“腊者，猎也，言田猎取兽，以祭祀其先祖也。或曰：‘腊者，接也，新故交接，故大祭以报功也’。汉家火行衰于戌，故曰腊也”[②]。腊祭是蜡日祭神向祭祖活动转变的体现，是由神谱体系向人间谱系的过渡，在西汉时期定型为祭祖专用之风俗，伴有饮酒、狩猎之习。蜡祭与腊祭虽同属于祭祀文化，但因祭祀内容与方式不同，加之腊祭形成的时间晚于蜡祭，因此两者在一定时期内并存。《毛诗注疏》载：“《郊特牲》说蜡祭之服云：“皮弁素服以送终。葛带榛杖，丧杀也。”其下别云：“黄衣黄冠而祭。”明非蜡也。又曰：“既蜡而收，民息已。”既蜡乃云息民，明知息民非蜡。息民与《月令》休息文同，故知黄冠而祭为腊祭也。是以注云：“息民与蜡异。”则黄衣黄冠而祭，为腊必矣。以此知腊在既蜡之后也[③]。可见汉代蜡祭和腊祭明显区分，不仅祭祀服饰装扮、目的不同，仪式仪轨也大相径庭。南北朝时期由于战乱频繁，造成南北人口大规模流动，因此蜡祭与腊祭活动在不同地方呈现不同的风貌。《荆楚岁时记》载：“十二月八日为腊日。谚语：‘腊鼓鸣，春草生’，村人并击细腰鼓，戴胡公头及作金刚力士以逐疫，沐浴转罪障。其日，并以豚酒祭灶神。”[④]此处记载虽为两湖地区，但也可窥见几分中原“腊日”之貌，可以肯定的是，六朝时期的蜡祭与腊祭在绝大数地区已合流为祈祷盛会，并伴有

①崔高维校点：《礼记》，沈阳：辽宁教育出版社，2000 年，第 379 页。

②崔高维校点：《礼记》，沈阳：辽宁教育出版社，2000 年，第 379 页。

③蒋鹏翔编：《阮刻毛诗注疏：小雅十四之一卷 6》，杭州：西泠印社出版社，2013 年，第 1841 页。

④宗懔撰，杜公瞻注，姜彦稚辑校：《荆楚岁时记：中国史学基本典籍丛刊》，北京：中华书局，2018 年，第 71 页。

固定的仪式仪轨，内容上新增驱傩、辟邪之功用。

佛教差不多同时传入敦煌与中原地区，但因敦煌地处西北，又是汉传佛教传入中原的必经之地，因此佛教落地时间更早，加之敦煌自古便有乌孙、月氏等少数民族长期居住，形成的异域文化与佛教文化快速碰撞，因此敦煌地区的佛教也更早被民众接受。相较中原地区重视农业文化的腊八节而言，敦煌地区（包括肃、凉等州）的腊八节更重视生活需要，在仪式上带有浓浓的民族特征，这与敦煌地区农牧业兼重的历史背景息息相关。《武威县志》载：十二月“腊日”，以肉腐合谷为粥，弹门户，酌以少许施牲。农人敲冰散诸田。[①]武威地区的腊八节具有双重文化意义：一则“弹门户”和“施牲”是受佛教“施粥”习俗的影响，腊八施粥（乳糜）之俗自印度便有之，《长阿含经》载：佛初成道能施食者，佛临灭度能施食者，此二功德正等无异。汝今可往语彼周那：“我亲从佛闻，亲受佛教，周那设食，今获大利，得大果报”，到了敦煌地区，以“肉粥”代替乳糜，施粥积功德的风俗在腊日时期也固定下来；二则“敲冰散诸田”是祈祷农业丰收的愿景，《新修张掖县志》：八日为“腊八节”。家家煮杂豆、米面和肉为粥以祀神，报成功也。又凿冰置散田亩、户牖，并树身中，以兆年来润泽[②]，又《高台县志》“十二月初八日，民间以谷调‘腊八粥’，分散田亩，祁丰年”[③]所载一致，很大程度上延续了“蜡八”酬赛农神的习俗，但敦煌地区的祀神之习更有地域特色，“凿冰置散田亩、户牖，并树身中”是敦煌特有的传统民俗，可见敦煌腊日风俗定型过程中既有借鉴吸收，也有本色延续。

敦煌腊八节最终的定型源于对现实生活的需求，因此可以说敦煌地区的腊八节是佛教外衣下包裹着世俗生活需求的体现。南北朝时期，敦煌地区腊八节各风俗逐渐定型，温室沐浴、制药食、燃灯供佛等成为寺院庆祝腊八必不可少的活动，其中体现了当地民众对佛俗的接纳与改造，寺院僧众对敦煌传统民俗的改革与对峙。通过梳理敦煌文献，敦煌地区的腊八节，在北魏时期就有施肉粥之俗，隋唐时期成为官、民、僧共同祈福的法会，承载着重要的社会功用和现实意义，尤其在官府力量的作用下，腊八节以佛教为依托，成为教化民众的

①丁世良等主编：《中国地方志民俗资料汇编：西北卷》，北京：北京图书馆出版社，1989年，第219页。

②丁世良等主编：《中国地方志民俗资料汇编：西北卷》，北京：北京图书馆出版社，1989年，第223页。

③丁世良等主编：《中国地方志民俗资料汇编：西北卷》，北京：北京图书馆出版社，1989年，第227页。

世俗化工具，兼具佛俗与民俗双重文化意义。

二、佛俗与腊祭文化合流中的对峙

重视自然崇拜与神仙信仰，是敦煌地区传统民族文化与外来佛教文化合流的基础，但两者文化整合过程中，又保留了各自鲜明的本质特征，即文化的“对峙”。一方面，蜡八祭祀“八神”的行为本身带着对自然神的崇拜，这与佛教徒对释迦牟尼的偶像崇拜本质上一致，所以在佛本生故事传入敦煌后，两种“崇拜”合流成为文化发展的必然趋势；另一方面，蜡八所祀之神是由生活需求幻化出来的对象，佛陀是神化后的形象，所以当两者崇拜合流之时，势必会保持各自的独立性，即幻化出的没有固定形象的诸神其功能是随时变化的，而神化后的佛陀渡众功用是固定不变的。所以一定程度上，两者互相借鉴与利用对方的社会功用从而扩大本身的影响力，这两者的合流是敦煌传统民族文化与域外佛教文化较量后的双向选择，这一点从敦煌地区腊八节活动的准备工作可窥探一二。

梳理敦煌文献发现，寺院在举办各种佛俗活动之前会提前发布榜文，包括规划人员职责及物资供需分配等细节。现保存较为完整的是 S.3879 佛诞日榜文和敦研 0322 腊八节榜文，两份榜文规定了参会人员的职责、到会时间、会场准备及着装要求，有着详细而周全的活动流程，可谓是极具操作性的文书范本。细究敦研 0322 文本内容可发现，唐中后期，敦煌腊八节法会虽在寺院举办，但负责法会的人员多是世俗之人，并且所制药食虽在寺院食用，但所用原料与制作方法仍是敦煌本土特有的。

（一）参与者：鲜明的僧俗分工

腊八节虽是佛节，但参与人员广及敦煌地区僧俗各阶层人员，尤其官府的主导作用，让腊八节披上了浓浓的政治色彩。从敦研 0322《腊八燃灯分配窟龛名数》卷面涂抹情况可以确定这份常年沿用的榜文，是每年腊八活动需遵循的范本文书，是由僧政道真和尚辛亥年（951）十二月七日发布，长一尺四寸三分，宽七寸六分的糙米色麻纸本[①]，榜文规定了每个人负责的区域及燃灯数量，榜

①吴曼公：《敦煌石窟腊八燃灯分配窟龛名数》，《文物》1959 年第 5 期，第 49 页。

文末尾处有惩处说明，尾题处有落款人和落款时间，是现存较为完整、具有重要意义的文书，校录如下：

庚戌年十二月八日夜□□□社人遍窟燃灯分配窟龛名数

1. 田阇梨：南大像[1]已北至司徒窟计六十一盏，张都衙窟两盏，大王、天公主窟各两盏，大像下层两盏，司徒窟两盏，大像天王四盏。

2. 李禅：司徒北至灵图寺六十窟，翟家窟两盏，杜家窟两盏，宋家窟两盏，文殊堂两盏。

3. 张僧政：崖下独煞神至狼子神堂六十盏，独煞神五盏。

4. 阴法律：第二层阴家窟至文殊堂上层令狐社众窟六十五盏，内三圣小龛各燃一盏。

5. 罗阇梨：第三层太保窟至七佛堂八十二窟，内有三圣刹心各燃一盏。

6. 曹都头：吴和尚以南至天龙八部窟计八十窟，刹心内龛燃在里边。

7. 索幸(行)者：第二层至第三层宋家八金光窟八十窟，内龛刹心燃在里边。

8. 阴押衙、梁僧政：第二层普门窟至文殊堂，又至灵图寺窟、至陈家窟六十三窟，有三圣龛燃在里边。

9. 王行者：南头第二层六十二窟，何法师窟两盏，刹心佛堂两盏，大像上层四盏，至法华塔。

10. 安押衙、杜押衙：吴和尚窟至天王堂卅六窟，吴和尚窟三盏，七佛七盏，天王堂两盏。

---

①吴曼公校录为“北大像”，并标注“原写‘南’，似圈去，改写‘北’”（见《敦煌石窟腊八燃灯分配窟龛名数》，《文物》1959年第5期）；马德：（《十世纪中期的莫高窟崖面概观——关于〈腊八燃灯分配窟龛名数〉的几个问题》，《敦煌研究》1988年第2期）与金维诺（《敦煌窟龛名数考》，《文物》1959年第5期）皆校录为“南大像已北”。据马德（《十世纪中期的莫高窟崖面概观——关于〈腊八燃灯分配窟龛名数〉的几个问题》，《敦煌研究》1988年第2期）考证并绘制的窟龛名数地理分布图，田阇梨所负责的窟数为94—129和220—227窟，因此此处应为所属之内的96窟北大像，并非130窟的南大像。

11. 喜成郎君：阴家窟至南大像五十二盏，卅八龛，阴家窟三盏，王家两盏，宋家窟两盏，李家窟三盏，大像四盏，吴家窟四盏，大像天王四盏。

右件社人依其所配，好生精心注炙，不得懈怠触秽。如有阙然(燃)及秽不尽(净)者，近人罚布一匹，充为工廨。近下之人痛决尻杖十五，的无容免。

辛亥年十二月七日释门僧政道真[6]

榜文中燃灯的窟龛囊括了整个莫高窟，窟龛中的供奉者已突破诸神谱系，现实人物占据供奉数量的半壁江山。反映了隋唐时期敦煌地区的家族祭祖活动，由世俗社会搬至寺院，尤其世家大族的世俗生活与离俗寺院生活交往密切。深究这份文书中涉及的人物关系，两方面体现了人物身份合流过程：

第一，腊八节燃灯供奉者社会僧俗身份多重交叠，世家大族所供奉的“家窟”数量最多，其窟主既是德高望重的僧官，同时作为家族荣耀被族人供奉。榜文中燃灯的洞窟遍及南北区 675 个洞窟①，燃灯数达 1190 盏②之余，马德将供奉者身份按社会阶层分为“官窟、寺院窟、家窟、僧人窟、社窟”③五类，其中寺院集资营建的“寺院窟”和僧人(或相关之人辅助)营建的“僧人窟”是佛教活动的直接体现，统治者营建的“官窟”、世家大族营建的“家窟”、中下层百姓或其他社团联合营建的“社窟”则是带有浓浓的世俗意味。敦煌地区世俗生活之所以能深深扎根于寺院，这与莫高窟的世俗功用密不可分。隋唐以来，莫高窟作为敦煌地区协调管理僧团与各寺之间事务的治所，是平衡与联系各寺院、世俗社会的重要纽带。据袁德领考证分析，莫高窟每年举办的常规活动达 24 项④，其中由官府组织僧团的“迎使”活动和在莫高窟内“网鹰”活动几乎完全背

①金维诺：《敦煌窟龛名数考》，《文物》1959 年第 5 期，第 50—54 页。

②据第 1、3、4、11 条洞窟燃灯总量，以及每个洞窟至少燃二盏，加上佛龛所燃灯数来算，至少需要 1190 盏灯。

③马德：《都僧统之“家窟”及其营建——〈腊八燃灯分配窟龛名数〉》，《敦煌研究》1989 年第 4 期，第 54—58 页。

④袁德领：《归义军时期莫高窟与敦煌寺院的关系》，《敦煌研究》2000 年第 3 期，第 169—176 页。

离佛教相关戒律,是儒家传统礼乐文化的反映,为迎外客而举行的“造设”宴会更是将莫高窟推向世俗生活，而各寺院在莫高窟住寺的住窟禅师则会把这种影响带回本寺院,因此整个敦煌地区的众寺院世俗化、社会化成为必然。

第二,腊八活动的筹备者来自僧俗各阶层,唐中期腊八节已是敦煌地区全民同参的盛大节庆。其盛大程度体现在三方面:其一这份榜文由三界寺僧政道真和尚于公元951年撰写发布,道真俗姓张,生活在世家大族控权的归义军时期,道真和尚作为三界寺的僧政,其僧团地位不言而喻,他与张、阴等世族频繁来往,其世俗地位也不低,因此道真和尚作为莫高窟腊八活动一切事宜的统筹者,既是僧团对腊八活动的重视,也是寺院为聚集僧俗两界之力举办活动的体现。其二榜文中负责分配燃灯者总计十三人,包括七位执事僧(两位僧政、阴法律、曹都头、三位押衙)、两位轨范师(田、罗阇梨)、四位在寺院修行但未出家的信徒(李禅、索行者、王行者、喜成郎君),执事僧和轨范师在寺院的地位比较高,负责的多为佛教窟龛,四位信徒则负责家窟燃灯窟龛,所供奉者包括人间谱系和诸神谱系,人间谱系按照身份等级供奉有三,上层统治者大王、天公主、太保等,中层有世家大族司徒家、翟家、杜家、宋家、阴家、王家、令狐家等,还有官府人员张都衙、执事僧何法师、吴和尚等,下层有社众窟,或源自家族、家庭祭祀,或源自对个人功德的赞颂与纪念,或源自民众合资以求福祉等;诸神谱系包括人格神智慧文殊、救苦救难的独煞神(千手千眼观音)、护持平安的天王及天龙八部等,诸神谱系供养则更多是对生活所需的体现,具有极强的现实意义。其三尾题处载“社人依其所配,好生精心注炙”的字样,可知这场燃灯活动虽在寺院由僧团主持,但具体是由社人实践的,严明的惩戒制度预示着僧俗众人在这场腊八节筹备活动中职能虽不同,但承担之责是平等的,换言之,世俗之人可直接参与寺院的日常生活。

(二)腊祭杀生与佛俗斋戒的对峙

先秦腊日祭祀的时间虽不固定，但狩猎祭宗庙和神灵的习俗一直有所保留。并且因佛教忌杀生,所以这两者有着不可调和的矛盾,在莫高窟第249窟与285窟的壁画中绘有腊八狩猎图,图中有坐禅的僧人、倒立的金刚士、奔走的猎人等,以连环画的方式体现了不同形象对狩猎杀生的态度,本质上是佛教对儒佛杀生思想冲突的一种调和。

莫高窟是敦煌各寺院协调事务的治所，开凿的洞窟和绘制的壁画集中了敦煌地区佛教思想的主流，所以敦煌壁画的杀生图对探究佛教调和儒佛杀生矛盾有重要的意义。佛教戒律规定，狩猎杀生是佛门之大戒，且杀戒是大乘戒律之首，所以在面对传统文化与佛教文化冲突的地方，佛教徒采取了多方面的抗争与调和措施，杀戒便是需要调和的重中之重。第249窟与主室藻井顶部相连接的四幅图案，东、南、西、北四披的上部分各以独立的主题，展现了美好和睦的动物、羽仙世界图景。四披的下部分绕一周连接起来是一幅山林图景连环画，林木、山坡与各种动物及人构成了统一的整体，分别是：东披的山林图底部残缺，只能看到绘有一只观望的猕猴和一匹奔跑的马以及一个倒立的金刚力士；南披绘有羊、野牛、豺狼等，或伫立或奔跑，还有自在飞翔的羽人等；西披下面则绘有猕猴和鹿，以及林间禅修的僧人，这三幅山林图景体现了祥和又美好的净土世界；与此截然不同的是北披的山林图景，绘有一只位于猎人前方正在奔走的野牛，猎人正拉弓对着一只逃窜的老虎，另一个猎人正拉弓对着三只奔跑的鹿，是一副激烈的、紧张的狩猎图。北披与前三幅图的和睦场景形成鲜明的对比，让人在视觉上产生强烈的碰撞与冲击，会瞬间感觉到狩猎杀生的残忍与不适，体现了佛教徒以壁画形式对狩猎习俗的抗议。譬喻故事或壁画图景都是佛教宣讲佛教教义与理念的重要方式，也是佛教调和与儒家文化冲突的重要手段。敦煌壁画表现狩猎杀生的图景很多，第285窟亦绘有同样的狩猎图景。与华盖式藻井窟顶相连接的四披绘有四幅主题不一的图景，四披下部一周是一幅山林图景连环画，细细数来有36身禅僧于山间、草庐中坐禅，周围有鹿、老虎、羊等动物，东、南、西三披的图景和谐自然，唯有北披下部绘有一个手持刀叉的猎人，正叉向一只正在拼命逃窜的类似于獾的动物，与其他三披图景在视觉上形成鲜明的反差，规劝和引导民众摒弃猎手杀生之俗。

这两个洞窟的山林图景以连环画的形式让观者在视觉上形成剧烈的冲击，体现了狩猎杀生破坏生态环境与自然和谐的理念。说明在敦煌地区有狩猎习俗，所以佛教徒以壁画的形式规劝狩猎者不可杀生，表达人与动物、人与自然要和谐相处，才能建成和谐美好的净土世界。

（三）食物：披着“乳糜”之衣的本土药食

以现存文献及壁画内容来看，敦煌地区腊八节煮肉粥的习俗古已有之，南北朝时期受佛教“乳糜”影响，在原材料选择和制作方法上有所改变从而演变为“制药食”。

《武威县志》“十二月‘腊日’，以肉腐合谷为粥”和《新修张掖县志》“八日为‘腊八节’，家家煮杂豆、米面和肉为粥以祀神”都在记载了敦煌地区腊八之际以谷、米和肉熬制成粥的习俗。隋唐及以后，以油炒面的药食成为腊八必不可少的食物之一，S.5008《某寺诸色斛斗入破计会》载：“腊月八日炒药食用面一斗，油两合子”[①]，P.3234V《行像社聚物历》载：“十二月八日抄药食，油半升”[②]，P.2040V《净土寺食物等品入破历》载：“油半升，腊月八日抄药食用”[③]。此外，胡饼也成为腊八常见的食物之一，S.6452《寺院账目》载：“十二月八日解斋面陆斗，炒臛油一升，饩饼面贰斗，胡饼面叁斗，麸面壹斗”[④]，所谓“解斋”是“非时而食”，所以胡饼成为僧人正餐之外的食物。从“肉粥”到“药食”的转变，可追溯到佛教成道节所施的“乳糜”。郦道元《水经注·河水》载：“长者女以金钵盛乳糜上佛”[⑤]，《大日经义释》载：“乳糜者，西方粥有多种。或以乌麻汁，以诸豆并诸药味，如十诵药法等文广明，然最以乳糜为上”[⑥]。对比之下，在制作方法上，药食的原料以油、梨、呵梨勒、酥（酥油）及草豉为主，制作方法以炒居多，乳糜则是将乌麻汁冲制成乳糜；在食用方法上，佛教所食乳糜，是“以谷类磨成粉末所制成之食物，又译作饼、麨……又作乳粥，通常多以米粟掺入牛羊乳中煮熟之……释尊于菩提树下成正觉之前，曾有接受乳粥供养之因缘”[⑦]，敦煌地区的腊八节进行了趋同式的模仿，以酥油、呵梨勒和香油等炒制成腊食，以牛羊

---

①中国社会科学院历史研究所编：《英藏敦煌文献（汉文佛经以外部分）：第 7 册》，成都：四川人民出版社，2009 年，第 14 页。

②法国图书馆编：《法国国家图书馆藏敦煌西域文献：第 22 册》，上海：上海古籍出版社，2002 年，第 237 页。

③法国图书馆编：《法国国家图书馆藏敦煌西域文献：第 22 册》，上海：上海古籍出版社，2002 年，第 20 页。

④中国社会科学院历史研究所编：《英藏敦煌文献（汉文佛经以外部分）：第 7 册》，成都：四川人民出版社，2009 年，第 73 页。

⑤郦道元著，谭属春、陈爱平点校：《水经注·河水》，长沙：岳麓书社，1995 年，第 8 页。

⑥高楠顺次郎等编：《大藏新修大藏经：第 23 册》，东京：大正一切经刊行会，1934 年，第 438 页。

⑦丁福保编：《佛学大辞典》，北京：文物出版社，1984 年，第 3038—3039 页。

乳煮之，又名腊煞。P.3671《杂抄一卷》及S.5658《杂抄》皆提及："腊煞何谓？冬末为神农和合诸香药，并因晋武帝，至今不断"[①]，这一记载中的"诸香药"便是散发呵梨勒药味的炒食，易于存储且无虫蛀之患。今天的敦煌地区仍旧有以酥油炒面制成药食，再以热水冲之或牛羊乳煮之的食用法。《佛光大辞典》载："禅林之晚餐。佛制比丘过午不食，故禅宗寺院午后之饮食为药石，亦即晚食之隐语。"[②]上推至唐代，腊八炒制而成的药食方便储存，可直接取而冲之或煮之，正符合禅林晚食方便省时又能充饥的需求。

相较其他地区的喝粥风俗，敦煌地区腊八从以肉、谷煮粥到以呵梨勒、油炒面的制药风俗的转变，具有重要的现实功用和文化整合意义。

第一，相较中原地区，唐宋时期敦煌地区的生产力不够发达，尤其医疗条件较为落后，所以民众的生命意识较强，腊八药食寄托了民众驱寒祛病、延年益寿的美好祈愿。敦煌文献除大量医药文献外，有许多祈祷生命健康的文书，如《难月文》《愿文》等，亦有许多以超神力控制生理机能的经文或咒语，如S.5379《佛说痔病经》、S.2037《消灾经》、S.2669V《除睡咒》等，这些都是基于现实需求的产物，是最能体现当时社会生活的作品。因此制药食之俗反映了敦煌地区民众重视生命健康的现实意义。

第二，吐蕃、归义军统治时期，敦煌地区因历史原因拥有高度自治权，统治者好佛事促进了佛教的繁荣兴盛。在政治力量的支持下，佛教的社会地位提高，纪念佛俗的活动愈加频繁和盛大，因此佛陀腊月初八得正觉前食乳糜的佛俗衍生出民间与之形态极其相似的药食之俗。仔细对比原料和制作方法就可以发现，乳糜和药食几乎是同一种食物，都是以牛羊乳煮粟米而食，不同的是，药食的原料是与粟米相似的面粉，这是由敦煌地区生产小麦和青稞的客观条件决定的。而原本熬煮而成的腊八粥在敦煌地区演变为炒制的药食（又叫灵药或乳药）。敦煌地处内陆深处，饮食主要以面食和牛羊肉为主，加之一年的寒冷期较长，所以多以暖热的炒食为主，这符合敦煌的气候条件。

---

①中国社会科学院历史研究所编：《英藏敦煌文献（汉文佛经以外部分）：第7册》，成都：四川人民出版社，2009年，第44页。

②慈怡编著：《佛光大辞典》，北京：北京图书馆出版社，2004年，第6691页。

第三,“呵梨勒”的原料是秋梨,是“波斯等地出产的一种药材,不仅可入药,而且可用于酿酒”[①],亦是敦煌地区的常见食物之一。酥、油、呵梨勒等是典型的地方性食物,经炒食后可驱寒止咳,也是味觉鲜美的美食。炒制后的食物易于保存,适合敦煌地区常年干冷的气候特征,因此药食成为敦煌各寺院与民间在腊八节前共同需要准备的食材。

三、本土民俗与佛俗对峙中的调和

不同文化在同一时空最终都会整合成一种主流文化，敦煌腊八民俗最终的定型离不开文化的整合。传统腊祭与成道节在思想上有着天壤之别,腊祭是世俗社会的酬赛祈福,成道节则是离俗世界的渡脱与超俗,所以二者最终合流回归为对美好生活期许的过程是曲折的,调和两者思想文化冲突,是历史的必然选择。

(一)驱傩祛病去灾与温室沐浴求福的调和

腊八节营建道场供祈福之用本是寺院活动，但在敦煌地区成为由官府主持、全民参与的祈福法会。S.4191《腊八道场斋文》载:“厥冬类季月,如来沐浴之神(辰),辕□湖银,坚冰地而未融,结天鸿而未假。馔崇建法场、兴兹普益者,则代祇域。而邀请法公,同佛日而宣畅(唱),感十六国(之)王来聚道场者,我监军论董没藏之为所兴也”。[②]官府发布文书、建立道场、邀请法公、举办法会,似乎与佛教建温室沐浴的习俗几乎完全背离,但深究法会的仪式仪轨,却处处体现着佛教的内容与思想。

佛教认为浴佛习俗源于两个传说:或佛出生时得龙喷香雨。《大宋僧史略校注》载:“浴佛者,唐义净三藏躬游西域,见印度每日禺中维那鸣钟,寺庭取铜石等像于盘内,作音乐、磨香或泥,灌水,以□揩之。举两指沥水于自顶上,谓之吉祥之水,冀求胜利焉。问:浴佛表何? 通曰:像佛生时龙喷香雨浴佛身也。然彼日日灌洗,则非生日之意。疑五竺多热,僧既频浴,佛亦勤灌耳。东夏尚腊八,

①高启安:《唐五代敦煌饮食文化研究》,北京:民族出版社,2004 年,第 301 页。

②中国社会科学院历史研究所编:《英藏敦煌文献(汉文佛经以外部分):第 7 册》,成都:四川人民出版社,2009 年,第 263 页。

或二月、四月八日,乃是为佛生日也”[①];或佛成道之日于尼连禅河沐浴。《佛说太子瑞应本起经》载:“佛初得道,自知食少,身体虚轻,徐起,入水洗浴”[②],后以沐浴修清净心在佛俗中保留下来。佛陀涅槃以后,法嗣以佛像代之进行沐浴,后来演变为众僧沐浴之习俗。佛教传入中国后,建道场沐浴风气渐浓,尤其在浴佛节和成道节最为隆重。

建道场沐浴之习走出寺院,是佛教获得更多信徒支持的重要方式。P.3265《报恩寺开温室浴僧记》载:“紫金鱼袋、上住国、敦煌都水令狐公之建矣。帷公英奇超众,果敢非常,早达五丘,晓知九法。后参军次,统以千渠。海量山怀,松贞椿茂……式建此回,用品幽黜。达谢马迁,文惭该博,虚承来讹,难以德辞,狂简陈述,而不作云云。于是严须达之园,千金靡吝;修祇域之供,七物不亏,冀此良缘,示魂觉路”[③]。这是一份由报恩寺向令狐氏家族捐建温室的答谢书,书中表达了对令狐氏的感谢,并高度颂赞了令狐氏建道场的丰功伟绩。文中有两处显示了寺院在接受世俗捐建的同时,不改佛教教义的思想:一则以须达(多)建造祇园精舍比拟令狐氏建温室之功,赞美令狐氏的乐善好施的同时,也借用佛教典故传递佛教思想与文化;二则文中提到所修温室配有“七物”,是佛教浴佛活动必不可少的七种香料。这份答谢书字句之间体现了报恩寺以兼容之法将世俗中的权与财纳入寺院的发展。

延伸温室沐浴去垢净法身的功用,加入世俗生活驱寒去病的需求,是佛教调和世俗与离俗两种生活状态的方法。《十二月日景兼阴晴云晴云雪诸节》载:“腊月八日,时属风寒月,景在八辰,如来□温室之时,祇试(树)浴众僧之日。故得诸垢已尽,无复烦恼之痕;虚净法身,皆沾功德之水”。[④]温室沐浴对佛教徒的意义是以功德水去除烦恼心从而修得清净心。但中古敦煌地区的寺院给这一佛俗赋予了世俗意义,P.3671《杂抄一卷》载:“十二月八日何谓? 其日沐浴,转

①赞宁撰,富世平校注:《大宋僧史略校注》,北京:中华书局,2015年,第21—22页。

②高楠顺次郎等编:《大藏新修大藏经:第23册》,东京:大正一切经刊行会,1934年,第185页。

③法国图书馆编:《法国国家图书馆藏敦煌西域文献:第22册》,上海:上海古籍出版社,2002年,第326—327页。

④高启安著:《唐五代敦煌饮食文化研究》,北京:民族出版社,2004年,第85页。

障除万病，名为温室，于今不绝"[①]。"转障除病"是敦煌民众对健康长寿的美好期许，敦煌地区浴佛所用七宝之一亦选取了驱寒开脾止咳的药物，如藿香"辛，温而甘，气味具轻。善能快脾利气，开胃宽中，止霍乱、呕吐、暑邪滞闷。香甜不峻，轻和之品。"[②]

促使世俗民众参与到浴佛活动当中，是调和佛俗与传统民俗的重要之法。P.3103《浴佛节作斋事祷文》："方今三冬季序、八叶初辰，飞烟布而休气浮，日重轮而月抱戴……繇（由）是求僧恻陋，置席莲宫，导之以阖境玄黄，率之以倾城士庶。幢蟠晃炳，梵赞訇锵，论鼓击而会喷填，法族树而场骈塞。"[③]敦煌沐浴活动的参与者不止僧众，还有官府与民众，甚至官府的参与度要远高于寺院，官府"导之以阖境玄黄，率之以倾城士庶"，这意味着浴佛活动已远不止佛教教义中转五浊恶世为净土，导邪曲人心为善良菩提的意义，而是在官府力量的作用下，原本活跃在寺院的浴佛活动走出寺院，成为僧俗同庆的节日。

（二）燃灯：人间谱系与神仙谱系同在的文化整合

敦煌地区佛寺的盛大燃灯活动有三：上元节、盂兰盆节和腊八节，最盛者当属上元节，次之腊八节，再次之盂兰盆节。其中腊八时的燃灯规束最多，不仅须"阙燃殆尽"，燃灯数量也有相应的规定，此外燃灯所用灯具大小、香油添置、室内摆放也有一定要求，从这些规束可看出腊八燃灯供奉的现实意义。莫高窟192窟（晚唐）题记载："又年岁至正月十五日、□七日、腊八日悉就窟燃灯。年年供养不绝，以此功德先奉为当今皇帝御宇，金镜常悬，国祚永隆"[④]，归义军时期的燃灯供养由官府捐资举办，将寺院以燃灯积累功德的活动用于政治需求，带有鲜明的世俗意义。

腊八燃灯的文化意义是多元化的。一方面，将佛教的神仙谱系融入人间谱

---

①法国图书馆编：《法国国家图书馆藏敦煌西域文献：第22册》，上海：上海古籍出版社，2002年，第283页。

②张德裕辑，程守祯、刘娟校注：《本草正义》，北京：中国中医药出版社，2015年，第21页。

③法国图书馆编：《法国国家图书馆藏敦煌西域文献：第22册》，上海：上海古籍出版社，2002年，第379页。

④贺世哲：《莫高窟第192窟〈发愿功德赞文〉重录及有关问题》，《敦煌研究》1993年第2期，第1—4页。

系当中,给现实中的人,尤其给河湟地区的节度使披上神圣外衣。唐中期以后,敦煌地区依次归属吐蕃与归义军管辖,本质上都属于藩镇割据政权,因此需要一定的向心力加固统治。佛教思想如同黏合剂,拉拢了具有一定话语权的世家大族,凝聚了杂居在敦煌的各民族人民,将多元化意识形态融入佛教思想当中,为统治外散力量架起了桥梁。P.2058《燃灯文》载:

> 厥今青阳瑞朔,庆贺乾坤;设香馔于灵龛,然(燃)金灯于宝室。官僚跪炉而致愿,僧徒启念于尊前者,为谁施作?时则有我河西节度使令公先奉为天龙八部,拥护敦煌;梵释四王,恒除灾孽。次为令公己躬延寿,以(与)彭祖而齐年;公主、夫人宠荣禄如(而)不竭,郎君、小娘子受训闺章,合宅宗枝常乘承业。四方开泰,风雨顺时;五稼丰登,万人乐业诸(之)嘉会也。伏惟我令公天资浚哲,神假其才,雄雄定山岳之威,荡荡抱风云之气。临机运策,韬三略之深谋,关上夔龙,负六韬而定塞。[①]

这是一篇由莫高窟执事僧撰写的集颂赞与祈福一体的燃灯文。从内容看,这场燃灯活动的祈福对象和目的都很明确,从祈求国祚昌盛到为节度使祈祷延年益寿,再到为节度使的家人求取福禄,每种祈福都与“节度使”有着密切的关系。遗存的数十篇燃灯文的内容大多如此,这与当时的历史背景息息相关:一,汉魏时期,敦煌太守窦融、尹奉、仓慈等人限制豪强、胡汉通婚与胡商贸易等主张,河湟地区政治环境的稳定、经济的富庶,以及胡汉交融促进文化的繁荣,促使统治者的威望在下层民众中逐渐提高;二,两晋六朝时期,张轨等统治者大力兴办文化、教育事业,使五凉文化整体提升的同时,佛教艺术也能更快被更多人接纳,为后来佛教事业的发展奠定了坚实的基础;三,以张轨为代表的统治者世信佛教,另则佛教徒为了更好地传播佛教,通过学习儒家文化,将儒家思想中的治世之道和忠孝思想以佛教方式输出,适应社会发展的需求,提高了佛教的社会地位。

---

①黄征、吴伟编校:《敦煌愿文集》,长沙:岳麓书社,1995 年,第 520—521 页。

另一方面,莫高窟壁画同时展示了"燃灯造幡,放生修福"两种祈福方式,这与敦煌药师信仰的流行密切相关。药师佛在因地修行菩萨道时,曾发十二大愿,不仅可以治疗人的生理疾病,还能治疗人的心理疾病,正符合唐中期敦煌民众祛病消灾、求取平安长寿的愿望。盛唐 148 窟药师经变侧面绘制了放生图,正值吐蕃攻打沙洲,官府、民众、僧侣和敦煌画师们面临战火纷飞,城破家亡之际,经变中创造的富裕、幸福、安宁、祥和的东方药师净土正是人们向往的幸福天国;而十二大愿和九横死则反映了人们对生命的健康安宁、丰衣足食、消灾避祸、延年益寿的祈愿。值得注意的是,晚唐莫高窟第 12 窟北壁《药师经变》侧面的燃灯图伴有放生活动,燃灯、放生、悬幡和斋僧是药师供养活动的重要内容,可知敦煌腊八燃灯风俗与药师信仰关系密切。中古时期敦煌地区药师信仰盛行,药师佛承载着民众消灾除病、延年益寿的世俗愿望,是佛教世俗化的具象代表,也是民众的现实需求与精神需求的反映。因此腊八燃灯对供奉者具有多重意义,放生活动表达了民众对生命健康的祈愿,以灯树"高天布月"之光辉折射供奉者理想中的净土世界。

四、结语

敦煌地区传统民族民俗在佛教影响下呈现新面貌者颇多,如祀路神、赛青苗神等,僧俗同庆的腊八节颇具代表性。从敦煌腊八各习俗的定型来看,佛教的世俗化发展到鼎盛时期必然与传统民族文化进行整合与转化,出于文化整合与转化的需求,民俗本身的文化属性不再仅仅具有民族特征,世信佛教的统治者通过直接参与佛教相关活动,自觉地把佛教文化思想移植到社会生产生活的意识形态领域,从而促使敦煌佛教向大众化发展。

敦煌佛教的世俗化程度比其他地区高很多,表现在佛教的通俗性、流行性、娱乐性、商业性、开放性、仪式性及分支发展情况都朝着传统节俗不断靠近。换言之,佛教进入敦煌以后,不断靠近、融入传统民族的伦理观念,所以融合佛俗与民俗特征的腊八节是披着佛教的外衣,实际上是传统文化融合佛教及民间各种信仰的见证,亦是佛教借以影响社会、沟通社会的重要途径。因此,中古时期敦煌地区的文化应是在佛教与政治、传统合流下产生的。佛教不断以更为通俗的方式传播佛教的理念与文化,取得各阶层支持,反之,佛教的教化功用和所带来的现世利益为官府所用,成为统治者巩固政权的手段。因此敦煌地区的腊八节是具有纪念意义的佛俗,也是佛教借祈福、祈愿等世俗方式传播净土理念、实现戒杀生理念的方式,更是官府借此巩固政权的手段以及下层民众对生命健康与精神需求的体现。

交融与流变:喀什三仙洞、莫尔佛塔寺考察及相关问题

邵强军
(兰州大学艺术学院)

新疆喀什古称疏勒,为西域三十六国之一,现位于祖国最西端,是印度佛教艺术文化进入中国西部的首站,是中国佛教艺术文化的源头。现遗留在这片故土上的重要佛教艺术遗迹主要有“三仙洞”“莫尔佛塔寺”等。这些遗迹对于探讨以下三个问题具有重要价值:佛教初传中国时,人们看待和认识外来佛教艺术文化的态度是怎样的?外来佛教在喀什当地是如何中国化的?喀什地区的佛教艺术文化又是如何影响中国其他地区的佛教的? 我们将带着这三个在佛教艺术文化演变史上的重要课题, 主要以喀什地区的这两处重要佛教遗迹为主进行探源。

一、喀什地区佛教遗迹的基本情况

图 1　喀什三仙洞(笔者拍摄于 2017 年 7 月)

三仙洞位于新疆喀什市北郊约 18 公里处,开凿在上阿图什乡恰克马克河南岸陡峭崖壁之上,三洞并置,坐南面北,横向跨度约 10 余米,洞口距离地面约 30 余米(图 1)。洞窟平面均为纵长方形,分为前后两室。其中东窟窟顶和壁面存有壁画, 中窟正壁残存位于束腰须

弥座上的一身高约 1.2 米的禅定状石胎塑像。

三仙洞的开凿时间,学界存有“东汉说”和“唐代说”两种观点。根据宁强先生、青年学者程学文等最新研究成果[①],笔者赞同三仙洞最早开凿于 2—3 世纪,中窟石胎塑像同时期或稍晚,壁画为后期不断增绘,其主要绘制时间是在 5—7 世纪。三仙洞作为佛教石窟艺术向中国汉地传播的一个重要枢纽,在中国佛教和佛教艺术史上占有独一无二的地位,具有重要的学术价值。

莫尔佛塔寺位于新疆喀什市东北约 30 公里处,现遗存有一塔和一巨大高台(图 2)。塔高 12.8 米,用大土坯砌成,由下方三层方形塔基和上方圆柱式覆钵组成,塔体中空,顶有圆孔。大塔旁高土台形如倒置大斗,台高 7 米,底大顶小,底面长 25 米,宽 23.6 米,顶部长 14.2 米,宽 12.5 米。现高台四墙存有残龛,龛内佛像已荡然无存。莫尔佛塔的建造时间学界较为一致,约在 3—4 世纪。

喀什地区除代表性的三仙洞和莫尔佛塔寺以外,还有托库孜萨来佛寺、图木休克佛寺等佛寺遗迹。托库孜萨来古城遗址出土较多佛像,中心大佛塔周围还有小佛殿。出土佛像的年代一般认为在 3—4 世纪,也存在后期如 6 世纪左右的佛像。而图木休克佛寺遗迹是由两座寺院组成,有木雕佛像出土,较为罕见。其佛教艺术发展时间从 4 世纪一直延续到 8 世纪左右。

图 2　莫尔佛塔寺(笔者拍摄于 2017 年 7 月)

二、中国对外来佛教艺术文化初传喀什的态度

汉武帝“罢黜百家,独尊儒术”的文化主张,以及魏晋时期玄学的昌盛等,都奠定了中国本土文化的底色。在这种文化背景之下,面对从印度东渐而来的

①宁强:《莫尔大塔是中国现存最早的佛塔吗? 丝路考察散记之二》,《中国美术报》2018 年第 96 期。程学文:《新疆三仙洞研究——兼论中国早期佛教艺术起源与传播模式》,首都师范大学硕士学位论文,2019 年。

佛教艺术文化,中国人以开放的姿态,用有容乃大的胸襟接纳异域文化。

西汉张骞在汉武帝的派遣下曾两次出使西域,其“凿空”之功,为佛教东渐铺好了道路,为中西艺术文化的交流做出了重要贡献。喀什三仙洞是目前所见最早由印度进入中国西域的佛教艺术文化遗迹。从三仙洞的名称便可体现喀什地区的人们起初对外来佛教艺术文化的认识和理解。公元 74 年,东汉班超从中原来到孕育三仙洞的喀什,在喀什生活的 17 年里,不仅有卓越的政治贡献,更是在当地为传播汉文化做出努力。其官至“西域都护”后,虽居住龟兹,但喀什地区仍然属于“西域都护府”的管辖范围之内。因此,深受汉文化影响的喀什地区的人们并没有用佛教术语来称呼这一外来文化形态，而是以中国本土道教神仙思想的语汇来对它命名。这反映出中国人初次对待佛教艺术文化,既感到陌生又感到熟悉的文化心态。陌生感在于面对一种全新的外来艺术文化不知所措的心态，熟悉感在于又能从自身文化中找到与之具备相同属性的文化形态而代之。

这一包容性的文化心态在其他地区也得到了反映。敦煌莫高窟第 323 窟主室北壁绘有一幅“张骞出使西域图”(图 3),虽然绘于初唐时期,但图像和题记文字中都见证了发生在汉代的历史事迹和时人对待外来佛教艺术文化的态度。张骞出使西域图略呈方形,共四个情节呈“U”字形构成,从右上角开始分别是：汉武帝和诸大臣于甘泉宫前拜二金人——汉武帝派遣张骞出使西域——张骞等一行跋山涉水、翻山越岭前往西域——张骞等人来到西域大夏国问金人名号。仔细观察第一个画面,庑殿顶木构大殿中并立两个佛像,殿额匾牌题写“甘泉宫”三字,甘泉宫大殿前是汉武帝和诸大臣拜佛的场面。在帝王拜佛的下方有一则题记:“汉武帝将其部众讨匈奴,并获得二金(人),(各)长丈余,列之于甘泉宫,帝为大神,常行拜谒时。”从图像资料可以直观地看到甘泉宫中的形象是佛陀的造型,但从题记信息可知,汉武帝和诸大臣并不认识他们,而是称为“金人”或“大神”,并将他们置于道教文化形态的“甘泉宫”之中,还派遣张骞去西域问金人名号。张振新先生指出甘泉宫中有汉祭祀天神的地方,[①]沙武田先生也认为甘泉宫确实是一处供奉各类神灵和祭祀的场所，体现汉武帝的

①张振新:《谈莫高窟初唐壁画〈张骞出使西域〉》,《中国历史博物馆馆刊》1981 年第 3 期,第 116 页。

天、仙崇拜与思想。[①]而汉武帝却把金人置于甘泉宫，并以天神来祭祀，表明汉武帝对外来异域佛教文化不仅有着浓厚的兴趣，而且还给予二位金人很高的神圣地位。

图 3　张骞出使西域图

在史书中还有更为详细的相关记载。《史记·匈奴列传》载："其明年（元狩二年）春，汉使骠骑将军霍去病将万骑出陇西，过焉支山千余里，击匈奴，得胡首虏万八千余级，破得休屠王祭天金人。"[②]而第 332 窟中张骞出使西域图的题记应该来源于《魏书·释老志》的记载："案汉武元狩中，遣霍去病讨匈奴，至皋兰，过居延，斩首大获。昆邪王杀休屠王，将其众五万来降。获其金人，帝以为大神，列于甘泉宫。金人率长丈余，不祭祀，但烧香礼拜而已。此则佛道流通之渐也。"[③]其中"此则佛道流通之渐也"不仅总结性地说明了佛教在中国慢慢开始传播的现状，还称"佛教"为"佛道"，这种用本土文化的语汇来定义和认知外来佛教文化的态度，正反映出时人对待中国早期佛教文化的真实态度。

《三辅黄图》的作者在注记甘泉宫的"黄帝以来圜丘祭天处"时引用《汉书·地理志》所记："云阳（县）。有休屠、金人及径路神祠三所。"[④]又《史记·匈奴列传》载："元狩二年（前 121）建休屠金人祠、径路神祠。"其中出现"神祠"和"金人祠"。表明金人不仅可以被置于甘泉宫，还可被安置于神祠，这似与儒家文化下的祠堂形态相互融会贯通。据沙武田先生研究，莫高窟第 323 窟供奉二金人像的建筑匾牌额号"甘泉宫"当是"甘泉宫休屠金人祠"的简写。[⑤]

---

①沙武田：《敦煌壁画汉唐长安城相关问题申论》，《敦煌研究》2018 年第 3 期，第 57 页。

②［西汉］司马迁：《史记》第 110 卷《匈奴列传》，北京：中华书局，1963 年，第 2908 页。

③［北齐］魏收：《魏书》第 114 卷《释老志》，北京：中华书局，1974 年，第 3025 页。

④班固：《汉书》第 28 卷上《地理志》，北京：中华书局，1962 年，第 1545 页。

⑤沙武田：《敦煌壁画汉唐长安城相关问题申论》，《敦煌研究》2018 年第 3 期，第 57—59 页。

《洛阳伽蓝记》记载:“公元64年,汉明帝刘庄梦见一身长丈六、来自西方的金人,在殿庭里飞绕。翌日,以问群臣,奏对此为西方神佛。于是,帝遣使向西域求之,乃得经像焉。”可见佛教在汉明帝时有所发展,由汉武帝时的“大神”变为“神佛”,从名称看此时理解要更深入一些。

由上述“仙洞”“宫”“祠”“大神”“神佛”等关键称谓,我们发现时人最初对待外来佛教艺术文化时,虽感陌生,但极力用已有的儒、道本土文化来理解和认知外来佛教文化,展现出一种极大的文化包容心态。

三、外来佛教艺术文化在喀什地区的中国化变革

位于祖国西域最西端的首个佛教寺院遗迹莫尔寺，是佛教艺术进入中国并在当地发生了创新与变革的见证，这在一定程度上奠定了中国佛教艺术的整体面貌。

从材质上来讲,印度佛教艺术多是由石质材料雕刻而成,而莫尔寺现遗存的佛塔和巨大高台均是由土砌垒而成,这是继承了汉长城的建筑工艺。除了莫尔佛塔,遍布在西域的佛塔均由土砌垒而成,如库车县苏巴什西寺佛塔、吐鲁番市交河故城北部塔林、和田热瓦克佛塔、和田尼雅遗址佛塔、民丰县安迪尔夏央达克遗址佛塔、尉犁县营盘佛塔、若羌县米兰佛塔等。西域地区多砂砾和广阔的戈壁滩,当地人因地制宜,采用砂石泥土重新堆砌塑造佛教艺术,创新和变革了外来佛教艺术惯用的石质雕刻手法。这反映出不同的佛教艺术制作思维:印度犍陀罗等佛教艺术是通过雕刻的手法做减法,中国以西佛教艺术多是通过堆砌塑造的手法做加法。这对新疆及河西走廊等佛教造像的表现形式产生了巨大影响,使得塑像成为主流。

西域广阔的戈壁滩,使得像莫尔寺的巨大高土台出现,这也是除在悬崖峭壁开窟造像的另一种方案。这在印度、敦煌以及中原地区很少见,是本地区佛教艺术的一大特色。莫尔寺高土台四壁存有佛龛痕迹,佛像现已不存。类似的佛教建筑样式还有高昌故城“Y”佛教遗迹中的佛塔、北庭王家佛寺。它们规模更大,层级更多,佛龛和造像也更多。这一因地制宜的创举成为中国佛教艺术中的一类独特样式,具有重要价值。

从佛塔造型上来讲,上述除塔林以外的所有佛塔均为方形基座,圆柱形覆

图 4　印度桑奇大塔

图 5　喀什莫尔佛塔
（笔者拍摄于 2017 年 7 月）

钵塔身。这与印度最早的桑奇大塔(图 4)、巴尔胡特大塔圆形基座完全不一样，表现了地方特色，这与中国“天圆地方”的观念相一致。另外，如图 5 莫尔佛塔东向面残存一敞口佛龛，佛像已不存，龛内可能塑释迦牟尼或弥勒佛，这与印度早期单纯的佛塔不同，也成为本地的一种革新。

四、作为中国佛教艺术文化源头的喀什佛教对其他地区的重大影响

第一是在开窟环境方面的影响。“离群索居、静心修行”是早期佛教修行者进行实践所表现出的一大特点，这就对开窟造像的环境和场所有了要求。三仙洞位于喀什郊区，地理位置偏僻，远离主城区与乡镇街道，人迹罕至，并开凿在陡峭崖壁之上，洞口远离地面，前面是一条恰克马克河，可以解决吃饭用水问题，岸上树林密布，环境幽雅安静；莫尔佛塔寺也在喀什 30 公里处的郊区，背靠古玛塔格山，面向恰克玛克河。这两处位于祖国西域最西端的佛教遗迹，共同表现出远离人群、接近水源、绿树成荫的幽静环境等特征，成为开窟造像的理想之地，影响深远。如龟兹石窟、敦煌莫高窟、武威天梯山、天水麦积山、龙门石窟等，均远离居所，开凿于崖壁之上，前有水流，绿树成荫，环境优美。

第二是在石窟形态方面的影响。三仙洞是由三个洞窟组成的一组窟，窟门口前有宽 50 厘米左右可以供人行走的前廊将三个窟连为一体。左右窟供僧人静坐禅修，中间窟供僧人观想，组合起来进行禅观，这在功能上也合为一体。这一“组窟”特点影响深远，如库木吐喇窟五联洞(第 68—72 号)(图 6)、莫高窟

图 6　库木吐喇“五联洞”
（笔者拍摄于 2019 年 6 月）

北凉三窟（第 268、272、275 窟）、麦积山双窟（第 74、78 窟）、云冈昙曜五窟(第 16—20 窟)等。它们很可能受到三仙洞的影响而以组窟的形式出现。前文所述莫尔寺佛塔造型与西域多处佛塔造型的相似性,也可看到莫尔佛塔对西域佛塔造成影响。

第三是在佛教禅观思想方面的影响。佛教分为大乘佛教和小乘佛教,佛教禅观思想是小乘佛教的重要修行内容。乔达摩·悉达多太子在远离人家的山间树下苦修进而顿悟成佛的经历,以榜样的力量深深地影响了佛教追随者和修行者。这在喀什三仙洞的营造环境和中窟残存的石胎禅定佛中可以看出这些迹象。这一修行方式一路向东,不断产生影响。如以小乘佛教为主要内容的龟兹克孜尔石窟,壁画和造像集中反映了这一禅观思想。中心柱石窟券形顶上的菱格形画面以远离人间的山树居所为背景,释迦牟尼或以讲故事的方式传递佛法,或画上在山间树下禅定的僧人,中心柱正向面的释迦牟尼主尊时刻成为修行者观像的对象,反映了禅观思想。莫高窟北凉三窟以组窟的形式也反映了禅观思想,268 窟南北壁有四个禅窟,用来坐禅冥想,272 窟用来僧人礼拜,275 窟用来观像。

坐禅修行的僧侣成就自我的外在表现方式之一便是能够飞升天界，显示出异于常人的神通力,不仅可以自由飞行,肩膀还会冒出火焰、脚下冒出水等。我们发现这一禅观思想下所产生的神通力由西向东顺着佛教传播路线，在喀什三仙洞、龟兹克孜尔、敦煌莫高窟最早的洞窟以及麦积山石窟中都有表现。喀什三仙洞东窟窟顶莲花藻井周围绘有火焰肩坐禅僧人(图 7);克孜尔天相图中肩上冒火、脚底出水的飞和尚比比皆是,如三世纪 118 窟天相图中绘禅定僧与火焰肩飞行和尚(图 8);敦煌莫高窟北凉三窟第 268 窟南壁亦有飞行和尚图像(图 9);麦积山第 4 窟平棋顶绘飞行和尚赴会场面。可见,佛教禅观思想在早期石窟艺术中由西向东影响深远。

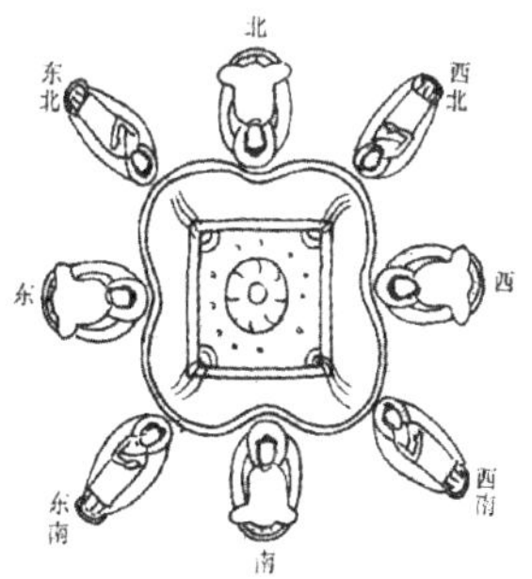

图 7　三仙洞东窟窟顶图像及窟顶禅僧与树木线描图①

图 8　克孜尔 118 窟天相图禅定僧与飞行和尚局部

图 9　莫高窟北凉第 268 窟内景及南壁上端飞行和尚

图 10　麦积山第 4 窟平棋顶飞行和尚赴会图

①马世长:《三仙洞年代别议》,《考古学研究》1994 年第 1 期,图八。

五、结语

综上所述,我们从佛教艺术文化演变史上的三个重要课题着手,对新疆喀什三仙洞和莫尔佛塔寺作了进一步讨论,认识到中国首次面对外来佛教是“以本土融外来”的文化态度,是有选择性的而非全盘接受。外来佛教艺术文化在喀什地区的中国化变革,在材质上表现为就地取材,沿袭古法,变外来石质为泥质;在方法上表现为平地堆塑(石窟艺术营建的另一种方案)而非依崖而凿;在造型上(方基圆顶的莫尔佛塔)主要受到中国“天圆地方”观念的影响。作为中国佛教艺术文化源头的喀什佛教对其他地区产生的重大影响，主要表现在开窟环境方面,石窟形态的“组窟”方面,以及佛教禅观思想方面如坐禅修行的僧侣成就自我所表现出的异于常人的神通力等。

龙门石窟“千秋”图像考
——兼论河西莫高窟“千秋”源流问题

王　炎
（龙门石窟研究院）

本文研究对象的身份问题，文中依据客观形态且称之为双翅鸟，将其概念界定为北朝石窟寺常出现于窟龛顶部、门券两侧等特定位置并具有特殊功能的似鸟形象，区别于其他区域出现的一般禽鸟形象。

一、造型形象分类

龙门石窟现存北朝双翅鸟形象共 10 处，其中古阳洞内小型龛顶 6 处，露天中型洞窟顶部 4 处。10 处北朝双翅鸟均表现为单只形象双脚站立于窟龛顶部中央的典型特征。

古阳洞内 6 处双翅鸟分别为：西壁第 3 龛安定王元燮造像（图 1）、西壁第 39 龛（图 2）、南壁第 136 龛（图 3）、南壁第 141 龛黄元德等造弥勒像并五十三佛（图 5）、南壁第 206 龛（图 6）和北壁第 228 龛杨大眼造像（图 4）。开凿年代为：1.北壁第 228 龛推测为公元 500 年—506 年；2.第 3 龛为公元 507 年；3.第

图 1　古阳洞第 3 龛

图 2　古阳洞第 39 龛

图 3　古阳洞 136 龛

图 4　古阳洞 228 龛

图 5　南壁 141 龛

图 6　南壁 206 龛

136 龛为公元 521 年[①];4.第 141 龛为公元 511 年。根据 4 处窟龛纪年来看,双翅鸟形象最早出现在孝文帝逝世后的第 228 龛(500—506),最晚为公元 521 年胡太后被幽禁时期的第 136 龛。由图像造型来看,除第 3 龛双翅鸟面部有损毁,其余五处均没有开刻面部,6 处双翅鸟均为脸型下颌部似鸟喙呈现尖锐形态且高举双翅的共同特征。因此,公元 500 年至 521 年的龙门北朝双翅鸟表现为"窟内""尖下颌"以及"无开脸"的典型特征。

4 处露天双翅鸟分别为:皇甫公窟(图 8)、路洞(图 10)、唐字洞(图 7)和汴州洞(图 9),具体开凿年代分别为:1.皇甫公窟明确完工纪年为公元 527 年 9 月 17 日;2.路洞完工大约在北魏末期公元 534 年;3.唐字洞停工于公元 534 年左右;4.汴州洞约在东魏末年公元 550 年。根据 4 处中型洞窟的凿刻年代,最

图 7　唐字洞券面顶部

图 8　皇甫公窟券面顶部

①温玉成:《龙门北朝小龛的类型、分期与洞窟排年》,《中国石窟·龙门石窟·第一卷》,北京:文物出版社,1991 年。

图 9　汴州洞券面顶部

图 10　路洞券面顶部

表 1　龙门石窟北朝双翅鸟形象比对

	名称	区位	组合形式	面部特征	翅膀姿态	年代(公元)
古阳洞内小型窟龛	第 228 龛	屋型龛顶	单只、中央	无开脸	高举	500–506 年
	第 3 龛	屋型龛顶	单只、中央	残损	高举	507 年
	第 141 龛	盝形龛顶	单只、中央	无开脸	高举	511 年
	第 206 龛	盝形龛顶	单只、中央	无开脸	高举	无纪年
	第 39 龛	屋型龛顶	单只、中央	无开脸	高举	无纪年
	第 136 龛	屋型龛顶	单只、中央	无开脸	高举	521 年
露天中型洞窟	皇甫公窟	屋形窟顶	单只、中央	残损	棚架	527 年
	唐字洞	屋形窟顶	单只、中央	人面	棚架	534 年
	路洞	火焰纹顶	单只、中央	人面	高举	534 年
	汴州洞	屋形窟顶	单只、中央	缺损	棚架	550 年

早出现在皇甫公窟为公元 527 年胡太后再次执政期间，一直延续到公元 550 年东魏晚期的汴州洞。不同特征在于:唐字洞、皇甫公窟和汴州洞的 3 处双翅鸟造型形象均呈现双翅下垂架棚状的圆雕手法表现，其中保存相对完整的唐字洞人面双翅鸟高 83 厘米、宽 83 厘米、厚 31 厘米。依据 3 处残存造型特征及位置分布完全一致的情况,可以推测皇甫公窟、汴州洞双翅鸟头部残损形象应该与唐字洞双翅鸟的人面特征相同；而路洞窟门券面顶部双翅鸟高举双翅直

接站于火焰纹上，虽为浅浮雕，但与唐字洞双翅鸟人面形象相同。因此，公元527年至公元550年的龙门北朝双翅鸟表现为“露天”“人面”的典型特征。

综上所述（表1），古阳洞内与露天窟楣10处双翅鸟虽然在时间上具有明显的连续性，但是没有重叠，转变时间节点在胡太后被幽禁至再次执政期间。龙门北朝双翅鸟从造型区位来看，既有共性又有差别：10处遗存以“单只”形象位居“中央”为共同特征，在此基础上古阳洞内6处双翅鸟还表现出“窟内”“无开脸”“高举双翅”的高浮雕特征；中型露天窟楣4处双翅鸟则表现为“人面”特征，其中皇甫公窟、唐字洞、汴州洞以棚架双翅的高浮雕形式，路洞以高举双翅的浅浮雕形式直接站立于窟楣火焰纹上。虽然4处露天双翅鸟表现形式略有不同，但都表现出“露天”“单只”“中央”“人面”的典型特征。

古阳洞内6处双翅鸟以“洞内”“无开脸”“尖颌”“中央”“单只”为显著特征，而4处露天双翅鸟出现了“人面”“露天”“中央”“单只”的典型形象，形成了既有区别又有联系的两种程式化样式。程式化的出现往往是造型形象反复锤炼的结果，因此从相关文献描述和造型形象类比两个方面入手，追溯两种典型程式化形象的演变过程对于解决双翅鸟身份判断问题具有重要意义。

二、源自佛经问题

目前龙门石窟北朝双翅鸟身份问题，有基于佛经描述的金翅鸟和迦陵频伽两种猜想。

首先来看，迦陵频伽在佛经描述中的形象：

《慧苑音义》：“迦陵频伽此云妙音鸟，此鸟本出雪山，在壳中即能鸣，其音和雅，听者无厌。”《正法念经》记述：“山谷旷野，其中多有迦陵频伽，出妙音声。如是美音，若天若人，紧那罗等无所及音，唯除如来言声。”《妙法莲华经·卷六》讲：“山川岩谷中，迦陵频伽声，命命等诸鸟，悉闻其音声。”《佛说阿弥陀经》曰：“彼国常有种种奇妙杂色之鸟：白鹤孔雀、鹦鹉、舍利、迦陵频伽、共命之鸟。是诸众鸟，昼夜六时，出和雅音。”以此来看，佛经中并没有迦陵频伽为人面鸟身形象的描述，而是在强调“妙音”的特征，并且“是诸众鸟”反映出迦陵频迦与其他鸟类一起出现，造型形象没有体现特别之处。

迦陵频伽“佛教艺术中其造型是上半身为人、下半身为鸟之相，目前于中国境内所发现之年代最早者，推定为东魏武定七年所作。”[①]“敦煌壁画中的伽陵鸟乐伎，也正是唐代出现并发展的造型，也是宫廷歌舞艺术影响民间艺术的一种现实的反映。”[②]“这种乐舞形式被称为《鸟歌万岁乐》，而且在唐代时期的宫廷中非常流行。”[③]那么，迦陵频伽头戴宝冠、人面鸟身，振翅起舞，怀抱乐器、引颈高歌，位于莲台或乐池平台之上的造型，据现有图像资料来看，这种形象基本出现于北朝末期，成熟于隋唐时期。自从迦陵频伽的人面鸟身形象固定以后，在隋唐时期敦煌莫高窟等地的净土类经变画中都有出现，尤其集中于观无量寿经变和药师经变画中。那么，通过龙门石窟 4 处露天双翅鸟“人面”的固定造型，可见其形象特征已经呈现明显程式化的痕迹，而隋唐时期迦陵频伽的形象特点才得以成熟固定，明显晚于龙门北朝双翅鸟的形象应用，并且龙门石窟北朝双翅鸟“单只”“中央”“人面/鸟喙”以及“展翅/架翅”造型特点均无法体现佛经描述迦陵频伽“妙音”的唯一特质。所以，北朝石窟寺中双翅鸟形象应该不是迦陵频伽。

其次，再看金翅鸟在佛经描述中的形象。

金翅鸟又名迦楼罗，为护法八部众之一。其一，《造像量度经》记载：“人面，鸟嘴，牛角，腰以上为人身，腰以下是鸟体，头面青色，脖颈至胸红色，肚腹白色，腰以下黄色，翅尾绿蓝交杂，两角间饰以摩尼宝珠，身上又有耳环项圈，璎珞臂钏，双翅展开欲举。”以此来看，“人面鸟嘴”是金翅鸟的典型形象特征，《造像度量经》虽为清代由梵文译为汉文，但不能说其原经完全没有对中国早期造像产生影响；其二，《慧苑音义》描述：“迦楼罗，或曰揭路荼，此云食吐悲苦声也。”迦楼罗有“鸣声悲苦”的特征，与被称为妙音鸟的迦陵频伽在这一点上恰恰相反。由两者的功能来看，迦楼罗与迦陵频伽两者不能互相转换运用；其三，在《经律异相·卷四十八》记载：“此鸟所扇之风，若入人眼，其人则失明。”根据“所扇之风”描述，可知形象应该为持续扇动翅膀，造型姿态对应翅膀动态的典

①孙武军、张佳：《敦煌壁画伽陵频迦图像的起源与演变》，《中国国家博物馆馆刊》2018 年第 4 期。

②郑汝中：《敦煌壁画乐伎》，《敦煌研究》1989 年第 4 期。

③高德祥：《敦煌壁画的〈鸟歌万岁乐〉》，《中国音乐》1991 年第 1 期。

型特征，这一特征基本可以对应龙门石窟北朝双翅鸟高举双翅和棚架双翅两种翅膀的动态,但也是一切有关鸟类形象所共有的特点;其四,关键在于《长阿含经·卷十九》描述:“金翅鸟有卵生、胎生、湿生、化生等四种,卵生之金翅鸟可食卵生之龙,胎生之金翅鸟可食胎生、卵生之龙;湿生之金翅鸟可食湿生、卵生、胎生之龙,化生之金翅鸟可食化生及其余诸种之龙。”《观佛三昧海经·卷一》记述:“此鸟以业报之故,得以诸龙为食。”由此可知,迦楼罗存在丰富多样的形态且法力强大的特点,共性主要表现在“以龙为食”的又一典型特征。龙门石窟北朝窟龛券面多有龙蛇形象，然而汉文化中自古便有龙图腾崇拜，如伏羲、女娲、西王母等皆为人首蛇身的形象,在传统汉文化的范畴,龙蛇形象有权威震慑及繁衍不息等象征意义。在北魏迁都洛阳后也是其政权汉化最高潮的阶段，显然不同文化之间趋于交流融合而非矛盾对抗，而以龙蛇为食的迦楼罗,显然不可避免地要面对这个问题。在汉文化中龙和蛇的概念甚至形象都是可以转化的,汉代司马迁《史记·外戚世家》载:“蛇化为龙,不变其文,家化为国,不变其姓。”南朝任昉《述异记》载:“虺五百年化为蛟,蛟千年化为龙,龙五百年而为角龙,又千年为应龙。”由此而来,龙蛇与双翅鸟出现于同一区域,有人面而无鹰喙,有龙而不食之,那么还何以为金翅鸟呢?

综上所述,根据所处窟龛券面顶部“中央”的位置特征,则护法八部众之一的金翅鸟身份功能较为符合,但佛经中金翅鸟“食龙”以及鹰喙的描述与龙门4处露天双翅鸟形象并不相符;依据“人面”特征,则较符合于隋唐时期成熟的迦陵频伽人面鸟身形象,但北朝时间上早于隋唐时期。以此来看,龙门石窟北朝4处露天人面双翅鸟形象与佛经中迦陵频迦与金翅鸟描述产生了明显分歧。

龙门石窟北朝人面双翅鸟均位于窟龛顶部“中央”,以“单只”形象出现,造型呈现昂首双翅高举和双翅下垂棚架两种姿态形式具有程式化痕迹。在这种突出的程式化形成之前,必然经历了长时间造型形象的尝试、选择以及提炼的实践过程,但是在龙门石窟北朝造像中只有程式化之后的典型形象与区位,实践过程存在缺失情况。因此,分析迁都洛阳前的平城云冈石窟中双翅鸟形象的演变过程具有重要意义。

三、云冈区位演变

据 1940 年云冈石窟图像来看，双翅鸟遗存数量不低于 53 处，在第 2、6、8、9、10、12、13 窟以及西端诸窟均有双翅鸟形象出现，其中以云冈二期第 9、10、12、13 窟最为集中。依据区位分布的不同，总体可以分为三大类别，大类以字母“A、B、C”代替，同一大类中差异型以数字“1、2、3”代替。

第一个类型以窟龛门拱两侧成对出现的双翅鸟为典型特点，数量较多，主要体现护法功能(A 型)，具体形象略有差异。

图 11　第 6 窟中心塔柱下层南龛

图 12　第 6 窟中心塔柱下层北龛

图 13　第 10 窟前室正壁

图 14　第 13 窟

A1 式双翅鸟以窟内拱券两侧成对出现，呈现身体相背、回首展翅的造型特征，最早见于第 6 窟中心塔柱下层南龛(图 11)和北龛(图 12)的拱券两端，典型形象特征为头生凤冠、口含金丹、长颈翘尾、鸟首鸟喙、身体相背而立、呈现回首展翅姿态。除第 6 窟两对双翅鸟形象以外，还有第 10 窟前室正壁(图 13)与第 13 窟(图 14)各一对。

A2 式以坐骑形象出现于门拱内侧毗纽天像之下，第 8 窟窟门拱券通道下部(图 15)以及西端诸窟(图 16)，分布较少，没有广泛运用。佛经《玄应音

图 15　第 8 窟券门下

图 16　云冈西端诸窟

义》关于毗纽天像描述:“此天有大威德乘金翅鸟行”,毗纽天像对于推断其下双翅鸟为金翅鸟身份具有重要意义。A1 式与 A2 式双翅鸟都为鸟首鸟身、口含金丹、长颈长尾的回首造型,据此,A1 式双翅鸟应该与 A2 式金翅鸟身份相同。

图 17　第 9 窟后室南壁

A3 式为正面双翅鸟形象成对分布于拱门两侧。在第 9 窟后室南壁(图 17)门拱两侧中上部区域各有一只以盆形莲座托起的正面双翅鸟，其造型形象表现为腿爪粗壮、高举双翅、短颈鸟喙、头大且其后有圆环形状似头光应为尾羽。虽然 A3 式双翅鸟造型形象与 A1、A2 式有较大区别，但是其门拱两侧区域位置所代表的功能用途没有变化，也就意味着 A3 式双翅鸟与 A1、A2 式金翅鸟身份功能相同。

第二个类型为屋形龛顶部双翅鸟形象,呈现中央对称分布特征。中央双翅鸟为正面形象大多短颈且高举两翅,面部均带有鸟喙特征;两边双翅鸟呈现侧面形象,鸟首长颈、翘尾展翅造型,一组单只、三只、五只或八只(B 型)。

图 18　第 9 窟前室正壁

图 19　第 9 窟前室左右两壁

图 20　第 10 窟前室左右两壁

图 21　第 12 窟前室左右两壁及中央双翅鸟

图 22　第 12 窟前室正壁券门两侧

B1式为单屋顶多只双翅鸟形象组合，以三只居多，亦有五只一组对称分布。在第9窟前室正壁（图18）屋形瓦垄顶部有五只双翅鸟，四只侧面双翅鸟均呈现鸟首鸟喙、长颈翘尾以及高举双翅的形象位列两侧，以中央正面双翅鸟形象为中心呈对称分布。而第9窟前室左右两壁（图19）屋形龛、第10窟前室左右两壁（图20）屋形龛、第12窟左右两壁（图21）屋形龛，顶部都以三只双翅鸟的组合形式出现，布局以中央正面双翅鸟为中心，两边垂脊各一只侧面双翅鸟的布局方式，其形象特点与正壁五只双翅鸟相同。而第12窟前室正壁（图22）拱门两侧各有四佛屋形龛一处，一侧（图22右）以中央单只双翅鸟形象出现，另一侧（图22左）以中央对称一组三只双翅鸟形式出现。

从造型形象来看，中央正面双翅鸟以第12窟左右两壁（图21）形象最为具体，都表现为鸟首鸟身、鸟喙短颈、展翅长尾等典型特点，与A3式门券两侧正面金翅鸟相同。

图23 第13窟南壁七佛龛

B2式为多屋顶多只双翅鸟组合。第13窟七立佛屋形龛顶（图23）由三个瓦垄屋顶构成，共出现八只双翅鸟，均表现为鸟首鸟喙的造型特征。三个屋形龛顶均为B1式三只一组的布局形式，只不过中间大屋顶上的中央双翅鸟因为明窗原因而没有雕凿。两边较小屋顶的两只中央双翅鸟以3/4侧面形象出现，明显以中间大屋顶中央双翅鸟亦呈现对称倾向。垂脊上的六只双翅鸟均为紧收翅膀，都呈现正侧面身体相背的回首姿态。总体来说，B2式是以B1式单屋形龛为基础，三个屋形龛并用的构成方式。因此，B2式与B1式双翅鸟造型形象与区位特点相同，身份亦同应该是金翅鸟。

B3式为单屋顶单只双翅鸟位居中央呈现正面形象的样式。这种样式在云冈石窟双翅鸟分布形式中较为少见，仅发现3处，分别位于第12窟前室正壁西侧、第2窟南壁西侧（图24）和第13窟东壁中部（图25）。总体相当于B1、B2

图 24　第 2 窟南壁西侧

图 25　第 13 窟东壁中部

式中央双翅鸟区位形象的提取，其造型为鸟首鸟身、短颈展翅，但面部均没有开脸，身份也是金翅鸟。龙门石窟古阳洞内四处屋形龛顶双翅鸟“窟内”“无开脸”“单只”的典型特征与此处云冈 B3 式金翅鸟相同。

图 26　第 10 窟前室北壁

还有，以装饰为目的的双翅鸟运用，没有特定区位彰显的特殊功能且数量较少，这里只做介绍不做分类。第 6 窟中心塔柱最顶端框隔出若干方格，其间雕凿各动物形象，双翅鸟与一般动物形象一起出现主要起到装饰作用；第 10 窟窗格装饰纹样（图 26）中也有出现多处与双翅鸟造型特点相同的形象，且旁边有禽鸟形象出现，显然与第 6 窟中心塔柱顶端一样主要用于装饰。

综上所述，云冈石窟双翅鸟造型均与 A2 式（毗纽天像坐骑）或通过造型形象或通过区位联系都有着密切的演变关系，如 A1 式与 A2 式在造型形象上都表现为鸟首长颈以及部分口含珠丹的成对形象；A3 式与 A2 式在区域位置上都表现在拱券两侧中上部位的成对形象。而 B 式类型在区位上与 A 式截然不同，但造型形象上屋型龛顶中央双翅鸟与 A3 式正面金翅鸟形象相同，垂脊侧面双翅鸟形象近于 A2 式长颈回首金翅鸟。由此就出现了 A1=A2=A3=B 的逻辑关系,A2 式为金翅鸟,那么,上述云冈石窟双翅鸟的身份都为金翅鸟。

云冈石窟 B3 式金翅鸟与龙门石窟古阳洞内 6 处双翅鸟存在延续关系。云冈石窟金翅鸟区位布局以拱门两侧成对出现和屋形龛顶多只同时出现为显著特征,这两种布局形式在北朝龙门石窟中没有直接出现,但是除了这两种典型区位特征外,云冈石窟还有 3 处(上述 B3 式)小型屋形窟龛顶有"中央""单只"形象的区位布局与古阳洞内 6 只双翅鸟相同,应为金翅鸟。

需要注意的是,这种延续是带有明显选择性的,即对"中央""单只"特点的选择,对"成对""多只"形象布局的摒弃。龙门石窟北朝双翅鸟在选择"中央""单只"的基础上,强化运用到了更为突出的 4 处中型洞窟"露天"券面位置。尤其是头部"人面"特征是云冈五十余处双翅鸟所不具备的重要现象。4 处露天双翅鸟与云冈石窟金翅鸟比较,不但关键区域位置发生重要变化,而且具有"改头换面"般的关键面部特征变化。因此,典型区位与关键造型的变化直接揭示出 4 处露天双翅鸟身份及功能已经发生了实质性变化。

由此来看,龙门石窟古阳洞内小型窟龛 6 处双翅鸟与云冈石窟 3 处 B3 式金翅鸟形象与布局相同。但是,龙门石窟北朝 4 处露天双翅鸟造型和区位因素的变化,不同于古阳洞的金翅鸟,表明此处双翅鸟已经具有新的身份,不能简单地归结于云冈影响,而是应该有其他因素推动新的区位造型出现,且一出现就直接表现出高度成熟的程式化现象。

四、千秋形象对照

在北朝之前,《山海经》《抱朴子》等文献中就可见人面鸟身形象的记载,"千秋万岁"一词,两汉时期仅见于文字形式,或为吉语,或为祝词。因此,人面鸟身形象虽然应用已久,但身份与形象始终没有互相对应而处于争论之中。直至东晋至南朝时期出现带有"千秋""万岁"榜题对应具体形象的图像遗存,东晋葛洪《抱朴子·内篇》记载:"千岁之鸟,万岁之禽,皆人面而鸟身,寿亦如其名",这是文献中最早有关"千秋""万岁"为人面鸟身造型形象的记载,在朝鲜德兴里墓、磁县湾漳北齐大墓、大同北魏吕续墓以及邓州南朝墓、常州戚家村南朝墓、沁阳北魏墓、镇江东晋隆安二年墓等墓葬中均有"千秋""万岁"人面鸟身形象的运用,时间上由东晋晚期一直到南北朝末年,地理分布上东至朝鲜半岛,西至河西走廊,北至黄土高原,南至江淮地区等广大区域。

“千秋”“万岁”题材常出现在南朝画像砖及北朝壁画墓中,基本有两种组合形式:第一种为“千秋”“万岁”均是人面鸟身形象;第二种为“千秋”是人面鸟身形象,而“万岁”为兽面鸟身形象。

图 27　德兴里壁画墓西壁顶部

图 28　磁县湾漳北齐墓复原图

图 29　大同北魏吕续墓石椁北壁

第一种以“千秋”“万岁”均为人面鸟身的男女成对的形象出现。朝鲜德兴里墓(图 27)中出现公元 408 年墨书墓志铭,其中“千秋”“万岁”榜题是目前发现最早的文字对应图像的一对人面鸟身形象遗存,其姿态异向而立,形象男女有别,男性头部旁有“千秋之象”的榜题,女性头部旁有“万岁之象”的榜题,对于推测这一时期成对人面鸟身形象的身份问题具有重要的参照价值。如磁县湾漳北齐大墓墓道东西两面壁画描绘一对人面鸟身形象(图 28)、大同北魏吕续墓浮雕彩绘石椁北壁的一对人面鸟身的男女形象(图 29)。时间的发展、地域的推广以及文化的演进等因素的变化,致使“万岁”兽面鸟身形象的出现。

图 30　邓州南朝画像砖墓

图 31　沁阳北朝墓石床

图 32　常州戚家村南朝墓

图 33　镇江东晋隆安二年墓

第二种为“千秋”人面鸟身形象与“万岁”兽面鸟身形象的组合形式。1958年在河南邓州出土南朝画像砖墓(图30),“千秋”“万岁”两者都为双翅高举、尾羽上翘的形象,并都有榜题作为标识:画面左侧人面鸟身形象有“千秋”榜题,右侧为兽面鸟身形象对应“万岁”榜题,是目前国内最早的“千秋”“万岁”榜题对应图像的遗存,是这类组合形式区分彼此身份的重要参考。沁阳北魏晚期墓(图 31)、镇江东晋隆安二年画像砖墓(图 33)、常州戚家村南朝晚期墓(图 32)。

综上所述,“千秋”造型主要表现为南朝的画像砖形式以及北朝的壁画、石刻形式。朝鲜兴德里墓、磁县湾漳北齐墓、大同北魏吕续墓以及邓州南朝墓、沁阳北魏墓、常州戚家村墓、镇江隆安二年墓中“千秋”形象均为人面鸟身、带冠展翅的形象,以此来看,不同地区、不同时期的“千秋”造型差异并不大。

龙门石窟唐字洞露天人面双翅鸟与“千秋”人面与鸟身形象一致,站立的正、侧姿态,翅膀的垂、举姿态不同并不是影响身份的关键因素。从地理空间来看,邓州(南朝墓)位于河南南阳,隔伏牛山与洛阳相望,沁阳(北魏墓)位于河南焦作,隔孟州、黄河与洛阳市区东北部紧邻,地理位置加之时间范围都与龙门石窟北朝双翅鸟相近,具备交流影响的时间与空间条件。以此来看,南北朝时期龙门石窟人面鸟身形象应该是一种固定母题,与“千秋”身份密不可分。

五、敦煌造型承接

南北朝人面鸟身图像在广泛区域均有发现,敦煌地区也不例外。北朝时期莫高窟第 285、249、428 窟都有人面鸟身的造型形象出现。

图 34　西魏第 249 窟西坡

在第249窟窟顶西坡与北坡均出现一只双翅鸟，造型形象最大区别在于面部口嘴形态。值得注意的是,窟顶西坡的双翅鸟为人面鹰嘴形象(图34),与另一侧飞天造像以中央赤身巨人为中心呈对称分布,赤身巨人立于大海之中,其造型特点为:四目四臂,手托日月,身材异常高大,足立大海,水不过膝。《杂誓喻经》描述阿修罗:“身形长大,四大海水不能过膝,立大海中,身过须弥,手拒山顶,下观忉利天。”以此来看,画面造型特征完全符合佛经描述的阿修罗形象,“四大海水不能过膝”表现为身体站立于大海之中,“身过须弥”表现为巨人身下的高山。“下观忉利天宫”表现为山顶巍峨的宫城,西坡壁画完整地、形象化地展示了阿修罗所处的场域环境。阿修罗与金翅鸟所处的场域环境有共同之处。佛经《大楼炭经·龙鸟品》中有金翅鸟身处环境的描述:“须弥山大海底北,有鸡头和鸡龙王宫,宫北有大树,名曰句梨睒。树的四方,有卵生、水生、胎生、化生等四种金翅鸟宫”。由文献来看,金翅鸟宫位于名为梨睒的大树之上,而大树位于须弥山下的大海底部，与第249窟窟顶西坡阿修罗身处大海与须弥山的环境高度重合，而且西坡鸟嘴鹰喙的特征与佛经描述金翅鸟的形象一致。因此,第249窟顶西坡双翅鸟形象应该是金翅鸟。以此可知,最迟到西魏时

图35　西魏第285窟北坡

图36　西魏第249窟北坡

图37　北周第428窟

期鹰喙金翅鸟与人面双翅鸟已经有明确相互区分的应用范围。那么,同处一室的北坡人面双翅鸟与西坡金翅鸟就绝非一类。

西魏第 285 窟窟顶北坡(图 35)人面双翅鸟与第 249 窟北坡人面双翅鸟(图 36)所处位置及造型特征相同,都表现为人面鸟身、高举双翅、昂首翘尾的造型形象,段文杰先生将其称为“千秋”;北周第 428 窟(图 37)人面双翅鸟的典型造型特征,以单只形象立于西壁中层佛塔上部中央位置,与龙门石窟北朝露天双翅鸟“人面”造型形象及“中央”“单只”区位特征相同。

表 2　南北朝双翅鸟整体情况对比表

	时间范围	区域分布	表现形式	形象组合	面部特征
千秋万岁	东晋末—南北朝末	墓室“内部”	画像砖、壁画	成对	人面
云冈石窟金翅鸟	北魏中期	“窟内”龛楣、券门两侧	石刻浮雕	成对/多只对称/中央单只	鹰喙/无开脸
龙门石窟双翅鸟	北魏后期	“露天”窟楣、“窟内”龛楣	石刻浮雕	中央单只	人面/无开脸
敦煌莫高窟千秋	西魏、北周	“窟内”窟顶、塔顶	壁画	单只散布/中央单只	人面

莫高窟西魏、北周时期开始出现“人面”鸟身图像,时间上晚于龙门石窟北魏以及东晋南朝时期的人面双翅鸟形象,典型形象没有演化过程而是直接多处运用,存在受外来文化传播影响的可能。“中原风格在北魏末开始进入敦煌石窟,西魏十分盛行,著名的第二四九、二八五窟就是其典型的代表。”[①]“特别是迁都洛阳以后,更加速了汉化的进程,南方的艺术也大量影响到了北方。”[②]洛阳龙门地区将南朝“千秋”人面鸟身形象运用于石窟寺营造方面具有开创性

①赵声良:《飞天花雨下的佛陀微笑》,兰州:甘肃教育出版社,2015 年。

②樊锦诗:《北周时期的敦煌壁画艺术》,《中国敦煌壁画全集·北周卷》,天津:天津人民美术出版社,2006 年。

意义，作为北魏晚期皇家石窟具有引领某一具体典型形象跨越超长距离运用的影响能力，莫高窟北朝人面鸟身形象出现在西魏、北周时期，承接于龙门石窟北魏后期，时序上紧密贴合且不冲突。以此来看，龙门石窟北朝人面双翅鸟形象应该是莫高窟西魏、北周时期“千秋”人面鸟身形象重要的“中原风格”来源。

六、小结

龙门石窟古阳洞内小型窟龛顶部6处双翅鸟为金翅鸟，是云冈石窟金翅鸟B3式的延续；龙门石窟4处露天人面双翅鸟是交流融合时代背景下的产物（表3）。时间上，“千秋”人面鸟身形象的运用从东晋直至南北朝结束，包含着龙门石窟北朝人面双翅鸟所处时间段；从造型形象上来看，“千秋”以人面鸟身形象出现的情况始终未曾变化，而龙门石窟则至北魏后期（胡太后再次执政）才开始运用；从地理分布上“千秋”形象覆盖整个南北朝区域，并且在洛阳龙门周边的南阳邓州与焦作沁阳都有出现人面鸟身的“千秋”形象，地理区间范围也覆盖洛阳龙门地区。“千秋”人面鸟身造型形象，在时间和空间范围内包含龙门石窟人面双翅鸟，所以，龙门石窟北朝4处露天人面双翅鸟应该是“千秋”，或者泛化地说是“千秋万岁”，是该形象在石窟领域运用的肇始者，影响了“千秋”形象在河西莫高窟的运用。

表3　龙门北朝双翅鸟特征来源及影响

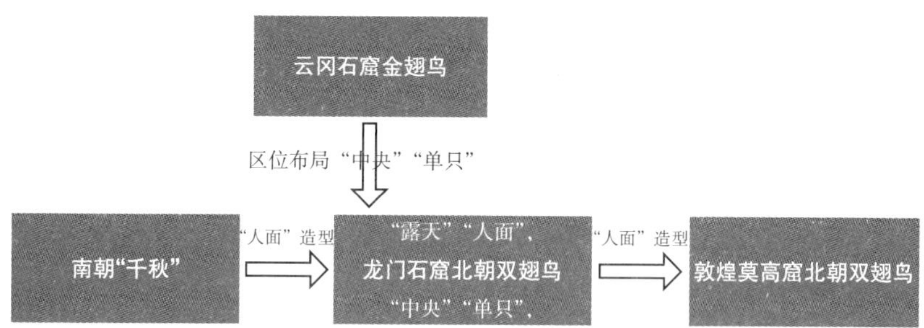

敦煌僧人六时礼忏活动探析

项婷婷
（兰州大学敦煌学研究所）

敦煌文书中保存了一些《礼忏文》和僧人礼忏的记录，这是相应时期敦煌僧人进行礼忏活动的实证。汪娟《敦煌礼忏文研究》[①]一书对敦煌文书中的各类礼忏文进行了较为全面的梳理，并尝试从文本内容推知僧众的礼忏实践。郝春文《唐后期五代宋初敦煌僧尼的社会生活》[②]一书利用敦煌文书讨论了敦煌僧尼的修行活动，其中就包含六时礼忏。但在礼忏文与礼忏实践的结合方面，学界似乎讨论得并不充分。本文希望通过分析与礼忏相关的敦煌文书和其他典籍资料，探讨敦煌僧人的六时礼忏活动。

一、六时礼忏的含义

六时礼忏是佛教的一种修行仪轨，指于一日之晨朝（或称寅时、平旦）、午时（或称日中）、黄昏（或称日没）、初夜、中夜、后夜六时，进行礼敬诸佛，唱念经文，以及忏悔、回向、发愿、归依等一系列礼忏活动。

道宣在《释门归敬仪》卷1“约时科节篇第七”中论述了六时礼敬的来源：“菩萨昼三夜三礼念诸佛，致使宗文之士崇遵此教，遂分六时，以净三业。”[③]在佛教经典中，“六时”是一个常见的时间概念。佛经中经常出现在修行时“昼夜

①汪娟：《敦煌礼忏文研究》，台北：法鼓文化事业公司，1998年。

②郝春文：《唐后期五代宋初敦煌僧尼的社会生活》，北京：中国社会科学出版社，1998年。

③[唐]道宣：《释门归敬仪》，《大正藏》第45册，第861页。

六时身心不懈"[①],"昼夜六时恒作此想"[②]等说法,这里的六时指的应该是一天里的所有时间,即所谓"无间修","心心相续,不以余业来间"[③]。具体的修行活动包括六时行道、六时坐禅、六时持诵、六时礼忏、六时供养等。落实到具体的实践中,礼忏活动应该是在六时中的特定时段进行的。汪娟在《敦煌礼忏文研究》中指出:"由礼忏文的六时偈颂可知,敦煌礼忏文是举行六时礼忏时所使用的实际范本,礼忏文的长度会配合礼忏时间的长度。一日之中的礼忏分为昼三时、夜三时,每一次的礼忏都有一定的时间限制。"[④]因此,在不同的语境中,六时可能有不同的含义。

礼忏是指礼拜、忏悔。随着大乘佛教的发展,原始僧团中单纯的忏悔,已经转变为修禅定、证三昧必备的重要行法。在忏悔方法上从"说过忏悔"发展到称佛名、礼拜、诵经、持咒、禅定等。[⑤]礼拜的主要对象为佛、法、僧三宝,因"三宝则是一切众生良友福田,若能归向者,则灭无量罪,长无量福,能令行者离生死苦,得解脱乐"[⑥],所以需先礼敬三宝。礼敬三宝后,再是忏悔,凡夫"或因三业而生罪,或从六根而起过,或以内心自邪思惟,或藉外境起于染著,如是乃至十恶增长,八万四千诸尘劳门"[⑦],因此需要通过忏悔灭罪消障,使六根清净。而忏悔的具体方法又离不开对三宝的礼敬归依。因此"礼""忏"二者是相互结合的关系,共同服务于灭罪增福的目标,同时称念佛名、诵经等具体的礼敬活动也被包含在礼忏之内,共同构成一套修行仪式。

二、六时礼忏的实践

僧传中保留了不少僧人六时礼忏的记载。南齐永兴柏林寺释弘明"诵《法

①[东晋]佛陀跋陀罗:《佛说观佛三昧海经》,《大正藏》第 15 册,第 655 页。
②[后秦]鸠摩罗什等译:《禅秘要法经》,《大正藏》第 15 册,第 251 页。
③[唐]善导:《往生礼赞偈》,《大正藏》第 47 册,第 439 页。
④汪娟:《敦煌礼忏文研究》,台北:法鼓文化事业公司,1998 年,第 360 页。
⑤圣凯:《中国佛教忏法研究》,北京:宗教文化出版社,2004 年,第 79 页。
⑥《佛说佛名经》,《大正藏》第 14 册,第 188 页。
⑦《佛说佛名经》,《大正藏》第 14 册,第 188 页。

华》，习禅定。精勤礼忏，六时不辍”[①]。南梁上定林寺释慧弥“晓夜习定，常诵《波若》，六时礼忏，必为众先”。[②]隋蒋州奉诚寺释道成“神解严明，深禅在念，兼六时虔忏”[③]。隋赵郡嶂洪山释智舜“诵阅如流，昏昼六时，礼忏终化”[④]。唐蒲州仁寿寺释普明“日常自励《戒本》一遍，《般若金刚》二十遍，六时礼忏，所有善根回向净土”[⑤]。日本僧人圆仁在唐开成五年(840)入天台求法时记录天台座主志远和尚“不受施利，日唯一餐，六时礼忏不阙，常修法花三昧。”[⑥]。可知六时礼忏流行于南朝、隋唐时期，且在僧传等叙述中，礼忏常与诵经、禅定等活动同时并举，反映了僧人修行活动的相互配合。

僧传等资料中记录的基本上都是高僧个人的礼忏活动。郝春文指出，按照经律的规定，僧尼的每日礼忏应该是集体进行。敦煌僧尼由其生活方式决定，很难每日到寺院集中进行礼忏活动，只能以个人为单位分散进行。有材料表明，不少僧人没能很好地坚持这项活动。在吐蕃时期的文书P.4980《僧谈信等乞施文》中，僧人即自称“每缺六时忏念”。僧尼的集体礼忏可能只能在夏安居等特定期间进行，从张氏归义军晚期的文书P.6005背《释门帖诸寺纲管令夏安居帖》可知，即使在夏安居期间，六时礼忏也并没有得到执行，而是改为三时礼忏，即在六时中的前三时进行礼忏，“诸寺僧尼，夏中各须进业，三时礼忏，不得间断”。张氏归义军末期的节度使贴和都僧统贴也提到了燃灯、礼忏、念诵《佛名经》的活动。S.1604《天复二年(902)四月廿八日节度使贴都僧统等》载“从今已往，每月朔日前夜、十五日夜，大僧尼及尼僧寺燃一盏灯，当寺僧徒，不得少欠一人，仍须念一卷《佛名经》”[⑦]，紧接着这份文书的是《天复二年四月廿

①[梁]释慧皎撰，汤用彤校注，汤一玄整理：《高僧传》，北京：中华书局，1992年，第468页。

②[梁]释慧皎撰，汤用彤校注，汤一玄整理：《高僧传》，北京：中华书局，1992年，第473—473页。

③[唐]道宣撰，郭绍林点校：《续高僧传》，北京：中华书局，2014年，第838页。

④[唐]道宣撰，郭绍林点校：《续高僧传》，北京：中华书局，2014年，第646—647页。

⑤[唐]道宣撰，郭绍林点校：《续高僧传》，北京：中华书局，2014年，第779页。

⑥(日)圆仁著，白化文、李鼎霞、许德楠校注，周一良审阅：《入唐求法巡礼行记校注》，北京：中华书局，2019年，第267—268页。

⑦方广锠、(英)吴芳思主编：《英国国家图书馆藏敦煌遗书》第25册，桂林：广西师范大学出版社，2013年，第131页。

八日都僧统贤照贴诸僧尼寺纲管徒众等》，都僧统要求"令住寺礼忏不绝，每夜礼《大佛名经》一卷"[1]，并安排僧尼每夜巡检。[2]从敦煌文书来看，至张氏归义军晚期，僧人的礼忏活动只在特定的时间进行，不能算是日常的修行活动。

曹元深在天福七年(942)十一月廿三日曾施舍粮帛，设立道场，供僧人转经，以作功德，其中道场僧人需在三日念经、礼忏，"请大德壹九人，揭谛道场三日。逐日每僧念《广多心经》一百遍，《真言》一千遍，六时礼忏。"[3]也说明在当时的敦煌，六时礼忏会在法会等活动中进行。

自南朝以来，随着礼忏活动的流行，信佛之人开始依据佛经制作礼忏文，作为礼忏活动的具体指导。比较著名的有传为梁武帝所作的《梁皇忏》、陈文帝所作《妙法莲华经忏文》《金光明忏文》[4]等。

中国佛教忏法体系的真正建立，从天台智者大师(538—597)开始。[5]智顗所作《法华三昧忏法》是以修习"法华三昧"为中心，结合礼拜、忏悔、行道、诵经、坐禅的三七日半行半坐的行法。这是在特定的二十一日当中进行的修行活动，具有佛教法会的性质。在日常修行方面，智顗为徒众制定的僧规中有六时礼佛的规定："本以四时坐禅、六时礼佛，此为恒务。禅礼十时，一不可缺。其别行僧行法竟，三日外即应依众十时。若礼佛不及一时，罚三礼对众忏；若全失一时，罚十礼对众忏；若全失六时，罚一次维那。四时坐禅亦如是。除疾碍，先白知事则不罚。"[6]从中可以看出智顗制定的僧规十分严格，如果不能做到四时坐禅、六时礼佛，都会受到相应的惩罚。而且礼佛应是僧人的集体活动，需按照相应的规范进行，"三下钟早集，敷坐，执香垆，互跪。未唱诵不得诵，未随意不散

①方广锠、(英)吴芳思主编:《英国国家图书馆藏敦煌遗书》第25册，桂林：广西师范大学出版社，2013年，第131—132页。

②郝春文:《唐后期五代宋初敦煌僧尼的社会生活》，北京：中国社会科学出版社，1998年，第190—212页。

③P.4046《天福七年十一月廿二日归义军节度使曹元深舍施回向疏》，陈尚君辑校:《全唐文补编》，北京：中华书局，2005年，第1268页。

④[唐]道宣:《广弘明集》，《大正藏》第52册，第333页。

⑤圣凯:《中国佛教忏法研究》，北京：宗教文化出版社，2004年，第80页。

⑥[隋]灌顶撰:《国清百录》，《大正藏》第46册，第793页。

语话。叩头弹指,顿曳屣履,起伏参差,悉罚十礼对众忏。”[①]。

智顗之后,其他佛教教派也依据各自崇奉的经典制定了相应的忏法。根据经律、高僧忏法撰述可以整理出礼忏时的具体活动。法砺在《四分律疏》中对大小乘忏法进行过整理:“若大乘忏者……五门善根得生净国,谓礼拜、忏悔、劝请、随喜、回向等是,即今六时礼忏,即是除罪之方也。要具四缘:一请佛菩萨为证;二诵佛菩萨法药,如十方无量佛所知,无不尽等,或三十五、二十五佛忏等是;三说罪名种,即忏文中有之;四立誓永断,乃至菩提也。”[②]可知当时的六时礼忏包含“礼拜、忏悔、劝请、随喜、回向”等五悔法的内容。此外礼忏仪式必须具备请佛、诵经、说罪、立誓等环节。这些仪轨在敦煌文书的礼忏文中有具体体现。

三、敦煌文书中的六时礼忏文

敦煌文书中保留了不少的礼忏文,其中有一些强调“六时”的礼忏文本。虽然不同的忏悔文依据的经典有所不同,但必定包含礼敬三宝和忏悔的内容。

1. 净土礼忏文

敦煌文书中存有以阿弥陀佛为主要礼拜对象的净土礼忏文。净土礼忏仪轨的创立以初唐善导为代表,善导撰有《往生礼赞偈》(662)一卷,包含日没时礼、初夜时礼、中夜时礼、后夜时礼、晨朝时礼、午时礼,即在六时中进行礼拜、赞叹。

据汪娟统计,敦煌目前可见七个关于阿弥陀信仰的《十二光礼》写本,其中一类《十二光礼》包含请佛、叹佛、礼佛、至心忏悔、至心发愿、说偈发愿(回向偈)、三皈依、各时偈颂、诸行无常偈、如来涅槃偈等内容,与善导《往生礼赞偈》“日没时礼”的内容有近似之处。其中写本 B.8318 卷末写有“上元三年(676)正月五日灵图寺僧志殷书写了奉上”,和善导本的时代大致相当。以 B8304 为底本校录的写本有“辰朝清净偈”的内容:

---

①[隋]灌顶撰:《国清百录》,《大正藏》第 46 册,第 793 页。

②[唐]法砺:《四分律疏》,《卍续修大藏经》第 41 册,第 730 页。

白众等听说,辰朝清净偈。
欲求寂灭乐,当学沙门法。
衣食支身命,精粗随众等。
诸众共今日辰朝,各记六念:
第一念佛,愿作法身;
第二念法,愿转法轮;
第三念僧,头陀共行;
第四念施,〈五戒全具〉施心不断;
第五念戒,戒根具足;
第六念天,大波涅槃,常得清净。
诸行无常,是生灭法。
生灭灭已,寂灭为乐。
如来入涅槃,永断于生死。
若能至心听,常受无量乐。①

从"白众等听说""诸众共今日辰朝,各记六念"等语可以得知,礼忏活动是由导师带领的,群体共修的活动。善导《往生礼赞偈》"日没时礼"部分对应的内容为:

诸众等听说,日没无常偈:
人间忽忽营众务,不觉年命日夜去。
如灯风中灭难期,忙忙六道无定趣。
未得解脱出苦海,云何安然不惊惧。
各闻强健有力时,自策自励求常住。
说此偈已,更当心口发愿:
愿弟子等临命终时,心不颠倒,心不错乱,心不失念,身心无诸苦

①汪娟:《敦煌礼忏文研究》,台北:法鼓文化事业公司,1998年,第75—89页。

痛，身心快乐如入禅定，圣众现前，乘佛本愿，上品往生阿弥陀佛国；到彼国已，得六神通，入十方界，救摄苦众生，虚空法界尽，我愿亦如是。发愿已，至心归命阿弥陀佛。

初夜偈云：

烦恼深无底，生死海无边。

度苦船未立，云何乐睡眠。

勇猛勤精进，摄心常在禅。

中夜偈云：

汝等勿抱臭尸卧，种种不净假名人。

如得重病箭入体，众苦痛集安可眠。

后夜偈云：

时光迁流转，忽至五更初。

无常念念至，恒与死王居。

劝诸行道者，勤修至无余。

平旦偈云：

欲求寂灭乐，当学沙门法。

衣食支身命，精麁随众得。

诸众等今日晨朝，各诵六念。

日中偈云：

人生不精进，喻若树无根。

采华置日中，能得几时鲜。

人命亦如是，无常须臾间。

劝诸行道众，勤修乃至真。①

从中可以看出日没偈、初夜偈、中夜偈、后夜偈、平旦偈、日中偈所反映的思想内容都是相似的，强调生死无常，因此要自策自励，勤修沙门法。这些六

①[唐]善导:《往生礼赞偈》,《大正藏》第47册,第440—441页。

时偈颂在礼忏活动中应该具有鼓舞、勉励的作用,激励众人在昼夜六时勤加修行。

圣凯在中国佛教忏法研究中指出,礼忏法门中的"无常偈"是指黄昏、初夜、中夜、后夜、晨朝、午时六时的偈颂,每时各不相同。唱诵六时无常偈,是隋唐佛教界礼忏时的通常作法。①

2. 三阶教礼忏文

敦煌保留了不少的《七阶礼》,《七阶礼》为三阶教的礼忏文,由于要分七个阶段礼拜诸佛,因此名为《七阶礼》。写本后常接写《寅朝礼》《黄昏礼》《初夜礼》,这些礼忏文应该是七阶礼的一部分。

以较为完整的S.59"七阶佛名经"写本为例,仪轨次第为请佛、叹佛、七阶礼佛(第一阶总礼十方佛,第二阶总礼过去七佛,第三阶别礼五十三佛,第四阶总礼十方佛,第五阶总礼贤劫千佛,第六阶别礼三十五佛,第七阶总礼十方佛)别礼二十五佛、别礼二佛、礼三宝、忏悔文、回向文、回向偈、一切诵、梵呗文、说偈文、三皈依、和南、无常偈、黄昏偈、初夜无常偈、日午无常偈。此写本以下接写《十方佛名》《寅朝礼忏文》,卷末尾题"七阶佛名经"。由于七阶礼的礼拜对象是由一些佛名经典来的,因此称为"七阶佛名经"。②礼五十三佛的经典依据是畺良耶舍译《观药王药上二菩萨经》,礼三十五佛的经典依据有西晋竺法护《决定毗尼经》、刘宋昙摩密多《观虚空藏菩萨经》。

经常与《七阶礼》一起连写的《昼夜六时忏悔发愿法》(S.2574)中明确指出:"六时礼拜佛法大纲:昼三夜三,各严香花入塔观像、供养、行道、礼佛,平旦及与(于)午时并别唱五十三佛,余阶总唱;日暮、初夜并别唱三十五佛,余阶总唱;半夜、后夜并别唱廿五佛,余阶总唱;观此七阶佛如在目前,思维如来所有功能,应作如是清净忏悔。"③可见在六时的不同阶段念诵的佛名有所不同,七阶礼佛和六时忏悔是相互结合的。

---

①圣凯:《中国佛教忏法研究》,北京:宗教文化出版社,2004年,第183—184页。

②方广锠、(英)吴芳思主编:《英国国家图书馆藏敦煌遗书》第1册,桂林:广西师范大学出版社,2011年,第322—332页。

③汪娟:《敦煌礼忏文研究》,台北:法鼓文化事业公司,1998年,第115—184页。

从上文对礼忏实践和礼忏文的介绍中可以看出礼忏与佛名经典的密切联系，礼忏文中的佛名来源于佛名经典，在敦煌文书还可以看到僧人直接以《佛名经》作为礼忏的文本，即上文所引《天复二年四月廿八日都僧统贤照贴诸僧尼寺纲管徒众等》，都僧统令住寺“每夜礼《大佛名经》一卷”[①]，是直接念诵《佛名经》，而不是使用某一类礼忏文本。

《大佛名经》或称《佛说佛名经》，简称《佛名经》，是一部重要的佛教经典，曾流传多种不同的版本。最早的是元魏菩提流支译的 12 卷本，后来又有 20 卷本、16 卷本、30 卷本等改编本。敦煌文献中有大量该经的抄本。佛名经典以礼拜诸佛为宗旨，很多佛名经典中都含有忏悔灭罪的思想。菩提流支所译十二卷本《佛说佛名经》卷首记述：“若善男子、善女人，受持、读诵诸佛名者，是人现世安隐，远离诸难，及消灭诸罪，未来当得阿耨多罗三藐三菩提。”[②]可以看出读诵佛名与灭罪的关联。盐入良道认为佛名经典的原文不一定含有忏悔，忏悔是后来通过扩增、伪造增加的。例如三十卷本佛名经在十二卷本佛名经的基础上增加了经名、诸菩萨声闻名，及礼忏文。[③]而现存的忏文、忏法类著述大部分都是流行礼诵诸佛名或者三宝的。可见佛名经典与礼忏的结合十分密切。

四、六时礼忏的功用

六时礼忏作为僧人修行和佛教仪轨的一部分，具有灭罪、往生净土等功用。

六时礼忏是受菩萨戒前灭罪的仪式。欲受戒者“若有犯十戒者，应教忏悔。在佛菩萨形像前，日夜六时诵十重四十八轻戒，苦到礼三世千佛，得见好相，若一七日、二三七日，乃至一年要见好相，好相者，佛来摩顶，见光见华种种异相，便得灭罪。若无好相，虽忏无益。”[④]

---

①方广锠、（英）吴芳思主编：《英国国家图书馆藏敦煌遗书》第 25 册，桂林：广西师范大学出版社，2013 年，第 131 页。

②[北魏]菩提流支：《佛说佛名经》，《大正藏》第 14 册，第 114 页。

③（日）盐入良道著，丁淑君译：《中国佛教的忏礼和佛名经典》，敦煌研究院敦煌学信息中心编印《信息与参考》2013 年总第 19 期，第 126—128 页。

④[后秦]鸠摩罗什译：《梵网经》，《大正藏》第 24 册，第 1008 页。

六时礼忏也能灭除戒律中规定的罪行。菩提流支所译《佛说佛名经》中有念诵二十五佛名忏悔法:“若比丘、比丘尼、优婆塞、优婆夷,欲忏悔诸罪,当净洗浴,着新净衣,净治室内,敷设高座,安置佛像,悬二十五枚幡,种种华香,供养诵念此二十五佛名,日夜六时忏悔,满二十五日,灭四重八禁等罪,式叉摩那、沙弥、沙弥尼亦如是。”①

《佛说观普贤菩萨行法经》对礼佛灭罪的描述更具吸引力:“其有众生昼夜六时礼十方佛、诵大乘经、思第一义甚深空法,一弹指顷除去百万亿亿阿僧祇劫生死之罪。行此行者,真是佛子,从诸佛生,十方诸佛及诸菩萨为其和上,是名具足菩萨戒者,不须羯磨自然成就,应受一切人天供养。”②

此外,六时礼忏作为僧人日常修行的一部分,需要与其他的修行活动相互结合,以达到更高的修行境界。智顗所作《摩诃止观》中就有在修行五悔的基础上“更加读诵”“更加说法”“兼修六度”的修行方法。为了进入禅定的状态,六时忏悔也是必不可少的修行。鸠摩罗什等译《禅秘要法经》是叙述禅观方法的经典,坐禅是一个与内心杂念作斗争的过程,六时忏悔也是坐禅时不可或缺的一项修行,行者“出定之时,应于静处,若在冢间、若在树下、若阿练若处,覆身令密……于所受戒不起犯心,昼夜六时忏悔诸罪”。③《思惟略要法》中的十方诸佛观法也说到如果因为宿罪因缘无法在禅定中见到十方诸佛,“当一日一夜六时忏悔、随喜、劝请,渐自得见。”④

敦煌文书反映了礼忏功用的另一个层面, 与社会生活、政治生活密切相关,具有更强的现实功用。从 S.1604《天复二年(902)四月廿八日沙州节度使帖都僧统等》可知,令僧人礼忏、念《佛名经》的目的是“与灭狡猾,嘉延人伦”,天复二年为张承奉任沙州归义军节度使期间,文书中提到城中有“疫疾”,节度使将祸患的原因归之于僧徒不整肃,“右奉处分,盖缘城隍或有疫疾,不□五根。所以时起祸患,皆是僧徒不持定心,不虔经力,不爱贰门。若不兴佛教,何亏乎

①[北魏]菩提流支:《佛说佛名经》,《大正藏》第 14 册,第 161 页。

②[刘宋]昙无蜜多译:《佛说观普贤菩萨行法经》,《大正藏》第 9 册,第 393 页。

③[后秦]鸠摩罗什等译:《禅秘要法经》,《大正藏》第 15 册,第 251—252 页。

④[后秦]鸠摩罗什译:《思惟略要法》,《大正藏》第 15 册,第 299 页。

哉。”[1]因此这里的“与灭狡猾,嘉延人伦”指的可能就是消除各种天灾人祸,安定社会。为了防止僧人懈怠懒散,都僧统还安排每夜由僧尼进行巡检。曹元深《舍施回向疏》中设立道场、令僧人念经、礼忏也是希望“千门晏谧,万户长宁”,“往来途路,岁泰无危”,“戈甲不兴,疠疾消除”[2],可见敦煌僧人的礼忏活动带有很强的现实功用。

五、小结

佛教忏仪在中国有悠久的历史,自南朝齐梁以来就有礼忏文的制作,隋、唐、宋时也十分流行。目前所见敦煌礼忏文年代较早的有6、7世纪的,但数量很少,大多礼忏文是9、10世纪的。目前所见提及僧人礼忏实践的文书基本是张氏归义军晚期和曹氏归义军时期的文书,即10世纪的写本,且基本上是利用归义军政府发布的榜文去还原僧尼的寺院生活,带有一定的局限性。此外,由于材料的缺乏,对唐以前、初盛唐、中唐这段时期敦煌僧人的寺院生活和修行活动的研究较少。接下来的方向是更加全面地搜集敦煌文书中关于僧人礼忏等仪轨的材料,梳理敦煌僧人修行活动的发展变化。

---

①方广锠、(英)吴芳思主编:《英国国家图书馆藏敦煌遗书》第25册,桂林:广西师范大学出版社,2013年,第131页。

②陈尚君辑校:《全唐文补编》,北京:中华书局,2005年,第1268页。

从须达拏故事画看中国佛教艺术发展的进程

张景峰　顾淑彦
（兰州大学敦煌学研究所　兰州大学图书馆）

佛教造像产生于古印度，早期的造像没有佛的形象，而是通过佛教的圣物如莲花、法轮、大象、佛的脚印、头光等表现佛的造像特征。随着佛教造像艺术发展，受古希腊艺术的影响，并与印度本土的造像艺术结合产生了一种新的佛教造像艺术——犍陀罗佛教艺术。[①]东汉时期，佛教传入中国[②]，也传来了佛教造像。这种造像风格在进入中国本土之后首先被吸收照搬照抄，因此佛教造像传入中国，首先是作为一个外国神祇出现的。公元 3 世纪前后，人们大体认为佛是一个印度神，身材奇伟，体呈金色，项有光芒，进而又认为佛具有飞翔和幻行的法力，能像中国古代的圣贤一样救助民生。[③]魏晋十六国时期，在中国特别是北方地区掀起了一股开凿石窟寺的热潮。如新疆的克孜尔等石窟，甘肃的敦煌莫高窟，张掖的文殊山、马蹄寺石窟，永靖炳灵寺石窟，天水麦积山石窟，其它中小石窟群在十六国北朝时期都有不同程度的开凿，或者开始开凿。这些地区的佛教石窟寺为我们研究中国石窟寺的发展奠定了基础，石窟寺的造像与绘画从此也成为中国雕塑、绘画中不可分割的重要组成部分，具有划时代的意义。

---

①（英）约翰·马歇儿著，王冀青译：《犍陀罗佛教艺术》，兰州：甘肃教育出版社，1989 年。

②关于佛教传入中国的时间有争论，这里从东汉明帝永平年间（58—75）传入说。

③巫鸿著，郑岩、王睿编：《礼仪中的美术：巫鸿中国古代美术史文编（下卷）》，北京：生活·读书·新知三联书店，2005 年。

一、研究缘起

故事画是十六国北朝至隋时期石窟寺中的重要壁画内容。本生故事画就是表现释迦牟尼佛过去若干世中为菩萨时教化众生、普行六度、忍辱牺牲、救世救人的种种事迹的故事画。[①]敦煌石窟中本生故事画在十六国北朝时期非常流行，有毗楞竭梨王本生、虔阇尼婆梨王本生、尸毗王本生、月光王本生、快目王本生、九色鹿王本生、摩诃萨埵太子本生、雪山大士本生、须达拏太子本生、独角仙人本生、须阇提太子本生、善事太子本生、睒子本生等。而新疆地区石窟寺中的本生故事画内容和题材则更多。

关于敦煌本生故事画的研究，可以说是硕果累累。较早开始敦煌佛传、本生因缘故事画研究的学者当属日本学者松本荣一，其鸿篇巨著《敦煌画の研究》可称学界典范，其中对佛传、萨埵太子、须达拏等本生故事进行了详细的考证。[②]之后，金维诺以敦煌石窟为中心对佛本生故事的内容以及形式的演变进行了研究。[③]樊锦诗、马世长对莫高窟第290窟佛传壁画内容进行了研究。[④]万庚育对莫高窟第61窟佛传故事画的研究。[⑤]日本学者高田修对敦煌北凉至隋代的佛传、本生、本缘故事画进行的研究。[⑥]樊锦诗、马世长对莫高窟北朝洞窟本生、因缘故事画的考证的补充考证。[⑦]马世长又对莫高窟北朝时期本生故事

①季羡林主编:《敦煌学大辞典》,上海:上海辞书出版社,1998年,第82页,樊锦诗撰"本生故事画"条。

②(日)松本荣一:《敦煌画の研究》,东方文化学院东京研究所,1937年。

③金维诺:《敦煌本生图的内容与形式》,《美术研究》1957年第3期;《敦煌壁画里的中国佛教故事》,《美术研究》1958年第1期;《佛本生图形式的演变》,《现代佛学》1963年第2期;均收入同著者《中国美术史论集》,北京:人民美术出版社,1981年。

④樊锦诗、马世长:《莫高窟第290窟的佛传故事画》,《敦煌研究》1983年创刊号。

⑤万庚育:《敦煌莫高窟第61窟壁画佛传之研究》,敦煌文物研究所编《1983年全国敦煌学术讨论会文集·石窟·艺术编(上)》,兰州:甘肃人民出版社,1985年。

⑥(日)高田修:《佛教故事画与敦煌壁画》,敦煌文物研究所编《中国石窟·敦煌莫高窟》第二卷,北京:文物出版社,1984年,第200—208页。

⑦樊锦诗、马世长:《莫高窟北朝洞窟本生、因缘故事画补考》,《敦煌研究》1986年第1期,第27—38页。

画进行了考证,并对这些故事画的表现形式和艺术特点进行了研究。[①]赵声良、宁强对敦煌早期以及唐代故事画艺术及表现形式进行了研究。[②]李永宁主编的《敦煌石窟全集3·本生因缘故事画卷》对敦煌石窟中的本生、因缘故事进行研究,并公布了大量的图片。[③]樊锦诗主编的《敦煌石窟全集4·佛传故事画卷》,对敦煌石窟的佛传故事画进行了研究,并公布了大量的图片。[④]另外,段文杰、孙修身、蔡伟堂、张景峰等对九色鹿、须阇提太子、睒子及须达拏太子本生故事画进行了研究。[⑤]还有许多论著是对敦煌石窟中一类或单个的佛传、本生因缘故事画进行的研究,近年来还有专门研究本生故事画的硕博士论文。这些成果都有力地推动了敦煌十六国北朝石窟研究的发展。

须达拏太子本生故事画是本生故事的常见题材之一,是佛教布施题材中最为主要的故事,内容也相当精彩。主要讲述叶波国太子须达拏乐善好施,有求必应,敌国收买八位道人,向他乞讨百战百胜的白象,太子慷慨相施。国王闻讯震怒,将须达拏驱逐出国。太子携妻、子驱马车而去,一路上遇婆罗门乞讨,于是将马、车、衣物施舍殆尽,千辛万苦来到遥远的檀特山中隐居,结庐修行。后来一老婆罗门要他的一双儿女,须达拏趁妻子不在,以绳索绑缚儿女交与婆罗门。最后婆罗门将孩子带到叶波国出卖,为国王知悉,将孙儿赎回,并迎太子回国。故事曲折动人,极富趣味性。

关于须达拏本生画的研究早在20世纪30年代已经开始。日本学者松本

①马世长:《敦煌莫高窟北朝本生、因缘故事画》,《中国佛教石窟考古文集》,新竹:台湾觉风佛教文化艺术基金会,2002年,第265—288页。

②赵声良:《敦煌北朝的故事画艺术》,《文史知识》1988年第8期;《敦煌早期故事画的表现形式》,《敦煌研究》1989年第4期;《莫高窟唐代故事画艺术》,《敦煌研究》1991年第2期。宁强:《从印度到中国——某些本生故事画构图形式的比较》,《敦煌研究》1991年第3期。

③李永宁主编:《敦煌石窟全集3·本生因缘故事画卷》,香港:商务印书馆,2001年。

④樊锦诗主编:《敦煌石窟全集4·佛传故事画卷》,香港:商务印书馆,2004年。

⑤段文杰:《九色鹿连环画的艺术特色——敦煌读画记之一》,《敦煌研究》1991年第3期。孙修身:《敦煌莫高窟第296窟〈须阇提故事〉研究》,《敦煌研究》1992年第1期。蔡伟堂:《敦煌壁画中的睒子本生故事画——从俄藏莫高窟第433窟睒子本生故事画谈起》,《敦煌研究》2004年第5期。张景峰:《敦煌莫高窟第294窟须达拏太子本生故事画研究及相关问题》,《敦煌研究》2010年第2期。

荣一先生对须达拏本生画进行了考释,并提出是依据西秦圣坚译《太子须达拏经》绘制。[①]1957 年,金维诺先生发表《敦煌本生图的内容与形式》一文,也对须达拏本生进行了研究,指出敦煌的须达拏太子本生图有第 428、423、419、427 等窟,并重点对第 419 窟的壁画进行了释读。[②]日本学者高田修对敦煌早期的本缘故事画进行过研究,也涉及须达拏本生。[③]樊锦诗、马世长二位先生对莫高窟北朝时期的本生因缘故事进行了补考,并以列表的形式表现出这些本生图的经典依据,也涉及须达拏本生。[④]后来,马世长先生专门对莫高窟北朝本生因缘故事画进行了研究,以第 428 窟为中心对须达拏本生也有涉及。[⑤]1993 年,李玉珉先生对莫高窟第 428 窟所见的须达拏太子本生、涅槃图、卢舍那佛、和金刚宝座塔这些首次在敦煌出现的图像来源进行研究,在须达拏太子本生图方面对画面进行了释读,并认为此须达拏太子本生图的图像来自中原的可能性较高。[⑥]1998 年,施萍婷先生发表《关于莫高窟第 428 窟的思考》一文,对此窟的须达拏太子本生画的源流进行了再讨论;[⑦]之后,施萍婷、贺世哲二位先生在此基础上又作了进一步的论述[⑧]。《敦煌学大辞典》确定了敦煌莫高窟绘有须达拏太子本生故事画的洞窟共有 7 个。[⑨]2001 年,李永宁先生主编的《敦煌石窟全集·本生因缘画卷》也有须达拏本生故事的研究,对第 428、419、423 窟的

①(日)松本荣一:《敦煌画の研究》,东方文化学院东京研究所刊,1937 年,第 257—268 页。

②金维诺:《敦煌本生图的内容与形式》,《美术研究》1957 年第 3 期,第 70—76 页;《中国美术史论集》,北京:人民美术出版社,1981 年,第 355—370 页。

③(日)高田修:《佛教故事画与敦煌壁画》,敦煌文物研究所编《中国石窟·敦煌莫高窟》第二卷,北京:文物出版社,1984 年,第 200—208 页。

④樊锦诗、马世长:《莫高窟北朝洞窟本生、因缘故事画补考》,《敦煌研究》1986 年第 1 期,第 27—38 页。

⑤马世长:《敦煌莫高窟北朝本生、因缘故事画》,《中国佛教石窟考古论文集》,新竹:觉风佛教文化艺术基金会,2002 年,第 265—288 页。

⑥李玉珉:《敦煌四二八窟新图象源流考》,《故宫学术季刊》第 10 卷第 4 期,1993 年 1—34 页。

⑦施萍婷:《关于莫高窟第四二八窟的思考》,《敦煌研究》1998 年第 1 期,第 1—12 页。

⑧施萍婷、贺世哲:《近承中原远接西域——莫高窟第四二八窟研究》,敦煌研究院编《敦煌石窟艺术·莫高窟第四二八窟》,南京:江苏美术出版社,1998 年,第 15—16 页。

⑨季羡林主编:《敦煌学大辞典》,上海:上海辞书出版社,1998 年,第 84 页。

此故事画进行了释读,并公布了大量的图片。[①]国外一些学者还对印度的阿旃陀石窟的须达拏本生进行了研究。[②]2010 年,张景峰曾经以第 294 窟窟顶的部分壁画考释为中心对莫高窟的须达拏太子本生故事画进行了内容释读方面的初步研究。[③]2019 年,樊雪崧对莫高窟第 419 窟的须达拏太子本生故事画进行了新的探索。[④]敦煌以外的中原、新疆以及印度等地的须达拏太子本生故事画,松本荣一、金维诺、李玉珉、施萍婷、姚士宏[⑤]等先生均有提及并研究,也公布了一些图片资料。还有一些关于此故事画以及文本的学位论文。

本文以佛教艺术中的故事画为研究对象，选取故事画中最为特殊的一类佛教布施题材——须达拏本生故事画为研究对象,对犍陀罗、新疆以及敦煌、河西地区的此类本生故事画进行搜集与整理，以此来探索佛教艺术中国化的进程。

二、犍陀罗地区出土的须达拏太子本生图

犍陀罗浮雕中有大量关于须达拏本生故事的作品,现今塔克西拉博物馆、白沙瓦博物馆、大英博物馆以及波士顿博物馆等都藏有此故事浮雕的残片。那么,这些犍陀罗佛教艺术中关于本生故事画最初的表现形式是什么?故事画叙事艺术传入中国之后，在中国的新疆地区以及之后的敦煌地区都有了哪些变化？这是本文需要讨论的问题。

现藏于大英博物馆的这四件须达拏本生的浮雕残片(图 1),第一块表现了须达拏太子一手持净瓶给婆罗门洗手,一手牵着大象的鼻子给婆罗门的场景;第二块则是太子进山途中施舍钱财的画面;第三块表现太子施马车、肩负小孩

---

①敦煌研究院编:《敦煌石窟全集·本生因缘画卷》,香港:商务印书馆,2000 年,第 157—179 页。

②(印)A.詹姆柯德卡尔著,杨富学译:《须达拏本生研究》,《敦煌研究》1995 年第 2 期,第 64—68 页。

③张景峰:《敦煌莫高窟第 294 窟须达拏太子本生故事画研究及相关问题》,《敦煌研究》2010 年第 2 期,第 17—26 页。

④樊雪崧:《莫高窟第 419 窟须大拏本生图新探》,《敦煌研究》2019 年第 1 期,第 36—43 页。

⑤姚士宏:《克孜尔石窟本生故事画的题材种类(一、二、三)》,分别载《敦煌研究》1987 年第 3、4 期,1988 年第 1 期。

前行的画面;第四块表现曼迪回归狮子当道,老婆罗门求施舍儿女,婆罗门驱赶两小孩前行,太子施舍两儿女的情节,从画面来看大象是被牵着鼻子的。而现藏于美国波士顿博物馆的这件佛雕作品,大象也是被牵着鼻子的(图2)。

图 1a　大英博物馆藏犍陀罗雕塑中的须达拏本生图

图 1b　大英博物馆藏犍陀罗雕塑中的须达拏本生图

图 1c　大英博物馆藏犍陀罗雕塑中的须达拏本生图
(b:粟田功《犍陀罗艺术》,a、c:孙英刚、和平《犍陀罗文明史》)

图 2　波士顿博物馆藏须达拏太子故事画
(孙英刚、和平《犍陀罗文明史》)

从以上造像来看,犍陀罗地区流传的须达拏太子本生造像比较流行,造像的构图形式也比较成熟,出现了连续情节的组图,须达拏太子中的施象、施儿女、老婆罗门驱赶孩童等情节都有表现。这些经典情节在中国的新疆和甘肃的河西石窟中都有所保留和体现。

三、龟兹石窟中的须达拏本生图

新疆龟兹石窟也保存有大量的须达拏太子本生故事图，主要集中在克孜尔石窟中,大多以壁画的形式出现。有克孜尔第 8 窟[①]、第 80 窟[②]以及第 198 窟与第 38 窟[③],姚士宏在对新疆克孜尔石窟的本生故事画研究时,涉及部分洞窟的须达拏本生故事画。[④]另外,松本荣一、金维诺、李玉珉、施萍婷等先生在以敦煌为主讨论须达拏太子本生故事画时，也涉及新疆等地石窟中的须达拏本生故事画,并公布了一些图片资料。

克孜尔第 8 窟的须达拏故事画位于主室券顶西侧壁南端下部，为菱格形故事画。画面只有一个情节,表现的是太子将绑缚着的一双儿女施舍给老婆罗门的内容。克孜尔第 38 窟的须达拏本生图也只表现了太子将绑缚的儿女交给老婆罗门的情节(图 3)。

图 3　克孜尔第 38 窟的须达拏本生图

克孜尔 198 窟则表现了太子将绑缚的儿女交给老婆罗门和老婆罗门驱赶两小孩前行的两个画面情节。这些画面构图均较简单,菱形格壁画均为一个情节,其它的为两个情节，大多表现太子施儿女给婆罗门

①新疆维吾尔自治区文物管理委员会、拜城县克孜尔千佛洞文物保管所、北京大学考古系编:《中国石窟·克孜尔石窟(一)》,北京:文物出版社,1989 年,图版 33,图版说明第 238 页。

②《中国石窟·克孜尔石窟(二)》,图版 67、68,图版说明第 249 页。

③《中国石窟·克孜尔石窟(三)》,图版 104、184,图版说明第 221、227 页。

④姚士宏:《克孜尔石窟本生故事画的题材种类(一、二、三)》,分别载《敦煌研究》1987 年第 3、4 期,1988 年第 1 期。

的场面。

另外，德国学者勒考克调查新疆石窟的报告中提到，在克孜尔第 184 窟(倒数第三窟)以及第 77 窟(塑像群窟)的佛像基座上均绘有连环式构图的须达拏本生故事画。①

第 184 窟佛像基座的此幅须达拏太子本生故事画,共绘有四个情节,构图方式是从内向外(图 4):1.婆罗门向跪地的太子求施儿女;2.太子妻曼坻归家,狮子挡道;3.婆罗门鞭打、驱赶两儿女而去;4.曼坻归家不见儿女,趴在太子脚边号啕痛哭。

图 4　克孜尔 184 窟须达拏太子本生线图

第 77 窟图像从左至右绘有三个情节:1.太子坐于草庐之中,两儿女挤在其膝边(模糊),草庐外站立婆罗门向太子伸手求施舍;2.太子将两儿女捆绑交予对面的婆罗门手中;3.婆罗门一手牵着绑孩子的绳索,一手上举在鞭打太子儿女,驱赶其上路。

新疆石窟特别是克孜尔石窟中的须达拏太子本生故事画，除菱形格壁画只表现太子施儿女的情节外，其他的壁画也主要表现太子施儿女和婆罗门鞭笞驱赶儿女两个情节。但是,像第 77、184 窟这样用三四个画面表现的手法较为少见。特别是第 184 窟曼坻归家不见儿女,趴在地上痛哭的情节,在敦煌莫高窟第 428 窟须达拏本生故事画中也有出现。

①(德)勒考克著,管平、巫新华译:《新疆佛教艺术》,乌鲁木齐:新疆教育出版社,2006 年,第 460 页。

四、河西地区石窟中的须达拏本生图

敦煌及河西地区的石窟中绘有须达拏本生图的洞窟有莫高窟北周第428、294窟，隋代第423、427、419窟，晚唐第9窟，宋代第454窟。其中画面情节较为完整的有北周第428、294窟，隋代的第419、423窟，第294窟一些榜题中还存有部分题记，是敦煌石窟北朝时期壁画的重要材料。①此外，张掖文殊山石窟前山万佛洞中也有须达拏太子本生故事画，不过时代比较晚。

第428窟的须达拏太子本生画绘于主室东壁门北，影塑千佛与供养人之间。该画面清晰，结构也比较合理，是莫高窟须达拏本生画最具有代表性的画面。学术界关注的须达拏本生故事画也以这幅为多，松本荣一、施萍婷、李玉珉、马世长、李永宁均有对此画的考证与释读。共绘出了24个情节(图5)：1.太子出游；2.不乐，求父布施；3.八道人索象，太子施象；4.道人得象；5.王怒，驱逐太子；6.布施私财；7.受施人离去；8.辞别父母；9.臣民送行；10.太子驱车前行；11.婆罗门索马，太子施马；12.婆罗门得马；13.婆罗门索车，太子施车；14.婆罗门得车；15.婆罗门索衣，太子施衣；16.婆罗门得衣；17.继续前行；18.太子进化城，出城；19.太子见阿周陀；20.全家安居；21.婆罗门求施，太子施儿女；22.两儿不去，婆罗门鞭笞两儿；23.曼坻急归，狮子当道；24.曼坻不见两儿，哭嚎。

图5　莫高窟第428窟东壁门北须达拏太子本生

①张景峰：《敦煌莫高窟第294窟须达拏太子本生故事画研究及相关问题》，《敦煌研究》2010年第2期，第17—26页。

莫高窟北周第294窟西披、南披部分壁画内容经考定为须达拏本生。故事布局从西披中间火焰龛楣开始从右至左过渡到南披，至南披东侧结束。共绘出了21个情节：1.太子出游，不乐，求父布施；2.开库布施；3.八道人索象，太子施象；4.道人得象；5.布施私财；6.受施人离去；7.辞别父母；8.臣民送行；9.婆罗门求施，太子施马；10.婆罗门得马；11.婆罗门求施，太子施车；12.婆罗门得车；13.婆罗门求施，太子施衣；14.婆罗门得衣，太子前行；15.太子到化城；16.太子出化城；17.至檀特山，河当道；18.太子见阿周陀；19.婆罗门求施儿女；20.太子施儿女；21.婆罗门领太子儿女见王。[①]

隋代第419窟的须达拏本生画位于主室顶东披，画面清晰，莫高窟以此画最完整、情节最丰富。第419窟须达拏太子本生画前人已有研究[②]，共绘出了42个情节（图6）：1.太子乐善好施；2.八道人索象；3.太子施象；4.道人得象；5.大臣禀报；6.王怒，驱逐太子；7.布施私财；8.受施人离去；9.辞别父母；10.臣民送行；11.太子乘车而去；12.婆罗门索马，太子施马；13.婆罗门得马；14.婆罗门索车，太子施车；15.婆罗门得车；16.婆罗门索衣，太子施衣；17.婆罗门得衣；18.太子到化城；19.太子出化城；20.肩负儿前行；21.太子至檀特山，大河当道；22.太子过河；23.太子拜见阿周陀；24.太子建屋修行；25.全家安居；26.婆罗门妻汲水

图6　莫高窟第419窟人字披东披须达拏太子本生

①具体画面释读参见张景峰《敦煌莫高窟第294窟须达拏太子本生故事画研究及相关问题》，《敦煌研究》2010年第2期，第17—26页。

②杨雄：《大一统古典美术高峰的序曲—论莫高窟第四二〇、四一九窟的艺术》，敦煌研究院编《敦煌石窟艺术·莫高窟四一九、莫高窟四二〇窟》，南京：江苏美术出版社，1998年，第10—11、148—160页。

遭辱；27.妻向婆罗门要奴婢；28.婆罗门出发；29.猎人张弓预射婆罗门；30.猎人鞭笞婆罗门；31.猎人为婆罗门指路；32.婆罗门求施儿女；33.太子布施儿女；34.曼坻急归，狮子当道；35.婆罗门赶两儿前行；36.婆罗门赶两儿到家；37.妻命卖两儿；38.婆罗门领儿至市场；39.天王化人指使；40.婆罗门赶儿至叶波国；41.婆罗门领儿至王宫；42.王抱两孙赐婆罗门金银。

隋代第423窟的须达拏本生画位于主室人字披东披。画面分上下两行，上行从左至右分布，下行内容次序比较杂乱，从右至左分布；画面较为清晰，每个情节都用山峦隔开，因此释读方便。共绘出了27个情节（图7）：1.太子乐善好施；2.道人索象；3.太子施象；4.道人得象；5.王怒，驱逐太子；6.布施私财，受施人离去；7.辞别父母；8.臣民送行；9.婆罗门索马，太子施马；10.婆罗门索车，太子施车；11.婆罗门得车；12.婆罗门索衣，太子施衣；13.婆罗门索衣；14.太子施衣；15.太子到化城；16.太子出化城；17.太子到檀特山，大河当道；18.太子过河；19.太子见周陀道人；20.全家安居；21.婆罗门妻汲水受辱；22.妻向婆罗门要奴婢；23.婆罗门遇猎人；24.婆罗门索儿女，太子施儿女；25.曼坻急归，狮子当道；26.婆罗门领太子儿女见王，宝象归国；27.太子归国。[①]

图7　莫高窟第423窟人字披东披须达拏太子本生

河西石窟晚期洞窟中也有须达拏太子本生图的绘制，代表有莫高窟第9窟、第454窟以及文殊山石窟的万佛洞。

第9窟的须达拏太子本生图绘于中心塔柱东向面龛内北壁的三扇屏风画

①张景峰：《敦煌莫高窟第294窟须达拏太子本生故事画研究及相关问题》，《敦煌研究》2010年第2期，第17—26页。

内。赵秀荣对晚唐时期的屏风画有过研究，释读过第 9 窟须达拏太子本生画的内容，将三扇屏风画考释为 15 个情节。[①]第 9 窟须达拏太子故事没有施象的情节，直接从太子被逐檀特山心情节开始，到太子儿女归国结束。用 15 个画面情节表现了太子一路布施(图 11)，老婆罗门求布施太子的儿女以及太子儿女归国等内容(图 12)。[②]此外，莫高窟第 454 窟主室下方的屏风画中也绘有须达拏太子本生故事。[③]

文殊山石窟的须达拏太子本生图位于前山的万佛洞。文殊山石窟群属于张掖市肃南县，距离酒泉市 22 公里。万佛洞位于文殊山前山，此窟为中心塔柱，平面略呈长方形，北朝前期开凿，西夏时期进行过重修。须达拏太子本生图为表层壁画，位于前山万佛洞的后壁拐角处，情节简单，只有一个画面(图 13)，主要表现了婆罗门向太子索车的情节，婆罗门欲将车拉走，太子站于车辕一侧，车上坐夫人与儿女。

文殊山万佛洞的这幅须达拏太子本生故事画以屏风画的形式展现，与敦煌莫高窟晚唐五代宋时期洞窟下方流行屏风画，在内容为佛传、本生故事、贤愚经等方式上保持一致，因此从某种意义上来说文殊山石窟也应属于敦煌石窟系列。

从敦煌北朝至隋代的这几铺画面情节完整的须达拏故事画来看，为了使画面情节连贯、完整，当地的艺术家们结合中国儒家传统的固有观念，将故事画叙述完整，符合中国观念。莫高窟的须达拏太子故事画是敦煌石窟十六国北朝至隋故事画的代表，具有典型性。之后，须达拏故事画在河西地区的晚期石窟中依然出现，画面内容不再追求故事情节的完整性，早期的经典画面中的施象内容已经消失，重点表现的是布施财物以及儿女的情节。布施的主题没有变，但选择布施的对象发生了改变。可见，晚唐五代宋时期开凿洞窟过程中，由于洞窟主题思想发生了改变，在选取旧题材入绘洞窟的过程中，题材的叙事模

①赵秀荣:《莫高窟晚唐龛内屏风画的题材内容》,《敦煌研究》1997 年第 1 期，第 24—25 页。

②张景峰:《敦煌莫高窟第 294 窟须达拏太子本生故事画研究及相关问题》,《敦煌研究》2010 年第 2 期，第 17—26 页。

③敦煌研究院编:《敦煌石窟内容总录》，北京：文物出版社，1996 年，第 186 页。

式和重心也随之改变。

五、结语

从犍陀罗、新疆龟兹以及河西地区保存的须达拏本生图像来看，由于须达拏故事流传较广，其造像及绘画作品在各地流传也非常广泛，犍陀罗地区的一些施象、施儿女、老婆罗门驱赶孩童前行以及狮子挡道等经典的情节在克孜尔以及河西石窟的壁画中都有所保留和体现，而且更加细化。施财、施马车等这些画面尽管在龟兹石窟中没有过多出现，但在莫高窟中则情节丰富。从画面完整角度来讲，敦煌莫高窟的须达拏故事画画面更丰富，情节更为完整，犍陀罗造像的施象画面大多是牵着象鼻子布施，而到了敦煌地区则是站在大象一侧，不再牵着鼻子布施；同时在施马车的画面中，为了突出与经文的一致性以及画面内容的丰富性，则是将施马和施车的情节分开，还增加了施衣等情节。另外为了使画面情节更加完整，增加一些其他元素，这些元素有的是受到了中原绘画因素的影响，有的则受中国文化的传统思维的影响。到了晚期，须达拏太子施象故事中的经典“施象”画面情节已经消失，被布施财物以及儿女的情节取代，这是佛教故事画艺术中国化的具体体现。

古遗址考古研究

深刻理解中华文明的突出特征
——以敦煌文化为中心的考察

李并成
（西北师范大学历史文化学院）

习近平总书记2023年6月2日在文化传承发展座谈会上的重要讲话，从党和国家事业发展全局的战略高度，对中华文化传承发展的一系列重大理论和现实问题作了全面系统的深入阐述，为我们担负起新的文化使命、努力建设中华民族现代文明指明了方向。

习总书记的讲话中对于中华文明五个方面的突出特征进行了科学的总结和精辟的概括，即中华文明具有突出的连续性、创新性、统一性、包容性、和平性。在敦煌学的研究中，通过学习习总书记的重要讲话，我们深深体会到习总书记所概括的中华文明突出的特征，在敦煌文化中就体现得十分充分，尤其是“创新性”“包容性”特征更为突出和明显。

敦煌是丝绸路上的重要枢纽和吐纳口，为“华戎所交”的都会，西方文化传入中国后，大多要通过敦煌、河西等地进行中国“本土化”的过程，或与中国传统文化碰撞、交流、整合后再继续东传。同样中原文化向西传播亦是经过河西、敦煌发生文化的交流融汇。敦煌在融汇、整合东西方文化资源、创新文化智慧方面有着独具特色的优势，这也生动地体现出中国优秀传统文化博大的胸怀与坚定的文化自信。

一、敦煌文化呈现出东西方文化融合创新的亮丽底色与崭新格局

笔者认为，敦煌文化是一种在中原传统文化主导下的多元开放文化，敦煌文化中融入了不少来自中亚、西亚、印度和我国西域、青藏、内蒙古等地的民族

文化成分和营养,呈现出“你中有我、我中有你、各美其美、美美与共”的文化融合发展的亮丽底色与崭新格局,绽放出一种开放性、多元性、浑融性、创新性的斑斓色彩。例如,敦煌遗书中不仅保存了5万多件汉文文献,而且还汇聚有大量中国国内少数民族文字以及一批西方国家民族文字的写本。又如西方传入的“胡文化”,对于敦煌文化的形成和发展有着十分深刻的影响。

(一)敦煌遗书中汇聚有中外诸多民族文字文献的新史料

敦煌文书中保存的我国少数民族文字以及西方国家民族文字的写本,有吐蕃文、回鹘文、粟特文、于阗文、突厥文、梵文、婆罗迷字母写梵文、佉卢文、希腊文等语言文字的文本。此外莫高窟北区还发现西夏文、蒙古文、八思八文、叙利亚文等文书,可谓兼收并蓄,应有尽有。这么多古代东西方民族、国家的文献汇集一地,本身即表明敦煌在东西方文化交流中的重要地位。这些文献大多为我们以前见所未见、闻所未闻的新资料,它们对于丝绸之路上的文化交流交融和民族关系,以及中古时期的民族学、语音学、文字学的研究贡献重大。

例如,敦煌少数民族语言文献中,吐蕃文即古藏文文献最多,内容除大量与佛教有关的经典、疏释、愿文祷词外,还有相当多的世俗文献,涉及吐蕃历史上一系列重大问题。由于吐蕃人自己书写的吐蕃时代的文献非常少,而敦煌出土的近万件吐蕃文写本,反映了藏族人民早期的经历和吐蕃王朝的历史进程。如所出《吐蕃大事纪年》《吐蕃赞普传记》等,按年代顺序记载吐蕃王朝会盟、征战、颁赏、联姻、狩猎、税收等大事,可填补研究中的一大片空白。敦煌本回鹘文文书虽是劫后余孤,但数量仍不少,内容包括各种经文、笔记、医学、天文学、文学作品以及从甘州回鹘和西州回鹘带到敦煌的公私文书、信件等,弥足珍贵。于阗语是新疆和田地区古代民族使用的语言,公元11世纪以后逐渐消失,成为“死文字”,敦煌于阗语文献大部分已获解读,内容主要有佛教经典、文学作品、医药文书、使河西记、双语词表等,对于于阗历史、语言文化以及于阗与敦煌的交往和民族关系的研究意义重大。粟特语又称作窣利语,为古代中亚粟特地区民族使用的语言,敦煌粟特语文献大多为粟特人来到敦煌后留下的文字材料,内容有信札账单、诗歌、占卜书、医药文书、译自汉文的佛典、经书等,实可宝贵。突厥文为公元7—10世纪突厥、黠戛斯等族使用的文字,曾流行于我国西域、河西以及中亚、西亚等地。敦煌文书中保存有突厥文格言残篇、占卜书、军事文书等。

敦煌发现的外来民族文字的文献亦不少。如梵文文献除佛经外，尚有《梵文—于阗文双语对照会话练习簿》、梵字陀罗尼、梵文《观音三字咒》等。又如，莫高窟北区B53窟出土两页四面完整的叙利亚文《圣经·诗篇》，据之可大大增加我们对蒙元时期景教（基督教聂斯脱利派）传播的认识。可以毫不夸张地说，敦煌文献不仅属于中国，也属于世界，它是丝路沿线国家共同历史记忆的重要组成部分。

除藏经洞和莫高窟北区庋存的众多民族文字的文献外，莫高窟等石窟中还留下了吐蕃文、西夏文、回鹘文、蒙古文等不少民族文字的题记，敦煌汉代烽燧遗址出土佉卢文帛书，莫高窟北区B105窟出土青铜铸造的十字架，表明宋代敦煌地区景教徒的存在。莫高窟还先后4次出土回鹘文木活字1152枚，为目前所知世界上现存最多、最古老的用于印刷的木活字实物，具有十分重要的研究价值。[①]

（二）敦煌文化中融入了诸多西方文化的新元素

西方传入的“胡文化”，对于敦煌文化的影响主要表现在古代敦煌的赛祆胡俗、服饰胡风、饮食胡风、乐舞胡风、婚丧胡风、敦煌画塑艺术中所融入的西方元素以及医药学文化、科技文化、体育健身文化等所体现出的中西文化交流融汇等。

以赛祆胡俗为例。赛祆，即祈赛祆神的民俗，为“赛神”活动的一种，唐宋时期的敦煌尤为盛行。所谓“赛神”，即以祭祀来报答神明所降的福泽之意。祆教，即琐罗亚斯德教，又称拜火教，为萨珊波斯的国教，约在魏晋时传入我国。由敦煌遗书《沙州都督府图经》（P.2005）等可见，唐代敦煌城东一里处专门建有安置粟特人的聚落——安城及从化乡，该乡辖3个里，公元750年时全乡约有300户、1400口人，其中大部分居民来自康、安、石、曹、罗、何、米、贺、史等姓的中亚昭武九姓王国。[②]安城中建有祆庙，其规模多达20龛，专门供奉祆神。敦煌

①彭金章：《敦煌考古大揭秘》，上海：上海人民出版社，2007年，第118—120页。

②（日）池田温：《八世纪中叶敦煌的粟特人聚落》，《唐研究论文选集》，北京：中国社会科学出版社，1999年，第3—67页。

归义军官府的《布、纸破用历》(P.4640v)等文书中经常记载为了举办赛祆活动而支出的画纸、灯油、酒、麨面、灌肠及其它食品等，且数额不菲。并且祀祆赛神已被纳入敦煌当地的传统祭祀习俗中，从官府到普通百姓，无论粟特人，还是汉人和其他少数民族，无不祀祆赛神，藏经洞中亦保存有祆教图像，可见祆教对敦煌文化的重要影响。敦煌赛祆活动的主要仪式有“祆寺燃灯，沿路作福”，供奉神食及酒，幻术表演，雩祭求雨等，反映了外来宗教文化传入中国后融入中国传统文化的状况，经过中国传统文化消化、改造了的祆教，已与中亚本土的祆教有诸多不同，呈现出一派新的景象。①

又如饮食胡风。作为国际性都市，敦煌的饮食习俗具有浓郁的汉食胡风特色，来自中亚、西亚、中国西域等地的饮食习惯融入敦煌当地传统的饮食风俗中，成为敦煌饮食文化中新的有机组成部分，体现了丝绸路上中西饮食文化交流融汇的生动场景。我曾将敦煌饮食文化的特点概括为：包罗宏大、美味俱全，中西饮食习俗汇聚交融，多民族饮食习俗汇聚交融，僧俗饮食习俗汇聚交融，饮食与医疗卫生、保健养生有机结合，饮食与岁时文化密切结合，饮食与歌舞艺术相结合。②据不完全检索，仅敦煌遗书中出现的食物品种名称就达 60 多种，其中源于“胡食”又经敦煌当地传统饮食习俗影响和改造过的饮食品种即有不少，如各类胡饼、炉饼、餪饼、饦饼、馅饼、餢飳、饆饠、餺飥、胡酒、诃梨勒酒等，不一而足。敦煌还有来自吐蕃的糌粑和灌肠面，至今它们仍是藏族和蒙古族的主要食物之一。至于饮食炊具、餐具，亦有不少是从“胡地”传入的，如鍮石盏、金叵罗、注瓶、垒子、犀角杯、珊瑚勺、食刀、胡铁镬子等。饮食礼仪中的胡跪、垂腿坐、列坐而食等，亦深受胡风影响。③

再如，敦煌艺术表现手法中的胡风。敦煌艺术就其品类而言，包括壁画、彩塑、石窟建筑、绢画、版画、纸本画、墓画等，内容十分丰富，数量极其巨大。著名学者姜亮夫先生评价：“敦煌千壁万塑，至今仍能巍然独存，而且还有远在北魏

①李并成：《敦煌文化——丝绸之路文化最杰出的代表》，孙占鳌主编《敦煌文化研究(第一辑)》，兰州：甘肃人民出版社，2016 年，第 52 页。

②李并成：《敦煌饮食文化的若干特点论略》，樊锦诗、才让、杨福学主编《丝绸之路民族文献与文化研究》，兰州：甘肃教育出版社，2015 年，第 263—264 页。

③高启安：《唐五代敦煌饮食文化研究》，北京：民族出版社，2004 年，第 227—257 页。

的作品，无一躯一壁不是中国流传的最古的宝迹。一幅顾恺之的《女史箴图》引得艺术界如痴如醉；数十躯杨惠之的塑像，使人赞叹欣赏，不可名状。这样大的场面，这样多的种色，这样丰富的画派，安能不令世人惊赏！它是世界第一座壁画塑像的宝库，是我们骄傲的遗产，也是艺术界的宝典，史学上的第一等活材料！总之，以艺术来说，敦煌的唐代美术，是融合了中国的象征写意图案趣味的古典艺术与印度的写实手法，而发挥出其交融后最美丽的光彩，是中土美术得了新养分成长最为健壮的一个时代……它包罗了中国传统的艺术精神，也包罗了中西艺术接触后所发的光辉，表现了高度的技术。它总结了中国自先史以来的艺术创造意识，也吸收了印度艺术的精金美玉，类化之，发恢之，成为中国伟大传统的最高标准，它是人类精神的最高发扬。"①

二、敦煌文化中突出体现了佛教"中国化"的创新成就

作为外来宗教，佛教欲在中华故土上传播发展，欲融入中国的传统文化，就必须适应中国原有的文化氛围，适应中国人的思想观念与审美意识，运用中国的语言表达方式，这就需要首先进行一番"中国化"的改造与更新。史实表明，敦煌作为佛教进入我国内地的第一站，率先形成了佛经翻译、传播中心，率先成为佛教"中国化"的创新之地。此外，敦煌文献中还保存了大量原已散佚失传的佛教典籍，从中可获得许多新发现、新收获。敦煌写经中保存了部分唐代的初译本，对于初译的原始状况以及佛教经典传播中的演变具有特殊重要的研究价值。敦煌文化突出体现了佛教"中国化"的创新成就。

据《高僧传》卷一记载，月氏高僧竺法护，世居敦煌，曾事外国沙门竺高座为师，游历西域诸国，通晓多种语言，率领一批弟子首先在敦煌组织了自己的译场，被人们称为"敦煌菩萨"。竺法护被认为是当时最博学的佛教学者，是佛教东渐时期伟大的佛教翻译家，开创了大乘佛教中国化的新局面，奠定了汉传佛教信仰的基本特色。②他"孜孜所务，唯以弘通为业，终身写译，劳不告倦。法经所以广流中华者，护之功也。"《开元录》载其共译经 175 部 354 卷。任继愈主

①姜亮夫：《敦煌——伟大的文化宝藏》，昆明：云南人民出版社，1999 年，第 40—41 页。

②李尚全：《竺法护传略》，兰州：甘肃人民出版社，2011 年，第 1 页。

编《中国佛教史》第 2 卷载,竺法护“一生往来于敦煌、长安之间,先后 47 年(266—313),译经 150 余部,除小乘《阿含》中的部分单行本外,大部分是大乘经典……早期大乘佛教各部类的有代表性的经典,都有译介……在沟通西域同内地的早期文化上,做出了卓越的贡献。”[①]正是竺法护开创性的贡献,使敦煌实际上成为大乘佛教的发祥地。

又据《高僧传》卷四《晋敦煌竺法乘传》载,竺法护的弟子竺法乘承其师之衣钵,继续在敦煌“立寺延学,忘身为道,诲而不倦”,颇有影响。尔后敦煌僧人竺昙猷继续研习光大,成为东晋时期的著名高僧、浙江佛教的六大创始人之一。《高僧传》卷十一记:“竺昙猷,或云法猷,敦煌人。少苦行,习禅定。后游江左,止剡之石城山,乞食坐禅……自遗教东移,禅道亦授,先是世高、法护译出禅经,僧先、昙猷等并依教修心,终成胜业。”可见,竺法护、法乘、昙猷等前后相继,译出并创立大乘佛教的禅学理论,又付诸实践禅修弘法,成就胜业。马德先生认为,昙猷实际上就是中国佛教禅修的创始人。[②]

敦煌遗书中约 90%的卷帙为佛教典籍,总数超过 5 万件,包括正藏、别藏、天台教典、毗尼藏、禅藏、宣教通俗文书、寺院文书、疑伪经等,具有十分重要的补苴佛典、校勘版本和历史研究价值。例如,禅宗为彻底中国化的佛教,且简单易行,8 世纪以来成为中国佛教的主流,受到唐代士大夫及普通民众的欢迎和热衷。然而由于战乱及“会昌灭法”的打击等原因,以至于许多早期的禅籍遗失,其教法也逐渐失传,使我们无法全面了解唐代禅宗的发展状况,也难以真正了解中国思想史和中国社会史。欣喜的是敦煌遗书中保存了大量 8 世纪前后禅宗的典籍,主要有初期禅宗思想的语录、禅宗灯史等。例如,据说是禅宗初祖达摩的《二人四行论》、三祖僧璨的《信心铭》、卧伦的《看心法》、法融的《绝命观》《无心论》、五祖弘忍的《修心要论》、北宗六祖神秀的《大乘五方便》《大乘北宗论》《观心论》、南宗六祖慧能的《坛经》、南宗七祖神会的《菩提达摩南宗定是非论》,以及杜朏的《传法宝记》、净觉的《楞伽师资记》、保唐宗(净众宗)的《历

①任继愈主编:《中国佛教史》,北京:中国社会科学出版社,1981 年。

②马德:《敦煌文化杂谈三题》,杨利民、范鹏主编《敦煌哲学》第四辑,兰州:甘肃人民出版社,2017 年,第 156 页。

代法宝记》等等。[①]这些著述填补了禅宗思想史的诸多空白。

又如别藏，是专收中华佛教撰写的中国佛教典籍的集成，但在大多数佛僧眼中其地位远远比不上由域外传入翻译的正藏，故而大批中华佛教撰著散佚无存，殊为可惜。敦煌藏经洞中则保存了相当多的古译中华佛教论著，包括经律论疏部、法苑法集部、诸宗部、史传部、礼忏赞颂部、感应兴敬部、目录音义部、释氏杂文部等，从而为我们研究印度佛教是怎样一步步演化为中国佛教的、中国佛教是如何发展演变的等问题，提供了十分丰富的新史料。

再如，疑伪经即非佛祖口授而又妄称为经者，或一时无法确定其真伪的经典，亦大多无存。但这些经典均可反映出中国佛教的某一发展阶段，具有很高的研究价值，它们在敦煌遗书中保存了相当多的数量，十分值得庆幸。如《高王观世音经》，反映了观世音信仰在中国发展和流传的状况；《大方广华严十恶品经》，反映了梁武帝提倡断屠食素背景下汉传佛教素食传统的形成过程；《十王经》反映了中国人地狱观念的演变，等等。[②]这些资料已使佛教"中国化"的研究呈现出诸多新的面貌。

莫高窟出土的唐代写经中，保存了一部分当时的初译本，即最早、最具有权威性的版本。如贞观廿二年(648)玄奘译的《能断金刚般若波罗蜜多经》(P.2322)，是目前所见极少保存序、记、经文、尾题的写本，呈现了该经最原始的面貌。又如长寿二年(693)义净译的《佛说宝雨经》及长安三年(703)译的《金光明最胜王经》等，均保存有详细而具体的译、校、审僧众及官员名单，实可珍贵。再如景龙元年(707)室利末多译《佛说示所犯者瑜伽法镜经》，历代经目未见著录，译者亦不见史载，成为孤本，价值颇高。他如宝思惟译《佛说校量数珠功德经》等，除经文外亦完整记录了初译时的译审班子，这些初译本写经一般源自朝廷对敦煌的赏赐，所有译、写人员及译、写过程全部记录在卷末题记中，众多的译、校、审、勘等庞大团队名单，系统地保存了佛经初译时的本来面目，在校勘方面有着不可替代的权威性，是十分珍贵的历史资料。[③]

---

①(日)田中良昭:《敦煌の禅籍》,《禅学研究入门》,东京:大东出版社,1994年;邓文宽、荣新江:《敦博本禅籍录校》,南京:江苏古籍出版社,1998年。

②方广锠:《敦煌遗书中的佛教文献及其价值》,《西域研究》1996年第1期,第45—48页。

③马德:《试论敦煌遗书佛经初译本的价值》,《敦煌学辑刊》2018年第2期,第51—61页。

三、敦煌壁画中的飞天——极富创新的艺术形象

敦煌石窟(包括莫高窟、榆林窟、西千佛洞、东千佛洞、五个庙石窟、昌马石窟等),保存了公元4世纪至14世纪的佛窟约900座、壁画50000多平方米、彩塑3000余身,用艺术的图像生动地记录了古代千余年来的历史场景与社会风貌,是世界上现存规模最大、内容最丰富的历史文化艺术宝库。石窟的营造者们从一开始就进行着再创造,他们适应中国人的审美情趣和艺术追求,按照中国人自己的观念来理解佛教教义,描绘天国的理想境界,创作佛教的神祇;以中国人喜见乐闻的形式宣传佛教思想,以中国民族形式表达佛教内容。他们在创作中发挥出杰出的聪明才智,体现出卓越的创造精神。

就拿敦煌壁画中的飞天来说,其艺术形象源自印度,又名乾闼婆、紧那罗,是佛教天国中的香神和音神,即专施香花和音乐的佛教专职神灵,莫高窟中的飞天多达6000余身。飞天形象传入敦煌后,经不断地交融发展、脱胎换骨、艺术创新,完全摆脱了印度石雕飞天原有的样式,以全新面貌展现于世人面前,美不胜收,与印度的石雕飞天已非同日而语。

早期洞窟(如北凉275窟等)中的飞天,头有圆光,戴印度五珠宝冠;或头束圆髻,上体半裸,身体呈"U"形,大多双脚上翘,做飞舞状,姿势显得笨拙,形体略呈僵硬,似有下沉之感,尚带有印度石雕飞天的较多痕迹。北魏时期飞天加快向中国化方向转变,但仍有较明显的西域样式和风格,其体态普遍较为健壮,略显男性特征,动感不强。西魏到隋代是飞天艺术各种风格交融发展的时期,完全中国化意义上的飞天艺术逐渐形成。如西魏285窟飞天形象已趋向于中原的秀骨清像,其身材修长,裸露上身,直鼻秀眼,微笑含情,脖有项链,腰系长裙,肩披彩带,手持各种乐器凌空飞舞;四周天花旋转,云气缥缈,颇显身轻如燕、自由欢乐之状。

隋朝飞天艺术得到进一步发展,一扫呆板拘谨的造型姿态,由于画师工匠不断吸收、摹仿中外舞蹈、伎乐、百戏等的精华,进行再创新,克服了早期飞天中蹲踞形和"U"字形的弱点,使得飞天的身姿与飘带完全伸展,体态轻盈、流畅自如,完成了中国化、民族化、女性化、世俗化、歌舞化的历程。如第427窟内四壁天宫栏墙内绕窟一周的飞天,共计108身,皆头戴宝冠,上体半裸,项饰璎

珞,手带环镯,腰系长裙,肩披彩带。有的双手合十,有的手持莲花,有的手捧法器,有的扬手散花,有的欢快地演奏着琵琶、长笛等乐器,朝着同一方向(逆时针方向)飞去。飘逸的衣裙,长长的彩带,迎风舒卷。飞天四周流云飞动,天花四散,充满了动感和生机。

唐代是敦煌飞天艺术发展的最高峰,也是其定型化的时代。初盛唐的飞天具有奋发向上、轻盈潇洒、千姿百态、自由奔放的飞动之美,这与唐代前期开明的政治、强大的国力、丰富的文化和奋发进取的时代精神是一致的。例如初唐321窟西壁佛龛两侧飞天,姿态格外优雅,身材修长,昂首挺胸,双腿上扬,双手散花,衣裙巾带随风舒展,由上而下,徐徐飘落,充分表现出其潇洒轻盈的飞行之美。又如盛唐320窟南壁西方净土变中的阿弥陀佛头顶华盖上方两侧的4身飞天,对称出现,身轻如燕,相互追逐,前呼后应,灵动活跃,表现出一种既昂扬向上又轻松自如的精神境界与美感。

唐代大诗人李白描写的"素手把芙蓉,虚步蹑太清。霓裳曳广带,飘拂升天行",正可用来吟哦赞叹敦煌飞天。敦煌飞天不生羽毛,不长翅膀,借助彩云却不依靠彩云,通过长长的飘带,舒展的身姿、欢快的舞动,在鲜花和流云的衬托下翱翔天空,翩翩起舞,把洞窟装扮得满壁风动。诚如著名学者段文杰先生所论:"敦煌飞天不是印度飞天的翻版,也不是中国羽人的完全继承。以歌伎为蓝本,大胆吸收外来艺术营养、促进传统艺术的改变,创造出的表达中国思想意识、风土人情和审美思想的中国飞天,充分展现了新的民族风格。"①

敦煌飞天堪称人类艺术的天才创造,是中国美术史上的一个奇迹,充分体现了中华民族不断突破自我、勇于创新的精神品格。有人说敦煌飞天寄托了人类征服自然、飞跃太空、翱翔宇宙的伟大梦想;也有人认为,敦煌飞天是当代载人航天、宇宙飞船等人类尖端科技的最初灵感来源。

史实表明,飞天艺术形象不仅凸显了敦煌文化的创新精神,其他艺术形式以及石窟营建、壁画题材内容等方面,在一千多年的发展中也不断地创造着新的成果。仅举一例,莫高窟中保存的千余壁、30余种的经变画使是典型代表。

①段文杰:《飞天——乾闼婆与紧那罗》,《段文杰敦煌艺术论文集》,兰州:甘肃人民出版社,1994年,第438页。

经变画是在隋唐时期中国佛教理论逐渐成熟、佛教宗派相继成立的历史背景下产生的。这些经变画不仅传遍了中国各地,而且还流传到日本、朝鲜等东亚国家,对东亚诸国的佛教文化艺术发展产生了深远的影响。有学者认为,这是以敦煌艺术为代表的中国佛教艺术对世界佛教文明的重要贡献。

四、敦煌歌舞艺术——融汇中西菁华的全新艺术形象

莫高窟中保存了历时千余年的极其丰富的舞蹈形象，在北区的492个洞窟中,几乎每一窟都有舞蹈绘画。舞蹈是转瞬即逝的时空艺术,在没有古代舞蹈动态资料的情况下，那些凝固在敦煌洞窟壁画中的历代舞蹈图像就成为十分罕见的珍贵舞蹈史料。早在北朝时期许多西域乐舞，包括龟兹（今新疆库车)、高昌(今新疆吐鲁番)、疏勒(今新疆喀什)、安国(今乌兹别克斯坦布哈拉一带)、康国(今乌兹别克斯坦撒马尔罕一带)、悦般国(今阿富汗北部)等的乐舞,即首先经由敦煌传入中原。这些乐舞与中国传统乐舞交流荟萃,展现出丰富多彩的崭新形象,使得敦煌壁画绚丽多姿,美不胜收。

例如,敦煌壁画中十分引人注目的舞蹈形象天宫伎乐,即壁画中天宫圆券门内奏乐歌舞的天人,计有4000余身,源自印度佛教所描绘的西方极乐世界中供养佛的音乐舞蹈之神。其动作特点是大幅度的扭腰出胯,伸臂扬掌,体态舒展,挺拔昂扬,手指变化也颇为丰富。那些怀抱琵琶、手执管弦等外来乐器边弹边舞的伎乐,吹奏的虽是外来乐器,舞姿却蕴含我国古典舞韵,为中外舞蹈交融的生动表现。在绘画技法上,既有圆券形宫门、服饰和表现主体感的西域式明暗法等,更有满实的构图、遒劲的线描、传神的动态、鲜明的色彩和中原传统晕染法。[①]敦煌天宫伎乐不仅是反映佛教内容的优美的艺术形象,而且具有生活的真实性和观赏性。

迨及隋唐,进入各民族、各地区乐舞文化大交流、大融合、大发展、大创新的时代。隋炀帝置九部乐,唐太宗时又增为十部乐,其中西凉乐、龟兹乐、天竺乐、康国乐、疏勒乐、安国乐、高昌乐,皆是经由敦煌传入中原,而盛行于宫廷的。西域百戏、胡旋舞、胡腾舞、柘枝舞、高昌舞等,也是首先在敦煌流行发展继

①万庚育:《敦煌早期壁画中的天宫伎乐》,《敦煌研究》1988年第2期,第24—26页。

而风靡于内地的。这些舞蹈具有浓厚的西域、中亚风情，传入敦煌后开创一代新风，矫健、明快、活泼、俊俏，舞风优美，气氛热烈，与当时开放、向上的时代精神相吻合。[①]

就以从西域传入的胡旋舞来说，其源于康国，故而又名康国舞，约北周时传入我国，隋唐时大盛。白居易长诗《胡旋女》描绘其舞蹈场景："胡旋女，胡旋女，心应弦，手应鼓。弦歌一声双袖举，回雪飘飖转蓬舞。左旋右转不知疲，千匝万周无已时。人间物类无可比，奔车轮缓旋风迟。曲终再拜谢天子，天子为之微启齿。胡旋女，出康居，徒劳东来万里余……"胡旋舞的场景在莫高窟壁画中比比可见。例如220窟北壁药师经变中的两对伎乐天所跳胡旋舞姿十分优美。第一对舞伎均头戴珠冠，上身着短袄，下身穿裤裙，裸臂着钏，跣足，手舞长巾，一腿立于圆毯上，一腿弯曲抬起，一手举过头顶，一手弯曲下垂，给人以飞速旋转的强烈感觉。第二对舞伎展臂旋转，所着长巾、佩饰卷扬飘绕，动感极强，似乎是同一舞伎两个连续旋转动作的绘制。其舞蹈动势，颇有"蓬断霜根羊角疾，竿戴朱盘火轮炫，骊珠迸珥逐飞星，虹晕轻巾掣流电……万过其谁辩始终，四座安能分背面"的胡旋舞飞旋优雅的姿态。[②]在12窟、146窟、108窟等窟壁画中还有男性表演的着长袖衣、旋转踏跃的胡腾舞。

又如，著名的《西凉乐》就是以龟兹为主的各族乐舞与流行河西一带的"中原旧乐"（包括清商乐）融合而成的，为西域音乐传入之后融合西方少数民族音乐的代表，是古代敦煌、河西（凉州）各族人民共同创造的乐舞艺术。唯《庆善乐》"独用西凉乐，最为闲雅"。乐舞表演离不开乐器伴奏，于敦煌壁画中见，主要乐器有琵琶、曲项琵琶、五弦、胡琴、葫芦琴、弯颈琴、阮、花边阮、答腊鼓、腰鼓、羯鼓、毛员鼓、都昙鼓、鸡娄鼓、节鼓、齐鼓、擔鼓、军鼓、手鼓、鼗鼓、扁鼓、竖笛、横笛、凤笛、异型笛、筚篥、笙、竽、筝、角、画角、铜角、箜篌、凤首箜篌、方响、排箫、串铃、金刚铃、拍板、钟、钹、铙、海螺等，它们大多出自西域。[③]如《隋书·音

①王克芬：《多元荟萃，归根中华——敦煌舞蹈壁画研究》，《敦煌研究》2005年第3期，第41—50页。

②柴剑虹：《胡旋舞散论》，《敦煌吐鲁番学论稿》，杭州：浙江教育出版社，2000年，第288—297页。

③郑汝中：《壁画乐器》，季羡林主编《敦煌学大辞典》，上海：上海辞书出版社，1998年，第250—261页。

乐志》:“今曲项琵琶、竖头箜篌之徒,并出自西域,非华夏旧器。”《破阵乐》《大定乐》等,“皆擂大鼓,杂以龟兹之乐”。《长寿乐》《天授乐》等也“皆用龟兹乐”。

著名舞蹈艺术家王克芬研究员认为,唐代频繁的乐舞交流为创作新的舞蹈作品提供了取之不尽的素材,唐舞以传统舞蹈为基础,广泛吸纳许多国家、地区民族的舞蹈艺术,广采博纳,撷取精华,融化再创,成为当时舞蹈发展的主流,开创中国古代舞蹈艺术的一代新风,取得辉煌成就。其中许多舞蹈就是以中原乐舞为基础,广泛吸取中外各民族民间乐舞的精华创作而成的。①

综上可见,丝绸路上的敦煌文化在其长期的历史演进中“海纳百川,有容乃大”,形成了极强的包容性,它并不排斥外来的同质或异质文化,包容不是简单的混合,也不是取消差异,取消民族特色,文化的认同并不等于文化的同化,而是你中有我,我中有你,各美其美,美美与共,是以我为主对外来文化进行的改造与融合,是在更高层次上和更广范围内的优势互补和创新发展。本土文化与外来文化的自由交流,东方文明与西方文明的交融汇合,使得敦煌文化绝非仅仅是本乡本土的产物,而成为整个丝绸之路上东西方文化交流融汇、创新转化的典型代表。

---

①王克芬:《天上人间舞蹁跹》,上海:上海人民出版社,2007年,第75—83页。

元代甘州城周长考查

吴正科
（敦煌研究院）

古代张掖郡城自迁建确定至今市区后，废帝三年（554）七月，改西凉州为甘州。《隋志》曰："西魏置西凉州，寻改甘州。"[①]自此有了"甘州城"的名称。关于元代以后甘州城变迁及城墙长度，《重刊甘镇志》记载："旧城周九里三十步。明洪武二十五年，都督宋晟于东增筑新城三里三百二十七步，总一十二里二百五十七步。"[②]《甘州府志》记载："城周一十二里三百五十七步""元大德中扩修，周九里三十步。至大二年重修。明洪武二十五年，都督宋晟扩修三里三百二十七步，如今数。"[③]关于旧城墙和扩筑城墙长度，二志记载相同，问题在于：最终形成的甘州城为方形，如果"旧城周九里三十步"指的是宋晟扩筑时沿用的旧城墙（不包括东城墙），"城周一十二里三百五十七步"符合实际。如果元代旧城周长九里三十步，宋晟扩筑三里三百二十七步，周长不应该包括旧城东城墙长度，总长应不足一十二里三百五十七步。正因为两个地方志在新旧城墙长度上都用了"周"，导致至今人们认为元代甘州城城墙周长为九里三十步。

一、对明清甘州古城的勘查

20世纪90年代，笔者对甘州古城墙进行过多次实地勘查，城墙四至如下：西北角在今河西学院正门对面、国道南侧偏东30米处（现甘州区人民医院

①张志纯等校注：《甘州府志校注》，《世纪·上》，兰州：甘肃文化出版社，2007年，第18页。

②张健等翻印：《重刊甘镇志》，第二册《建置志·公署》，北京：中华书局，2013年。

③张志纯等校注：《甘州府志校注》，第146页《营建》"甘州府"。

门诊大楼），西墙向南经甘州区人民医院中部、西城巷西侧至通讯营南、陈家花园北侧的南城巷，即西南城角，距西环路 20 米，西墙长 1720 米。南墙向东沿陈家花园巷南侧，经育才中学北侧、张掖七一剧院、旧水电局办公楼、甘泉池南侧，直至解放军第二十七医院东南水沟之北侧，临近东环路，即城址的东南角，南墙长 1960 米。东北角在丝路春酒厂东、东环路北端的预制厂院。[①]洪武二十五年（1392）宋晟对张掖城的扩建，奠定张掖城的最终布局。万历二年（1574）巡抚石茂华以砖包砌城墙时，只是对墙体表面酥碱松软的夯土层进行了清理，为“铲削城墙”[②]，没有改变原有格局。根据实地勘查，一十二里三百五十七步是最终确定的甘州城城墙总长度，包括沿用元代甘州城旧城墙和明洪武二十五年增筑的新城墙，当然不包括元代甘州城东城墙长度，也就是说，元代甘州城周长不止九里三十步。

砖石包砌的甘州古城墙，到 20 世纪 80 年代拆除殆尽，仅存东北角一段。实地勘查的情况如下：

残余城墙在丝路春酒厂北侧，靠近国道（北环路），其墙外侧曾被剥去数米之厚。酒厂后门将旧城墙分成东、西两段，东段长 67 米，西段长 81 米，墙基残存厚度 6—8 米（原厚三丈七尺，11.8 米），残高 4—8 米（原高三丈二尺，10.2 米）。

西段：西端临酒厂锅炉房，夯土层厚度有 12、13、14、15、16、17 厘米，以 14 厘米居多，平均厚度为 14.5 厘米。其夯筑方法为：先平摊一层池塘乌泥，再覆黄土或沙土，最后夯筑坚实，每层如此。每层夯土中池塘乌泥层厚度均在 1—5 厘米范围内。这种乌泥的特征是坚硬且泛青色，如砖坯。先上乌泥，后上潮湿的沙土或黄土，既能使打筑方便，又使乌泥水尽快被吸收，层层夹泥，使墙体异常坚固，而这种池塘乌泥经雨淋日晒最易酥碱风化，成灰状物，故墙体表面并不坚固。西端墙体顶部有厚为 16、17、20 厘米的夯土层，不见乌泥夹层，其夯筑时间应晚于中、下部分。调查中，在西端墙体近基础夯土层中觅得一宋代黑釉瓷片。酒厂后门西侧墙体（西段城墙之东端），夯土层厚度为 15、16、17、20 厘米，

---

①吴正科：《黑水国古城》，兰州：甘肃人民出版社，1998 年，第 126 页。

②张志纯等校注：《甘州府志校注》，第 852 页《杂纂》“砖砌甘州城”。

以 17 厘米居多。向西 23 米处，墙体有一条断裂缝，夯土层在裂缝两侧不相衔接，这一段土层中夹有较多的砖瓦碎块，而东段及裂缝以西的西段墙体中则极少见砖瓦遗物。裂缝东侧墙体的乌泥层不甚均匀，制作也不如西端精细，可见裂缝东侧的墙体与西侧墙体非同时所筑。东端墙基夯层中发现 1 块唐代白瓷片。

东段：西端临酒厂后门东侧，夯土层厚有 20、24、22 厘米，以 22 厘米居多，有一小段基础部分夯土较薄，有 13、14、15、17、18 厘米，其他特征相同，墙基夯土层较薄的现象在东段也存在，可能是在加板筑墙前处理城墙基础的一种普遍方法。东段墙体中多见有长约 30 厘米的木钉，以木钉牵拉索绳，这种方法在黑水国北城也存在。墙体内侧留有两次加帮痕迹，第一次加帮层在中间，厚约 1 米，夯土层厚 24 厘米，土层中夹有两块残砖，砖宽 16 厘米、厚 8 厘米，另见一块汉代灰陶片，夯土层为纯黄土筑成，不存在乌泥层。第二次加帮层在墙体内侧，厚 3 米，夯土层厚度以 18 厘米居多，亦不存在乌泥现象。东段原墙夯土与西段筑造方法相同，都是先上泥，后上土，再夯筑，不同之处在于：东段墙体的泥层并非池塘乌泥，而是黄土加水和成泥，干结后的泥块没有泛青色现象，质地疏松，而呈大块状，泥层与土层区分不甚明显。由于夯土层较厚，所以夯筑后的泥层空隙较大，墙体不够坚硬。从夯土层状况看，明显为明代所筑。顶部夯土层中不见有泥层。

两段墙体的椽孔状况如此：西段东端至裂缝处有两排椽孔，排列较规整，裂缝西一段不见有椽孔，西段西半部再出现椽孔，排列循规律，一般 2 米左右有一孔，上下孔距 4—6 个夯土层。东段排列无规律可循，密且乱，椽孔有单孔者，有双孔者，也有三孔连续排列者。椽孔直径俱在 9 厘米左右，孔内无任何木质遗存，应该是筑城搭架留下的椽孔。

残存北城墙至原古城东北角约 230 米。编写《张掖文物》时再次核算甘州古城“城周长一十二里三百五十七步，合 7483 米”[①]，这和实地勘查的结果是一致的。

---

①张掖市文物管理局编：《张掖文物》，兰州：甘肃人民出版社，2009 年，第 222 页。

二、元代甘州城周长

旧城即指元代张掖城。《甘州府志·世纪》记："大德三年(1299),广甘州城"[①],《甘镇志》记"旧城周九里三十步",合3270步,16350尺。按明尺计算,合5232米。但这个数据并非元代张掖城的周长,而指的是明代沿袭了元代城墙的长度,也就是西、南、北三面城墙的总长度。元大德年间扩修甘州城,在《甘州府志》的《世纪》和《营建》中均有记载,《营建》记云："元大德中扩修,周九里三十步",这是转载了《甘镇志》的记录,但《甘镇志》的"旧城周"指的是继续沿用的城墙总长度,而《甘州府志·营建》则说成是大德扩修后城址周长的总数,明显是错误的。洪武二十五年,在旧城东边增筑城墙三里三百二十七步,合1407步、7035尺、2251米,除去东墙1800米,南、北二墙增筑平均为225.5米,北墙续接处正好在今酒厂后门西侧、裂缝之东,这和考古调查结果完全吻合。

元甘州城东西宽1750米,南北长1760—1800米,西、南、北三面城墙长九里三十步,5232米,再加上东墙1800米,周长总7032米,合为当时的步数为一十二里七十五步。元张掖城面积为308万平方米,合3.08平方公里。明代增筑40.59万平方米,明清甘州城总面积348.59万平方米,合3.5平方公里。

《甘州府志·营建》中记载："至大二年重修",《世纪》中记载："武宗至大二年(1309)秋八月,城甘州。中书省臣言：'甘肃省僻在边陲,城中蓄金谷以给诸王军马。世祖、成宗(1265—1307)常修其城,近撒的迷失擅兴兵,掠幽王辎重,民大惊扰,今撒的迷失虽已伏诛,而城不加修,虑起寇心。'从之。"[②]由此看来,元世祖1260年攻下甘州以后的40年时间里,经常对陈旧的甘州古城进行维修。至大二年显然不是"重修",而是对大德三年扩修的城墙一侧或两侧进行了加修,这在明代以后称"加帮",加厚城墙,使之更为坚固。

三、张掖郡城的迁建

研究讨论甘州城历史地理问题,绕不开张掖郡城迁建的问题。大家都知道

---

①张志纯等校注:《甘州府志校注》,兰州:甘肃文化出版社,2007年,第37页。

②张志纯等校注:《甘州府志校注》,兰州:甘肃文化出版社,2007年,第38页。

汉代张掖郡城在觻得城,也就是现在的黑水国古城遗址。关于何时迁置至今张掖市区,有三种观点:

王北辰先生认为“大业五年,炀帝巡行张掖即其好大喜功的一次表现……须知这次西巡先派裴矩作了各项准备,很可能是裴矩为迎合炀帝的奢欲,舍弃了旧而小的张掖故城,另在张掖河东选址建了新城,同时把张掖迁了过来的,这当然是个合理的推测。”[①]

河西学院刘森垚先生对此问题进行了深入研究,他认为张掖郡城迁址应该在“西魏大统十二年(546)至废帝在位期间”,在今张掖市区建好新城之后将“西凉州”改为“甘州”[②]。

本人通过对魏晋时期河西城市建设规模的发展趋势的比较分析,晋永和元年(345)建康郡城(今高台骆驼城),东西宽 425 米,南北长 707 米,面积近 30 万平方米[③]。作为北凉初期的政治军事中心张掖城,其规模起码不会次于建康城。公元 398 年段业立即将其都城从建康“徙治张掖”,而相当规模的建筑遗址在汉张掖郡故城所在地——西城驿区域是绝对找不到的。《通典》“甘州”条下曰:“今理张掖县……沮渠蒙逊始都于此,西魏置西凉州,寻改为甘州,因州东甘峻山为名。”“张掖县”条下曰:“汉张掖郡城亦在西北”[④],可见唐代的甘州城或张掖城,是指迁建后的“甘州城”。可见,北凉之国都即唐之甘州城,北凉初期之国都已经确在今张掖市区内,而非张掖故城或觻得故城。1989 年版的《辞海》“觻得”条:“古县名,汉武帝以匈奴地置,治所在今张掖西北,晋改永平,自汉至魏为张掖郡治所。”因此,本人认为张掖郡治所从觻得城迁建至现在张掖市区在西晋之前,“觻得”之名从此不再使用,“永平县”的出现便是张掖郡业已迁建的标志。[⑤]

张掖郡城何时由张掖故城迁建至今张掖市区,以及迁建后的甘州城营建演变、发展状况等问题,均有待进一步的研究和考古发掘去揭示。

---

①王北辰:《甘肃黑水国古城考》,《西北史地》1990 年第 2 期。

②刘森垚:《张掖营建再考——张掖历史地理研究之二》,《河西学院学报》2022 年第 4 期。

③张掖市文物管理局编:《张掖文物》,兰州:甘肃人民出版社,2009 年,第 222 页。

④[唐]杜佑:《通典》第五册,北京:中华书局,1988 年,第 4553、4554 页。

⑤吴正科:《汉张掖郡故城址及迁建时代考》,《西北史地》1994 年第 2 期,第 38 页。

四、小结

对照地方志记载，在实地勘查的基础上，我们认识到《甘州府志》传抄《甘镇志》出现的歧义，从而明确了元大德三年(1299)扩建的甘州城，东西宽 1750 米，南北长 1760—1800 米，周长 7032 米，合当时的步数为一十二里七十五步。明洪武二十五年在东部增筑三里三百二十七步，周长为一十二里二百五十七步。从而奠定了甘州城的最终规模。

图 1　甘州城东北角元、明城墙接缝处

柬埔寨吴哥城癞王台研究
——兼谈柬埔寨佛教的特质与内涵

黄雯兰
（中国文化遗产研究院）

吴哥王朝是中南半岛上一个伟大的印度教——佛教帝国，留下了令人印象深刻的艺术、建筑技术、美学成就和各种信仰体系。柬埔寨的佛教展现出宗教融合的复杂现象，外来的宗教与本土的原始信仰、祖先崇拜等相互融合，达成了思想上的认同。其中，癞王台（Leper King Terrace）是柬埔寨吴哥城王宫的重要组成部分，也是一处能展现柬埔寨佛教特质和内涵的重要皇家建筑。通过对吴哥城癞王台的研究，希望能建立中国佛教艺术与柬埔寨吴哥佛教艺术的对话机制，促进中外文明交流与互鉴，展现"一带一路"的文化底蕴和人类命运共同体内涵。

20世纪初，法国远东学院的科马耶（J. Commaille）在对癞王台进行考古清理时，意外地发现了它的内墙结构及其人物雕刻[①]，此后马沙尔（H. Marchal）[②]、格罗利耶（B.P.Groslier）先后开展了清理和修复工作。1972年癞王台的修复因柬埔寨国内的政治局势变化而被迫中断。[③]鲍狄埃（C. Pottier）在二十年后重新接手癞王台的工作后，花了大量时间寻找和拼对石构件，直到1996年最终完

① Ecole francaise d'Extrême -Orient, "Terrasse du Roi Lepreux", *Rapports d'Angkor* XII (1992), pp.1—2.

② Ecole francaise d'Extrême -Orient, "Terrasse du Roi Lepreux", *Rapports d'Angkor* XII (1992), pp.4—25.

③ Ecole francaise d'Extrême -Orient, "Terrasse du Roi Lepreux", *Rapports d'Angkor* XII (1992), pp.33—38.

成了癞王台的修复①。伴随着癞王台及其内外墙雕刻的保护和展示,围绕癞王台的研究就此展开,对其复杂性和神秘性学界进行了广泛讨论,形成了不同的观点。本文在既往研究的基础上,重新对癞王台建筑、癞王像和癞王台雕刻的基本情况进行梳理，分析癞王台雕刻的排列与组合以及人物的类型和主要内容,讨论癞王台的时代及功能,揭示癞王台雕刻的图像来源,进而探讨阇耶跋摩七世时期柬埔寨佛教的特质与内涵。

一、癞王台的基本情况

(一)癞王台的建筑形制

癞王台位于吴哥城内西北部王宫前,在吴哥皇家平台(Royal Terraces)的北端，是王宫建筑群重要的组成部分。它的南侧与斗象台(Elephant Terrace)②相连接，北侧延伸至一座未完成的建筑，面前是一片广阔的王宫广场空间(图 1)。

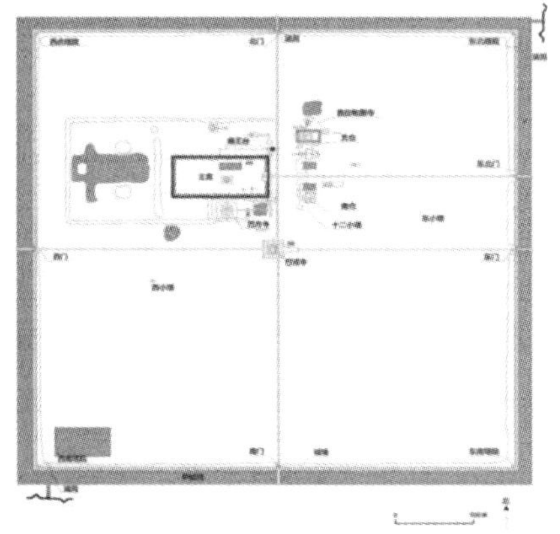

图 1　癞王台在吴哥城的位置

癞王台坐西朝东,它的建筑结构在吴哥古迹中独一无二。③它呈不规则四边形,平台的东西长约 35 米,南北宽约 25 米。建筑的东北转角和东南转角有连续的直角转折,西北角和西南角也有曲折的垂直墙体,形成不规则齿状结构。癞王台有内、外两层墙体,两墙之间的距离约为 2 米。雕刻分布在北、南、东侧墙体上,整体呈现“U”形布局。内外墙上

① Jacques Dumarcay,Christophe Pottier. “La Reprise des Travaux de la Terrasse du Roi lépreux”, *Arts asiatiques* 48 (1993), pp.158—160.

②平台长约 300 余米,高约 4 米,雕刻战象,故称为斗象台。斗象台又称战象台、大象台或石像平台。

③癞王台向南北两侧延伸,但南北两侧墙体仅剩下半部分或基础部分,上面的雕刻明显与癞王台主体雕刻不同,这些雕刻画面杂乱,不排除是后期重复利用了之前的石构件拼对而成。以往学者通常把癞王台的主体部分作为一个整体单独讨论,而将两侧延伸部分看做是皇家平台的重要组成。因此,本文讨论的癞王台仅限于带有层叠人物排列的墙体及其上部平台,南北两侧向外延伸的部分暂不作讨论。

有数百个人物形象,雕刻沿着墙体分布,向不同方向辐射。外墙雕刻覆盖了整个墙体,展开长度约 110 米。外层墙体的底部最宽,雕刻随着高度变化逐渐内收。内墙也有雕刻,但不完整,内墙展开长度约 94 米。癞王台高约 6 米,高出斗象台 2 米。平台上有几尊造像残件,还有一些那伽栏杆残件。癞王台上伫立着一尊被称为“癞王”像的砂岩石造像,癞王台也因为这尊癞王像而得名。平台的西侧是一处堆积,在堆积的南北两侧是后期修筑的角砾岩台阶(图 2、3)。[①]

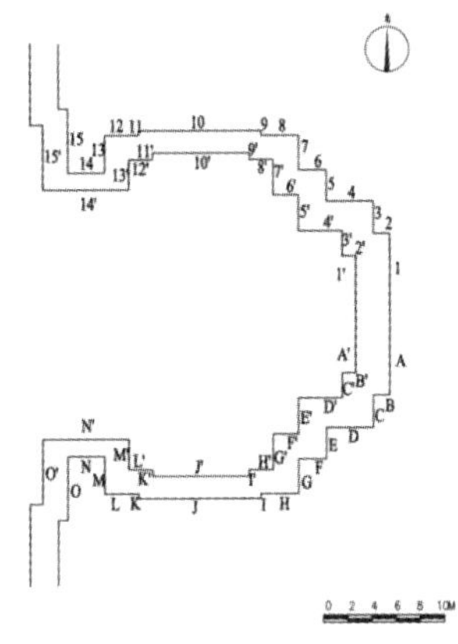

图 2　癞王台平面图及内外墙雕刻编号

图 3　癞王台远景

(二)癞王台上的癞王像

癞王台上现存的癞王像是一件复制品，原件存放在位于金边的国家博物馆中。这尊造像在 19 世纪晚期发现于癞王台之上(图 4),是一位裸体男性,肌肉感很强,脸上有两撇胡子,露出两颗尖牙。他左腿盘坐,左手放在左腿上,右腿弯曲,右手置于右膝上,手呈持物状,但手持物已遗失。在这尊像的旁边还有两三尊较小的造像,但遗憾的是他们头部缺失。

关于癞王像的身份,学界对此有不同的观点,曾先后被认为是财富之神俱

①马沙尔在清理过程中没有看到通向癞王台的通道，因此他认为无法确定这个平台能否让人进入。在平台的东北角,他发现了许多那伽栏杆的残件。Henri Marchal,“Ⅲ. Notes sur les Terrasses des Eléphants,du Roi Lépreux et le Palais royal d'Ankor Thom”,*Bulletin de l'Ecole francaise d'Extrême-Orient* 37(1937),pp.347—360.

图 4　癞王台上的“癞王”像（法院远东学院藏历史照片，1921 年，编号 EFEO_CAM10359）

毗罗（Kubera）、耶输跋摩国王（Yaśovarman）或湿婆（Śiva）苦修形象。①直到戈岱司（G.Cædès）翻译了基座上雕刻的铭文“Dharmādhipati-adhirāja”，其真实身份才得以澄清。戈岱司指出，虽然铭文是在造像出现很久以后的 14—15 世纪才刻上去的，但这尊造像的名称可能保留了历史的记忆②，这尊造像是“法王”（Dharmarāja）或“阎摩”（Yama）。柬埔寨人对他的理解可能既包含了公正严明、富有同情的审判者形象，又包含了相貌可怕、令人闻风丧胆的惩恶者形象。相似的名称以“Vraḥ Dharma”缩写的形式还曾出现在吴哥寺（Angkor Wat）的回廊浮雕上，在浮雕中对应着阎摩的形象，阎摩与侍从吉多罗笈多（Citragupta）一同评判死者的品质和缺陷。戈岱司认为癞王像与旁边的两三尊造像及癞王台的雕刻一起出现不是巧合，他推测它们共同构成了一个组合。③

（三）癞王台雕刻的不同观点

癞王台雕刻在吴哥古迹中绝无仅有，它不仅内容丰富多彩，而且人物形象生动，因此学者们纷纷把对癞王台图像的研究作为重点。内墙雕刻的发现者科马耶最早认为，癞王台的雕刻图像代表着国王，身边围绕着王后和公主。④之后，学者们开始注意到人物的神秘色彩，对雕刻内容的理解从现实题材转向了

---

①Lawrence Palmer Briggs, *The Ancient Khmer Empire*, Philadelphia: American Philosophical Society, 1951, p.232.

①Georges Cœdès, “Etudes cambodgiennes”, *Bulletin de l´Ecole francaise d´Extrême-Orient* 28 N°1 (1928), p.84.

③Georges Coedès. “Ⅱ.Études cambodgiennes”, *Bulletin de l´Ecole francaise d´Extrême-Orient 40* N°2 (1940), p.338.

④Jean Commaille, Guide aux ruines d´Angkor : ouvrage illustré de cent cinquante-quatre gravures et de trois plans, Paris : Librairie Hachette, 1912, pp.187—188.

宗教内容。尽管学界普遍认为癞王台雕刻反映的是宗教主题，但是由于雕刻上人物数量众多、造型罕见，围绕癞王台雕刻的人物身份和宗教内涵的讨论出现了多种不同的观点。戈岱司认为癞王台代表着宇宙的中心须弥山（Meru），并认为癞王台雕刻了层层叠叠的神奇生物，包括了那伽（Nāga）、鸠盘荼（kumbhāṇḍa）和乾达婆（Gandharva）。[①]博斯（Bosch）进一步指出，隐藏在内墙的画面代表了须弥山下沉到地面以下的部分帕塔拉（Pātāla），外层则代表了须弥山上可见的部分布瓦纳（Bhouvana）。[②]雷米萨（Rémusat）则认为，癞王台的人物雕刻表现的是夜叉（Yaksha）和他的女眷们[③]。另外，有的学者还对癞王台一些单独的造像提出了看法，如罗韦达（Roveda）指出第七层中间多臂的人物是阎摩的形象；[④]昂朱连（Ang Choulean）认为癞王台雕刻画面上愁眉苦脸的表情与吴哥寺里阎摩的仆从（Kinkara）有联系；[⑤]彼得罗尚科（Petrotchenko）提出持三叉戟的人物形象表现的是湿婆神。[⑥]

二、癞王台雕刻的主要内容

（一）雕刻的排列与组合

癞王台内外墙雕刻的排列与组合关系明确，很有秩序性。在横向上，自下

①Georges Coedès."Ⅱ Études cambodgiennes",*Bulletin de l'Ecole francaise d'Extrême*-Orient 40 N°2（1940）,p.338.

②博斯指出内外墙表现的是地上世界与地下世界。这一观点基于他认为内外墙雕刻上的人物在发饰上存在本质的区别，他描写道：内墙的人物都是带着阿修罗标志的头盔，而外墙的人物则带着天神标志的锥形发髻。然而，本文在对内外墙雕刻细致观察后发现，博斯所说的以发饰区分内外雕刻的说法并不准确，因为内外墙雕刻中均有戴着头盔和锥形发髻的人物。F. D. K. Bosch,"Le Décor De La Terrasse Du Roi Lépreux",*Orientalia Neerlandica*,*A volume of Oriental Studies*,1945,pp.442—450.

③Gilberte de Coral Rémusat,*L'Art Khmèr.Les grandes Étapes de son Évolution*,Paris:Les éditions d'art et d'histoire,1940,p.94.

④Vittorio Roveda,*Images of the Gods*,Bangkok:River Books Press,2013,p.446.

⑤资料来源于昂朱连2018年3月3日日本福冈市政厅发表的题目为《死者之神，生者之神，柬埔寨的阎摩信仰和宗教实践》（God of the Dead,God of the Living,Belief and Ritual Practices around Yama in Cambodia）的演讲内容。

⑥Michel Petrotchenko,*Focusing on the Angkor Temples:The Guide Book*（*3rd Edition*）,Bangkok:Amarin Printing and Publishing PCL,2017,p.268.

而上排列七层雕刻,上下层叠,分隔有序。在纵向上,人物自下至上垂直对应,排列整齐、规划统一。在小范围内,男性主尊和女性人物成组出现,形成关系明确的人物组合。

1. 外墙雕刻

外墙的雕刻在横向上自下至上呈现出整齐的七层排列(最下层为第 1 层,其余层自下层向上依次编号),其中第 5 层及以下的雕刻较为完整,第 6 层雕刻有部分缺失,第 7 层雕刻缺失严重,从剩余的雕刻可以推测第 6、7 层雕刻与前 5 层的排列大体相近。在各层排列之间有突出的长方形条带,它们把层与层之间分隔开来。大部分人物排列整齐,填满了各层的平行空间,他们头顶着上层的长方形条带,坐在下层的长方形条带上,有几处人物的头顶穿过条带进入上一层。由于长期暴露在外,外墙雕刻的保存现状较差,出现了大面积的风化,甚至还有局部脱落的现象。有些人物仅能看出轮廓,无法辨识细节。

人物的排列方式在北、南、东三侧墙体上基本一致,下面以北外墙雕刻 8—12 为例,介绍外墙雕刻的排列与组合情况。外墙雕刻 10 是北侧墙体中面积最大的一处,整个画面呈中心对称分布,最下层中央是九头蛇,蛇的左右两侧分别是四位女性。在九头蛇的上方纵向层叠排列着六位男性,在他们的左右两侧分别有三位女性。根据这些女性朝向主尊的坐姿,可以判断她们和主尊是一组人物,她们的身体大小与男性主尊大体相当。在这些女性的旁边还有另外几名女性,她们与画面两侧的男性构成了更多的人物组合关系。两侧的男性在纵向上也呈直线层叠排列,他们与身旁女性的组合排列方式与中央人物基本相同,唯一显著的区别是,两侧男性主尊身旁的女性数量比画面中央的减少一人,两侧男性的左右两侧各有两名女性。外墙雕刻 10 与垂直相邻的外墙雕刻 9 和雕刻 11 在横向上相接,主尊位于两墙的转角处,与两侧墙体呈 45 度夹角,上层是男性主尊,下层雕刻七头蛇,他们的左右身旁也有几名女性(图 5)。外墙雕刻 8 和雕刻 12 的中央也自下至上纵向排列着男性,他们与两侧女性构成了更多的人物组合(图 6、7)。

整个癞王台外墙的雕刻都与外墙雕刻 8—12 一样,画面层次分明,人物排列和组合关系明确。虽然建筑的墙体呈直角曲折变化,但是通过转角人物与女性组合的方式,使两侧垂直墙体上的雕刻过渡得十分自然。通过重复的人物组

图 5　癞王台北外墙 10 的七层雕刻

图 6　癞王台北外墙 8 及 9—10 转角的七层雕刻

图 7　癞王台北外墙 12 的七层雕刻

合关系和人物在垂直和平行方向上的排列规律,最终呈现出了整齐划一、完整有序的连续画面。

2. 内墙雕刻

癞王台的内墙由于长期被掩埋,20 世纪被发现时它的保存状况非常好,人物的服饰、面容和手持器物清晰可辨。然而,值得注意的是,癞王台的内墙不完整,它的表面雕刻大面积缺失;特别是在这些雕刻中有大量的雕刻处于未完成的状态,有的仅雕出人物的轮廓,有的还没有经过打磨。根据内墙雕刻残存的痕迹可大致推测,癞王台的内墙与外墙一样,在纵向上也排列着七层雕刻,

图 8　癞王台北内墙 D'–E'的下层雕刻

图 9　癞王台内墙上层未完成的雕刻

图 10　外墙最下层九头蛇

在横向上男性和女性人物成组出现，形成排列组合关系(图 8、9)。

(二)雕刻上的人物类型

密密麻麻的人物形象是癞王台雕刻的一大特色。这些人物大致可以分为多头那伽、男性人物和女性人物三种，包括了印度诸神、佛教诸神等。这些人物的姿势各异，佩戴的装饰不同、发型的样式丰富，给画面带来了无限的生命力。虽然他们出现在重复的人物组合关系之中，但是丝毫没有单调乏味之感，在癞王台雕刻中完全找不到相同的两个人物形象。

1. 多头那伽

在雕刻中最为特殊的是蛇的形象。这些蛇的体量庞大，而且都是多头蛇。外墙上有七头蛇和九头蛇，位于最下层的中央位置或是转角处。内墙上还有五头蛇和九头蛇，他们上下组合在一起，一部分位于最下层，另一部分位于倒数第二层。从头的数量可以看出，九头蛇是吴哥雕刻中头最多的蛇(图 10、

11)。这些蛇被柬埔寨人称为那伽。那伽是受到了印度文化的影响并具有超自然力的眼镜蛇。[1]它们通常以奇数多头出现,在柬埔寨常常作为神道两侧的栏杆装饰。

图 11　内墙最下层五头蛇与九头蛇组合

2. 男性人物

男性人物作为主尊出现在各处雕刻画面的中央位置。他们大部分为正面坐姿,体态、手势、服饰、发型和表情各异,均持武器。根据发饰和面部表情,大体上可以分为三类。第一类,他们面庞宽大,眼睛圆鼓突出,眉毛在中间翘起,头发卷曲成火焰状,中间高高隆起,多戴有圆形的耳饰。他们表情夸张,有的嘴角微微上扬,个别嘴角向下,面容凶恶。他们赤裸上身,胸前佩戴宝石或者金属镶嵌的装饰,有的手持长剑,有的手持短剑,有的手持棍棒,还有的手持杖,个别手持鞭。他们大部分左手搭在腿上,右手持武器。他们普遍呈正面坐姿,有的身体微微侧向旁边,姿势十分慵懒,还有的双腿盘坐,膝盖微微翘起(图 12—19)。第二类,他们庄严肃穆,眼睛微睁,头顶圆锥形发髻,手持

图 12　内墙持鞭男性

图 13　内墙持剑男性

图 14　外墙持剑触地男性

图 15　外墙持剑男性

①苏华才:《柬埔寨那伽信仰研究》,广东外语外贸大学硕士论文,2020 年,第 2 页。

图 16　内墙持棍棒男性

图 17　内墙持棍棒男性

图 18　内墙持剑男性

图 19　内墙持杖触地男性

图 20　内墙持剑男性

图 21　外墙持剑男性

图 22　内墙持莲花蕾男性

图 23　外墙持三叉戟男性

长剑、短剑或杵，个别的手持三叉戟。他们赤裸上身，均呈正面坐姿。他们有的坐在略高于地面的小方台上，双腿盘坐或膝盖微微翘起(图 20—24)。第三类，主要包含一些特殊的人物。其中，一位男性代替了蛇的形象出现在了最下层的主尊位置。他的发型独特，头顶三条小蛇，嘴角微微上扬，左手置于腿上，右手持剑(图 25)。还有几位多臂的人物形象，其中有三位都位于雕刻画面的最上层中央位置，他们的头部均缺失，另有一位以多头多臂的形象出现在第四层，他的右手可能握着一根棍棒(图 26)。这些男性人物的身后一般有伞或扇装饰。其中有一例比较特殊，一位男性似乎坐在一座洞窟中(图 27)。

从这些男性人物的头饰、手持武器以及形象特征可以看出，他们不是普通人，而是不同的神祇。第一类男性可能是众魔或者是超自然的生物一类，他们的形象丰富、变化多端，与吴哥城门外一组拖拽那伽的人物造型相似(图 28)，

图 24　外墙转角男性

图 25　外墙最下层中央

图 26　外墙多头多臂持棍棒男性

图 27　外墙坐于洞窟男性

但是暂时很难明确指出他们的身份。第二类男性的发型、表情、体态与第一类完全不同，他们可能是天神一类，与吴哥城门外另一组拖拽那伽的人物造型相似（图 29），目前他们的身份也很难准确辨识。如手持三叉戟的神灵，可能是印度教湿婆神，也可能是佛教神祇；多臂的神灵，可能是湿婆，也可能是阎摩。第三类特殊人物中戴着蛇冠的人物可能是那伽的男性化身。这些人物以厚厚的嘴唇、宽阔的脸庞、赤裸的身体和微微上翘的坐姿，充分体现了柬埔寨人的体貌特征。人物背后的伞①和扇可能是吴哥宫廷生活的日常配置，反映了柬埔寨人真实的生活面貌。

图 28　吴哥城门外可能是众魔的男性

图 29　吴哥城门外可能是天神的男性

①凉伞在柬埔寨宫廷不可缺少，是人物身份等级的象征。根据《真腊风土记》记载，国主“打销金凉伞二十余柄，其伞柄皆金为之”。[元]周达观著，夏鼐校注：《真腊风土记校注》，北京：中华书局，2000年，第 184 页。

图 30　内墙手持扇或手捧香炉女性

图 31　内墙手持莲花和莲蕾女性

图 32　内墙最下层头戴蛇形冠女性

3. 女性人物

女性人物紧挨着主尊依次排列而坐，她们的上半身通常呈正面坐姿，下半身面向主尊跪坐。这些女性的动作、手势和装饰各异，大致也可以分为三类。第一类，她们的头冠精美，镶嵌着珍珠或宝石，两侧有几个小辫子，有的垂于两肩，有的拖至地面。她们的颈部佩戴精致、华丽的项链，双手的姿势多种多样，有的手持莲花茎，有的双手合十，有的扶在左胸上，有的手持扇子，还有的手捧香炉，她们的手腕、手臂和脚腕戴有环形首饰。她们裸露上身，胸部突出，有的腹部微微隆起，下身着长裙（图 30、31）。第二类，这些女性大部分位于雕刻的最下层，她们的装饰与第一类女性大体相同，明显的区别出现在她们的头冠上，三条小蛇出现在她们头顶的最上端。她们的手势各异，有的手持莲花茎，有的置于左胸上（图 32）。第三类，这类女性是为数不多的全身像，她们呈舞蹈姿势，有的是两个人物成对出现，还有的是三个人物一组出现，其中中间的人物略大。这种舞蹈人物形象仅出现在内墙雕刻中（图 33、34）。在这些女性的身后也可见伞和扇。

第一类女性通常与男性人物成组出现，她们与主尊人物的大小相当，而且佩戴华丽的头冠和璎珞，从她们与男性的亲密关系可以看出，她们可能是主尊的妻子或伴侣，她们的头饰与巴戎寺墙面雕刻的女性人物十分相似。

图 33　内墙三人一组舞蹈女性

图 34　内墙两人一组舞蹈女性

第二类女性的发饰顶端有三条小蛇，她们可能是那伽的女性化身，与那伽及那伽男性化身出现在最下层，这类头顶三条小蛇的女性人物还出现在王宫遗址内大砂岩水池的部分雕刻中（图 35）。第三类舞蹈人物较为特殊，仅出现在内墙，通常成组出现，她们的动作与巴戎寺回廊立柱上的舞蹈人物（图 36）十分相似。这些女性人物具有与吴哥艺术一脉相承的女性相貌特征，她们平静优雅、宁静深邃、睿智神秘。

图 35　吴哥王宫遗址大砂岩水池雕刻

图 36　巴戎寺的舞蹈女性

三、癞王台的时代、功能与图像探源

（一）癞王台的时代与演变

癞王台经历了多次的演变。马沙尔和格罗利耶分别于 1917 年和 1969 年对癞王台及周边建筑进行了考古清理,他们发现皇家平台曾经过多次修改,认为癞王台的最北端至少经历了三个阶段。①现存癞王台的内外墙结构就是建筑演变过程中的一个实例。鲍狄埃在最近的一次考古清理工作中,揭示了一处癞王台内墙位置移动的遗迹现象,他认为内墙可能在施工中因某种原因倒塌了,建筑师通过多次修改平面布局来加固墙体,一些内墙的石块很可能又被用于建造外墙的工程。此外,考古工作还揭示了用角砾岩碎石充满内墙与外墙之间空隙的情况。②根据鲍狄埃的观点,施工中墙体的倒塌导致了内墙平面的改动,这个说法可以合理地解释癞王台内墙雕刻未完工的原因以及外墙位置移动的原因,而且碎石块的填充也为癞王台在倒塌后的匆忙改建提供了更多的证据。

斯特恩(Stern)和戈岱司通过艺术史风格学的方法开展对比分析认为,现存癞王台的雕刻图像与巴戎寺几乎属于同一时期,因此癞王台雕刻的时代应是阇耶跋摩七世时期。③根据戈岱司提出的“癞王像”与旁边的二三尊造像及癞王台的雕刻共同构成了一个组合的观点,可以推测癞王像产生的时间与癞王台雕刻的时间基本一致。

(二)癞王台的功能和方位

关于癞王台功能的讨论,学界前后出现了几种不同观点。法国学者最早根据癞王台的高度和位置把它称为眺望台④,后来,戈岱司根据癞王台建筑平面和雕刻,认为癞王台是最符合宇宙中心须弥山称呼的地方(Hemagiri,金山或Hemacŕńgagiri,妙高山)。⑤不过,戈岱司在不久以后就修正了这一观点,他认为

①Bernard Philippe Groslier,“Angkor:The Terrace of Leper King”,*Mélanges sur l' archéologie du Cambodge*(1949—1986),Paris:Réimpressions de l'École Francaise d'Extrême-Orient,1998, pp.95—103.

②资料来自于2017年3月5日鲍狄埃在中国文化遗产研究以《建筑修复与考古调查——以吴哥皇家平台为例》(Architectural conservation and archaeological research:The Case of the Royal Terreaces of Angkor)为题发表的演讲内容。

③Philippe Stern,*Les Monuments Khmers du Style du Bàyon et Jayavarman* Ⅶ,Paris:Presses Universitaires de France,1965,pp.122—124.

④Étienne Aymonier,*Le Cambodge.* Ⅲ,*Le groupe d´Angkor et l´histoir*,Paris:E. Leroux,1904, pp.122—124.

⑤Georges Cèdès,“Études cambodgiennes”,*Bulletin de l' Ecole francaise d' Extrême-Orient* 28 N°1(1928),p.83.

吴哥石质建筑都是墓葬或者具有丧葬功能，因此他提出癞王台应是一座火葬台。他指出癞王台位于王宫的东北角，其相对位置与现首都金边皇宫和皇家火葬场（Veal Men）的方位相一致。[①]安久林同意这一观点，他认为金边皇宫延续着古高棉的传统，现在的皇家火葬场位于皇宫的东北角，是国王和高级僧侣举行火葬的地方。今天在吴哥村庄里举行的葬礼上，也通常在东北角设立阎摩的祭坛，人们在仪式中祭拜阎摩，希望能通过祈求使游荡的灵魂获得再生。[②]然而，癞王台与王室葬礼有关的说法可能并不成立，现在的柬埔寨王室葬礼不在公共场所内举行，因此在吴哥城内王宫广场前举行皇家葬礼似乎也不太可能。另外，有的学者根据《真腊风土记》记载，"其莅事处有金窗，棂左右方柱，上有镜约有四五十面，列放于窗之旁。其下为象形"[③]，认为"列放于窗之旁"和"其下为象形"描述的"莅事处"指的是斗象台，[④]由于癞王台毗邻斗象台，所以"莅事处"可能也包含了癞王台建筑。结合癞王台上造像的法王身份，第二种说法进一步推测癞王台是吴哥城内的最高法庭。然而，癞王台在考古清理中没有发现明显台阶痕迹的情况，很难说明癞王台是可以进入的，所以癞王台作为最高法庭的说法可能也缺少足够的证据。

上述不同观点似乎都不能为癞王台的功能提供充足的依据。但是根据它的建筑方位和建筑高度，癞王台毋庸置疑是一处重要的礼制建筑。《真腊风土记》描述了国王会见臣民的情景，"凡诸臣与百姓之欲见国主者，皆列坐地上以俟。少顷闻内中隐隐有乐声，在外方吹螺以迎之。闻止用金车子，来处稍远。须臾，见二宫女纤手卷帘，而国主已仗剑立于金窗之中矣。臣僚以下，皆合掌叩

---

①Georges Coedès，" Ⅱ .Études cambodgiennes"，*Bulletin de l´Ecole francaise d' Extrême-Orient* 40 N°2（1940），pp.338—339.

②不仅如此，"阎摩"的祭坛还出现在了开启水稻种植周期的仪式上，象征着生命周期其中的再生与新生。资料来源于安久林 2018 年 3 月 3 日日本福冈市政厅发表的题目为《死者之神，生者之神，柬埔寨的阎摩信仰和宗教实践》（God of the Dead，God of the Living，Belief and Ritual Practices around Yama in Cambodia）的演讲内容。

③[元]周达观著，夏鼐校注：《真腊风土记校注》，北京：中华书局，2000 年，第 64、72—73 页。

④Christophe Pottier，"Note additionnelle àl'Étude Préalable à la Restauration de la Terrasse du Roi Lépreux"，Rapport de Recherche，Ecole francaise d'Extrême-Orient，1993，pp.2—4.

头。国主随亦就坐。"[①]其中诸臣与百姓"列坐地上"可能指的就是王宫前的广场空间,即现在的吴哥城王宫广场。又结合前文"莅事处"指的是斗象台的推测,可以想象国王在斗象台上俯瞰群臣百姓的场面。癞王台的高度较斗象台更高,它的地位相较于斗象台也更加突出和显著。此外,癞王台的东北角方位在柬埔寨人传统观念上可能具有特殊的意义,除了东北角与丧葬仪式有关以外,在现代的柬埔寨新人的婚礼及僧人的出家仪式上,东北角通常是放置神龛或是最大的林伽型蜡烛的位置。而且,今天的柬埔寨几乎每家每户的房屋外都有供奉土地公一类神祇的房型龛,这些神龛都一致设立在房屋外的东北角。[②]总而言之,我们可以推测癞王台是一座高等级的礼制建筑,而且它的位置非常独特[③],与重要的宗教仪式相关。这个可以追溯至阇耶跋摩七世时期的方位观念,直到今天一直影响着柬埔寨。

(三)癞王台雕刻的图像探源

癞王台雕刻的内容与印度宗教的宇宙观有一定的联系。[④]印度教宇宙世界包括地界(Bhūrloka)、空界(Bhuvarloka)和天界(Svarloka),三界自下至上分为十四个星系,包括了七个帕塔拉(地下、地狱)和七个罗伽(Loka,世界、地带)。癞王台自下至上排列着七层人物,这种排列方式可能与"七"个帕塔拉或罗伽有关。《摩诃婆罗多》(Mahabharata)第五卷97章1—10颂对帕塔拉有较为详细的描述。它是那伽居住的地方,与复活有关,常常受到天神的光顾。住在帕塔拉的生物,白天被阳光晒裂而死,每当月亮升起,这些生物接触到甘露,又会由此复活。[⑤]

---

①[元]周达观著,夏鼐校注:《真腊风土记校注》,北京:中华书局,2000年,第184—185页。

②本文关于柬埔寨人对东北角方位传统观点的相关资料,由人类学家罗杨在柬埔寨现场调查整理提供。

③值得注意的是,这个东北角方位的意义可能是柬埔寨独有的,在印度教神话中阎摩的都城位于南方,与这里的方位截然不同。任婧:《从阎摩到阎王:浅析印度阎摩形象的演变与东传》,《南亚东南亚研究》2020年第5期,第110—123、157页。

④印度教和佛教都传到了柬埔寨,它们在柬埔寨各个历史时期对君主的统治思想、人民的生产和生活都产生了巨大的影响。姜永仁、傅增有等:《东南亚宗教与社会》,北京:国际文化出版公司,2012年,第107页。

⑤(印)毗耶娑著,金克木、黄宝生、赵国华等译:《摩诃婆罗多(三)》,北京:中国社会科学出版社,2005年,第289页。

《博伽梵往世书》(Bhagavata Purana) 第八卷第五篇第 24 章 8—22 颂将地界称为“地下天堂”。在那里居住着底提亚(Daitya)、达那婆(Dānava)和那迦等恶魔，以及他们的妻子和孩子。那里虽然得不到太阳的照射，但是并没有完全被黑暗笼罩。许多巨大的蛇，头顶着宝石住在那里，这些宝石发出的光芒驱散了四面八方的黑暗。[①]在地界之上是空界，空界在地球与太阳之间，那里有风吹，并且有成就仙(Siddha)等，还是夜叉、罗刹(Rākṣasa)等鬼神和幽灵的住处，而天界是众神的居所，是天堂的所在地。[②]

根据上述文献的内容可知，印度宗教宇宙世界的“七”与癞王台的层级有一定联系，同时，癞王台雕刻上的各种人物形象也与印度宗教的各种神灵相关。然而值得注意的是，文献中的人物与癞王台上雕刻的人物不能完全对应。印度教宇宙世界中的众神与魔的排列具有严格的层级顺序，而癞王台的神灵却没有明显的等级关系。在癞王台图像中，诸神、众魔和超自然的生物混合排列，他们并不完全对立，而是呈现出神魔的依存关系，众魔有时占据了与诸神同等重要的地位。此外，癞王台的诸神不仅包括了印度教神灵，还有佛教神祇，他们彼此和谐相处、相互交融，最下层的那伽还体现了柬埔寨本土的那伽信仰[③]。由此可见，癞王台的图像具有复杂性、特殊性和综合性。为了弄明白癞王台雕刻的来源，我们需要把癞王台图像放到当时的宗教和历史背景中去解读。

阇耶跋摩七世信仰大乘佛教，而这一时期大乘佛教呈现出了强烈的密教化色彩。戈岱司指出，大乘佛教在柬埔寨的立足，其主要特征倾向于金刚乘密教，包括婆罗门教的各种崇拜在内的诸说混合，在柬埔寨到了吴哥时期非常明显。[④]密教是大乘佛教在吸收了民间信仰，又与印度教成分相互影响结合发展

---

①(印)维亚萨戴瓦著，A.C.巴克提韦丹塔·斯瓦米·帕布帕德英文译著，嘉娜娃中文翻译:《博伽梵往世书》(第八卷第五篇)，北京:中国社会科学出版社，2013 年，第 810—828 页。

②(德)施勒伯格著，范晶晶译:《印度诸神的世界——印度教图像学手册》，上海:中西书局，2016 年，第 117、129、133 页。

③那伽信仰来源于印度，经过与本土的图腾崇拜、自然崇拜、生殖崇拜等的叠加与融合，形成了柬埔寨特有的那伽文化。苏华才:《柬埔寨那伽信仰研究》，广东外语外贸大学硕士论文，2020年，第 52 页。

④(法)G.赛代斯著，蔡华、杨宝筠校译:《东南亚的印度化国家》，北京:商务印书馆，2008 年，第 167—168 页。

的产物。[①]研究表明,《金刚顶一切如来真实摄大乘现证大教王经》(Sarvatathāgatatattvasaṃgraha)、《大方广菩萨文殊师利根本仪轨经》(Mañjuírīmulakalpa)等多部密宗佛教经典可能对柬埔寨佛教发展产生了深远的影响。[②]《大方广菩萨文殊师利根本仪轨经》卷第五菩萨变化仪轨品第二之二详细描述了印度教神祇参与佛教仪轨的情况,“此曼拏罗外大自在天乘牛。手执三股叉。及乌摩天女身有金色种种严饰……复画八天七仙人那罗延天。四臂执宝棒螺剑。乘金翅鸟一切庄严复安八宿……”[③]这里“大自在天”和“那罗延天”分别指的是湿婆和毗湿奴神,说明了印度教大神及其教派神灵被归入佛教信仰体系。除了密宗佛教经典之外,考古发掘中还出土了同时期的密教喜金刚、十一面观世音菩萨等,这些都是密宗佛教在当时流行的实证。同时,既有印度教、又有佛教神灵的建筑,不只有癞王台一例,在同时期的涅槃池(Neak Pean)建筑雕刻上就有湿婆与观世音菩萨共同供奉的情况。因此,癞王台的图像既吸收了印度教的宇宙观,反映了宗教宇宙的排列秩序,又受到了密宗佛教思想的强烈影响。尽管我们无法确定癞王台雕刻诸神的名号,但是他们都在共同维持着宇宙世界运行的秩序。癞王台反映了阇耶跋摩七世时期柬埔寨宗教文化的多样性,它是印度教文化、佛教文化及本土万物有灵信仰相互融合的产物。

四、阇耶跋摩七世时期佛教的特质与内涵

(一)兼容并包的佛教思想

癞王台的建筑和雕刻是阇耶跋摩七世对吴哥城和王宫进行修缮和改造的一项重要内容。阇耶跋摩七世以信仰大乘佛教著称,在此前连年战争失利的形势下,全国上下对印度教产生了强烈的怀疑,于是,阇耶跋摩七世改变了国家的正统信仰,开始转向信仰大乘佛教。[④]戈岱司通过分析阇耶跋摩七世的生平指出,他是一位疯狂的佛教徒,碑铭里他“在释迦摩尼宗教的仙露中得到满

---

①李南:《梵文金刚乘典籍》,《南亚研究》2010年第2期,第84—98页。

②Peter D.Sharrock,“Garuḍa,Vajrapāṇi and Religious Change in *Jayavarman Ⅶ's Angkor*”, *Journal of Southeast Asian Studies* 40(1)(2009),pp.111—151.

③《大正藏》第20册,第856页。

④姜永仁、傅增有等:《东南亚宗教与社会》,北京:国际文化出版公司,2012年,第112页。

足”，并认为佛教是“通往更高层智慧的至高无上的道路”。[①]然而，他没有完全排斥其他的宗教信仰，他甚至还任用婆罗门作为宫廷的祭司。

阇耶跋摩七世通过癞王台营造了理想化的宇宙世界。在充分吸收印度宗教宇宙理论的基础上，经过进一步演变和发展，展现了全新的宇宙世界图景。印度教诸神和众魔、佛教神祇及本土神祇交叉的排列组合方式，充分体现了阇耶跋摩七世时期宗教文化的多元性，以及广泛吸收外来文化的包容性。阇耶跋摩七世时期的宗教文化达到了高度融合，一改柬埔寨绝大多数国王采取的一般性的宗教调和政策，将宗教文化融合的程度推向了顶峰。阇耶跋摩七世国王对密宗佛教十分推崇，还非常崇拜大乘佛教释迦牟尼佛、药师佛等，又对印度教的神祇加以供奉，可见他的宗教政策是博采众长，兼容并包的。正如石泽良昭所说，这一时期的宗教特征是在寺院里祭祀从印度教诸神到土地神的所有神灵，诸神以佛陀或观世音菩萨为中心折中协调，人们可以体验所有神佛都可以被祭拜在万神殿般的祈愿。[②]

（二）王权与神权的结合

阇耶跋摩七世国王宗教思想的另一个突出特点是他非常注重将宗教与王权结合，而且特别提倡宗教偶像崇拜。钱德勒曾指出，他比其他任何一位国王都更加致力于佛教教义和柬埔寨王权思想的结合。他所实行的佛教王权在一些方面形成了柬埔寨王权的仪式基础。[③]戈岱司认为虽然阇耶跋摩七世表面否认对神王的世俗崇拜，但是他所创造的建筑艺术都表明了他对威望的追求，而且所有的神像都带有王室的标志，体现了他主张的佛王思想在柬埔寨的传播。[④]南达那·楚迪翁斯（Nandana Chutiwongs）指出吴哥时期的君主倾向于自视

①Georges Cœdès, *Un Grand Roi du Cambodge Jayavarman Ⅶ*, Phnom Penh: Éditions de la Bibliothèuqe Royale, 1935, pp.18—19.

②（日）石泽良昭著，瞿亮、吴呈苓校译：《东南亚：多文明世界的发现》，北京：北京日报出版社，2019年，第236—237页。

③（美）大卫·钱德勒著，许亮译：《柬埔寨史》，北京：中国大百科全书出版社，2013年，第66—72页。

④Georges Cœdès, *Un Grand Roi du Cambodge Jayavarman Ⅶ*, Phnom Penh: Éditions de la Bibliothèuqe Royale, 1935, pp.25—26.

为超凡的神的化身,尤其阇耶跋摩七世自视为宇宙本原的化身、世界主和佛陀的化身。[①]

癞王台是王权与神权结合的产物,是“神王合一”思想的具体表现,是国家统治权威的象征。癞王像以法王的身份维持世间正法,立于地理位置显赫、建筑形制独特、高度突出的癞王台建筑之上,与秩序性极强的包含诸神形象的宇宙世界组合在一起,向世人宣示王权的合法性,国王与神之间的结盟所达到的程度。癞王台的宗教雕刻中上层人物手持法器,大部分手持宝剑。宝剑是吴哥宫廷最重要的王权象征,因此这些宝剑在宣扬王权神圣性、稳固社会秩序方面有重要作用。[②]下层的那伽也被视为王权的象征。《真腊风土记》记载“其中有金塔,国主夜则卧其下,土人皆谓塔之中有九头蛇精,乃一国之土地主也……若此精一夜不见,则番王死期至矣。若番王一夜不往,则必获灾祸。”[③]那伽被赋予了超自然的神力,是国家的土地之主与保护神,王权因为那伽的力量而变得更加高贵神圣。由此可见,建造癞王台是一项国王将国家的治理与超自然的神力融为一体的举措,王权也通过与神权的结合得到了进一步巩固和提升。

(三)实现“本土化”创新

癞王台不仅体现了阇耶跋摩七世对不同宗教信仰的包容,还展现了他创造的一种全新的宗教文化表现形式。癞王台的建筑形制独一无二,它的雕刻图像也以罕见的方式呈现,它们与癞王像构成了一种特殊的组合关系。虽然之前苏利耶跋摩二世(Sūryāvarman Ⅱ)建造的吴哥寺外回廊的雕刻上也有法王的形象,但癞王台与吴哥寺的法王在表现形式上有着明显区别。吴哥寺雕刻的法王以多臂的形象出现,他骑在水牛上,手持用于审判的棍棒,癞王台上的则是以坐姿出现,他的尖牙和手持的法器是他身份的标志。吴哥寺的雕刻展现了美丽的天堂、平凡的人间,还有令人恐怖的地狱,突出表现了阎摩能根据死者生前的行为审判死者通往地狱、人间或天堂不同的世界,而癞王台的雕刻没有描绘人们在地狱受罚的各种场景,而是通过诸神的排列组合展现了丰富、神圣的

①N. Chutiwongs, *The iconography of Avalokitesvara in Mainland South East Asia*, New Delhi: Aryan Books International, 2002, p.216.

②李颖:《吴哥寺造型艺术中的宝剑符号略考》,《亚非研究》2017 第 1 期,第 164—182 页。

③参见[元]周达观著,夏鼐校注:《真腊风土记校注》,北京:中华书局,2000 年,第 64 页。

宇宙世界图景。吴哥寺的雕刻突出表现的是横向排列，没有在纵向上进行表现，癞王台的雕刻除了强调水平方向上的层次，还增强了人物在纵向上的排列，更加突出了画面的层次感和秩序性。由此可见，虽然吴哥寺和癞王台的雕刻描绘了相同的主题，但是无论是从法王的造型塑造还是他主宰的宇宙世界构建方面来看，两者使用了截然不同的表现方式。吴哥寺的雕刻更接近印度宗教神话对阎摩的描述，而癞王台的图像则是以一种全新的形式来显示神权和王权的结合。

阇耶跋摩七世在吸收印度文化的基础上，将外来文化为己所用，创造出了全新的城市规划、建筑形制和雕刻图像形式。[①]阇耶跋摩七世是吴哥城的建造者，他所创造的吴哥城的规划布局是史无前例的。他在吴哥城门以蛇形栏杆的形式，将柬埔寨人喜闻乐见的搅动乳海的故事中天神和阿修罗人物立于道路两侧。[②]搅动乳海的故事最初源自印度教，但是那伽在这里象征着彩虹，代表着人间与天界连接的桥梁。[③]阇耶跋摩七世在自己的国寺巴戎寺的中央圣殿内安置了佛陀坐佛，又在四周建造了十六座小塔，这些像是集结了全国各地祭祀众神，以显示国王是“守护灵魂之王中王”的形象[④]。这些文化创新的实例不仅展现了阇耶跋摩七世的雄才伟略与博大胸襟，而且还说明了阇耶跋摩七世通过自己的创造性发展来完善佛教王权，这种权力既关乎个人的生死，也关乎于吴哥城的兴衰，还关乎国家的命运和宇宙运行的秩序。阇耶跋摩七世创造的一系列建筑及图像体现了印度文化在柬埔寨彻底实现了“本土化”，最终形成了具

---

①(日)石泽良昭著，瞿亮、吴呈苓校译:《东南亚:多文明世界的发现》，北京:北京日报出版社，2019年，第239页。

②学界对吴哥城门外人物与那伽所表达的含义有不同意见，布瓦瑟利耶(J. Boisselier)结合吴哥城东南角塔(Prasat Chrung)上的碑铭K.597认为，吴哥城门外两侧拖拽那伽的人物可能表现了夜叉的两个不同的家族，他们与那伽共同护卫着因陀罗(Indra)的天宫。Jean Boisselier，“A Buddhist Presence amidst the Gods”，Marc Riboud，Angkor: *The Serenity of Buddhism*，New York: Thames and Hudson，1993，pp.129—138.

③柬埔寨学者萨柯恩·撒嘉和兰姆·索吉达在《彩虹》一文中指出，彩虹是连接人界与天神界的桥梁，而那伽就像彩虹一样的弓。高棉先民把弓比作那伽。参见苏华才:《柬埔寨那伽信仰研究》，广东外语外贸大学硕士论文，2020年，第4页。

④(法)G.赛代斯著，蔡华、杨宝筠校译:《东南亚的印度化国家》，北京:商务印书馆，2008年，第300页。

有本土特色的柬埔寨文化新面貌。

五、结论

癞王台承载了丰富的历史信息,它不仅展现了国家的权威形象,见证了吴哥的社会发展,也传承了柬埔寨的宗教文化。对它的不同解读带有随时间推移产生的文化交融与叠加，因此我们应对癞王台及其意义的阐释始终保持开放的态度。正如马沙尔曾指出,由于癞王台的风格和平面与其它任何一处高棉建筑都不相同,因此对它的任何解释都是被允许的。[①]本文通过重新梳理癞王台建筑、癞王像和癞王台雕刻的基本情况,对癞王台雕刻的主要内容、癞王台的时代、功用以及癞王台及其图像的意义展开了综合研究,可以得出如下结论:

第一,癞王台的位置突出,建筑形制独一无二,它是吴哥文明的恢宏杰作。癞王台不仅是阇耶跋摩七世时期的文物古迹，也是吴哥时期历史文化的一个缩影,其自身经历了复杂的演变过程,内外墙的结构就是不同时期发展变化的结果。第二,癞王台是国家统治权威的象征,通过建立宗教宇宙的图像秩序,树立法王的形象,向世人宣示神圣的王权,通过大力提倡宗教偶像崇拜,加入剑、那伽等象征性标志,将佛教信仰与柬埔寨王权思想紧密结合起来。第三,癞王台描绘的各种神灵是佛教、印度教和本土信仰相互杂糅的具体表现,体现了阇耶跋摩七世以佛教的信仰为主体，又兼容其他宗教文化的雄才伟略与博大胸襟。第四,癞王台是一处重要的礼制建筑,是举行宗教仪式的场所,上方的癞王像和癞王台的方位凝聚了高棉民族对宗教文化的集体记忆，对今天的柬埔寨产生了深远的影响。第五,癞王台及其图像借鉴了印度宗教文化的元素,经过了高棉建筑师和艺术家的改造和重塑,创造出了新的宗教文化形式。它同巴戎寺和吴哥城其他建筑艺术一样，是阇耶跋摩七世在吸收印度文化的基础上创造的全新的宗教艺术,标志着柬埔寨已经彻底实现了“本土化”转变,展示出高棉文明的精神气象和文化的独特面貌。

原载《古代文明》(第 16 卷),此处略有删改

①Henri Marchal, “Ⅲ.Notes sur les Terrasses des Eléphants, du Roi Lépreux et le Palais royal d´Ankor Thom”, Bulletin de l´Ecole française d´Extrême-Orient 37 (1937), pp.347—360.

其他研究

河西走廊石窟遗产文旅融合的逻辑理路、实践困境与优化路径

武克军　杨拴艳
（西北师范大学旅游学院）

一、问题的缘起

文旅融合作为一种全新的发展理念，旨在将文化和旅游两个领域紧密结合，促进文化和旅游产业的互相融合、互相促进，并以此为基础推动国家经济和文化的发展。文旅融合已成为我国国家政策中的重要内容之一，并得到了国家层面的大力支持和推广。

为促进文化产业与旅游产业的加速发展，在国家政策方面，我国提出了“文旅融合”的概念，并组建了文化和旅游部，为文旅融合的高质量发展奠定了坚实的基础，文旅融合已被纳入国家的重要战略规划和发展计划中。国务院办公厅印发了《关于加快发展文化和旅游融合 2035 实施方案》，明确了未来 15 年加快发展文化和旅游融合的总体目标、基本原则、政策措施和实施路径，文化和旅游消费成为居民生活不可或缺的重要消费领域，文化旅游产业成为国民经济支柱性产业之一。文旅融合发展思路最早可以追溯到 20 世纪 90 年代左右，为促进文旅融合发展，2018 年 3 月，国务院机构改革方案中通过整合文化部、国家旅游局的职责，重新组建文化和旅游部，不再保留原机构，因此 2018 年被称为“文旅融合元年”。

文旅融合的概念起源于对旅游和文化产业发展趋势的深入研究。文旅融合是指文化、旅游产业及相关要素之间相互渗透、交叉汇合重组，逐步突破原有的产业边界或要素领域，彼此交融而形成新的共生体的现象与过程。文化和

旅游相互关联的要素有很多,文旅融合是全方位、系统性的融合,包括技术融合、管理融合、服务融合、业态产品融合等方面。

过去几十年里,旅游业和文化产业都取得了快速发展,但它们常常被视为两个独立的行业。文旅融合是建立在文化产业、旅游产业两者差异的基础上,以及其在文化创意、管理、市场等要素的交集上,随着社会需求变化,文化与旅游产业以及两者相关要素之间相互渗透、交叉重组,逐步突破原有的产业边界,彼此交叉融合而形成新兴产业的过程。在这一交融的动态过程中,文化和旅游产业的边界逐步消解,并在资源、技术、产品、市场、功能等方面逐渐融合,产业竞争力迅速提高。其中,文化产业是向公民提供文化和与文化有关的产品的一系列生产服务的活动。旅游产业是以娱乐休闲、游览观光、探亲访友等为目的而异地出行的公民,提供食、宿、行、娱、购等生产服务的活动。然而,随着人们对旅游体验和文化消费的需求不断增长,将旅游和文化结合起来,通过提供更多丰富多样的文化体验给游客,就成了一个新的发展方向。

文旅融合的缘起也与政府提倡发展创意经济和休闲产业有关。政府意识到,将旅游和文化体验相结合可以促进城市和地区的经济增长,并提高居民的生活质量。此外,文旅融合也是一种推动文化传承和保护的方式。通过将旅游与历史、艺术、传统手工艺等文化元素相结合,可以更好地传播和弘扬本土文化,激发人们对文化遗产的兴趣和认同。

综上所述,文旅融合的缘起主要是为了满足人们对丰富多样的旅游和文化体验的需求,促进经济增长,推动文化传承和保护。本文旨在系统性梳理石窟遗产旅游助力文旅融合的逻辑理路,并在此基础上探究石窟遗产旅游助力文旅融合发展中的现有问题,最后提出更具有可行性的突破路径。

二、石窟遗产旅游助力文旅融合的逻辑理路

文化具有独一性,不能被复制。将独特文化作为旅游发展的核心内容,对旅游行业产生的社会竞争力也是不同的,对于整个旅游行业的发展产生了积极的作用。加速文旅融合主要体现在六个方面:支持旅游业与文化产业的互动发展,鼓励旅游企业与文化机构合作,共同打造特色文化旅游产品;加大对文化旅游基础设施的投资,推动文化和旅游资源的开发和保护,以提升旅游业品

质和文化内涵;鼓励旅游业和文化产业的创新发展,推动数字化和智能化技术在文化旅游领域的应用;推动文化产业国际化发展,通过文创产业的输出扩大文化旅游的国际影响力;加强文化旅游人才培养和引进,促进文化旅游产业的人才能力和素质提升;建立和完善相关政策法规和管理制度,确保文化旅游产业的健康发展和规范运营。

石窟遗产旅游对文旅融合有着重要的逻辑理路。在发展旅游行业的过程中不仅仅需要对当地的石窟提供保护,还需要对无形的旅游资源提供保护,对石窟遗产进行保护与发展是对当地的历史脉络进行保护的体现。总的来说,开展石窟遗产旅游助力文旅融合工作实际上就是对当地文化产业与旅游经济进行有机融合,促使旅游行业蕴含更加丰富的文化背景,对于拓宽文化传播方式具有积极意义。

石窟遗产旅游助力文旅融合实际上是在旅游活动中感受石窟遗产文化的内涵,体会旅游中蕴含的文化魅力。随着人民群众精神世界的不断丰富,人们逐渐意识到了历史文化是社会发展的灵魂。将石窟文化因素注入到旅游经济行业中实际上是促使旅游行业升华,为促使旅游行业的发展注入动力。

石窟遗产旅游具有其独特的魅力,它可以助力文旅融合发展,主要是因为其自身所独有的价值,主要体现在历史价值、旅游推动经济发展、文化传承和推广、促进地区交流与合作等方面。

(一)历史价值

石窟遗产是中国乃至世界历史文化的珍贵遗产, 代表丰富的历史和文化内涵。通过旅游,人们可以了解和体验这些世界文化遗产的历史,并从中汲取智慧和启示。

(二)旅游推动经济发展

石窟遗产旅游具有巨大的经济潜力。旅游业是一个多元化的行业,可以创造就业机会并带动相关产业的发展,例如酒店、餐饮、交通等。通过发展石窟遗产旅游,可以促进当地经济繁荣,提高人民生活水平。

(三)文化传承和推广

石窟遗产是中华文化的重要组成部分, 通过旅游可以促进文化的传承和推广。游客可以通过参观石窟和相关文物展览,了解中国古代艺术和宗教文化的瑰宝。同时,旅游也可以帮助传统手工艺和表演艺术得到保护和传承。

(四)促进地区交流与合作

石窟遗产旅游可以促进不同地区的交流与合作。游客从不同地方到访石窟遗址,可以促进不同区域之间的文化交流,并加深人们对不同地区历史文化的了解与认知。同时,不同地区也可以通过合作共同开发旅游资源,实现互利共赢发展。

总结来说,石窟遗产旅游可以通过传承历史文化、促进经济发展、推广中华文化以及促进地区交流与合作等途径,为文旅融合提供重要的逻辑理路。在社会不断发展的背景下,旅游行业的发展成了对文化进行传播的有效载体,人民群众能在旅游过程中对文化进行更深层次的接受。这种形式上的文化接受是在旅游者自愿的意识下形成的,能体现旅游者的意愿,对其产生潜移默化的影响,因此这种影响方式相较于教育来说,具有更加持久的作用。

三、石窟遗产旅游助力文旅融合的现实困境

石窟遗产旅游在逻辑理路上能够与文旅融合产生共振，但当前的石窟遗产旅游中也存在诸多的问题，这些问题阻碍了文化和旅游两者之间的融合发展。通过 SWOT 分析河西走廊的天梯山石窟、马蹄寺石窟、莫高窟、文殊山石窟、昌马石窟、五个庙石窟,按照“点”“线”“面”的逻辑理路,探究石窟遗产旅游助力文旅融合发展中存在的微观、中观和宏观三个层面的困境。

(一)SWOT 分析

1. 优势(Strength)

(1)旅游资源丰富种类多样(建筑艺术、彩塑艺术、壁画艺术、敦煌艺术);

(2)旅游资源知名度高,吸引力大;

(3)旅游资源品位高,垄断性强。

2. 劣势(Weakness)

(1)离旅游客源地较远;

(2)交通不便;

(3)住宿等旅游配套设施较为落后。

3. 机遇(Opportunity)

(1)“一带一路”倡议;

(2)居民收入的增长;

(3)国家、地区政策支持。

4. 威胁(Threat)

(1)自然环境恶化;

(2)游客参观对文物的破坏;

(3)投资主体单一。

(二)微观、中观、宏观层面的困境分析

1. 微观层面:石窟遗产旅游市场发育不良

虽然石窟遗产现在越来越受到世人的重视,但是仍然存在许多问题,石窟依然受到威胁,石窟旅游市场发育不良。石窟遗产旅游在助力文旅融合的过程中还面临以下问题,以莫高窟为例说明:

(1)壁画破坏严重

半数壁画存在病害,洞窟石壁局部分离,它是莫高窟壁画最危险、损害最大的疾患。经历了1000多年的岁月,目前敦煌壁画中约1/3至1/2存在着不同程度的病害。莫高窟约有106个洞窟、1246平方米的壁画有白粉层起甲病害。一半以上患有被称之壁画“癌症”的酥碱病。而颜料层龟裂、霉变、脱落、空鼓等问题也使壁画保护面临巨大挑战。“起甲”是指壁画白粉层及其上的颜料层发生龟裂,进而呈鳞片状卷翘,甚至脱落。起甲后的壁画给人的感觉是得了牛皮癣。酥碱从窟脚向上侵蚀,壁画也就无所依托而脱落,连窟体带壁画的变酥让人根本无法对其施加外力。

(2)游客过多不堪重负

敦煌莫高窟正式对外开放始于1979年。20多年来,先后有80多个国家和地区的近400万人次游客来此参观。近年来,莫高窟旅游人数明显呈上升趋势,每年接待量已超过30万人次,预计未来5—10年内,到敦煌莫高窟旅游的人数还会迅速增加。由于游客身上携带一定的水汽和温度,过多地进入洞窟参观,极易引起洞窟内温度、相对湿度、墙体表面温湿度及窟内二氧化碳浓度的变化,这样不但会使壁画产生酥碱,也可能会引起壁画颜料变色。除此之外,参观者的文物保护意识不强,游客触摸壁画的不文明行为,也是敦煌保护任务艰巨的原因之一。

(3)保护与开发的平衡

石窟遗产的旅游开发需要平衡保护和商业利益之间的矛盾。保护石窟遗产的原貌和文化价值是首要任务，但也需要在一定程度上开发和利用这些遗产以推动地方经济发展。如何在保护和开发之间取得平衡是一个挑战。

(4)石窟环境的脆弱性

石质性的文物从外表上看它们很结实,但是在环境面前,它们脆弱,对环境的要求也非常敏感,尤其是酸雨对它们的影响。当有酸雨降临时,如果不对石刻加以保护,酸雨落到石刻上,石刻就会风化,变成粉末。而它们在人文环境面前所表现出来的脆弱性更是显而易见的。怎么样深刻认识文物环境的脆弱性,并对它加倍保护,就是文物保护的核心问题。

(5)文化遗产管理

石窟遗产的管理涉及多个层面,包括文物部门、旅游部门、地方政府等的合作与协调。不同部门的权责划分、工作重点和利益诉求可能存在差异,需要加强协作机制,确保良好的遗产管理和旅游服务。

(6)可持续发展

石窟遗产旅游需要注重可持续发展,包括在游客流量控制、环境保护、社区参与等方面做出努力。过度开发和过度商业化可能会对遗产造成损害,也可能让当地社区和环境受到负面影响。因此,需要制定合理的旅游规划和管理措施,确保旅游业可持续发展。

(7)游客体验与教育

为了提供丰富的游客体验,石窟遗产旅游需要注重解读和教育工作。这包括通过讲解员、解说设施、数字化技术等手段向游客传达石窟的历史、文化和艺术价值,提高游客的文化素养和对石窟的认知水平。

综上所述,石窟遗产旅游在助力文旅融合的过程中面临一些现实困境,但通过平衡保护与开发、加强管理协调、注重可持续发展和提供丰富的游客体验与教育,可以有效应对这些挑战,推动石窟遗产旅游的发展与文旅融合。

2. 中观层面:石窟遗产旅游文旅融合路径不明朗

(1)石窟遗产旅游是否能够带动其他产业的发展?

答案是肯定的，石窟遗产旅游以其丰富的历史和文化内涵吸引了大量的游客,石窟遗产旅游必定会带动许多其他相关产业的发展。例如:餐饮和住宿业,由于游客的增加,石窟遗产附近的餐饮和住宿业得到了很大的发展。游客需要在参观石窟遗产的同时享用美食,或在附近找到舒适的住宿环境,因此餐饮和住宿业得到了极大的促进。交通运输业,为了满足游客的需求,建设和改善当地的交通基础设施变得至关重要。文化创意产业,石窟遗产的独特艺术和历史价值为文化创意产业提供了丰富的素材。艺术品、纪念品、文化衍生产品等各种产品的制作和销售与石窟遗产旅游密切相关。这些产品不仅丰富了游客的游览体验,也为当地创造了就业机会。旅游服务业,石窟遗产旅游的增长为各种旅游服务提供了机会。旅游咨询、导游服务、摄影服务等的需求也相应增加,为更多人提供了就业和创业的机会。总之,石窟遗产旅游的发展促进了餐饮、住宿、交通运输、文化创意和旅游服务等多个产业的繁荣发展,为当地经济带来了显著的推动作用。

(2)石窟遗产旅游如何与文旅现代化接轨?

石窟遗产旅游与现代化接轨的重要手段就是采用数字技术挽救洞窟。樊锦诗最先提出利用计算机技术进行敦煌壁画、彩塑艺术永久保存的构想。传统的实地临摹在速度和质量上已经不能适应壁画保护和记录的需求，而简单的摄影和录像又难免发生失真等问题,新的数字技术正好弥补这些缺陷。它的真实录入、易于传播和无损复制等特点,将是永久性完整保存珍贵文物信息的最佳手段。从 20 世纪 90 年代起,敦煌研究院与国内外科研机构合作,开始了“数字敦煌”的探索和研究,目前他们在文物图像采集与保存、文物历史复原、洞窟虚拟模拟、壁画图案创作等方面已经掌握了一套成熟的技术。1998 年,敦煌研究院与美国梅隆基金会合作,正式开始了敦煌莫高窟的数字化拍摄。这种采用最先进数字技术拍摄的图像,不但逼真、清晰、质量高,而且抓住了石窟艺术中的许多精妙细节，包括在自然光中看不清楚的部分以及被背屏和中心柱等阻碍视线的建筑所遮挡的壁画。在研究人员的努力下,目前已经完成莫高窟 22 个洞窟的测量、拍摄和编目工作。数字技术无疑是永久性、无损害保护敦煌遗产的最佳手段。目前除中国、英国、法国、俄罗斯等主要的敦煌文献收藏国家外,通过数字技术将敦煌遗书加工成电子文献,既可以实现遗产的永久无损保存,又可以借助互联网实现对敦煌遗产整合的梦想。同时,这一技术还可以让敦煌资料效益最大化,发挥纸质载体难以达到的效果,让世界范围内的学者更加充分地进行敦煌学研究。目前,除敦煌研究院之外,中国国家图书馆、大英图书馆、法国国家图书馆、俄罗斯科学院东方研究所、美国梅隆基金会等分散在世界各地的10多个敦煌文物、文献收藏单位以及热衷敦煌文化保护的组织团体都已参与这一宏伟的“数字敦煌”建设。

合理设置文旅融合中服务业、信息产业、文化产业三产业之间的战略定位。文旅融合是指将旅游业和文化创意产业、信息技术产业等多个领域进行融合,以实现旅游资源的最大化利用和文化创意产品的创新性发展。在文旅融合中,服务业、文化产业和信息产业的战略定位至关重要。

服务业的定位应该是旅游业和文化创意产业的基础。服务业包括酒店、餐饮、旅游纪念品、旅游购物等,这些服务可以为游客提供舒适的旅游体验,同时也可以为文化创意产业提供支持,如餐饮文化、旅游购物文化等。

文化产业的定位应该是文化旅游的重要组成部分。文化产业包括电影、电视、音乐、动漫、游戏、文化旅游等,这些产业可以创造出独特的文化旅游产品,为游客提供更加丰富的文化体验。同时,文化产业还可以为旅游业提供新的旅游景点和文化产品,如文化创意产品、文化艺术品等。

信息产业的定位应该是旅游业和文化创意产业的支撑。信息产业包括互联网、物联网、移动通信、大数据等,这些技术可以为旅游业和文化创意产业提供强大的支撑,如在线旅游预订、文化创意产品的数字化生产等。

在设置文旅融合中服务业、文化产业和信息产业的战略定位时,应该根据具体情况进行综合考虑,以实现旅游业和文化创意产业的可持续发展。同时,还需要注重不同产业之间的互动与融合,创造出更多的文化旅游产品和就业机会。

3. 宏观层面:石窟遗产旅游与其他国家战略衔接不足

为助力文化弘扬,以旅彰文以及经济的快速发展,我国相继推车了关于文旅融合的多种战略政策。虽然这些战略的最终目标都是促进中国经济的高质量发展,但是,就目前的市场来看,石窟遗产旅游与其他国家的战略衔接还有很多不足,主要体现在以下几个方面:

(1)旅游产业发展不平衡。

石窟遗产旅游可能在区域内发展较为集中,而未充分融入其他旅游资源的开发,导致旅游产业的发展不平衡。这会限制石窟遗产旅游的吸引力和持续性。

(2)缺乏全球战略视野。

石窟遗产地不应将目光局限于本国市场,这样将缺乏全球战略视野和国际市场开拓意识,将制约石窟遗产旅游的知名度和影响力,无法发挥其潜在价值。

(3)交通基础设施薄弱。

部分石窟遗产旅游地交通基础设施相对较差,缺乏便捷的交通条件,限制了游客的到访和流动性。这对于与其他国家战略衔接和相互联通产生了一定的影响。

(4)缺乏协同推广与合作。

石窟遗产旅游地区之间缺乏协同推广和合作,缺乏全面的、有针对性的市场营销策略,未能实现优势互补。这将限制石窟遗产旅游与其他国家战略的有效衔接,影响其在国际旅游市场中的竞争能力。

为了克服这些不足,需要加强地区间的合作与协调,优化旅游资源的整合与开发,改善基础设施建设和交通条件,加大对外宣传和市场开拓力度,形成合理的市场竞争机制,从而实现石窟遗产旅游与其他国家战略的良好衔接。

四、石窟遗产旅游助力文旅融合的优化路径

虽然石窟遗产旅游市场目前还存在一些极其繁杂且细微的问题,但是,从整体角度全方位分析,我们依然可以对其共性问题进行归纳和总结。需要明确的是,这种归纳总结并不是制定具体的实施方案,而是更多作为一种具有参考价值的逻辑思路与参照标准来规范石窟遗产旅游助力文旅融合发展的参照。

(一)微观层面:以市场培育为核心,探索石窟遗产旅游可持续发展的模式

石窟遗产旅游助力文旅融合的关键核心所在是培育健全良好的旅游市场秩序,只有完善培育健全良好的市场秩序才能保证石窟遗产旅游的高质量发展,也就可以进一步助力文旅融合的高质量发展。石窟遗产旅游在促进文旅融

合方面发挥着重要作用，结合石窟遗产旅游发展微观层面存在的问题，其优化路径主要体现在以下几个方面：

1. 强化保护与管理。

加强对石窟遗产的保护和管理工作，确保其原貌的完整性和可持续性。这可以通过加大投入，提高管理水平，制定更加严格的保护措施等方式实现。

2. 加强宣传与推广。

利用现代营销手段，积极宣传石窟遗产旅游的独特性和魅力，吸引更多游客的关注和参观。可以通过建立官方网站、开展线上推广活动、举办旅游展览等方式来提升知名度。

3. 智能化应用。

通过引入先进的科技手段，如虚拟现实、增强现实等技术，提供更加沉浸式的游览体验，为游客带来更多互动和参与感。同时，可以开发相关的手机应用程序，提供导览、讲解等功能，提升游客的参观体验。

4. 引入创新项目。

开展文旅融合的创新项目，例如举办石窟文化艺术展览、文化交流活动，开展主题讲座等，为游客提供更多丰富多样的体验，丰富他们的旅游内容。

5. 深化与当地经济的融合。

与当地政府和企业合作，推动石窟遗产旅游与当地经济的深度融合，引导发展相关文创产品，开发当地特色美食、民宿等，打造石窟遗产旅游的全方位体验。

6. 加强人才培养和技能提升。

注重对相关从业人员的培训和能力提升，提高他们的专业素养和服务水平，为游客提供更好的导览和服务。

综上所述，通过加强保护管理、宣传推广、智能化应用、创新项目、与当地经济融合以及人才培养等方面的工作，可以进一步优化石窟遗产旅游助力文旅融合的效果，这将有助于提升旅游体验，推动当地经济发展，促进文化的传承与发展。

（二）中观层面：积极发挥政府作用，引导文化产业与服务业有机融合

政府在引导文化产业、信息产业和服务业有机融合方面扮演着重要的角

色。首先,制定政策和法律。政府可以制定相关政策和法律,促进文化产业、信息产业和服务业的融合。这些政策和法律可以提供财政支持、优惠政策和税收减免等措施,以鼓励企业在这些领域进行合作和创新。其次,建设支持平台。政府可以投资兴建支持平台,如科技园区和创业孵化器,为企业提供合作和交流的机会。这些平台可以为不同行业的企业搭建合作的桥梁,推动技术、人才和资源的交流。第三,推动技术创新。政府可以支持技术创新,促进文化产业、信息产业和服务业的融合。通过提供研发资金、知识产权保护和技术咨询等支持,鼓励企业在这些领域开展创新活动,推动产业的升级和发展。第四,加强人才培养。政府可以加强对人才的培养和引进工作,为文化产业、信息产业和服务业提供专业人才支持。通过设立相关教育机构和培训项目,提高人才的整体素质和创新能力,满足产业融合发展的需求。最后,加强国际合作。政府可以加强与其他国家和地区的合作,共同探索文化产业、信息产业和服务业的有机融合模式。通过开展交流合作活动、签署合作协议和分享经验,吸引外资和引进优秀的技术和资源,推动产业发展的国际化进程。这些举措将有助于政府积极发挥作用,引导文化产业、信息产业和服务业的有机融合,进一步促进文旅融合和经济发展。

(三)宏观层面:论证河西走廊石窟遗产区位优势和各项战略的有效衔接路径

河西走廊石窟遗产是中国重要的文化遗产之一。它由著名的莫高窟、敦煌石窟群以及其他一系列石窟组成,是世界著名的艺术珍品。河西走廊石窟遗产区具有文化地理位置优势、自然环境优势、悠久历史和多样文化优势。

首先是文化地理位置优势。河西走廊石窟位于古代丝绸之路上,是连接东西方的重要交通要道,其历史地位和文化意义使得这一地区成为中外学者、游客等前来考察、交流和研究的重要场所。其次是自然环境优势。河西走廊石窟地处沙漠与山脉交织的地区,拥有独特而壮观的自然景观,为人们提供了探索和欣赏自然之美的机会,使得游客可以同时感受到大自然和人文之间的共鸣。最后是悠久历史和多样文化的优势。河西走廊石窟遗产区承载着丰富的历史和文化传承,融合了佛教艺术、汉族、回族等不同民族的文化元素,展示了中国古代艺术和建筑的独特魅力。

为了有效衔接河西走廊石窟遗产区的各项战略,可以采取以下路径:

1. 文化交流和合作。

通过加强国际文化交流和合作，吸引更多的国内外游客到访河西走廊石窟遗产区,推动石窟文化的传承和发展。可以开展丝绸之路石窟文化论坛、国际文化节等活动,提升地区文化影响力和知名度。

2. 文化旅游深度融合发展。

加大旅游业的投资力度，提升河西走廊石窟遗产区的旅游设施和服务水平。在保护石窟文化遗产的基础上,打造更多的旅游线路和景点,提供多样化的旅游体验,吸引更多游客长时间停留,并促进当地经济的发展。

3. 石窟文化遗产教育培训。

加强对河西走廊石窟遗产区保护和管理的人才培养和知识传承工作。通过开展培训班、研讨会等形式,提高相关从业人员的专业水平和管理能力,确保石窟遗产的历史价值得到妥善传承和保护。

河西走廊石窟遗产区的区位优势以及各项战略的有效衔接路径将有助于促进该地区文化遗产的保护、传承和发展,也可以更进一步助力文旅融合的高质量发展,从而推动经济发展。

五、结论

石窟遗产旅游和文旅融合之间不是相互割裂的，二者之间存在清晰的逻辑衔接关系。石窟遗产旅游可以通过传承历史文化、促进经济发展、推广中华文化以及促进地区交流与合作等途径,为文旅融合提供重要的手段,但是石窟遗产旅游在助力文旅融合高质量发展的过程中也存在诸多问题。微观层面的石窟遗产旅游市场发育不良，中观层面的石窟遗产旅游文旅融合路径不明朗以及宏观层面的石窟遗产旅游与其他国家战略衔接不足，都是羁绊文旅融合深度融合的阻力。为解决这些羁绊,可以在微观层面以市场培育为核心,探索石窟遗产旅游可持续发展的模式；中观层面积极发挥政府作用，引导文化产业、信息产业、服务业的有机融合;宏观层面论证河西走廊石窟遗产区位优势和各项战略的有效衔接路径。

用数字技术壁画文化遗产科技保护

——以“数字敦煌”为例

丁小胜
（敦煌研究院文物数字化研究所）

“永久保存”文物信息，“永续利用”数字资源是文物数字化的使命和愿景，通过对文物现状、结构、体量、纹理、材质、色彩、质感等信息的采集与加工处理，形成二维图像、三维重建、VR/AR 节目、多媒体节目、艺术摄影图像、二次创作加工数据和动漫节目等多元化的数据资源成果，建立系统化、科学化、标准化的文化遗产数字档案，构建数字资源平台。

一、“数字敦煌”的提出

20 世纪 80 年代末，时任敦煌研究院副院长的樊锦诗先生提出“数字敦煌”的构想，计划为每一幅壁画，每一身彩塑，每一个洞窟建立一套完整的数字化信息档案。在美国梅隆基金会、甘肃省科委的支持下，敦煌研究院与美国西北大学等机构展开合作，经过 30 多年的探索研究，形成了一整套针对石窟寺数字化的装备体系、技术流程与工作规范。

二、“数字敦煌”的发展历程

文物数字化经历了信息化（发展期）、数字化（成熟期）、智慧化（创新期）三个阶段。信息化一般指通过将物理世界的信息和数据转换为二进制代码录入信息系统，建立产生数据的过程和工具（流程和方法），具有单一性、个体化特点，敦煌石窟数字化工作主要是从壁画二维平面的数据采集与加工开启的，采用了多视点覆盖式图像采集和计算机整壁多幅图像拼接的方法，2005 年年底完成了莫高窟22个典型洞窟75dpi采集精度的数字信息采集与加工,这种方法沿用至今;数字化是以数据为中心的,并不是对信息化的推倒重来,而是基于以往信息成果的整合优化与提升,2006年敦煌研究院成立数字中心,外引内联,与国内外合作,经过持续不断的试验、探索与研究,攻克了一个个数字难题,软硬件更新换代,采集精度不断提高达到300dpi,可以满足高质量的敦煌数字档案要求,并且将数字化的对象从壁画拓展到彩塑、洞窟空间结构和大遗址三维重建等方面,数字化成果在敦煌石窟保护、研究和弘扬领域得到充分应用;智慧化一般是指在网络、大数据、物联网和人工智能等技术的支持下,从社会需求角度出发,采用"人工智能"的理论、方法和技术处理信息与问题,开发具有智能化特性或功能的工具(软件),例如自适应、自校正、自协调等,成为当前和今后的发展动向之一。"数字敦煌"资源库、素材库的构建,实现资源成果全球共享,数字资产管理系统确保数字信息成果永久保存,未来将完成分布式存储系统及异地同步备份的存储体系,展开文物数字化数据加工与智能分析算法系统化的研究,构建知识图谱、图像检索与智慧服务体系,站在时代的高度紧跟科技发展的进程,与时俱进,开拓创新。

三、文物数字化的内涵

文物数字化并不是技术层面的单一驱动,敦煌研究院吴健研究员提出,文物数字化的内涵是融学术、技术与艺术于一体的,得到业内广泛认可。文物数字化以学术为基础,了解敦煌学知识,挖掘学术价值,采用科学的文物保护理念,利用摄影与计算机理论知识制定数字化方案,指导实际工作;以技术为手段,制定数字化工作流程和标准规范,不断引进和集成新的技术,利用多种技术手段实现高效率、高质量的数字化工作;以艺术为目的,强化数字化成果的应用,追求品质,高度还原,突破时空界限,解读和展现石窟艺术,用科技手段支撑文化艺术展示,让观众能全方位、深层次、多角度、多形式地赏析石窟艺术之美,让不可移动属性的文化遗产"活起来""走出去"。

四、学术研究

因文物数字化方法众多、形式多样、参差不齐,没有统一的规范标准体系,敦煌研究院联合申报并承担了国家科技支撑计划项目，基于此项目成果制定了《石窟寺壁画数字化二维图像采集》《石窟寺壁画数字化二维图像加工》等13项行业标准征求意见稿，经专家多次论证研讨，修改合并为3项，现待颁布，本标准的制定，将引领和推动不可移动文物数字化保护的发展。同时，敦煌研究院还承担了科技部“科技支撑计划项目”“国家重点研发计划项目”等多项科研课题，提出丝路文物数字复原技术和成套的数字化解决方案，加快丝绸之路文化遗产全面信息的抢救性科技保护力度，通过特定的手段对文物进行实体原大复原与虚拟呈现，扩大数字成果的应用范围，面向大众进行文化传承，助力丝绸之路文化的传播，增强文化自信。

五、团队建设

事业的发展离不开人才的培养与团队建设，文物数字化从无到有的过程中，敦煌研究院与国内外高校、学术机构和高新企业合作，培养了一支能长期扎根大漠、掌握先进理念、多种技术和管理方法的近百人团队，不仅承担了多项国家级、省部级课题研究任务，还完成了敦煌石窟中290个洞窟300dpi的壁画数据采集；完成了179个洞窟99万张的图像拼接处理；完成了172个洞窟的全景漫游节目制作；完成了8处大遗址三维重建；完成了44身石窟寺彩塑的三维重建，包括敦煌莫高窟第130窟26米弥勒大佛及整窟三维重建，庆阳北石窟寺165窟彩塑及整窟三维重建；完成了206个洞窟空间结构三维激光扫描；完成了4座古建筑三维重建；完成了古墓葬数字化1项；完成了古遗址三维重建8处，包括阳关、玉门关、瓜州锁阳城、嘉峪关悬壁长城和山丹境内长城等；完成了可移动文物数字化10个品类20余件；完成了42134张历史档案底片的数字化扫描工作；数字化研究与工程技术服务已涉及全国8省市18个文化遗产地。

六、成果应用

文物数字化保护工程形成了海量的数字资源，有效地支撑和服务于文物保护研究、考古测绘、美术临摹、文化弘扬、展览展示等领域。文物数字化工作体系包括关键技术研究与集成、数字化方案设计编制、文物数据采集与加工、数据存储与管理、数据资源成果转化与利用等，通过机制创新，将学术研究与工程实施紧密结合，优势互补，形成“科研支撑产业发展，产业反哺科研创新”的新发展模式。在学术研究与成果转化的过程中，学术研究正向地指导和支撑了文物数字化工程项目的实施，反之，通过工程实施中发现新的难点、问题和需求，为学术研究提出精准的方向和内容，建立产、学、研、用的良性循环模式，有力推动了文物数字化保护事业。

利用数字媒介和互联网平台，充分利用文物数字化资源成果的特性，利用互联网平台线上展示与线下数字展览相结合的形式，让身处高山深远的不可移动文物“活起来”。2016 年数字敦煌资源库平台正式上线，将敦煌石窟中三十个经典洞窟的高清图像与 VR 虚拟漫游节目，通过互联网和移动终端向全球观众免费共享。截至目前，该平台发布了 6500 份敦煌文化元素构成的“素材库”，以游戏引擎为支撑的互动体验平台“数字藏经洞”，全球观众点击量达到 1600 万，成为全球观众赏析敦煌文化的重要通道和平台。

同时，在国内外举办数字化展览 40 余场次，数字展览的呈现方式多样，有等比例复制的石窟洞窟，基于三维重建数据的复制彩塑，遗产地实景远程传输，让远在千里之外的文化遗产地实景传输到展览现场，形成呼应，还有多媒体展演节目，比如全息影像、VR、AR 等技术手段，动静结合，以不同的艺术方式动态化地呈现文化内涵，观众还可以在参观实体展品的同时，借助穿戴式设备，虚拟体验丰富的洞窟内容，虚实相间，精彩纷呈，展览以可视、可感、可听、可触的方式，让观众感受视觉与艺术的完美体验，结合展览展示，开发与出版图书画册、文化衍生品等，服务于文化旅游的需求，实现了文物的“活态传播”，大幅度“盘活”了文化资源。

在文化旅游开放中，文物数字化资源成果发挥了极其重要的作用，敦煌莫高窟数字展示中心就是典型的范例，介绍敦煌莫高窟历史文化背景的主题电影《千年莫高》和展示精美石窟艺术的球幕电影《梦幻佛宫》两部影片，让游客们在进入洞窟之前就能与莫高窟“亲密接触”，大大提升了参观体验，探索确立了“总量控制、线上预约、数字展示、洞窟参观”的旅游开放新模式，有效缓解了敦煌莫高窟旅游开放与文物保护之间的矛盾。

数字科技突破了传统的时空限制，让千年辉煌的敦煌石窟文化“永久保存,永续利用”成为现实,有效地支撑了文物的科学保护、学术研究和美术临摹等工作,特别在弘扬人类优秀的传统文化方面,“数字敦煌”资源成果让深藏在石窟中的敦煌艺术“活起来”,充分发挥敦煌文化的影响力和辐射力,助力敦煌研究院“典范”“高地”的建设和“一带一路”战略实施。

从碑刻看明清时期黑河中游张掖水利秩序的构建

谢继忠
（河西学院历史文化与旅游学院）

黑河中游的河流包括黑河及其支流山丹河、洪水河、梨园河、讨赖河等。明清时期黑河中游地区主要包括今张掖市甘州区、山丹县、民乐县、临泽县、高台县、肃南裕固族自治县，以及嘉峪关市、酒泉市肃州区。

所谓水利秩序，包括水利工程修建与维护、分水制度与水利管理规则、水利纠纷调处与“水案”、水神庙修建与水神信仰等在内的水资源分配、使用、管理的规范体系。关传友认为，“水利秩序就是‘水利社会的群体（水利共同体）在获得水利的过程中形成的并为民众普遍遵守的用水使水、修治和维护水利设施的若干规则’。这些若干水利规则就称之为水利制度或水利规约”。[①]明清时期黑河中游张掖的水利秩序日益完善，有效地维护着生产秩序和社会稳定。

近年来，学术界对明清时期黑河中游张掖水利秩序的研究，涌现出一批研究成果。在分水制度、均水制度的研究方面，王培华探讨了清代黑河流域、石羊河流域的分水制度，归纳了按修渠人夫分水、照粮分时（计粮均水）、计亩均水等原则。[②]崔云胜在考证黑河均水制度产生的基础上，认为黑河均水制度即“水规”的确立是在清雍正二年（1724），历经民国时期和新中国建立之后，黑河均水制度沿用了近 300 年。[③]在国家与社会的关系方面，潘春辉认为政府对维护

①关传友：《舒城七门堰水利秩序和地方社会》，《皖西学院学报》2018 年第 3 期。

②王培华：《清代河西走廊的水利纷争与水资源分配制度——黑河、石羊河流域的个案考察》，《北京师范大学学报（社会科学版）》2004 年第 3 期。

③崔云胜：《从均水到调水——黑河均水制度的产生与演变》，《河西学院学报》2005 年第 3 期。

地区水利秩序的平稳发挥着重要作用，主要表现在对水事纠纷的调处上，地方政府主导着跨县、跨流域等大型水案以及严重违犯水规事件的处理，以维护用水秩序有序运行。[①]在“水案”研究方面，李并成主要探讨了黑河流域“沙河闭塞洞口案”“黑河西六渠案”“山丹河东、西泉水案”“洪水河上游耕种番地妨碍水源案”等，他认为“水案”的频发，表明河西走廊绿洲水土矛盾加剧，从而酿成部分地区沙漠化过程的发生与发展。[②]在水神信仰方面，张景平认为河西走廊特殊的自然环境使得民众对于龙王的敬畏实际有限，但特殊的社会环境使他们对国家认同度则较高；明、清两代，国家通过引入、扶持龙王信仰与修建龙王庙，保持了对于灌溉活动的适度介入，龙王庙作为灌溉活动中国家权威的代表符号受到重视。近代以来伴随着国家的衰微，地方社会对龙王与龙王庙的崇敬减弱。[③]谢继忠探讨了明清以来张掖龙王庙的分布与数量、龙王信仰与祭祀活动、龙王信仰产生的原因及其对生态保护的作用。[④]在水利碑刻研究方面，孟凡港研究了明清时期张掖 8 通龙王庙碑，他认为“在干旱频繁侵袭的恶劣条件下，人们便把农业丰收的希望寄托在龙王、水神、雷公等诸多神祇的庇护上，当地的官僚、民众为此不惜花费巨资修建龙王庙、三元（官）庙、太白庙、雷台，等等。”[⑤]

上述研究主要利用方志资料，其中没有涉及水权交易等问题。近年来公布的一批碑刻资料，对我们研究明清时期黑河中游张掖的水利秩序问题，提供了新的视角。

本文主要利用新见碑刻资料，结合方志史料和契约文书，对明清时期黑河中游张掖水利秩序作进一步的探讨。

---

①潘春辉:《水事纠纷与政府应对——以清代河西走廊为中心》,《西北师大学报（社会科学版）》2015 年第 2 期。

②李并成:《明清时期河西地区“水案”史料的梳理研究》,《西北师大学报（社会科学版）》2002 年第 6 期。

③张景平:《从龙王庙到水管所——明清以来河西走廊灌溉活动中的国家与信仰》,《近代史研究》2013 年第 6 期。

④谢继忠:《明清以来张掖的龙王信仰研究》,《河西学院学报》2013 年第 6 期。

⑤孟凡港:《从碑刻看明清时期张掖的民间信仰》,《世界宗教研究》2012 年第 2 期。

明清时期黑河中游张掖水利秩序主要包括新修水利工程、重定水利章程、规范水权交易、祭祀水神与修建水神庙等内容。

一、兴修水利工程

据《甘州府志》记载，嘉靖二十五年（1546），“巡抚右佥都御史杨博募民垦田，凿龙首渠。……是年，擢右佥都御史巡抚甘肃，大兴屯田，永不征租。又以暇修筑肃州榆树泉及甘州平川境外大芦泉诸处墩台，凿龙首渠。”①

据《重刊甘镇志》记载，“龙首渠，城西七十里。旧名木龙坝，湮废岁久，荒田百余顷。嘉靖二十六年，巡抚都御史杨博躬诣咨画，改浚新渠，其荒田尽为沃壤。因募兵防守，且继修浚是渠。为黑河首派近山下有龙首潭，因易今名。”②

《兴复龙首渠水利碑部》表明，从明代起，开始兴修黑河龙首渠。嘉靖十四年（1535），陕西行都指挥使司军政掌印署都指挥佥事许文学续修龙首渠，整顿水利秩序，使黑河水利秩序趋于稳定。他发布告示，对三十三顷七十五亩土地租种、租粮、渠道“挑浚”等作了具体规定，对侵害租种及水利秩序者，准许告官，“从重究治”。据《兴复龙首渠水利碑部》记载，明代黑河龙首渠叁拾柒顷土地，“募军耕种，永不起科，人赖其利”，起到了“耕种防守”之效。后来，因官军累受差役侵害，或各衙门势豪“承种”，以致无利可图；或“贫难军士无牛耕种”，不得不“转租与人，肆陆分租”等等，导致水利失修，更谈不上“耕种防守”。兹录碑例1：

例1　兴复龙首渠水利碑部③

钦差抚甘肃等处地方督察院右佥都御史胡，为兴复水利召人耕种，图永久以俾安攘事：

照得龙首一渠，处名木龙坝，湮废捌拾余年。该前巡抚都御史杨体察兴复，更名龙首渠，通计田叁拾柒顷，募军耕种，奏准永不起科，

①钟赓起纂，张志纯等校点：《甘州府志》，兰州：甘肃文化出版社，1995年，第85页。

②杨春茂著，张志纯等校点：《重刊甘镇志》，兰州：甘肃文化出版社，1996年，第72页。

③张景平等主编：《河西走廊水利文献类编 黑河卷（一）》，北京：科学出版社、龙门书局，2020年，第154—155页。

人赖其利,称颂至今。自叁拾壹二年后,水道渐塞,遂复抛荒。本院抚临之初,询访利弊,佥谓此渠宜为兴复,就行委官踏看。……本院遵循遗矩修复此渠,水已大行,田皆可种。因咨于众,图俾可久相应,遵照前院题:允事规永不起科,其田除迁立龙首堡及挑挖品坑占用外,行委屯政都司孙汝绍、坐营官吴凤督同本堡防宁官杨国威修渠,委官指挥尹钺丈量立界,实计田凡叁拾叁顷柒拾伍亩,先尽本堡官军,其余不拘远近。诸色寄住人等,有牛壹只者,许种贰拾伍亩;有牛两只者,许种伍拾亩;有牛四只以上者,允种壹顷。俱赴本堡防守官投认顷亩数目,即日连人开送本院复审给定。无牛犋者,不许买嘱妄承以图转租取利。每年田壹拾亩,收成之日止,出租粮壹斗送本堡仓,另廒收贮。除明沟工少者,分派承种之人,各照亩数多寡分定丈尺挑浚。若系倒累工多,及有棚槽应用木植,就于所贮粮内,防守官先期呈报本院详允,酌量动给以为工资,每年计田壹拾亩出租壹斗之外,如有多索升合及各衙门势豪占种扰害,多派差役者,许承种之人具实赴院告发,从重究治。傥后积有余粮,就接承种之人作为种子。既经前院提奏明白,前项田地永不起科,再无更变。为此出给告示,谕众知悉。

嘉靖拾肆年叁月贰拾捌日示

陕西行都指挥使司军政掌印署都指挥佥事许文学

由此可见,明代黑河龙首渠的修建,为官方主导,民间力量只起辅助作用,显示了官方与民间良性互动的特点。

二、重定水利章程

在清代黑河中游,一直沿袭原有水利章程或"渠规"。

大满渠疏浚,是在明嘉靖年间。据《重刊甘镇志》记载,仁寿渠在城东四十里,嘉靖二十八年(1549)巡抚都御史杨博、分巡副使石永"始疏是渠"。①《甘州府志》云:"仁寿渠,城东南,灌田四十四顷六十亩有奇。明嘉靖年,杨博、副使石永

①[清]杨春茂著,张志纯等校点:《重刊甘镇志》,兰州:甘肃文化出版社,1996年,第73页。

以仁寿驿堡迤西荒地一十七顷可开,疏渠垦田,给赡本驿军即此,后益增广。”[①]

早在清乾隆年间,就有水利碑刻。据《甘州府志》记载,乾隆五年(1740),“知张掖县李廷桂置义学。赡田百十有三亩。……由选贡雍正八年(1730)来县知事,有能声。其田在永利渠,有记在学宫,署门立碑定水利。”[②]这虽属学田碑,但却明确了“立碑定水利”的事实,即确定了一百一十三亩学田的灌溉水权,故可视为水利碑。

黑河之大满渠水利,据《重刊甘镇志》记载:“大满渠,城南三十里。分闸三十有二,灌田八百四十九顷七十一亩。”[③]《甘州府志》云:“大满渠,城南,计上下二号,分二十一闸,灌田二百七十六顷七十亩有奇。”[④]可见,清代分闸与灌田亩数较明代都有所缩减。

光绪三十一年1905年《水规碑》为断案碑。因张掖县属大满渠下九号王怀卿等控告“白占侯等背案抗官,霸水槁苗”,甘州府张掖县断案后,给发“印照”,并刻石立碑,晓谕百姓遵守。兹录碑例2:

例2 甘州区 清光绪 水规碑(1905)[⑤]

光绪三十一年六月十九日奉

督宪批,据张掖县属大满渠下九号众户王怀卿等上控,白占侯等背案抗官,霸水槁苗等情一案,批饬本府札本……

号立夏前四、后七浇水十一昼夜,小满后浇水七昼夜,共十八昼夜。具结会详。

奉

督宪批据详所断情形,甚属妥协,应准销案。仰即刊立石碑,俾垂久远。其上十

闸及下九号滹漏沙淤之处,务于来春……

①钟赓起纂,张志纯等校点:《甘州府志》,兰州:甘肃文化出版社,1995年,第217页。

②钟赓起纂,张志纯等校点:《甘州府志》,兰州:甘肃文化出版社,1995年,第217页。

③钟赓起纂,张志纯等校点:《甘州府志》,兰州:甘肃文化出版社,1995年,第72页。

④钟赓起纂,张志纯等校点:《甘州府志》,兰州:甘肃文化出版社,1995年,第217页。

⑤吴景山编著:《张掖金石录校释》,兰州:甘肃文化出版社,2021年,第260页。

夺缴等因,奉此□查道光十三年,前府金印照开乾隆五十一年左科农耆□一举

禀称,酌议得上号河北正闸五……

搭配使水,内议上号为均闸正闸,安闸木宽一尺九寸,旁有土沟一道,安闸木宽七寸,利沟一道,安闸木宽一尺二寸,……

旁有土沟一道,安闸木宽一尺。橙草沟一道,安闸木宽一尺。上号什家坝正闸安闸木宽二尺五寸,旁有土沟一道,安闸……

闸木宽一尺八寸。旁有土沟一道,安闸木宽一尺二寸。上号朱家闸正闸,安闸木宽二尺。土沟一道,安闸木宽一尺二寸……

永流不闭。又上号河南近南闸五道内花儿闸内分四闸。蒋家闸、蓝家号、范家闸、东沙号,安闸木宽六尺五寸,依照旧……

闭塞一昼夜,至二三轮不闭闸口,其别号各不得借口相争。上号陆家沟安闸木宽一尺□寸。□家沟安闸木宽一尺七寸……

陈良沟安闸木宽一尺。此四闸水利照依先年成规接使,各不得争,至于接□水利,仍照乾隆十三年旧照,轮流□引……

下循照旧章,不得紊乱等因。又光绪十二年,前府谭印照开查该渠旧章,上下两号搭配使水,自立夏之日……

五闸起放水七昼夜后即长流不闭,惟头轮先将花儿一闸闭一昼夜,以资下号润河,余不为例。次则河北马均闸放……

坝同放十一昼夜仍闭,次则城西闸、朱家闸同放六昼夜半仍闭,按期换轮,周而复始。又马均闸有土沟、利沟各一道,石……

城西闸、朱家闸各有土沟一道,共土利沟七道,二道闭塞,五道流通。下号则工分沟及小四号之土军、草湖、仁寿、永安均……

紊乱等因,各在卷统阅,两照均以乾隆十三年所订旧章,至为公允,奈年久卷残,详细无考,遂致搭配使水缠讼不休。兹奉……

督宪批饬本府县,遵于本年三月初二三日复往亲勘上号河北之石信、什字等闸,饬闸口与渠底齐平,永不准筑坝挖沟,其津……为最……

(此碑现存张掖大佛寺)

由此可见，乾隆十三年(1748)、乾隆五十一年(1786)、光绪十二年(1886)分别颁布水利章程，由案可稽。但事实上，仍是"搭配使水缠讼不休"，故光绪三十一年(1905)张掖县重新断案，并立石刻碑，这是清末张掖水利章程的具体写照。

此碑的最大特点，在于规定了各分水闸口的尺寸，"内议上号为均闸正闸，安闸木宽一尺九寸，旁有土沟一道，安闸木宽七寸，利沟一道，安闸木宽一尺二寸"等等，这种不同渠道闸口尺寸的确定，有利于确定单位时间内的水流量，亦可称之为"水量水权"，以区别于通常的"时间水权"。

三、规范水权交易

明清时期，张掖土地交易与水权交易合二为一，可称之为"地水合一"，也就是说如果没有灌溉水权，土地就没有价值，水权是土地价值的根本体现。在方志中关于水权交易的记载较少，清康熙五十二年(1713)的《北武当山置买田地碑》为我们提供了一个认识水权交易的新视角。

新见康熙五十二年《北武当山置买香火地碑记》，记载了康熙三十七年(1698)至四十二年(1703)，北武当山神殿修筑过程。至康熙四十九年(1710)，信□迪兰、马文选等"置买靖安堡东面"土地，作为香火地，在契约中标明土地数量、四至、缴纳官粮、附属树株、承租者租粮分成等内容，立碑时间为康熙五十二年(1713)。兹录碑例3：

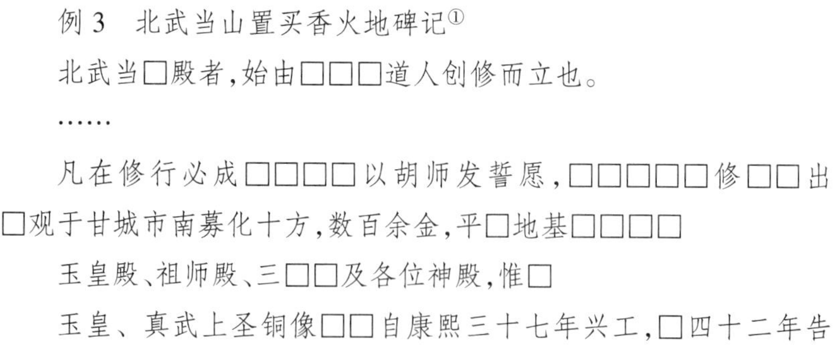
例3　北武当山置买香火地碑记①

北武当□殿者，始由□□□道人创修而立也。

……

凡在修行必成□□□□以胡师发誓愿，□□□□□修□□出□观于甘城市南募化十方，数百余金，平□地基□□□□

玉皇殿、祖师殿、三□□及各位神殿，惟□

玉皇、真武上圣铜像□□自康熙三十七年兴工，□四十二年告

①吴景山编著：《张掖金石录校释》，兰州：甘肃文化出版社，2021年，第129页。

竣。善工甫毕,胡师羽化而登仙,是山尚无□□□□□□

庙宇焚修香灯奉□□□适有硕彰闫子名□□□者，目击庙宇冷落,诚恐年久敝坏,首唱发心,捐资□二十□□善

信□迪兰、马文选等□□□□贡□□者□□人等□□□□□□置买靖安堡东面□沙□□□□沟间姚□□四十□□

五十六亩。纳户姚□□粮二石六斗,窦广□□二斗五合并草。其□,东至官路西,南至秦进禄地,北至□水沟地□

枣树四十株,共价□□□□□两七钱。酒席□□之费俱在外。康熙四十九年十二月内□□永作香火□□□□□

□之人耕种其地,□□草,租种者承纳外□□租□二斗,每年□□□□□□十一石二斗。凡与事众人□□每年□

老君、玉皇殿两处□□□道人□□租粮四石□□斗。/上帝庙奉香火道人□□租粮三石三斗

三官庙常住两处□□□道人分给租粮□斗□为香□□□□□□□□□□□□□□□□□□香亦照其□

给焚修者守务□□□殿官道人每日焚香□□□□力□诚鸣□□□□□□□□□□□□□□□□□□□保民安,物□□

有游食怠惰不□□者,遂而逐出,勿负当年□师立庙之苦心□□□□□□□□□□□□□□□也。

……

时大清康熙五十二年岁在癸巳秋八月□□日立。/行都司儒学廪膳生□□□撰。

此碑今存甘州区北武当山救苦殿前。

由此可见,康熙年间,张掖土地交易使用契约,并且把契约内容刻石立碑,晓谕民众,以防土地被人侵夺。

如果我们把同时期契约作以比较的话，可看到康熙时期土地交易契约使用的普遍性。兹录例 4:

例4　康熙四十五年(1706)杨化楷等绝退田地粮草文字①

立绝退田地粮草文字杨化楷、杨明觉、杨永泰等因为无力耕种，今将南山顺德堡下坝渠山地半分、西坡地壹坝、李连沟地壹坝、小庄儿东边地贰坝，殃沟地西面地多半坝，水半分；骆驼城地在内，上纳杨玉宝粮壹石四斗八升捌合三勺并草，杨梅粮柒斗四升壹合六勺并草，共纳粮贰石贰斗贰升玖合玖勺，草贰拾贰束贰分九厘九毫，因户内人散潜逊肃地，恐失边储，凭中说合，两家情愿立约，推退黑泉堡民向云、向雷名下，永远认过入册耕种，当中言定，杨化楷等出备帮补价银肆两五钱，以被山地丰歉之资，自立契之后，田地听凭向云管业，再不与杨姓相干，今欲有凭，立此绝退合同永远为照。

康熙四拾伍年正月二十二日立退田地粮草　杨明觉(画押)杨化楷(画押)杨永泰(画押)

中人 赵顺乡(画押)李良轩(画押)马特宇(画押)赵名乡(画押)杨时芳(画押)

由上可见，两份契约可以互相印证，当时契约使用的普遍性。至乾隆、嘉庆、道光年间，在黑河流域之高台仍然普遍使用契约，可见这些契约是对康熙时期契约制度的继承。同黑河流域一样，清代石羊河流域也同样使用契约，规范水权交易。如康熙四十六年(1707)王家栋、王良栋、王朝栋“绝卖庄田房屋永远契”，康熙六十一年(1722)周文学、周文举“绝卖庄田房屋永远契”中，都有水权交易的内容，②可见在康熙时期河西走廊水权交易具有普遍性。只有通过这种比较，才能更好地理解《北武当山置买香火地碑记》的价值。

四、水神信仰

邓小南指出：“祭祀活动的目的之一是请神灵作为聚合人心的中介，而祭

①康熙四十五年(1706)“杨化楷等绝退田地粮草文字”，原件藏甘肃高台县档案馆藏。

②谢继忠、罗将、毛雨辰：《清代以来河西走廊水权交易初探——民间文书与明清以来甘肃社会经济研究之三》，《河西学院学报》2022年第1期。

祀也就成为‘人’与‘人’对话的别种组织方式，成为人世间交涉管理的途径之一。就这一意义而言，这构成了一种‘人—神—人’的水资源管理模式。”[①]祭祀水神主要有两种情形，一是修建水神庙时，举行祭祀仪式。二是大旱之年，举行祭祀仪式，祈求水神降雨，以护佑百姓。修建水神庙，由民间主导；而祭祀水神，则由官方主导，官民共同参与。

明清时期，张掖的水神信仰，重要表现为祭祀水神和水神庙的修建。水神庙有两类，一类是龙王庙，一类是水神祠。

1. 祭祀水神

明代祭祀水神，主要有两次祭黑河龙王活动，分别为嘉靖二十六年（1547）、嘉靖二十七年（1548），皆有钦差巡抚甘肃等处地方都察院右佥都御史杨博等官员主导，兹录碑例 5、碑例 6：

例 5　上殿门之右[②]

嘉靖二十六年，钦差巡抚甘肃等处地方都察院右佥都御史杨博等，“以羊豕庶品，敢昭告于黑河龙王之神曰：此渠湮废余八十年矣，一旦疏通，重享乐利，是岂人谋所能与哉？实神矜念我民阴隲默相之故，显贶休烈，敢不有谢也。伏惟尚飨！”

整敕甘山道等处兵粮屯田监理马政分巡甘山道升授布政使司参政以升御留原任加五级傅跸漯

例 6　上殿门之左[③]

嘉靖二十七年，钦差巡抚甘肃等处地方都察院右佥都御史杨博等，“以羊豕庶品，敢昭告于黑河龙王之神曰：渠工告造成，允维神贶，

①邓小南：《追求用水秩序的努力——从前近代洪洞的水资源管理看“民间”与“官方”》，行龙、杨年群主编《区域社会史比较研究》，北京：社会科学出版社，2006 年，第 20 页。

②张景平等主编：《河西走廊水利文献类编 黑河卷（一）》，北京：科学出版社、龙门书局，2020 年，第 156 页。

③张景平等主编：《河西走廊水利文献类编 黑河卷（一）》，北京：科学出版社、龙门书局，2020 年，第 156 页。

> 蚤已率属陈谢，不敢重摛繁词，仰尘清听。即日孔良佥谋，导水入渠，聿兴农事。渠名木龙，恐非神化无方之义，敢用更为龙首。屯兵获视，以永神休（庥），惟神其默右之俾，勿坏尚飨！”

这两次祭龙王活动应为嘉靖二十五年（1546）、嘉靖二十六年（1547）修筑龙首渠之后的祭祀活动。一般而言，在大兴水利工程之后，举行祭祀龙王仪式，以表达对水神的酬谢、感恩，同时也是水利秩序的重要内容。

清代乾隆二十四年（1759）张掖县知县王廷赞主持了一次祭祀黑河水神活动，兹录碑例 7：

> 例 7　上龙王庙大门左边①
>
> 乾隆二十四年，祭官张掖县知县王廷赞，谨以香楮清刚峰柔毛鹿馐之仪，敢昭告于本郡黑河之神位前曰：维神体大好生，育兹亿兆，有求必应，无感不灵，实张掖衣食之源，乃万姓生活之主，禴祀须自朝廷，庙貌沿奕叶。但庙宇湫隘、飘零荒落，廷赞目击之下，实为歉仄。爰率士民重为新葺，月凡五阅，厥功告成，睹万民之乐趋，知神应之，如高瞻屋宇之崇宏，识灵爽之必要，牲拴载陈，用仲侑赤。伏愿自今以往，雨旸时若，河水允犹，神功弥暨于无穷，洪庥永流于奕禩。廷赞为万民祈福，非敢为一己冒希载笔悚，临简疑熠。谨告！

乾隆二十二年（1757）王廷赞任张掖令。乾隆二十四年（1759），撰《重建黑河龙王庙碑记》，七月为龙王庙香火地颁发“执照”。这次祭祀活动，是在龙王庙落成之后举行的。

上述祭祀活动，旨在祷告水神龙王，感恩水神赐水护佑百姓。其中也表明，兴修水利工程、祭祀水神，皆为地方官职责。地方官主导祭祀，实际上是在水利秩序构建过程国家权威的体现，可以说，国家权威远远大于社会的权威。

---

①张景平等主编：《河西走廊水利文献类编 黑河卷（一）》，北京：科学出版社、龙门书局，2020 年，第 156 页。

2. 修建水神庙

水神庙是水神居所，水神庙与水神祭祀密切相关，都是水神信仰表现形式。修建水神庙，不仅是水神信仰的重要内容，而且也是构建水利秩序的重要内容。

在方志中记载的龙王庙碑刻，主要有8通，即《修上龙王庙碑记》《重修中龙王庙合祀碑记》《重建黑河龙王庙碑记》《下龙王庙祈雪碑》《下龙王庙祈雨碑》《建五坝龙王庙记》《建大马营河龙王庙记》《重修镇夷龙王庙碑》。方志未著录的水神庙碑记有2通，即雍正元年(1723)《重修上龙王庙碑记》、嘉庆二年(1797)《河神祠记碑》，兹录碑例8、碑例9：

例8　重修上龙王庙碑记①

观察公三韩傅君甘郡十二载，政成民和，比年丰稔。辛丑岁以时偶夏旱，祷于龙首堡黑河之龙王庙，遂得甘雨，河水盛发，溉田若干顷，居民赖以全活。明年，仍捐俸金，重修其庙。既成，而堡人属记于予，予辞之不得，乃为记曰：

昔闻先王之制祀典也，凡有功于民者，皆得祀于其土，世世不废。况兹庙祷则辄雨，其泽洪，其应速，则其祀之也故宜然。古人有言，鬼神非人，使亲惟德是依。倘莅是土者，烦刑苛敛以重困乎斯民，而徒曰黍稷馨香，神必贶我，其岂然乎？矧甘于《禹贡》之流沙，于汉张掖郡，去京师万里，壤多沙漠，土号瘠硗，非中州膏腴之田可此(比)。傅君之莅是土也，仁心仁政皆足使人歌咏弗衰；而其尤难者，当兹西域有事之时，军务倥偬、拮据不遑，犹能殚精竭虑、劳心民瘼，不忍斯民之转于沟壑而流徒(徙)他乡也。特为躬亲虔祷，俾甘霖立霈，悉庆更生，且出金五百，董工兴役，揆时庀徒，以畚以筑，以绳以削，门墙是(竣)、栋宇是营，不督不期，政者踊跃。始仲春而落成三月之既望，规模宏厂、景象庄严，丽弗及奢，崇弗及僭，民不劳力不伤财，而使久圮之庙貌一

①张景平等主编:《河西走廊水利文献类编 黑河卷(一)》,北京:科学出版社、龙门书局,2020年,第156页。

旦焕然改观，岂非大有造于是土者乎？盖傅君之肃纪振纲，兴利除弊，赫然动人者，岂独慰堡人之思于一时，而为之称其美哉！亦将使荒暇僻绝之境，至于后世足迹之所罕及而闻其名、览其胜者，莫不低徊俯仰。想傅君之丰功伟烈，至于逾远而弥新，是可谓与人同其善者也。故予乐得书之，以传其事于不朽云昔。

雍正元年岁次癸卯仲夏谷旦

内阁后补中书辛卯科举人门生杨维桢顿首拜撰

例 8 在《甘州府志》中未见著录。该碑是在康熙六十年(1721)在黑河龙首堡龙王庙祈雨之后，有民间士人杨维桢和赐进士陕西甘州右卫千总兼理屯田事加一级高谦等于雍正元年(1723)刻立。

例 9　高台县 清嘉庆 河神祠记碑(1797)[①]

河神祠记碑

黑河由南天山来，而弱水……

合黎者是也。走……

□□□□而上

……

□□□□□□岘山……

河并寿，□赞其成者……

吏部候铨儒……

赐进士第署甘肃镇夷营游击事……

署甘肃平川堡守备……

署甘肃镇夷营中军……

嘉庆二年岁次丁巳秋

(碑阴)

双树堡署把总景……

---

①吴景山编著：《张掖金石录校释》，兰州：甘肃文化出版社，2021 年，第 158 页。

□□堡把总李□□、景……

□□堡署把总石……

毛目县署把总牛……

高台县……

……闫……龙……

……农约曾三……

……

（此碑现倒卧于高台县罗城镇天城村西北约一公里山上烽火台前的河神祠遗址旁。）

此碑刻于嘉庆二年(1797)，为官方所立，在《甘州府志》《新纂高台县志》中未见著录，为新见碑刻，它的发现，说明在黑河中游河神祠实为水神词，其功能与龙王庙相同，它们共同构成了水神祭祀系统。

综上所述，明清时期黑河中游张掖水利社会秩序构建，主要包括新修水利工程、重定水利章程、规范水权交易、祭祀水神与修建水神庙等内容。

明清时期黑河中游张掖水利社会的构建，具有以下几个特点：

一是时间跨度大。碑刻表明，最早修建山丹河白石岸渠是在明弘治十三年(1500)，最晚为清光绪三十一年(1905)的《水规碑》，时间跨度达400余年。在400年间，黑河中游张掖水利秩序基本稳定，但其间也有遭破坏的时期。一般而言，重建水利秩序有两种情况，一种是遭到破坏，无法正常运行时，不得不重建；另一种是处理“水案”，断案后重建。不论哪种情况，都会立碑刻石，以晓谕百姓，并期百姓永久遵守。

二是国家在水利社会构建中居主导地位。刻石立碑，反映了国家在水利管理中的权威，这是河西走廊内陆干旱区水利管理的共同特点。“水案”由官方裁断，水碑由官方参与刊刻。社会力量在水利管理中从属于国家力量。另一方面，从龙王庙的修建、水神祭祀活动等都有地方官主导，也可见国家在水利管理中的权威。

三是新见碑刻可补方志资料之缺。例2《水规碑》可补清代张掖“水案”之缺，对研究水利章程亦具有重要意义。例3《北武当山置买田地碑》可补水权交易碑之缺,与存世同一时期水权交易契约相互参照,可进一步解读水权交易体系的形成与发展。例9《河神祠记碑》可补清代张掖水神祭祀与水神庙修建之缺,对解读水神信仰亦具有重要意义。

四是水利社会秩序出现“建立——破坏——重建”的循环特点,其中稳定的时间占大多数,破坏的时期会相对短暂一些。之所以出现这种情形,主要是水资源短缺,人口超载,开垦耕地超过了水资源的承载量,“地多水少”;再加之豪强霸水、官府疏于治理、法纪松弛等,故水利秩序易于遭到破坏。在发生“水案”后,官府重新断案,并将断案结果刻石立碑,才能重建水利秩序,使水利秩序趋于稳定。

这种情形,同河西走廊石羊河流域水利社会有许多相似之处,[①]对此尚需做进一步的比较研究。

①谢继忠:《明清时期石羊河下游镇番水利秩序的构建》,《祁连山下的历史沉思——谢继忠史学论文自选集》,兰州:甘肃文化出版社,2019年,第83—92页。

敦煌永安寺僧人借粮纠纷案审理研究

陈大为 马聚英
（上海师范大学历史系）

敦煌文献保存了几件僧尼诉讼案卷文书，这些文书是记录晚唐五代敦煌司法制度的重要载体。P.3223《勘寻永安寺法律愿庆与老宿绍建相诤根由状》是目前所见相对完整的敦煌僧人民事诉讼案卷之一，反映了唐后期五代宋初敦煌僧人民事诉讼案件的审理过程，为我们研究中古时期敦煌司法运行的实际状况提供了珍贵史料。故本文拟以P.3223号永安寺僧人争讼案卷为依据，参考传世文献以及敦煌吐鲁番出土的其他诉讼案卷材料，对归义军时期敦煌僧尼民事诉讼审理情况进行探讨。

一、案件的审理程序

P.3223《勘寻永安寺法律愿庆与老宿绍建相诤根由状》文书首尾残缺，现存24行。此件文书最早由唐耕耦、陆宏基先生全面录文，命名为《永安寺法律愿庆与老宿绍建相诤根由责勘状》[①]，王震亚、赵荧先生《敦煌残卷争讼文牒集释》亦有录文并加注释[②]，文书名同前。其后，业师郝春文教授《〈勘寻永安寺法律愿庆与老宿绍建相诤根由状〉及相关问题考》对此文书进行了专门研究，将其定名为《勘寻永安寺法律愿庆与老宿绍建相诤根由状》。作者除了录文，还对

①唐耕耦、陆宏基：《敦煌社会经济文献真迹释录》第2辑，北京：全国图书馆文献缩微复制中心，1990年，第310页。

②王震亚、赵荧：《敦煌残卷争讼文牒集释》，兰州：甘肃人民出版社，1993年，第47—50页。

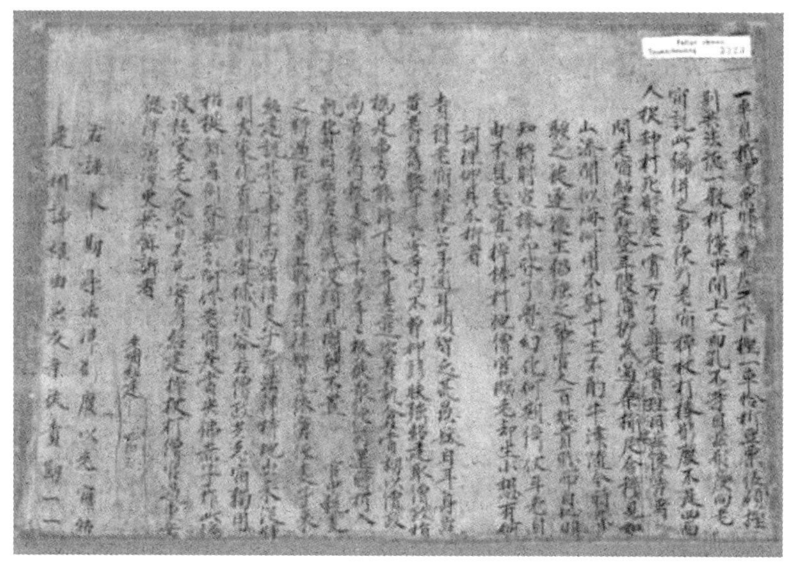

图 1　P.3223《勘寻永安寺法律愿庆与老宿绍建相诤根由状》(图片来源:IDP)

文书中涉及的敦煌寺院仓库的管理机构、管理人员以及僧人借贷现象等进行了较为详细的考察①。我们参考以上诸氏录文并对照文书图版(见图 1)将该文书重新加以释录,希望提供一个尽可能完善的释读文本②。

(前缺)

一车见折麦粟肆硕。愿庆赤(亦)下柽一车,恰折豆粟伍硕,柽
则共法德一般。折傥(偿)中间,上人面孔不等。因兹愿庆向老
宿说此偏并之事,便乃老宿掉杖打棒愿庆。不是四面
人捉却,打死愿庆,一赏万了。并是实理,因兹陈告者。
法律愿庆　中指节
问老宿绍建:既登年侵蒲柳,岁逼桑榆,足合积见如

①郝春文:《〈勘寻永安寺法律愿庆与老宿绍建相诤根由状〉及相关问题考》《戒幢佛学》第二卷,长沙:岳麓书社,2002 年,第 79—84 页。

②上海古籍出版社、法国国家图书馆编:《法藏敦煌西域文献》第 22 卷,上海:上海古籍出版社,2002 年,第 199 页。

7　山，添闻似海。何用不斟寸土，不酌牛津。随今时昏
8　騃之徒，逐后生狷强之辈。官人百姓，贵贱而息。明
9　知将肘宣棒，而皆了觉幻化。何期倚仗年老，由（犹）
10　自不息忿嗔，掉棒打他僧官，临老却生小想。有何
11　词理，仰具分析者
12　责得老宿绍建□云：年逾耳顺，智乏荒愚，发白年尊，齿
13　黄耆旧。数年永安寺内，不曾押弱扶强。绍建取僧政指
14　扮，是事方能行下，今年差遣次着执仓。当初以（与）僧政
15　商量，仓内谷麦渐渐不多。年年被徒众便将，还时折入
16　干货。因兹仓库减没，顿见圝转不丰。　　官中税麦
17　之时，过在仓司身上。昨有法律智光依仓便麦子来，
18　绍建说其上事，不与法律麦子。邓法律特地出来：没时
19　则大家化觅，有则寄（借）贷，须容若僧政共老宿独用，
20　招提余者，例皆无分；阿你老宿是当尖（今）佛赤子，作此偏
21　波（颇）。抵突老人，死当不免，实乃绍建掉杖打僧官。过重丘山
22　僭深沧海，更无余诉者。　　　　老宿绍建　　中指节
23　右谨奉勘寻法律愿庆以（与）老宿绍
24　建相诤根由，兼及寺徒责勘。——

（后缺）

此件文书年代缺失，文书中出现的僧人“绍建”和“智光”又见于10世纪初的S.2614背《沙州诸寺僧尼名簿》、918年的S.474背《戊寅年三月十三日行像司算会分付绍建等斛斗数》、937年的P.2250《儭状》等文书中。结合以上文书所载两人僧职的变化，可知文书的年代应在P.2250文书之后[①]，即属曹氏归义军时期。就文书性质而言，P.3223是一份永安寺僧人民事诉讼案卷材料，由文书第23—24行“右谨奉勘寻法律愿庆以（与）老宿绍建相诤根由，兼及寺徒责

①郝春文：《P.3223〈勘寻永安寺法律愿庆与老宿绍建相诤根由状〉及相关问题考》，《郝春文敦煌学论集》，上海：上海古籍出版社，2010年，第89页。

勘”可知，此件残存部分是整个案件卷宗材料的一部分，即主持审理官员关于案情的调查报告，故郝师将其拟名为《勘寻永安寺法律愿庆与老宿绍建相诤根由状》是正确的。以下从四个方面分析本次永安寺僧人借粮纠纷案的审理程序。

（一）提起诉讼

晚唐五代时期，敦煌官府在受理诉讼案件时遵循“不告不理”的司法原则，诉讼的开始须由诉讼当事人（即原告）向官府提供诉状。诉状既是推动诉讼程序的基本法律文件，也是案件审理的重要依据，“凡有犯，皆据其本状以正刑名”①。《唐律疏议·断狱律》规定：“诸鞫狱者，皆须依所告状鞫之。若于本状之外，别求他罪者，以故入人罪论。”②《疏议》对此解释为，审判官员都必须依原告的本状审问，如在举告的原状之外另加推问，另外审出应判笞刑、杖刑、徒刑、流刑和死刑罪名的，按故意判人有罪或罪重之类的罪同样处罚。假如因所告罪状，或者应进行秘密袭捕搜查，因此查出别项犯罪的，也得审问。其中如身居统辖监督职位之官，对自己辖下部属在已被告发的罪状之外，还知道有别的犯罪的，就必须以官方文书另作纠举查办，不得就原来的告发而擅自审问新的犯罪。如果不是位居监临之司的官吏，也不能在已有的举告状之外另外纠举审问别的犯罪。可见，据状诉讼是唐代法司审理各类案件的必备要件，凡是审讯必须要有状，法官根据告状的内容进行审理，不得审理告状之外的行为。起诉人以书面形式起诉，如有不能自书者，可请主典之吏代为书写。开元七年（719）《狱官令》载：

> 诸告言人罪，非谋叛以上者，皆令三审。应觉辞牒官司并具晓示虚得反坐之状。每审皆别日受辞。若使人在路，不得留特别日受辞者，听当日三审，官人于审后判记，审讫，然后付司。若事有切害者，不在此例。切害，谓杀人、贼盗、逃亡，若强奸良人及有急速之类。不解书

①［唐］李林甫等撰，陈仲夫点校：《唐六典》卷18，北京：中华书局，2014年，第503页。

②［唐］长孙无忌等撰，刘俊文点校：《唐律疏议》卷29《断狱·依告状鞫狱》，北京：法律出版社，1999年，第596—597页。

者，典为书之。[①]

普通百姓除了让主典代为书写起诉书，也可雇请专门帮人写作诉状的人代写。P.3223文书所载永安寺僧人借粮纠纷案，虽为民事诉讼案件，但僧人愿庆上状提起诉讼仍是本案审理程序中的第一个环节，不过遗憾的是，由于案卷材料残缺，愿庆递交的诉状并未保留下来。

（二）立案受理

提起诉讼是司法程序的首要环节，但当事人递交诉状后，并不是所有的诉状都会被法司立案受理。唐代诉讼的立案方式按照诉讼途径的不同可分为两类，一类是法司主动干预直接立案处理的，主要有当事人主动投案、官府纠举等情况，另一类是先由案件当事人向官府呈递诉状提起诉讼，达到法司的受理要求后方能立案审理，此类案件法司遵循的是“不告不理”原则。[②]如若勘定发现起诉情况不实，则法司不但不受理，提起诉讼人还要承担相关责任。从敦煌吐鲁番文书保存的诉讼案卷材料来看，法司立案的标志是长官在诉状上的受案批示，如文书中常见的“付某某，某示”或“付司，某示”字样，长官的此类批示相当于获得立案证明。

由于P.3223号文书内容残缺，此次案件受理审判官的批示并未保留下来。庆幸的是，敦煌文献中保留了诸多唐宋时期的敦煌争讼文书，特别是有相当一部分寺院僧尼争讼文书[③]，据此可知吐蕃至归义军时期受理这些案件的审判长官的变化情况。

吐蕃占领敦煌后，统治者在敦煌建立了完整的僧官体系。随着佛教势力的发展，敦煌僧官的地位不断增强，权力也越来越大，其中僧官拥有一定的司法审判权是吐蕃统治时期敦煌司法制度的一个显著特点。州一级僧官和重要僧

①天一阁博物馆、中国社会科学院历史研究所天圣令整理课题组校证：《唐开元狱官令复原清本》第35条，《天一阁藏明钞本天圣令校证》（下册），北京：中华书局，2006年，第646页。

②陈玺：《唐代诉讼制度研究》，北京：商务印书馆，2012年，第28—29页。

③如P.t.1079《比丘邦静根诉状》、P.3730《寅年正月尼惠性牒》、S.528《三界寺僧智德状》、P.4810《普光寺比丘尼常精进状》、P.3730《寅年九月式叉尼真济等牒并洪辩判词》、P.3730《寅年八月沙弥尼法相牒并洪辩判词》、S.542背（2）《普光寺尼坚意请处分尼光显状》、S.9227《永安寺僧绍进上表》等。

人可以与节儿、都督等世俗官员一起审理寺院僧尼纠纷案件。如 P.t.1079《比丘邦静根诉状》是一起关于奴仆归属问题的纠纷案件，参与此案判决审理的人员有僧统、沙州节儿总管、财务官和亲教师。这里的僧统和亲教师即为吐蕃沙州都僧统和副僧统[①]。P.3730《寅年正月尼惠性牒》载尼惠性的外甥贺阇梨死后将部分遗物留给儭司，请儭司为其操办丧事，但儭司将贺阇梨安葬后并未举办法事活动。因此惠性便向教授洪辩递交诉状，详述缘由。洪辩了解后命儭司按照贺阇梨遗嘱办理。P.4810《普光寺比丘尼常精进状》是一件寺院经济纠纷诉状，普光寺比丘尼常精进因参与法事活动未领得儭利便上状僧官进行申诉。又 P.3730《寅年九月式叉尼真济等牒并洪辩判词》与此件性质相似，大乘寺尼真济参加了宗教活动，但在分配儭利时却被儭司漏掉了名字，于是上状申诉。教授洪辩接到诉状后，令儭司调查核实后再支给。

归义军时期，司法与行政合一，敦煌地区的最高司法权由最高行政长官节度使掌管，节度使负责受理案件，下达判词。统治者在大力崇信、扶持佛教的同时，也采取一系列措施制约、干涉佛教僧团事务。表现为僧人的民事纠纷也要由归义军节度使裁决。如 S.528《三界寺僧智德状》记载了三界寺僧人智德因财产纠纷递交诉状给归义军节度使，这是归义军政权受理民事纠纷的典型案件。又如 S.9227《永安寺僧绍进上表》，永安寺僧人绍进因寺内房舍纠纷向归义军节度使上表，证明节度使对僧人的房舍等不动产纠纷也有裁决权。

通常来说，诉状上长官的批示内容，有的是命令下级官员对案情展开进一步调查，有的则要求尽快将被告缉拿到案。下面以法制文书 P.3257《后晋开运二年(945)敦煌寡妇阿龙诉讼案卷》为例，加以印证说明[②]。P.3257 号文书完整记录了归义军时期敦煌官府审理民事诉讼案件的过程，整个案件，先由寡妇阿龙向归义军官府呈诉状提起诉讼。阿龙在诉状中叙述了其子索义成的口分地

---

①陆离：《敦煌的吐蕃时代》，兰州：甘肃教育出版社，2013 年，第 156 页。

②唐耕耦、陆宏基：《敦煌社会经济文献真迹释录》第 2 辑，第 295 页。关于 P.3257 号文书，已有不少学者进行过系统研究，比较有代表性的成果有：李正宇：《敦煌遗书一宗后晋时期敦煌民事诉讼档案》，《敦煌研究》2003 年第 2 期；陈永胜：《〈后晋开运二年(945)寡妇阿龙地产诉讼案〉若干法律问题析论》，《兰州大学学报(社会科学版)》2003 年第 2 期；刘进宝：《敦煌文书〈后晋开运二年寡妇阿龙牒〉考释》，《敦煌研究》2016 年第 3 期等。

被索佛奴占据的过程,请求节度使曹元忠将索佛奴已占用十余年的22亩口分地产判还与她,以接济性命。曹元忠接到诉状后予以批示,即将此案交给官员都押衙王文通勘问审理。王文通就案件调查取证,在审问当事人索怀义、索佛奴和寡妇阿龙后,将阿龙的诉状、勘问三人的口供报告及阿龙提交的佃种契约一并上交至归义军节度使曹元忠,最后由曹元忠对案件作出最终的判决批示。很显然,受理本案以及最终下达判词的是节度使曹元忠,而主持审理的官员是都押衙王文通,他行使了主典之职。虽然此件是归义军节度使处理敦煌世俗百姓民事诉讼案件的文书,但鉴于敦煌僧尼世俗化程度较高,在流程上与处理敦煌僧尼争讼案件应无太大差别。

综上,虽然由于案卷材料残缺,本次永安寺僧人借粮纠纷案的审判长官阙载,但结合敦煌其他争讼文书,从案件审理程序上可推出,受理此案的长官是曹氏归义军节度使,节度使批示后交由其下属官员勘问调查案情,最后再由节度使根据案情的调查情况直接作出判决。

(三)调查取证

本案原告愿庆递交的诉状经审判官批示后,官府正式立案,之后案件交由其下属官员,即撰写本案问案记录的经办官员,前去调查传讯取证,查明案情。P.3223文书残存部分即案件经办官员关于本次永安寺僧人纠纷情况的调查报告,是诉讼审理环节中调查取证过程的实录。

P.3223文书第1至5行是当事人愿庆的陈述笔录,可拟名为《起诉人法律愿庆口辞笔录》。这部分内容虽然残缺不全,但仍可得知愿庆上诉的原因。愿庆本想和法德一样用柽向寺院折抵粮食,却遭到了老宿绍建的拒绝,由此愿庆因不满绍建对人有偏向而遭到其杖打,若非旁人拦着,险些被打死。第6至11行为案件经办官员的讯问语。依文书所示,官员依据原告诉状责问被告绍建,要求其对愿庆所诉绍建拒绝借粮的控告进行说明。“有何词理,仰具分析者”为庭审时官员要求堂前下跪的被告仰首陈述之习语。第12至22行是当事人绍建的口供,可拟名为《被告人老宿绍建口辞笔录》。据绍建所述,他作为仓库的负责人,不借粮食是由于徒众之前频繁向寺院借贷斛斗,这导致了寺院的粮食不多,运转困难。因此法律智光想从仓库借麦子时,绍建才予以拒绝。后邓法律(愿庆)替智光抱不平,认为寺院财物不能只供僧正和绍建独用,应该全寺僧人共用,而且还辱骂了绍建,绍建这才杖打愿庆。除了案件当事人外,该案承办官员还询问了永安寺其他僧人。这部分僧人应是此次纠纷案件的见证者,知悉事件始末,他们就案件情况所作的陈述是审理案件不可缺少的言证,可以证明或补充案件当事人的陈述,还原案件事实。

在经办官员的讯问调查之下,本次永安寺僧人借粮纠纷案的起因和过程一目了然,同时该调查报告也将当时原被告双方接受讯问的情景较为真实地呈现了出来。虽然敦煌文献中也保存了一批寺院僧尼争讼材料,但从这些诉讼案卷的内容来看,文书多以原告递交的诉状为主,这类文书对纠纷的起因和过程记录较详,少部分诉状后面还附有审判官的判词。而像P.3223号文书这种案件经办官员整理的案情调查勘问报告是极为少见的。

(四)判决结案

判决结案是本案审理程序的最后一个环节。该案承办官员调查完案情后,将所撰写的调查报告上交给审判长官,由其作出最后判决,案件即结案。不过由于记载本次纠纷的案卷材料残缺,受理审判官的判词并未保留下来,因此该案的最终判决结果不明。从本案审理过程中的判决这一环节来看,晚唐五代敦煌地区僧尼民事诉讼案件的处理过程,既有与中原地区相同者,也有其自身的特色,以下试从诉讼审级和连署审判制度两个方面进行说明。

1. 诉状不是向某机构申诉,而是直接上诉至敦煌最高长官节度使

逐级上诉是唐代诉讼制度的基本原则,各类民事案件的诉事人如欲启动诉讼程序,均需先向县司呈递诉状陈诉,如果冤屈未得审理,则可自下而上逐级向上申诉,由此形成基于当事人告诉申冤的纵向逐级申诉制度①。《唐六典》对唐代的诉讼审级制度有系统总结:

> 凡有冤滞不申欲诉理者,先由本司、本贯;或路远而踬碍者,随近官司断决之。即不伏,当请给不理状,至尚书省,左、右丞为申详之。又不伏,复给不理状,经三司陈诉。又不伏者,上表。受表者又不达,听挝登闻鼓。若惸、独、老、幼不能自申者,乃立肺石之下。②

①陈玺:《唐代诉讼制度研究》,北京:商务印书馆,2012年,第135页。

②[唐]李林甫等撰,陈仲夫点校:《唐六典》卷6,第192页。

“本司”意为负责管辖本案的官司,“本贯”有两层含义,一为诉讼当事人的户籍所在地,二指案发地的官府。由上可知,唐代民、刑案件先由基层审判机构县司受理,原告若对判决结果不服,可依次申诉至州(府)、尚书省(左右丞)、三司。若经过这些环节冤滞仍未审理,则可通过挝登闻鼓、立肺石等方式直诉至皇帝。此外,唐代《狱官令》对各级法司部门受理案件的管辖权也有明确规定:“诸有犯罪者,皆从所发州县推而断之。在京诸司,则徒以上送大理,杖以下当司断之。若金吾纠获,亦送大理。”[①]即州县负责审理其管辖地内发生的犯罪案件,而大理寺受理的是京城地区徒刑以上的案件。

为防止诉事人越级起诉或上诉,《唐律疏议·斗讼律》规定:“诸越诉及受者,各笞四十。若应合为受,推抑而不受者笞五十。三条加一等,十条杖九十。”[②]《疏议》说,凡各种辞牒诉状,都是从下级官府开始。从下级到上级,在《公式令》上有明文规定。呈诉应该先经过县一级官府后依次至州、府直到尚书省,若有越级上诉及受理的官员,各应处笞刑打四十小板。如果官府不受理,则越级呈诉的人没有罪。对于法令规定应受理的属不越诉的案件,官府应予以受理审判。如果推诿、压制不予受理则处笞刑打五十小板。“三条加一等”,是说凡不受理有四件事的,处杖刑打六十大板,不受理有十件事的,罪到处杖九十大板为止。倘若越过州级官府呈诉,接受诉状的官员已批交县级官府审理判决罪刑的,不予判罪。请求官府发给批准文状上诉,不给予文状上诉的,判以违反法令规定,处笞刑打五十小板。由此可见,诉事人所启动的辞状诉讼是有严格的程序的,诉状必须是经县而州,由州到尚书省,如此逐级上诉,如诉事人越级起诉或上诉,将追究当事人的法律责任。换言之,一纸诉状不经过县级机构的转达是不能直接到州长官面前的。

然而,在永安寺本次借粮纠纷案中,诉事人递交的诉状并未经过县,其上诉对象直接是敦煌地区的最高长官归义军节度使,由节度使负责审理判决此案。其实,从敦煌保存的晚唐五代诉讼案卷材料来看,此案并不是孤例。如前揭

---

①(日)仁井田陞著,池田温编集代表:《唐令拾遗补·狱官令第三十》,东京:东京大学出版会,1997年,第1423页。

②[唐]长孙无忌等撰,刘俊文点校:《唐律疏议》卷24《斗讼·越诉》,第482页。

敦煌所出法制文书P.3257《后晋开运二年(945)敦煌寡妇阿龙诉讼案卷》,该案诉事人寡妇阿龙并未向县上诉,而是直接上诉至归义军府衙,请求归义军节度使曹元忠个人处分,"伏乞司徒阿郎仁慈祥照,特赐孤寡老身,念见苦累。伏听公凭裁判处分。"[①]又前引S.528《三界寺僧智德状》中三界寺僧智德因家里的财产纠纷,上状请求归义军节度使给予裁夺,"伏乞令公阿郎念见□承边镇百姓些些,分坏毛时,亦要诤论,缠裹难有。"[②]

以上案卷材料反映的这种上诉程序不免引人深思。究其原因,这一现象与晚唐五代敦煌特殊的政治格局有关。晚唐五代宋初,敦煌地区处于归义军管辖之下,敦煌全部的地方政务都被节度使直接领导下的军政系统控制,原来的州县行政体系已经被打破[③]。因此,原先那种诉状通过州县行政机构之间级级上达申理的逐级上诉制度瓦解,代之而起和所见较多的是节度使下级官员、世俗百姓或僧尼等直接向节度使或府衙长官申诉。这种情况下,诉事人所呈递的诉状,也就有了"通上"或直达的意义。同时,诉事人不是向某机构申诉,而是在诉状中明确请求官员个人处分,这也意味着在行政上,下级也只对长官而不是上级行政机构负责了。

2. 审判主体减少,审判程序简易化

唐前期实行"四等官"连署审判制度,即中央、地方各级审判机关的审判官员分为长官、通判官、判官和主典四个等级[④]。长官、通判官、判官为官,主典为吏,这四个等级的官是同职官,他们在案件审判过程中各司其职,共同在文书上批示意见和签名,同时这四者又互相牵掣制约,承担连带责任[⑤]。

从具体的审理程式来看,主典官主要负责经办文书、检核等工作,其在检请诉状文书后将整理好的案卷移交给判官,判官依据主典检状继续调查案情并拟定判决,后将判决结果依次呈报通判官和长官审核、批示。案件最后还需

①刘进宝:《敦煌文书〈后晋开运二年寡妇阿龙牒〉考释》,《敦煌研究》2016年第3期,第60页。

②郝春文编著:《英藏敦煌社会历史文献释录》第3卷,北京:社会科学文献出版社,2003年,第34页。

③吴丽娱:《从敦煌吐鲁番文书看唐代地方机构行用的状》,《中华文史论丛》2010年第2期。

④陈玺:《唐代诉讼制度研究》,北京:商务印书馆,2012年,第94页。

⑤童光政:《唐宋"四等官"审判制度初探》,《法学研究》2001年第1期。

勾检官稽查勾讫，如果没有勾检官的勾检，则整个案件的判决无效。敦煌吐鲁番出土的大量争讼文书向我们展示了唐代“四等官”审判制度的大致流程。如敦煌文献保存的 P.3899《唐玄宗开元十四年(726)二月至四月沙州敦煌县判追马社钱案卷》[①]，该案从受理到判决完全符合“四等官”连判连署的流程。又如吐鲁番出 73TAM509《开元廿一年(733)正月——二月西州都督府勘问蒋化明失过所事案卷残卷》[②]，案卷记载了当事人蒋化明失过所一案的审理过程，该案先经主典官检案，后由户曹拟判，再依次交给通判官、长官批示，最后是勾检官覆核，经过这一系列的审理步骤，蒋化明最终获得行牒。“四等官”连署审判制度主要存在于唐前期，中唐以后，由于这一审判制度的手续较为烦琐，特别是在行政效率方面，通判官一环使文案运作手续繁杂，责任不明，互相牵制，这在唐代前期一切以律令格式为原则的旧制度下尚可应付，却无法适应唐后期新的政治、经济、军事形势[③]。因此，唐中期以后，在诉讼程序简明高效的要求下，“四等官”连署判案自身也在不断发生着变化，突出表现为通判一环从诉讼审判程序中消失，案件处理逐渐形成主典检请、判官拟断、长官判定的基本程序[④]。

然而，相比于长官、主典、判官三者连署的审判过程，从敦煌保存的晚唐五代诉讼案卷材料来看，敦煌地区诉讼案件的审判主体在此基础上进一步减少，案件处理过程更加简明高效。本次永安寺僧人借粮纠纷案便是例证，整个案件的审判官员只有两位，即归义军节度使和负责勘问调查的官员。P.3257《后晋开运二年(945)敦煌寡妇阿龙诉讼案卷》所载寡妇阿龙地产纠纷案亦为我们全面认识归义军时期的审判环节提供了佐证，从中可以看出，整个案件的审理过程只有归义军节度使和都押衙两位审判官员参与，从而极大提高了案件的审理效率。

唐后期五代宋初，敦煌归义军之所以形成这种极具自身特色的审判程序，除了与诉讼程序简明高效的要求、归义军节度使加强集权有关以外，还应与唐

①唐耕耦、陆宏基:《敦煌社会经济文献真迹释录》第 4 辑，北京:全国图书馆文献缩微复制中心，1990 年，第 432 页。

②刘俊文:《敦煌吐鲁番唐代法制文书考释》，北京:中华书局，1989 年，第 552—555 页。

③黄正建:《中晚唐社会与政治研究》，北京:中国社会科学出版社，2006 年，第 41 页。

④陈玺:《唐代诉讼制度研究》，北京:商务印书馆，2012 年，第 111 页。

宋之际敦煌地区官制变革导致的行政运作方式改变有关。作为晚唐的一个地方藩镇,归义军在职官制度上大体依照唐代藩镇而建,自节度使以下分设文、武两班僚属。《新唐书·百官志》记:“节度使、副大使知节度事、行军司马、副使、判官、支使、掌书记、推官、巡官、衙推各一人,同节度副使十人,馆驿巡官四人,府院法直官、要籍、逐要、亲事各一人,随军四人。”[①]这是节度使文职僚属的组成,武职军将则有都押衙(押衙)、都知兵马使(兵马使)、都虞侯(虞侯)、都教练使(教练使)等官职[②]。但是,由于归义军地处瓜沙一隅,遥距中原,加之晚唐中央政府无力西顾,使其具有很强的独立性,表现之一即为官制方面的灵活多变,呈现出鲜明的地域特征,极具敦煌地区特色。

晚唐五代宋初,敦煌官制具有明显的阶官化倾向,这一变化在军将方面体现得尤为明显。晚唐时期是一个藩镇林立的动荡年代,武人擅权跋扈,文吏卑贱轻微,军将在整个藩镇历史上占有举足轻重的地位,归义军政权中亦是如此。晚唐五代时期,归义军节度使重用押衙、都头等亲信军将,为了加强节度使对内外权力的集权控制,这些军将不但统兵带将,而且还可以兼职他官,活跃在使府衙内与地方州县军镇的各个机构中,权势极大。如押衙起初是藩镇幕府中一个重要的实职军将,并不带兼职,入掌衙内事务,出则统兵作战。但发展到后期,由于押衙是节度使的亲信军将,为加强对藩镇内外实权的控制,节度使常常派遣押衙兼任使府内外与地方上的其他官职,或为高级军将,或为显职衙吏,或者外镇一方[③]。如上揭归义军官府审理寡妇阿龙地产纠纷案,该案最先由节度使曹元忠受理批示,后交由官员左马步都押衙王文通勘问调查,这便是都押衙兼职使府衙吏的例子,说明归义军时押衙一职可以兼职文吏,已不再是纯军将意义了。

唐宋交替之际敦煌官制的这种阶官化倾向改变了唐代官吏的构成体系,

---

①[北宋]欧阳修、宋祁撰:《新唐书》卷49下《百官志》,北京:中华书局,1975年,第1309页。

②冯培红:《晚唐五代宋初归义军武职军将研究》,郑炳林主编《敦煌归义军史专题研究》,兰州:兰州大学出版社,1997年,第97页。

③参考冯培红:《晚唐五代宋初归义军武职军将研究》,郑炳林主编《敦煌归义军史专题研究》,兰州:兰州大学出版社,第99—109、166页;赵贞:《归义军押衙兼知他官略考》,《敦煌研究》2001年第2期,第89—95页。

是对原有官制的一种冲击,新的行政运作方式由此形成。就诉讼案件的审理程序而言,由于押衙等官可兼职文吏,其实际差职便是它所兼职的使府衙吏的官职,这无疑使一部分衙吏官员被取而代之。故节度使受理案件后,便可直接交由押衙等官调查案情。加之归义军时期,节度使权力极大且着力加强对内外的控制,因此审理主体便进一步减少,审理程序也更加简易。

由此可见,P.3223 文书记载了永安寺僧人本次借粮纠纷案的缘由,调查过程中的讯问和答辩这两个环节基本得到呈现。虽然由于案卷材料缺失,本案完整的处理过程存在残缺的遗憾,但借助敦煌保留的其他诉讼材料,庶几可将审理过程复原。概言之,此案所展示的诉讼审理程序大致包括四个环节,即诉讼人提起诉讼、官府立案受理、官员调查取证和审判官判决结案,这为我们认识晚唐五代敦煌地区的诉讼审理程序提供了鲜活的例证,唐代诉讼程序之运行情况亦可由此窥其一斑。

二、审理案件的手段

P.3223《勘寻永安寺法律愿庆与老宿绍建相诤根由状》是一份永安寺僧人民事诉讼案卷资料,展现了归义军时期案件经办官员调查审理案件的全过程。我们依据文书内容,主要从官员讯问和当事人指节画押两方面分析该案的调查过程,以期对了解归义军时期僧尼诉讼案件的调查方式以及归义军司法体系中的证据制度有所裨益。

(一)审判官讯问

从 P.3223 号文书所载永安寺僧人纠纷案的讯问记录来看,该案承办官员在审理案件时的处理调查手段类似于现代审理民事案件的取证方式,即主要通过讯问当事人来调查取证,查明案情。作为法司审理判决案件的主要依据,证据是唐代司法程序中至关重要的组成部分。唐代证据制度比较完备,口供、书证、物证、证人证言、勘验笔录等证据类型多样。其中,通过讯问获得的当事人的陈述口供是民事诉讼中重要的证据材料,也是民事诉讼活动中审判官定罪量刑的基本依据。作为案件的亲历者,诉讼中原被告双方最了解纠纷事实,也清楚与事实相关的证据,因此原告的控诉和被告的申辩最为接近案件事实本身,这是司法官重视通过讯问获得当事人口供的动机之一。

P.3223号文书所存永安寺僧人争讼案卷虽不完整，但仍相对详细地记录了当时官员勘问的情况，以及原被告双方的陈述情况。除了案件当事人外，该案承办官员还询问了永安寺其他僧人。这部分僧人应是此次纠纷案件的见证者，知悉事件始末，他们就案件情况所作的陈述是审理案件不可缺少的言证，可以证明或补充原被告双方的陈述，还原案件事实。唐代法司在审理案件时非常重视当事人的陈述，但由于原被告双方的利益与案件审判结果休戚相关，因而案件审理过程中当事人为了达到各自的目的，其陈述可能存在违背案件事实的情况。基于此，为了弄清事实真相，审判官要灵活运用多种审判技巧，在综合分析当事人口供的基础上，找出案件的突破口，查明案情[①]。从P.3223号文书的记载可以看出，当事人愿庆和绍建关于此次纠纷事件起因的叙述并不一致，甚至可以说是大相径庭，这就需要审判官在综合当事人口供、相关僧人陈述等各方面情况的基础上辨别真伪，查明案情。遗憾的是，由于文书后面残缺，审判官的判决结果我们不得而知。

在永安寺僧人的本次争讼案件中，当事人愿庆的控告和绍建的申辩是推动案件程序发展和最终解决纠纷的基本途径。案件承办官员运用讯问这种调查取证的方式，通过勘问原被告双方、调查了解案情的相关僧人，对此次纠纷案件的起因和过程有了详细的了解，案件当事人及证人的口供也因此成为官员查明事实真相的主要依据。

（二）当事人指节画押

在本次永安寺僧人争讼事件的调查审理过程中，案件承办官员除了通过讯问获得当事人愿庆和绍建的口供外，在他们二人陈述完毕后还都要在案卷上签字画押。签字画押是诉讼案件审理过程中必不可少的步骤，亦是唐代证据体系中至关重要的一环。

P.3223号文书第5行“法律愿庆中指节”（见图2），第22行“老宿绍建中指节”（见图3），在这两行文字上面各画有两人中指的轮廓和指节，这是唐宋时期敦煌流行的一种画押方式，即指节印。指节印是古代一种较为独特的留凭证方法，指把自己的手指平放在文书上，沿着手指的外围，按男画左手中指节，女

①陈玺：《唐代诉讼制度研究》，北京：商务印书馆，2012年，第117页。

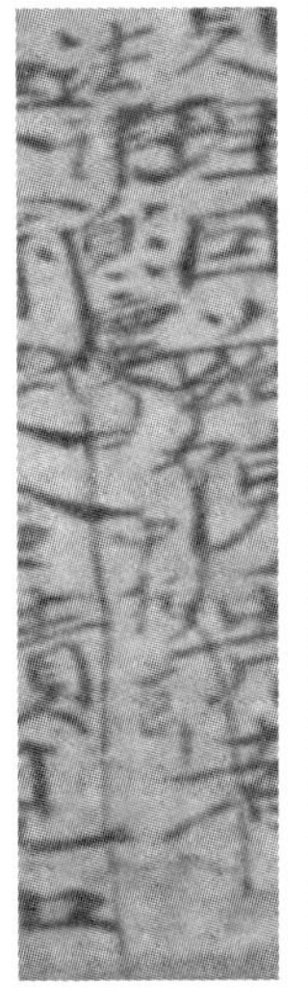

图2 法律愿庆中指节

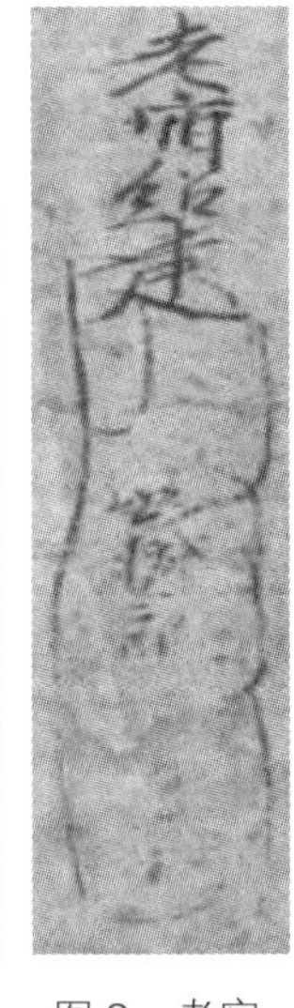

图3 老宿绍建中指节

画右手中指节的规定画出各指节的长短，由此可代替本人签字画押，用作日后验证。画指的习俗在唐代十分流行，敦煌吐鲁番所出唐代官府诉讼文书中，原告、被告和证人等陈述完毕后都要在案卷上“画指为记”，如吐鲁番文书73TAM509:8/1(a)、8/2(a)《唐宝应元年(762)六月康失芬行车伤人案卷》，案件当事人金儿、想子和康失芬名下都画有指印①；又66TAM61:24 (a)、23(a)、27/1(a)、2(a)、22(a)《麟德二年(665)五月高昌县勘问张玄逸失盗事案卷残卷》，原告和被告译语人名字下面均画有指印②。此外，诸多买卖契约文书中的交易双方、保人等也在契约上画指以为信验，如S.5820+S.5826《未年(803)尼明相卖牛契》中麦主、牛主和保人的名字旁都画有指节印③，P.2686《巳年(825年或837年)普光寺人户李和和便麦契》第一件保人名旁亦画有指节印④。

敦煌文献中关于指节印的画法按照繁、简、略可依次分为三种⑤：一是画出中指的轮廓，男为左手，女为右手，同时勾勒出中指各节位置，P.3223号争讼文书中愿庆和绍建陈述完毕后所画的指节印即属于这种，图案十分逼真；二是比量标画男左女右中指长短及各节位置，如P.3379《后周显德五年(958)阴保山等团保牒》中具名者有四十五名男性，每人名下都量画其左手中指节(见图4)，

①国家文物局古文献研究室等编:《吐鲁番出土文书》第9册，北京：文物出版社，1990年，第128—134页。

②刘俊文:《敦煌吐鲁番唐代法制文书考释》，北京:中华书局，1989年，第530—536页。

③中国社会科学院历史研究所等编:《英藏敦煌文献》第9卷，成都:四川人民出版社，1994年，第165、169页。录文见唐耕耦、陆宏基:《敦煌社会经济文献真迹释录》第2辑，北京:全国图书馆文献缩微复制中心，1990年，第33页。

④上海古籍出版社、法国国家图书馆编:《法藏敦煌西域文献》第17卷，上海:上海古籍出版社，2001年，第245页。录文见唐耕耦、陆宏基:《敦煌社会经济文献真迹释录》第2辑，北京:全国图书馆文献缩微复制中心，1990年，第96页。

⑤参李正宇:《敦煌遗书一宗后晋时期敦煌民事诉讼档案》,《敦煌研究》2003年第2期。

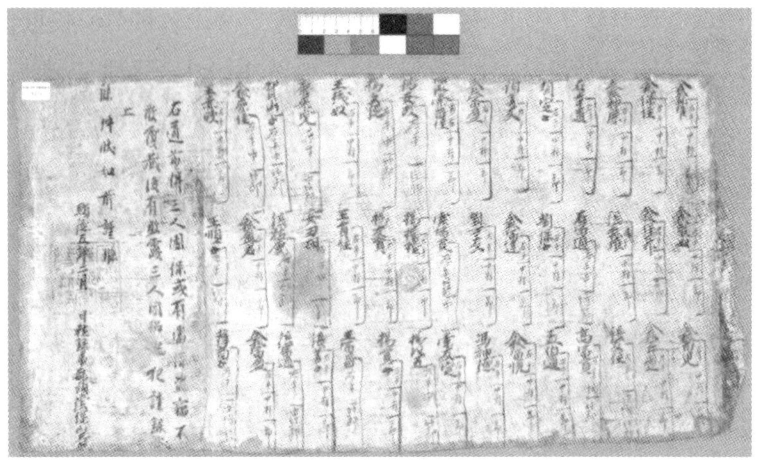

图 4　P.3379《后周显德五年(958)阴保山等团保牒》

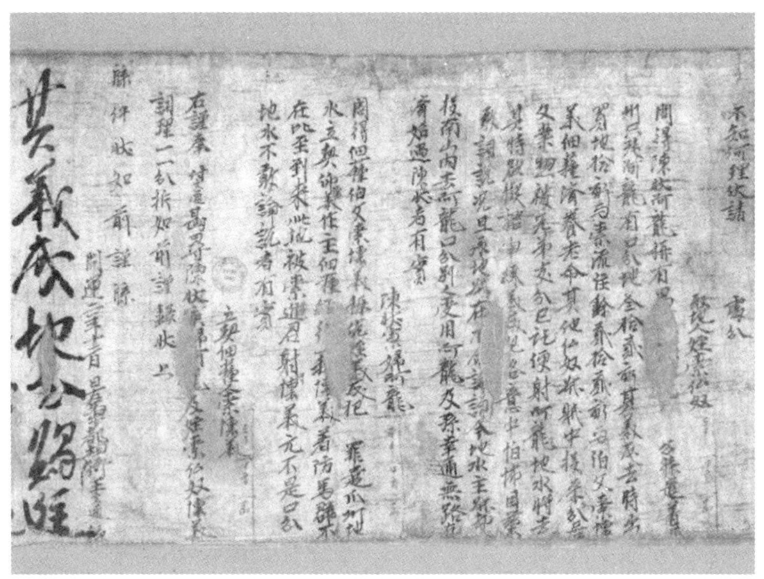

图 5　P.3257《后晋开运二年(945)敦煌寡妇阿龙诉讼案卷》

又如 P.3257《后晋开运二年(945)敦煌寡妇阿龙诉讼案卷》，本案中三位当事人索佛奴、寡妇阿龙和索怀义陈述完毕后分别画有左手中指节、右手中指节和左手中指节(见图 5)，此外像 S.2835《阴国政卖地契》、S.2199《咸通六年(865)尼灵惠唯(遗)书》、S.1285《后唐清泰三年(936)杨忽律哺卖宅舍契》等文书中的指节印都属于此种画法;三是最简略的一种画法,即不画出中指的全部长度,仅用点标记出男左手女右手中指各节的位置,呈现距离不等的三个点,形作“ミミミ”,如大谷文书 3836 背《圣历二年(699)敦煌县平康乡里正汜素等检校营田牒》所载诸检校人押记。敦煌文献中保存的诸多指节印,以实物为证,让我们得以窥见其全貌,弥补了传世文献阙载的不足。

P.3223 号文书所载争讼案中,当事人愿庆和绍建在他们的口供后面都以指节印的方式画押,向我们呈现了诉讼案件审理的过程,对我们了解唐代司法制度中的证据体系亦大有裨益。

三、小结

通过以上我们对敦煌永安寺僧人诉讼审理过程的论述,可以看出 P.3223 文书所记永安寺僧人借粮纠纷案的审理程序大致包括四个环节,即诉讼人提起诉讼、官府立案受理、官员调查取证和审判官判决结案。直到今天,法院处理诉讼案件仍遵循这一程序。该案承办官员在调查案情时的处理调查手段类似于现代审理民事案件的取证方式,即主要通过讯问当事人来调查取证,查明案情。此案中除了有当事人的陈述,每位当事人陈述完毕后都有签字画押以保证其所述的真实性,构成了相对完整的证据体系。总而言之,P.3223 号永安寺僧人民事诉讼案卷为我们研究唐五代敦煌地区的法律文化,了解敦煌僧尼法律生活的真实情况提供了珍贵资料。

新时代丝绸之路文化遗产保护可持续发展策略研究

李　玮
（南京市文化遗产保护研究所）

一、序言

文化遗产作为一个民族留存下来的宝贵的物质和精神财富，是一个民族屹立于世界之林的“根”与“魂”，发挥着凝心聚力、培育人才和展示国家形象的特殊作用，是一个民族文明程度和文化自信的重要体现。而长期以来，受经济发展与社会发展等因素的制约，我们对文化遗产的重要价值认识还不够充分，对于文化遗产保护发展的方式与策略还不够丰富，在一定程度上也限制了文化遗产在更大范围更为广泛地传播可能。如何让沉睡的文化遗产更好地“活”起来，还有很多工作需要进一步深化和加强。

二、新时代文化遗产保护利用的现实意义

作为拥有5000多年历史的文明古国，我国文物数量位居世界前列、文化遗产规模庞大。据统计，我国现有不可移动文物76.7万处、国有可移动文物1.08亿件/套，以及难以估量的民间文物藏品，是名副其实的文化遗产资源大国。正因为如此，我国文化遗产保护工作面临着巨大压力与挑战，如何进一步树牢“人人保护”才能“人人共享”的发展理念，让文化遗产保护与时代共进，把历史文化与现代生活融为一体，是当前迫切需要解决的时代课题。

因此，对于文化遗产的保护、研究、利用和传承，特别是如何让现代经济发展融合于历史文化城乡的保护、让优秀的历史文化以鲜活的方式融入现实生

活，且赋能美好生活，探索更为有效的保护与发展途径，在当代具有十分重要的理论意义与实践意义。

（一）理论意义

文物和文化遗产是历史的见证更是历史的延续，虽然我们当今的生活已发生了地覆天翻的变化，社会越是发展，人们对文化遗产的保护意识也越发强烈。而文化遗产具有原创性和不可再生性，有着极高的历史、艺术和科学价值。因此我们要在保护文化遗产的同时，力争将美好生活建设的理念融入其中，这样才能丰富文化遗产保护与发展的理论内涵，为保护与发展具体实践提供理论指导。不仅如此，要保护好文化遗产，还必须将民族文化遗产原生态地保存在所属区域环境之中，使物质文化遗产“凝固住”，同时要让非物质文化遗产“活起来”，这样不但能守住它们的“筋、骨、肉”，还能传承它们的“精、气、神”。

（二）实践意义

中国城市化加速进程的发展过程短、建设强度大，文化遗产保护一方面遇到了极大的机遇，另一方面却存在着巨大的风险。特别是大部分文化遗产是处于城乡环境之中，其保护与发展本身就是一项复杂的工程。日益加剧的“商业化”“人工化”和“城镇化”，严重影响了文化遗产的原生环境。目前我们对于文化遗产保护规划工作仍处于积极探索阶段，在保护与发展的实践过程中难免会出现与经济建设之间的差异。因此，妥善处理好经济建设与文化遗产保护与发展之间的差异性，适时地将经济建设与历史村落保护与发展结合起来，将有利于传统文化与现代理念的接轨；利用现代方式来传承传统的精髓，激活并拓展其功能价值和生命力，切实推动保护与发展的良性循环，在当下具有十分重要的实践意义。

三、新时代丝绸之路文化遗产保护利用的实质内涵

新时代丝绸之路文化遗产保护利用研究目标：

一是唤起新背景下对文化遗产保护的重视。正视文化遗产“年久失修破坏、建设性破坏、开发性破坏、旅游性破坏”等问题。

二是探索新时代文化遗产保护与发展的可行性措施。将美丽中国建设与文化遗产保护发展统一起来，找到“美”与“古”之间的平衡。

三是在坚守文化遗产“保护底线”前提下，完善城乡区域经济社会发展规划标准。

四是文化遗产保护要全民动员，让更多人分享文化遗产蕴含的丰富价值，增强民众对文化遗产保护的意识。加大兴业富民的力度，保证保护资金的有效落实。

四、新时代丝绸之路文化遗产保护利用的实现路径

文化遗产都有其丰富的文化内涵，都需要找到它、挖掘它、利用它，把它发扬光大。对于遗产而言，减缓衰亡、使其价值得到社会认可的有效手段就是对其进行利用。首先，遗产保护的目的是为实现其可持续的发展，即遗产存在于历史中的过去，保留在我们活着的当下，并能够通过我们有效的保护手段，实现其在未来还能够较长时间存在并被世人所认知这种存在。其次实现文化遗产保护，帮助其实现可持续发展的方法是进行有效、合理、适当的利用。我们称利用为“再利用”。“再”的意义在于曾经使用、利用过，现在进行的是二次定义，是对遗产重新进行审视，寻找到现在适合的利用方式，使其原有机能得到满足，将其转化成将来的新活力，如同重新延续生命的行为，也被称作适应性再利用。

（一）丝绸之路概述

“丝绸之路”一词最早来自德国地理学家费迪南·冯·李希霍芬 1877 年出版的《中国》，有时也简称为“丝路”。是指西汉（公元前 202 年—8 年）时，由张骞出使西域开辟的以长安（今西安）为起点，经甘肃、新疆，到中亚、西亚，并联结地中海各国的陆上通道（这条道路也被称为“西北丝绸之路”以区别日后另外两条冠以“丝绸之路”名称的交通路线）。因为由这条路西运的货物中以丝绸制品的影响最大，故得此名。

虽然丝绸之路是沿线各国共同促进经贸发展的产物，但上至王公贵族，下至乞丐狱犯，都在这条路上留下了自己的足迹。这条东西通路，经过几个世纪的不断努力，将中原、西域与阿拉伯等地区紧密联系在一起，逐渐成为我国长城南北地区及东西方经济、文化交流的友谊之路。

(二)丝绸之路文化遗产概况

丝绸之路的文化遗产,包括物质文化遗产和非物质文化遗产。物质文化遗产是指具有历史、艺术和科学价值的历史文物、建筑和人类文化遗址。丝绸之路的物质文化遗产,种类繁多、内容丰富,如古城址、古建筑、石窟寺、碑雕、碑画、窟洞、器物等。丝绸之路中的甘肃段堪称黄金段,世界三大宗教都在这里留下了历史痕迹,其中石窟寺是佛教及佛教艺术中国化的实物标本。除此以外其被称作历史文化的活化石、民族记忆的非物质文化遗产也非常丰富,如民间传说、语言习俗、文艺礼仪、烹调餐饮、传统医药等,其中还包括花儿、唢呐艺术等民间音乐。丝绸之路文化遗产是多种文明、多元文化交流融合的物质见证,不但具有物质上的真实性和完整性,又具有深刻的精神信仰意义。

(三)丝绸之路文化遗产的保护策略

文化遗产的保护、管理和监测是文化遗产保护与可持续发展的核心问题。对文化遗产实施有效的保护、管理和监测的关键是对文化遗产价值的正确认识,文化遗产价值的内涵已经超出了我们通常认为的科学价值、历史价值和艺术价值, 长期以来我们所忽视的文化遗产的社会价值在社会发展进程中发挥着越来越重要的作用,甚至会影响到整个社会的精神面貌。要善于活化利用文化遗产的价值转化,给予良好的环境配套,实现文旅融合长远发展,让历史文化遗迹与现代生活空间有机融合,让子孙后代依然可以从历史文化中感受到作为中国人的自信与自豪。

当然开展这样的研究路径,首先要本着尊重历史、尊重自然、尊重群众的原则。丝绸之路文化遗产是祖先的杰作,是历史的宝贵财富。只有把有效保护放在第一位,才能保持丝绸之路文化遗产资源的可持续发展。

1. 区域保护与整体保护相结合并制定实施整体性保护规划。丝绸之路具有涉及范围广、时空跨度大的特点。保护丝绸之路的文化遗产,既是丝路各地区的重要使命,也是多区域多民族多文化相互碰撞、相互融合的有机的整体,是一个范围庞大的文化复合体。因此,区域保护与整体保护相结合,既有利于促进各国、地区性的文化遗产保护,更有利于促进丝绸之路文化遗产的整体保护。

2. 建立跨区域合作保护机制并联合申报世界文化遗产。丝绸之路的文化遗产,虽然在空间上跨越地区界域,在现实的行政区划中分属不同的省、市和部门,但是作为多区域多种文化交流的产物,它并不单单属于某个区域或部门,而是属于全体沿线的各个区域。因此,沿线文化区域都有义务保护好丝绸之路在当地的文化遗产。同时还要建立不同单位就文化遗产保护的合作保护、跨区域合作和多级合作交流保护机制。特别是在"申遗"竞争日趋激烈的环境下,以"丝路"为纽带,将"丝路的文化遗产"作为一个整体,联合申报世界文化遗产。使其遗产价值得到极大提升,而且联合申报的创新模式也将产生巨大的影响力,对获得优先申报权和提高申报成功率都具有十分重要的意义。

3. 建立丝路文化遗产专项保护基金,为文化遗产保护提供资金保障。丝绸之路的文化遗产,数量较大、种类繁多、内容丰富、涵盖面广,若要使其得到有效保护,建立丝路文化遗产专项保护资金是尤为重要。因此,要在政府主导下,完善相应的行政、法律和经济机制,逐步引入市场机制,充分发挥政府和市场的双重优势,调动社会各方积极性,建立丝绸之路文化遗产专项保护资金,切实做好文化遗产的保护和管理工作。

(四)丝绸之路文旅融合发展的路径探索

丝绸之路文旅融合发展的路径首先是要不断释放和丰富城市活力,包括经济活力、文化活力、环境活力、社会活力等方面。其中,文化方面的活力其实主要体现在观念交流,社会方面的活力主要体现在通过社会治理来推动信息的交流,促进人与自然和谐共处。而历史文化遗产正是塑造这些内在活力最为有效的因素之一。将丝绸之路历史文化遗产资源串点成线、形成基于它自身具体的和历史的动态发展和功能演变,而使身处其中的人们通过与物质和非物质遗产持续不断地交流,产生在时间和空间上相互滋养,从而能够起到吸引聚集、促进交流、激发创新,带动历史遗产与城市活力的互动,提升城市活力的作用。

其次是根据丝路文化遗产本身的价值及空间特质确定其不同的活化利用模式。其主要活化利用的模式,一是博物馆开发模式:博物馆模式的再利用十分普遍、常用。博物馆是以"征集、保护、传播、研究"职能为核心的传统公益性机构,其展示空间环境不但是弘扬其优秀历史、艺术价值、文化价值的重要场所,也应成为文化展览、文化休闲、文化旅游、文化创意产业发展链中的重要一环。要充分借鉴国际遗产保护与文化传承理念,通过公共博物馆、民间博物馆、数字博物馆等多种形式的开发,从单一的遗产保护、博物馆文化宣传功能、向文旅产业融合的方向发展,使丝路文化遗产由内容性的价值体逐步成为拥有审美、艺术、商业价值性的综合体,从而形成文化遗产保护与经济文化相融合可持续发展的道路。二是文化主题公园开发模式:创建文化主题公园,在具体建设过程中,要充分挖掘丝路文化遗产内涵,将丝绸之路的文化特点汇集在一起,注重“新”“旧”结合,最大限度地活化原貌古韵。通过挖掘文化、恢复习俗,传承“传统魂”;通过建设改造、创新经营,接轨“现代骨”。彰显“自然衣+传统魂+现代骨”的建设模式。使人们更好地观赏和感受丝绸之路的文化景观和文化习俗。三是借助“大咖”名人效应与发挥特色餐饮开发的带动作用。丝绸之路的文化遗产是历史文化与文明的结晶,也是可供开发利用的重要旅游资源和旅游名胜。旅游开发,要以文化遗产为核心,借助“大咖”名人(学术大咖、投资大咖、文艺大咖、经营大咖等)效应引资引智,通过文化活动、主题展览展示,让丝路文化遗产在公众文化生活中“活”起来,让公众在丝路特色文化活动中亲近文化遗产,扩大公众对丝路文化的认知,增强公众对文化遗产保护和传承的认同。同时要搭建民族餐饮平台,以自然、民俗、文化景观和旅游纪念品开发为基础,以特色餐饮作为丝绸之路非物质文化遗产的开发核心,并融合多种多样的民间非物质文化遗产资源,将民风、民俗、民艺汇聚一堂,有效实现丝绸之路非物质文化遗产的传承、更新和开发。

再者要从丝绸之路沿线人民的需求出发,不断发掘文旅融合新业态、新模式、新技术,提升文旅融合的深度和广度,并通过联通、联动,共建、共赢,筑牢丝绸之路文旅融合高质量发展基础。同时在丝绸之路的发展过程中,要创新探索资源的分散和分级方式,适时推动资源和客源的整合,将文化遗产的高附加值产品与旅游的真实体验有机叠加,从而实现中华优秀传统文化的创造性转化和创新性发展。

五、结语

在未来丝绸之路文化遗产保护与开发当中,依旧需要严格规范的制度对开发秩序和开发回报进行约束。同时要在高度重视历史文化保护的基础上,用

"绣花"功夫精心营造符合现代生活的空间环境,既改善了原住居民的人居环境,又保存了自身的历史文化底蕴,让历史文化和现代生活融为了一体,最终促进各方互利共赢,实现经济的长远发展。也会有更多的保护经验成为世界性的范本。

《云冈日记:战争时期的佛教石窟调查》中所见的石窟寺田野调查法及相关认识

康敬亭
（首都师范大学）

1938—1944 年,日本学者水野清一、长广敏雄等带领调查团队对云冈石窟进行了全面、具体的田野调查与记录,收获了大量、丰富的一手资料。日本战败后,二位学者通过对田野调查资料的系统整理与研究,编写成《雲岡石窟:西暦五世紀における中国北部佛教窟院の考古学的調査報告》(该著作中译本《云冈石窟（第一期)》《云冈石窟（第二期)》《云冈石窟（第三期)》已分别于 2014 年、2016 年和 2018 年由科学出版社出版），成为第一部关于云冈石窟的全面系统的调查报告,具有极高的资料价值与研究价值。

此次调查从 1938 年开始,1944 年结束,共持续 7 年(每年 1 次)。水野清一参加了全部 7 次调查,而长广敏雄因受其在日本的《世界文化》编辑部多名同事因违反《治安维持法》而被捕的影响,无法顺利获得日本当局发放的中国出境许可证,因而仅参加了 1939、1941、1942 和 1944 年的 4 次调查。在这 4 次调查过程中,长广敏雄以日记的形式,真实地留存下“在被日军占领的中国北部地带,一个贫寒的村子里搞云冈石窟调查的生活记录”[①],即战后出版的《云冈日记:战争时期的佛教石窟调查》一书(长广敏雄著、王雁卿译:《云冈日记:战争时期的佛教石窟调查》,北京:文物出版社,2009 年;本文内容主要参考自该书)。该书内容翔实,记录生动,为我们还原了当时云冈石窟田野调查的丰富资料与真实画面,具有重要的研究价值。

①(日)长广敏雄著,王雁卿译:《云冈日记:战争时期的佛教石窟调查》(以下简称“日记”),北京:文物出版社,2009 年,第 3 页。

一、调查工作的保障与人员组成

石窟寺田野调查是一项较为复杂的工作,即使在当下环境下,开展石窟寺田野调查既需要获得相应的资金保障,也需要得到石窟所在地政府或文物部门的支持,同时,还需要有相应的技术人员。在当时的战争环境下,日本学者开展的云冈石窟调查之所以能获得巨大成功,与当时调查队获得的调查支持与人员保障有重要关系。

(一)调查队的相关调查保障

1. 军队的许可

1937 年 9 月,日军已全面侵占大同,通过水野清一的努力,调查活动得到日本军司令部的许可,并寻求到日军大同守防部队及其下的特务机关等的保护。

2. 政府的支持

日本军扶植的“晋北自治政府”也对调查队的调查工作给予了重要帮助。

3. 财团的援助

日本管理及运营中国北部铁路的华北交通会社给予了调查队物资、交通等的全面协助。此外,日本人经营的大同煤矿也给予了资金支持。①

(二)调查队的人员构成

调查队是以京都帝国大学(日本投降后易名京都大学)东方文化研究所(人文科学研究所前身)的机构名义展开调查工作的。②队伍由十余名成员组成,最多时,调查人员达 12 人。③水野清一为队长,长广敏雄为其副手。虽然在 7 年的调查中,调查队员因各种原因经常有变化,但核心成员相对比较固定。石窟调查具体包括实地测量、拍摄照片、制作拓片等内容。核心成员中,洞窟实测主要由拥有石窟调查经验的水野清一和长广敏雄负责,照片拍摄自始至终

①日记,第 5—6 页。

②陈悦新:《读水野清一、长广敏雄〈云冈石窟〉》,《文物》2009 年第 1 期,第 87 页。

③(日)冈村秀典著,徐小淑译:《云冈石窟的考古学研究》,成都:四川人民出版社,2021 年,第 29 页。

由东方文化研究所的日本摄影师羽馆易完成，而拓片制作由来自北京的手艺人徐立信完成。此外，因制作造像的实测图，需要精湛的描绘技术，于是调查队还招纳京都市立绘画专科学校毕业的北野正男和高柳重雄参与洞窟测绘；“朝鲜总督府”博物馆的建筑学者米田美代治等也参与了此项调查。[①]因此，此次调查，可看做是多学科联合的实践。

此外，调查队还雇用了数名云冈镇青年团的中国少年及当地村民协助完成调查，他们被称为作业员，当时也叫作苦力。[②]

二、调查工作的内容与方法

日本调查队在云冈石窟的调查主要包括洞窟照片拍摄、洞窟实测及图纸绘制、拓片制作等内容。限于当时的调查条件，调查队员因地制宜，设计采用了一些具体的工作方式，使得最终的调查取得了巨大的成功。

（一）洞窟照片拍摄

云冈石窟多数洞窟都可利用外部射入窟内的光线进行拍摄，但个别洞窟却无法满足这一条件。如第 6 窟前的窟前阁楼遮挡了阳光，加之洞窟内巨大的塔柱又加深了一层阴影，用火炬照明，“只能勉勉强强确认佛像的样子”，难以达到采用相机拍摄的要求。“当时的云冈没有任何的电源，旧式的摄影闪光照明在巨大的石窟内是毫无用处的。幸好最后总结出用镜子来反射太阳光线，给窟内照明的方法”。[③]

具体拍摄方法是，“由两个助手负责操纵大大小小的镜子”，从而将太阳光反射进洞窟内，以满足相机拍照的照明要求。[④]“大大小小的镜子”是从大同市内的理发店买来的。大镜子放置在洞窟外，用以反射太阳光（图 1）；小镜子（也有 50 厘米高）被助手手持，在洞窟内将大镜子反射进入洞窟的阳光折射到需要拍照的造像上。具体做法是：照相助手在石窟外用两手支着镜子，通过石窟明窗（天窗）让太阳光线照进窟内，窟内的助手“拿一面小镜子，再一次将射到

①（日）冈村秀典著，徐小淑译：《云冈石窟的考古学研究》，成都：四川人民出版社，2021 年，第 28 页。

②日记，第 92 页。

③日记，第 6—7 页。

④日记，第 7 页。

图 1 调查队在第 7 窟前庭安置的反射镜[1]

窟内的太阳光线反射到拍照体，适当加强减弱(光线——笔者注)。”

太同地区晴天居多，光照充足，能够满足光源之需。“但太阳时刻在移动着”，窟外支大镜子的助手“稍一马虎，窟内的照射光线便歪向不适当的地方。”[2]洞窟内持镜子的助手“角色很重要”，“虽说在窟内确定了位置，但是偶尔要两脚叉在七八米高的崖壁隙间，两手持镜直直挺立不能动”，[3]充满着一定的危险性。而“摄影师羽馆在脚手架上设置好相机，一边盯着拍照物，一边竭尽全力地探索使光线尽可能恰当地对着拍照物，不时大声地指挥调整光线。”[4]

由于云冈石窟较多洞窟内空间巨大，因而，为满足拍照之需，还需在窟内搭设脚手架[5]，但“一个石窟内只搭一个脚手架不够。但有时，脚手架又成了障碍物，所以，老是拆了又搭，搭了又拆。”[6]调查队所采用的这种摄影术，虽然看似简易，但却较为烦琐。但最终却收获了较为满意的结果。此种方法，使得窟内的光线较好地满足了摄影的需求，取得了较为理想的效果。窟内造像照片在日本被冲洗出来后，调查队员感慨道“大概北魏时代的雕工都没这样欣赏过(因为窟内很暗)”，“以方柱为中心的窟内诸佛，漂亮地显现出来”了。[7]

但有时也不是阳光越充足越好。当太阳光线过于充足时，便会影响到太阳可直射到的雕刻的拍摄上，因而在诸如拍摄第 7、8 窟南壁的造像时，“为了避

①日记，第 7 页。

②日记，第 32 页。

③日记，第 99 页。

④日记，第 32 页。

⑤窟内完成洞窟、造像测量时，同样也需要搭设脚手架。

⑥日记，第 99 页。

⑦日记，第 10 页。

开逆光线,又支起了大草席。”长广敏雄因而感慨道,真是“辛苦多多的摄影”。[①]

此外,调查队还利用日本军方军用飞机拍摄了云冈石窟的航拍照。1939 年 10 月 16 日,搭乘日本军方的“联络机”,水野清一、长广敏雄、摄影师羽馆易等“从飞机上看看云冈石窟概观”。“摄影师羽馆的超大六六相机非常活跃”。[②]这可能是对云冈石窟的第一次航拍。

调查队对云冈石窟的摄影取得了巨大的成功。调查队对云冈石窟的调查因日本战败而中断,但调查期间所拍摄的“近五千张照片已经完全把云冈照片化了,即使坐在研究室看照片也能了解,而且轻而易举。”[③]在日本学者之后对云冈石窟的进一步研究的过程中,这些照片发挥了重要的作用。

(二)“揩身”与洞窟内外的清理

历经千年,云冈石窟窟内佛像身上积存着厚厚的尘土,有“五六厘米厚”[④]。在 1938 年第一次调查时,由于窟内昏暗,没有发现佛像表面的尘土,“没能扫除窟壁,除第 6 窟大龛的释迦像以外,下层的菩萨、佛的形象、天人的照片都有点粗糙。”[⑤]

日本“奈良的东大寺大佛,寺僧们每年都要用手做一件叫作‘揩身’的大清扫佛事。药师寺的三尊药师也是同样。”[⑥]因此,为能拍摄到造像的真实面貌,同时也便于测量工作的开展,因而从 1939 年第二次调查开始,调查队便制定了“至少在脚手架上先对拍照的景物及其四周用扫帚清扫的方针”。但这一工作,为调查带来了不小的麻烦, 由于尘土较厚,“扫下的灰尘像烟雾一样在窟内飘浮,(扬起的灰尘)平息下来”需要一周左右的时间,大大延缓了调查(特别是摄影)的时间。[⑦]

此外,随着云冈石窟的不断荒废,很多洞窟在近代以来便被当地村民作为

①日记,第 81 页。

③日记,第 66—67 页。

③日记,第 140 页。

④日记,第 7 页。

⑤日记,第 61 页。

⑥日记,第 7—8 页。

⑦日记,第 8 页。

居室、牲畜栏或储存杂物之所，村民们也自发修建了很多土墙，以便洞窟被更好地利用。但这些土墙或土堆，不仅破坏了石窟的原貌，同时也为调查带来了诸多的不便。因此，调查队在调查的同时，还清理了洞窟内外的土堆或土墙。如“把第 8 窟前室高 1 米的土堆清除”①，“清除了第 9、10 两窟前室的土堆，发现了连接两窟的北魏甬道”，发现第 9、10 两窟为一对双窟，“打开了原来用土墙堵着的连接第 7、8 两窟拱形天井的甬道”，发现第 7、8 窟也是一对双窟。②

（三）洞窟与造像的测量

调查队对云冈石窟洞窟及主要造像的测量，采用的是考古绘图中的正投影原理，记录洞窟的空间、立面以及局部雕刻内容。正投影原理指平行光线通过目的物上各点垂直投射于平面图上的影像，即为该物的“正投影”，其中的平面称为“投影面”。首先在洞窟中设定十字基线坐标，图纸上亦预先标出十字基线坐标，其次在实测对象上确定若干点，分别测量这些点的坐标值，边测量边按比例换算标绘在图纸上，然后将图纸上的这些点连接起来即可得到实测对象的正投影图形。③调查队的具体测量方法为：

图 2　调查队在 20 窟前搭建的脚手架⑦

第一步：制作脚手架(图 2)。调查队雇来搭脚手架的是一个叫老潘的大同人，④“粗糙的脚手架晃晃荡荡，非常可怕”。⑤但“脚手架是第一位的，之后才有可能观察和调查每个石佛。只单单从地上仰望，连几百分之一也观察不到。”⑥

①日记，第 47 页。

②日记，第 48 页。

③陈悦新：《读水野清一、长广敏雄〈云冈石窟〉》，《文物》2009 年第 1 期，第 88 页。

④日记，第 54 页。

⑤日记，第 64 页。

⑥日记，第 69 页。

⑦日记，第 79 页。

第二步:正投影测绘。首先,利用经纬仪在石窟的地面上用细绳布置成近乎水平的井字形状,这叫基准线,也叫基准平面。然后,对窟壁上较高位置的手探不着的大部分佛龛、佛、菩萨等,用长钓鱼竿改造成测量竿来测量,竿子上系一定长度的细绳和卷尺,细绳的末端系上重的垂球。助手站在脚手架上拿着钓鱼竿,轻轻地把钓鱼竿的垂球尖端点放于所测的地方(例如佛像的鼻端、佛龛的下缘等等),让垂球静止。这样,凭水平的基准平面与静止的垂球(卷尺的长度)之间的关系,记录高度和宽度。此方法虽较为准确,但"实际上操作起来极其困难"[①]。加之大同地区大风天气较多,"风吹得测量用的垂球不住摆动无法工作。"[②]测量将调查队员"常常搞得精疲力竭。一天仅能进行大约五十平方米的立面作业。"[③]加之窟内光线昏暗,所以常常要点上电石灯进行洞窟平、剖面的测绘。

此外,"制作佛像的实测图,必须有高超的画技。因此,从事这项工作的调查员是京都市绘画专科学校日本画科出身的北野正男及同样画科出身的高柳重雄"。[④]由此可见当时调查队调查工作的专业性。

第三步:室内誊图。在洞窟实地测量后,在室内完成"把现场的实测描绘在方格纸上的誊绘工作",即在"肯特纸(英国肯特地区造纸厂生产的一种厚实的绘图纸——笔者注)上誊图。"[⑤]

通过上述烦琐但科学的方法,调查队测绘了云冈石窟大多数石窟,采集了大量准确的洞窟与造像数据,为接下来云冈石窟的深入研究奠定了基础。

(四)造像赋彩调查、拓片制作与窟前遗址的发掘

在常规的照片拍摄与石窟测量的同时, 调查队还对云冈佛像的赋彩进行了相应调查。"一般可以说,佛衣全面涂成朱红色,身体都是白彩。第 11 窟外小窟和第 8 窟残留着北魏时期的赋彩,过艳的补彩是晚些时代的。而且可以断定

①日记,第 8—9 页。

②日记,第 101 页。

③日记,第 8—9 页。

④日记,第 30 页。

⑤日记,第 101 页。

图3　徐立信在20窟内进行拓片制作[⑤]

第9、10两窟前室从原来就是黑色的肉身佛像。”[①]

此外，调查队对洞窟内的精美雕刻进行了墨拓。调查队专门雇用了经验丰富、水平高超的北京手艺人徐立信进行拓片制作(图3)。徐立信做成的精美拓片得到了日本调查队负责人的高度肯定。“徐先生的拓片很漂亮”[②],“活很精巧”[③]。“徐立信的拓片也取得了成果。他的拓片技术很高明,是日本人不可能模仿来的。”[④]

图4　调查队在20窟前完成的考古发掘平面图[⑦]

1940年、1941年，在实测20窟大佛的同时,调查队还对窟前遗址进行了考古发掘,发掘的目的虽然是“清扫大佛结跏趺坐膝部周围”堆积的洞窟前室崩塌的岩块,但却出土了“许多大大小小雕刻着佛像的残片”[⑥],收获颇丰。(图4)

此外,调查队还对

①日记,第127页。

②日记,第8页。

③日记,第177页。

④日记,第88页。

⑤日记,第177页。

⑥日记,第177页。

⑦《云冈石窟》(第二期)第十四卷。

云冈窟顶北魏寺院遗址、龙王庙附近辽代寺院遗址等进行了局部发掘，并在云冈调查间隙，对大同周边的北魏平城遗址、方山陵墓等进行了田野调查，并将相应的调查、发掘成果作为“附录”收入最终的调查报告之中。[①]上述调查材料，对于从更广阔的视野去认识云冈石窟具有重要意义，同时，也对当下云冈学的研究视野是一种有益的启发。

三、相关认识

1. 水野清一、长广敏雄领导的日本云冈石窟调查队开展的云冈石窟调查工作是在日本侵华战争背景下、日军占领晋北期间进行的，宿白先生便言，“日本京都帝国大学组织的云冈调查班，对云冈石窟强行调查、摄影、测绘长达六年之久”[②]，因而在性质上属于是文化侵略与掠夺。

2. 日本调查队的调查工作虽较为科学、严谨，但在具体调查过程中，为便利其调查，尽可能采集云冈石窟北魏造像信息，对云冈石窟遗产的完整性也产生了严重的破坏。如在调查第 9、10 和 11 窟时，“第 9、10 两窟前室的护墙板上层至今保留着清朝恶俗的壁画，当掀开这层壁画后，发现石壁大多已破损了，有几个地方是故事类浮雕（本生经）”[③]；在第 10 窟后室掀掉门口侧壁的大力士像之上“清朝青的、红的后补泥彩”，以露出其下北魏调查的原貌[④]；“把第 11 窟方柱正面的两胁侍后补的泥皮剥落了，下边露出了漂亮的北魏像”[⑤]。调查队诸如此类的调查方法与行为，集中凸显出其调查文化侵略的底色。

3. 经过连续 7 年的系统调查，日本调查队的“照相摄影基本结束”[⑥]，除云冈石窟西部小型窟群外，调查队几乎细致测量了中、东区 20 个主要洞窟，获取了大量的照片、图纸、拓片及文字记录。因而，虽然随着日本侵华战争的失败，

---

①陈悦新：《读水野清一、长广敏雄〈云冈石窟〉》，《文物》2009 年第 1 期，第 90 页。

②宿白：《中国石窟寺考古》，《中国石窟寺研究》，北京：生活·读书·新知三联书店，2019 年，第 1 页。

③日记，第 48 页。

④日记，第 54 页。

⑤日记，第 106 页。

⑥日记，第 148 页。

石窟调查戛然而止，但这些丰富的资料，成为日本学者之后研究云冈石窟的基础性资料，最终形成的报告（《雲岡石窟：西曆五世紀における中国北部佛教窟院の考古学的調查報告》），便是“整理7年间调查的结果”[①]。水野清一、长广敏雄所著的《云冈石窟》取得巨大学术成就的前提和基础便是基于科学、系统的石窟调查法所获取的这些丰富、准确的田野资料。

4. 随着科学技术的发展，中国石窟寺调查、保护及研究水平的不断提高，诸如三维激光扫描、全站仪、RTK、无人机航测、高清数码摄影等技术已较为广泛地应用于石窟寺数据采集、实测图绘制、洞窟与造像高清照片拍摄等石窟寺调查工作之中。如云冈石窟的数字化工作经过十几年的探索与发展，逐步形成了数字化的云冈模式，在技术上以激光扫描技术为主，多图像三维重建技术为辅，多源数据相融合，最终实现高精度三维模型重建，解决了云冈石窟体量大、构造复杂的难题，形成了一套专业的文物数字化标准。[②]因此，与当年日本调查队简陋的调查工具与传统的调查方法相比，我们理应获取相较日本学者更为精确、系统、全面的调查成果，并以此为基础，将云冈石窟及我国其他重要石窟的研究与保护提升到新的高度。

①日记，第149页。

②李丽红：《云冈石窟数字化历程》，《文物鉴定与鉴赏》2022年第7期，第24页。

后 记

2023年8月6日至9日，由中国考古学会、中国社会科学院考古研究所、北京大学考古文博学院、兰州大学敦煌学研究所、甘肃省文物局、张掖市人民政府联合主办，甘肃敦煌学学会、甘肃省文物考古研究所、张掖市文化广电和旅游局承办的河西石窟与中西文化交流国际学术研讨会在张掖召开。此次学术研讨会邀请到国内石窟、考古、文博研究领域的众多专家、学者，以“河西石窟与中西文化交流”为主题，深入开展研讨交流。与会专家学者72人，共提交学术论文68篇，形成了一批有质量、有水平、有实践指导意义的学术成果。这些富有智慧性、前瞻性的研究成果，是进一步加强石窟寺文物保护研究和弘扬利用，让文物活起来，传承弘扬中华优秀传统文化的强大智力支撑。为呈现此次会议成果，遂决定出版这册论文集，编辑整理过程中再次获得各位参会学者鼎力支持并欣然赐稿。

会议能够成功召开，离不开主办单位、承办单位的大力支持和各位专家学者的积极参与。特别要说的是中国社会科学院考古研究所陈星灿所长，北京大学考古文博学院教授、中国考古学会宗教考古专业委员会主任李崇峰，兰州大学敦煌学研究所所长郑炳林教授对大会的召开给予了很大的关心和支持，中国社会科学院考古研究所夏立栋副研究员在研讨会筹备过程中作了具体指导。会议主要经费由张掖市人民政府提供，兰州大学敦煌学研究所赞助经费10万元。本书的策划出版得到了中国敦煌石窟保护研究基金会的指导帮助，由张掖市文物保护研究所向中国敦煌石窟保护研究基金会申请项目（课题）获得立项资助，解决了经费之忧。

编辑整理出版事宜由张掖市文物局指导，张掖市文物保护研究所具体负责。王卫东负责统筹协调工作；张志勇负责中国敦煌石窟保护研究基金会资助项目的立项申请、结项验收、经费使用和出版过程的联络等工作；李璐、钟桦主要做了论文收集、整理、校对等工作，所里其他同志也不同程度参与了这项工作。已经退休的张掖市文物保护研究所原所长姚桂兰，仍在幕后给予关心帮助,念兹在兹、付出良多。

需要感谢的人和事很多,恕不能一一列数。在此论文集出版之际,我们谨代表会务组和编委会，向关心支持河西石窟与中西文化交流学术研讨会和论文集编辑出版工作的各位领导、专家学者和同仁们表达诚挚的谢意。

由于时间仓促,加之编者水平有限,疏漏之处在所难免,恳请专家学者和广大读者批评指正。

编　者